中 国 史 鉴 大 讲 堂

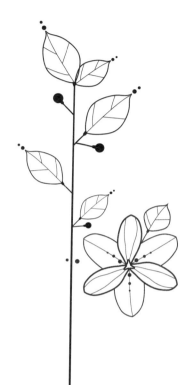

中侨大讲堂

刘凤珍 主编

中国史鉴大讲堂

付改兰 ◎ 编著

中国华侨出版社

中国史鉴大讲堂

图书在版编目（CIP）数据

中国史鉴大讲堂 ／ 付改兰编著．— 北京：中国华侨出版社，2016.12
（中侨大讲堂 ／ 刘凤珍主编）
ISBN 978-7-5113-6530-9

Ⅰ．①中… Ⅱ．①付… Ⅲ．①中国历史—通俗读物 Ⅳ．① K209

中国版本图书馆 CIP 数据核字（2016）第 292779 号

中国史鉴大讲堂

编　　著 ／ 付改兰
丛书主编 ／ 刘凤珍
总 审 定 ／ 江　冰
出 版 人 ／ 方　鸣
责任编辑 ／ 千　寻
封面设计 ／ 杨　琪
经　　销 ／ 新华书店
开　　本 ／720mm×1010mm　1/16　印张：24　字数：488 千字
印　　刷 ／ 北京鑫国彩印刷制版有限公司
版　　次 ／2017 年 6 月第 1 版　2017 年 6 月第 1 次印刷
书　　号 ／ISBN 978-7-5113-6530-9
定　　价 ／48.00 元

中国华侨出版社　北京市朝阳区静安里 26 号通成达大厦 3 层　邮编：100028
法律顾问：陈鹰律师事务所
发行部：（010）64443051　　　　传　真：（010）64439708
网　址：www.oveaschin.com　　　E-mail: oveaschin@sina.com

　　中国历史是一个漫长而又耐人寻味的过程，绵远流长，波涛汹涌，既有繁荣辉煌，也有曲折艰难；既有濯濯光明，也有血腥黑暗。五千年的文明造就了发达的文化、昌盛的史学，文章典籍浩如烟海，从史学巨著《史记》《资治通鉴》到各式各样的野史、笔记，林林总总，无不彰显了人们对史学的挚爱。但可惜的是，这些作品或因作者的立场问题，或因著者的视野所限，往往难以反映出历史的真实面貌，而且行文上极易形成两种极端：要么倾向于官方的为名士大夫立传的所谓正史；要么沦为为士子优伶鸣不平的所谓俗史，前者不适合大众阅读，全面了解史实；后者则如演义小说，不伦不类，妨碍我们对历史本真的认识，不利于我们根据真实的历史对现实及未来做出客观判断。为了反映历史的真相，让读者更加科学全面地解读历史，我们精心编写了这本《中国史鉴大讲堂》。

　　本书采用了"全史"体例，取材广泛，融正、野、秘三史为一体，分为通史博览、野史追踪、秘史探究三篇，多视角、全方位解读中国历史。它不仅给读者提供了认识历史的望远镜、显微镜、放大镜和透视镜，更重要的是倡导一种全新观察历史的方法、思考历史的方式，给读者提供一双穿过重重迷雾、看透历史的慧眼。

　　"通史博览"选取对中国历史发展产生深远影响的重大事件、风云人物、辉煌成就和灿烂文化，连点成线，系统而完整地勾勒出中国历史的发展脉络，作为全书的主干。主要分为华夏源头、中原争霸、九州一统、离析与交融、乾坤变幻、王朝更迭六章。同时，以通俗晓畅的语言阐释中国历史中所蕴含的成败之道、历史规律，尽可能让读者在较短时间内从宏观上把握历史。

　　"野史追踪"从民众视角观察历史，摒弃传统史学"为尊者饰，为贤者讳"的观念，采古今野史之精髓，秉笔直书帝王将相之性格心理、逸闻趣事，深入描绘统治阶级的钩心斗角、尔虞我诈，详细讲述政治军事之丑恶内幕、肮脏手段，生动再现历代宫廷规制、世相百态。主要分为先秦野史，秦汉野史，魏晋南北朝野史，隋唐五代野史，宋、辽、金、元野史，明代野史，清代野史七章，其中既有时势造就英雄的智慧豁达与阴险毒辣，又有英雄造就时势的惊天地泣鬼神事件，让读者清楚地看到文明及其背后的丑恶与离奇。

"秘史探究"侧重于探隐寻幽，引导读者从细节处发掘历史智慧，讲述那些为统治者刻意掩盖的历史，鲜为人知的历史内幕和史家所不敢写、不便写、不愿写的历史。这些历史往往与重大历史事件相关联，里面充满着尖锐而复杂的矛盾冲突与利益纠葛，云诡波谲、神秘莫测。主要分为先秦秘史，秦汉秘史，三国两晋南北朝秘史，隋唐秘史，宋、辽、金、元秘史，明代秘史，清代与民国秘史七章。探究这些历史，能为读者撩开历史的神秘面纱，让读者发现真实鲜活的历史真相，参悟历史的玄机。

本书内容在真实性、趣味性和启发性等方面达到一个全新的高度，并通过科学的体例与创新的形式，全方位、新视角、多层面地讲述中国历史。不仅如此，我们还努力把与某一事件、人物有关的历史图片、文物资料配入其中，以大量精美图片传史之真，证史之实，辨史之误，同时使事件、人物更加立体丰满，并充满场景感。力求通过图文的紧密结合为读者提供一条回归历史真实的通途，做到融知识性、可读性、观赏性为一体。

希望本书可以作为探寻中国历史的路径，方便读者采撷它的精华，摒弃它的糟粕！我们愿以此书请教于有识之士、大方之家，并与同道者共勉！

第一篇　通史博览

中国史鉴大讲堂

目录

三

中国史鉴大讲堂

目录

四

第三篇　秘史探究

第一章　先秦秘史

第二章　秦汉秘史

中国史鉴大讲堂

目录

第六章　明代秘史

第七章　清代与民国秘史

中国史鉴大讲堂

目录

八

第一篇　通史博览

第一章　华夏源头

第一节　远古文明

远古人类

人类历史究竟应该从哪儿说起呢？在科学比较发达的今天，我们已经知道，人类最早的祖先是一种从古猿进化而来的猿人，这种认识可以从地下发掘出来的化石上得到证明。

从我国科学工作者在祖国各地先后发掘出的猿人遗骨和遗物的化石中可以看出：我国境内最早的原始人，是距今有 170 万年的云南元谋人。另外，还有 80 万年前的陕西蓝田人、四五十万年前的北京人。

约 170 万年前，云南元谋地带是一片宽广的亚热带草原和森林。先有枝角鹿、爪蹄兽等第三纪残存的动物在这里生存繁衍。再往后推移一段时间，则是桑氏鬣狗、云南马等早更新世的动物出现在这片草原和森林。它们大多数是食草类野兽。为了生活下去，元谋人便使用粗陋的石器捕猎它们。在元谋上那蚌村附近的早更新世地层中，元谋盆地内暴露的 695 米厚、共 4 段 28 层的河湖沉积而形成的地层里，发现了两枚上内侧门齿化石。经过考古学家们检测，这两枚牙齿属于 170 万年前的一个原始人

（男性，大约 30 岁左右）。它确证了中国人的历史起源和存在。在发现这两枚牙齿化石的同时，从褐色黏土层中出土的还有 7 件元谋人制造和使用的刮削器与脉石英石核。从这一古迹遗址中，我们看到了中华文明的萌芽。

又过了几十万年，也就是 80 万年至 75 万年前，在今陕西省蓝田县公王岭地带，生活着一些原始人类。他们低平的前额上，明显地隆起粗壮的眉脊骨。他们打制的石器比较简单，又粗又大，但仔细一看，却发现已经有不同类型石器分工的迹象。这就是著名的蓝田人。他们的化石于 1963—1965 年在陕西蓝田县公王岭更新世早期地层中被发现。考古学家研究表明，蓝田人比后来的北京人大脑容量要小一些，大约有 778 毫升。但是有一点却引起了人们的关注，那就是他们已经能完全直立行走，而且这是已发现的亚洲北部最早的直立人。这个发现的意义十分重大，因为直立起来，是成为人的重要标志之一。

后来出现的北京人，他们的体质结构已经构成了人的基本特征，但仍然残存着某些猿类的特征。他们的身材矮小，男性平均身高只有 1.558 米左右，女性平均身高约 1.435 米。和现代人相比较，

他们面部稍短而嘴巴特别前伸，看不见下颌，前额比现代人低平，有点向后倾斜。他们的脑壳比现代人厚，大约是现代人的一倍。头盖靠下部膨大，上部收缩。平均脑容量是 1075 毫升，仅仅是现代人平均脑容量的 75%；但是，他们的平均脑容量比现代类人猿大一倍以上，类人猿的脑容量只有 415 毫升。

北京猿人已经能够制造和使用工具，他们使用的工具有骨器、木器，更多的还是石器。考古学家们以北京猿人制造和使用的工具为依据，证明他们跟动物有了本质上的区别，已经具备了人类的某些特征。

北京猿人还有一个更为进步的表现是已经会人工取火，这是一个确凿无疑的事实。在北京人居住过的洞穴中发现了厚达数米的灰烬层，说明篝火在这里连续燃烧的时间很久，也说明北京人已经懂得保存火种，不需要火时用灰土盖上，使火阴燃，到下次要用火时，扒开灰土，添上草木，经风一吹便能引燃。灰烬中被火烧过的石块、兽骨和朴树籽，则证明北京人已经能使用火烧熟食物。

几十万年过去了，猿人在同大自然的斗争中进化了。我们从遗迹中发现，在北京周口店龙骨山的山顶洞穴里活动的原始人，已经和现代人没有区别。我们把他们称为"山顶洞人"。

山顶洞人的劳动工具同以前使用的工具相比，在品质上有很大提高。他们不但能够把石头打制成石斧、石锤，而且还能把野兽的骨头磨制成骨针。

山顶洞人过着群居生活，但他们的群居生活已经按照血统关系固定下来，彼此之间都有血缘关系。每个成员都是

共同祖先繁衍下来的，于是产生了原始人群。后来，又逐渐演变为氏族公社。

原始文明

母系氏族公社是中国历史进程中比较重要的一个阶段，而仰韶文化遗址则清晰地反映了母系氏族公社的面貌。仰韶文化的主要区域在河南西部、陕西中部和山西南部一带。它的分布非常广阔，南达汉水中上游，北至河套地区，西及甘肃境内的渭河上游，东到山东。这些地方分散着母系氏族时的很多村落遗址，而且在某些地区村落分布十分密集。

妇女在氏族中的地位非常高。有一些地方，发现了女性居于主要地位的埋葬习俗。在陕西华县元君庙和华阴市横阵村，发现了很多母系氏族的迁移合葬墓。这一发现更进一步证明了当时妇女的重要地位。这些同坑埋葬的死者，全部是被迁移而来合葬的，人数并不是十分统一，男女老少都有，迁移合葬整个程序比较复杂。人死后，大概是先对尸体进行临时处理，遇到母系氏族中某个地位较高的妇女死亡后，就先直接把她的尸体仰向埋在葬坑主要位置上，同时将和她同氏族的早死者的尸骨迁移过

花瓣纹钵 新石器时代 大汶口文化 红陶彩绘 江苏邳市大墩子出土

大汶口文化一个显著特点是陶色多样化。彩陶纹样以几何纹为主，由挺拔、尖锐的直线组成的几何纹样颇具特色。

来，排在一起，同墓合葬。这种以妇女为中心的葬俗，表明女性在氏族中占有重要地位。还有，从半坡遗址和陕西省临潼区姜寨遗址墓葬的随葬品推测，女性的随葬品一般比男性的多。这种现象也说明了当时妇女社会地位很高。

河姆渡文化是中国长江流域下游地区古老而多姿的新石器文化，第一次在浙江余姚河姆渡被发现，因而命名。它主要分布在杭州湾南岸的宁绍平原及舟山群岛。经科学的方法进行测定，它的年代为公元前 5000 年至公元前 3300 年。

河姆渡文化的骨器制作比较进步，有耜、鱼镖、镞、哨、匕、锥、锯形器等器物，都经精心磨制而成，一些有柄骨匕、骨笄上雕刻花纹或双头连体鸟纹图案，就像是精美的实用工艺品。河姆渡文化在农业上以种植水稻为主。在其遗址第 4 层较大范围内，普遍发现稻谷遗存，这对于研究中国水稻栽培的起源及其在世界稻作农业史上的地位，具有重大意义。

河姆渡文化的农具，最具有代表性的是大量使用的骨耜。河姆渡文化的建筑形式主要是栽桩架板高于地面的干栏式建筑。干栏式建筑是中国长江以南新石器时代以来的重要建筑形式之一，目前河姆渡发现的为最早。它与北方地区同时期的半地穴式房屋有着明显差别，成为当时最具代表性的南方建筑形式。因此，长江下游地区的新石器文化同样是中华文明的重要渊薮。它是代表中国古代文明发展趋势的另一条主线，与中原地区的仰韶文化并不相同。

大汶口文化年代约为公元前 4300 年至公元前 2500 年，是中国新石器时代晚期的文化典型，其文化遗址最早发现于山东泰安市大汶口村。

大汶口文化的遗存十分丰富。经考古发现有墓葬、房址、窖坑等，墓葬以仰卧伸直葬为主，有普遍随葬獐牙的风习，有的还随葬猪头、猪骨以象征财富。出土生活用具主要有鼎、豆、壶、罐、钵、盘、杯等器皿，分为彩陶、红陶、白陶、灰陶、黑陶几种，特别是彩陶器皿，花纹精细匀称，几何形图案规整。生产工具有磨制精致的石斧、石锛、石凿和磨制骨器，骨针磨制得十分精细，体现了极高的制作技术。

大汶口文化的发现为山东地区的龙山文化找到了渊源，也是研究父系氏族时期社会状况的重要文化遗存。

黄帝战蚩尤

大约在 4000 多年以前，在我国黄河、长江流域一带生活着许多部落。传说以黄帝为首领的部落，最早住在今陕西北部的姬水附近，后来沿着洛水南下，东渡黄河，在河北涿鹿附近定居下来，开始发展畜牧业和农业。

与黄帝同期的另一个部落首领叫作炎帝，当他带领部落向东发展的时

黄帝像

候，碰到一个极其凶恶的九黎族的首领蚩尤。传说蚩尤有81个兄弟，全是猛兽的身体，铜头铁额，凶猛无比。他会铸刀造戟，还经常带着他的部落，到处侵扰，闹得周围部落不得安宁。炎帝部落定居山东后，经常受到蚩尤的侵扰，炎帝几次起兵抵抗，但不是蚩尤的对手，被打得一败涂地。

炎帝战败后，带领他的部落逃到涿鹿，请求黄帝帮助复仇。黄帝早就想除掉蚩尤这个祸害，就与炎帝联合在一起，并联络其他一些部落，召集人马，在涿鹿郊外与蚩尤展开了一场殊死决战。

蚩尤也称得上一代枭雄，自不甘示弱。他集结所属81个支族，又联合巨人夸父部族和三苗一部，在兵数上已占据优势，又挟战胜炎帝之余威，并依仗精良的武器装备，气势汹汹地向黄帝扑来。黄帝临危不乱，率领以熊、罴、狼、豹、雕、龙、鸮等为图腾的氏族部众迎击蚩尤。黄帝还利用位居黄河上游的条件，令大将应龙"高水"，在河上筑土坝蓄水，以抵御蚩尤的攻势。

黄帝知道气候恶劣不是己方进攻时机，就主动避敌锋芒，井然有序地组织后撤，因而保存了实力。不多久，风云突变，雨过天晴，黄炎联军反败为胜的契机来了。黄帝当机立断，一声令下，大将常先、大鸿从正面开始了反攻。

黄帝又利用狂风大作、飞沙走石的天时，命风后、王亥把经过训练的300匹火畜组成一支"骑兵"，朝蚩尤军心脏长驱直入。

黄帝还准备了80面夔牛大鼓，趁风沙弥漫之时擂鼓吹号以震慑敌人。

突如其来的反攻让蚩尤猝不及防，其军队开始自相践踏、慌不择路，终于陷入崩溃，节节败退。蚩尤无心恋战，向南逃跑；而粗犷骄横的夸父不承认失败，率本部奔大鸿军杀来。忽然一阵狂风，夸父眼里进了沙子，大鸿自不肯放过制敌机会，拦腰砍伤夸父，夸父军四散奔逃。

黄帝身边众多谋臣一再进言不可放走蚩尤，黄帝采纳群臣意见，联合炎帝族和玄女族紧追蚩尤，在冀州之野将之包围。轩辕命令擂鼓击钟，蚩尤军被钟鼓声震得耳聋、溃不成军。

蚩尤落荒南逃，被黄帝擒获并杀于野外。刑天及蚩尤的部下把蚩尤的尸体偷运到河南濮阳西水坡秘密下葬，下葬的日期——正月初八被定为苗家的国难日。不久刑天与黄帝大战，因寡不敌众被黄帝斩首，但刑天的尸身不倒，他的两乳变成双目，肚脐变成了嘴巴，继续舞动兵器战斗。夸父则在潼关被应龙万箭齐发射死，鲜血染红了潼关。黄帝取得了对九黎族的决定性胜利，九黎族这一支力量融入到炎黄族中。

黄帝、炎帝打败蚩尤后，同盟关系破裂，两个部落战于阪泉（一说在今山西运城解池附近，一说在今河北涿鹿东南），即阪泉大战。经过三次艰苦卓绝的战争，黄帝战胜炎帝。炎帝部落的共工与黄帝战争失败，一怒之下用头碰撞不周山，从此天地西北高、东南低。这次战争后，黄帝向南发展，经过52次战争后天下归附，黄帝由此成为黄河中下游部落联盟的大盟主。后来，黄帝在釜山会盟并取代神农氏登上帝位。

传说中，黄帝还是一个大发明家，他不仅发明了在地面上建房屋，还发明了车、船和制作衣裳等。这当然不会是他一个人发明的，黄帝只不过是个带头人罢了。传说他的妻子嫘祖亲自参加劳

动，也有一些发明，养蚕缫丝就是她的功劳。最初人们不知道蚕的作用，那时候只有野生的蚕，嫘祖就教妇女养蚕、缫丝、织帛。打那以后就有了丝和帛。

黄帝为创造远古时代的文明，立下了汗马功劳，在后代人的心目中占有极其重要的地位，所以人们都尊黄帝为中华民族的始祖，称自己是黄帝的子孙。因为炎帝族和黄帝族原来是近亲，后来融合在一起，所以我们常常把自己称为炎黄子孙。

我国陕西黄陵县城北桥山上，有一座高大的陵墓。这就是传说中的中华民族祖先黄帝的墓，人们称它为黄帝陵。黄帝陵壮丽威武，古书记载说："其山势如桥，沮水环绕之。"黄帝陵的周围是峰峦起伏的陕北高原，山上古树成林，郁郁苍苍，象征着中华民族的古老、挺拔与苍劲。

中华儿女都把黄帝当成自己的祖先，鲁迅先生曾经在他的一首诗中说："我以我血荐轩辕"，就是说要用自己的鲜血来保卫中华民族。每逢清明节，人们纷纷来到黄帝陵，以崇敬的心情，拜谒这位民族之祖。人们都把黄帝作为中华民族的象征。悠悠五千年，黄帝的形象一直激励着中华民族奋发向上。

尧舜禅让

传说在黄帝之后，出了三个很出名的部落联盟首领，名叫尧、舜和禹。他们原来都是一个部落的，先后被推选为该部落联盟的首领。

尧是我国古代传说中一位著名的贤君。据说他当上部落首领后，处处想着人民，对荣华富贵十分淡薄，住的是简陋的茅屋，过着粗茶淡饭、勤俭朴素的生活。尧为了人民尽心尽责，但他的儿子丹朱却是个不肖之子。尧不愿意传位给儿子，就时常留心天下贤人，准备将帝位禅让给他。有一次，他召集四方部落首领来商议，到会的人一致推荐舜为联盟首领。

尧听说舜这个人很好，便让大家详细说说舜的事迹。

大家便把了解到的情况说给尧听：舜有个糊涂透顶的父亲，人们叫他瞽叟（就是瞎老头儿的意思）。舜的生母死得早，后母心肠很坏。后母生的弟弟名叫象，极其傲慢，而瞽叟却很宠他。生活在这样一个家庭里的舜，待他的父母、弟弟都很好。因此，大家认为舜是个德行好的人。

尧听了挺高兴，便把自己两个女儿娥皇、女英嫁给舜。为了考察舜，又替舜筑了粮仓，分给他很多牛羊。舜的后母和弟弟见了，非常妒忌，便和瞽叟一起用计想暗害舜。

有一次，瞽叟叫舜修补粮仓的仓顶。当舜沿梯子爬上仓顶时，瞽叟就在下面放了一把火，想把舜烧死。舜在仓顶上一见起火，想找梯子下来，却发现梯子已经被人拿走了。幸好舜随身带着两顶遮太阳用的笠帽。他双手拿着笠帽，像鸟一样张开翅膀跳下来。笠帽随风飘荡，舜安然无恙地落在地上。

瞽叟和象不甘心失败，他们又叫舜去淘井。舜跳下井去后，瞽叟和象就在上面向井里扔石头，想把舜埋在井里面。但是舜下井后，在井边挖出一条通道，从通道中钻了出来，又安全地回到了家。

从此以后，瞽叟和象不敢再暗害舜了。舜还是像过去一样和和气气对待他的父母和弟弟。

尧听了大家的介绍后，又对舜进行了一番考察，认为舜确是个众望所归的人，就把首领的位子让给了舜。这种让位方式，历史上称为"禅让"。

舜担任首领后，既俭朴，又勤劳，跟老百姓一起参加劳动，大家都信任他。过了几年，尧死了，舜想把部落联盟首领的位子让给尧的儿子丹朱来担任，但是遭到众人的一致反对。舜才正式成为了部落联盟的首领。

大禹治水

在尧担任首领期间，黄河流域经常发生水灾，良田沃土、房屋牲畜都被淹没。这时居住在崇地的一个名叫鲧的部落首领，奉了尧的命令去治理洪水。鲧用了将近9年的时间治理洪水，不仅没有制服洪水，反而使洪水闹得更大、更凶了。鲧只知道筑造堤坝挡住洪水，却不知道疏通河道，后来，堤坝被洪水冲垮了，灾情便越来越严重。

舜接替尧担任部落联盟首领后，发现鲧的工作失职，便杀了鲧，并让鲧的儿子禹去治理洪水。

禹汲取了父亲治水失败的教训，把以堵为主改为以疏为主。他偕同益、稷二人带领工人四处考察，立了许多标记，最终得出治水方案。他认为黄河水患最严重，其次是济水、淮水和长江。于是，他从壶口起把龙门山开了一条大路，又把砥柱山挖出一条深坑，从孟津往北连开九条大河，使黄河水患平了下去。然后又疏通济水的源头，使济水一面通黄河，一面通山东的汶水，治平了济水之患。他又从河南桐柏山起，把淮水分为两路，一路通山东泗水，一路通山东沂水，把淮河水患平下去了。疏导长江的工程则从四川的岷山做起，也以疏浚河道、加速行洪为主，把长江水引到东海去了。

传说在禹治水的13年当中，一直想着老百姓仍在遭受洪水的祸害，庄稼被淹，房子被毁，甚至曾经三次经过家门都顾不上进去探望家人。经过多年的努力，禹终于治理好了水患，把洪水引到大海里去，对社会的安定、繁荣、发展起到了积极的推动作用。

人们为了表达对禹的感激之情，尊称他为"大禹"，即伟大的禹。

禹虽然只是一个封国国君，却很受舜的宠信，每有要事舜都要请他去商量，每逢舜当众表扬他的功绩，他总说是舜领导得好、指挥得好、运筹得好，是舜的德行、仁政、风范感动了民众，民众拥戴舜的结果；或者说舜慧眼识人，善于用人，并把功劳都记在其他几位大臣的账上。舜于是越发觉得禹仁厚可靠。后来，干脆让禹直接代替自己摄政，把国家大事全都托付给禹，让禹替自己管理了16年国家政事。

通过16年的观察，舜觉得禹可以当自己的接班人，就当着众位大臣说要把帝王之位禅让给大禹。禹多次推辞，并竭力推举舜的儿子商均嗣位。不久，舜突然病逝。禹为了避免与舜的儿子商均

大禹像

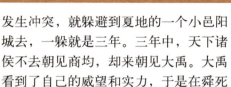

发生冲突，就躲避到夏地的一个小邑阳城去，一躲就是三年。三年中，天下诸侯不去朝见商均，却来朝见大禹。大禹看到了自己的威望和实力，于是在舜死后的第三年，返回故都，南面天下，登天子之位。在他的治理下，部落和平，九州安定。后来，大禹命人铸造了象征九州和平的九鼎。这时，随着生产力的发展，社会产品出现了剩余，那些氏族、部落的首领们利用自己的权力，将剩余产品据为己有，以公有制形式存在的氏族公社开始瓦解。

约公元前 2070 年，禹建立夏朝。禹死后，他的儿子启登上王位，"公天下"变为"家天下"，王位世袭制代替了禅让制。

第二节 夏"家天下"

天下为家

夏启在迁都到山西安邑后，严格要求自己，以博得人们对他的信任。他每顿饭只吃一份普通的蔬菜，睡觉只铺一床粗糙的旧褥子；除了祭神和祭祖以外，他不许演奏音乐来娱乐；他尊敬老人，爱护小孩；谁有本领，他就亲自请来加以重用，谁懂得武艺，他就让谁带兵打仗。

一年后，夏启的声誉就大大提高了。大家一致认为他理所当然地是夏禹的继承人了，对于父死子继的家天下制度，人们觉得并没有什么不合理。但后来启还是过上了荒淫的生活，喜欢饮酒、打猎、歌舞。他的儿子们也开始了权力之争，他的小儿子武观因此被放逐

到黄河西岸，并试图反叛自己的父亲。

夏启死后，他的儿子太康做了君主。太康是个不管政事、昏庸无能的人。他只有一个爱好，那就是打猎。有一次，太康带着随从到洛水南岸去打猎。他越打越起劲，一去竟然 100 天没回家。

这时，黄河下游东夷族有穷氏的部落首领名叫后羿，后羿的射箭技能非常出众，他射出的箭百发百中。有一个关于后羿的神话，说古时候天空中原有 10 个太阳，把地面烤得像焦炭似的，致使庄稼颗粒无收。大家请后羿想法子，后羿搭弓射箭，"嗖嗖"地几下，将天空中的 9 个太阳射了下来，只留下一个太阳。从此，地面上气候适宜，不再闹干旱了。后羿看到太康出去打猎，觉得这是个夺取夏王权力的机会，就亲自带兵把守住洛水北岸。等到太康带着一大批猎得的野兽，兴高采烈地归来时，发现洛水北岸排满后羿的军队，拦住他的归路。无奈之下，太康只好流亡在洛水南面。当时后羿还不敢自立为王，另立太康的兄弟仲康当夏王，而他自己却操纵了国家的权力。

仲康死后，后羿赶走了仲康的儿子相，夺了夏朝的王位。他仗着射箭的本领，也作威作福起来。后羿和太康一样，整天打猎，把国家政事交给他的亲信寒浞处理。寒浞瞒着后羿，笼络人心。有一天，后羿打猎回来，寒浞暗地里派人把他杀死。

后羿一死，寒浞便夺了王位，他担心夏族再跟他争夺王位，便杀死了被后羿赶走的相。

那时候，相的妻子后缗已经怀了孕，为了保住自己和胎儿的命，她迫不

得已，从墙洞里爬了出去，逃到娘家有仍氏部落，后来生下了儿子少康。

少康很小就十分聪明，有心计。后缗觉得这个孩子很有希望恢复夏王朝，在他刚刚懂事的时候，便把先辈创建夏王朝的故事讲给他听，叮嘱他长大以后一定要恢复先世的基业，重振夏王朝。

少康从小受到这种教育的熏陶，果然发愤图强，为夏朝复兴做准备，先在外祖父有仍氏的部落担任管理畜牧的官。浇（寒浞长子）知道少康长大后，便又派人来杀害他。少康逃到虞舜的后代有虞氏那里。有虞氏的首领虞思觉得少康很有出息，就任命他为部落里管理膳食的官，让他学习管理财物的本领。后来，虞思又把自己的女儿嫁给少康，把一块叫纶的地方交给他管理。纶这个地方方圆5千米大小，有很好的田地，并有500名士兵。这样，少康就建立起恢复夏朝的根据地和武装。

少康宣扬他的祖先夏禹的丰功伟绩，以此来号召人们支持他复兴故国。少康把那些被后羿和寒浞搞得妻离子散、家破人亡、流浪在外的夏朝旧官吏召集到纶地，叫他们跟着自己重振夏朝。他先派一个名叫艾的大将去刺探浇的实力，又派自己的儿子季予攻打浇的儿子戈豷的领地，削弱浇的力量。艾和季予都出色地完成了任务。少康对于浇的情况已经了如指掌，趁势消灭了浇的儿子戈豷，这样一来使得浇处于孤立无援的地步。

一切都准备就绪，少康便从纶地起兵，向夏朝的旧都城安邑杀去。这时候寒浞已经死去，浇虽然想抵抗，怎奈力量过弱，终于被少康消灭了，天下又回到了夏禹子孙的手里。

夏朝从太康到少康，中间大约有一百年的时间，在这段时间里，国家一直处于混战状态。长期的战乱使生产荒废，民不聊生。少康执政以后，首先要做的就是发展农业。少康深知要想得到人民的拥护，就要关心人民的生产和生活。所以，少康即位后，恢复了夏王朝稷官管理农业生产的制度。同时，他又恢复了水正的官职，重新整治黄河、管理水利工程。

除此之外，少康还分封他的小儿子去越国世代祭祀祖先大禹的陵墓。

还有一件事常常使少康感到心中不安，那就是东夷族和夏朝之间的斗争仍在继续。为了杜绝这种祸患再次发生，少康决定征战东夷族，以显示夏王朝的实力和威风。可惜，少康很早就过世了，征服东夷成了他的未竟之业。

后来，少康的儿子予（也叫杼）即位。他继承了少康的遗志，积极地准备征服东夷。传说为了战争的需要，予制造了许多进攻武器，还发明了一种可以避箭的护身衣，叫作"甲"。

帝予终于战胜了东夷族，夏的势力范围又扩大了。

第三节　殷商盛象

伊尹辅政

夏朝最后一个君主叫桀，是个暴君。约公元前1600年，汤的军队占领了夏朝的首都斟鄩（今河南巩义西南），夏王朝灭亡，汤建立了商王朝。汤，又叫成汤或成唐，有时候，后人也叫他商汤。甲骨文记载他名叫大乙，就是这个

人把夏桀消灭掉的。

灭夏的战斗胜利后，成汤在三千诸侯的拥立下称帝，宣告商王朝的建立。成汤从残暴的夏桀身上吸取了教训，总结出夏桀是因为老百姓的反对才灭亡的。于是，他便以身作则，为老百姓做好事，整饬朝纲，将阿谀奉承的奸臣赶走，重用忠心为国的大臣。商汤这一系列的举动深受各地诸侯的欢迎。商朝的建立和兴旺，有力地促进了生产力的发展，使古代文明的进步获得转机，使中国成为伟大的文明古国之一。

伊尹，出生于伊水流域（今河南洛阳附近），在他年龄很小的时候，就被卖到了有莘国（今河南开封陈留一带）做奴隶。

有一回，商汤的左相仲虺去给夏桀送贡品，途中在有莘国停留了几天。无意中，他发现送饭菜的奴隶伊尹才智出众，交谈之下，发现伊尹果然是个贤人。

回国后，仲虺就向商汤举荐了伊尹。求贤若渴的商汤，立即派了一名使臣带着聘礼，到有莘国去请伊尹。使臣到了有莘国后，明察暗访，费了很大劲儿，才在野外的一间小茅草屋里找到了伊尹。使臣上下打量了一番这个又黑又矮、蓬头垢面的伊尹，实在看不出这个人有什么出众之处，不由得显出一副傲慢无礼的神情来，他对伊尹说道："你就是伊尹吧，你的运气来了，我们商王想见你，赶快收拾东西跟我走吧！"伊尹被使臣傲慢无礼的言行激怒了，立即以一种凛然不可侵犯的态度，从容地回答说："我伊尹虽然贫寒，但我有田种，有饭吃，过得像尧舜一样痛快，为什么要去见你们商王呢？"商国的使臣讨了个没趣，只好垂头丧气地回商国了。

有莘国的国君听说商汤派使臣来请伊尹，他怕伊尹被商国请回去对自己不利，就找了个借口把伊尹抓了起来。后来仲虺亲自来请时，伊尹已失去了人身自由。

仲虺回商国后，把伊尹面临的处境向商汤汇报了一遍，商汤十分失望。后来，仲虺想出了一个主意，便对商汤建议向有莘国君求婚，让伊尹作为陪嫁奴隶，和有莘国君的女儿一起到商国来。这样，不仅可以请来伊尹，而且可以使有莘国免除疑虑。商汤表示赞同，马上派人到有莘国去求婚。使臣到了有莘国，向有莘国求婚，有莘国的国君答应了商汤的要求，于是伊尹作为陪嫁奴隶来到了商国。

伊尹来到了商国后，经过交谈，商汤感到伊尹果然是个了不起的人才，于是就任命伊尹为商国右相，和仲虺共同策划处理各种国事。就这样，伊尹由一个奴隶一跃成为了商国的宰相。

在伊尹的辅助下，商国的势力更加强大，最后终于灭掉了摇摇欲坠的夏王朝，建立了商朝。

商汤死后，伊尹成为商国的重要辅臣。商汤原来有三个儿子，大儿子太丁死得早，于是汤死后，伊尹扶持商汤二儿子外丙继位做了商王，但是外丙不久也死了，于是伊尹又立他的弟弟仲壬为王，过了不久，仲壬也死了，伊尹只好立商汤的长孙太甲为王。

太甲从小生长在帝王之家，过着无忧无虑的生活，因此他即位后，政务民事从不过问，整天只知寻欢作乐。

对于太甲能否做好国王，伊尹很是担心，因此伊尹辅太甲，用力最勤。太甲刚一即位，伊尹就在祭祀先主的典礼上作了长篇训话（后题为《伊训》），教导太甲要继承先主遗志，勤于政事，努力修身治德，以使商朝的江山能够永远稳固；还作了《肆命》，陈述天命之无常，劝诫太甲；不久后，再作《祖后》，以远古君主兴亡之事劝谏太甲以史为鉴，避免亡国厄运……

伊尹一再教导太甲要勤政爱民，不能耽于游乐，但太甲根本听不进去。伊尹看到太甲执迷不悟，心想：太甲这样放纵下去，说不定将来会成为夏桀一样的人。由于劝诫毫无结果，伊尹在和其他大臣商议后，把太甲软禁在汤墓附近的桐宫（今河南偃师西南），让他静心思过。

三年的时间过去了，看到太甲稚气脱尽，行为简朴，与三年前相比判若两人，伊尹非常高兴，便亲自携带商王的冠冕衣服到桐宫，迎接太甲返回亳都再登王位，把国政交还太甲。

桐宫三年，太甲好像变了个人。他早起晚睡，关心百姓疾苦。诸侯见太甲宽厚仁德，待人诚恳，因而都来归附；百姓见君王和蔼可亲，关心人民，因而都同心爱戴……

太甲复位后，实行了一系列好的政策，诸侯归顺，百姓安居乐业，商朝仿佛又回到了商汤当政的时候。传说太甲死后，伊尹作《太甲训》三篇，称颂太甲，并尊他为太宗。太甲死后，沃丁即位，伊尹自觉年老，不再参与朝政。伊尹于沃丁八年病死，相传他活了一百多岁。沃丁以天子之礼隆重地安葬伊尹，用牛羊豕三牲祭祀，并亲自为伊尹戴孝三年，报答他对商王朝的贡献。

"实维阿衡，实左右商王！"这是一首颂扬商朝开国历史的乐歌中的歌词，是歌颂伊尹担任"阿衡"官职辅佐商王的功绩的。伊尹辅佐了汤、太甲等五位商王，是名副其实的五朝元老。像伊尹这样的辅佐大臣，在商朝还有很多，他们在维护商朝的长治久安中起到了非常重要的作用。伊尹是其中最杰出的一位。

盘庚迁都

商汤建立商朝时，将国都定在亳（今河南商丘）。后来300年当中，前后五次搬迁都城。其原因是多方面的，有王族内部经常争夺王位，发生内乱的缘故；还有黄河下游常常闹水灾的缘故，有一次洪水泛滥，把都城全淹了，商朝就不得不迁都。

从汤到盘庚，商王朝经历了18个王。前九王统治时期，基本上能继承商汤开创的事业，统治也比较稳定，因此都城一直在亳。可是从汤的五世孙中丁到九世孙阳甲，商统治集团开始腐朽起来。在王室贵族当中，争夺王位的斗争越演越烈，兄弟之间、叔侄之间，甚至父子之间，展开你死我活的斗争。动乱的结果，致使王位更替频繁，这就是所谓的"九世之乱"，商朝王权的势力逐渐削弱。

与此同时，奴隶主加紧了对平民和奴隶的剥削，阶级矛盾也尖锐起来，再

殷墟车马坑

殷墟遗址

加上水涝、干旱等自然灾害，商朝很快地衰落下去。原来臣服于商朝的一些少数民族和诸侯国也都纷纷反叛。为了摆脱这种困难的局面，商王曾采取了迁都的办法，但都没有从根本上解决问题。盘庚就是在这种情况下，在他的哥哥阳甲死后做了商王。

盘庚在诸商王中，是一个很有作为的国王。他既通晓自己国家和民族的历史，又有一套实用有效的统治办法；他能很好地笼络、使用商朝功勋旧臣，又能不被这些人左右、利用。因此，在盘庚继承王位的时候，尽管他还很年轻，却能率领商朝的臣民摆脱困境。为了改变当时社会不安定的局面，他决心再一次迁都。

可是，迁都的想法遭到大多数贵族的反对，他们贪图安逸，都不愿意搬迁。还有一些有势力的贵族煽动平民起来反对，一时间闹得满城风雨。

迁都于殷，盘庚是经过了周密考虑的。新都殷地处黄河以北、洹河之滨，不仅有着优厚的地理条件，还有着可控四方的战略优势，可以有效防御北方、西北地区各少数民族的侵扰。另外，殷还是商的先祖起源活动的地方，盘庚以恢复"成汤之政"为目标，有利于号召人民。从政治上来说，迁殷之后远离了旧都奄（今山东曲阜），可以摆脱王族在旧都发展起来的各种势力，避开其锋芒，摆脱其牵制影响，巩固自己的政权。从经济上看，避开因年久失修而水涝不止的泗水流域，迁到一片肥沃的土地上，更有利于农业生产的发展。

盘庚坚持迁都的主张终于挫败了反对势力，他带着平民和奴隶，渡过黄河，搬迁到殷（今河南安阳小屯村）。仅仅迁都，并不能彻底改变朝政混乱的局面。盘庚立即实行了一系列有效的措施。他一扫昔日王族奢侈淫逸的风习，一切从简，使人们的思想行为安于质朴。紧张的营建开垦、艰苦奋斗的建设改变了商人的精神面貌，昔日贪污腐化、争权夺利的内耗得到抑制。盘庚选贤任能，惩恶扬善，论功行赏，重新以法度正天下，整顿朝政。另外，他也十分注意团结民心，减轻剥削，得到了人民的支持；同时打击了侵扰边境的少数民族游牧部落，安定了边疆。这样，商的势力才渐渐强盛起来，王权得到巩固。以后200多年，一直没有迁都。所以商朝又称作殷商。

到了近代，人们在殷地旧址上已发掘五六十座宏大宫殿宗庙基址，发现大中型夯土基址和小型房子百余座，发掘铸铜作坊等手工作坊10多处，还有上千座的祭祀坑、殉葬坑、车马坑。因为那里曾经是商朝国都的遗址，就把那里命名为"殷墟"。殷墟遗址面积约30余平方千米，中心区域是宫殿区和王陵区，其外为居民区和手工业作坊区，再外则是墓葬区。宫殿区和王陵区均处在洹河南北两块高地上。王室作坊分布于宗庙区周围，呈卫星状分布着家族墓地以及其他邑落。整个国都布局合理，沿

中国史鉴大讲堂

第一篇 通史博览

一二

洹河而建。在宫殿区的西、南边都发现了相当宽阔的壕沟，均是人工挖的，起着城墙护卫的作用。

从殷墟发掘出来的遗物中，有龟甲（就是龟壳）和兽骨10多万片，上面都刻着很难辨认的文字。经过考古学家的研究，才把这些文字弄明白。当时，商朝的统治阶级很迷信鬼神。他们在祭祀、打猎、出征时，都要用龟甲和兽骨来占卜吉凶。占卜之后，就把当时发生的情况和占卜的结果用文字刻在龟甲、兽骨上。现在，我们把这种刻在龟甲、兽骨上的文字叫作"甲骨文"。我们今天使用的汉字就是从甲骨文演变过来的。

在殷墟上发掘出的遗物中，还发现了大量种类繁多的青铜器皿、兵器，工艺制作都很精巧。有一个叫作"后母戊"（曾用名司母戊）的大方鼎，重量为875千克，高130多厘米，上面还刻着精美华丽的花纹。从这件青铜器上可以看出，在殷商时期，冶铜的技术和艺术水平都是很高超的。

姜太公钓鱼

盘庚死后，又传了11个王，最后王位传给了纣。

纣天资聪敏，身体魁伟，勇力超人，能赤手与猛兽搏斗，能言善辩，也因此而恃才傲物。纣王即位后，喜淫乐，好酒色，修建了许多苑囿台榭。纣王宠爱美女妲己，对她言听计从；高筑"鹿台"，命乐师师涓作"兆里之舞""靡靡之乐"等淫声怪舞；又"以酒为池，悬肉为林"，不分昼夜地饮酒作乐，不理朝政，不祭鬼神，成为一个罕见的无道昏君。

纣王荒淫无道，引起百姓怨恨、诸侯离异。为重振自己天子威风，纣王做

"炮烙之法"：用青铜制成空心铜柱，中间燃烧木炭，将铜柱烧红，但凡有人敢议论他的是非的，全部绑在铜柱上，活活烙死。

纣的凶残暴虐，加速了商朝的灭亡。这时候，在西部的周部落正在一天天兴盛起来。

周本是一个古老的部落。夏朝末年，这个部落活动在今陕西、甘肃一带。后来，为了躲避戎、狄等游牧部落的侵扰，周部落的首领古公亶父率领周人迁移到岐山（今陕西岐山东北）下的平原，并在那里定居下来。

周部落首领传至古公亶父的孙子姬昌（后来称为周文王）的时候，部落已经很强大了。

周部落强大起来，对商朝构成了很大的威胁。于是，纣王派人把周文王拿住，关在叫羑里（在今河南汤阴一带）的地方。周部落的贵族把许多美女、骏马和珍宝献给纣王，又给纣王的亲信大臣送了许多礼物，才把姬昌赎了回来。

周文王见纣王昏庸残暴，民心失尽，就决定讨伐商朝。但是，他身边缺少一个有军事才能的人来帮助他带兵打仗。他便开始留心物色这样的人才。

有一天，周文王带着他的儿子和兵士到渭水北岸去打猎。在渭水边，一个老头儿在河岸上坐着钓鱼。大队人马过去，那个老头儿丝毫不为所动，还是安安静静钓他的鱼。文王看了很惊奇，就下了车，走到老头儿身边，跟他交谈起来。

经过一番谈话，知道他叫姜尚（又叫吕尚，"吕"是他祖先的封地），是一个精通兵法布阵的高人，于是，周文王恳请姜尚同他一起回宫。

因为文王的祖父曾经盼望得到一

位帮助周族兴盛起来的人，而姜尚正是这样的人，所以后来人们叫他太公望；在民间传说中，又称他为姜太公。

太公望做了周文王的助手后，一面发展生产，一面训练兵马。周族的势力越来越大。没过几年，周族逐渐占领了商朝统治下的大部分地区，归附文王的部落也越来越多了。但是，正当周文王打算征伐纣王的时候，却害了一场病死去了。

牧野之战

周文王去世后，他的儿子姬发继承了王位，就是周武王。周武王拜太公望为师，让他的兄弟周公旦、召公奭做太公望的助手，继续整顿政治，训练兵士，准备讨伐商纣王。

这时，纣的暴政已经达到了极点。商朝的贵族王子比干和箕子、微子十分担忧，苦苦地劝说他改邪归正。纣不但不听，反而将比干杀了，还残忍地叫人剖开比干的胸膛，挖出他的心，说要看看比干的心长什么样子。迫于无奈，箕子装疯卖傻总算免于一死，被罚做奴隶，囚禁起来。微子看见商朝已经没有希望，便离开了国都朝歌。

在公元前 11 世纪，周武王得知纣已经到了众叛亲离的地步，认为时机已

经成熟，于是便遍告诸侯：殷有重罪，不可不征伐！武王请精通兵法的太公望做元帅，领 5 万精兵，渡过黄河东进。八百诸侯在孟津会师。周武王在孟津举行誓师大会，历数了纣昏庸无道、残害人民的罪状，鼓励大家同心讨伐纣王。

公元前 1046 年（一说公元前 1057 年）一月，周武王统率兵车 300 乘、虎贲 3000 人及甲士 4.5 万人，声势浩大地东进伐纣。

一天，在周武王进军时，有两个老人挡住了军队的去路，要见武王。原来，这两人是孤竹国（今河北卢龙）国王的儿子，哥哥叫伯夷，弟弟叫叔齐。孤竹国国王钟爱叔齐，想把王位传给他。伯夷得知父王的心意后，便主动离开了孤竹国，叔齐也不愿接受王位，也躲了起来。他们两人在周文王在世的时候，一起投奔周国，并定居下来。他俩听到武王要去讨伐纣王，就赶来阻止，并说这是大逆不道的行为。

太公望知道这两人是一对书呆子，吩咐左右将士不要为难他们，把他们拉走就是了。后来这两个人拒食周粟，躲到首阳山（今山西永济西南）上绝食自杀了。

一月下旬，周军抵孟津关隘（今河南孟州），会合了庸、卢、彭、濮、羌、蜀、髳、微等反商各国，短暂休整后，于一月二十八日继续挥戈东进，从汜地渡过黄河后进入中原，旋北上百泉，折而东行，直抵朝歌近郊牧野（今河南汲县北）。

二月四日拂晓周军在牧野安营扎寨，周武王召

牧野之战示意图

集群臣进行战略部署。

　　周军日夜兼程到达牧野的消息传入朝歌，商廷上下惊恐万分。商纣王大骂群臣尸位素餐，办事不力。无奈之下纣王只得征兵组织抵御，但东夷人的叛乱牵制了商朝主力军队，远在山东平叛的商军这时已无时间赶回朝歌应战周军。纣王就把大批奴隶临时武装起来，与国都守军整编成一支17万人的军队，自己亲自统率，开赴牧野周军屯地。

　　二月五日，周军庄严誓师。阵前武王义正词严地声讨商纣王听信谗言、诛杀肱股重臣、宠信妲己、不理朝政等累累罪行，周军深受激励，斗志昂扬，皆愿在伐纣战争中赴汤蹈火，誓死效命。武王又郑重宣读了纪律条文并布置了作战阵形，求整忌乱来提高战斗力。

　　战前充分动员后，武王命令周军对纣王军发起总攻。武王决定先发制人，他让太公望率2万精锐突击部队以迅雷不及掩耳之势突袭商军，纣王还未部署周密，商军就被周军冲击，阵脚顿时大乱。而商军中的奴隶和战俘之前从未受过严格的军事训练，战斗意志和纪律性都很差，再加上内心憎恨纣王从前对他们的虐待，并不乐意为之拼命；现在遭治军严谨、训练有素的周精兵疾攻，根本就难以抵挡，遂纷纷掉转戈矛攻向商正规军。商纣尽管体魄健硕，能以一当十，无奈已军起义反戈，又收不住阵脚，只能尽力招架。

　　周军元帅太公望深通谋略，运筹帷幄，即调骁将南宫适、洪锦各统5000人马从左右两面夹击商军。商军哪能经得住这两支生力军的猛攻，终于开始溃退。纣王知大势已去，拼命向东杀开一条血路逃回朝歌，商军17万人众瞬时土崩瓦解。

　　太公望下令乘胜攻打商都，武王又亲领1.5万精锐加入总攻，其中有兵车300乘。周军将士个个奋不顾身，猛冲商军。逃回朝歌后，商纣王看到大势已去，就于当夜躲进鹿台，烧了一把火，跳到火堆里自焚了。武王率大军进入朝歌，百姓们列队欢迎仁义之师。从汤到纣，商王朝历17代30王（不包括汤长子太丁），共555年，商王朝至此告亡。

　　周武王把国都从丰（今陕西西安西南）迁到镐京（今陕西西安西北沣水东岸），建立了周王朝。

第四节　西周灭亡

周公辅政

　　把商纣王彻底消灭后，武王进入商都，将商的畿内分为邶、鄘、卫三个国家，以邶封纣子禄父（即武庚），鄘、卫则由武王之弟管叔鲜、蔡叔度分别管制，合称三监，另外还有一说是管叔监卫、蔡叔监鄘、霍叔监邶，以监视武庚。安排好后武王派兵征伐尚未臣服的商朝诸侯，据记载征服者有99国，臣服652国。武王四年（约公元前1043年），武王还师西归，在他新迁的都邑镐京举行大型典礼，正式宣告周朝的建立。

　　周王朝建立后，所面临的政治形势十分严峻，武王以"小邦"之君统治如此规模的区域，随时都会发生诸侯叛乱的局势。为了巩固政权，适应新形势的需要，武王决定按功行赏，理顺统治集团的内部关系，实行以周王室为中心的

分封政治制度。首先受封的功臣主要有姜太公、周公旦、召公奭等人。为了控制广阔的新征服地区，周朝仍然应用商的分封制方法，把王族、功臣以及先代的贵族分封到各地做诸侯，建立诸侯国。先后受封的有鲁、齐、燕、卫、晋、宋、虢等71个诸侯国。

周武王建立周王朝后仅仅两年就生病死了。他的儿子姬诵即位，就是周成王。那时，周成王只有13岁，不能处理政务。于是由武王的弟弟周公旦辅助成王掌管国家大事，行使天子的职权。历史上，通常不直接称呼周公旦的名字，只称周公。

周公尽心尽力辅助成王，管理政事，但还是遭到周武王的弟弟管叔、蔡叔的猜忌，他们在外造谣说周公有野心，想篡夺王位。

这时，纣王的儿子武庚不满足于周朝封给他的殷侯地位，想重新恢复殷商的王位。武庚一听说周朝内部动荡不安，就和管叔、蔡叔串通起来，联络了一批殷商的旧贵族，还煽动东夷中几个部落，起兵叛乱。

武庚和管叔等人制造的谣言，很快传到镐京，一时谣言四起，连召公奭听了也怀疑起来。成王年小，更分不清事实真伪，所以对这位辅助他的叔父也不太信任了。

周公内心很痛苦，他首先向召公奭推心置腹地表明心意，告诉召公奭，他绝没有野心，让召公奭顾全大局，不要听信谣言。他的诚恳感动了召公奭，消除了大家对周公的误会。周公在调和了内部的矛盾之后，毅然调动大军，亲自东征武庚。

这时候，东方有几个部落都与武庚串通一气，蠢蠢欲动。周公授权给太公望：各国诸侯，有不服周朝的，都由太公望征讨。这样，由太公望控制东方，周公自己全力讨伐武庚。

周公花了3年时间，终于平定了武庚的叛乱，杀了武庚。周公平定了叛乱，把管叔革了职，将蔡叔充军。管叔觉得自己没有脸面去见他的哥哥和侄儿，便上吊自杀了。

周公东征结束时，抓获了一大批商朝的贵族。因为他们反抗周朝，所以叫他们是"顽民"。周公觉得让这批人留在原来的地方容易滋生事端，同时，又觉得镐京远离东部的广大中原地区，控制起来很不方便，他就在东面新建一座都城，叫作洛邑（今河南洛阳），把殷朝的"顽民"都迁到那里，派兵监视他们。

这样一来，周朝就有了两座都城。西都是镐京，又叫宗周；东部是洛邑，又叫成周。

周公辅助成王执政了7年，不仅加强了周王朝的统治地位，而且还为周朝制定了一套典章制度。到周成王满20岁的时候，周公把政权交还给成王。

周成王死后，他的儿子康王即位，这段时间前后约50多年，是周朝强盛和统一的时期，这就是历史上所说的"成康之治"。

周厉王毁国

成王、康王之后，周朝逐渐加重了对平民和奴隶的统治与剥削，刑罚也变得更严酷。周厉王是周王朝第十代国君，是个十分残暴的君主，他即位后对人民的压迫更加严酷了。

周国形成以后，渐渐破坏了原始部

落公有制的土地制度。周朝初年，周天子又分封了70多个诸侯国，把土地山林赏赐给各级贵族，国人（指居住在"国中"的平民，多为各级贵族的疏远宗族成员，此外也包括小手工业者、商人，以及其他一些居于社会下层的群众）可以进山采集果实、砍柴、打猎，在江河湖泊捕鱼。人们利用这些收入来添补生活上的不足。

周厉王宠信一个名叫荣夷公的大臣，荣夷公唆使他改变了原有制度，把原来公有的山林江河湖泊和贵族占有的山林土地收为国有，不准国人使用。荣夷公派兵在道路上设关立卡，盘查来往行人，不许人们上山打猎、下水捕鱼，把人们采集来的果实、山珍统统没收。他们还勒索财物，虐待人民。这样一来，上至贵族、大臣，下至平民百姓，都毫无例外地蒙受了经济损失。周厉王的暴虐措施，激起国人的强烈不满。

厉王对大臣芮伯良夫的忠告拒绝接受，提拔荣夷公为卿士，继续推行专利。于是全国民众怨怒，街头巷尾，到处都有人咒骂这种政策。后来，大臣召公虎进宫奏报厉王，说外面的百姓对朝政不满，到处都在议论国事，并劝说厉王及早改变做法，免得出乱子。周厉王不仅不听劝说，还从卫国找来巫师，让他用巫术监视发表不同意见的怨恨者，并告谕国中，有私议朝政者，杀无赦。卫巫在厉王的纵容下，肆意陷害无辜，不少人死于非命，他还说这是神灵的意愿。于是，人们不敢再在公开场合说话，路途相逢也只能以目示意。

这样到了第四个年头，也就是公元前841年，人们终于忍受不了周厉王的残暴，掀起了一次大规模的暴动，史称

"国人暴动"。参加暴动的人有平民，也有贵族，开始仅几十人，后来迅速发展到几万人，整个镐京成了沸腾的海洋。国人拿起武器、农具，像洪水一样向王宫冲去。王宫卫士看到愤怒的人群，吓得纷纷躲避起来。周厉王顾不得体面，慌里慌张地带了一批人逃命。他一直逃到彘地（今山西霍县东北）才停了下来，总算保住了一条命。

国人冲进王宫烧毁了宫殿，搜遍了各个角落也没有找到周厉王，听说他的儿子静躲在召公虎家里，于是又围住召公虎家。召公虎无法控制住人们愤怒的情绪，出于无奈，只好将自己的儿子冒充静交给人们处死，这样才平息了这场规模巨大的暴动。

周厉王被赶下台后，朝廷里没有国王，国内人民拥戴大臣周公和召公主持国政，替天行使职权，历史上称为"共和行政"（一说由国人共推诸侯共伯和执掌王政）。从共和元年，即公元前841年起，中国历史才有了确切的纪年。周厉王从这一年一直到共和十四年（公元前828年），一直待在彘地没敢回来，最后死在那里。这次起义动摇了周王朝的统治。在起义者的打击下，周室王权大大削弱了，诸侯对王室的离心倾向越来越大。后来周厉王的儿子静即位，就是周宣王。

烽火戏诸侯

周宣王在公元前781年死了，太子宫涅即位，这就是周幽王。周幽王又是一个昏君，只知吃喝玩乐，不理政事。

幽王继位的第二年，泾、渭、洛地区发生强烈地震。百姓的生命财产遭受巨大损失，动荡不安的政局日益加剧。

周幽王不仅残暴昏庸，而且耽迷女色。他整日派人四处寻找美女。有一个叫褒珦的大臣，劝谏幽王节制享受，幽王不仅不听，反而把褒珦判了罪。

褒珦被关入监狱 3 年，褒族人十分焦急，他们想了各种办法，解救褒珦。有人说，用珍宝赎罪；也有人说，找个美女送去，替褒珦赎罪。

后来，褒珦家人将褒姒进献给周幽王。周幽王一见褒姒貌若天仙，马上就把褒珦释放了。从此，幽王整天与褒姒在后宫饮酒作乐，将朝政抛在脑后。

然而，幽王虽然宠爱褒姒，但褒姒性格内向，不喜笑颜，任凭幽王想尽一切办法讨她欢心，褒姒都笑不出来。

有一天，幽王忽然心血来潮，让人在宫外贴一个布告：有谁能逗王妃娘娘笑一次，就赏他 1000 两金子。

奸臣虢石父得知后，马上向幽王献计，用"烽火戏诸侯"的玩笑来博取褒姒一笑。烽火是古代军情危急时的报警信号，周王朝在骊山上建有 20 多座烽火台，每隔几里便有一座，专门用来防备西戎的进攻。一旦西戎来犯，烽火台上的烽火会像接力棒一样点燃，一个地点一个地点传下去，附近的诸侯远远见了就会发兵来救援。

第二天，幽王兴致勃勃地携爱妃褒姒上了骊山，他们白天在骊山吃喝玩乐，到了晚上，让士兵把烽火台的烽火点了起来。附近的诸侯一见黑烟滚滚的烽火狼烟，以为西戎兵打来了，立即率兵来援。赶到时，却不见西戎兵的影子，只听见山上丝竹管弦之声。这时虢石父从山上下来说，大家辛苦了，这里没有什么事，大王和王妃放烟火不过想取个乐，你们回去吧！

诸侯们从老远跑来，却被幽王耍乐一番，一个个气得肺都要炸了，掉转马头就走。褒姒在山上，借着火光看到诸侯们气愤、狼狈的样子，真的笑了一下。幽王瞧见了她这一笑，不由得心花怒放，马上赏给虢石父 1000 两金子。

幽王自宠幸褒姒以后，被她迷得神魂颠倒，竟然想废掉太子宜臼，改立褒姒生的儿子伯服为太子。

周幽王在幽王五年（公元前 777 年）废申后及其太子宜臼的时候，遭到大臣卿士极力反对，但周幽王一意孤行。宜臼被废后，逃难到其母家申国。这时候周王朝的力量十分衰微，只相当于一个中等诸侯国的力量，齐、鲁、晋、卫已不听从周王朝的调遣与命令。申侯虽不满姬宫湦，但还没有公然叛周。幽王八年（公元前 774 年），周幽王立褒姒之子伯服为太子，遂使周、申之间矛盾趋于表面化。幽王九年（公元前 773 年），申侯与西戎及邻侯联合，准备反周。第二年，周幽王针锋相对，与诸侯结盟于太室山，并派兵讨伐申国以示威。幽王十一年（公元前 771 年），申侯与邻国、西戎举兵讨伐镐京，幽王下令点起烽火求援，结果各路诸侯对上次的羞辱记忆犹新，加上对幽王昏庸乱政的不满，连一个救兵也没有派。西戎兵很快攻破周都镐京，把逃到骊山脚下的幽王和伯服杀了，又把美貌的褒姒抢走了。

幽王死后，申侯、鲁侯和许文公在申国立原来的太子宜臼为王，这就是周平王。平王后来回到镐京，看到镐京已被西戎人破坏得面目全非，只好于公元前 770 年，东迁至洛邑。历史上把周朝定都镐京的时期，称为西周；迁都洛邑之后的时期，称为东周。

第二章 中原争霸

第一节 春秋图霸

春秋五霸

一般来说，春秋五霸指的是齐桓公、晋文公、秦穆公、宋襄公和楚庄王五位著名国君。但是，也有人将宋襄公排除在外，以越王勾践代之。

公元前 685 年，齐桓公即位，打着"尊王攘夷"的口号，帮助燕国打败山戎，又帮助卫国打败狄人，这就是有名的"存邢救卫"。公元前 656 年，齐桓公率领齐、鲁、陈、曹、卫、宋、郑、许共八个国家的军队攻打进犯郑国的楚军，与楚国议和，齐桓公率先称霸。

公元前 636 年，晋国公子重耳结束

齐桓公与管仲书像砖
出土于山东嘉祥，反映了法家思想在春秋战国时期受到当政者的推崇与重视。

流亡生涯，即位为侯，史称晋文公。不久，晋文公率领晋、宋、秦、齐四国军队打败以楚为首的楚、陈、蔡三国军队，于公元前 632 年在践土（今河南原阳西南）会盟诸侯，成就霸业。

公元前 659 年，秦国争霸中原的野心突显出来。公元前 627 年，秦军在偷袭郑国未果的情况下灭掉了晋国的一处边邑，班师回国。秦、晋在崤山（今河南洛宁西北）激战，秦军大败，转向西发展，称霸西戎。

宋襄公于公元前 638 年与楚国大战于泓水（今河南柘城）一带，由于宋襄公坚持君子作风，未乘楚军之危进攻而致大败。宋襄公也因受伤去世，图霸未成。

公元前 689 年之后，楚国通过兼并周围的小国，日益强大。公元前 606 年，楚庄王挥师北上，问鼎中原。此后，他继续吞并小国，占据长江、淮河流域，成为拥有疆土最大的春秋霸主。

诸侯纷争的同时，诸侯各国的内部斗争也日趋激烈，其中，晋国发生的三家分晋事件最具代表性。

百家争鸣

春秋战国时期，社会处于分化组合的大变动时期，旧的思想、观念受到冲击，新的思想和观念开始产生，许多拥有知识并具有从政能力的人纷纷奔走各国，宣扬自己的政治主张。由于他们的观点和主张各不相同，因此，人们常将这一时期称为"百家争鸣"时期。在众多的学说派别中，又以儒家、墨家、道家、法家、兵家、农家、名家、阴阳家、纵横家、小说家、杂家等较为著名。

儒家继孔子（约公元前551—前479年）之后，以孟子（公元前390—前305年）最为著名。孟子民贵君轻的思想，历来受到人们的重视。此后，荀子（公元前313—前238年）成为儒家的集大成者，他针对孟子的"性善"论提出"性恶"论，并宣扬民众的力量。孟子和荀子都有书传世，分别被定名为《孟子》和《荀子》。

道家的著名代表人物是老子，生卒年月不详。他继承杨朱的观点，主张清静无为，含有朴素辩证法思想，传世名著有《老子》一书。此后，庄子（约公元前369—前286年）撰写《庄子》，主张"道"是世界的本原，人们应该无为而治。

墨家的创始人是墨子（约公元前468—前376年），他主张"兼爱""非攻"，反对奢侈，提倡节俭。他的学说后来被整理成书，定名为《墨子》。

在各国变法时期，法家思想备受人们的关注。其著名代表人物有李悝、商鞅和申不害等。战国时期，韩非（约公元前280—前233年）著有《韩非子》一书，成为法家思想的集大成者。

除此之外，以孙武和孙膑为代表的兵家，以惠施和公孙龙为代表的名家，以许行为代表的农家也备受瞩目。

第二节　战国争雄

三家分晋

东周时期，诸侯国内有大夫被分封采邑，因为诸侯兼并，某些诸侯国土地扩大了，国内某些采邑也跟着扩大起来。大采邑间由开始兼并到盛行兼并，与诸侯兼并走着同样的道路，不过两种兼并的作用却明显有所不同。诸侯兼并破坏了被灭国的宗族，加强了本国内的宗族；采邑兼并则是破坏了国内失败的宗族。家族代宗族而兴起，这主要是战争的结果。

食采邑的贵族有两类。一类是国君的儿子，按规定，嫡长子得以继承君位，其余众子食采邑做大夫，如鲁国的三桓，郑国的七穆，齐国的高、国、崔、庆等。一类是有功的异姓人，也得食采邑做大夫，如晋国六卿中范氏、赵氏，齐国陈（田）氏等。大夫的采邑与名位

三家分晋示意图

都是子孙世世继承不绝，国君在这些世袭贵族中选出一人或数人做卿，助国君掌管国政。到后来，在华夏诸侯国如晋、齐、鲁、宋、郑、卫等国，卿也成为子孙世袭，国政被几家世卿把持，某些"私家"（大夫）变为强宗，而"公室"（诸侯国国君）衰微。

大夫被宠或有功或有权力，可以获得国君的赏田、赏人，也可以向国君请赏，或瓜分其他宗族的土地，甚至可以瓜分公室。鲁国在公元前562年，季孙、孟孙、叔孙三家三分公室，作三军各得一军；到公元前537年，三家又四分公室，季孙得二，孟孙、叔孙各得一，季孙私属甲士多至7000人。

东周前期，诸侯武力兼并，晋悼公兴霸业，先给人民免旧欠、救灾难、轻赋敛、赦罪人等好处。东周后期，齐国田氏、晋国的韩、赵、魏三家，政治上比较开明，所以成为大夫兼并的最后胜利者。

在周代初年的所有封国中，晋国的面积最大，力量最强，最有资格统一中国。

晋国国君的权力衰落后，实权由中行、范、赵、魏、韩、智六家大夫把持，他们又以自己的地盘和武装，争权夺利，互相攻战。后来只剩韩、赵、魏、智四家。四家中智伯瑶势力最大，野心也最大。智伯瑶打算下一步侵占韩、赵、魏三家的土地，于是把赵襄子、魏桓子、韩康子三大夫请到家中，设宴款待。席间智伯瑶对三家大夫说："晋文公时，晋国是中原霸主，后来霸主地位被吴、越夺去了。为了重振晋国雄风，我主张每家献出一百里土地和相应的户口交国君掌管。"韩康子害怕智伯瑶的势力，首先表示赞同，愿把韩家土地和一万家户口交

给国家；魏桓子心里不愿意，但也不得不表态，也把百里土地和九千家户口交给智家，智伯瑶见赵襄子一言不发，便用言语威胁他。赵襄子性格耿直，看智伯瑶贪婪的样子，非常气愤，便说："土地是祖宗遗产，要送给别人，我实在不敢做主。"智伯瑶听罢立刻翻脸，智、赵席上争吵不休，赵襄子一甩袖子走了。智伯瑶立刻决定讨伐，并亲自带兵马为中军，让韩为右军，魏为左军，三军直奔赵城。赵襄子寡不敌众，边战边退，退到晋阳（今山西太原）闭关固守。整整打了两年的仗，智军就是攻不下赵城。

智伯瑶无计可施，十分恼火。一天智伯瑶绕赵城察看地形时，看到晋阳城东北有晋水河，水势湍急，受到启发。智伯瑶便命令士兵筑坝蓄水，想把晋阳全城淹没。

大水淹进晋阳城以后，赵襄子焦虑不安，愁眉不展，就与谋士张孟谈探讨对策。张孟谈分析说："攻城不如攻心。我看韩、魏把土地割让给智家，并不是心甘情愿的，我们何不派人游说，把韩、魏争取过来，请他们帮我们一起对付霸道的智伯瑶？"赵襄子赞成这个主意，就派张孟谈连夜出城，直奔韩、魏两营。韩、魏二大夫正担忧自己的前途，经张一说，都赞同合力对付智伯瑶。

第二天深夜，智伯瑶在营帐里睡得正香，突然听见一阵喊杀声。他连忙披衣察看，发觉床下到处是水，以为大堤决口的水从晋阳城漫过来了，心里还挺高兴。但出帐外一看，兵营里一片汪洋，士兵给突来的大水弄得惊慌失措，乱作一团。智伯瑶惊魂未定，转瞬间，三家军兵分由韩、赵、魏大夫带领，撑着木筏，从四面八方冲杀过来，打得智家军

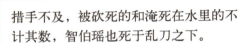

措手不及，被砍死的和淹死在水里的不计其数，智伯瑶也死于乱刀之下。

韩、赵、魏全歼了智家军，并乘势瓜分了晋国土地。公元前403年，三家派使者上洛邑去见周天子，要求晋封他们为诸侯。周天子见木已成舟，也就顺水推舟送个人情，正式晋封韩虔、赵籍、魏斯三人为诸侯。

从此以后，韩、赵、魏都成为中原大国，与秦、楚、燕、齐四个大国并称为"战国七雄"。

商鞅变法

在战国七雄当中，秦国的政治、经济、文化各方面落后于中原各诸侯国。

公元前361年，秦国的新君即位，这就是秦孝公。他下决心发愤图强，把秦国治理成强国，他做的第一件事就是搜罗人才。卫国的一个贵族公孙鞅（就是后来的商鞅）在卫国的时候，国君不重用他。他听说秦国在招收人才，便来到秦国，托人把自己引荐给了秦孝公。

商鞅对秦孝公说："一个国家要富强，必须发展农业，奖励将士；治理国家，必须有赏有罚，赏罚分明，朝廷就会树立起威信，一切改革也就容易实行了。"

商鞅的一席话非常符合秦孝公的心意。可是秦国的一些贵族和大臣却竭力反对。

过了两年，秦孝公控制了朝廷，稳定了君位，就拜商鞅为左庶长（秦国的官名），并把改革制度的事全权给予商鞅决断。

于是，商鞅起草了一个改革的法令，其变法内容主要为：

"令民为什伍"，实行连坐告奸之法。就是在按五家为一伍，十家为一什

的户籍编制的基础上建立一种相互告发和同罪连坐的制度，告发"奸人"的可以同斩得敌人首级一样受赏，不告发的要被腰斩。这样就摧毁了"父为子隐，子为父隐"的"亲亲"宗法关系，代之以一种纯粹的政治上的君臣关系。

重农抑商，奖励耕织。凡努力生产多缴纳租税的，免去其本身徭役，凡弃农经商或怠惰以致贫穷交不起租税的农民，没为官府的奴婢。

奖励军功，建立军功爵制。按军功大小授予相应爵位，并赏给相应的田宅、奴婢等。国君宗族无军功的不能列入公族属籍，不能享受贵族特权。

但是商鞅担心老百姓不信任他，不遵守新法令。他便想了个法子，叫人在都城的南门竖了一根三丈高的木头，下命令说："谁能把这根木头扛到北门去，就赏这个人10两金子。"

不一会儿工夫，南门口围了一大堆人，大伙儿你瞧我，我瞧你，就是没有一个人上前扛木头。

商鞅知道老百姓不相信他的命令，就把赏金又加了40两。可是，赏金越高，看热闹的人越觉得不近情理，仍旧没人敢去扛。

正在大伙儿犹豫不定的时候，从人群中跑出来一个人，那人说："我来试试。"边说边扛起木头就走，一直扛到北门。

商鞅立刻派人赏给扛木头的人50两金子。这件事立即传播开了，一下子轰动了秦国。从此，老百姓都知道左庶长的命令不含糊。

为了进一步巩固秦国的统治，加强中央集权，商鞅于周显王十九年（公元前350年）进行了更大规模的变革。

"开阡陌封疆"，废除井田制。"开阡陌封疆"就是废除土地国有，把标志土地国有的阡陌封疆去掉。井田制首废于晋六卿中的赵氏。商鞅变法吸收赵氏改革的经验，并加以发展，在秦国境内正式废除井田制，确认地主和自耕农的土地私有制，在法律上公开允许土地买卖，并将政府拥有土地的授田制度扩大，便于地主经济的发展，增加地主政权的地税收入。

大力推行县制。商鞅第二次变法以前，在秦国某些地区就已存在县一级的行政机构。商鞅变法将这一行政机构推行于全国，使之成为秦国地方政权的基本组织形式。最初设置的县有 30 多个，其后，随着国土的扩张，又增加了许多。每县设县令和县丞，全县最高行政长官是县令，县丞是县令的助手。万人以下的县设县长。此外还设县尉，掌管全县军事。县制的普遍推行，把地方政权和军权集中到中央，巩固了中央集权的封建统治。

统一度量衡。此前，各地度量衡不一，不便于贸易往来。统一斗、桶、权、衡、丈、尺等度量衡后，地区间的商业往来十分便利，商业很快就兴旺起来，这一切对赋税和俸禄制的统一产生了积极作用。

扩大疆域，迁都咸阳。咸阳南临渭河，北依高原，地处秦岭怀抱，既便于往来，又便于取南山之产物。咸阳城规模宏伟，城内建筑有南门、北门、西门，由商鞅监修的咸阳宫在城内，是由众多的宫殿连接而成的宫殿群，雄伟壮观。为了加强秦国的封建统治，商鞅按照中原民族的风尚、习俗，将秦的社会风俗改变。这次变法同样获得了巨大成功，

商鞅像

秦的国力在变法之后继续上升，为秦统一六国创造了条件。

从商鞅变法以后，秦国的农业产量增加了，军事力量也强大了。不久，秦国进攻魏国，从河西打到河东，最后攻下了魏国的都城。

公元前 350 年的第二次改革遭到了许多贵族、大臣的反对。有一次，秦国的太子犯了法。商鞅对秦孝公说："国家的法令人人都要遵守。如果当官的人不去遵守，老百姓就不信任朝廷了。太子犯法，应当惩罚他的师傅。"

后来，商鞅治了太子的两个师傅公子虔和公孙贾的罪，一个割掉了鼻子，一个在脸上刺上字。这样一来，一些贵族、大臣都不敢触犯新法了。

张仪连横

秦国经过改革，国力日渐增强。面对势力不断扩张的秦国，其他六国都感到恐慌。为了抵抗秦国，有人建议六国采取联合抗秦的策略。这种策略叫作"合纵"。另有一些人站在秦国一边，拉拢各国与秦国合作，打击其他国家，这种策略叫作"连横"。在主张"连横"的政客当中，要数张仪最有名望。

张仪是魏国人，他早年和苏秦同在

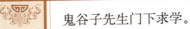

鬼谷子先生门下求学。

张仪学完课业之后，告别了老师和同学，到诸侯国去进行游说。

张仪历经千辛万苦到了秦国。这时，秦孝公已经死了，他的儿子秦惠文王即了位，张仪凭借他的口才，果然得到秦惠文王的信任，当上了秦国的相国。这时候，六国正在组织合纵。

在六国当中，要数齐、楚两国最强大。张仪认为要实行"连横"，必须拆散齐国和楚国的联盟，他向秦惠文王献了个计策，他假装辞去秦国相位，带着厚礼，以游说者的身份投奔楚国。

楚怀王对张仪在秦的显赫地位早有耳闻。张仪一到楚国，楚王就盛情款待了他。

楚王对张仪说："您来我们这个偏僻落后的国家，有什么指教吗？"

张仪接过话说："大王如果能听我的意见，首先同齐国断交，不再同它往来，我能把秦国商、於（两地在今河南淅川内乡一带）的600里土地献给贵国，让秦王的女儿嫁给大王做妻妾。秦、楚两国之间娶妇嫁女，结为亲戚，永远和好。这样，北边削弱了齐国的力量，西边得到秦国的好处，我看没有比这更

士的崛起
战国时期，养士之风盛行。士与主人之间建立起一种新型的隶属关系。张仪、苏秦便出自于这样的阶层。

好的主意了。"楚王喜出望外，赞成张仪的主张，一群溜须拍马的大臣都向楚王祝贺。

楚国把相印交给张仪，宣布与齐国解除盟约，并派使臣随张仪接收商、於之地。

张仪出使楚国的目的达到了，他一回到秦国便假装从马上掉下来伤了脚，一连3个月都不理楚国使臣。后来，齐国见楚国不讲信义，便与秦国联合了。张仪见计划实现了，便把楚国使者打发走了。楚国使者再一次向张仪索要土地时，张仪耍赖不承认有这回事了。

使者回来一报告，楚怀王怒不可遏，发动10万大军攻打秦国。秦惠文王也发兵10万人迎战，齐国赶来助战。楚国一败涂地，10万人马只剩了两三万，商、於600里地没到手不说，还被秦国夺去了汉中600里地。

后来，张仪又放心大胆地去韩国、齐国、赵国、燕国等国逐一地推行他的连横策略。在他策划下，秦对韩、魏采取软硬兼施的策略，迫使这些国家就范，力图侍奉秦国以求相安无事。张仪还曾率军向东侵伐，使秦完全占有了河西、上郡等地，并在河东占有土地，国威大振。

张仪作为一个纵横家，活跃在战国的政治舞台上，他以言辞和策术游说各国君主，成为战国时期特有的政治活动家。

乐毅伐齐

齐湣王在位期间，骄横霸道，常常欺负弱小的国家。这样一来，许多诸侯国对他都不满，特别是燕国。

燕国也是战国七雄之一，在燕王哙

做国君时，用子之为丞相，后来，燕王哙听信了坏人的主意，把国君的位子让给了子之，结果把国家搞得混乱不堪。齐国趁机进攻燕国，燕差点被灭掉。燕王哙死后，燕昭王即位，他恨透了齐国，总想报仇雪恨，但自知国小地僻，力量对比悬殊，于是他礼贤下士。有人对燕昭王说，老臣郭隗有见识，请他帮助招贤纳士准错不了。燕昭王与郭隗一交谈，果然觉得郭隗很有才能，便为他造了一座精美的住宅，还拜郭隗做老师。各国有才能的人听说燕昭王真心实意地招募人才，便纷纷来到燕国。乐毅以魏昭王使节的身份来到燕国，燕王用宾客之礼接待他，被乐毅婉言谢绝，并在昭王面前声声称臣。燕昭王高兴地任他为亚卿，经过考察，发现他非常有才能，便把国家大事交他处理。

经过几年的努力，燕国国力日盛，燕昭王看到齐国潜在的危机逐渐暴露，便与乐毅商讨如何征伐齐国。乐毅认为齐国地广人多，单靠燕国的力量不容易取胜，建议联合其他国家一同攻齐。燕昭王赞成乐毅的意见，派乐毅去赵国联络，派其他使者联合楚、魏两国，还叫赵国去说服秦国共同出兵。诸侯各国深受齐湣王骄矜暴戾之害，都愿意跟燕国讨伐齐国。

乐毅等回来禀报燕昭王，燕昭王见时机成熟，便任命乐毅为上将军，统领全国军队。与此同时，赵惠文王也把相国的印交给了乐毅，授给他全权。公元前284年，乐毅统领赵、魏、秦、韩、燕五国的军队进攻齐国，齐军不敌众国倒山倾海之势，大败。齐将达子召集逃亡的齐军士兵，整顿后继续作战，想以此挽回败局，但齐湣王不予援助。达子率军在秦周（今山东临淄西北）与五国联军再次交锋时又被打败，达子死于乱军之中。两次战役使齐国主力受到重创，不能再与五国联军交战。乐毅遂遣还秦、韩等国军队，让魏国进攻原宋国地区，赵国去攻取河间，自己亲率燕军长驱进击，攻打齐都临淄，齐湣王逃走。齐国疆土分裂，势力大减。五国联合伐齐，是战国时的一场大战。后来，六国之间的自相残杀愈演愈烈。

远交近攻

赵国因为将相和睦，同仇敌忾，使秦国不敢侵犯。秦国便把矛头指向其他国家。到了公元前270年，秦国又派兵攻打远离秦国的齐国。

正在这时，有人向秦昭襄王推荐一个人，他叫范雎。

范雎是魏国人，才高八斗，能言善辩，但家境贫寒，在魏国大夫须贾府里当门客。

有一回，魏昭王要与齐国结盟，派遣须贾出使齐国。须贾带着范雎一起去了。齐襄王听说范雎很有才能，便想与他交好，特意叫手下人赏赐给范雎很多黄金以及佳肴美酒。范雎想到自己的身份不便接受这份厚礼，于是再三推辞不受，有人把这件事告诉了须贾。

几天后，须贾率随员回到魏国，向魏国的相国公子魏齐告发。魏齐立即派人把范雎抓起来，严刑拷问，几次把范雎打得昏死过去，牙齿打掉了，肋骨也打折了，浑身上下皮开肉绽。范雎只好直挺挺地一动不动，假装已经被活活打死。魏齐以为范雎死了，叫人把范雎用破席卷起来扔到厕所里，天黑后，范雎才从席子里爬出来。

郑国的郑安平与范雎有很深的交往，他钦佩范雎是个难得的人才，暗地里把范雎救下来，连夜帮他逃出虎口，改名张禄。

后来，秦昭襄王派使臣王稽访求贤士，郑安平扮作士兵模样服侍王稽，找机会向王稽推荐了张禄。经过交谈，王稽觉得张禄的确是个难得的大才，便设法把张禄带到秦都咸阳。

秦王非常恭敬地请范雎进宫，虚心求教。范雎分析了各国的情况，主张对于远离秦国的国家，要采取联合的策略；对于邻近秦国的国家，采取进攻的策略。如果攻打遥远的国家，即使打胜了，也不好管理。而攻占了邻近的国家，那么这个国家的土地，都是自己的了。秦昭襄王听后大加赞赏，立刻拜范雎为客卿。过了几年，正式拜他为秦国宰相。秦王振兴朝政后，准备攻打魏国。

魏王听说秦国要发兵攻魏，忙派须贾出使秦国求和。范雎听说须贾来到秦国，便扮作贫寒落魄的样子，前往馆舍见须贾。须贾见到范雎还活着，吓了一跳，问道："你还活着呀，你现在在干什么？"范雎答："我就在这儿给人家干杂活。"须贾看到范雎的可怜相，就让人取了一件锦袍送给范雎。须贾顺便问道："听说秦国宰相张禄很得秦王的赞赏，我很想见见他，不知有没有人能给我引见！"范雎笑了笑说："我家主人同张相国很有交情，我倒愿意替须大人说句话。"须贾说："那太好了。"

到了第二天，范雎带须贾到了相府门口，范雎让须贾在门口等候，自己一直走进相府内，门卫们不加盘问还肃然施礼。此景须贾都一一看在眼里，觉得有些不对劲儿，便忍不住向守门人打听："我今天特来拜会你家主人，不知你家主人在不在家？"守门人告诉他："刚才陪你一起来的就是我家主人，秦国宰相张大人。"须贾一听吓得目瞪口呆。一会儿听到里面传唤："相爷叫须贾进去。"须贾慌忙匍匐在地爬着进入大厅，见到高堂上坐的丞相正是范雎，便连连磕头说："须贾罪该万死，请相国饶恕小人的罪过吧！"范雎愤怒地痛斥须贾一番。接着又说："昨天你送我一件锦袍，念你还有一点良心，饶你一命。今天交你一个任务，回去替我告诉魏王，把魏齐脑袋送来。不然的话，我要发兵直取魏都大梁。"须贾狼狈地退出相府，赶紧回国把范雎的话告诉了魏王，魏齐知道在魏国会成为牺牲品，再也无法待下去了，他偷偷地逃到赵国去，躲在平原君门下避难。

后来，秦国答应了魏国的求和条件，按照范雎的远交近攻计策，先出兵攻打韩、魏，同时，为了防止齐国与韩、魏结盟，秦昭王还派使者主动与齐国结盟。开始时，齐虽不愿意秦抢先兼并中原而图谋合纵伐秦，但它同时也怕其他小国强大难制。秦正是利用这一点开展远交近攻的。

到秦王嬴政时，他依然坚持"远交近攻"之策，远交齐、楚，首先攻下韩、魏，然后又从两翼进兵，攻破赵、燕，统一北方；攻破楚国，平定南方；最后把齐国也收拾了，实现了四海归一、统一中国的愿望。

荆轲刺秦王

秦国用计拆散了燕国和赵国的联盟，又趁机攻占了燕国的几座城池。

燕国的太子丹原来留在秦国当人

质，他见秦王政有兼并列国的野心，又夺去了燕国的土地，便设法逃回了燕国。太子丹回国后，寻找能刺杀秦王政的人。

太子丹物色了一个很有本领的勇士，名叫荆轲。他把荆轲奉为上宾，把自己的车马给荆轲坐，让荆轲一起享用自己的饭食、衣服。

公元前 230 年，秦国灭韩国。两年后，秦国大将王翦攻占了赵国都城邯郸，向燕国进军。燕太子丹十分着急，就去找荆轲，商议如何刺杀秦王。

荆轲说："要挨近秦王身边，必须先让他相信我们是去向他求和的。听说秦王早就想得到燕国的土地督亢（今河北涿州一带），还有流亡在燕国的秦国将军樊於期，秦王正在悬赏抓他。我要是能拿着樊将军的头和督亢的地图去进献，秦王一定会接见我。这样，我就可以下手了。"

太子丹说："把督亢的地图带去没有问题，但是樊将军受秦国迫害来投奔我，我怎么忍心伤害他呢？"

荆轲知道太子丹不忍心杀樊於期，就私下去找樊於期，跟樊於期说："我决定去行刺，怕的就是见不到秦王的面。现在秦王正在悬赏捉拿你，如果我能够带着你的头颅给他送去，他一定会接见我的。"樊於期二话没说，拔出宝剑，刎颈自杀了。

荆轲临行前太子丹交给他一把锋利的匕首，这是一把用毒药煮炼过的匕首，只要被它刺出一滴血，就会立刻气绝身亡。太子丹又派了个年仅 13 岁的勇士秦舞阳，做荆轲的助手。

荆轲出发时，太子及宾客都穿白衣戴白帽到易水边为他饯行。荆轲的朋友高渐离击筑，荆轲慷慨悲壮地唱道："风萧萧兮易水寒，壮士一去兮不复还！"唱完上车离去，头也不回一下，表示了他义无反顾的决心。

荆轲到了咸阳。秦王政一听燕国派使者送来了樊於期的头颅和督亢的地图，十分高兴，就传令在咸阳宫接见荆轲。

到了秦国的朝堂上，荆轲从秦舞阳手里接过地图，捧着装了樊於期头颅的木匣上去，献给秦王政。秦王政打开木匣，里面果然装着樊於期的头颅。秦王政又叫荆轲把地图拿来。荆轲把一卷地图慢慢打开，到地图全都打开时，荆轲事先卷在地图里的那把浸过毒的匕首就露了出来。

秦王政见了，惊呼。荆轲连忙抓起匕首，左手拉住秦王政的袖子，右手握着匕首向秦王政的胸口刺去。

秦王政使劲挣断了那只袖子，便往外跑。荆轲拿着匕首追了上来，秦王政一见跑不了，就绕着朝堂上的大铜柱子跑。荆轲紧紧地在后面追，两个人在柱子的旁边周旋起来。

过了一会儿，有个伺候秦王政的医官，急中生智，把手里的药袋向荆轲扔了过去。荆轲一闪身的工夫，秦王政往前一步，拔出宝剑，砍断了荆轲的左腿。

这时候，侍从的武士一拥而上，杀死了荆轲。台阶下的勇士秦舞阳，也死在了武士们的刀下。

秦王政统一天下后，高渐离借击筑之机，扑击秦王政，也失败被杀。秦王政因此终身不再接近各诸侯国的人。

第三章 九州一统

第一节 天下归秦

天下归一统

嬴政在亲政后，用了大约九年的时间，确立自己的绝对权威。对六国的斗争也由先前的蚕食变为吞并。他根据李斯的建议，确立了"先取韩，以恐他国"的策略。从公元前230年起，嬴政全面发动了兼并六国的统一战争。

战国后期，七雄中只有赵国是可以勉强与秦国抗衡的国家，但是在公元前262年的长平之战中，赵国惨败，40万赵军被坑杀，赵国实力大损，其他国家更加无力抵御秦国的进攻。

嬴政亲政，更把削弱赵国的军事实力作为统一的重要一步，并于公元前236年和公元前232年先后两次进攻赵国，但由于赵国大将李牧的英明指挥而没有成功，不过也使赵国的实力大为削弱。

公元前230年，秦王嬴政令内史腾率领大军转而进攻韩国，韩国几乎没有进行任何抵抗，就被秦军迅速攻下其都城新郑，并且韩王安也被俘虏了。韩国灭亡，秦国在此设颍川郡。

第二年，即公元前229年，秦王嬴政派大将王翦率兵从上党进攻赵国，赵国仍然由李牧率兵抵抗，双方相持达一年之久。于是秦国使用反间计，以重金贿赂赵王宠臣郭开，向赵王诬陷李牧，结果李牧被罢，后被处死。这样，赵国无人可以统兵抗敌，于是，王翦在公元前228年俘虏赵王，并攻入赵国都城邯郸。赵国灭亡。

灭赵同时，秦已兵临燕境。燕国自知无力抵抗，太子丹于是孤注一掷，重金雇勇士荆轲，于公元前227年遣其入秦刺杀秦王，结果刺杀未遂。

秦王政杀了荆轲后，余怒未消，他立即命令大将王翦加紧攻打燕国。燕国哪里抵挡得住秦军的攻打，很快就溃败下来。秦军不肯罢休，非要抓住太子丹不可。燕王喜被逼无奈，只好杀了太子丹，向秦国求和。

秦王政打败了燕国，又听从尉缭的计策，派王翦的儿子王贲带兵十万进攻魏国。魏王派人向齐国求救，齐王建没有回应。

公元前225年，王贲灭了魏国。灭魏同时秦已策划伐楚。秦王问诸将灭楚需多少兵力，青年将领李信说需20万，而老将王翦则认为非60万不可。秦王以为王翦年老怯战，否定了他的意见，而派李信、蒙恬领兵20万攻楚。公元前225年秦军南下伐楚，楚将项燕率军抵抗，初时秦军进展顺利，在平舆和寝击败楚军，进抵城父。但楚国毕竟地大兵多，项燕在城父集结数十万楚军发起反击，大败秦军，李信败逃回国。秦王方知王翦估兵不虚，屈尊亲自登门向王翦赔礼，命他征楚。

公元前224年，大将王翦带领60万人马，浩浩荡荡向楚国进攻。楚国也出动全国兵力奋起抵抗。

王翦到了前方后，修起了壁垒，坚守不出。楚国大将项燕一再挑战，他也不理睬。

几个月的时间一晃而过，双方的将士都因为无仗可打而心烦。王翦四处巡视，见将士们无所事事，就想了个办法：让大家每天吃饱睡好后，比赛跳远、蹦高和投掷石块。这样一来，将士们不像原来那样无所事事、士气消落，而是生机勃勃、士气高涨，无形中成了全军大练兵。而楚军屡次挑战不成，整日无所事事，军中烦躁、懒散风气日盛。

过了一段时间，项燕认为王翦是上这儿来驻防的，就不怎么把秦国的军队放在心上了。没想到在项燕没有防备的时候，秦军突然发起进攻，60万人马一拥而上杀过去。楚国的将士如梦方醒，晕头转向地抵抗了一阵，便各自逃命去了。秦军一鼓作气打到寿春（今安徽寿县西），俘虏了楚王负刍。楚国就此灭亡了，这一年是公元前223年，秦王政二十四年。

王翦灭楚之后，回到咸阳。由他的儿子王贲接替做大将。公元前222年，王贲灭掉燕国，进而攻占了赵国最后留下的代城。

这时候只剩下一个齐国了。齐王建向来不敢得罪秦国，每回遇到诸侯向他求救，他总是拒绝，他满以为齐国离秦国远，只要死心塌地听秦国的话，就不会遭到秦国的进攻，等到其他五国一一被秦国吞并掉，他才慌手慌脚。

公元前221年，王贲带了几十万秦兵直扑临淄。没有几天，秦军就攻进了临淄，齐王建也束手就擒了。

自从公元前475年进入战国时期起，各诸侯国经过250多年的征战，终于被秦国各个击破，结束了长期的诸侯割据的局面，建立了一个统一的多民族的封建国家——秦王朝。

秦王朝以前，统治者最高的称号是王。商、周时君主都称为王。后来周王室衰微，群雄并起，各诸侯国君也相继称王。但是，经过十年左右的兼并，其他六国的国王都成了阶下囚。秦王面对自己取得的成就，深感"王"的称号不足以显示自己的地位。于是，秦王下令说："寡人以眇眇之身，兴兵诛伐暴乱，赖宗庙之灵，六王咸伏其辜，天下大定。今名号不更，无以称成功，传后世。其议帝号。"

于是王绾、冯劫、李斯等人与博古通今的博士们商议后，对秦王嬴政说："以前五帝时，不过统治方圆千里之地，而且周边的少数部落只是时向时离，但是天子也没有办法。现在，陛下兴义兵，平定天下，这是自古以来没有的功业，三皇五帝也没法与陛下相比，所以请陛下尊称秦皇，自称为朕，命令称为诏。"但嬴政认为应采用上古帝位号，称"皇帝"，并立即制命天下。在制命中，嬴政决定自称始皇帝，后世继承皇位者以数计，为二世、三世，直至万世，传之无穷。这样，秦始皇就成为秦王嬴政的称号，皇帝也就成为中国封建社会最高统治者的专称。

为了神化皇权，秦始皇在议定帝号后，还规定了玉玺制度。由秦始皇下诏，李斯书写，后由工匠制成的玉玺，上面勾交五条龙，方四寸，其文为"受命于天，既寿永昌"，成为皇权的象征。

统一规制

秦国是消灭其他六国而统一起来的，但是由于七雄并立时间长久，各国在文字、货币、度量衡等方面有很大差异，秦统一六国后，为加强统治、维护统一，实行了统一文字、货币、度量衡的措施。

汉字产生后，经过长期的发展演变，至春秋战国时期，随着社会的动荡和急剧变化，各地文字的形体和读音都有所不同，出现了"言语异声，文字异形"的现象。当时，同样的字，不同的国家往往写法不同。典型的例子是"马"的诸多字形：在齐国有 3 种写法；在楚、燕国有另外两种的写法；在韩、赵、魏还有两种不同的写法。这不但不利于文化的发展和各地人民间的交流，而且给秦王朝的各种文书、档案的书写、阅览和传播造成巨大困难。

面对这种情况，秦始皇接受李斯的建议，于公元前 221 年发布"书同文"的诏令，规定以秦国小篆为统一书体，与小篆不同者全都废掉。为了在其他六国推广小篆字，秦始皇命李斯、赵高、胡毋敬分别用小篆书写《仓颉》《爰历》《博学》3 篇，作为文字范本。

秦始皇统一文字，有

泰山刻石 秦
相传为秦丞相李斯手书，书体是标准的小篆，结构特点直接继承了石鼓文，又比之更加简化和方整。

利于统一多民族国家的发展。从此，汉字的结构基本定型。

春秋战国时期是我国商品经济迅速发展的时期，不同的国家，铸币也往往不同。但是，铜币已成为当时流通领域里的主要货币，各国的铜币在形状、大小、轻重以及计算单位上却有很大差异。

币制的不统一，严重阻碍着各地商品的流通及统一国家的财政收支。所以，秦统一后，秦始皇下令统一全国货币，采取的措施主要有三项：首先，将铸币权收归国家，禁止地方和私人铸币，对于私自铸币者，不仅没收其所铸钱币，还要拘捕和严惩；其次，明确规定货币种类。秦王朝的法定货币为黄金和铜钱，黄金属于上币，铜钱属于下币。铜钱为圆形方孔钱，上面铸有"半两"的字样，每钱重十二铢；最后，废除原来六国使用的布币、刀币、铜贝等各种货币，不准以龟贝、珠玉、银锡等充当货币。

秦始皇统一货币，消除了各地区间的币制上的不统一状态，秦王朝制定的圆形方孔钱，成为中国封建社会货币的基本形制，沿用了两千多年。

秦统一前，各国的度量衡也十分混乱，计量单位不统一。单以长度而论就有数种传世铜尺可以为证，如长沙楚国铜尺两边长度分别为 22.7 厘米 和 22.3 厘米；安徽寿县楚铜尺长为 22.5 厘米；洛阳金村铜尺长 22.1 厘米。1 尺的长度相差多达0.6厘米。在量制方面，各国的差异更大，齐国自田氏以来，实行以升、豆、登、种为单位，即"五升为豆，各自其五以登于釜，十釜为种"。而魏国则以益、斗、斛为单位。至于衡制方面则更加混乱，单位名称差别更大。楚国的衡器是天平砝码，以铢、两、斤为单位；赵国则以镒、钚为单位；东周、西周以守、折为单位。

度量衡是商品交换中所必不可少的，而且是国家收取赋税的重要标准。秦统一后，秦始皇下令，以秦国的度量衡为标准，统一其他六国的度量衡器。具体措施是将统一度量衡的诏书全文刻在新制做的度量衡标准器上。这样既可以提供更多的标准器，又可以宣传秦始皇的功绩。统一后，秦的度制以寸、尺、丈、引为单位，以十为进位制度；量制方面以龠、合、升、斗、桶（斛）为单位，也是十进制；衡制方面以铢、两、斤、钧、石为单位，进位是24铢为1两，16两为一斤，30斤为1钧，4钧为1石。

文字、货币、度量衡的统一，在中国历史上占有重要地位，成为维护中国封建国家统一的重要基础。

开疆拓土

我国是多民族国家，先秦时就存在着众多的民族。秦统一后，秦始皇南伐越族，北击匈奴，并通西南夷，不断开疆拓土，创建了统一的多民族国家。

在今天的浙江、福建、江西、广东、广西、云南一带，很早就有一个人数众多的民族，即越族。越族部属众多，而且部落差异很大，又称作"百越"。依据其分布地区不同，可分为于越、闽越、瓯越、南越、西瓯等八部分。

秦始皇在完成统一后，随即进行大规模征服岭南的军事行动，秦始皇命尉屠睢为统帅，兵分5路，统率50万大军进攻南方。兵达南岭后，遭到了南越和西瓯的顽强抵抗。越人利用对地形熟悉的优势，逃入林中，与秦军周旋，秦军习惯于在中原开阔地区作战，不习惯于在密林中作战，因而伤亡较大。

比这更严重的是秦军的后勤补给，南方河流纵横交错，秦军面对这种情况，不知所措，这给粮草供应造成了极大困难。

为了解决粮草运输问题，秦始皇派监御史禄负责开凿灵渠，这条灵渠开凿于今天广西壮族自治区的兴安县，因此也被称作兴安运河。灵渠是由铧嘴、大小天平石堤、南梁和北梁等工程构成的。铧嘴用巨石叠砌而成，修建在湘江中的分水坝，是灵渠的关键。南北梁长34千米，是灵渠的主体部分。灵渠的开凿，沟通了长江水系和珠江水系，它是我国古代劳动人民智慧的结晶。

大约在公元前219年，灵渠修建完工，从而解决了秦军的军粮运输问题。秦军攻势猛烈，很快于公元前214年攻占岭南，并在这里设置了桂林、南海和象三郡，基本上统一了岭南。

公元前213年，秦始皇下令将中原50万罪犯流放到岭南地区，与越族杂居。另外，还一再大批迁徙刑徒和内地人民到岭南屯戍垦殖，这对于开发岭南、促进民族融合有极其积极的意义。

匈奴是我国古代一个强大的游牧民族，勇猛善战。他们主要游牧于蒙古高原和南至阴山、北抵贝加尔湖的广大地区。战国时期，随着匈奴的逐渐强大，再加上中原地区七雄纷争，所以匈奴贵

中国史鉴大讲堂

第一篇 通史博览

三一二

万里长城第一台遗址

在秦代修筑长城时，榆林这个地方是当地处势最高、烽火台最大、里面驻军最多，也是两路长城汇合的地方。自秦以后，历代均以此台为镇守北方的重要军事要地，号称镇北台。

族常率兵南下侵扰、掠夺财物。至秦王朝建立时，匈奴已占领了自阳山（今内蒙古狼山）至"河南地"（今内蒙古河套南鄂尔多斯一带）的广大地区，并继续南下侵扰。这对秦王朝是一个严重的威胁。

在完成统一六国的战争后，秦王朝初创，国力不足以应付大规模的战争。于是，秦始皇采取了积极防御的策略，命蒙恬、王离加强对北边的屯戍。公元前215年，经过五六年的准备，秦始皇命蒙恬率30万大军北击匈奴，当时匈奴的首领是头曼单于。蒙恬的第一个目标是收复"河南地"，他采用集中兵力、速战速决的作战方法，很快收复了"河南地"和榆中（今内蒙古伊金霍洛旗以北）。公元前214年，蒙恬率军渡过黄河，大规模进攻匈奴，头曼单于难以抵挡，只好北移，蒙恬乘机率军占领了高阙（今内蒙古乌拉特后旗）、阳山、北假（今内蒙古河套以北、阴山以南、大青山以西地区）等地。秦政府一方面在这些地区设置44个县，实行有效的行政管理；另一方面还大量迁徙刑徒，并鼓励一般民众移居边地。

秦王朝反击匈奴的胜利，是匈奴贵族遭受的第一次沉重打击，使河套地区的广大人民在很长时间内有了安定的环境。这对于我国多民族统一国家的形成、边远地区经济发展具有重要的促进作用。

为巩固抗击匈奴取得的胜利成果，秦始皇又命蒙恬负责修建了秦长城。

长城，最初在战国时即已开始修建，当时，赵、魏、燕、齐、秦等国都曾修建过长城，以作为防御工事。对于长城的防御功能，秦始皇深有体会，因此，为防御匈奴再次南侵，他决定继续修建规模更大的长城。

秦王朝的长城是在连接了原来秦、赵、燕三国长城的基础上加以增筑的。公元前214年，蒙恬在夺回"河南地"及榆中后，就开始在北边沿黄河修筑长城。此后，大规模的修筑完全展开，经过数十万民夫的日夜劳作，历时几年之久，长城终于建成。

秦长城主要由三段构成。西北段，西起临洮，即今甘肃岷县，东至九原，即今天的内蒙古包头西北。北段，从高阙至代郡，即今河北蔚县。东北段，从代郡到辽东碣石，总长达五千余千米。

长城作为古代军事建筑工程的杰作，是中国古代劳动人民智慧和血汗的结晶。

长城的修建在当时给劳动人民造成了沉重的徭役负担。因此，民间有了孟姜女哭长城的传说。

孟姜女的丈夫杞梁在当时被秦政府强行拉去修长城，杞梁不堪承受沉重的劳役折磨，于是冒死逃跑，结果被抓回，活活打死，尸体被筑在长城城墙中。

孟姜女千里寻夫来到长城，听说丈夫已死，于是痛哭10天，结果长城城墙倒塌，露出累累白骨。孟姜女无法辨认，于是刺破手指，将血滴在白骨上，并说："若是杞梁的骨头，血就渗入。"这样，孟姜女找到了丈夫的尸骨，并带回安葬。孟姜女哭长城的传说反映了修建长城带给人民的深重灾难。

陈胜吴广起义

秦二世胡亥夺取皇位的这一年，即公元前209年7月，爆发了我国历史上第一次大规模的农民起义，领导这次起义的人是陈胜、吴广。

陈胜又叫陈涉，是阳城（今河南登封东南）人。吴广又叫吴叔，是阳夏（今河南太康县）人。

陈胜对自己的苦难遭遇一直愤愤不平，可更不幸的事情又落在了他的身上。

秦二世元年（公元前209年）七月，征发闾左（秦时贫弱农户居闾之左，富者居右）900人戍守渔阳（今北京密云）。陈胜、吴广都被征调，担任屯长。

那时候正赶上雨季，他们走到蕲县大泽乡（今安徽宿县西南）的时候下起了大雨。大泽乡靠近淮河的支流浍河，地势低洼，大水淹没了道路，没法走了。他们只好停下来，等天晴了再走，按照秦王朝的律法，通知什么时候到达什么地方，必须按时到达，误了日期，就要杀头。陈胜、吴广计算了一下，估计无论如何也不能按期到达渔阳，这样，他们已经犯下死罪了。

陈胜、吴广一起商量办法。陈胜说："如今要是逃走，被抓回来是死；起来造反夺天下，大不了也是死。这样下去等死，还不如拼出一条生路呢！"

吴广认为陈胜说得有道理，便决定跟着陈胜干一场。当时的人们很迷信，想要号召众人起来造反，除了假借扶苏等人的名义外，还得采用装神弄鬼一类的办法，取得众人的信任。他们为此想出了办法。

第二天，伙夫上街买鱼回来，剖开一条鲤鱼的时候，在鱼肚子里发现一块绸子，绸子上用朱砂写着"陈胜王"三个字。这件事一下子就传开了，众人都认为这是老天爷的旨意，原来陈胜是个真命天子呀！

过了几天，陈胜和吴广带领着一大帮人，趁押送他们的军官喝醉了酒，故意去要求释放他们回家。军官一听，又急又气，先抽打了吴广几鞭子，接着又拔出剑来要杀吴广。这时大伙儿一拥而上，陈胜乘机杀死了军官。

陈胜、吴广杀死了军官，大伙儿都感到出了一口恶气。看到大伙儿都很齐心，陈胜、吴广就决定立即起义。他们派人上山砍伐树木、竹竿作为武器。然后，用泥土垒个平台，作为起义誓师的地方。还做了一面大旗，旗上绣上了一个大大的"楚"字。陈胜自立为将军，吴广为都尉。起义军首先攻下大泽乡，进而攻占蕲县及各县。中国历史上第一次大规模的农民起义就这样爆发了。

陈胜、吴广在大泽乡起义的消息很快传开，附近穷苦的老百姓扛着锄头、铁耙、扁担，纷纷赶来加入起义军，起义队伍一下子壮大了起来，并且很快地占领了陈县（今河南淮阳）。陈胜在陈县称了王，国号"张楚"。陈县成为全国农民起义的中心。

为推翻秦王朝统治，陈胜于同年八

月封吴广为"假王",令其率主力西击荥阳(今河南中部),进而入函谷关(今河南灵宝东北)夺占秦王朝腹地;宋留率部入武关(今陕西商南东南),迂回咸阳;武臣、陈余率部攻取六国故地。吴广久攻荥阳不下,陈胜又以周文为将军,领兵绕过荥阳,进攻关中。周文攻破函谷关,屯军于戏(今陕西临潼东北)。这时起义军已有兵车千辆,战士几十万。

秦二世见起义军打到了都城附近,即令少府章邯把修建骊山陵墓的数十万刑徒和奴产子编成军队迎击农民军。同时,又从边塞调回王离的30万军队以保卫都城。周文率领的农民军,虽然英勇作战,但缺乏训练,没有作战经验,又孤军深入,在秦军的突然袭击下,接连受挫,被迫退出函谷关,在曹阳(今河南灵宝东北)驻守待援。

这时,武臣的东路农民军在河北旗开得胜,对秦王朝官吏恩威兼施,连下30余城,在攻占旧赵都城邯郸后,武臣在张耳、陈余的怂恿下自立为赵王。陈胜为了顾全大局,勉强予以承认,并命他率军西上,支援周文。武臣置若罔闻,以陈余为大将军,张耳为丞相,公然割据自立。六国旧贵族纷纷割据称王,韩广称燕王,魏咎称魏王,田儋称

陈胜、吴广大泽乡起义旧址

齐王。陈胜所遣各部义军互不接应,六国旧贵族又变身割据者,严重削弱了反秦力量,起义军陷入孤立无援又腹背受敌的境地。曹阳的农民军与兵力庞大的秦军苦战两月,损失惨重,又无援助,终告失败,周文自杀。章邯乘胜猛扑,占领渑池。

随着反秦斗争的进行,起义军自身的矛盾和弱点也逐步暴露。围攻荥阳的起义军发生内讧,将领田臧因与吴广意见不合,竟假借陈胜之命杀死吴广,自立为将军,致使军心涣散。章邯乘机率秦军直扑荥阳,田臧率军迎战章邯,兵败身死,余部溃散。陈胜依旧坐守陈县,章邯率军直扑陈县,在城西与张贺所率农民军展开激战,陈胜亲自督战。由于众寡悬殊,而秦军又挟战胜周文、田臧之余威,士气高昂,农民军终败,张贺战死,陈县失陷。十二月,退至下城父(今安徽涡阳东南)的陈胜为车夫庄贾杀害,余部投奔其他反秦武装。宋留闻讯,在南阳降秦。轰轰烈烈的陈胜、吴广起义在秦王朝的残酷镇压下历经半年失败了。

刘邦和项羽

陈胜、吴广起义以后,各地的百姓纷纷响应。农民起义像一阵风暴,很快就席卷了大半个中国。

在南方会稽郡有一支强大的起义队伍,领导这支队伍的首领是项梁和他的侄儿项羽。项梁是楚国大将项燕的儿子,秦国大将王翦攻灭楚国的时候,项燕兵败自杀,项梁一直想重建楚国。他的侄儿项羽身材魁梧,力大无比,跟项梁学了不少本领。

项梁本是下相(今江苏宿迁西南)

项羽像

人，因为跟人结了仇，躲避到会稽郡吴中来，项梁能文能武，吴中的年轻人都很佩服他，把他当老大哥看待。项梁教这些年轻人学兵法，练本领。这时，他们听说陈胜起义，觉得是个建功立业的好机会，就杀了会稽郡守，占领了会稽郡。不到几天，就拉起了一支8000人组成的队伍。因为这支队伍里都是当地的青年，所以称为"子弟兵"。

项梁、项羽带着8000子弟兵渡过长江，攻克了广陵（郡名，治所在今江苏扬州），接着又渡过淮河，向北进军。一路上又有各地方的起义队伍来投奔项梁。

第二年，刘邦带着一支100多人的队伍，来投靠项梁。

刘邦是沛县（今江苏沛县）人，在秦王朝做过亭长（秦朝十里是一亭，亭长是管理十里以内的小官）。有一次，上司要他押送一批民夫到骊山做苦工，在去往骊山的山路上，每天总有几个民夫跑掉，刘邦想管也管不了。这样下去，到了骊山，刘邦也交不了差。

有一天，他把民夫们叫到一起，对大家说："你们到骊山去做苦工，累不死也得被打死，就算不死，也不知道哪年哪月才能返回家乡。我现在放你们走，大家各自去找活路吧！"

民夫们非常感激刘邦，当时就有几十个民夫愿意跟着他走。刘邦就带着这些人逃到芒砀山躲了起来。

沛县城里的文书萧何和监狱官曹参知道刘邦是个好汉，都愿意与他交好，他们之间来往不断。

等到陈胜打下了陈县，萧何和沛县城里的百姓杀了县官，并让人到芒砀山把刘邦接了回来，请他当了沛县的首领，大家称他"沛公"。不久，张良也投到了刘邦麾下。

项梁见刘邦也是一个人才，就拨给他人马。从此，刘邦成了项梁的部下。

这时各地起义军的领导权都落在旧六国贵族手里，彼此争夺地盘，互相攻打。秦国的大将章邯、李由，想趁机把起义军各个击破。

面对这种形势，项梁在薛城（今山东滕州南）开始整顿起义队伍。为了增强号召力，项梁听了谋士范增的建议，立楚怀王的孙子为楚王。因为楚国人对当年楚怀王受骗死在秦国一直愤愤不平，所以大家把他的孙子仍称为楚怀王。

巨鹿大战

项梁整顿了起义军后，打败了秦王朝大将章邯。项羽、刘邦带领另一支队伍，杀了秦将李由。不久，秦军将领章邯重新补充了兵力，趁项梁不备，发动了猛烈的进攻。项梁死在了乱军之中，项羽、刘邦也只好退守彭城（今江苏徐州）去了。

章邯打败项梁，认为楚军已经元气大伤，就暂时放弃攻击楚军，带领秦军北上进攻赵国（这个赵国不是战国时代的赵国，而是新建立起来的一个政权），很快就攻下了赵国都城邯郸，赵王歇逃

到巨鹿（今河北平乡西南），坚守不出。

章邯派秦将王离包围巨鹿，自己率大军驻扎在巨鹿南面的棘原，为了给王离军运送粮草，他在棘原和巨鹿之间修筑了一条粮道。

赵王歇一面守城，一面派人向楚怀王求救。当时，楚怀王正在筹划进攻咸阳。见赵国来求援，就任命宋义为上将军，项羽为次将，范增为末将，率领大军救援赵国。同时派刘邦西击关中，直捣秦王朝都城咸阳。当时，秦军还很强盛，诸位将领都不愿先入关，唯独项羽，因为急于替叔父项梁复仇，主动请缨，要和刘邦一起进军关中。可是项羽初次领兵作战攻克襄城时，因为怨恨襄城军民誓死抵抗，曾经下令屠城，蒙上了"慓悍祸贼"的恶名，所以怀王和一些老将拒绝了他的要求，派素有仁厚之名的刘邦进军关中。怀王与诸位将领约定，先入定关中的人就封为关中王。这一约定，为日后刘、项的争端埋下了种子。

公元前207年十月，宋义率领楚军开到安阳。当时，巨鹿的赵军已经危在旦夕，可是宋义却畏惧秦军的声势，在安阳一直停留了46天，迟迟不肯进军。这下可急坏了项羽。

当时，连日淫雨，天气寒冷，楚军又是远路而来，军粮不足，士兵们衣服单薄，饥寒交迫。这时的战争形势十分危急，秦军一旦攻破赵国，就会更加骄横，到那时，楚军势单力孤，更难以对抗秦军。国家安危，系于巨鹿一战，而宋义却停兵不前，终日歌酒宴会，丝毫不知体恤士卒，更不忧心国事，还送儿子出使齐国，和齐相田荣勾结。

项羽看到这种情况，又是气愤，又是焦虑。十一月的一天清晨，按捺不住

的项羽终于趁参见宋义的时候，拔剑杀掉了宋义。楚怀王知道以后，只得任命项羽为上将军。

当时，前来救援赵军的各路人马，都已经在巨鹿城下安营扎寨，但是因为畏惧秦军，都逡巡不前，不敢与秦军交战。只有项羽一马当先，在公元前207年十二月，以非凡的气概指挥楚军北上，向巨鹿进发。

他先派部将英布、蒲将军率领2万人做先锋，渡过漳水，切断秦军运粮通道，把章邯和王离的军队分割开来，然后自己率领数万楚军渡过滔滔漳水，向北岸的秦军营地进发。

过了河，项羽命令将士，每人带三天的干粮，把军队里做饭的锅砸掉，把渡河的船凿沉（文言叫作"破釜沉舟"，釜就是锅），然后，对将士说："咱们这次打仗，没有回头路可走，三天之内，一定要打败秦兵。"

这时的楚军，前面是几十万秦军主力，后面是波涛汹涌的漳水。一旦战败，就只能被秦军残杀，或者葬身漳水，几乎已经陷入绝境。楚军将士都明白得很，只有全力以赴，击败秦军，才能绝地求生。于是，楚军人人奋勇，个

戏马台

在今江苏徐州，始建于公元前206年。据传西楚霸王项羽定都彭城后，在此建高台，作为指挥士兵操练、观赏士卒赛马的场所。

个争先，以迅雷不及掩耳之势冲向秦军阵地。一时间，巨鹿城下杀声震天，经过一连9次激烈的战斗，楚军终于击破了秦军，脱离了险境。

项羽率军进攻秦军的时候，前来援赵的各路将领都慑于秦军淫威，远远地作壁上观。项羽击溃秦军之后，立即召见他们。这些人个个胆战心惊，进入项羽的大营之后，都膝行而前，不敢仰视。这一战，项羽显示出坚决果敢的战斗精神和无所畏惧的英雄气概，各路诸侯都对他佩服得五体投地，项羽成了楚军和各路义军的最高军事统帅，威震四方。这一年，项羽刚刚25岁。

巨鹿之战后，项羽立即引兵南下，进驻漳水南面，进攻章邯率领的秦军主力，两军对峙了数月之久。秦二世在奸臣赵高的挑拨之下，不断派人责备章邯战斗不力，章邯日夜担心自己会被权奸暗算，赵将陈余又劝他倒戈反秦。正当他犹豫不决之时，项羽派蒲将军领兵渡过三户津，一举战败秦军，项羽自己也在汗水大破秦军。经过两次打击之后，章邯终于决定投降，秦军主力部队被瓦解了。

约法三章

公元前208年8月，秦王朝奸臣赵高诬陷李斯想割地称王，并派人四处搜捕李斯的宗族，对李斯严刑拷打。李斯被迫认罪，被腰斩于咸阳，并被灭三族。李斯死后，赵高升迁宰相，他利用职权大量诛除异己。他想要检验大臣们是否俯首听命于他，便在朝会时献上一只鹿，并指着鹿说是马。秦二世笑言："丞相错了，指鹿为马！"赵高说是马，便叫群臣证明，大臣们有的回答是马，有

的说是鹿。事后，赵高将那些回答是鹿的大臣杀害。从此，朝中人人自危，没有人敢说赵高有错。

这时，刘邦军队已攻克武关（今陕西商县西北），关东大部分地区落入义军之手。赵高害怕秦二世责难，暗中密谋杀掉秦二世胡亥。赵高让其弟郎中令赵成做内应，诈称搜查贼人，派人率兵进入秦二世所住的望夷宫。秦二世走投无路，只好自杀。赵高杀了秦二世，对大臣们说："现在六国都已复国了，秦国再挂个皇帝的空名也没有什么意思，应该像以前那样称王。我看可以立秦二世的侄儿子婴为秦王。"这些大臣不敢反对，只好同意。于是，赵高立秦二世之侄子婴，贬号为秦王。

子婴知道赵高害死了秦二世，想自立为王，只是怕大臣们反对，才假意立他为王。子婴和他的两个儿子商量好对付赵高的计策。到即位那天，子婴推说有病不去，赵高只好亲自去催子婴，子婴命手下人把赵高杀了。

子婴杀了赵高，派了5万兵马固守武关。刘邦采用了张良的计策，派兵在武关附近的山头插上无数的旗子，迷惑敌兵；另派将军周勃带领全部人马绕到武关东南，从侧面打进去，杀死了守将，消灭了这支秦军。

刘邦的军队开进武关，到了灞上（今陕西西安东）。子婴一看大势已去，便带着秦王朝的大臣投降了。

刘邦进了咸阳，召集了附近各县的父老，对他们说："你们被秦王朝残酷的法令害苦了。今天，我跟诸位父老约定三条法令：第一，杀人的偿命；第二，打伤人的治罪；第三，偷盗的治罪。除了这三条，其他秦国的法律、禁令，一

律废除。父老百姓可以安居乐业了。"

百姓听到了刘邦的约法三章，高兴得不得了，都争先恐后地来慰劳刘邦的将士。

从那时起，刘邦的军队给关中的百姓留下了良好的印象，人们都希望刘邦能留在关中做王。

鸿门宴

项羽在巨鹿大战中打败了王离，收降了章邯，而后率领 40 万大军开到函谷关，看见关口有兵把守着，不准项羽的军队进关。项羽得知是刘邦的将士守着关口，肺都要气炸了，命令将士猛攻函谷关。关口很快被打开，项羽军队长驱直入，直到了新丰、鸿门（今陕西临潼东北）才驻扎下来。这里离刘邦军队驻扎地灞上只有 40 里路，项羽决定第二天攻打刘邦。

项羽的叔父项伯和刘邦的谋士张良是好朋友，他怕打起仗来张良会送命，就连夜赶到刘邦军营告知张良，叫张良赶快逃命。

刘邦、张良乘机以礼相待，刘邦还当即与项伯结成儿女亲家。

刘邦对项伯说："我进入关中后，登记户籍，封闭府库，未敢擅取丝毫财物，一心等待项将军的到来。至于派兵守卫函谷关，也是为了防止意外。我日夜盼望项将军的到来，岂敢背叛？希望您能替我说个明白。"项伯欣然应允，并与刘邦约定，让他次日亲自去拜谢项羽。项伯连夜赶回楚营，转达了刘邦的心意。他还对项羽说："刘邦立下大功而去攻打他，是没有道理的，不如以礼相待。"其时，项羽重兵在握，并不在意刘邦，况且攻打刘邦师出无名，于是

便听从项伯的建议，撤销了次日清晨进攻灞上的计划。

第二天一大早，刘邦就带领张良、樊哙和 100 多人赶到鸿门，拜见项羽。刘邦装作十分热情地说："我和将军一起攻打秦王朝，您在黄河的北面作战，我在黄河的南面作战。没想到我能先打进关中，攻破咸阳，今天有机会和将军见面，真是件令人高兴的事。听说有些小人在您面前挑拨我和您的关系，请将军千万别听信这些话。"项羽是个直性人，见刘邦这样可怜兮兮，怒气很快就烟消云散了。项羽叫人摆上酒席，举杯劝刘邦喝个痛快，态度越来越和气。

酒席上，范增一再给项羽使眼色，并多次举起胸前佩挂的玉玦做暗示，要项羽下决心杀掉刘邦。项羽默不作声，好像没看见一样。范增急了，找个借口走出营门。他把项羽的堂兄弟项庄找来，交代他说："项王心肠太软，你到席上敬酒，然后舞剑助兴，趁机杀了刘邦。"项伯见项庄在宴席前不怀好意地舞起剑来，害怕刚结的亲家刘邦吃亏，也拔出宝剑说："一个人舞剑没有两个人来劲。"就用身子护着刘邦，与项庄对舞起来，项庄没机会对刘邦下手。

张良见形势危急，找个机会溜了出去，对樊哙说："宴会上项庄拔剑起舞，总想对沛公下毒手。"樊哙听了急得大喊："我去同他们拼了！"他带上宝剑和盾牌赶到帐前，把几个阻拦的卫兵撞倒，怒目圆睁地冲了进去。

项羽看到冲进一个怒容满面的人，急忙按住剑把，喝问道："你是什么人？"张良急忙上前解释说："他是沛公的车夫樊哙，一定是肚子饿了。"项羽用赞

叹的口气说："好一个壮士！快赏给他一斗酒，一只猪腿。"项羽看了樊哙一会儿，越发觉得这人豪壮，说："壮士，还能喝酒吗！"樊哙粗声说："我死都不怕，还怕喝酒吗！当初，楚怀王跟大家有约：谁先打败秦军攻破咸阳，谁就做王。如今沛公先打进咸阳，他没拿一点东西，只是封了库房把军队驻在灞上，等到大王您的到来。如此劳苦功高的人，大王不但没给他奖赏，反而听信小人的挑拨，想去杀害他，这不是跟秦王没区别了吗？大王这种做法未免太不近情理了！"项羽一时答不上话来，招呼樊哙坐下。樊哙就挨着张良坐下了。刘邦镇定了一会儿，假装要上厕所，樊哙和张良也跟着出去了。刘邦想趁早溜回军营，又怕没有告辞失了礼数。樊哙说："干大事业的人不拘泥于小礼节。如今我们好比任人宰割的鱼肉，性命都难保了还讲什么礼数！"

刘邦走后，张良在外面等了好一会儿，估计刘邦已经到达军营了，才进去对项羽道歉说："沛公酒量小，今天喝多了，不能当面来向大王辞别。他嘱咐我奉上白璧一双敬献给大王，玉杯两只送给亚父。"项羽接过白璧，放在席位上，范增气得把玉杯扔在地上，又用宝剑劈碎，叹着气说："唉，真是没用的人，不值得让我操心！将来与项王争夺天下的人，一定是刘邦。等着瞧吧，将来咱们这些人都会成为刘邦的俘虏！"

鸿门宴拉开了楚汉之争的序幕。

楚汉之争

刘邦听从萧何的建议，拜韩信为大将，执掌兵权，准备攻打汉中。萧何整顿后方，训练人马。公元前 206 年，汉

垓下遗址

王和韩信率领汉军进攻汉中。

战争开始后，由于关中的老百姓对"约法三章"的汉军本来就有好感，所以，汉军每到一处，士兵、百姓都不愿抵抗。不到三个月的时间，刘邦就消灭了秦王朝降将章邯的兵力，牢牢地控制了关中地区。项羽得知刘邦攻占了整个汉中，准备率兵来打。但是西面齐国的田荣也起来反抗项羽，把项羽所封的齐王赶下台，自立为王，项羽只好扔了刘邦这一头带兵去镇压田荣。

刘邦趁项羽和齐国相持不下的时候，率军东进，攻下了西楚的都城彭城。项羽赶紧往回撤兵。双方在潍水展开了一场大战。战斗一开始，双方谁也不知道对方有多少人，只打得昏天黑地，尸横遍野。到最后，汉军战败，刘邦的父亲太公和妻子吕氏也被楚军俘虏了。

刘邦领着残兵败将，退到荥阳成皋一带，严密布防。另外派韩信带领兵马向北收服了魏国、燕国和赵国的势力，又派陈平用重金挑拨项羽和范增的关系。项羽本来疑心很重，听信了谣言，真的怀疑起范增来。范增一气之下告老还乡，又气又伤心的他死在了路上。范增一死，项羽身边少了一位得力的谋

广武涧
曾是刘邦与项羽争霸对峙的地方。

士，汉军的压力也减轻了。刘邦又叫彭越在后方截断楚军的运粮道，这样就有效地控制了楚军。楚汉双方这样对峙了两年多。

公元前 203 年，项羽决定自己带兵去攻打彭越。临走时，他再三叮嘱成皋守将曹咎，无论如何也要坚守城池不许出战。刘邦见项羽一走就向曹咎挑战。曹咎说什么也不战。后来刘邦叫士兵整天隔着汜水辱骂楚军。曹咎受不了刘邦士兵的辱骂，渡江作战被刘邦打得大败。曹咎觉得没脸见项羽，就自杀了。

项羽听说成皋被汉军占领，曹咎自杀，急忙赶回来，楚汉两军在广武（今河南荥阳东北）又对峙起来。

正当刘邦想和项羽决一死战的时候，项羽派使者给刘邦传话说："现在天下不安定，都是由于你我两人相持不下造成的，你敢不敢与我比试高低，别让老百姓受连累了。"刘邦也叫使者回话说："我愿意比文斗智。"刘邦和项羽各自出阵来，刘邦为了叫项羽在楚、汉军面前威风扫地，便历数项羽"十大罪状"。

项羽听刘邦述说自己的"十大罪状"，忍无可忍，也不回答，回头做了

个暗示，手下钟离昧带领弓箭手一阵乱箭齐发，刘邦刚要回头，胸口已经中了一箭。张良怕军心动摇，便劝刘邦勉强起来，坐在车上巡视军营。

项羽见刘邦没死，还能巡视军营，而楚军粮草已供应不上，感到进退两难。

刘邦重伤在身，见双方相持不下，也非常着急。这时，洛阳人侯公从中调和了一下，双方定下协议，楚汉双方以荥阳东南的鸿沟为界，鸿沟以东属楚，鸿沟以西属汉，双方各守疆土，互不侵犯，停止内战。协议达成后，项羽把太公和吕氏也放了回来。

四面楚歌

楚汉议和还不到两个月，刘邦便组织了韩信、彭越、英布三路大军会合一处，在韩信统率下，追击项羽。

公元前 202 年，项羽被汉军围困在垓下（今安徽灵璧东南），韩信在垓下的周围布置了十面埋伏。项羽的人马少，粮食也快吃光了。他想带领人马冲杀出去，但是汉军和各路诸侯的人马层层包围，项羽只好回到垓下大营，吩咐将士小心防守。

这天夜里，项羽在营帐里愁眉不展。他身边有个受宠爱的美人名叫虞姬，看见他闷闷不乐，便陪伴他喝酒解愁。

项羽要虞姬离开垓下，回彭城或是回她的故乡，虞姬温柔地加以拒绝。要死就死在一起，她的念头非常单纯。项王战死，她也不独活。

到了午夜，只听得一阵阵西风吹来，风声里还夹着歌声。项羽仔细一听，歌声是从汉营里传出来的，唱的都是楚

人的歌曲，楚军士兵那本已冰冷的心，顿时有如春回大地，冰消雪融，流水淙淙，万物苏生；他们好像回到了故乡的村庄，看见了那熟悉的山水、田野、牛羊，家乡父老的一张张笑颜、期盼的目光……楚军士卒不觉坐起身来，不顾严寒，走出营帐，向汉军营寨远眺。项羽听四面到处是楚歌声，失神地说："完了！恐怕刘邦已经打下西楚了！汉营里怎么有那么多的楚人呀。"

项羽愁绪满怀，忍不住唱起一曲悲凉的歌来：

> 力拔山兮气盖世，
> 时不利兮骓不逝。
> 骓不逝兮可奈何，
> 虞兮虞兮奈若何？

项羽唱着唱着，禁不住流下了眼泪。旁边的虞姬和侍从也都伤心地哭了起来。

当天夜里，项羽跨上乌骓马，带了800个子弟兵冲出汉营，马不停蹄地往前跑去。天亮后，汉军才发现项羽已经突围出去，连忙派了5000骑兵紧紧追赶。项羽一路奔跑，后来他渡过淮河时，跟着他的只剩下100多人了。

但后面的追兵又围上来了。项羽对跟随他的士兵们说："我从起兵到现在有8年了，经历过70多次战斗，从来没有失败过，才当上了天下霸王。今天在这里被围，这是天要叫我灭亡，并不是我打不过他们啊！"

项羽说罢又几次冲出重围，一直到了乌江（今安徽和县东北）边。此时，他的身边只剩下20几个人了。恰巧乌江的亭长有一条小船停在岸边。亭长劝项羽马上渡江，说："江东虽然小，可还有1000多里土地，几十万人口。大王过了江，还可以在那边称王。"

项羽苦笑了一下说："我当年在会稽郡起兵时，带了8000子弟渡江。到今天他们没有一个能回去。我一个人回到江东，即便是江东父老同情我，立我为王，我也没脸见他们呀。"

项羽说完跳下马来，对亭长说道："我知道您是位长者，我骑这匹战马已有5年，所向无敌，曾经一日行走千里，不忍心杀掉它，就送给您吧。"项羽把战马送给乌江亭长后，令骑士全部下马步行，跟追上来的汉兵展开肉搏战。他们杀了几百名汉兵，楚兵也一个个倒下了。项羽受了十几处创伤，最后在乌江边拔剑自杀了。

项羽死后，楚地全部向汉军投降，唯鲁地不降。汉王率大军想要屠城，兵至曲阜城下，还可听到城中的弦歌诵读之声，认为鲁人坚守礼义，为君主死节，便拿出项羽的人头令鲁人观看。鲁地父老见项羽已死，这才投降汉军。当初，楚怀王曾始封项羽为鲁公。项羽死后，鲁地最后投降，因而按照鲁公封号应享有的礼仪，将项羽安葬在谷城（今山东东阿南）。

汉王为项羽发丧，洒泪而去。项羽的各支宗族，汉王都不加以诛害。刘邦封项伯为射阳侯，项襄为桃侯，项佗为平皋侯，但都赐姓为刘。

刘邦像

第二节　西汉盛衰

大风歌

刘邦打败了项羽，建立了一个比秦王朝更强大的汉王朝。公元前202年，汉王刘邦正式做了皇帝，这就是汉高祖。汉高祖定都洛阳，后来迁都到长安（今陕西西安）。

西汉初年，刘邦大封功臣，异姓王有7人，史称"异姓诸王"。这些王侯据有关东广大区域，势力强大，朝廷奈何不得。异姓王的存在为汉王朝的长久稳定留下无穷隐患。

汉高帝五年（公元前202年）七月，距离刘邦称帝不到半年，燕王臧荼首先叛乱，刘邦亲自率兵征讨。两个月以后，臧荼成为阶下囚，刘邦又立长安侯卢绾为燕王。九月，颍川的原项羽部将利几谋反，没多久即被刘邦平定。一时举国上下，谈兵色变，有人告发楚王韩信意图谋反，刘邦决定采纳陈平的建议，采取智取的办法。他假装巡游云梦（古大泽，今湖北南部和湖南北部），命令各路诸侯于十二月在陈县会集。韩信见到诏令后，虽然有点儿疑惧，但自认为没有什么过失，便前往会见刘邦。武士当即将韩信逮捕押往洛阳，刘邦废其王号，改封他为淮阴侯。韩信因此非常忧郁。他经常称病不上朝，还常常发牢骚："果真像别人所说的那样，'狡兔死，走狗烹；飞鸟尽，良弓藏；敌国破，谋臣亡'。天下已经安定，我固当亡。"

高帝十年（公元前198年），有人说韩信与陈豨谋反。陈豨是刘邦之子代王如意的部下，如意年幼，长期留居长安，代王相陈豨独自掌握王国大权。据说，陈豨与韩信商定反汉，以韩信为内应，陈豨带将守边，内外呼应。高帝十年的秋天，刘邦借"太上祖驾崩"的名义召见陈豨，陈豨称身体不适，不应召见，并与王黄、曼丘臣一同造反，自立为代王。刘邦亲自赴邯郸坐镇，派周勃等率军北征。当时陈豨部将侯敞、王黄、张春四处招兵买马，号召反叛，叛乱几乎波及华北全境。而刘邦则处于劣势，他多次以羽檄征集彭越、英布等人，但无人应召。最后刘邦采用重金收买陈豨手下部将的计谋，方得以将陈豨打败。到了高帝十二年（公元前195年），周勃斩陈豨于当城（今河北蔚县）。

刘邦亲自征讨陈豨时，要求韩信随军出征，韩信以身体有病为借口，没有一同前往。后来有人检举韩信想利用刘邦出征的机会，策划在长安动手，与陈豨里应外合。高帝皇后吕后与丞相萧何设计将韩信骗入宫中处死，并诛灭了其亲人家属。至此，在反楚战争中立下赫赫战功的韩信不复存在了。

高帝十一年（公元前196年）三月，梁王彭越的部下告发他谋反，刘邦不动声色地遣使前往梁王王都定陶，趁其不备，一举将彭越逮捕，押往洛阳。刘邦念其战功，没有将其处死，只是将其贬职为民，发放蜀地。恰巧在去流放地的途中，彭越偶遇从长安去洛阳的吕后。彭越自以为遇见了大救星，恳求吕后向刘邦求情，殊不知吕后为人刚毅，心肠狠毒。她假装答应了彭越的要求，将彭越带回了洛阳。她不但没有践约为彭越求情，反而对刘邦说让彭越这种有才能、有威望的人去蜀地是自留祸患，不如斩草除根。刘

中国史鉴大讲堂

第一篇　通史博览

四二

邦认为其妻言之有理，改判彭越死刑，并灭其全族。

韩信与彭越的死对英布震动很大，同病相怜的处境使得他不得不首先防范。他暗中部署兵力，小心刺探周围各郡的动静。后来有人将英布的活动报告给刘邦，刘邦派遣使者到淮南国查明情况。英布得知此事，如惊弓之鸟，只好于高帝十二年（公元前 195 年）七月宣布反叛。叛乱之初，英布气焰很高，他认为刘邦已 61 岁高龄，又身患疾病，无法也不会再带兵出征了，他信心十足地东进击杀了荆王刘贾，占据了大片的土地。刘邦深知年老体衰，意图让太子刘盈率兵出征。但太子宾客认为英布是善于用兵的猛将，诸将曾经与高祖一同打江山，平起平坐，威望较高，恐怕未必肯听太子的调遣，因此太子的出征，前景令人担忧。于是他们策划让吕后去请求皇帝亲自出征。刘邦思前想后，觉得别无选择，只好不顾年老体衰，于十月亲率大军东征，连连打败英布的队伍。高帝十二年（公元前 195 年）十月，刘邦与英布在蕲西短兵相接，英布不敌，逃往江南鄱阳（今江西鄱阳东），被当地人杀死于乡民田舍。英布所发动的叛乱是刘邦在位期间最大的一次叛乱，这次叛乱的平定，对汉王朝的长治久安起了重要的作用。

汉高祖平定了英布叛乱后，在凯旋的路上，回故乡沛县住了几天。他邀集了故乡的父老子弟和以前的熟人，举行了一次宴会。他在与父老乡亲团聚畅饮当中，想起过去自己战胜项羽的经历，又想到以后要治理好国家，可真不容易。想到这里，汉高祖感慨万千，情不自禁地唱道：

大风起兮云飞扬，
威加海内兮归故乡，
安得猛士兮守四方。

白登被围

秦王朝时期，蒙恬率 10 万大军北击匈奴，收复河套地区黄河以南的土地，并修筑万里长城防御匈奴南下入寇。秦末农民大起义以来，中原地区战乱连年，原秦王朝流放到边地的戍守人员相继离开边境，于是匈奴的势力逐渐南下，渡过黄河，来到南岸以秦王朝以前的中国边塞为界。当汉军与楚军于荥阳相持不下的时候，匈奴却在首领冒顿单于的率领下，统一了北方草原大地，设官分职，势力逐渐强大，拥有能够弯弓射箭的战士 30 多万人。

汉高祖做了皇帝后，匈奴的冒顿单于（冒顿是人名，单于是匈奴王）带领了 40 万人马向汉王朝攻来，并包围了韩王信（原韩国贵族，和韩信是两个人）的封地马邑（今山西朔县西北）。韩王信抵挡不了，便向冒顿求和。汉高祖得知这个消息，派使者责备韩王信。韩王信害怕汉高祖办他的罪，就投降了匈奴。

冒顿占领了马邑，又继续向南进攻。汉高祖亲自带兵赶到晋阳（今山西太原），和匈奴对峙。

公元前 200 年的冬天，寒风刺骨。中原的士兵没碰到过这样冷的天气，冻得受不了，战斗力明显减弱。但是，汉王朝的军队和匈奴兵一交战，匈奴兵就败走。一连打了几回，匈奴兵都败下阵去。后来，听说冒顿单于逃到代谷（今山西繁峙西北）。

汉高祖进晋阳后，派出兵士侦察，回来的人都说冒顿的部下全是一些老弱

残兵，连他们的马都瘦得皮包骨头，如果趁势打过去，准能打赢。

汉高祖担心这些兵士的侦察不可靠，又派刘敬到匈奴营地看看虚实。

刘敬回来说："我们看到的匈奴的确都是些老弱残兵，但我认为冒顿一定把精兵埋伏起来了，陛下千万不能上他们的当。"

汉高祖听罢大怒，说："你胆敢胡说八道，是想阻拦我进军吗？"说完，命令士兵把刘敬关押起来。

汉高祖率领一队人马刚到平城（今山西大同市东北），就被四下里涌出的匈奴兵包围起来。这些匈奴兵个个身强体壮，原来的老弱残兵全不见了。汉高祖在部下的掩护下，拼命杀出一条血路，退到平城东北面的白登山。

冒顿单于的40万精兵，把汉高祖围困在白登山。周围的汉军无法救援，汉高祖的一部分人马在白登，整整被围困了7天，脱不了身。

后来，汉高祖身边的谋士陈平打发了一个使者带着黄金、珠宝去见冒顿的阏氏（就是匈奴的王后），请她在单于面前说些好话。阏氏一见汉王朝使者给她送来这么多贵重礼物，心里挺高兴。

当天晚上，阏氏便向冒顿进言说："两个国家的君主不应当相互围困逼迫。如今得到汉王朝的土地，单于归终也不能居住在那里；况且汉王也有神灵庇佑，望单于明察定夺。"冒顿与韩王信的部将王黄、赵利约定会合日期，然而王、赵的军队未能按期到来。冒顿怀疑他们与汉军有什么密谋，便听信了阏氏的话，将包围圈解开一角。于是，汉高祖命令士兵全部拉满弓，搭上箭，面朝外，从解围的一角冲了出去，与外面的

汉王朝大军会合。冒顿率领40万精锐骑兵离去，汉高祖也率领大军撤回。汉王朝建国后同匈奴大军的第一次全面的交锋，便以汉高祖的白登被围和用计脱险而告终。

经过这一次险情，汉高祖知道汉王朝没有力量再去征服匈奴，只好回到长安。以后，匈奴一直侵犯北方，使汉高祖大伤脑筋。他问刘敬该怎么办，刘敬说："最好采用'和亲'的办法，大家讲和，结为亲戚，彼此可以安安稳稳地过日子。"

汉高祖同意了刘敬的建议，派刘敬到匈奴去说亲，冒顿当即同意了。汉高祖挑了一个宫女所生的少女，假称作大公主，送到匈奴去，冒顿把她立为阏氏。

从那时候起，汉王朝开始采用"和亲"的政策，跟匈奴的关系暂时缓和了下来。武帝以前的惠帝、高后、文帝、景帝期间，在同匈奴的关系上，一直是奉行刘敬为汉高祖所制定的"和亲"政策，以妥协的方式来减缓匈奴在北部边境上所造成的危害。

白马之盟

汉高祖晚年时宠爱戚夫人。戚夫人生了个孩子，名叫如意，被封为赵王。汉高祖觉得吕后所生的太子刘盈性格软弱，担心他成不了大事，倒是如意说话做事很合自己的心意。因此，想废掉太子刘盈，立如意为太子。

他为这件事召集大臣们商量，但大臣们都反对，连他一向敬重的张良也不同意。大臣们还把当时很有名望的四个隐士——"商山四皓"（"皓"就是白发老人的意思）请了来，帮助辅佐太子刘盈。这样一来汉高祖就没法废掉太子了。

皇后之玺　西汉前期

玺面阴刻篆文"皇后之玺"四字，四侧阴刻云纹，顶雕蟠虎为钮。此玺发现于汉高祖长陵附近，应是吕后生前的御用之宝。

汉高祖知道自己快不行了，便把大臣召集在他跟前，吩咐侍从宰了一匹白马，要大臣们歃血为盟。大臣们当着高祖的面，歃了血，发誓说："从今以后，不是姓刘的不可以封王，不是功臣不可以封侯。谁违背这个盟约，大家就共同讨伐他。"汉高祖病情越来越重了，便叫吕后进去，嘱咐后事。

公元前 195 年，汉高祖驾崩。吕后封锁了消息，秘密地跟她的一个心腹大臣审食其说："大将们和先帝都是一起起兵的，这些人很难控制。如今先帝去世，他们就更靠不住了，不如把他们都杀了。"

审食其觉得这事不好办，就约吕后的哥哥吕释之做帮手。吕释之的儿子吕禄偷偷地把这个秘密消息泄露给他的好朋友郦寄，郦寄又把这件事告诉他父亲郦商。

郦商听到这消息，马上去找审食其，对他说："听说皇上去世 4 天了。皇后不发丧，反倒打算杀害大臣。这样做，一定会激起大臣和将军们的反抗，不仅天下会大乱，只怕您的性命也难保。"

审食其害怕了，忙去找吕后。吕后也觉得杀大臣这件事没有十足的把握，就下了发丧的命令。

大臣们安葬了汉高祖，太子刘盈即位，就是汉惠帝。吕后做上了太后。

汉惠帝仁弱孝顺，高祖死后，国家大权落入吕太后手中。吕太后怨恨戚夫人和赵王如意，高帝一死，她就命永巷令将戚夫人囚禁在宫内幽禁犯罪嫔妃的永巷之中，同时派使者召赵王如意入京。赵王的相国周昌认为这次召见是凶多吉少，便让赵王声称有病而不前往。为敦促赵王来京，使者往返再三，周昌仍是坚持不让赵王入京，并对派来的使者说："高帝把赵王嘱托给我，赵王又年少，私下听说太后怨恨戚夫人，想要征召赵王入京，一起杀害，我因此不敢放赵王前往。况且赵王也真是有病在身，不能奉诏前往。"

使者返京后，把周昌说过的话如实向太后汇报，太后大怒，认为只要有周昌在赵王身边，就难以把赵王召到京来。她决定首先征召周昌，周昌不得不奉诏入京。到达长安后，周昌拜见吕太后，太后骂周昌："你不知道我最怨恨戚氏吗？你不放赵王来京，是何道理？"

周昌沉默不言，从此便推托有病而不肯入朝，三年后悲愤而死。

周昌到达长安后，吕太后又再次派使者召赵王来京，赵王动身离开赵都邯郸。

汉惠帝知道太后要加害弟弟如意，便亲自把如意接到宫里，他俩吃饭睡觉都在一起，使吕太后没法下手。

有一天早晨，汉惠帝起床出外练射箭。他想叫如意一起去，一看如意睡得很香，不忍叫醒他，便自己出去了。等惠帝回宫，看到如意已经死在床上了。惠帝知道弟弟是被毒死的，抱着尸首大哭了一场。

吕太后杀了如意，还残酷地把戚夫

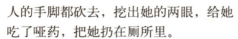

人的手脚都砍去，挖出她的两眼，给她吃了哑药，把她扔在厕所里。

后来，汉惠帝看见戚夫人被太后折磨成这个样子，不禁放声大哭，然后生了一场大病。他派人对太后说："这种事不是人能干得出来的。我是太后生的，但没有治理天下的能力。"从那以后，汉惠帝很少过问朝廷的事务。

晁错削藩

吕太后死后，汉高祖之子代王刘恒即位，号汉文帝，很有一番作为。文帝死后，汉景帝刘启即位，他采用休养生息的政策，治理国家。景帝当太子的时候，有个管家的官员叫晁错，很有才能，大家都称他"智囊"。后来，汉景帝把他提升为御史大夫。

秦王朝实行的是郡县制，但是汉高祖打下天下后，分封了22个诸侯国。这些诸侯都是汉高祖的子孙。到了汉景帝时，诸侯的势力变得强大起来，土地又多，像齐国就有70多座城。有些诸侯不受朝廷的约束，简直成了独立王国。

晁错见各诸侯国的发展态势很有可能造成国家分裂的危险，就对汉景帝说："吴王私自开铜山铸钱，煮海水取盐，招兵买马，动机不纯，不如趁早削减诸侯国的封地。"

汉景帝有点犹豫，说："削地只怕会引起他们造反。"

晁错说："诸侯想造反的话，削地会反，不削地将来也会反。现在造反，祸患小；将来他们势力大了，再反起来，祸患就大了。"

汉景帝觉得晁错的话很有道理，便下定决心，削减诸侯的封地。过了不久，朝廷找些理由，削减了诸侯的封地。有的被削去一个郡，有的被削掉几个县。

正当晁错与汉景帝商议要削吴王濞的封地时，吴王濞先造起反来了。他打着"诛晁错，清君侧"的旗号，煽动其他诸侯一同起兵造反。

公元前154年，吴、楚、赵、胶西、胶东、菑川、济南7个诸侯王发动叛乱。历史上称为"七国之乱"。

叛军声势很大，汉景帝惊恐之余，想起汉文帝临终时的嘱咐：国家有变乱，就让周亚夫带兵出征。于是，他拜善于治军的周亚夫为太尉，令他统率36名将军去讨伐叛军。

那时候，朝廷中有人与晁错有宿怨，因此借机说七国发兵完全是晁错的过错，如果杀了他，七国就会退兵。接着，有一批大臣上奏章弹劾晁错，说他大逆不道，应该杀头。汉景帝看了这个奏章，信以为真，为了平息叛乱竟批准了。

这样，一心想维护汉家天下的晁错，成了牺牲品。

汉景帝杀了晁错，下诏书要7国退兵。这时候，吴王濞已经打了几个胜仗，夺得了几座城池。他听说要他拜受汉景帝的诏书，冷笑说："现在我也是个皇帝，为什么要拜受别人的诏书？"

这时，汉军营里有个叫邓公的官员，到长安向景帝报告军情。汉景帝问他："你从军营里来，知不知道晁错已经死了？吴楚答应退兵了吗？"

邓公说："吴王一直有造反的野心。这次借削地的借口发兵，哪里是为了晁错呢？陛下把晁错杀了，恐怕以后没人敢替朝廷出主意了。"

汉景帝这才知道自己错杀了晁错，悔恨之余，决定以武力平叛，于是派遣太尉周亚夫率兵征讨。周亚夫以坚壁固守的战术，多次挫败吴楚联军的进攻。吴楚联军的士卒饿死、投降、失散的很多，只得败退。三月，吴王刘濞残部数千人退守丹徒（今江苏丹徒），被东越人所杀。其他诸王也战败或自杀，或被杀，历经3个月的七国之乱遂被平定。

七国之乱的平定，在很大程度上解决了汉高祖分封同姓王所引起的矛盾，巩固了汉王朝中央的统治，并为日后汉武帝以推恩令进一步解决诸侯王国问题创造了必要的条件。

汉景帝平定了叛乱，仍旧封七国的后代继承王位。但是从那以后，诸侯王只能在自己的封国里征收租税，他们干预地方行政的资格也被取消了，权力大伟削弱，汉王朝的中央集权才得以巩固。

武帝初登

公元前156年的一天深夜，汉景帝的第十子诞生，取名彻，他就是开创了大汉盛世的汉武帝。

刘彻自幼聪明，三岁能背典籍，无遗漏，汉景帝大为惊异，于是大为宠爱。一天，景帝把刘彻抱在膝头上，问道："我儿愿意当皇帝吗？"刘彻用稚嫩的声音答道："做皇帝不由儿臣，我愿天天在父皇膝前嬉戏，不失为子之道。"景帝暗暗惊叹："三岁小儿竟如此口齿伶俐，真是天资聪颖啊！"

汉武帝的童年和少年的宫廷生活，决定了他一生的命运，并给他54年的皇帝生涯打上了深深的烙印。

汉武帝虽然也是汉景帝的儿子，但是按照当时的继承顺序，皇帝的位子根本轮不到他。汉景帝在公元前153年就立皇子刘荣为太子，与此同时封刘彻为胶东王。刘荣的母亲栗姬和刘彻的母亲王美人都不是皇后，和栗姬相比，王美人并不怎么得宠。公元前151年，汉景帝废薄皇后，眼看皇后之位就要落到栗姬手中。但是，栗姬自从亲生儿子被立为太子后，就目空一切，专横跋扈，脾气越来越乖戾。汉景帝终于忍无可忍，景帝七年（公元前150年）正月，他不顾朝臣反对，下诏废皇太子刘荣为临江王，将栗姬打入冷宫。

皇太子之位暂时空缺，诸子为争夺皇位继承权展开了激烈斗争。刘彻被立为太子，他的姑母长公主刘嫖起了关键的作用。刘嫖是窦太后的女儿，汉景帝的姐姐，她不仅受到窦太后的宠爱，与汉景帝的关系也非常密切。长公主生有一个女儿，名阿娇。长公主一心想让阿娇当皇后，她本来想把阿娇许配给太子刘荣，可遭到栗姬的回绝，长公主由此和栗姬结仇。王美人抓住这一机会，极力讨好长公主。碰巧一天年仅五六岁的刘彻到长公主家玩耍，长公主见他聪明可爱，于是抱在膝上问道："我儿想要娶个媳妇吗？"刘彻答道："想。"长公主指着左右侍女问刘彻："她们之中你喜欢哪一个呀？"刘彻摇摇头，表示一

武帝茂陵 汉
被称为"中国的金字塔"。位于西汉11座帝陵的最西端，是汉诸陵中规模最大的帝王陵。

个也不喜欢，最后长公主指着自己的女儿问他："阿娇好不好？"刘彻这才高兴地说："好！我要是能娶阿娇做媳妇，一定要给她盖一座金屋，让她住在里面。"长公主听了非常高兴，后来在征得汉景帝同意后，便把阿娇许配给了刘彻。这样，长公主和刘彻的关系更近了一层，看到刘荣的太子之位被废，长公主和王美人乘机活动，终于说服汉景帝。景帝七年（公元前150年）四月，汉景帝立王美人为皇后，接着立7岁的胶东王刘彻为皇太子。

刘彻从公元前150年被立为太子，到公元前141年汉景帝驾崩，继承皇位，其间做了9年太子。在这9年中，聪颖过人的皇太子深得汉景帝的宠爱。他一方面协助汉景帝处理政务；另一方面博览群书，广泛涉猎琴棋书画、诗歌辞赋，这为他以后五十余年的政治生涯奠定了基础。景帝后元三年（公元前141年），汉景帝为已年满16岁的皇太子举行了隆重的冠礼。不料冠礼大典之后，汉景帝突然患病，医治无效，正月二十七驾崩于未央宫。国不可一日无君，皇太子当日在汉景帝灵前继承皇帝大位，君临天下，一代名君汉武帝登上了皇帝的宝座。

汉武帝统治时期是中国历史上的一次转变期。他统治下的西汉王朝进入了中国历史上的第一个黄金时代。处于鼎盛之中的大帝国无论是文治还是武功都达到中国封建社会的高峰。在政治上，武帝颁行推恩令，制定左官律、附益法，实施"酎金夺爵"，基本上改变了汉初以来诸侯王强大难治的局面；实行一系列打击地方豪强的有效措施；创立刺史制度，加强对地方的控制和监督；

同时，汉武帝削弱了丞相权力，任用酷吏，严格刑法，设立太学、建立察举制度，加强中央集权的统治力量。在经济上，将冶铁、铸钱、煮盐收归官营；设立均输、平准官，调剂运输；实行算缗告缗，打击富商大贾；治理黄河，大力兴修水利，广开灌溉；实行代田法，改进农具，推动农业生产的发展。在思想上，采纳董仲舒建议，"罢黜百家，独尊儒术"，巩固君主集权，使大一统的儒家思想成为封建统治思想。在民族关系上，多次派兵攻打匈奴，解除了匈奴对北部边郡的威胁；前后两次派遣张骞出使西域，实现和发展了与西域地区的交流，促进了经济文化的繁荣；又遣使至夜郎、邛、笮等地宣慰，加强对西南地区的控制和开发；还统一了南越地区，设立南海、苍梧等9郡。

汉武帝在位54年，为以汉族为主体的统一的、多民族的封建国家的巩固和发展做出了重要贡献。武帝时期，西汉成为亚洲最富强繁荣的多民族国家，也是中国历代封建王朝中的盛世之一。

罢黜百家，独尊儒术

"罢黜百家，独尊儒术"是公元前140年，汉武帝尊崇儒术，实施将百家学说排斥于官学之外的思想措施。"罢黜百家，独尊儒术"确立了儒家思想在中国社会和文化中的主导地位，不仅巩固了汉王朝政权，而且对整个中国历史的发展和传统文化的凝聚产生了深远的影响。

西汉初年，汉高祖继续实行秦代的挟书律，禁止私人收藏《诗经》《尚书》等，儒家学术活动几乎灭绝，清静无为的道家思想被统治者大力提倡。这些政策短期内适应了长期战争后恢复生产、稳定社会秩序的要求。无为而治、休养生息的政策造就了文景时期的社会安定、政治开明、文化复兴的繁荣局面。但随着时代的发展，黄老学说已经不适应时代潮流。汉武帝时期，王国势力强大并凌驾于朝廷之上，商人豪强大力兼并土地，匈奴不断骚扰边界，强化专制主义中央集权制度已经成了统治者的迫切需要。而儒家的大一统思想、神化皇权的观念以及仁义学说，恰好适应了这种要求。年轻力壮的汉武帝要大有作为，建立千秋帝业，也需要这种新的思想武器。

汉武帝即位后，首先举行的一件大事是召集天下文士，亲自出题考试。大儒董仲舒提出，诸子学说使国家不能保持一贯的政策，法令制度常常改变不利于封建的专制统治，建议政府只用讲儒学的人为官。武帝采纳了董仲舒的建议，把各地举荐来的非儒学的诸子百家一概罢斥，同时任用考试优秀的儒家学者。这样一来，只有学习儒家学术才有做官的机会。武帝又改组领导班子，起用了一大批好儒学的人，如用好儒术的田蚡做丞相等，以此来褒扬儒学，贬斥道家等诸子学说。

汉武帝的改革激怒了黄老学说的首要代表窦太后。窦太后大力打击儒家，并找借口把鼓吹儒学的人投入监狱。窦太后去世后，武帝重用儒生，把官府里非儒家的博士一律免职，排斥黄老刑名等百家学术于官学之外，这就是有名的"罢黜百家，独尊儒术"。武帝提倡的儒学，是在原来孔子仁义学说的基础上吸收了阴阳五行家神化皇权、鼓吹王权神授的思想，又接受法家君王独

张骞出使西域图　初唐
此为敦煌壁画图，表现的是汉武帝群臣到长安城外，为出使西域的张骞送行的情景。

尊、增设刑法、任用酷吏的学说，成为一种儒家王道与法家霸道杂合的思想。

汉武帝的独尊儒术与秦始皇的焚书坑儒目的都是为了统一思想，巩固封建统治，只是他们采用的手段不一样。秦始皇烧掉诸子百家书籍，企图用暴力手段来达到目的，结果失败了。汉武帝则采用引导的办法，提倡儒家学说，确立儒学为官学，从而开创了两千多年来儒家学说独盛的局面，儒家由此成了中国封建社会的主流思想。

张骞出使西域

汉武帝初年的时候，汉武帝从投降过来的匈奴人那里，得知了有关西域（今新疆和新疆以西一带）的情况。他们说有一个被匈奴打败的月氏国，向西迁移到西域一带。

汉武帝想，月氏在匈奴西边，如果汉王朝能跟月氏联合起来，断绝匈奴跟西域各国的交往，这不是等于断了匈奴的右臂吗？

于是，他下了一道诏书，征求能到月氏去联络的人。有个年轻的郎中（官名）张骞，觉得这件事很有意义，便自告奋勇去应征。随后又有100多名勇士应征，其中有个叫堂邑父的匈奴族人，也愿意跟张骞一块儿去找月氏国。

公元前138年，汉武帝就派张骞带

着应征的 100 多个人出发了。但是要到月氏，中途必须经过匈奴占领的地界。张骞他们小心地走了几天，还是被匈奴兵给发现了，全都做了俘虏。

他们被匈奴扣押了 10 多年。日子久了，匈奴对他们管得不那么严了。张骞偷偷找到堂邑父，两人商量了一下，趁匈奴人不防备，骑上两匹快马逃走了。他们一直向西跑了几十天，历尽千辛万苦，逃出了匈奴地界，进入了一个叫大宛（今中亚细亚）的国家。

大宛和匈奴是近邻，当地人能听懂匈奴话。张骞和堂邑父便用匈奴话与大宛人交谈起来。大宛人给他们引见了大宛王，大宛王早就听说汉王朝是个富饶强盛的大国，听说汉王朝的使者到了，非常高兴，后来，又派人护送他们到康居（约今巴尔喀什湖和咸海之间），再由康居到了月氏。

月氏被匈奴打败以后，迁到大夏（今阿富汗北部至印度河流域）附近，在那里建立了大月氏国。大月氏国王听了张骞的来意，不感兴趣，因为他们不想再跟匈奴结仇。但是张骞毕竟是个汉王朝的使者，大月氏国王也很有礼貌地接待了他。

张骞和堂邑父在大月氏住了一年多，没能说服大月氏国共同对付匈奴，只好返回长安。在回国的途中，又被匈奴人扣留了一年。这样，直到公元前 126 年，张骞等人才回到长安，见到汉武帝。

张骞在外面整整过了 13 年才回来。汉武帝认为他立了大功，封他为太中大夫。卫青、霍去病消灭了匈奴兵主力，匈奴逃往大沙漠北面以后，汉武帝再次派张骞去结交西域诸国。

公元前 119 年，张骞和他的几个副手，拿着汉王朝的旌节，带着 300 个勇士，还有 1 万多头牛羊和黄金、绸缎、布帛等礼物去西域建立友好关系。张骞到了乌孙（在今巴尔喀什湖东南、伊犁河流域），乌孙王亲自出来迎接。张骞送给他一份厚礼，建议两国结为亲戚，共同抵御匈奴。

过了几天，张骞又派他的副手们带着礼物，分别去联络大宛、大月氏、于阗（今新疆和田一带）等国。乌孙王派了几个翻译做他们的助手。

这些副手去了好久还没回来。张骞决定不再等下去了，乌孙王便派了几十个人护送张骞回国，顺便一起到长安参观，还带了几十匹高头大马送给汉王朝皇帝。

汉武帝见乌孙人来了，很是高兴，又瞧见乌孙王送的大马，就格外优待乌孙使者。一年后，张骞生病死了。张骞派到西域各国去的副手也陆续回到长安。副手们把到过的地方合起来一算，总共到过 36 个国家。

从那以后，汉王朝和西域各国建立了友好交往的关系，汉武帝每年都派使节去访问西域各国，西域派来的使节和商人也络绎不绝。中国的丝和丝织品，经过西域运到西亚，再转运到欧洲，后来人们把这条路线称作"丝绸之路"。

苏武牧羊

卫青、霍去病打败匈奴以后，双方停战了几年。这时，匈奴已经失去大规模进犯中原的实力，于是表示要和汉王朝和好，实际上还是想借机进犯中原。

公元前 100 年，匈奴觉察出汉王朝又有出兵的迹象，便派使者来求和，还把汉王朝的使者都放回来了。汉武帝为了答复匈奴的善意，派中郎将苏武持旌节，带着副手张胜和随员常惠，出使匈奴。

苏武到了匈奴，送回汉王朝以前扣留的匈奴使者，献上礼物。在等单于写个回信让他回去的时候，发生了一件意外的事。

原来，以前有个汉人使者叫卫律，在出使匈奴后投降了匈奴。单于特别器重他，封他为王。卫律有一个部下叫虞常，对卫律很不满，他跟苏武的副手张胜是故友，虞常和张胜见了面，就暗地跟张胜商量，想杀了卫律，再劫持单于的母亲，逃回中原去。由于虞常办事不够严密，泄露了计划，被单于抓起来，交给卫律去审问。

事情发生后，张胜害怕了，才把虞常跟他密谋的经过告诉了苏武。卫律审问虞常，用尽了各种酷刑。虞常经受不住折磨，把和张胜密谋的事供了出来。因为张胜是苏武的副使，单于命令卫律去叫苏武来受审。苏武对常惠等人说："我们这次出使匈奴，是为了汉王朝与匈奴和好。如今我出庭去受审，使汉朝受到侮辱，我还有什么脸面回到汉王朝去呢？"说着，拔出佩刀向自己身上砍去。卫律急忙把他抱住，可是苏武已经把自己砍成了重伤，血流如注，晕过去了。

单于暗暗佩服苏武是个有骨气的人，他希望苏武能够投降，像卫律一样为他效劳。他每天都派人来问候苏武，想要软化苏武，劝他投降。

后来，卫律奉单于之命，用尽了威胁利诱的手段，都不能使苏武投降，就只好回报单于。单于听说苏武这样坚定，便更希望苏武投降。他下令把苏武关在一个大地窖里，不给饭吃，不给水

喝，想用饥渴来迫使苏武投降。但是，意志坚强的苏武却毫不动摇。

匈奴单于实在拿苏武没有办法，就只好命令把苏武送到北海边上（前苏联西伯利亚贝加尔湖一带）去牧羊。单于对苏武说："等公羊生了小羊，就送你回汉王朝去！"公羊怎么能生小羊呢？单于的意思很明白，他是决意不放苏武回汉王朝了。

北海这个地方，终年白雪皑皑，荒无人烟，连鸟兽也很稀少。苏武饿了，就掘取野鼠洞里的草籽来充饥。过了不久，单于又派人来劝苏武投降，苏武依旧坚决地予以拒绝。每天，苏武一面牧羊，一面抚摩着出使时汉武帝亲手交给他的旌节。日子长了，旌节上的毛都脱落了，苏武还是紧紧地抱着那根光秃秃的旌节，艰苦地度过了漫长的岁月。

一直到了公元前85年，匈奴单于死了，匈奴发生了内乱，分成三个国家。这时候，汉武帝已经死了，他的儿子汉昭帝即位。汉昭帝派使者到匈奴打听苏武的消息，匈奴谎称苏武死了，汉使者也就相信了。

后来，汉使者又去匈奴，苏武的随从常惠当时还在匈奴。他买通匈奴人，私下和汉使者见了面，把苏武在北海牧羊的情况告诉了使者。使者又惊又喜，他想出一个主意，见了单于，他严厉地责备说："匈奴既然有心同汉王朝和好，就不应该欺骗汉王朝。我们皇上在御花园里射下一只大雁，雁脚上拴着一条绸子，上面写着苏武还活着，而且在北海牧羊，你怎么说死了呢？"

单于听了，吓了一跳，他还真的以为苏武的忠义感动了飞鸟，连大雁都代他传达消息呢。他向使者边道歉边说：

"苏武确实还活着，我们马上就放他回去。"

苏武到匈奴的时候才40岁，在匈奴遭受了19年的摧残折磨，胡须、头发全白了。回到长安的那天，长安的百姓都出来迎接他。他们看见白胡须、白头发的苏武，手里还拿着光秃秃的旌节，没有一个不受感动的，说他真是个有气节的大丈夫。

司马迁写《史记》

司马迁，字子长，汉王朝左冯翊夏阳（今陕西韩城）人。司马迁约生于汉景帝中元五年（公元前145年），卒于汉武帝征和三年（公元前90年），是西汉著名历史学家和散文家，自幼深受父亲司马谈的学术思想熏陶。司马谈，是汉武帝时的太史令，崇尚道家，曾以黄老学说为主，著有《论六家要旨》，对儒、墨、名、法、阴阳、道等各家学说，进行过批判和总结。这种家学传统，对司马迁影响很大。司马迁自幼好学，博闻强识，10岁的时候便通读《左传》《国语》等史籍。青少年时，曾师从古文学家孔安国学习《古文尚书》，向今文学家董仲舒学过春秋公羊学。他涉猎的范围很广，使他积累了丰富的文化知识，精通天文历法、史学、儒学等各家学说。20岁时，他开始到各地游历，足迹遍及名山大川。此次远游，使他开阔了眼界，认识了社会，累积了知识，并对其进步历史观的形成产生了巨大的影响。回长安以后，入仕郎中，其间随武帝巡游了很多地方。元鼎六年（公元前111年）奉命"西征巴蜀"，到达邛、筰、昆明一带，从而进行了第二次大游历。元封元年（公元前110年），其父司马谈病逝，元封三年，即继任父职做了太史令，时

年38岁。这样，使他有机会阅读宫廷收藏的大量文献典籍。此时，在他的主持下，元鼎元年（公元前116年）冬制成新历——《太初历》。同年，司马迁开始撰写巨著《史记》。

苏武被匈奴扣押的第二年，汉武帝派"贰师将军"李广利带领3万人进攻匈奴，打了败仗，几乎全军覆没。天汉二年（公元前99年），在汉王朝对匈奴的战争中，李广的孙子李陵当时担任骑都尉，带着5000名步兵跟匈奴作战。后来，寡不敌众，又没救兵，李陵被匈奴俘虏，投降了。

消息传来，大臣们都谴责李陵贪生怕死。汉武帝也收押了李陵的妻儿老母，但司马迁却为李陵辩护。他说："李陵带领5000步兵，深入敌人的腹地，打击了几万敌人。他虽然打了败仗，可是杀了很多敌人，也可以向天下人交代了。李陵不想马上死，自有他的打算。他一定还想将功赎罪来报答皇上。"

汉武帝认为司马迁这样为李陵开脱罪责，是有意贬低李广利（李广利是汉武帝宠妃的哥哥），不禁勃然大怒，说："你这样替投降敌人的人辩解，我看是存心反对朝廷。"他命令侍从把司马迁送进监狱，交给廷尉审问，最后司马迁被判宫刑（一种阉割性器官的肉刑）。

司马迁在身心上受到极大摧残，痛苦之中，数欲"引决自裁"，但恨《史记》未能成稿，以坚韧不拔的精神，忍辱发愤地过了8年。出狱之后，任中书令，继续笔耕。征和二年（公元前91年），历经18年终于完成《史记》的写作。这部巨著问世之后，当时称为《太史公书》或称《太史公记》，也叫《太史公》。

全书130篇，由本纪12篇、表10

篇、书8篇、世家30篇、列传70篇组成，计52.65万字。它记载了上起黄帝轩辕氏，下迄汉武帝太初四年（公元前101年），近3000年的历史。

"本纪"是全书的提纲，专取历代帝王为纲，以编年的形式，提纲挈领地记载了上起轩辕，下迄汉武这一历史阶段的国家大事。

"表"以年表形式，按年月先后的顺序，以清晰的表格，概括地排列各个历史时期的人事，或年经国纬，或年纬国经，旁行斜上，纵横有致。分世表、年表、月表三类，以汉代年表为详。

"书"记载了各种典章制度的演变，以及天文历法等，以叙述社会制度和自然现象为主体，对礼乐、天文、历法、经济、水利等制度的发展状况进行了系统记述，具有文化史性质。

"世家"记载了自周以来开国传世的诸侯，以及有特殊地位的人物事迹，其中主要包括春秋战国以来的诸侯国君、汉王朝被封的刘姓诸侯子侄及汉王朝所封的开国功臣。此外，还有《孔子世家》《陈涉世家》和《外戚世家》。

"列传"记载了社会各阶层代表人物的事迹，其中有著名的思想家、政治家、军事家、文学家等，另外还包含了儒林、酷吏、游侠、刺客、名医、日者、龟策、商人的传记。该部分以"扶义倜傥，不令己失时，立功名于天下"为标准。一部《史记》，就是一条五光十色的历史人物画廊。天才画家司马迁，以其天纵之才，把3000年风起云涌的历史中的风流人物，活灵活现地驱于笔端，魅力无穷，常读常新，千百年来，一直受到人们的喜爱。

一部血泪凝成的《史记》，不仅是历代正史的开山之作，而且也成为了以后2000多年中国叙事文学的渊薮。它是古代散文的典范，其写作技巧、文章风格、语言特点，对唐宋八大家、明代的前后七子、清代的桐城派都有着巨大而深刻的影响。它情节曲折、人物形象栩栩如生的特点，也为后代小说的创作积累了丰富的经验。至于那些活跃在历史浪花里的人物，则成为明清戏曲里的鲜活的舞台形象。

《史记》具有诗的意蕴和魅力。虽然在形式上是历史，但它也许是中国文学史上最伟大的浪漫主义的抒情篇章。在司马迁的身后，有着无数的异代知音，有着无数的风云人物，他们在追随着那一个浪漫的时代，在追随着浪漫时代里的那位为着渺茫命运奋斗不息的悲剧英雄司马迁。

王莽篡位

汉武帝之后是汉昭帝、汉宣帝和汉元帝，汉元帝死后，他的儿子刘骜即位，是为汉成帝。汉成帝是个荒淫的皇帝，他当了皇帝后，朝廷的大权逐渐被外戚掌握了。成帝的母亲、皇太后王政君有8个兄弟，除了一个死去的以外，其他人都封了侯。其中要数王凤的地位最显赫，他被封为大司马、大将军。

王凤掌了大权，他的几个兄弟、侄儿都十分骄横。只有一个侄儿王莽与众不同，他像平常的读书人一样，做事谨慎小心，生活也比较节俭。人们都说王家子弟中，王莽是最好的一个。

王凤死后，他的两个兄弟先后接替他的职位，后来又让王莽做了大司马。王莽很注意招揽人才，有些读书人慕名前来投奔他。

汉成帝死后，在10年之内，换了两个皇帝——哀帝和平帝。汉平帝登基时才9岁，国家大事都由大司马王莽做主。很多大臣都吹捧王莽，说他是安定汉王朝的大功臣，请太皇太后封王莽为安汉公。王莽说什么也不肯接受封号和封地。

王莽越是不肯受封，越是有人要求太皇太后封他。据说，朝廷里的大臣和地方上的官吏、平民上书请求加封王莽的人多达48万人。有人还收集了各种各样歌颂王莽的文字，使王莽的威望越来越高。

渐渐长大的汉平帝越来越觉得王莽的行为可怕、可恨，免不了背地里说些抱怨的话。

有一天，大臣们给汉平帝过生日，王莽借机献上一杯椒酒。

没过几天，汉平帝就得了重病，死去了。王莽假惺惺地哭了一场。汉平帝死的时候才14岁，没有儿子，于是由王莽摄政，称为"摄皇帝"。第二年，王莽改年号为居摄元年。三月，王莽立只有两岁的刘婴（宣帝玄孙）为皇太子，号称"孺子婴"，以效仿周公摄政旧事，为篡汉自立做准备。居摄三年（8年），梓潼（今属四川）人哀章制作铜匮，内藏"天帝行玺金匮图"与"赤帝行玺某传予黄帝金策书"，假说是高祖遗命令王莽称帝。于是，王莽便到高帝祠庙接受铜匮，即天子位，定国号为"新"。

王莽自立为帝后，为了巩固政权，在全国实行改革，推行新制。

从居摄二年（7年）到天凤元年（14年），王莽先后进行了四次币制改革。

始建国元年（9年），王莽下令将全国土地改为王田，奴婢改名为私属，都不能自由买卖。还规定一家男子不超过8人而种田数额超过一井（九百亩）的，应把多出来的田分给九族乡邻中没有田或少田的人，本身无土地的亦按一夫一妇授田百亩的制度授予田地。

同年，王莽下令制造标准的度量衡器，颁行天下，作为统一全国的度量衡标准。

始建国二年（10年），王莽诏令在全国实行五均、赊贷和六筦法。并于长安、洛阳等大城市设立五均官，负责管理工商业经营和市场物价，收取工商税。赊贷规定由政府办理，年利息为十分之一。五均赊贷和政府经营的盐、铁、酒、铸钱及收山泽税，合称为"六筦"。

除此以外，王莽对中央和地方的官名、官制、郡县地名、行政区划，也多次改变。

绿林赤眉起义

17年，荆州（今湖南湖北）发生饥荒，老百姓到沼泽地区挖野荸荠充饥，野荸荠越挖越少，便引起了争斗。新市（今湖北京山东北）有两个有名望的人，一个叫王匡，一个叫王凤，出来调解，受到农民的拥护。王匡、王凤就把这批饥民组织起来举行起义。南阳人马武，颍川人王常、成丹等率众参加。他们的根据地在绿林山（今湖北大洪山）中，故称为"绿林军"。

地皇二年（21年），绿林军在云杜（今湖北河泻）击败荆州两万官军，乘胜占取竟陵（今湖北钟祥）、安陆（今湖北安陆）等地，起义队伍日益增大。

王莽派了两万官兵去围剿绿林军，被绿林军打得溃不成军。投奔绿林山的穷人越来越多，起义军很快就发展到5万多人。

这时候，另一个起义领袖樊崇带领几百个人占领了泰山。不到一年工夫，就发展到1万多人，在青州（今江苏淮河以北地区及山东、安徽部分地区）和徐州（今山东大部分地区）之间来往打击官府、地主。

樊崇的起义军纪律严明，规定谁杀死老百姓就处死谁，谁伤害老百姓就要受惩罚。这样一来，得到了老百姓的拥护。

22年，王莽派太师王匡（和绿林军中的王匡是两个人）和将军廉丹率领10万大军去镇压樊崇起义军。樊崇为了避免起义兵士跟王莽的兵士混杂，叫他的部下把自己的眉毛涂成红色，作为识别的记号。这样，人们都称樊崇的起义军为"赤眉军"。

赤眉军于成昌（今山东东平）与王莽10万军队展开激战。少不更事的王匡根本没有作战能力，两军刚一交锋就败下阵来。见太师夺路而逃，部下也纷纷调转马头，紧随其后的廉丹的部队也被冲散了。廉丹眼看败局已定，无力回天，便将帅印交予王匡，最后战死。

成昌一役，是赤眉军与王莽军队的第一次大交锋，也是最后一次。因为南阳一带的反莽运动已经兴起，王莽只能龟缩在洛阳一带防守，再也无力出重兵与赤眉军决战了。

成昌大捷后，赤眉军乘胜向西发展，人数已多达10万人。

绿林、赤眉两支起义大军分别在南方和东方打败王莽军的消息一传开，其他地方的农民也纷纷起义。另外，还有一批没落的贵族和地主、豪强也乘机起兵造反。

南阳郡春陵乡（今湖北枣阳西）的汉宗室刘縯、刘秀两人，怨恨王莽废除汉王朝宗室的封号、不许刘姓人做官的做法，发动族人和宾客七八千人在春陵乡起兵。他们和绿林军三路人马联合起来，接连打败了王莽的几名大将，声势越来越强大。

绿林军将士们认为人马多了，必须推选出一个负责统一指挥的首领，这样才能统一号令。一些贵族地主出身的将军，利用当时有些人的正统观念，主张找一个姓刘的人当首领，这样才能符合人心。

于是，春陵兵推举刘縯，可是其他各路的将领都不同意。经过商议，众人立了破落的贵族刘玄做皇帝。

23年，刘玄正式做了皇帝，恢复汉王朝国号，年号"更始"，所以刘玄又称更始帝。更始帝拜王匡、王凤为上公，刘縯为大司徒，刘秀为太常、偏将军，又封了其他的将领。从此，绿林军又称为汉军。

昆阳大战

王莽听到起义军立刘玄为皇帝，顿时感到坐立不安。后来又听说起义军打下了昆阳（今河南叶县），更是急得像热锅上的蚂蚁，他立即派大将

刘秀像

王寻、王邑率领43万兵马，从洛阳出发，直奔昆阳。

驻守在昆阳的汉军只有八九千人。有些汉军看见王莽的军队人马众多，担心抵抗不住，主张放弃昆阳，退到原来的据点去。

刘秀对大家说："现在我们兵马和粮草都很缺乏，在这种情况下，全靠大家同心协力，才能战胜敌人。如果放弃昆阳，汉军各部也会被敌军各个击破，那就什么都完了。"

大家认为刘秀说得有道理，可是王莽军兵力实在太强大，死守在昆阳终究不是个办法。于是派刘秀带一支人马突围出去，到定陵（今河南舞阳）和郾城（今河南郾城）去调救兵。

当天晚上，刘秀带着12个勇士，骑着快马，趁黑夜偷偷出了昆阳城。王莽军没有防备，刘秀等人就冲出了重围。

莽军不久将昆阳围得水泄不通。大将严尤向王邑进言："昆阳虽小，但易守难攻。敌人主力在宛城（今河南南阳），我们不如绕过昆阳赶往宛城寻歼其主力，到那时昆阳敌人受震动，城可不战而下。"但王邑拒绝说："非也非也！我军百万之师，所过当灭，今屠此城，喋血而进，前歌后舞，岂不快哉？"于是陈营百余座，挖地道，造云车，猛攻昆阳不已。王凤、王常率全城军民顽强抵挡，多次挫败敌人的进攻，敌军消耗很大。

严尤见昆阳久攻不下，再次向王邑进言："围城应该网开一面，使城中一部分守军逃出至宛城，散布兵危消息，以使敌人情绪消沉，军心动摇，其士气低落下来后，城必可破！"但又为刚愎自用的王邑拒绝，他认为不久昆阳就会告破。

刘秀到了定陵，把定陵和郾城的人马全部带到昆阳去解围。但是有些汉军将领舍不得丢掉得到的财产，不愿去昆阳。后来，刘秀说服了众人，带着全部人马赶赴昆阳。

到了昆阳，刘秀见昆阳仍未失守，而莽军队形不整，显得士气低落、疲惫不堪，心下大喜。他立即投入战斗，亲率1000轻骑为前锋，冲到王邑军阵前挑战。王邑以其人少不足畏惧，就派了3000人迎战。刘秀急忙挥军疾冲猛杀，转眼间莽军百余人被砍死，剩下的败退回去了。初战告捷，城内城外的更始军士气都为之一振，斗志立时高涨了许多。

刘秀为了更进一步振奋士气，同时动摇敌人军心，便假造宛城已为更始军攻克的战报，用箭射入昆阳城中；又故意遗失战报，让莽军拾去传播。这一消息顿时一传十，十传百，城内军民守城意志更加昂扬，而城外莽军情绪则更加沮丧。胜利的天平已开始向起义军这边倾斜了。刘秀见效果已经达到，便精选勇士3000人迂回到敌军侧后偷渡昆水，而后猛攻王邑大本营。

此时，王邑仍不把刘秀放在眼里，他担心州郡兵主动出击会失去控制，就令他们守营勿动，自己和王寻率万人迎

昆阳之战形势示意图

战刘秀的 3000 义勇。然而王邑的轻敌应战怎奈得住刘秀部署严密的进攻？万余兵马很快被冲得阵势大乱，而州郡兵诸将却因王邑有令不得擅自出兵，谁也不敢去救援。于是王邑所部大溃，王寻也被杀死。莽军余部见主帅都溃退了，也纷纷逃命。刘秀乘势掩杀，城中王凤、王常见莽军崩溃，即从城内杀出，与刘秀部内外夹攻王邑。王邑军互相践踏，死伤无数，狼狈向洛阳方向逃去。

昆阳大战消灭了王莽主力的消息传到各地，百姓纷纷起来响应汉军。

更始帝派大将申屠建、李松率领汉军乘胜向长安进攻。王莽集团内部一片混乱。王莽的心腹刘歆、王涉和董忠等准备发动政变，清除王莽。事情败露后，刘歆自杀，董忠被诛。大臣内叛，军事外破，王莽开始陷入完全被动的局面。绿林军则趁机大举进攻：王匡率兵直捣洛阳；李松、申屠健等进逼武关。各地也都纷纷响应，杀掉他们的牧守，自称将军，用汉年号，以待诏命。王莽仍在负隅顽抗，召集囚徒为兵，企图阻挡绿林军。但囚徒兵很快背叛王莽，掘王莽祖坟，烧王莽祖庙。析县人邓晔、于匡也支持义军，迫使析县宰和武关都尉投降，攻杀莽军右队大夫。王莽走投无路，便带领群臣到南郊哭天，祈求苍天保佑。但王莽越哭，义军越近，长安很快便被起义军包围得严严实实。23 年九月，绿林军占据长安，长安市人张鱼、朱弟率众起义响应，冲入宫廷，将宫室焚毁。王莽抱头鼠窜，逃到未央宫中的渐台，妄图借台周围的池水将农民军阻挡，但农民军已经把宫室团团围住，一时乱箭四射，不久就攻占了渐台。王莽已毫无退路，被商人杜吴所杀。起义军

将王莽的头传到南阳，挂在南阳市示众，"百姓共提击之，或切食其舌"。

王莽新朝共历经 15 年，在礼仪、职官、货币、土地、税贷等方面多次进行了改制，导致了经济混乱，社会矛盾激化，最后终于葬送在农民起义的熊熊烈火中。

第三节　东汉挽歌

光武中兴

昆阳一战，使刘縯和刘秀名扬天下。有人劝更始帝把刘縯除掉。更始帝便找了个借口，杀了刘縯。

刘秀听说哥哥被杀，知道自己的力量打不过更始帝，就立刻赶到宛城（今河南南阳），向更始帝赔礼。

更始帝见刘秀不记他的仇，很有点过意不去，就封刘秀为破虏大将军，但没有重用他。后来，攻下了长安，更始帝才给刘秀少量兵马，让他到河北去招抚各郡县。

这时候，各地的豪强大族有自称将军的，有自称为王的，还有的自称皇帝，各据一方。更始帝派刘秀到河北去招抚，正好让刘秀得到一个扩大势力的好机会。他到了河北，废除王莽时期的一些严酷的法令，释放了一些囚犯。同时，不断消灭割据势力，镇压河北各路农民起义军。整个河北几乎全被刘秀占领了。

刘秀留寇恂、冯异等据守河内，与更始政权留守洛阳的朱鲔相持，自己亲率大军北征，击败尤来、大枪、五幡等部农民军。四月，回军南下，于温县大败新市、平林两军，于河南击溃赤眉、

青犊两军，大体解除了对河北的严重威胁。此时，刘秀手下的将领开始商议为刘秀上尊号，称帝位，并使人造《赤伏符》以传"天命"，刘秀假意"三推"之后，便"恭承天命"，自立为皇帝，这就是汉光武帝。

更始帝先建都洛阳，后来又迁到长安。他到了长安以后，认为自己的江山已经坐稳，便开始腐化起来。原来的一些绿林军将领，看到更始帝整天花天酒地，不问政事，都十分不满。

赤眉军的首领樊崇看更始帝腐败无能，就立15岁的放牛娃刘盆子为皇帝，率领20万大军进攻长安。不久就攻占了函谷关。更始帝眼看赤眉军就要攻到长安了，便率领文武百官逃到城外。樊崇进入长安后，派使者限令更始帝在20天内投降。更始帝没办法，只好带着玉玺向赤眉军投降。

赤眉军声势浩大地进了长安，可是几十万将士的口粮发生了困难，长安天天有人饿死。这样一来，长安的混乱局面就无法收拾了。

无奈之下，樊崇带着军队离开长安，向西流亡。但是别的地方粮食也一样困难，到了天水（郡名，今甘肃）一带，又遭到那里的地主豪强的拦击。樊崇没辙，又带着大军往东走。

汉光武帝这时已占领了洛阳，他一听到赤眉军向东转移，就带领20万大军分两路设下了埋伏。

汉光武帝派大将冯异到华阴，把赤眉兵往东边引。赤眉军被诱引到崤山下，冯异让伏兵打扮得和赤眉军一模一样，双方混战在一起，分不出谁是赤眉兵，谁是汉兵。赤眉军正在为难的时候，打扮成赤眉军模样的汉兵高声叫嚷"投降！"赤眉军兵士一看有那么多人喊投降，没了主意，一乱就被缴了武器。

27年一月，樊崇带着赤眉军向宜阳（今河南宜阳）方向转移。汉光武帝得到消息，亲自率领预先布置好的两路人马截击，把赤眉军围困起来。赤眉军无路可走，樊崇只好派人向汉光武帝请降。

汉光武帝把刘盆子、樊崇等人带回洛阳，给他们房屋田地，让他们在洛阳住下来。但是不到几个月，就用谋反的罪名，把樊崇杀了。

全国平定后，光武帝于建武十三年（37年）开始安置有功之臣。他采取了两条措施：一是不让拥有重兵的功臣接近京师；二是对功臣封赏而不用。邓禹、贾复等开国元勋明白光武帝的意思后，率先解去军职，倡导儒学。刘秀对功臣只赏不用的政策是东汉政权重建过程中重要的一步，也是较为成功的一项治国安邦的措施。

刘秀深切地认识到，要使国家真正地长治久安，必须安民，与民休息，才能保持社会稳定，才能发展社会生产。

首先，是给老百姓一个安定的社会环境。刘秀生长在民间，经历过王莽的残暴统治，知道耕做的艰难及百姓的痛苦。因此建立东汉后，通过废除王莽的繁苛法令，恢复汉初的简政轻刑，给百姓创造一个宽松的社会环境。此后，他多次下诏裁减各地的监狱，不断地告诫各级官吏尤其是地方官吏要体恤百姓、宽松执法。光武帝年初，派卫飒担任桂阳（今湖南郴州）太守。卫飒到任后，了解到桂阳地处边远、礼俗落后，便从教育入手，设立学校，端正风俗，不长时间便使境内风气大为改观。桂阳郡的含洭、浈阳、曲江原来是越族居住的地方，沿着河岸靠山居住的，多是一些在战乱中逃进深山的百姓，他们因为地处偏僻，也不向官府缴纳田租。卫飒组织人凿山开道五百多里，一路设置亭传、邮驿，不仅方便了那里的交通，也减轻了人民的负担，百姓逐渐搬到道路两边居住，使当地经济迅速发展起来，也开始向官府缴纳田赋了。

其次，是有效减轻人民的负担。光武帝认为官吏的奢侈、官僚机构设置无度以致冗官无数，是百姓的最大负担。因此他在位期间，始终提倡节俭。37年，一国使者向光武帝献上一匹可日行千里的名马和一柄宝剑，光武帝接受后便下诏把这匹千里马送去驾鼓车，把宝剑赐给骑士。在光武帝的垂范下，节俭在东汉初年形成风气。在提倡节俭的同时，光武帝对冗官进行裁汰。30年，光武帝在河北、江淮、关中刚刚平定的情况下，下诏归并了郡、国10个，县、邑、道、侯国400多个。并官省职，直接减少了行政开支。

再次，是提高奴婢的社会地位。西汉中期以来，大量的平民沦为奴婢，成为严重的社会问题。为此，光武帝曾连续6次下诏释放奴婢。同时，他还在一年之内连续下诏3次，禁止杀、伤和虐待奴婢，使奴婢的地位有所提高。

最后，就是要设法解决土地问题，使百姓和土地结合在一起，便于发展社会生产。西汉中期以来，大规模的土地兼并使土地急剧集中。但那些占有土地的豪强们却不如实地向国家申报土地、缴纳田赋。为准确地掌握全国的垦田数目和户口名籍，打击豪强，保证赋税收入和徭役征发，光武帝于公元39年下令在全国"度田"即丈量土地，同时也核定人口。但在度田过程中，官吏们和豪强相互勾结，或抵制清查，或隐瞒不量，而对百姓土地却是多量，连墙头地角、房前屋后也不放过。光武帝了解到这种情况后，曾经先后诛杀了大司徒、河南尹及郡守十多人，引起了一场大规模的地方骚乱。地方上的豪族大姓纷纷起来叛乱，光武帝用镇压和分化相结合的手段，好不容易才平息了叛乱。

光武帝刘秀通过集权加强了中央的统治，通过休养生息使人民安心从事生产，经济得到发展，社会比较稳定，这一历史时期被称为"光武中兴"。

梁冀专权

从汉和帝起，东汉王朝大多是由小孩子继承皇位，最小的皇帝是只生下100多天的婴儿。皇帝年幼，太后便临朝执政，太后又把政权交给她的娘家人执掌，这样就形成了外戚专权的局面。

但是，到了皇帝长大懂事后，就不甘心长期当傀儡，受人控制。他想摆脱这种局面，可是里里外外都是外戚培植的亲信，跟谁去商量呢？每天在皇帝身边伺候的，只有一些宦官，结果皇帝只好依靠宦官的力量，消除外戚的势力。这样，外戚的权力又转到宦官手里。

无论是外戚，还是宦官，都是最腐朽、没落势力的代表。外戚和宦官两大集团互相争夺，轮流把持着朝政，使得东汉的政治越来越腐败。

125年，东汉第7个皇帝汉顺帝即位，外戚梁家控制了朝政大权。梁冀是顺帝皇后之兄，跋扈专权，骄横无理，鱼肉百姓，欺压群臣。士大夫如张纲等人为了躲避牢狱之灾和杀身之祸，被迫

中国史鉴大讲堂

第一篇 通史博览

六〇

归乡务农。顺帝死后，梁太后抱着他2岁的儿子即皇帝位，定为冲帝。冲帝在位一年便夭折。为了专制东汉王政，梁太后与梁冀密谋，又从皇族中选定一个8岁的孩子入继大统，是为质帝。

汉质帝虽然年纪小，但聪明伶俐。他对梁冀的习专蛮横看不惯。有一次，他在朝堂上当着大臣们的面，指着梁冀说："真是个跋扈将军！"

梁冀听了，气得七窍生烟，当面又不好发作。暗想：这孩子这么小的年纪就那么厉害，将来必是心腹大患，就暗暗把毒药放在煎饼里，送给质帝吃了。

梁冀害死了质帝，又从皇族里挑选了15岁的刘志继承皇位，即桓帝。

桓帝即位后，封梁冀3万户，增加梁冀所领大将军府的官属，位至三公；又封梁冀的兄弟和儿子都为万户侯。并封梁冀妻孙寿为襄城君，兼食阳翟租，岁入5000万，加赐赤绂，和长公主同样待遇。梁冀可以"入朝不趋，剑履上殿，谒赞不名"。朝会时，不与三公站在同一席子上，10天到尚书台办公一次。从此以后，不论事情的大小，都要经过梁冀决定，才可执行。不但文武百官的升迁要先到梁府去谢恩，就是皇帝的近侍也是由梁冀派遣，皇帝的起居行止都要报告梁冀。又隔了两年，总计梁冀一门，前后有7个封侯，3个皇后，6个贵人，2个大将军，夫人、女食邑称君者7人，尚公主3人，其余卿将尹校57人。梁冀在位20余年，威行内外，百僚侧目，没有任何人敢违其命。

梁冀擅权近20年，最后跟汉桓帝也闹起矛盾来。汉桓帝忍无可忍，就秘密联络了单超等5个跟梁冀有怨仇的宦官，趁梁冀没有防备，带领羽林军

1000多人，突然包围了梁冀的住宅。

梁冀得知情况后，惊慌失措，知道自己活不了了，只好服毒自杀。

汉桓帝论功行赏，把单超等五个宦官封了侯，称作"五侯"。从那时起，东汉政权又从外戚手里转到宦官手里了。

桓帝依靠宦官的力量击败外戚专权，视宦官为心腹，而宦官的力量剧增，其威风亦不亚于外戚。汉末，士人批评时政。太学生则在太学中进行反宦官政治的组织和宣传，清议之风顿时盛行。再加上中下级官吏的声援，遂掀起了一个不小的反对宦官政治的浪潮。宦官见势不好，进行了凶猛的反攻，于是形成党锢之祸。

党锢之祸

党锢之祸是桓帝、灵帝时期，统治集团的内部权势之争。东汉政权自和帝后长期被宦官外戚轮流把持，到桓、灵时期，社会矛盾日益突出，政治腐败黑暗，宦官专权也到达了顶峰。宦官集团把持朝政，谋取私利，排斥异己，陷害忠良，先后制造了两次党锢惨祸。反对宦官的官僚士大夫和太学生受到惩罚，本人以及亲属、门生等或被逮捕，或被流放，或者禁锢终身不得做官。

东汉后期，官吏的任免权被宦官控制，正直的官僚士大夫在朝中不断遭受排挤和打击，而作为官吏后备军的太学生们更是感到仕途无望，于是官僚士大夫和太学生联合起来，形成反对宦官集团的社会政治力量。他们抨击时弊，品评人物，被称为"清议"。有识之士力图通过清议，反对宦官专权，挽救危机四伏的东汉统治。清议之风的盛行，造成很大的舆论影响。

153年，宦官赵忠的父亲去世，安葬时葬礼隆重，超出常规，刚正严明的朱穆令手下挖掘坟墓，亲自检查，发现有玉匣、木偶等违规葬品。朱穆下令逮捕赵忠家属，赵忠反而向桓帝告状，诬陷朱穆。太学生刘陶等人愤愤不平，联名上书请愿，桓帝迫于舆论压力赦免了朱穆。162年，宦官徐璜等向平定羌族人叛乱有功的皇甫规敲诈勒索，遭到拒绝。徐璜等反诬告皇甫规私吞军饷。皇甫规被桓帝罚服苦役，太学生张风等人和一些官员联合起来共同上书，使皇甫规获得赦免。这两次以太学生主体的反对宦官的斗争取得了胜利，他们的活动对当权的宦官形成巨大的压力。

165年，陈蕃做了太尉，名士李膺做了司隶校尉。他们都是读书做官、操行廉正又看不惯宦官弄权的人，因而太学生都拥护他们。

李膺做司隶校尉的职责是纠察京师百官及附近各郡县官吏。有人向他告发大宦官张让的弟弟张朔做县令时，横行不法，虐杀孕妇，事后逃到张让家躲避罪责。李膺打听到张朔藏在张让家空心柱子中，亲率部下直入张让家中，"破柱取朔"，拉出去正法了。

张让马上向汉桓帝哭诉。桓帝知道张朔的确有罪，也没有责备李膺。

李膺执法公正，刚直不阿，轰动了京师，受到士人和百姓的推崇。

过了一年，有一个和宦官来往密切的方士张成，从宦官侯览那里得知朝廷即将颁布大赦令，就纵容自己的儿子杀人。杀人凶手被逮起来，准备法办。就在这时，大赦令下来了。张成得意地对众人说："有大赦诏书，司隶校尉也不能把我儿子怎么样。"这话传到李膺的

耳朵里，李膺怒不可遏。他说："张成预先知道大赦，故意叫儿子杀人，这是藐视王法，大赦轮不到他儿子。"就下令把张成的儿子处决了。

张成哪肯罢休，他与宦官侯览、张让一起商量了一个鬼主意，叫张成的弟子牢修向桓帝诬告李膺和太学生，罪状是"结成一党，诽谤朝廷"。

汉桓帝接到牢修的控告，便下令逮捕党人。除了李膺之外，还有杜密、陈寔和范滂等二百多人，均在党人之列。朝廷通令各地抓捕这些人。李膺和杜密都被关进了监狱。

捉拿人的诏书到达了各郡，各郡的官员都把与党人有牵连的人申报上去，有的多达几百个。

第二年，有个叫贾彪的颍川人，自告奋勇到洛阳替党人申冤叫屈，汉桓帝的岳父窦武也上书要求释放党人。李膺在牢里采取以守为攻的办法，故意招出了好些宦官的子弟，说他们也是党人。宦官害怕，就对汉桓帝说："现在天时不正常，应当实行大赦。"汉桓帝对宦官是唯命是从的，马上宣布大赦，把两百多名党人全部释放了。

党人被释放后，宦官不许他们在京城居留，打发他们一律回家，并把他们的名字向各地通报，罚他们一辈子不得做官。这就是第一次党锢事件。桓帝袒护宦官集团，使社会更加黑暗，而正直的党人们却受到社会各阶层的称赞。党人范滂出狱回家，家乡人迎接他的车多达数千辆。

桓帝死后，灵帝即位，窦太后临朝，大将军窦武和太傅陈蕃辅政。他们起用李膺等被禁锢的党人，企图一举消灭宦官势力。宦官曹节等发动宫廷政变，劫

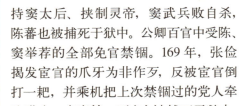

持窦太后、挟制灵帝，窦武兵败自杀，陈蕃也被捕死于狱中。公卿百官中受陈、窦举荐的全部免官禁锢。169年，张俭揭发宦官的爪牙为非作歹，反被宦官倒打一耙，并乘机把上次禁锢过的党人牵连进去，李膺等一百多人被捕死于狱中。又过几年，曹鸾上书为党人诉冤，灵帝反而重申党禁，命令抓捕一切与党人有关的人，凡是党人门生、故吏、父子兄弟和亲属，皆免官禁锢，这是第二次党锢事件。直到黄巾起义爆发，灵帝被迫赦免了党人，党锢才结束。

黄巾起义

东汉末年，土地兼并严重，豪强地主势力日益扩张；宦官专权，吏治腐败，统治集团日趋腐朽，社会矛盾日趋激化；而天灾人祸不断，流民颠沛流离。走投无路的农民被迫奋起反抗，终于酿成了东汉中平元年（184 年）中国历史上第一次以宗教组织为号召进行的有组织、有准备、全国性的农民起义——"黄巾大起义"。

东汉外戚和宦官两大集团的争权夺利，使朝政混乱，吏治腐败。水旱、虫蝗、风雹、地震、牛疫等自然灾害频繁。灵帝时河内、河南地区大饥荒，出现了河内的老婆吃丈夫，河南的丈夫吃老婆的事情。农民起义此起彼伏。安帝时，毕豪率众起义揭开了反对东汉统治的序幕。

巨鹿郡有弟兄 3 个，老大名叫张角，老二名叫张宝，老三名叫张梁。三个人不仅有本领，还常常帮助老百姓排忧解难。

张角通晓医术，给穷人治病，从来不要钱，深得穷人的拥护。他知道农民只求安安稳稳地过日子，可眼下受地主豪强的压迫和天灾的折磨，多么盼望有一个太平世界啊！于是，他决定利用宗教把群众组织起来，便创立了一个教门叫太平道。

随着他和弟子们的传教广泛深入民间，相信太平道的人越来越多。大约花了 10 年的时间，太平道传遍了全国。各地的教徒发展到几十万人。

张角和其他组织者商议后，把全国 8 个州几十万教徒都组织起来，分为 36 方，大方有一万多人，小方六七千人，每方选出一个首领，由张角统一指挥。

他们秘密约定 36 方在"甲子"年（184 年）三月初五那天，在京城和全国同时举行起义，口号是："苍天已死，黄天当立；岁在甲子，天下大吉。""苍天"，指的是受命赤德的东汉王朝；"黄天"，指的是以黄色为服色的起义军。张角还派人在洛阳的寺庙和各州郡的官府大门上，用白粉写上"甲子"两字，作为起义的暗号。

可是，在离起义的时间还有一个多月的紧要关头，情况发生了变化，起义军内部出了叛徒，向东汉朝廷告了密。

面对突然变化的形势，张角当机立断，决定提前一个月举事。36 方的起义农民接到张角的命令后，同时起义。因为起义的农民头上全都裹着黄巾作为标志，所以称作"黄巾军"。

汉灵帝得到消息后，惊慌失措，忙拜外戚何进为大将军，派出大批军队，由皇甫嵩、朱儁、卢植率领，兵分两路，前去镇压黄巾军。

然而，各地起义军声势浩大，把官府的军队打得望风而逃。起义之初，义军进展顺利：河北黄巾军生擒皇族安平王刘续、甘陵王刘忠；南阳（今河南南阳）黄巾军斩杀太守褚贡，围攻宛城；汝南黄巾军在召陵（今河南漯河东北）打败太守赵谦军；广阳（今北京西南）黄巾军攻破蓟县，杀幽州刺史郭勋。

起义军发展壮大后，张角自称天公将军，其弟张宝称地公将军，张梁称人公将军。张角、张梁驻广宗（今河北威东），张宝驻下曲阳（今河北晋州西），作为农民军中央基地，率部在冀州一带攻城略地，同时节制各路义军；南阳黄巾军由张曼成率领，在南方扩张势力；汝南黄巾军由波才、彭脱率领，活动于颍川（今河南禹县）、陈国（今河南淮阳）一线，成为黄巾第三大主力。黄巾军从北、东、南三个方向对京师洛阳形成包围之势。

黄巾农民军的"遍地开花"引起了东汉朝廷的恐慌。汉灵帝匆忙组织武装镇压。他下令大赦党人，以缓和统治阶级内部矛盾；又下诏令各地严防义军势力渗透，并积极集兵进剿。灵帝命国舅兼大将军何进统率左、右羽林军，加强洛阳防御，拱卫京师；左中郎将皇甫嵩、右中郎将朱儁率 4 万步骑进攻颍川黄巾军；北中郎将卢植率北军和地方军队进攻河北黄巾军。

张曼成率南阳黄巾军进攻中原战略要地宛城，遭南阳太守秦颉顽抗，张曼成战死。赵弘继为指挥，攻克宛城，部众发展至 10 余万人。六月，刚刚剿灭颍川义军的朱儁，把屠刀挥向南阳黄巾军，与荆州刺史徐璆、南阳太守秦颉合兵 2 万余人围攻宛城。黄巾军拼死抵御，坚守 2 个多月。

朱儁见城坚难攻，遂退兵以诱敌，暗中设伏。赵弘不明虚实，出城追击，遭朱儁伏兵重创，被迫退回城中。但元气大伤的黄巾军已无力守城，余部于十一月向精山（今河南南阳西北）转移，被官军追上，大部战死。

河南黄巾军被镇压后，东汉朝廷将重点转向河北。因卢植久攻广宗不下，何进改派东中郎将董卓接替卢植，但董卓恃勇轻敌，被张角大败于下曲阳。十月，朝廷再调皇甫嵩进攻广宗，适值张角病死，黄巾军失其主帅，士气受挫。皇甫嵩趁机在夜间发动突袭，义军仓促应战，张梁等 3 万余人战死。十一月，皇甫嵩移师转攻下曲阳，张宝等 10 余万人被杀。至此，黄河南北的黄巾军主力先后被官军及地方豪强武装消灭。

185 年农历四月，波才率部击败朱儁，进围皇甫嵩于长社（今河南长葛东北）。但因缺乏作战经验，依草结营，时值大风，皇甫嵩乘夜顺风纵火，义军大溃。皇甫嵩随即联合朱儁、曹操三军合击黄巾军，斩杀义军数万。官军乘胜进击汝南、陈国黄巾军，阳翟（今河南禹县）一战，波才战死；彭脱的黄巾军也在西华被击溃。八月，东郡（今河南濮阳西南）黄巾军与官军大战于苍亭，7000 余人被屠杀，主将卜己身死。颍川、汝南、东郡三郡黄巾军主力悉数被歼。

黄巾起义虽仅 9 个月便失败了，但起义的余波却持续了 20 多年。黄巾起义瓦解了东汉王朝的统治，外戚宦官的黑暗统治也因此结束了。

第四章　离析与交融

第一节　三足鼎立

袁绍拥兵自重

汉灵帝在黄巾军起义的风潮中，一命呜呼了。他死后，年仅14岁的皇子刘辩继承皇位，这就是汉少帝。由于少帝年幼，何太后便按惯例临朝，这样一来，朝政大权又落入了外戚大将军何进的手里。

袁绍，字本初，汝南汝阳（今河南商水西南）人。他出生于一个世代为官的地主家庭，从祖上袁安起，一直到袁绍的父亲袁逢，四代人中出了五个"三公"，人称"四世三公"。

由于何太后不同意消灭宦官，袁绍就劝何进密召驻扎河东的董卓带兵进京，用武力胁迫何太后。不料董卓还没有到达洛阳，宦官已得到消息，提前下手把何进杀死了。袁绍得知消息后，就和他的兄弟袁术带兵进宫，将搜捕到的宦官，全部杀死了。

这时，董卓已率关西军进入洛阳。为了控制住局面，董卓假造声势，收编了何进的部下，独掌了朝政大权。此后，他便想废掉少帝刘辩，但又害怕众人不服，便找袁绍来商量，希望能借重袁绍的影响来控制朝野内外，谁知袁绍表示坚决反对，两人话不投机，拔刀相向。袁绍待在京师，总担心董卓对他下手，便匆匆离开了京师。

袁绍走后，董卓立即废掉少帝刘辩，另立陈留王刘协为帝，这就是汉献帝。袁、董虽然反目成仇，但袁绍世代为官，是当时声名显赫的世家大族，董卓顾忌袁绍势力太大，为了缓和同袁绍的矛盾，就听从一些官员的劝告，任命袁绍为渤海太守。

不久，袁绍号召各地豪强贵族势力反对董卓废立皇帝，董卓因此而杀死袁氏一族在洛阳和长安的50多人。董卓残忍地对待袁氏家族，反而使袁绍更具有号召力。在反对董卓的队伍中，有一支不太引人注目的队伍，带领这支队伍的首领，名叫曹操。

王允除董卓

董卓到了长安后，就自称太师，要汉献帝尊称他是"尚父"。

他看到朝廷里的大臣们人心涣散，对他没有什么威胁，也就寻欢作乐起来了。他在离长安200多里的地方，建筑了一个城堡，称作郿坞。郿坞的城墙修得又高又厚，他把从百姓那里搜刮得来的金银财宝和粮食都贮藏在那里，单说粮食一项，30年也吃不完。

鹛坞筑成以后，董卓得意地对人说：“如果大事能成，天下就是我的；如果大事不成，我就在这里安安稳稳度晚年，谁也打不进来。”

董卓有一个心腹，名叫吕布，勇力过人。董卓把吕布收作干儿子，叫吕布随身保护他。他走到哪里，吕布就跟到哪儿。吕布的力气特别大，射箭骑马的武艺十分高强。那些想刺杀董卓的人，因为害怕吕布的勇猛，就不敢动手了。

司徒王允想除掉董卓。他知道要除掉董卓，必须先打吕布的主意。于是，他就常常请吕布到他家里，一起喝酒聊天。日子久了，吕布觉得王允待他好，也就把他跟董卓的事情向王允透露一些。

原来，董卓性格暴躁，稍不如他的意，就不顾父子关系，向吕布发火。有一次，吕布无意中冲撞了他，董卓竟将身边的戟朝吕布掷去。幸亏吕布眼疾手快，侧身躲过了飞来的戟，没有被刺着。为此，吕布心里很不痛快。王允听了吕布的话，心里挺高兴，就把自己想杀董卓的打算也告诉了吕布。

吕布答应跟王允一起谋反。

192年，汉献帝生了一场病，身体痊愈后，在未央宫接见大臣。董卓得到通报从鹛坞到长安去。为了提防有人刺杀他，他在朝服里面穿上铁甲，在乘车进宫的大路两旁，派卫兵密密麻麻地排成一条夹道护卫。他还叫吕布带着长矛在身后保卫他。他认为经过这样安排，就万无一失了。

殊不知，王允和吕布早已设好计策。吕布安插了几个心腹勇士扮作卫士混在队伍里，专门在宫门口等候。董卓的坐车刚一进宫门，就有人拿起戟向董卓的胸口刺去。但是戟扎在董卓胸前铁甲上，刺不进去。

吕布见此情景，立即举起长矛，一下子戳穿了董卓的喉头。随即，吕布从怀里拿出诏书向大家宣布：“皇上有令，只杀董卓，别的人一概不追究。”董卓的将士们听了，都高兴地呼喊万岁。

长安的百姓听到奸贼董卓死了，欢声雷动，举杯相庆。可是，过了不久，董卓的部将李傕、郭汜攻入长安，杀死了王允，赶走了吕布，长安又陷入混乱动荡之中。

煮酒论英雄

东汉王朝经历了董卓之乱后，已经名存实亡，各地州郡割据一方，官僚、豪强趁机争城夺地，形成了大大小小的割据势力。

经过几年的苦心经营，曹操的势力渐渐壮大。他打败了攻进兖州（今山东西南部和河南东部）的黄巾军，在兖州建立了一个据点。他还将黄巾军的降兵补充到自己的军队中，扩大了武装。后来，他又打败了陶谦和吕布，成为一个强大的割据势力。

195年，长安的李傕和郭汜发生火并，互相攻伐。在这种情况下，外戚董承和一批大臣带着献帝逃出长安，回到洛阳。这时的洛阳宫殿，早已被董卓烧光了，到处是瓦砾碎石、残垣断壁、荆棘野草。汉献帝到了洛阳，没有宫殿，就住在一个官员的破旧住房里。一些文武官员，没有地方住，只好搭个简

曹操像

陋的草棚，遮风避雨。这些还不算，最大的难处是没有足够的粮食充饥。

这时候，曹操正驻兵在许城（今河南许昌），听到这个消息，就和手下的谋士商量，把汉献帝迎过去。随后，他派出曹洪带领一支人马到洛阳去迎接汉献帝。

曹操把汉献帝迎到许都的这一年，徐州牧刘备前来投奔他。那时，刘备驻守的徐州被袁术和吕布联军夺了去。

刘备是河北涿郡（今河北涿州）人，是西汉皇室的宗亲。他从小死了父亲，家境败落，跟他母亲一起靠贩鞋织席过日子。他对读书不太感兴趣，却喜欢结交豪杰。有两个贩马的大商人经过涿郡，很赏识刘备的气度，就出钱帮助他招兵买马。

当时，到涿郡应募的有两个壮士，一个名叫关羽，一个名叫张飞。这两人武艺高强，又跟刘备志同道合，日子一久，3个人的感情真比亲兄弟还密切。

刘备投奔曹操以后，曹操和刘备一起去攻打吕布。吕布兵败被杀。回到许都后，曹操请汉献帝封刘备为左将军，并且非常尊重刘备，走到哪儿，都要刘备陪在他身边。

这时候，汉献帝觉得曹操的权力太大了，又很专横，便要外戚董承设法除掉曹操。他写了一道密诏缝在衣带里，又把这条衣带送给董承。

董承接到密诏，就秘密地找来几个亲信，商量如何除掉曹操。他们觉得自己力量不够，认为刘备是皇室的后代，一定会帮助他们，就秘密与刘备联络。刘备果然同意了。

此后过了不久，曹操邀请刘备去喝酒。两个人一面喝酒，一面说笑，谈得很投机。他们谈着谈着，很自然地谈到天下大事上来了。曹操拿起酒杯，说："您看当今天下，有几个人能算得上英雄呢？"

曹操笑着对刘备说："我看当今天下英雄，只有将军与我曹操两人。"

刘备心下惊惧，从曹操府中出来，他总觉得曹操会杀害自己，将来难免丢了性命，便等待机会离开许都。

事也凑巧，袁绍派他儿子到青州（今山东西北、胶南地区）去接应袁术，要路过徐州（今山东南部、江苏、长江以北）。曹操认为刘备熟悉那一带的情况，就派他去截击袁术。

刘备一接到曹操命令，就赶紧和关羽、张飞带着人马走了。

刘备打败了袁术，夺取了徐州，决定不回许都去了。

到了第二年春天，董承和刘备在许都合谋反对曹操的事败露了。曹操把董承和他的三个心腹都杀了，并且亲自发兵征讨刘备。

刘备听说曹操亲自带领大军进攻徐州，慌忙派人向袁绍求救，袁绍手下的谋士田丰劝袁绍乘许都兵力空虚的时候偷袭曹操，袁绍没有听从。

曹操大军进攻徐州，刘备兵少将寡，很快就抵挡不住，最后只好放弃徐州，投奔冀州（今河北中部、南部地区）的袁绍。

官渡之战

袁绍看到刘备兵败后，才感到曹操是个强大的敌人，决心进攻许都。

200年，袁绍调集了十万精兵，派沮授为监军，从邺城（冀州的治所，在今河北临漳西南）出发，进兵黎阳（今河南浚县东）。他先派大将颜良渡过黄河，进攻白马（今河南滑县北）。

当时，曹操的部下刘延驻守白马，坚守不出。曹操虽亲率大军驻扎在官渡（今河南中牟东北），但是兵力也很少，只有三四万人，没有办法分兵来救。曹操很是着急。谋士荀攸向曹操献计说："我军兵少，面临强敌，正面交锋恐怕不易得手，应该分散袁绍的兵力。曹公您领兵向延津（今河南延津北）推进，摆出要渡黄河进攻袁绍后方的阵势，袁绍一定分兵向西，然后我们用轻骑突袭白马，攻其不备，一定可以擒获颜良。"曹操认为荀攸说得很有道理，便按他说的去做，进军延津。袁绍知道后，十分惊慌，急忙命令黎阳的袁军星夜赶到延津渡口，截住曹军，不让他们过河。曹操见袁绍中计，便立即率领轻骑直扑白马。当时围攻白马的是袁绍的大将颜良、郭图，他们自恃兵多将广，又有黎阳做后盾，麻痹轻敌。曹军到白马后立即发动袭击，颜良、郭图毫无防备，被杀得大败。

袁绍听到这个消息，决定孤注一掷，全军渡河，追击曹军。

沮授一再劝告袁绍，但袁绍向来刚愎自用，不听劝告，率大军渡过黄河朝延津以南而来，并派大将文丑率精兵追击曹军。曹操见袁绍军追来，下令以后军为前军，绕道西进；令徐晃率600多名精锐骑兵在树丛中埋伏起来。文丑率大军追到，见路上扔满车辆物资，士兵们纷纷跳下马抢东西。这时曹军突然杀出，袁军仓促应战，大败而逃。文丑被徐晃一刀砍死，袁军士兵逃降的不计其数。

袁绍一再战败，一心想跟曹操决一死战。沮授经仔细分析，认为袁军新败

不宜决战，曹操虽胜，但兵少粮缺，只要与曹长期对峙，曹操必败。袁绍骄傲成性，无人能劝，亲率大军直逼官渡。官渡离许昌不到200里地，是许昌的屏障，也是南北咽喉要道。一旦官渡失守，许昌危在旦夕。这时曹操只有死守官渡。曹军作战勇猛，又占有地利，袁绍攻了好几次，都无功而返，两军处于相持状态。

粮草缺乏的曹军被困官渡已一个多月，再也坚持不下去，曹操决定退守许都。荀彧正在许都留守，知道后便给他来信，让他再坚持一下，事情可能会有转机。在袁绍那里，许攸一眼看破曹操困境，认为曹操兵少，此时又去集中力量与袁军对抗，许都一定空虚；如果派一支精锐轻骑去偷袭许都，一定能攻下，也能把献帝控制在手中，再来讨伐曹操，曹操必被擒。即使许都攻不下，也会造成曹操首尾不能相顾的局面，曹操必败。但袁绍不听从他的建议。

许攸在袁绍手下郁郁不得志，想起曹操是他的老朋友，就连夜投奔了曹操。

曹操在大营里刚脱下靴子，正想入睡，听说许攸来投奔他，高兴得顾不上穿靴子，光着脚板跑出来迎接许攸。他一见许攸的面便说："您来了，真是太好了！我的大事有希望了。"

许攸说："我知道您的情况很危急，特地来给您透露个消息。现在袁绍有一万多车粮食、军械，全都在乌巢放着。那里的守将是淳于琼，他的防备很松。您只要带一支轻骑兵去袭击，把他的粮草全部烧光，三天之内，袁兵就会不战自败。"

曹操得到这个重要情报后，立刻

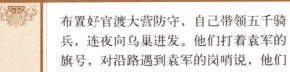

布置好官渡大营防守，自己带领五千骑兵，连夜向乌巢进发。他们打着袁军的旗号，对沿路遇到袁军的岗哨说，他们是袁绍派去增援乌巢的。

曹军顺利地到了乌巢，放起一把火，把1万车粮食，烧了个一干二净。乌巢的守将淳于琼匆忙应战，也被曹军杀了。

乌巢被烧，袁绍决定偷袭曹操大营，切断他的归路，而不派兵去乌巢。张郃、高览被袁绍派去攻打曹军大营。张郃深知，如果粮草被烧，袁军将无法支持，必败无疑，他便去劝袁绍，但没有效果。张郃只好硬着头，同高览领着几万大军攻打官渡曹军大营。他们刚到达官渡，就遇到曹军的顽强抵抗，背后又受到从乌巢得胜回来的曹操的猛攻。张郃见袁绍成不了大事，便与高览率军投降了曹操。

袁绍经此打击，实力大大削弱，袁绍的士兵不攻自乱，曹操率军奋力冲杀，袁军大败。袁军7万多人被杀死，袁绍慌忙带着儿子袁谭和八百骑兵，向北逃窜。官渡之战结束后，曹操继续向袁绍的地区进兵。202年，袁绍病死。205年，曹操对袁谭发动进攻，袁谭兵败被杀，袁绍的另外两个儿子袁熙和袁尚逃往乌桓。206年，曹操攻下了冀、青、幽、并四州，统一了北方。

孙策入主江东

正当曹操经营北方的统一大业时，南方有一支割据势力渐渐壮大起来，这支队伍的首领就是入主江东（今长江下游的江南地区）的孙策、孙权两兄弟。

孙策，字伯符，吴郡富春（今浙江富阳）人，出生于当地一个名家大族。他的父亲孙坚因镇压农民起义有功，朝廷封他为长沙太守。

孙坚后来又参加了讨伐董卓的联军。他到鲁阳（今河南鲁山）时遇上袁术，被袁术封为破虏将军。在袁术和刘表争夺荆州的战斗中，孙坚打先锋，击败了刘表的大将黄祖，孙坚乘胜追击。不料，在追击途中被黄祖手下一名躲藏在树丛中的士兵用暗箭射死。

孙坚死后，长子孙策接替他的职务，统领部队，继续在袁术手下供职。孙策打起仗来勇猛异常，总是一马当先，当时人们都称他为"孙郎"。

孙策想继承父志，干一番大事业，但总感到在袁术手下难以施展自己的抱负。于是千方百计寻找机会脱离袁术，另寻出路。正巧孙策的舅舅、江东太守吴景，这时被扬州刺史刘繇赶出丹阳，孙策便向袁术请求，去平定江东，替舅舅报仇。

孙策带领袁术拨给他的1000人马到了江东，以此来开辟自己的地盘，他一路上招募兵士，从寿春到达历阳（今安徽和县）时，已招募了五六千人。这时，孙策少年时的好朋友周瑜正在丹阳探亲，听说孙策出兵，就带领一队人马前来接应，帮助他补充了粮食和其他物资。这样，孙策进一步充实了自己的力量，而且增加了一个得力助手。

孙策带领军队，渡过长江，先后几次打败刘繇的军队，最后把刘繇从丹阳赶走，还攻下了吴郡和会稽郡，同时控制了江东大部分地区。

孙策到江东后，军纪严明，不许士兵抢掠百姓财物、侵害百姓利益，深得江东百姓的欢迎。

孙策平时爱好打猎。有一天，他追

赶一头鹿，一直追到江边，他的马快，跟从他的人都被远远地甩在后面。这时，原吴郡太守许贡的三个门客正好守在江边。当年孙策在攻下吴郡时，杀了太守许贡，因此，许贡的门客一直在寻找机会替许贡报仇。他们见机会来了，便一齐向孙策突发冷箭。孙策的面颊中了一箭。

孙策的病情很快恶化，他自知好不了了，便把张昭等谋士请来，对他们说："我们现在依靠吴、越地区的人力资源，长江的险固，可以干一番事业，请你们好好辅佐我的弟弟。"他又把弟弟孙权叫到面前，把自己的官印和系印丝带交给他，说："带领江东的人马，在战场上一决胜负，和天下人争英雄，你不如我；推举和任用贤能的人，使他们尽心竭力，保住现在的江东，我不如你。"当晚，这位纵横江东的"孙郎"便死去了。

孙策死后，孙权接替他的职务，掌管大权。在张昭和周瑜的帮助下，年仅19岁的孙权，继承父兄业绩，担负起巩固发展江东的重任。

三顾茅庐

当曹操扫除北方残余势力的时候，在荆州依附刘表门下的刘备，也正寻找机会实现自己的政治抱负。他四处招请人才，为自己出谋划策。在投奔他的人当中，有个名士叫徐庶，刘备非常赏识他的才智，便拜他为军师。

有一天，徐庶对刘备说道："在襄阳城外20里的隆中，有一位奇士，您为什么不去请他来辅助呢？这位奇士复姓诸葛，名亮，字孔明。此人有经天纬地之才，人称'卧龙'。"

刘备听到有这样的贤才，非常高兴，便决定亲自去拜访诸葛亮。第二天，刘备带着关羽、张飞启程前往隆中。

刘备一行三人来到隆中卧龙岗（今湖北襄阳），找到了诸葛亮居住的几间茅草房。刘备下马亲自去叩柴门，一位小童出来开门，刘备自报姓名，说明了来意。小童告诉他们："先生不在家，一早就出门了。"

几天以后，刘备听说诸葛亮已经回来了，忙让备马，再次前往。时值隆冬，寒风刺骨。他们三人顶风冒雪，非常艰难地走到卧龙岗。当他们来到诸葛亮家，才知道诸葛亮又和朋友们出门了。刘备只好给诸葛亮留下一封信，表达了自己求贤若渴的心情。

刘备回到新野（今河南新野）之后，一心想着诸葛亮的事，时常派人去隆中打听消息，准备再去拜谒孔明。三个人第三次去隆中时，为了表示尊敬，刘备离诸葛亮的草房还有半里地就下马步行。到了诸葛亮的家时，碰巧诸葛亮在

古隆中
在今湖北襄阳。

草堂中酣睡未醒。刘备不愿打扰他，就让关张两人在柴门外等着，自己轻轻入内，恭恭敬敬地站在草堂阶下等候。

诸葛亮被刘备的诚心所打动，他根据自己多年来研究时势政治的心得体会，向刘备详细讲述了自己的政治见解，提出了实现统一的战略方针。他说："现在曹操打败了袁绍，拥有百万兵马，又借天子的名义号令天下，很难用武力与他争胜负了。孙权占据江东，那里地势险要，民心顺服，还有一批有才能的人为他效劳，也不可以与他争胜负，但可以与他结成联盟。"

接着，诸葛亮分析了荆州（今湖南湖北）和益州（今四川）的形势，认为如果能占据两州之地，对外联合孙权，对内整顿内政，一旦机会成熟，就可以从荆州、益州两路进军，攻击曹操。到那时，功业可成，汉室可兴。

刘备听完诸葛亮的讲述，茅塞顿开。他赶忙站起来，拱手谢道："先生的一席话，让我如拨开云雾而后见青天。"刘备从诸葛亮的分析中看到了自己广阔的政治前景，于是再三拜请诸葛亮出山。诸葛亮见刘备这样真诚地恳求，也就高高兴兴地跟刘备到新野去了。

从那时起，年仅27岁的诸葛亮用他的全部智慧和才能帮助刘备实现政治抱负，建立大业。从此，刘备才真正拉开了称霸一方的序幕。

赤壁之战

曹操统一北方后，于208年秋天率兵30万，号称80万，南下攻打荆州。当曹操的军队还没有到达时，刘表就病死了。他的两个儿子——长子刘琦、次子刘琮向来就不和睦，在刘表临终前几

个月，刘琦出任江夏太守；刘琮被部下拥戴，继任荆州牧。刘琮是个贪生怕死的人，听说曹操来攻荆州，暗地派人投降，曹操兵不血刃地占领了襄阳（今湖北襄阳），当时刘备和诸葛亮正在与襄阳一水之隔的樊城（今湖北襄阳）操练兵马，他还不知道刘琮已经投降。曹操大军逼近时，单凭自己的力量抵抗曹操已不可能，便与诸葛亮率军向江陵（今湖北江陵）退去。刘备在荆州很有影响，当他撤退时，有10多万百姓纷纷随他南下，辎重数千辆，男女老幼互相搀扶，所以每天走得很慢。曹操看出刘备想退守江陵的意图，亲自率5000骑兵，昼夜急行300多里，直奔江陵。曹军在当阳长坂（今湖北当阳东北）追上刘备，大败刘备。曹操顺利占据江陵，而刘备却逃到刘琦驻守的夏口（今湖北武汉汉口）。此时刘备的军队除关羽的1万水军和刘琦的1万多步兵外，其余损失殆尽。

曹操席卷荆州的消息传到江东，孙权部下的文武官员都异常震动，有些人主张投降，孙权犹豫不决。在曹操进兵荆州以前，孙权就曾派鲁肃到荆州去探听虚实，鲁肃在当阳劝刘备把军队移驻到长江南岸的樊口（今湖北鄂城），以便和东吴互通声气。刘备乘机派诸葛亮和鲁肃一同前往柴桑（今江西九江）去见孙权，商议联合抗曹的策略。这时候，孙权接到曹操的恐吓信，声称孙权若不投降，他将率80万大军直捣江东。曹操的威势使一些人吓破了胆，长史张昭就是其中之一。他认为只有投降才是上策。针对这种观点，周瑜批驳说："曹操挥师南下，后边有关西马超、韩遂的威胁，后方一定不稳定。再说曹

赤壁旧址
在今湖北蒲圻赤壁。

军习于陆战，不习水战，他们与我们较量是舍长就短。另外，现在是寒冬十月，曹操军马粮草不足，北方士兵远涉江湖之间，水土不服，必生疾病。这些都是曹操致命的弱点。曹操号称80万大军，据我观察，曹操带来的军队不过十五六万，已疲惫不堪；从刘表那里所得军队，最多不过七八万，且人心不稳。这二十二三万军队人数虽多，但不堪一击。将军只要给我5万精兵，就足以打败曹操，请将军放心。"一番话说得孙权非常激动，他拔出宝剑，砍掉奏案的一角，厉声说道："诸将吏谁再敢说投降二字，就和这奏案一样！"

于是，孙权以周瑜为左督（总指挥），程普为右督（副总指挥），鲁肃为赞军校尉（参谋长），率精兵3万，与刘备大军一齐进驻长江南岸的赤壁（今湖北蒲圻西北），与江北曹操的军队隔江对峙。

曹操的士兵因来自北方，初到南方个个水土不服，很不习惯南方潮湿的气候，再加上不习惯乘船，没多久就病倒了许多人。曹操见士兵们身体虚弱，只好召集谋士们商量对策。这时，有人献上连环计：将水军的大小战船分别用铁环锁住，十几条船一排，每排船上再铺

上宽阔的木板，不仅人可以在上面行走自如，就是马也可以在上面跑起来。曹操听了非常高兴，立即下令：连夜打造连环大钉，锁住大小战船。这样做后，效果果然不错，人在船上走，如履平地，一点也不觉得摇晃。

驻防在长江南岸的孙刘联军看见曹操的战船连在一起，便想用火攻。正在发愁无法将火种靠近敌船时，周瑜手下的大将黄盖主动要求自己假装投降，以便靠近敌船。

周瑜很赞成黄盖的主意，两人经过商量，派人给曹操送去一封信，表示投降曹操。曹操以为东吴的人看清了形势，害怕兵败身亡，便没怀疑黄盖的假投降。

周瑜在江东将各路人马布置停当，只等东南风起，火攻曹营。

208年冬至那天半夜，果然刮起了东南风，而且风势越来越猛。黄盖又给曹操去了一封信，约定当晚带着几十只粮船到北营投降。

当天晚上，黄盖率领20只战船，船上装满干草、芦苇，浇了膏油，上面蒙上油布，严严实实地把船遮盖住。每只船后又拴着3只划动灵活的小船，小船里都埋伏着弓箭手。降船扯满风帆，直向北岸驶去。曹军水寨的官员听说东吴的大将前来投降，都跑到船舷来观看。

黄盖的大船离北岸约2里左右时，只见黄盖大刀一挥，二十几只大船一齐着起火来，火焰腾空而起，二十几条战船像狂舞的火龙，一起撞入曹操的水军中。火趁风势，风助火威，一眨眼的工

夫，曹军的水寨成了一片火海。水寨外围都是用铁钉和木板连起来的首尾相接的连环船，一时间拆也无法拆，逃也逃不走，只好眼巴巴地看着大火烧尽战船。黄盖他们则早已跳上小船，不慌不忙地接近北营，向岸上发射火箭。这样一来，不但水寨里的战船被烧，连岸上的营寨也着了火。一时间，江面上火逐风飞，一片通红，漫天彻地。

刘备、周瑜一看北岸火起，马上率水陆两军同时进兵，杀得曹军死伤了一大半，曹操败走华容道（今湖北监利北）。刘备、周瑜水陆并进，乘胜追击，一直追到南郡。曹操在战斗中损兵折将。恰在这时，又传来孙权围攻合肥的消息，必须派兵驰援。曹操只得留下曹仁、徐晃驻守江陵，乐进驻守襄阳，自己率领其余的队伍踏上北归的路途。

赤壁之战，以孙刘联军胜利、曹操大败而告结束。这是三国时期以少胜多，以弱制强的著名军事战役，为三国鼎立奠定了基础。赤壁之战结束后，曹操再也无力南下，统一全国的愿望化成了泡影。孙权稳定江东，并且向岭南地区发展。刘备占据荆州，向益州发展。

火烧连营

建安二十五年（220 年），66 岁的曹操病死在洛阳。曹操死后，太子曹丕继袭他的魏王和丞相位，掌握朝廷大权。

同年，曹丕逼迫汉献帝退位，自己称帝，建立魏朝，就是魏文帝。东汉到此也正式结束了。

蜀汉得知曹丕称帝的消息后，大臣们便拥立刘备承继汉家帝位。221 年，汉中王刘备正式在成都即皇位，这就是

汉昭烈帝刘备像

刘备（161—223 年），字玄德，涿州人，三国时蜀国的开国皇帝，在位 3 年。曹丕称帝后，刘备于公元 221 年也称帝，国号"汉"，定都成都，史称蜀汉或蜀。死后谥号为昭烈帝，史家又称为刘先主。

汉昭烈帝。

由于孙权重用吕蒙，用计袭取了荆州，杀了关羽，使得蜀汉和东吴的矛盾越来越激化。刘备即位之后，便调集 75 万大军，以替关羽复仇为名，进攻东吴。刘备出兵前，张飞的部将叛变，杀了张飞投奔东吴。刘备旧恨未报又添新仇，报仇心切的他命令大军急进。蜀军先锋吴班、冯习很快攻占巫县（今重庆巫山）、秭归（今湖北秭归）。

东吴君臣吓得要命，赶紧派使者向刘备求和，但都没有效果。孙权正在着急的时候，大臣阚泽以全家担保举荐陆逊为统帅。于是孙权封镇西将军陆逊为大都督，赐给他宝剑印绶，带领 5 万人马抵御蜀军。

第二年正月，刘备到了秭归。蜀军水陆并进，直抵夷陵（今湖北宜昌东南）。刘备率领主力，进驻猇亭（今湖北宜都北）。他在长江南岸，沿路扎下营寨，水军也弃舟登陆。从巫峡到夷陵的六七百里山地上，蜀军一连设置了几十处兵营，声势非常浩大。

中国史鉴大讲堂

陆逊看到蜀军士气旺盛，又占据了有利地形，很难攻打，就坚守不出。这时，东吴的安东中郎将孙桓被蜀军包围在夷道（今湖北宜都西北），派人向陆逊求救。陆逊手下的将领，也纷纷要求派兵救援。陆逊对大家说："孙桓很得军心，夷道城池牢固，粮草也很充足，不必忧虑，等我的计谋实现以后，孙桓就自然解围了。"

东吴众将见陆逊既不肯攻击蜀军，又不肯救援孙桓，认为他胆小怕打仗，都在背地里愤愤不平。

刘备在夷陵受阻，从这年（222年）一月到六月，一直找不到决战的机会。他为了引诱吴军出战，命令吴班带领几千人马，到平地上扎营，摆出挑战的架势；事先在附近山谷里埋伏了8000精兵，等候吴军。刘备见陆逊不上当，便把埋伏在山谷中的伏兵撤出。这一来，东吴诸将都佩服陆逊了。

接着，陆逊命士兵每人拿着一把茅草冲入蜀营，顺风点火，发动火攻。那天晚上，风刮得很大，蜀军的营寨都连在一起的，一个营起火，便延烧到另一个营。顿时，蜀军的营寨陷入了一片火海之中。陆逊率领大军，乘机反攻，一连攻破蜀军四十余座营寨，杀死蜀将张南、冯习等人。蜀军纷纷逃命，包围夷道的蜀军也都溃逃了。

刘备逃到夷陵西北的马鞍山。陆逊督促大军四面围攻，又杀死蜀军1万多人。刘备乘夜冲出重围，逃归白帝城（今四川奉节东）。

这一场大战，蜀军几乎全军覆没，军用物资也全被吴军缴获。历史上把这场战争称为"夷陵之战"，又称"猇亭之战"。

后来诸葛亮进行内部整顿，蜀国这才稳定了后方，充实了财政力量，从而可以专心于北方，挥兵北进秦中了。

秋风五丈原

吴王孙权在曹丕、刘备先后称帝后，于229年农历四月，正式称帝。蜀汉的一些大臣认为孙权称帝是僭位，要求马上同东吴断绝往来。诸葛亮力排众议，认为蜀汉目前的主要敌人是魏国，应继续保持和东吴的联盟，攻伐魏国。

231年，诸葛亮第4次北伐魏国，出兵祁山。魏国派大将司马懿和张郃等一起率领人马开赴祁山。诸葛亮把一部分将士留在祁山，自己率领主力进攻司马懿。

司马懿知道诸葛亮孤军深入，带的军粮也不多，就在险要的地方筑好营垒，坚守不出。后来，魏军将领一再请求出战，并用话来讥刺司马懿。司马懿只好与诸葛亮打了一仗，结果被蜀军打得溃不成军。

诸葛亮几次出兵，往往因为粮食供应不上而退兵，这次又是如此。他接受了这个教训，设计了两种运输工具，叫作"木牛""流马"（两种经过改革的小车），用它们把粮食运到斜谷口（在今陕西眉县西南）囤积起来。

234年，诸葛亮做好充分准备后，带领10万大军北伐魏国。他派使者到东吴，约孙权同时对魏国发起进攻，两面夹击魏国。

诸葛亮大军出了斜谷口，在渭水南岸的五丈原（今陕西岐山南）构筑营垒，准备长期作战；另派一部分兵士在五丈原屯田，跟当地老百姓一起耕种。魏明帝派司马懿率领魏军渡过渭水，也筑起

诸葛亮北伐路线图

营垒防守，和蜀军对峙起来。

孙权接到诸葛亮的信，马上派出三路大军进攻魏国。魏明帝一面亲自率领大军开赴南面抵挡东吴的进攻；一面命令司马懿只许在五丈原坚守，不准出战。

诸葛亮焦急地等待东吴进兵的战况，但是结果令他很失望：孙权的进攻以失败而告终。他想跟魏军决战，但是司马懿始终固守营垒，任凭诸葛亮怎样骂阵，就是坚守不出。双方在那里相持了100多天。

诸葛亮在猜测司马懿的心理，司马懿也在探听诸葛亮的情况。有一回，诸葛亮派使者去魏营挑战，司马懿为了了解情况，假意殷勤地接待使者，跟使者聊天，问道："你们丞相公事一定很忙吧，近来身体还好吧！"使者觉得司马懿问的都是些无关大局的话，也就老实回答说："丞相的确很忙，军营里大小事情都亲自过问。他每天早早起来，很晚才睡。只是近来胃口不好，吃得很少。"司马懿据此认定诸葛亮已经难以支撑太久了。

果如其所料，诸葛亮由于过度操劳，终于病倒在军营里。

过了几天，年仅54岁的诸葛丞相病死在军营里。

按照诸葛亮生前的嘱咐，蜀军将领封锁了他去世的消息。他们把尸体裹着放在车里，布置各路人马有秩序地撤退。

司马懿探听到诸葛亮病死的消息，立刻带领魏军去追蜀军。刚过五丈原，忽然蜀军的旗帜转了方向，一阵战鼓响起，兵士们转身掩杀过来。司马懿大吃一惊，赶快掉转马头，下命令撤退。等魏军离得远了，蜀军将领才不慌不忙地把全部人马撤出五丈原。

诸葛亮虽然没有实现统一中原的愿望，但是他的智慧和品格，一直被后代的人所称颂。

司马懿夺权

诸葛亮死后的一段时期内，蜀国再也没有足够的力量进攻魏国。魏国虽然外部的压力减弱了，但内部却乱了起来。

239年，司马懿奉命去关中镇守，在前往关中的路上，魏明帝曹叡给司马懿连续下了五道诏书，催他火速赶到洛阳。司马懿赶回洛阳宫中的时候，曹叡已经病势沉重，他握着司马懿的手，看着8岁的太子曹芳，说："我等你来，是要把后事托付给你。你要和曹爽辅佐好太子曹芳。"

司马懿说："陛下放心吧，先帝（曹丕）不也是把陛下托付给我的吗？"

曹叡死后，太子曹芳即位，这就是魏少帝。司马懿和大将军曹爽奉曹叡遗诏，共同执掌朝政。司马懿本人才智出众，文武双全。他在曹操执政时期，曾经帮助曹操推行屯田制。曹操儿子曹丕废掉汉献帝，自立为帝，司马懿也帮着出过许多主意，立了大功。因此，他得到曹丕的信任，掌握了军政大权。曹爽这个人没有什么才能，却倚仗自己是皇帝宗室，总想排挤司马懿，独揽大权。

曹爽因司马懿年高望重，起初还不敢独断专行，有事总听听司马懿的意见。不久，他任用心腹何晏、邓飏等人掌管枢要，并奏请魏少帝提升司马懿为太傅。司马懿表面上升了官，实际上却被削了权。曹爽又安排自己的弟弟曹羲担任中领军，率领禁兵；曹训任武卫将军，掌管了一些军权。司马懿对曹爽专擅朝政，很是不满。他索性称风痹病复发，不参与政事，但是暗中却自有打算。

曹爽担心司马懿不是真的有病，正巧自己的心腹李胜调任荆州刺史，于是就命李胜到司马懿那里进行探察。李胜到了太傅府，求见司马懿。司马懿装出重病的样子。李胜回去后，把这次相见的情况告诉了曹爽，并说："司马懿已经形神离散，只剩下一口气，活不了多久了。"曹爽满心高兴，从此就不再防备司马懿了。

一转眼就是新年。少帝曹芳按规矩要到高平陵去祭祀。曹爽和他的兄弟曹羲等人也一道前往。

曹爽他们出了南门，浩浩荡荡地直奔高平陵。等他们走远了，司马懿立刻带着他的两个儿子司马师和司马昭，率领自己的兵马，借着皇太后的命令，关上城门，占据武库，接收了曹爽、曹羲的军营。同时假传皇太后的诏令，把曹爽兄弟的职务给撤了。

曹爽接到了司马懿的奏章，不敢交给曹芳，又想不出主意。司马懿又派侍中许允、尚书陈泰来传达命令，让曹爽早些回去，承认自己的过错，交出兵权，那样就不会为难他们。

曹爽乖乖地交出兵权，回到洛阳侯府家中。司马懿把少帝曹芳接到宫里去，当天晚上就派兵包围了曹爽府第，在四角搭上高楼，叫人在楼上察看曹爽兄弟的举动。没过几天，又让人诬告曹爽谋反，派人把曹爽一伙人全部处死了。

曹爽死后，司马懿担任丞相，掌握了魏国的军政大权。

司马昭之心

司马懿杀了曹爽之后，又过了两年，他也死去了。他的儿子司马师接替了他的职位。魏国大权落在司马师和司马昭兄弟两人手里。大臣中有谁敢反对他们，司马师就把他除掉。魏少帝曹芳早就对司马师兄弟的霸道行径极为不满，一直想撤掉司马氏兄弟的兵权。但还没等曹芳动手，司马师已经逼着皇太后把曹芳废了，另立魏文帝曹丕的一个孙子曹髦即了皇位。

魏国有些地方将领本来就看不惯司马氏的专权行为，司马师废去曹芳后，扬州刺史文钦和镇东将军毋丘俭（毋丘，姓）起兵讨伐司马师。司马师亲自出兵，打败了文钦和毋丘俭。但是在回到许都之后，司马师也得病死了。

司马师一死，司马昭便做了大将军。司马昭比司马师更为专横霸道。

魏帝曹髦实在忍无可忍。有一天，他把尚书王经等3个大臣召进宫里，气愤地说："司马昭之心，路人皆知，我不能坐着等死。今天，我要同你们一起去诛杀他。"

年轻的曹髦，根本不懂得怎样对付司马昭。他带领了宫内的禁卫军和侍从太监，乱哄哄地从宫里杀了出来。曹髦自己拿了一口宝剑，站在车上指挥。

司马昭的心腹贾充，领了一队兵士赶来，与禁卫军打了起来。曹髦上前大喝一声，挥剑杀过去。贾充的手下兵士见到皇帝亲自动手，都有点害怕，有的准备逃跑了。

贾充的手下有个叫成济的，问贾充怎么办。

贾充厉声说："司马公平时养着你们是干什么的！还用问吗？"

经贾充这么一说，成济胆壮起来了，拿起长矛就往曹髦身上刺去。曹髦来不及躲闪，被成济刺穿了胸膛，当即毙命。

司马昭听说他手下人把皇帝杀了，也有点害怕了，连忙赶到朝堂上，召集大臣们商量。

老臣陈泰说："只有杀了成济，才勉强可以向天下人交代。"

司马昭见没法拖下去，就把杀害皇帝的罪责全都推在成济身上，给成济定了一个大逆不道的罪，把他的一家老少全杀了。

之后，司马昭从曹操的后代中找了一个15岁的曹奂即了皇位，这就是魏元帝。

智出阴平道

魏帝曹髦死后，司马昭的地位更加稳固了。于是，他决定进攻蜀国。

263年，司马昭调集了十几万大军，准备一举消灭蜀国。他派邓艾和诸葛绪各自统率3万人马，派钟会带领10万人马，兵分三路进攻蜀国。钟会的军队很快攻取汉中。邓艾的军队也到达沓中（今甘肃舟曲西、岷县南），向姜维进攻。姜维得知汉中失守，就将蜀兵集中到剑阁据守，抵御魏军。

钟会兵力虽强，但姜维把剑阁守得牢牢的，一时攻不进去，军粮的供应也发生了困难。钟会正想退兵时，邓艾赶到了。邓艾让钟会在这里与蜀军对峙，自己领兵从阴平小道穿插到蜀国的后方，这样就会攻破蜀国。钟会觉得邓艾的想法根本行不通，但一看邓艾很坚决，也就不置可否。

邓艾派自己的儿子邓忠做先锋，每人拿着斧头、凿子，走在最前面，打开小路通道，自己则率领大军紧跟在后。

最后，邓艾他们到了一条绝路上，山高谷深，没法走了。大家一看悬崖深不见底，禁不住抽了一口冷气。好多人打了退堂鼓。邓艾当机立断亲自带头，用毡毯裹住身子先滚下去。将士们不敢落后，照着样子滚下去。士兵们没有毡毯，就用绳子拴住身子，攀着树木，一个一个慢慢地下了山。

邓艾集中了队伍，对将士们说："我们到了这里，已经没有退路了，前面就是江油。打下江油，不但有了活路，而且能立大功。"镇守江油的将军马邈，没料想到邓艾会从背后像天兵一样出现在眼前，吓得他晕头转向，只好竖起白旗，向邓艾投降了。

邓艾占领了江油城，又朝绵竹方向前进。蜀军驻守绵竹的将军是诸葛亮的儿子诸葛瞻。魏军人数太少，双方一交战，就吃了个败仗。

魏军第二次出去跟蜀兵交战时都铁了心，反正打了败仗也不能活着回去。这一仗真非同小可，打得天摇地动。两军杀到天黑，蜀兵死伤惨重，诸葛瞻和他的儿子诸葛尚，都战死在疆场上。魏军胜利地占领了绵竹。

邓艾攻下绵竹，向成都进军。蜀人

做梦也没有想到魏兵来得这么快，再要调回姜维的人马也已经来不及了。后主刘禅慌忙召集大臣们商议对策，大臣们你一言我一语，都找不出好的办法，最后大臣谯周提议投降。于是后主刘禅就派侍中张绍等捧着玉玺到邓艾军营里去请求投降。

蜀国就这样灭亡了。这时候，姜维还在剑阁据守，听到蜀国投降的消息后，前思后想，决定向钟会投降。钟会赏识姜维是个好汉，把他当作自己人一样看待。后来，姜维利用钟会和邓艾之间的矛盾，劝钟会告发邓艾谋反，杀掉了邓艾。

邓艾死后，兵权就全都掌握在钟会的手里。于是，钟会就想谋反自立。姜维一心想着复国兴汉，觉着有机可乘，便假意赞同钟会的想法。

后来，有人传言钟会和姜维要杀光北方来的将士，一下引起了兵变。钟会和姜维控制不住局面，被乱军杀死了。

蜀国灭亡的第二年，吴景帝孙休病逝，孙皓即帝位，改年号为元光。吴国朝政从此日益破坏，东吴亦一步一步走向灭亡。

第二节　西晋醒风

蓄志灭东吴

司马昭灭了蜀汉，又准备进攻东吴。正在这时，他得了重病死了。他的儿子司马炎废掉魏元帝曹奂，自己做了皇帝，建立了晋朝，这就是晋武帝。从265年至316年，晋朝都以洛阳为国都，史称西晋。

西晋政权初步稳定以后，晋武帝司马炎接受羊祜的建议，积极准备攻灭东吴，统一中国。

羊祜是蔡邕的外孙，司马师的小舅子，从小喜欢读书，知识渊博，有辩才，文章写得好。有人把他比作孔子的弟子颜回。

从269年起，羊祜出任荆州都督，镇守襄阳，很受老百姓的爱戴。他到襄阳的时候，军营里的粮食还不够一百天用的，后来推行屯田政策，让士兵开垦荒地，粮仓里储满了粮食。他还对东吴军民讲究信用，投降过来的士兵想回去的随他们自愿。那些投降的人，回去后都说羊祜的好话。这样，投降的人就越来越多了。

晋武帝司马炎非常赞赏羊祜在襄阳的政绩，提升他为车骑将军。

羊祜决心采取一套攻心策略，用道义去争取民心。他每回跟东吴交战，一定按照约定的日子，绝不偷袭，绝不布置埋伏。将士当中有谁向他献计，只要听到话里有欺诈的苗头，他就拿出上等的好酒，请献计的人喝，让他喝得醉醺醺的，开不得口。羊祜行军的时候，经过东吴的地界，士兵割了稻谷，也必须报告吃了多少粮食，按价赔偿人家。他出外打猎，每次都郑重叮嘱手下将士只准在自己的地界内。碰巧，东吴的将士也在对面打猎，双方各不侵犯。如果有一只飞鸟或者一只野兽，先给吴兵打伤，飞到这边被晋兵抓住，必须送给对方。因此，吴人对他很是敬重，称他为羊公。

羊祜见时机慢慢成熟起来，积极筹备伐吴。276年，羊祜上书，请示晋武帝征伐东吴。不料秦、凉二州的少数民族发生了动乱，朝廷大臣纷纷反对出兵

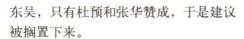

东吴，只有杜预和张华赞成，于是建议被搁置下来。

又过了一年多，羊祜病了，他要求回到洛阳来。晋武帝请他坐车进宫，不必叩拜。后来又让他回家养病，不必上朝。接着，就派张华去向羊祜请教征伐东吴的计策。羊祜说："孙皓暴虐昏庸，今天去征伐，一定能够胜他。要是孙皓一死，吴人另立一个有能耐、爱护老百姓的新君，咱们即使有百万大军，恐怕也打不过长江去了。"

过了几天，张华向晋武帝详细报告了羊祜灭吴的谋略。晋武帝接受了羊祜的建议，拜杜预为平安东将军，统率荆州所有的军队。杜预受命后，召集兵马，储备粮草，准备伐吴。正在这个时候，羊祜病故了。

羊祜死后的第二年，杜预攻灭了东吴，统一了中国。在庆祝宴上，晋武帝拿起酒杯对大臣说："讨平东吴，统一天下，是羊太傅的功劳啊！"接着，他带领文武大臣到羊祜的墓前去祭奠，告慰已经安眠于地下的羊祜。

八王之乱

晋武帝统一全国以后，为了保住司马氏的天下，吸取了曹魏皇权太弱的教训，大封自己的子侄兄弟做王，让他们像众星拱月一样来护卫皇室。然而，晋武帝没有想到，握有兵权的诸王野心越来越大，最终酿成了大祸。

司马衷即位后，军政大权落到杨太后的父亲杨骏手中。杨骏用阴谋权术，

排除异己，引起皇后贾南风与晋宗室的强烈不满。

贾皇后不甘心让杨骏掌权，就暗中联系宗室诸王，让他们进京除掉杨骏。诸王早已心怀鬼胎，楚王司马玮一接到诏书，马上进了京城。贾后即以惠帝名义下诏，宣布杨骏谋反，在皇宫卫队的配合下，司马玮杀死了杨骏，并灭了他的三族，其他凡是依附杨家的官员也都掉了脑袋。

贾皇后除掉杨家势力后，为稳定大局，召汝南王司马亮入朝辅政。司马亮也是喜欢控制权柄的人，暗中谋划着夺取楚王玮的兵权。贾皇后感到诸王难以控制，便生出了除掉诸王的想法。她先让惠帝下诏，派司马玮杀了司马亮全家。接着，贾皇后以司马玮擅杀朝廷重臣的罪名，将司马玮处死。这样，贾后夺得了西晋的全部大权。

可是，贾后没有生儿子，她怕大权将来会落到别人手里，就假装怀孕，暗地里把妹夫韩寿的儿子抱来，说是自己生的。有了这个儿子，贾后就决定废掉太子，并且派人把他毒死，立抱来的孩子做太子。这个消息传出去以后，宗室

八王封国图

群情激愤，以贾后篡夺司马氏天下为名义，起兵讨伐贾后。赵王司马伦当即领兵入宫，派齐王司马冏废掉贾皇后，接着又将她毒死，之后司马伦废掉晋惠帝，自己称了帝。

在许昌镇守的齐王司马冏，听说赵王司马伦当了皇帝，非常不满，他向各处发出讨伐司马伦的檄文，号召大家共同起兵。成都王司马颖、河间王司马颙也有夺取政权的野心，他们和齐王司马冏联合起来，攻杀了司马伦。齐王司马冏进入洛阳后，独揽大权，沉湎酒色。长沙王司马乂乘机起兵发难，司马颖、司马颙互相声援。司马冏与司马乂打了几年，兵败被杀。司马乂乘机入朝辅政，控制了朝政大权。司马颙见司马乂又独揽了朝政大权，恼羞成怒，随即发大兵讨伐司马乂，与司马颖联合，大举进攻洛阳。正当他们打得昏天暗地的时候，在洛阳城里的东海王司马越乘机偷袭了司马乂，并把他用火烧死了。司马颖也就乘机进入洛阳，做了丞相，控制了政权。

东海王司马越认为自己杀司马乂有功，却没捞到半点好处，很不甘心，就假借惠帝的名义，起兵讨伐司马颖。司马颖挟持着惠帝，到了长安。长安是在河间王司马颙的掌握之中，他看到司马颖兵败势穷，就乘机排挤司马颖，把惠帝控制在自己手里，独揽了朝政大权。

被司马颖打败逃走的东海王司马越见王浚的势力大，就和王浚联合起来，攻打关中。他打败了司马颙，进入长安。后来，司马越又把惠帝和司马颖、司马颙全都带回到洛阳，把他们全都杀

死，然后，立司马炽做皇帝，这就是晋怀帝。晋怀帝把即位的这一年改年号为永嘉元年（307年）。至此，8个王围绕皇权的血腥争夺告一段落。

"八王之乱"时间长达16年，8个王中死了7个，西晋的力量大大削弱了。此后，北方和西部的少数民族乘乱进攻中原，西晋王朝处在了风雨飘摇之中。

李特起义

八王之乱给百姓带来了无穷无尽的灾难，天灾人祸造成许多地方的农民没有饭吃，被迫离开自己的家乡，成群结队地外出逃荒。这些逃荒的农民叫作"流民"。

298年，关中地区闹了一场大饥荒，庄稼颗粒无收。略阳（治所在今甘肃天水东北）、天水等六郡十几万流民逃往蜀地。有个氐族人李特和他兄弟李庠、李流，也夹杂在流民队伍中。一路上，李特兄弟常常接济那些挨饿、生病的流民。流民都很感激、敬重李特兄弟。

蜀地的百姓生活比较安定。流民进了蜀地后，就分散在各地，靠给富户人家打长工过活，流民的生活总算稳定了下来。

可是过了不久，益州刺史罗尚要把这批流民赶回关中去。流民们听到消息，想到家乡正在闹饥荒，回去没有活路，人人都发愁叫苦。

李特得知情况后，几次向官府请求放宽遣送流民的限期。并在绵竹设了一个大营，收容流民。不到一个月，流民越聚越多，约莫有2万人。

随后，李特又派使者阎彧去见罗尚，再次请求延期遣送流民。阎彧来到罗尚的刺史府，看到那里正在修筑营

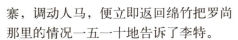

寨，调动人马，便立即返回绵竹把罗尚那里的情况一五一十地告诉了李特。

李特立刻把流民组织起来，准备好武器，布置阵势，防备晋兵的偷袭。

到了晚上，罗尚果然派部将带了步兵、骑兵3万人，向绵竹大营进攻。

3万晋军刚进了营地，只听得四面八方响起了一阵震耳的锣鼓声。大营里预先埋伏好的流民，手拿长矛大刀，一起杀了出来。这批流民勇猛无比，把晋军杀得丢盔弃甲，四散逃窜。

流民们杀散晋军，知道晋朝统治者不会罢休。大家一商量，一致推举李特为镇北大将军、李流为镇东将军，几个流民首领都被推举为将领。他们整顿兵马，向附近的广汉进攻，赶走了那里的太守。

李特进了广汉，打开了官府的粮仓，救济当地的贫苦百姓。流民组成的军队在李特领导下，纪律严明，军威大振。蜀地的百姓平时受尽晋朝官府的压迫，现在来了李特，生活倒安定起来，都非常高兴。

过了不久，罗尚勾结当地豪强势力，围攻李特。李特在战斗中不幸牺牲，他的儿子李雄继续率领流民与晋军战斗。304年，李雄自立为成都王。两年后，又自称皇帝，国号大成。李雄死后，他的侄子李寿即位，改国号为汉。历史上称之为"成汉"。

刘渊反晋

从西汉末年起，有一些匈奴族人分散居住在北方边远郡县，他们和汉族人在一起生活久了，接受了汉族的文化。匈奴贵族以前多次跟汉王朝和亲，可以说是汉朝皇室的亲戚，后来就改用汉皇帝的刘姓。曹操统一北方后，为了便于管理，把匈奴3万个部落集中起来，分为5个部，每个部都设一个部帅，匈奴贵族刘豹就是其中一个部的部帅。

刘豹死后，他的儿子刘渊继承了他的职位。刘渊自幼读了许多汉族人的书，文才很好，同时武艺也很高强。后来，刘渊在西晋的成都王司马颖（八王之一）部下当将军，留在邺城，专管五部匈奴军队。

304年，刘渊回到左国城，匈奴人想借八王混战之机，复国兴邦，便拥戴他做大单于。他集中了5万人马，亲自率军南下，帮助晋军攻打鲜卑兵。有人不解地问他："为什么不趁这个机会灭掉晋朝，反倒去打鲜卑呢？"

刘渊说："晋朝现在已经腐朽透顶了，灭掉它非常容易，但是晋朝的百姓未必会归顺我们。我看汉王朝立国的年代最长，在百姓中还很有影响，我们的上代又与汉王朝皇室有血缘关系，不如借用汉王朝的名义，也许可以得到汉族百姓的支持。"

于是，建国号为汉，刘渊即汉王，尊蜀汉刘禅为孝怀皇帝，建元元熙。刘渊称王建汉后，势力不断增长。石勒造反兵败，率领胡人部众几千人、乌桓部落2000人归顺刘渊，上郡（今陕西北部）四部鲜卑陆逐延、氐酋大单于徵、东莱王弥等也都投奔刘渊，这样形成了一支由匈奴、鲜卑、氐、羌等各族组成的反晋力量，刘渊称帝的意图也渐明显。为给建立帝业做准备，刘渊四处出兵，频繁侵略晋地。永嘉二年（308年）冬十月，刘渊正式称帝。309年正月，刘渊又根据太史令宣于修的建议，正式迁都平阳（今山西临汾西）。因从汾河水中获得治国玉玺，其上面写有"有新保之"，刘渊认为这对自己非常吉祥。

永嘉三年（309年）三月，晋将军朱诞归降刘渊，刘渊于是任命朱诞为前锋都督，刘景为大都督，起大军攻晋。洛阳的老百姓虽然恨透了腐朽的西晋王朝，但是更不愿意受匈奴族人统治。所以刘渊两次进攻，都遭到洛阳军民的顽强抵抗，没有占到一点便宜。

永嘉四年（310年），刘渊死，刘聪杀刘和而自立为皇帝后，开始攻打西晋怀南各州郡。永嘉五年（311年）六月，各路汉军先后攻陷洛阳，俘司马炽，杀王公士民3万余人，纵兵大掠宫内珍宝、财物和宫女，又烧宫庙、官府和平房，史称"永嘉之乱"。同年，晋怀帝被汉兵俘虏到平阳，刘聪封他为"会稽郡公"，享受三司的礼仪，而且还将小刘贵人嫁给他为妻。

永嘉七年（313年）年初，刘聪在光极殿大宴群臣，饭饱酒酣时，命令晋怀帝穿上青衣行酒令取乐。这一情景让晋朝的故臣庾珉、王隽悲愤不已，大声痛哭。刘聪十分生气。二月，

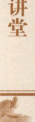

匈奴人黄金铠甲

刘聪就将晋怀帝和晋朝的旧臣10多个人全都杀害，怀帝死时才30岁。

晋怀帝被害的消息传到长安之后，太子司马邺举哀服丧，并且于四月即皇帝位，即孝愍皇帝，改元建兴。这时他只有14岁。当时的长安城里住户不超过一百，公私加起来也只有车4辆，文武百官既没有官服，也没有印绶，只有桑版刻上官号罢了，皇帝即位的仪式显得十分凄凉。汉建元二年（316年），汉军在大司马刘曜的统领下，向长安发起强烈攻势。九月，汉军长安的外城被攻陷。在内无粮草、外无援兵之际，愍帝决定向汉军投降。索琳派自己的儿子去见刘曜，想靠请降来表功，没想到儿子被刘曜杀了。晋愍帝只得自己亲自光着上身，乘着羊车出城向汉军请降。汉帝刘聪降愍帝为光禄大夫，封怀安侯。刘曜被封为大都督，并且大赦天下，改元麟嘉。

至此，西晋共经历司马炎、司马衷、司马炽、司马邺四帝，历时42年（265—316年）而灭亡。

西晋灭亡之后，北方的各族人民（主要是匈奴、鲜卑、羯、氐、羌五个少数民族）纷纷起义，许多人像李雄、刘渊一样建立政权，前前后后一共出现16个割据政权，历史上称为"十六国"（旧称五胡十六国，胡是古时候对少数民族的泛称）。

第三节　东晋偏安

王马共天下

永嘉元年（307年）七月，朝廷命

镇守下邳（今江苏睢宁西北）的琅琊王司马睿移镇建邺（今江苏南京），又任命王衍弟王澄为荆州都督，族弟王敦为扬州刺史。建兴四年（316年）十一月，愍帝向刘聪投降，西晋灭亡。

建兴五年（317年）三月，晋愍帝被杀的消息传到建邺，琅琊王的僚属全都上表劝司马睿即皇帝位。司马睿（276—322年），字景文，司马懿的长孙。十日，司马睿于建康即位称帝，是为晋元帝。东晋王朝正式建立。建邺为了避愍帝司马邺的讳，改称建康。司马睿宣布大赦天下，改元大兴，文武百官都官升二级。

司马睿在西晋皇族中，地位和名望都不太高。晋怀帝的时候，派他去镇守江南。他还带了一批北方的士族官员，其中最有名望的是王导。司马睿把王导看作知心朋友，对他言听计从。

司马睿刚到建康的时候，江南的一些大士族地主嫌他地位低，看不起他，都不来拜见。司马睿为此常常不安，便让王导想想办法。

王导把在扬州做刺史的王敦找来，两人商定了一个主意。

这年三月初三，按照当地的风俗是禊节，百姓和官员都要去江边"求福消灾"。这一天，王导让司马睿坐上华丽的轿子到江边去，前面有仪仗队鸣锣开道，王导、王敦和从北方来的大官、名士，一个个骑着高头大马跟在后面，这个大排场一下轰动了建康城。

江南有名的士族地主顾荣等听到消息，都跑来观看。他们一见王导、王敦这些有声望的人都这样尊敬司马睿，不禁大吃一惊，怕自己怠慢了司马睿，一个接一个地出来排在路旁，拜见司马睿。

从那以后，江南大族纷纷拥护司马睿，司马睿在建康便稳固了地位。

后来，北方战乱不止，一些士族地主便纷纷逃到江南避难。王导劝说司马睿把他们中间有名望的人都吸收到王府来。司马睿听从王导的意见，前后吸收了一百多人在王府里做官。

司马睿在王导的辅助下，拉拢了江南的士族，又吸收了北方的人才，他的地位就日渐巩固了。

317年，司马睿在建康即位，这就是晋元帝。在这之后，晋朝的国都一直在建康。为了和司马炎建立的晋朝（西晋）区别开来，历史上把这个朝代称为东晋。

晋元帝总认为他能够得到这个皇位，都是凭借王导、王敦兄弟的帮助，所以，对他们特别尊重。他封王导担任尚书，掌管朝内的大权，又让王敦总管军事，又把王家的子弟封了重要官职。

当时，民间流传着这样一句话："王与马，共天下。"意思是：东晋的大权，由王氏与皇族司马氏共同掌握。

王敦掌握军权后，便不把晋元帝放在眼里。晋元帝也看出了王敦的骄横，于是渐渐疏远了王氏兄弟，另外重用了大臣刘隗和刁协。这样，刚刚建立的东晋王朝内部，又出现了裂痕。

祖逖中流击楫

东晋在江南建国的时候，北方的黄河流域成为匈奴、羯、鲜卑、氐、羌等五个主要游牧民族争杀的战场。这五个少数民族分别建立了自己的国家，相互争霸，不断有国家成立和灭亡。

自从匈奴兵攻占了长安，结束了西晋统治，中国开始进入了历史上所称的

"五胡十六国"时期，即永嘉之乱后的民族大迁徙与大融合时期。

在这长达 130 多年的时间里，先后有前赵（匈奴）、后赵（羯）、前燕（鲜卑）、前凉（汉）、前秦（氐）、后秦（羌）、后燕（鲜卑）、西秦（鲜卑）、后凉（氐）、南凉（鲜卑）、西凉（汉）、北凉（匈奴）、南燕（鲜卑）、北燕（汉）、夏（匈奴）等 15 个政权，连同西南地区氐族建立的成汉，一共 16 个国家，历史上称之为"五胡十六国"。这十六国与东晋政权处于长期的对峙状态。

那时，祖逖也夹在汹涌如潮的南逃人群中。在他经过淮泗的路上，他让老人和病人坐在自己家的马车上，自己的粮食、衣物与大家一起享用。遇有劫匪，他总是亲率家丁打退他们。南逃路上的祖逖获得了极好的口碑。

317 年，琅琊王司马睿在士族王导等人支持下建立了东晋王朝。司马睿早就听说祖逖的声名，又得知他已经到达泗口，便下诏任命他为徐州刺史。后又将他调任军谘祭酒，驻防京口（今江苏镇江）要隘。祖逖向司马睿进言说："中原大乱，百姓陷入水深火热之中，人人都想起来反抗。只要陛下下令出兵，派一个大将去讨伐乱贼，一定会收复失地。"

司马睿只想偏安东南半壁江山，对于北伐并不抱太大希望，但是听祖逖说得很有道理、就任命祖逖为奋威将军、豫州刺史，发给他 1000 人吃的粮食、3000 匹布，所有甲胄、武器、兵勇，都由祖逖自己解决。

祖逖带着招募的队伍，横渡长江。船到江心的时候，他拿起船桨敲打船舷（文言是"中流击楫"），向大家发誓说："我祖逖如果不能把中原的敌人

扫平，就决不返回江南。"

祖逖渡江以后，将队伍驻扎在淮阴，又命人打造兵器，招兵买马，很快聚集了数千人。祖逖见士气旺盛，亲自率领人马进攻谯城（今安徽亳州），又连续攻破石勒的各地割据武装。至此，祖逖名噪大江南北，他又乘胜出击，派部下韩潜分兵进驻河南封丘，自己则进驻雍丘（今河南杞县），成为掎角之势，黄河以南的土地都回归东晋了。

祖逖北伐得到了中原人民的响应和支持，北伐队伍迅速扩大。祖逖身先士卒，不蓄私产，与将士同甘苦。北伐战争取得一定的成就。

但是，祖逖受到了主张偏安、不思进取的朝人牵制，最后郁郁而亡。

祖逖的北伐事业虽然没有完成，但他中流击楫的气概被后人所称颂。

桓温北伐

桓温是东晋时谯国龙亢（今安徽怀远）人。桓温的父亲叫桓彝，在苏峻之乱中，被苏峻将领韩晃杀了。那一年桓温刚满 15 岁，他得知父亲被人杀害的消息后，悲痛欲绝，发誓要为父报仇。桓温长到 18 岁时，曾参与策划杀他父亲的江播死了，于是他怀揣刀剑大闹灵堂，杀了江播儿子江彪等 6 人。

生长在永嘉乱世中的桓温，青年时代就崭露头角。晋穆帝永和二年（347 年），任职安西将军的桓温奉命率兵讨伐蜀地李势。

两军刚交兵时，形势对晋军极为不利，桓温的部下参军龚护战死，桓温的马也中了箭，桓温慌忙命令撤退。但击鼓士兵误解了桓温的意思，反而擂起了前进的战鼓，三军将士奋勇向前，李势

完全没有料到桓温攻势这样猛烈，抵挡不住，连夜逃到葭萌关。后来，又派人求降。桓温大军浩浩荡荡进入成都，成汉王朝就这样灭亡了。桓温因此被提升为征西大将军，封临贺郡公，一时间声震朝野。

桓温灭掉成汉王朝，给东晋立了大功。但是东晋王朝内部矛盾很大，晋穆帝表面上提升了桓温的职位，暗地里却猜忌他。桓温要求北伐，晋穆帝没有同意，另派了殷浩带兵北伐。

殷浩出兵到洛阳，被羌族人打得大败，死伤了1万多人马。桓温再次上奏章要求朝廷将殷浩撤职办罪，并再次提出北伐。晋穆帝没办法，只好撤了殷浩的职，同意桓温带兵北伐。

永和十年（354年）二月，桓温率4万大军从江陵出发，经襄阳，出武关，越秦岭，大军直指关中，讨伐由氐族人苻氏建立的前秦政权。这是桓温第一次北伐。

前秦王苻坚派太子率5万大军与晋军对抗。这年四月，晋、秦两军大战于蓝田，秦军大败。桓温率军占领灞上（今陕西西安东南），抵达前秦都城长安的郊区。当地老百姓纷纷牵牛担酒前来犒劳晋军。老人流涕道："不图今日复见官军！"六月，因军中缺粮，桓温被迫从潼关退兵。秦军跟踪追击，晋军损失1万多人。

永和十二年（356年）六月，桓温进行第二次北伐，从江陵发兵，向北挺进。八月，桓温挥军渡过伊水，与羌族首领姚襄军二次战于伊水之北，大败姚襄，收复洛阳。桓温在洛阳修复西晋历代皇帝的陵墓，又多次建议东晋迁都洛阳。东晋朝廷对桓温的北

伐抱消极态度，只求苟安东南，无意北还，桓温只得退兵南归。到升平三年（359年），中原地区被慕容氏的前燕政权所占领。隆和二年（363年），桓温被任命为大司马，都督中外诸军事，录尚书事，第二年又兼扬州刺史。桓温身为宰相，又兼荆扬二州刺史，桓温尽揽东晋大权。

太和四年（369年），桓温利用执政之机，发动了第三次北伐，讨伐前燕政权。这年四月出发，六月到金乡（今山东金乡）。桓温率水军经运河、清水河进入黄河，一直进军至枋头（今河南浚县西南，黄河重要渡口）。前燕王任命

金谷园图
门阀制度使世家士族势力进一步扩张，经济上占据了有利地位。此图描绘了门阀制度保护下地主豪奢腐败的生活。

慕容垂为大都督，率5万军队前往抵御。这时，桓温犯了一个错误，他下令由水路运粮，结果燕军占领石门渡口，切断了水运粮道，桓温军队面临断粮的威胁。无奈之下，桓温只好命令全军撤退。退兵时，遭到了慕容垂的拦截，等桓温逃到山阳（今江苏淮安）时，手下已经没有多少人马了。

这次北伐的失利，使桓温如日中天的威信大大降低了。然而，由于桓温长期掌握东晋的军事大权，他的野心却越来越大。他曾经说："男子汉如果不能流芳百世，也应当遗臭万年。"属下知道他的野心，向他献计，说要提高自己的威信，就先得学西汉霍光的办法，把现在的皇帝废了，自己另立一个皇帝。

当时在位的皇帝是晋废帝司马奕。桓温带兵到建康，把司马奕废了，另立一个司马昱当皇帝，这就是晋简文帝。桓温当了宰相。

桓温改立新帝后，开始陷害一些政见与他不合的皇族和大臣，将殷、庾两大强族的势力削除殆尽。咸安二年（372年）六月，简文帝去世。桓温原本指望简文帝司马昱禅位于他，或自己摄理朝政，但大失所望。桓温于是拒绝入朝，直至宁康元年（373年）二月才到建康朝见孝武帝，并带兵入朝。群臣惊慌失措。由于侍中王坦之、吏部尚书谢安应付自如，桓温才没有发难，晋朝得以安宁。三月，桓温退兵。七月，桓温在姑孰（今安徽马鞍山当涂县城）病死，终年61岁。

扪虱谈天下

桓温第一次北伐时，将军队驻扎在灞上。有一天，有个穿着破旧短衣的读书人来军营求见桓温。桓温很想招揽人才，一听来了个读书人，便马上请他进来相见。

这个读书人叫王猛，他把南北双方的政治军事形势分析得清晰明了，见解也很精辟，桓温听了暗暗佩服。王猛一边谈，一边把手伸进衣襟里抓虱子（文言是"扪虱"）。桓温左右的侍从见了，都忍不住想笑。但是王猛却旁若无人，照样谈笑自若。

桓温看出王猛是一个难得的人才，从关中退兵的时候，他再三邀请王猛跟他一起走，还封他一个比较高的官职。王猛知道东晋王朝的内部不稳定，就拒绝了桓温的邀请，回华阴山隐居去了。

如此一来，王猛却出了名。

后来，前秦的皇帝苻健死了，他的儿子苻生昏庸残暴，很快就被他的堂兄弟苻坚推翻。

苻坚是前秦王朝中一个有作为的皇帝。他在即位以前，有人向他推荐王猛。

苻坚派人把王猛请来相见，两个人一见如故，谈起时事来，见解完全一致。苻坚非常高兴，像刘备得到了诸葛亮一样。

苻坚即位后，自称大秦天王。王猛在他的朝廷里做官，一年里被提升五次，成为他最亲信的大臣。官至吏部尚书、京兆尹等职，主持前秦的政务长达16年。他为政期间对内整顿吏治，压制不法贵族，重视农业生产，增加财政收入；对外加强战备，使得前秦的国力迅速强大，为统一北方奠定了基础。

有了王猛的帮助，苻坚镇压豪强，整顿内政，前秦国力日渐增强。王猛兼任京兆尹的时候，太后的弟弟、光禄大夫强德，强抢人家的财物和妇女。王猛

一面逮捕了强德，一面派人报告苻坚。等到苻坚派人来宣布赦免强德时，王猛早已把强德杀了。以后几十天里，长安的权门豪强、皇亲国戚，有20多人被处死、判刑、免官。从此以后，谁也不敢胡作非为了。苻坚赞叹说："我现在才知道国家要有法制啊。"

前秦在苻坚和王猛的治理下，国力越来越强大，在十几年内，前秦先后灭掉了前燕、代国和前凉3个小国，黄河流域地区全成了前秦的地盘了。

375年，王猛得了重病。王猛对前来探望他的苻坚说："东晋远在江南，又继承了晋朝的正统，现在内部和睦。我死之后，陛下千万不要去进攻晋国。我们的敌人是鲜卑和羌族人，留着他们终归是后患。要保证秦国的安全，就一定要先把他们除掉。"

苻坚一意孤行

王猛活着的时候，苻坚对他言听计从，他励精图治，整饬军政、提倡儒学、广兴学校、鼓励农耕、兴修水利，使得前秦获得了长足的发展。经过多年经营，前秦国力日渐强盛，为统一北方准备了条件。从370年开始，苻坚先后攻灭前燕、仇池氐族、前凉和代，统一了北方，并进军西域。其疆域东极沧海，西并龟兹，南包襄阳，北尽沙漠，成为十六国中最强大的政权。但是王猛临死留下的忠告，苻坚却没有听。

王猛把鲜卑族人和羌族人看成前秦的敌手，但是苻坚却信任从前燕投降来的鲜卑贵族慕容垂和羌族贵族姚苌。王猛劝他不要进攻东晋，但苻坚却一定要进攻东晋，非把它消灭不可。

382年，苻坚认为时机成熟，就下决心大举进攻东晋。

苻坚把大臣们都召集来，在皇宫的太极殿里商量出兵的事。苻坚说："我继承王位将近30年了，各地的势力差不多都平定了，只有东南的晋国，还不肯降服。我们现在有97万精兵。我打算亲征晋国，你们认为怎么样？"

大臣们纷纷表示反对。到后来，苻坚不耐烦了，他说："你们都走吧。还是让我来决断这件事。"

大臣们见苻坚发火，谁都不再说话，一个个退出宫殿。最后，只剩下苻坚的弟弟苻融没走。

苻坚把苻融拉到身边，说："自古以来，国家大计总是靠一两个人决定的。今天，大家议论纷纷，没有得出个结论。这件事还是由咱们两人来决定吧。"

苻融面露难色地说："我看攻打晋国不是很有把握。再说，我军连年打仗，兵士们疲惫不堪，不想再打了。今天这些反对出兵的，都是忠于陛下的大臣。希望陛下采纳他们的意见。"

苻坚没料到苻融也反对出兵，马上沉下脸来，说："连你也说这种丧气的话，太叫人失望了。我有百万精兵，兵器、粮草堆积如山，要打下晋国这样的残余敌人，还怕打不赢吗？"

面对一意孤行的苻坚，苻融苦苦劝告说："现在要打晋国，不但没有必胜的把握，而且京城里还有许许多多鲜卑族人、羌族人、羯族人，他们都是潜在的隐患。如果他们趁陛下远征的机会起来叛乱，后悔都来不及了。陛下还记得王猛临终前的遗言吗？"

苻坚不听大臣们的劝说，决心孤注一掷，进攻东晋。

他派苻融、慕容垂当先锋，又封姚苌为龙骧将军，指挥益州、梁州的人马，准备出兵攻晋。

淝水之战

前秦建元十二年（376年），前秦统一北方，后与东晋决战于淝水。淝水之战以前秦的惨败和东晋的大捷而结束。

建元十九年（383年）七月，苻坚不顾群臣反对，举大军攻晋。八月，苻坚发动百万大军南下，水陆并进。九月，苻坚的弟弟苻融率30万大军到达淮河前线，进攻寿阳（今安徽寿县）。东晋宰相谢安遣尚书仆射谢石为大都督，以徐、兖二州刺史谢玄为前锋，率军8万前往迎敌。又命龙骧将军胡彬率水军5000援救寿阳（今安徽寿县）。十月，苻坚求胜心切，他等不及各路人马聚齐，便命令苻融进攻寿阳。

寿阳是军事重镇，它的得失对于整个战局的胜负，具有举足轻重的作用。奉命增援寿阳的晋将胡彬，在半路上就接到寿阳失守的消息，只好退守硖石（今安徽寿县西北）。苻融马上命令部将梁成率众五万进攻洛涧（今安徽淮南东），切断了胡彬与谢石大军的联系。

苻坚到了寿阳，派尚书朱序到晋军大营去劝降。朱序本来是东晋的将领，4年前在襄阳和前秦军队作战时兵败被俘，留在前秦。现在他见晋秦交战，知道自己为东晋出力赎罪的机会到了。他到晋营后，不但没有劝降，反而向谢石提出打败秦军的建议。他说："这次苻坚发动了百万人马攻打晋国，如果全部人马都到了，恐怕晋军无法抵挡。所以，应乘秦军还没集结的时候，赶快进攻秦军前锋。打败了

谢安像

它的前锋，便可挫伤秦军的士气，这样就可以战胜他们了。"

谢玄听从了朱序的建议，派战斗力较强的北府兵将领刘牢之带领一支兵马，在夜晚神不知鬼不觉地来到洛涧，向秦军阵地发起突然袭击。正在睡梦中的秦将梁成，听到喊杀声，吓出了一身冷汗，慌慌张张地从床上爬起来，上马迎战，结果被刘牢之一刀砍翻，送了性命。

秦军失去主将，四散奔逃，晋军乘胜追击。谢石带领晋军主力渡过洛涧，在离寿阳城只有4里地的八公山下，扎下营寨，与秦军主力隔淝水对峙。苻坚在寿阳城里，接到洛涧秦军失利的消息，有些沉不住气了。

过了几天，谢石派人到寿阳城里，送给苻融一份战书，要求定日期决战，条件是秦军把阵地向后撤出一些，腾出一块空地作为战场，让晋军渡过淝水决战。秦诸将都反对晋军的建议，苻坚和苻融却同意晋军的条件，说："让我们的士兵稍稍向后退一点，等他们正在渡过的时候，让我们的骑兵冲上去，一定能把他们消灭。"

谢石、谢玄得到前秦答应后撤的回音后，迅速整顿兵马，指挥渡河。

晋军渡过淝水，勇猛地冲向秦军阵地。朱序见状，就在秦军阵后大声高喊："秦军败了，秦军败了！"正在后退的秦军，听到喊声，一时也分辨不清是真是假，逃的逃、躲的躲，整个队伍溃不成军。

苻融赶快跑到队伍后面，去拦阻队伍，不料连人带马被挤倒在地。还没来得及从地上爬起来，就被赶上来的晋军一刀砍死。苻坚见形势不妙，吓得丢下士兵，只顾自己逃命。到洛阳（今河南洛阳）时，苻坚收拾残兵，只剩下十几万人了。

晋军乘胜追击，一口气追赶了30多里才收兵。谢石、谢玄连夜派人去建康报捷。当报捷的军士赶回建康的时候，谢安正在与客人下棋，他看过告捷的书信，悄悄地把它搁在床上，不露声色，照常下棋。等到客人问时，才漫不经心地说："孩子们已经打败贼军了。"

东山携妓图 明 郭诩
谢安曾隐居会稽（今浙江绍兴）东山，故后人多以"东山"称之。此图即描绘谢安东山携歌妓游玩之事。

第四节　南北朝并立

刘裕成帝业

刘裕帮助晋安帝复位后，自己掌握了东晋大权。

刘裕是丹徒县京口里（今江苏镇江）人，小名寄奴儿，出身贫苦，生逢乱世。

刘裕的远祖是汉高祖刘邦的弟弟刘交。汉王朝覆灭后，刘氏家族也渐渐没落了。他的祖父刘靖，曾做过东安太守，父亲刘翘却只是个小小的郡功曹。

刘裕一出生，母亲便死了，他也差一点被扔掉。后来，他父亲给他取名裕，即多余的意思。姊母给他取了小名叫寄奴儿，即从小寄养他家的意思。

刘裕15岁时，刘翘病死了，他的继母带着他和他的两个异母弟弟艰难度日。刘裕便做草鞋换粮食。生活虽然清贫，但他对继母却是十分孝敬，宁可自己饿肚子，也不让继母没有饭吃。

生活在贫困之中的刘裕，一直怀有建功立业的志向，于是他加入了东晋北府兵的行列，成为了一名士兵。

后来，东晋北府兵将领孙元终让刘裕在他身边做了一名亲兵，不久又提拔他做司马。

刘裕做了参军后，更加勤勉卖力。他三次带兵打败了孙恩，迫使孙恩逃到海上，从而被刘牢之当作心腹爱将，逐渐掌握了北府兵权。

后来，桓玄自立为帝，刘裕起兵讨

伐。他联络各方豪杰，于404年秋正式开始了他的讨桓行动。刘裕的军队只有2000人，但个个英勇无比，在覆舟山一战，把桓玄的军队打得大败。

405年，晋安帝司马德宗回到建康，大封平叛有功之臣，刘裕被任命为都督扬、荆、徐等16州军事，成为了一个封疆大吏。

409年年初，南燕慕容超几次派兵侵犯淮北，杀东晋朝廷命官，抢劫财物，掳掠百姓。刘裕正想找机会立功，便上表请求北伐南燕。刘裕从建康出发，先出兵包围了南燕（十六国之一）的国都广固（今山东益都西北）。南燕的国主慕容超着急了，向后秦讨救兵。

后秦国主姚兴派使者到晋军大营去见刘裕，说："燕国和我们秦国是友好邻国。如果你们一定要逼燕国，我们不会坐视不救。"

刘裕听了使者的话，冷笑着说："你回去告诉姚兴，我本来想灭掉燕国之后，休整三年再消灭你们。没想到你们愿意送上门来，那就来吧！"

使者走后，有人问刘裕："您这样做，只怕会激怒姚兴。如果秦兵真的来攻怎么办？"

刘裕泰然地说："俗话说：'兵贵神速'，他们如果真想出兵，就会偷偷出兵，为什么先派人来通知呢？这不过是姚兴虚张声势罢了。他连自己都顾不过来，哪有心思救人呢？"

不出刘裕所料，当时后秦正跟夏国互相攻打，根本无暇出兵救南燕。没过多久，刘裕就把南燕消灭了。朝廷命他兼任青、冀二州刺史，并允许他相机行事。也就是说，他可以自作主张，不必请示朝廷了。

不久，卢循在广州起义反晋，刘裕又率兵南征广州。东晋官兵在刘裕的严令督促下，积极奋战，刘裕带着年仅4岁的儿子刘义隆亲自到前线布防，鼓舞士气。士气高昂的东晋士兵，一举打败了卢循的军队。东晋朝廷又加封刘裕为太尉中书监，加黄钺，从此刘裕正式执掌了朝政大权。

刘裕掌握了大权后，便起了取代晋安帝的念头。

晋安帝虽然是个白痴，但生命力却很旺盛。刘裕一心想做皇帝，但苦于安帝不死，便命王韶之入宫，将安帝活活勒死。刘裕见时机还没成熟，就立晋安帝的弟弟司马德文继位，这就是晋恭帝。司马德文在刘裕的控制下得过且过，成为了一名傀儡皇帝。

此后，刘裕便培植亲信，铲除政敌。刘毅、诸葛长民、司马休之等与刘裕政见不同的大臣纷纷被罢黜。然后，他第二次北伐，克复关中，于义熙十四年（公元418年）受封为相国、宋公。这个时候，刘裕取代东晋的条件已经成熟。

这样勉强过了一年，已经57岁的刘裕，觉得自己时日不多了，更加急于当皇帝了。晋元熙二年（420年），手下之人拟好禅位诏，献于刘裕，他拿到晋恭帝处让其抄录，恭帝欣然操笔，书赤纸为"诏"。刘裕筑坛于南部，登上皇位，国号宋，是为宋武帝。宋武帝改元永初，定都建康（今江苏南京），改《秦始历》为《永初历》，废晋恭帝为零陵王。第二年六月，刘裕派人将他毒死，开了杀"禅让"退位者的先例。至此，历时104年共11帝的东晋王朝结束，南北朝时期开始。

刘裕执政时较开明，减轻赋税，敕

免奴客士兵。当了两年皇帝后，刘裕于公元422年病死，终年59岁，后谥武帝。

拓跋珪建北魏

前秦淝水之战被东晋打败后，刚统一不久的北方又陷入分裂局面，拓跋珪趁机复国，他创造出"越过坚城，纵深攻击"的战法，以较小代价换取最大收获，在其子拓跋嗣、孙拓跋焘在位时更得到完善，使北魏逐渐发展壮大。

拓跋珪死后，拓跋嗣取得皇位，当时南朝的宋和西疆的大夏赫连氏是北魏的两大威胁，特别是宋在刘裕时曾攻占长安、洛阳，灭后秦，势力扩展到中原心脏，引起了北方诸政权的不安。拓跋嗣政权巩固后，便决心对抗防御宋了。

拓跋嗣调集军队欲攻打南朝宋的洛阳、虎牢、滑台三处要塞。他以奚斤带2万军队渡过黄河，在滑台东面屯营，准备强攻滑台。名臣崔浩谏道："南人擅长守城，从前秦主苻坚攻襄阳，一年都没打下来，损失惨重。如今大军团受阻于小城市，一旦敌人增援保卫，我军处境就危险了，不如遣铁骑四面分兵出击，直至淮河以北，掠夺粮食钱帛，把洛阳、滑台、虎牢三地分割在后方，成为孤城，隔断它们与宋都建康的联系，那么守军久无支援，必然会沿黄河撤退，三城即唾手可得。"

拓跋嗣认为很在理，于是命奚斤依计而行。刚开始，奚斤军占领了滑台周围仓桓等小城，使滑台成为孤城。但这时奚斤没有纵深攻击，而是存侥幸心理，率魏军围攻滑台，结果强攻数日未克，奚斤向平城求援。拓跋嗣见奚斤未按计划作战，以致损兵折将，收效甚微，怒不可遏，即命太子拓跋焘留守平城

（今山西大同），自率5万大军去增援奚斤。崔浩又谏言："滑台已被围困多日，既已强攻开了，不如继续攻打，指日可下。"于是拓跋嗣令奚斤5日内攻下滑台，将功抵罪，再拿不下，二罪归一，绝不宽恕。

奚斤率军冒着飞石流矢猛攻滑台，攻势一浪高过一浪。南朝宋滑台太守久守孤城，早已力不从心，为了活命，欲举城投降，但手下将士不从，太守只好只身逃跑。城中剩余士兵拒不降魏，奋死抵抗，魏军攻入城内，宋军和敌人展开激烈的巷战，力竭城陷。奚斤乘胜追击，前锋直抵虎牢关。拥有绝对优势的北魏军队相继攻占了虎牢、金墉城、洛阳，当年刘裕打下的河南诸地再次被鲜卑政权占去。

拓跋嗣之后，太武帝拓跋焘用此战法攻占大片土地，并于439年统一北方。

孝文帝改革

自从太武帝被宦官杀死后，北魏政治腐败不堪，不断引起北方人民的反抗。471年，北魏孝文帝拓跋宏即位后，顺应历史潮流，实行了一系列改革。

孝文改革首先围绕政治、经济制度进行。当时执政的冯太后是孝文帝的祖母，她是颇有才干的女政治家。献文帝死后，10岁的孝文帝继位，她以太皇太后身份临朝称制。从484年开始，她颁布了一系列的改革措施。

第一，整顿吏治，实施俸禄制。北魏前期吏治败坏，地方官员不论政绩好坏，任期都是6年。官吏没有俸禄，生活来源靠自行搜刮，巧取豪夺。冯太后针对吏治的混乱，规定官吏任期由政绩优劣决定，并推行班禄制，即

给官吏发俸禄，官吏贪污价值一匹绢以上者一律处死。

第二，实行均田制，发展经济。中原地区经过长期战乱，经济受到严重破坏，土地大片荒芜，世家大族乘机兼并土地，国家财政日益困难。北魏太和九年（485年）十月，北魏推行均田制。均田制是北魏政权在奴隶制残余这一特殊历史条件下实行的一种土地分配制度，是封建土地所有制的一种补充形式。同时，均田制使游离的劳动力重新和土地结合起来，扩大了自耕农的数量和政府的纳税面，推动了农业生产的发展和北魏政权封建化的进程。均田制的具体内容是：一、政府授给均田农民露田。露田只能种植五谷，不许栽种树木，并不许买卖，农民年满70岁或身死后须将田归还官府。二、初授田的男子另给田20亩作为世业，并可终身拥有，但须在3年内栽种桑树50株，枣树5株，榆树3株。三、给予新迁居而来的农民园宅田，每3口1亩，奴婢每5口1亩。四、地方官吏按品级授给公田，不准买卖。五、老幼残疾者没有受田资格。

鲜卑山
位于今内蒙古鄂伦春自治旗阿里河镇西北约10千米处的嫩江支流甘河北岸，山上有北魏拓跋鲜卑祖先所居石室——嘎仙洞。

第三，建立三长制，加强对地方的控制。冯太后废除了宗主督护制，规定5家立1邻长，5邻立1里长，5里立1党长，这三长负责掌管田产、户口，征发租调徭役，维护地方治安等。三长制的建立确立了户籍制度，巩固了地方统治秩序。冯太后的这些改革措施，推动了北方经济的恢复和发展，加强了中央集权。

冯太后病逝后，孝文帝亲政，继续改革，主要进行的是以"汉化"为中心的文治改革。魏都平城地处边塞，气候严寒，农业生产条件差，交通运输也不便利，而迁都是政治经济发展的必然要求，但总是阻力重重。文帝首先取得任城王的支持，并精心编导了一幕"外示南讨、意在谋迁"的喜剧。493年，文帝亲率30万大军渡过黄河，进驻洛阳，准备大举南征。当时正值秋雨绵绵，军队疲惫不堪。众大臣纷纷跪在御马前，叩头哭劝，请求停止讨伐南齐。孝文帝让群臣在南征和迁都之间选择，百官宁愿迁都也不愿冒险南征。494年，孝文帝把都城迁到洛阳。迁都洛阳后，孝文帝实行全面汉化政策。从平城迁来的人都得改为洛阳籍，死后也要葬在洛阳。同时，他们都得改穿汉服，学说汉语，并改鲜卑姓为汉姓，号召胡汉通婚。孝文帝改姓为元，并带头娶4个汉姓女子做后妃，又为5个弟弟娶汉族人为妻，并把公主们嫁给汉族人。

孝文改革是成功的，它缓解了民族矛盾和阶级矛盾，巩固了鲜卑贵族在北方的统治，促进了各民族之间的融合，对中国多民族的统一做出了贡献。

梁武帝出家

梁朝趁北魏内乱之机，曾几次出兵北伐。但梁武帝出师不利，不但没能占到便宜，还死伤了不少军民。此后，双方都无力征伐，彼此相安无事。

萧衍没有当上皇帝之前，对百姓和士兵都挺关心，到了登上皇位后，就换了一副面孔。他对皇亲国戚格外宽容，对百姓却极尽搜刮掠夺之能事。他的臣下更是贪得无厌。有人告发他的弟弟萧宏谋反，库里藏有兵器。梁武帝亲自带人去萧宏家搜查，结果看到萧宏家的库房里堆满了布、绢、丝、棉，还有数以亿计的钱财。萧衍看到没有谋反的迹象，就对萧宏说："阿六呀，你的家当还真不少啊！"

其他的王公侯爷看到萧衍对此一点也不在意，就更加肆无忌惮地搜刮民脂民膏了。

萧衍到了晚年，开始崇信佛教，借佛教名义愚弄百姓，搜刮钱财。他修建了一座规模宏大、富丽堂皇的同泰寺为自己诵经拜佛之用，自己装成一副苦行僧的样子，早晚到寺中朝拜。

有一次，他到同泰寺"舍身"，表示要出家做和尚。他这一出家做和尚，国中无主，大臣们急得像热锅上的蚂蚁，最后只得去寺中劝他回来。他做了四天和尚，大臣们出钱把他从同泰寺中赎了出来。这样的滑稽剧总共演了4次，大臣们一共花了4亿赎身钱。这笔钱，都转嫁到老百姓身上去了。而且他在最后赎身回宫的那个晚上，竟派人把同泰寺的塔烧了，却说是魔鬼干的。为了压住魔鬼，又下诏要造一座几丈高的高塔来压住，继续叫百官捐钱。

梁朝在如此荒唐的皇帝的统治下一天天地衰弱了。557年，陈霸先在建康建立了陈朝，这就是陈武帝。

第五章　乾坤变幻

第一节　隋朝兴衰

杨坚建隋

北魏崛起后统一了五胡十六国，北周又进一步扩大了北朝的地域，成为南北对峙中北方的最后一个政权。581年，北周相国杨坚迫使自己的外孙、9岁的周静帝退位，自立为帝，改国号为隋，在北周政权的基础上建立了隋朝。文帝积极改革，增强实力，灭掉了南方陈朝政权，结束了东晋以来数百年分裂的局面，统一了南北。

杨坚生于贵族之家。父亲杨忠是西魏、北周的军事贵族，西魏时因辅佐宇文泰建立政权，受封为十二大将军之一。北周时官至柱国大将军，受封为随国公。杨坚后来袭父职，他的妻子独孤氏是鲜卑大贵族独孤信的爱女，他的女儿杨丽华是北周宣帝的皇后。宣帝好酒色，常在后宫酗酒，并实施严刑酷法，统治无道，北周政权日趋衰落。宣帝死后，宦官郑译、刘昉假传遗诏，召杨坚进宫，并极力主张让他入宫辅政，杨坚因此总揽军政大权，并逼迫颜之仪交出天子玉玺和兵符。为防止各地的诸侯王发动兵变，杨坚借口赵王要嫁女儿给突厥，把北周皇室成员召进京都，又让静帝下诏书把威望极高的元老重臣尉迟迥召回京师。尉迟迥统兵数十万，北联突厥，南结陈朝，在相州举兵反杨，同杨坚对抗。杨坚以韦孝宽为行军元帅发兵讨伐，尉迟炯兵败自杀。杨坚在重臣李穆、韦孝宽的支持下，不到半年时间，就平定了各方叛乱。581年，杨坚因其父受封随国公，遂自称随王，后经"禅让"代周称帝，而随字不吉利，国号便改为隋。隋朝建立后，文帝采取加强中央集权和发展社会经济的改革措施，国力渐渐强盛，为统一全国奠定了基础。

隋初，北方突厥的势力强盛，与隋朝对抗。突厥可汗曾率军南下大举侵隋，隋军损失惨重。后突厥内部发生叛乱，隋才得到短暂安宁。不久突厥内部矛盾更加激化，并分裂为东、西两汗国。文帝利用突厥的分裂大举进攻，突厥大

杨坚像

败，东突厥归附隋朝。隋文帝完成了北方的统一，转而集中兵力于南方。

隋文帝积极做伐陈的准备工作，令大将军贺若弼和韩擒虎镇守离陈国较近的广陵和庐江、大将杨素调集水工大造战船，做渡江的准备。587年，文帝灭掉后梁的割据势力，扫除了向陈进军的障碍。588年，隋文帝诏告天下，历数陈后主的罪恶，以瓦解陈军斗志，为战争做好舆论准备。之后，文帝令儿子杨广率兵50多万兵分8路，南下攻陈。

文帝灭陈

陈武帝建立南陈的同时，北方的东魏、西魏也分别被北齐、北周取代。550年，东魏高欢的儿子高洋建立了北齐；557年，西魏宇文泰的儿子宇文觉建立了北周。北齐和北周经常相互攻打，后来，北周武帝灭掉了北齐，统一了北方。

北周武帝死后，荒淫残暴的周宣帝继承了王位。周宣帝一死，他的岳父杨坚就夺取了政权。581年，杨坚即位，建立隋朝，这就是隋文帝。

在北方动乱不安的时候，南陈王朝获得了一个比较安定的时期，经济渐渐发展起来。但是南陈第五个皇帝，却是一个荒唐得出奇的陈后主。

陈后主名叫陈叔宝，是个不过问国事，只知道喝酒玩乐的人。他大兴土木，为他的宠妃们造起了三座豪华的楼阁，自己常在里面淫乐。他手下的宰相江总、尚书孔范等人，也都是一伙腐朽不堪的文人。陈后主和宠妃经常在宫里举行酒宴，宴会的时候，就把这些文人大臣召来，通宵达旦地喝酒赋诗。还把他们的诗配上曲子，又挑选了一千多个

胭脂井
又名"辱井"。589年隋大将韩擒虎率军攻入建康，陈后主与宠妃张丽华、孔贵嫔躲入古井，被隋兵活捉。

宫女，专门为他们演唱。

陈后主过着荒唐生活的同时，北方的隋朝却渐渐强大起来，并在为灭掉陈朝做着准备。

杨坚在建国之始，便开始谋划消灭陈国，统一全国。开皇七年（587年）十一月，朝中宰相向隋文帝献策说："每年逢江南收获时节，我们便四处扬言说将攻打陈，他们必然放弃农事进行驻防，这样他们的粮食便会减产，财力亦随之日渐困乏。如此再三，他们的防备必将松弛，我们便可以趁机过江攻陈。"文帝采纳了此计。同月，隋文帝下令大造巨型战船，准备进攻陈国。隋将梁萧岩率兵投降陈国，隋朝有了进攻陈国的借口。

588年，隋文帝造了大批战船，派他的儿子晋王杨广、丞相杨素担任讨阵元帅，贺若弼、韩擒虎为大将，带领51万大军，分8路进兵，向陈朝攻来。

杨素率领的水军从永安出发，其他几路隋军也进展顺利，都将队伍开到江

边。北路的贺若弼的人马到了京口，韩擒虎的人马到了姑孰。江边的陈军守将慌忙向建康告急。告急的警报传到建康时，陈后主正跟宠妃、文人们醉得一塌糊涂。他收到警报，连拆都没有拆，就往床下一扔了事。

589年正月，贺若弼的人马从广陵渡江，攻克京口；韩擒虎的人马从横江渡江到采石（今安徽马鞍山市南），两路隋军一齐向建康扑来。

到了这个时候，陈后主才如梦方醒。这时城里还有十几万人马，但是陈后主手下的宠臣江总、孔范一伙哪里懂得指挥。隋军很快就攻进了建康城。

隋军打进皇宫，搜了半天也没有找到陈后主。后来，捉住了几个太监，才知道陈后主躲到后殿的井里去了。隋军兵士来到后殿，果然有一口井。往下一望，是个枯井，隐约看到井里有人，就高声呼喊，让井里的人出来。井里没人答应。兵士们威吓着大声说："再不出来，我们就要扔石头了。"说着，拿起一块大石头放在井口比划，做出要扔的样子。井里的陈后主吓得尖叫了起来。兵士把绳索丢到井里，把陈后主和他的两个宠妃拉了上来。

就这样，南朝的最后一个朝代——陈朝灭亡了。中国自从316年西晋灭亡起，经过270多年的分裂局面，又重新获得了统一。

瓦岗起义

隋炀帝穷兵黩武，612年至614年三次出兵征伐高句丽都是无功而返，每次动用几百万人，致使田地荒芜，民不聊生。

河北和山东是炀帝进攻高句丽的主要军事基地。这里人民受害最深，加以水旱灾荒的发生，起义首先在这里爆发。王薄在长白山（今山东章丘东北）起义，揭开了隋末农民大起义的序幕。王薄号召农民不要为打高句丽而到辽东送死，各地起义者纷纷响应。613年，礼部尚书杨玄感趁炀帝二征高句丽之机起兵反隋。他是隋代两朝重臣杨素的儿子，东征时在黎阳（今山东章丘东北）督运粮食，十多万人跟随他攻围东都。炀帝极为惊恐，立刻让进攻高句丽的隋军回朝，并派遣隋将率军抗击。王薄、杨玄感相继败死，但反隋局面已经形成。炀帝被农民起义吓得坐卧不安，每天晚上心惊肉跳，常在睡梦中大叫有贼，要几个美女像哄小孩那样摇抚才能入睡。

大业十二年（616年），由于各地起义队伍迅速发展，隋炀帝意识到隋王朝危在旦夕，便将注意力放到镇压农民起义上来。隋王朝逐渐加强了对起义军的镇压，但各路起义军经过持久的战斗，壮大了力量，也开始与它对抗，攻陷了很多郡县，消灭了大量的郡兵和府兵。

在隋王朝集中力量进行镇压的情况下，少数最早的起义军受到挫折。起义军吸取分散作战易于被各个击破的教训，在大业十三年（617年）初，形成了杜伏威领导的江淮起义军，窦建德领导的河北起义军与李密、翟让领导的瓦岗军三大义军。

瓦岗军的首领翟让，原来在东郡衙门里当差，因为得罪了上司，被关进了监牢，还被判了死罪。有个狱吏很同情他，在一天夜里，狱吏偷偷地给翟让解下镣铐，把翟让放了。

翟让出了监牢，逃到东郡附近的瓦

岗寨（今河南滑县东南），召集了一些贫苦农民，组织了一支队伍。当地一些青年人听到消息后，都来投奔他。这些人中有一个17岁的青年叫徐世勣，不但武艺高强，而且很有谋略。

翟让听从徐世勣的意见，带领农民军到荥阳一带，打击官府和富商，夺了大批钱粮。附近农民来投奔翟让的越来越多，队伍很快壮大到1万多人。

这时，有一个叫李密的青年前来投奔翟让，并且帮助他整顿人马。

李密对翟让说："从前刘邦、项羽，也不过是普通老百姓，后来推翻了秦朝。现在皇上昏庸残暴，民怨沸腾，官军大部分又远在辽东。您手下兵精粮足，要拿下东都和长安，打倒暴君，是很容易办到的事！"

接着，两人商量了一番，决定先攻打荥阳。荥阳太守见势不妙，慌忙向隋炀帝告急。隋炀帝派大将张须陀带大军前来镇压起义军。

李密请翟让在正面迎击敌人，他自己带了1000人马埋伏在荥阳大海寺北面的密林里。

张须陀根本没把翟让放在眼里，莽莽撞撞地指挥人马杀奔过来。翟让抵挡了一阵，假装败退。张须陀紧紧在后面追赶，追了10多里，路越来越窄，树林越来越密，进入了李密布置的埋伏圈。李密见敌军到了，一声令下，埋伏着的瓦岗军将士奋勇杀出，把张须陀的人马团团围住。张须陀左冲右突，没法突围，最后全军覆没。张须陀也被起义军杀死了。

经过这次战斗，李密在瓦岗军里声望提高了。李密不但号令严明，而且生活俭朴，对起义将士也十分关心。日子

一久，将士们就渐渐倾向他了。

后来，翟让觉得自己的才能不如李密，就把首领的位子让给了李密。大家推李密为魏公，兼任起义军元帅。

瓦岗军在洛口（今河南巩义东南）建立了自己的政权。不久，又乘胜攻下许多郡县，隋朝官吏士兵都纷纷前来投降。瓦岗军一面继续围攻东都，一面发出讨伐隋炀帝的檄文，历数炀帝的罪恶，号召百姓起来推翻隋王朝的统治。这样一来，震动了整个中原。

正当瓦岗军不断发展壮大的时候，它的内部却发生了严重分裂。翟让让位给李密后，翟让手下有些将领很不满意。有人劝翟让把权夺回来，翟让却总是一笑了之。这些话传到李密耳朵里，李密就心生疑虑了。李密的部下也撺掇他把翟让除掉。李密为了保住自己的地位，终于起了杀心。

有一天，李密请翟让喝酒。在宴会中，李密把翟让的兵士支开后，假意拿出一把好弓给翟让，请他试射。翟让刚拉开弓，李密便暗示埋伏好的刀斧手动手，把翟让杀了。

从此，瓦岗军开始走向衰弱了。这时，北方由李渊带领的一支反隋军却日益强大起来。

第二节 大唐气象

李渊起兵

在反隋的割据势力中，李渊父子集团最终扫灭群雄，统一中国。

李渊出生于关陇一个贵族家庭。其祖父原是西魏八柱国之一，北周刚建国

时被追封为唐国公。其父原任北周上柱国大将军。李渊生于北周天和元年（566年），幼年丧父，7岁袭唐国公爵位。隋灭北周后，李渊先后任卫尉少卿，荥阳、楼烦（今山西静乐）太守等职。

616年，突厥侵入北部边境，隋炀帝命李渊和马邑太守王仁恭合力抵抗。结果战事不利，隋炀帝于是派使者押李渊和王仁恭至江都（今江苏扬州）治罪。李渊一方面托词不赴江都，故意纵情声色；另一方面加紧策划。

617年，隋炀帝派他到太原去当留守（官名），镇压农民起义。

但是隋炀帝不信任他，于是派王威和高君雅为太原副留守，以监视李渊。

李渊有四个儿子，其中第二个儿子李世民是个很有胆识的青年，他很喜欢结交朋友。

晋阳（今山西太原）县令刘文静就是李世民非常赏识的一个朋友，他跟李密有亲戚关系，李密参加起义军以后，刘文静受到株连，被革了职，关在晋阳的监牢里。

李世民得知刘文静坐了牢，急忙赶到监牢里去探望。

李世民拉着刘文静的手，一面叙友情，一面请刘文静谈谈对时局的看法。

刘文静早就知道李世民的心思，他说："现在杨广远在江都，李密正进攻东都，到处都有人造反，这正是打天下的好时机。我可以帮您召集十万人马，您父亲手下还有几万人。如果用这支力量起兵，不出半年就可以打进长安、取得天下。"

李世民回到家里，反复想着刘文静的话，觉得很有道理。但是要说服他父亲，却不是一件容易的事。正好在这个

唐高祖李渊像

时候，太原北面的突厥（我国古代北方民族之一）可汗向马邑（今山西朔州）进攻。李渊派兵抵抗，连连打败仗。李渊怕这件事传到隋炀帝那里，要追究他的责任，急得不知怎么办才好。

李世民抓住这个机会，就找李渊劝他起兵反隋。

李世民对李渊说："皇上委派父亲到这里来讨伐反叛的人。可是眼下造反的人越来越多，您能讨伐得了吗？再说，皇上猜忌心很重，就算您立了功，您的处境也将更加危险。唯一的出路，只有起来造反。"

李渊犹豫了许久，才长叹一声，说："我思考你说的话，也有些道理，我只是有些拿不定主意。好吧！从现在起，是家破人亡，还是夺取天下，就凭你啦！"

李渊把刘文静从晋阳监牢里放了出来。刘文静帮助李世民，分头招兵买马。李渊又派人召回正在河东打仗的另两个儿子李建成和李元吉。

要起兵必须扩大兵力，李渊为太原留守，虽握有重兵，但是仍须招募一支自己的队伍。可是公开招募会引起高君雅、王威的注意。恰在此时，马邑人刘武周杀死了马邑太守王仁恭，占据马邑

郡，起兵反隋，且自称皇帝，还诱导突厥直驱太原。于是，这为李渊公开募兵提供了借口。

李渊以讨伐刘武周为托词，召集各位将领商议，提出自己招募兵丁，高君雅和王威迫于当时的形势，只好同意说："公地兼亲贵，同国休戚，若俟奏报，岂及事机？要在平贼，专之可也。"于是，李渊命李世民与刘文静、长孙顺德、刘弘基、窦琮等人去招募士兵。不多久，便募兵近万人。这支队伍由李渊、李世民父子私自控制和直接指挥，是晋阳起兵的主力。

李渊父子大量募兵，毕竟无法完全掩盖其真实的想法，况且其所用将领长孙顺德、刘弘基是为了逃避征辽诏令而逃到太原的，而窦琮也是逃犯。高君雅、王威见此，怀疑李渊有谋反之心，于是就暗中策划利用晋祠祈雨的机会，将李渊父子诱骗来并全部杀死。不料此事被经常出入王、高家的刘文龙得知，于是刘文龙立刻将此事报告给李渊。因此，李渊决定先发制人。

617年初夏的一天夜里，李渊命令长孙顺德、赵文恪等人带领500壮士，和李世民的精兵一起埋伏于晋阳宫城外，严密封锁。第二天清晨，李渊与高君雅、王威在留守府大厅议事。按照计划，刘文静召鹰扬府司马刘政会入厅，说"有密状，知人欲反"。李渊故意让王威先看，但是刘政会不给，并说："所告乃副留守事，唯唐公得视之！"李渊接过密状一看，是控告王、高暗引突厥入侵。王、高正待辩解，刘文静与长孙顺德、刘弘基等将王威、高君雅逮捕入狱。事也凑巧，第二天果然有突厥数万人进攻晋阳，民众以为是王、高所致，

于是李渊趁机杀掉高君雅、王威。这标志着李渊父子正式开始晋阳起兵。

晋阳起兵后，李渊父子的目标就是乘虚入关，直取长安，以号令天下，建立新的王朝。

在长安（今陕西西安）的统治者听说李渊带兵进攻，忙派大将宋老生和屈突通分别领兵数万，在霍邑与河东抵抗李渊大军。

大业十三年（617年）七月，李渊率军进攻宋老生驻守的霍邑（今山西霍县），却逢秋雨连绵，无法开战，而且道路泥泞，军粮运输困难。相持数日，眼看军粮将尽，李渊准备退兵，李世民劝阻道："今兵以义动，进战则克，退还则散；众散于前，敌乘于后，死之无日。"听了世民的意见，李渊决定不撤兵。

八月，连日的阴天终于放晴，李渊遂下令攻城，并由李世民率兵诱敌出城，双方展开决战。李世民身先士卒，奋勇冲锋，"砍杀数十人，两刀皆缺，流血满袖"。霍邑一战，李渊大获全胜，斩杀了隋将宋老生，攻下了霍邑。随后，李渊率兵进攻河东郡，虽取得初战的胜利，但是隋将屈突通固守河东郡，李渊久攻不下。后根据李世民建议，李渊留下部分兵力包围和牵制屈突通，自己率主力部队渡过黄河，直取长安。

同时，李渊在关中地区的家属和亲族也纷纷起兵响应，其中有世民的胞妹平阳公主、李渊的从弟李神通，李渊的女婿段纶也在蓝田县聚众万余人。

在这种有利形势下，李渊父子一路上采取收揽人心的办法，废除了隋朝的严刑酷法，还开仓济贫。一面收编关中各地的起义军，一面争取关中地主阶级

的支持。数月中，李渊、李世民的军队已达20万人，并于十月开始围攻长安。

十一月，长安城破，李渊率军进入长安宫，立年仅13岁的代王杨侑为帝，是为隋恭帝，并改元义宁，遥尊江都的隋炀帝为太上皇。李渊总揽军政大权，晋封为唐王。李建成为唐王世子，李世民为京兆尹、秦公，李元吉为齐公。

义宁二年（618年）三月，隋炀帝在江都被部下杀死，隋朝灭亡。五月，李渊在长安称帝，定国号唐，李渊就是唐高祖，年号为武德。然后立世子建成为皇太子，世民为秦王，元吉为齐王。

玄武门之变

自晋阳起兵至攻克长安，李建成的战功与李世民几乎一样；但是在统一战争的过程中，李世民则更为突出，因而萌生了成为天下之主的心思。据《旧唐书·王远知传》记载，在与王世充作战时，李世民曾与房玄龄微服拜访过一个名叫王远知的道士。王远知一见到他们就问："这里有一圣人，是不是秦王？"于是李世民只好以实情相告。王远知又说："你会成为太平天子，要好好珍惜机会。"李世民听后，一直记在心里。

唐大明宫遗址

621年，李世民平定王世充、窦建德后大胜而归，高祖李渊认为前代官职皆不足以称之，因此特设天策上将一职，位在王公之上。十月，李世民以天策上将领司徒、陕东道大行台尚书令。

李世民又设立文学馆，收罗四方文士，其中包括杜如晦、房玄龄等18名学士，还从平定天下的战争中网罗了大批武将，如尉迟敬德、秦琼、程知节等。

李世民的声望、地位和权势日增，令太子建成感觉受到威胁。于是在王珪和魏徵的建议下，建成向高祖请求领兵征战。高祖以建成为陕东道大行台及山东道行军之帅，于623年率军讨伐刘黑闼、徐圆朗。这是建成在统一大业中立下的唯一重大战功。

建成与世民的矛盾，由于统一战争的结束而迅速激化，形成明争暗斗之势。

在朝廷中，最受高祖李渊宠幸的裴寂支持建成，支持世民的大臣有萧瑀、陈叔达等；在后宫中，秦王李世民曾得罪过高祖的宠妃张婕妤、尹德妃，于是这些人便常常在高祖面前说太子建成的好话，说世民的坏话。如此一来，朝廷和宫中都有人支持建成，形势对建成颇为有利。他们之间的斗争终于因为突厥的进攻而演变成流血事件。

626年夏，突厥南下犯边，太子建成为进一步拉拢元吉，于是向高祖建议，让齐王元吉代替世民出征，被高祖采纳。这样，元吉当上了主帅。出发前，元吉请求高祖调秦王府中的大将尉迟敬德、程知节、段志宏、秦琼同他一起出征，并从秦王府挑选精锐士兵以补充元吉的军队，此举目的在于为杀害秦王做准备。建成与元吉密谋，在建成和世民为元吉宴别时，安排伏兵，先杀秦王李世民，然后再杀尉迟敬德。建成对元吉许诺，即位后立即封元吉为太弟。有人将建成与元吉的密谋报告给李世民，李世民忙与长孙无忌和尉迟敬德商量对策，决定先动手除掉建成和元吉。

秦王破阵乐 敦煌壁画 唐

六月三日，太史令傅奕向唐高祖李渊秘密奏报，说太白星再次出现在秦地，"秦王当有天下"。于是唐高祖询问李世民，世民趁机向唐高祖告状，指控太子建成和齐王元吉淫乱后宫，并且设计谋害自己。高祖听后极为惊讶，决定第二天早朝时进行查问。六月四日天还没亮，李世民命长孙无忌、尉迟敬德、侯君集、张公瑾等人率领精兵提前埋伏在宫城北面的玄武门，这是建成和元吉上朝时的必经之地。六月四日清晨，唐高祖李渊上朝，裴寂、萧瑀、陈叔达、宇文化及等均已入朝，只等建成兄弟三人到来。此时，建成、元吉已进入玄武门，当二人行至临湖殿时，发觉情况有些异常，于是立即调转马头，准备回府。不料此时世民突然出现，并且在后面呼喊二人，元吉回身张弓搭箭，想要射杀李世民，但是连发三箭，都没能射中。李世民的目标是李建成，他一箭就将李建成射死。就在此时，李世民的部将尉迟敬德带着70多名骑兵赶到，朝李建成、李元吉射箭，李元吉坠马后逃入树林中，李世民策马追赶，结果衣服被树枝挂住，也坠马落地。李元吉力气很

大，这时跑过来夺取了弓箭要射杀李世民，恰巧敬德驱马赶到，李元吉慌忙放弃李世民向成德殿逃跑，结果被尉迟敬德一箭射死。东宫和齐王府的将士听说出事了，于是派兵猛攻玄武门。这时，尉迟敬德提着李建成、李元吉的人头赶到，东宫与齐王府的将士见主人已死，立即溃散而逃。

唐高祖对玄武门之事已有所耳闻，于是李世民派尉迟敬德进宫担任宿卫。唐高祖李渊见尉迟敬德头戴铁盔，身穿铠甲，手持长矛，大吃一惊，便问："今日乱者谁邪？卿来此何为？"尉迟敬德回答说："秦王以太子、齐王作乱，起兵诛之，恐惊动陛下，遣臣宿卫。"唐高祖李渊这才明白刚才发生的一切，于是转身问裴寂等人的意见。裴寂是太子的支持者，深感不妙，便默不作声。支持秦王李世民的萧瑀、陈叔达则说："建成、元吉没有参加晋阳起兵，以后也没有立下什么功劳，反而妒忌秦王功高望重，共同设计谋害。秦王本来就功勋卓著，而今又诛灭建成、元吉，陛下如果立他为太子，把国事交付给他，天下自然就无事了！"事已至此，高祖李渊只好表示赞同。而此时玄武门外的交战尚未停止，尉迟敬德请高祖下令，命各府将都受秦王指挥。于是李渊派人将敕令向众将士宣读，交战双方才放下兵器。玄武门之变以秦王李世民的胜利而结束。

六月七日，高祖立李世民为太子，诏书说："自今军国庶事，无论大小悉

委太子处决，然后闻奏。"实际上，唐高祖已把国家的全部权力交给了李世民。两个月后，唐高祖下达诏书，让位给秦王李世民，自己当太上皇。于是李世民在东宫显德殿即位，改元贞观，即中国历史上著名的唐太宗，时年27岁。

贞观之治

从627年到649年，这段时间是唐太宗统治的时期。在这期间，封建统治较为开明，经济发展迅速，社会秩序稳定，历史上把这段时期称为"贞观之治"。

唐太宗经历了隋末农民战争，目睹了强大的隋朝怎样在农民起义的打击中分崩离析，因此他时时注意以隋朝的灭亡为教训，十分重视人民的力量。他常常说："君好比舟，民好比水，水能载舟，亦能覆舟。"因为有了这种认识，唐统治者为了实现长治久安，十分重视民生问题。

在经济上，唐太宗继续实行均田制。均田制规定：凡18岁以上的男子，分给口分田80亩，永业田20亩。口分田在农民死后要归还国家，由国家另行分配；永业田则归农民所有，可以买卖或传给子孙。与均田制相适应的赋役制度是租庸调制。租是指每年纳粟二石；庸是指每年服役20天，可以让农民纳绢代役；调是指每年纳绢二丈、棉三两或布二丈五尺、麻三斤。唐太宗对租庸调制没有进行重大改革，但是在即位后他实行了轻徭薄赋的政策，减轻农民的负担。他尽量减少徭役的征发，即使非征不可的徭役也多改在农闲时征发，如631年，皇太子承乾年满13岁，需要举行加冠典礼，这样要征发各地的府兵

作为仪仗队。唐太宗认为当时正是农忙的季节，不应该影响正常农事，于是下诏将冠礼改在秋后农闲时举行。

唐太宗还很重视兴修水利，朝廷设有专门的官员以"掌天下川渎陂池之政令"，另外还命各地兴修水利。他还经常派使者到各地考察官吏，劝课农桑。他以百姓之忧为忧，其中最典型的是他吞食蝗虫。628年，长安大旱，发生蝗灾。有一天，唐太宗视察灾情，随手捉住几只正在地里啃食禾苗的蝗虫，说："人以谷为命，而汝食之，是害于百姓。百姓有过，在我一人。尔其有灵，当食我心，无害百姓。"说罢，便要生吃手中的蝗虫，众臣急忙劝阻，唐太宗又说："朕所期望，是移灾于朕，谈什么避免疾病！"于是将蝗虫吞入腹中。

在唐太宗积极的经济政策带动之下，贞观年间人口增加，生产也不断发展。

在政治上，唐太宗总结了前代的经验教训，对三省六部制进行了适当变革。唐朝时的三省是指尚书省、中书省、门下省。尚书省是执行政令的最高行政机关，尚书省下设有吏、户、礼、兵、刑、工六部，尚书省的最高长官是尚书令，因为李世民曾任尚书令，为了避讳，便以左右仆射作为尚书省的最高长官。中书省主要管理军国大事的审议和决定，负责进奏章表、草拟治敕等，因而有"中书出诏令"之说，其最高长官是中书令。门下省的职责是对中书省的决议进行审查，不同意的可以驳回，其长官是侍中。三省六部制的实行巩固了中央集权，行政效率明显提高。也正是因为依靠三省六部制，唐太宗的政令才能畅通。

在地方上，唐太宗实行州县制，设

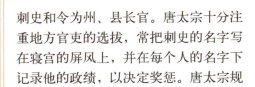

刺史和令为州、县长官。唐太宗十分注重地方官吏的选拔，常把刺史的名字写在寝宫的屏风上，并在每个人的名字下记录他的政绩，以决定奖惩。唐太宗规定，县令须有五品以上的中央官员保举，各州刺史必须由皇帝选拔任命。

为了选拔人才，他还确立了完整的科举制度。科举制度为地主阶级知识分子参与政权提供了机会。唐代科举制已实行分科，其中以进士科最重要。有一次，唐太宗在金殿端门俯视新科进士鱼贯而入的盛况，得意地说："天下英雄，入吾彀中矣。"

在文化教育上，唐太宗尊崇儒学。从贞观二年（628年）开始以孔子为先圣，在国学中设置庙堂，以备祀典，并下令各州县都置孔子庙。为培养更多通晓儒学的士人，唐太宗大力兴办学校。在朝廷设国子监、弘文馆、崇文馆，在地方设京都学及府、州、县学。国子监规模很大，曾有8000多名学生。

唐太宗还十分重视历史的借鉴作用，他曾说："以古为镜，可以知兴替。"因此，在贞观年间，史书编纂取得了重要的成就，编纂了晋、梁、陈、北齐、北周、隋等朝的史书。除此之外，还开始编修国史。

在个人德行方面，唐太宗提倡节俭，并以身作则。唐太宗即位后，没有大兴土木，建造新的宫殿，而是住在隋朝时建造的已破旧的宫殿里。628年秋天，大臣们想为唐太宗建造一座楼阁，但是当年发生了天灾，于是唐太宗就阻止了这件事。为了减少宫中的费用，唐太宗下诏释放宫女，其中有一次就释放了3000人。他还严厉禁止厚葬，规定五品以上的官员和勋亲贵族都要严格遵

行。在建造自己的陵寝时，唐太宗亲自制定规格：以山为陵，能放得下棺材即可。

经过唐太宗的励精图治，唐朝政治清明、社会安定、经济发展、文化繁荣，犯罪的人也大大减少了，有一年，全国仅有29人被判死刑。天下百姓路不拾遗、夜不闭户，民风淳朴，呈现出太平盛世的景象。

女皇武则天

唐高宗是个懦弱平庸的人，他即位以后，把朝政大事交给他的舅父、宰相长孙无忌处理。后来，他又立武则天为皇后，武则天权力欲很强，逐渐掌握了朝政大权，成为了中国历史上唯一的女皇帝。

武则天（624—705年）名曌，并州文水（今山西文水）人。她的父亲武士彟原来是一个很有钱的木材商人。隋末时弃商从戎，成了一名府兵制下的鹰扬府队正。李渊起兵反隋，武士彟转而参加了李渊的军队，后来在唐朝为官，官至工部尚书，封应国公。武则天九岁时，父亲死去。14岁时，年近40岁的唐太宗听说她长得很美，便选她入宫，赐号武媚，人称媚娘，后来又封为才人。唐太宗死了以后，她和一些宫女依旧制被送到感业寺去做尼姑。唐高宗李治当太子时曾与她有暧昧关系，于是让她蓄发入宫侍寝，封为昭仪。但武则天心里还不满足，想进一步夺取皇后的位子，于是武则天千方百计想陷害王皇后。

到了655年九月，唐高宗不顾褚遂良、长孙无忌等人的反对，正式提出废王皇后，立武则天为后。

有一天，唐高宗问李勣："我打算

立武昭仪做皇后，褚遂良他们坚决反对，你看这事该怎么办呢？"李勣看见高宗废立决心已下，便说："废立皇后，这是陛下的家事，何必一定要得到外人同意呢？"于是高宗决定，废王皇后为庶人，册封武氏为皇后。

武则天当皇后以后，很快形成了自己的势力集团，参与朝政。她利用高宗与元老重臣之间的矛盾，在短短几年内，就杀了长孙无忌，并罢免了20多个反对她的重臣。武则天对拥护她的人全都重用，李义府、许敬宗因而青云直上，当了宰相。到了后来，武则天甚至同高宗一起垂帘听政，当时朝臣并称他们为"二圣"，即称高宗为天皇，武后为天后。武则天作威作福，高宗一举一动都受她约束。唐高宗很不满，就秘密把大臣上官仪找来，让他起草废武后的诏书。消息传到武则天那里，武则天怒气冲冲地去见唐高宗。她厉声问高宗说："这是怎么回事？"唐高宗十分害怕，没了主意，就结结巴巴地说："我本来没有这个意思，都是上官仪教我这么干的。"武则天立刻命人杀掉上官仪等人。从此，大小政事都由武则天一人定夺。

唐高宗感到武氏一派的威胁越来越大，担心李家的天下难保，就想趁自己还在世，传位给太子李弘（武则天的长子）。但是，武则天竟用毒酒害死了李弘，立次子李贤做太子。不久，又把李贤废为平民，改立三儿子李显为太子，弄得唐高宗束手无策。

到683年十二月，唐高宗病死，太子李显即位，就是唐中宗。武则天以皇太后的身份临朝执政。后来，她容忍不了唐中宗重用韦氏家族的人，又废了唐中宗，立她的四儿子李旦为帝，就是唐睿宗。同时，她不许睿宗干预朝政，一切事务由她自己做主。

唐宗室功臣看到武氏家族弄权，人人自危，于是激烈的斗争便公开化了。最先起来反抗的是李唐旧臣徐敬业、唐之奇、骆宾王等人。他们以拥戴中宗为号召，在扬州起兵反对武则天，在朝廷内部获得了宰相裴炎的支持，内外呼应，一时间聚集了10余万人马。骆宾王乘讨武军浩大的气势，慷慨激昂地写了一篇著名的《讨武曌檄》。武则天派出30万大军讨平了徐敬业，杀了倾向徐敬业的宰相裴炎等人。

天授元年（690年）七月，武后的亲信法明、怀义和尚等10人献呈《大云经》，内有女主之文、陈符命，说武则天是弥勒下界，应该做人间主。这一切都是为武则天称帝制造理论根据。载初元年（690年）九月三日，侍御史傅游艺猜中了武则天的心思，率关中百姓900人上表，请改国号为周，赐皇帝武姓。武则天假装不许，但升傅游艺为给事中。百官及帝室宗戚、百姓、四夷酋长、沙门、道士6万余人又请改唐为周，睿宗皇帝亦不得不上表请改武姓。于是

无字碑　唐

武则天在九月九日宣布改唐为周，改元天授。十二日，武则天受尊号为圣神皇帝，将睿宗皇帝立为皇嗣，赐姓武，以皇太子为皇太孙。十三日，立武氏七庙于神都洛阳，追尊其父王为始祖父皇帝，追尊周文王为武氏始祖，尊为文皇帝，四十代祖周平王少子武为睿祖康皇帝，又立武承嗣为魏王，武三思为梁王，武氏诸姑姊为长公主。十月，制天下武氏悉免课役。

武则天掌理朝政期间，上承贞观之治，下启开元盛世，经济发展，社会稳定，为唐帝国的全面繁荣奠定了坚实的基础。她重视发展农业，继续推行轻徭薄赋、与民休息的政策；又广开言路，善于纳谏，对符合她意愿的建议她乐意采纳，反对她的意见她在一定程度上也能听取，甚至能容忍对她的人身攻击。

武则天最大的贡献在于改革官制，削弱三省六部制的相权，加强御史台的监督作用；同时打击旧门阀士族，扶植庶族地主出身的官僚，使更多的寒族参与政治。她完善了科举制，为表示对选拔人才的重视，她亲自过问，开创了殿试的先例，并且开设武举，由此培养和选拔了一批文臣武将，如狄仁杰、张柬之等。但武则天任用酷吏、制造冤狱并广开告密之风，形成政治上的恐怖。她生活奢侈，支持佛教，大修宫殿、佛寺，并宠信张易之等小人，朝政日益败坏。

705 年，武则天病重，宰相张柬之等人发动政变，迫使武则天退位，唐中宗复位。同年，82 岁的武则天病死，她生前曾留下"祔庙、归陵，令去帝号，称则天大圣皇后"的遗言，并令人在陵前高高竖起一座无字碑。

开元盛世

李隆基（685—762 年），为唐睿宗李旦第 3 子，唐第 7 代皇帝。他性格果断，仪容英武，且多才多艺，尤其擅长音律。他初被封为楚王，后改封为临淄王。

李隆基于景云二年（711 年）和姑母太平公主发动政变，将韦后之余党消灭，拥其父李旦即位。因李隆基除韦后有功，唐睿宗李旦立其为太子。延和元年（712 年）七月，西方出现彗星，经轩辕入太微至大角，于是，太平公主遣方士向李旦进言："彗星是预示当除旧布新之星；彗星一出，帝座也随之变位，这表明太子要为天子了。"他们向李旦进此言的意思是李隆基将要弑君篡位，让李旦赶快将其除掉。李旦故意不理解他们的意图，说："传位于太子就可避灾，我已经下了决心，传位于他。"李隆基知道后，急忙入宫，叩头道："我功劳微薄，越诸位兄弟成为太子，已经觉得日夜不安了，如父皇让位于我，会使我更加不安。"李旦说："我之所以得天下，都是因为你的缘故。现在帝座有灾，传位于你，为的是转祸为福，你怀疑什么？"李隆基仍再三推辞，李旦

唐玄宗像

说："你是孝子，为什么非要等我死后在柩前即位呢？"太子只好流泪应之。太平公主和其同党也力谏皇帝，认为不可让位，但是李旦主意已决。于是唐睿宗李旦在七月二十五日诏令正式传位于太子。

八月三日，李隆基（唐玄宗）即位，尊睿宗李旦为太上皇。八月七日，唐玄宗李隆基改元为先天，大赦天下。

唐玄宗即位之初励精图治，重用贤相姚崇和宋璟。姚崇讲究实际，宋璟坚持原则、守法则正，二人鼎力辅佐朝政，使赋役宽平、刑罚清省、百姓富庶。唐玄宗不仅重视人才的选拔与任用，而且广开言路，虚心纳谏。姚崇提出的抑制权贵、不接受礼品贡献、接受谏诤、不贪边功等建议，唐玄宗不仅采纳而且严格执行。宋璟敢于犯颜直谏，唐玄宗对他又敬又怕。为改变当时的奢侈之风，唐玄宗下诏将皇帝服御和金银器玩销毁，重新造成有用的物品，交给国家使用；把珠玉锦绣在殿前焚毁，并规定后妃以下，不准穿锦绣珠玉。在唐玄宗的倡导下，节俭成了时尚。对日益扩大的佛教势力，唐玄宗下令严禁建造佛寺道观、铸造佛像、抄写佛经，禁止百官和僧尼、道士往来，并精简僧尼人数，从而扼制了寺院势力。

开元年间，唐玄宗采取了一系列措施力行改革。

为安定皇位，稳定政局，唐玄宗采取出刺诸王、严禁朝臣交结诸王和抑制功臣等措施。出刺诸王即唐玄宗解除诸王皇亲国戚的兵权，让他们做外州的刺史并严格限制他们，使他们不能掌握一地的军政大权，从而无法叛乱。而且规定诸王不能同时留居京城，减少他们和京官接触的机会。对那些功臣权势，唐玄宗或罢免他们的官职或让他们出任地方官，这就消除了动乱的隐患。

为强化皇权，唐玄宗裁减冗官，加强吏治，革新政治。针对武后以来官吏冗滥的现象，唐玄宗下令免去员外官、试官、检校官数千人，撤销、合并闲散司、监十余所，从而精简了官僚机构，节约了开支。同时健全监察机构，严格选拔官吏制度，赏罚严明。唐玄宗对官员实行严格的考核，在开元四年（716年）组织的县令考试中，不及格的45人立即被罢免。另外他还鼓励官员外任。

唐玄宗比较注意发展经济。开元初年，流民人数巨大，唐玄宗采取检田括户、抑制兼并的措施，下令在全国清查户口和土地，安置逃亡人口，将籍外土地重新分给农民耕种。这样就打击了豪强地主的兼并活动，增加了国库收入。另外，大力兴修水利，发展农业，唐玄宗当政期间，全国共兴建了56项农田水利工程，相当于全唐水利工程总数的20%以上。

唐玄宗即位后的一系列改革使政治清明、百姓富庶、国力强盛、社会繁荣昌盛，唐朝达到了全盛时期。开元二十年（732年）天下人口786万户，4543万人；开元二十八年（740年），天下人口841万户，4814万人。唐都长安有人口百万，是著名的国际文化中心，也是当时世界上最大的城市。唐朝不仅商业发达，而且对外贸易兴旺，来往于唐朝和波斯、天竺、大食等地的商船络绎不绝。数以万计的外国使节、商人、僧侣和留学生居住在长安。开元五年（717年）、二十一年（733年），日

本派出的遣唐使均在 550 人以上。气象万千的长安就是开元盛世的最好写照。

雕版印刷术

印刷术是我国古代四大发明之一，它的发明和推广，推动了社会的进步和人类文明的发展，被称为"文明之母"。

雕版印刷术是印刷术最早的印刷模式，它的出现标志着印刷术的产生，它是人类历史上一项划时代的发明。

关于雕版印刷技术发明的年代，学界有好几种说法，有东汉说、东晋说、魏晋南北朝说、隋朝说、唐朝说、五代说、北宋说等。但是根据考古研究，有一点是可以肯定的，那就是雕版印刷技术发明至迟在隋末唐初。在发现的唐代雕版印刷品中，最具代表性的是 868 年雕印的《金刚经》和韩国发现的武则天时代的《无垢净光大陀罗尼经》。

雕版印刷术的发明有着深刻的历史背景。伴随着物质基础的充裕和技术条件的成熟，雕版印刷术的产生已成为历史发展的必然。隋唐以前，造字、镂金、制笔、研墨、造纸等为雕版印刷术的出现奠定了物质基础，制陶、印章、刻石、捶拓、模像、凸版印花等为其产生提供了技术条件，这是一个不断积累、由量变到质变逐渐完善的成长过程。

在物质基础方面，主要是指对雕版印刷术发明起决定作用的纸、笔、墨。造纸术发明后，经过蔡伦、左伯和张永等造纸专家的改进和推广，迅速取代了竹简、帛。到魏晋南北朝时期，发明了帘床抄纸器，造出了匀细的薄纸；采用涂布技术，提高了纸张的吸墨性能；广泛采用染潢技术，使纸的质量不断提高。造笔和制墨技术均发明于先秦，经

雕版印刷工具 唐

过近 1000 年的改进，魏晋时期已经十分成熟。造纸、造笔和制墨技术的成熟，为雕版印刷术的发明奠定了坚实的物质基础。

在技术条件方面，主要是捶拓与石碑拓本技术和镂花模板、刺孔漏印，凸版印花技术，以及印章与佛像模印技术这三种技术方法的成熟。其一，捶拓与石碑拓本这种方法，在印刷术发明以前，是一种较简便的复制文字的方法。具体操作方法是将洇湿的纸平铺于石上，用软刷将纸刷匀，经过捶打使纸紧贴在石面上，然后再用细布包裹棉花做成拓包，蘸上墨汁，在纸面上轻轻拓刷，因为石上的字是凹进石面的，所以有文字的部分受不着墨，把纸揭下来，便成为一件黑底白字的复制品，这就是拓本，也称拓片。其二，镂花模板、刺孔漏印及凸版印花这些方法，是古代纺织业的印染技术。镂版印花，是用两块雕镂成同样花纹的木版或油纸版等，将织物置于两块花版之间，将其夹紧，然后在雕空处注以色浆，印上花纹；刺孔漏印，是在硬纸板上刺孔成像，然后再进行描画或直接从孔透墨印刷；凸版印花，又称木版印花，其花版不镂空，花纹图案呈阳纹凸起状，印花时，将色浆或染料涂在花版的凸纹线条上，然后铺上丝织物加压，织物上便显出花纹。其三，印章与佛像模印。印章是对镌刻甲

骨、金石这一传统的继承。印章有阳文和阴文两种，阳文刻的字是凸出来的，阴文刻的字是凹进去的。

雕版印刷是我国古代应用最早的印刷术，其工作原理是：首先把木材锯成一块块的平木板，把要印的字写在薄纸上，反贴到木板上，然后根据每个字的笔画，用刀一笔一笔雕刻成阳文，使每个字的笔画都凸起在木板上。木板雕好以后，就可以印书了。

印书的时候，先用一把刷子蘸了墨，在雕好的板上刷一下，接着，用白纸覆在板上，另外拿一把干净的刷子在纸背上轻轻刷一下，把纸拿下来，一页书就印好了。一页一页印好以后，装订成册，一本书就做成了。这种在木板上雕字印刷的方法，被称为"雕版印刷"。雕版印刷的版材，古人最初一般选用梓木，所以称刻版为"刻梓"或"付梓"。以后也广泛使用梨木和枣木，故刻版亦被称为"付之梨枣"。

雕版印刷术具备工艺简单、费用低廉、印刷快捷的显著优点，比之早先的手写传抄要优越百倍，所以一经发明，便受到人们的普遍欢迎，迅速得到推广和传播。

雕版印刷术在唐代民间广泛应用于以下三个方面：一、宗教活动。大量佛教、道教经典典籍被印刷出版；二、刻印诗集、音韵书和教学书籍。白居易和元稹的诗集被"模勒"出版，受到百姓喜爱；三、历法、医药等科学书籍的印刷。

雕版印刷术是中国的一项独特发明，它是无数劳动人民集体智慧和经验的结晶。

安禄山叛乱

唐玄宗在位期间，为加强边境的防御，在重要的边境地区设立了10个军镇（也就是藩镇），这些军镇的长官叫节度使。节度使的权力很大，不仅带领军队，而且兼管行政和财政。按照当时的惯例，节度使立了功，就有被调到朝廷当宰相的可能。

李林甫掌握朝政大权后，不但排挤打击朝廷的文官，还猜忌边镇的节度使。担任朔方等四个镇节度使的王忠嗣立了很多战功，他手下就有著名的将领哥舒翰、李光弼等人。李林甫见王忠嗣的功劳大、威望高，怕他被唐玄宗调回京城当宰相，就派人向唐玄宗诬告王忠嗣想拥戴太子谋反，王忠嗣为此险些丢掉了性命。

当时，边境将领中有一些胡人。李林甫认为胡人文化低，不会威胁到自己的地位，就在唐玄宗面前竭力主张重用胡人。

在这些胡人节度使中，唐玄宗、李林甫特别欣赏平卢（治所在今辽宁朝阳）节度使安禄山。

安禄山经常搜罗奇禽异兽、珍珠宝贝，送到宫廷讨好唐玄宗。他知道唐玄宗喜欢边境将领报战功，就采取许多卑劣的手段，诱骗平卢附近的少数民族首领和将士到军营来赴宴。在酒席上，用药酒灌醉他们，把兵士杀了，又割下他们首领的头，献给朝廷报功。

唐玄宗常常召安禄山到长安朝见。安禄山抓住这个机会，使出他的手段，逢迎拍马讨唐玄宗的喜欢。安禄山长得特别肥胖，又装出一副傻乎乎的样子，因此甚得唐玄宗的欢心。

安禄山得到了唐玄宗和李林甫的

信任，做了范阳（治所在今北京境内）、平卢两镇及河东（治所在今山西太原）节度使，控制了北方边境的大部分地区。他秘密扩充兵马，提拔了史思明、蔡希德等一批猛将，又任用汉族士人高尚、严庄帮他出谋划策，囤积粮草，磨砺武器。只等唐玄宗一死，他就准备造反。

没过多久，李林甫病死了，杨贵妃的同族哥哥杨国忠借着他的外戚身份，继任了宰相。杨国忠与安禄山互有嫌隙。杨国忠几次三番在唐玄宗面前说安禄山一定会谋反，但是唐玄宗正宠信安禄山，自然不相信他的话。

755年农历十月，安禄山做了周密准备以后，决定发动叛乱。这时，正巧有个官员从长安到范阳来。安禄山便假造了一份唐玄宗从长安发来的诏书，向将士们宣布说："接到皇上密令，要我立即带兵进京讨伐杨国忠。"

将士们都觉得事出突然，但是谁也不敢对圣旨表示怀疑。

第二天一早，安禄山就带领叛军出兵南下。15万步兵、骑兵在河北平原上进发，一时间，道路上烟尘滚滚，鼓声震天。中原一带已经有一百年左右没有发生过战争，老百姓好几代没有看到过打仗。沿路的官员逃的逃，降的降。安禄山叛军一路南下，几乎没有遭到什么抵抗。

范阳叛乱的消息传到长安，唐玄宗开始还不相信，认为是有人造谣，直到后来警报一个个传来，他才慌了起来，召集大臣商议对策。满朝官员没有经历过这样的大变乱，个个吓得目瞪口呆，不知所措。只有杨国忠反而得意扬扬地说："我早说安禄山要反，我没说错吧。

不过，陛下尽管放心，他的将士不会跟他一起叛乱。10天之内，一定会有人把安禄山的头献上。"

唐玄宗听了这番话，心情才安稳下来。可是，谁知道叛军在短短的时间内便长驱直入，一直渡过黄河，占领了洛阳。

马嵬驿兵变

潼关形势险要、道路狭窄，是京城长安的门户。封常清与驻屯陕州的大将高仙芝一起退守潼关（今陕西潼关东北）。玄宗听信监军宦官的诬告，杀死高、封两人，起用病重在家的大将哥舒翰统兵赴潼关。叛将崔乾祐在潼关外屯兵半年，没法攻打进去。

叛军攻不进潼关，但是潼关里的唐王朝内部却生起事端。哥舒翰主张在潼关坚守，等待时机；郭子仪、李光弼也从河北前线给唐玄宗上奏章，请求引兵攻打安禄山的老巢范阳，让潼关守军千万不要出关。但是，宰相杨国忠却反对这样做。他在唐玄宗面前说潼关外的叛军已经不堪一击，哥舒翰守在潼关按兵不动，歼灭叛军的时机会丧失掉。昏庸的唐玄宗听信杨国忠的话，接二连三派使者到潼关，逼哥舒翰带兵出潼关。

哥舒翰明知出关凶多吉少，但是又不敢违抗皇帝的圣旨，只好痛哭一场，带兵出关了。

关外的崔乾祐早已做好准备，只等唐军出关。崔乾祐派精兵埋伏在灵宝（今河南西部）西面的山谷里。哥舒翰的20万大军一出关，就中了埋伏，20万大军几乎被叛军打得全军覆没。哥舒翰也被俘虏了。

潼关失守后，关内已无险可守。从潼关到长安之间的一些地方官员和守兵，都纷纷弃城而逃。到了此时，唐玄宗才感到形势危急，他让杨国忠赶紧想办法。杨国忠召集文武百官商量，大家都失魂落魄，谁也想不出一个好主意来。杨国忠知道留在长安已经没有了生路，就劝玄宗逃到蜀地去。当天晚上，唐玄宗、杨国忠带着杨贵妃和一群皇子皇孙，在将军陈玄礼和禁卫军的护卫下，悄悄地打开宫门，逃出了长安。他们事先派了宦官到沿路各地，让官员准备接待。

谁知，派出的宦官早已经自顾逃命了。唐玄宗一伙人走了半天也没有人给他们送饭。

他们走走停停，第三天到了马嵬驿（今陕西兴平西）。随行的将士疲惫不堪，饥渴难忍。他们心里越想越气，好好的长安待不住，弄得到处流亡，受尽辛苦。他们认为，这都是受了奸相杨国忠的拖累，这笔账应该向杨国忠算。

这个时候，有二十几个忍饥受饿的吐蕃使者拦住杨国忠的马，向杨国忠要粮。杨国忠正忙着应付，周围的兵士便

嚷起来："杨国忠要造反了！"一面嚷，一面向他射起箭来。

兵士们杀了杨国忠，情绪更加激昂起来，把唐玄宗住的驿馆也包围了。玄宗派高力士找到将军陈玄礼，问兵士们不肯散的原因。陈玄礼回答说："杨国忠谋反，贵妃也不能留下来了。"

玄宗说："贵妃常居深宫中，怎知国忠谋反之事呢？"高力士回答说："贵妃实是无罪，但禁军将士已杀其兄国忠，贵妃伴陪陛下左右，将士心中不安。愿陛下三思，禁军将士安则陛下安。"无奈，唐玄宗只好下了狠心，叫高力士把杨贵妃带出去，用带子勒死了。将士们听到杨贵妃已经被处死，总算出了一口恶气，撤回了军营。

唐玄宗经过这场兵变打算继续西行，老百姓将他拦住，让他留下来还击安禄山。玄宗便分3000人给太子，令太子李亨击破逆贼，收复长安。

天宝十五载（756年）七月，李亨（肃宗）于灵武即皇帝位，是为肃宗，尊李隆基（玄宗）为太上皇，改元至德。

草人借箭

唐玄宗匆忙逃出长安不久，安禄山的叛军便攻进了长安。郭子仪、李光弼得到长安失守的消息，不得不放弃河北，李光弼退守太原，郭子仪回到灵武驻守。原来已经收复的河北郡县又重新被叛军占领。

叛军在进入潼关之前，安禄山派唐朝的将领令狐潮去攻打雍丘（今河南杞县）。令狐潮原来是雍丘县令，安禄山占领洛阳的时候，令狐潮就投降了他。雍丘附近有个真源县，县令张巡不愿投降，就招募了1000多个壮士，占领了

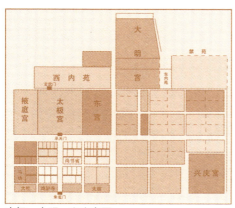

太极、大明、兴庆宫图

肚痛帖　唐　张旭

雍丘。令狐潮带了 4 万叛军来进攻。张巡和雍丘将士坚守 60 多天，将士们穿戴着盔甲吃饭，负了伤也不下战场，打退了叛军 300 多次进攻，叛军死伤无数，终于迫使令狐潮不得不退兵。

不久，令狐潮又集合人马来攻城。张巡组织兵士在城头上射乱箭把叛军逼回去。但是，日子久了，城里的箭射光了。为了这件事，张巡非常心急！

一天深夜，雍丘城头上一片漆黑，隐隐约约有成百上千个穿着黑衣服的兵士，沿着绳索往墙下爬。这一情况被令狐潮的兵士发现了，报告给了主将。令狐潮断定是张巡派兵偷袭，就命令兵士向城头放箭。直到了天色发白，叛军才看清楚，原来城墙上挂的全是草人。

张巡的兵士们在雍丘城头上高高兴兴地拉起草人。那千把个草人上，密密麻麻插满了箭。兵士们查点了一下，竟有几十万支之多。这样一来，城里的箭就足够用了！

又过了几天，与前几天夜里一样，城墙上又出现了"草人"。令狐潮的兵士见了又好气，又好笑，以为张巡又来骗他们的箭了。于是，谁也不去理它。

哪知道这一次城上吊下来的并非是草人，而是张巡派出的 500 名勇士。

这 500 名勇士乘叛军没有准备，向令狐潮的大营发起突然袭击。令狐潮无法组织起有效的抵抗。几万叛军失去指挥，四处乱奔，一直逃到十几里外，才停了下来。

令狐潮连连中计，气得咬牙切齿，又增加了兵力攻城。他屯兵在雍丘北面，不断骚扰张巡的粮道。叛军有几万人之多，张巡的兵士不过 1000 人，但是张巡瞅准机会就出击，总是得胜而回。

过了一年，睢阳（今河南商丘）太守许远派人向张巡告急，说叛军大将尹子奇带领 13 万大军要来进攻睢阳。张巡接到告急文书，马上带兵去了睢阳。

肃宗至德二年（757 年）七月六日，叛军大将尹子奇又起兵数万攻打睢阳。睢阳城被围多日，粮食已吃尽，将士每人每天只能以米一盒，杂以茶纸、树皮而食。张巡令部将南霁云率 30 骑奋杀突围，求救于临淮。但临淮守将惧怕贼兵，拥兵不救。叛军知道临淮守将不来救援的消息后，围攻更急。十月九日，叛军攻上城头，守城士卒都因病或因饿无力再战。张巡、南霁云、雷万春等 36 人都被杀害。

张巡临死时毫无惧色，大义凛然。

中兴名将李光弼

李光弼是契丹人，原籍营州柳城（今辽宁朝阳）。父亲李楷洛原本是契丹首领，武则天年间归顺唐朝，被封为左羽林大将军。李光弼从小擅长骑马射箭，为人严肃坚毅，沉着果断，具有雄才大略。早年担任左卫亲府左郎将，后来逐渐晋升为河西节度使王忠嗣的府兵马使，王忠嗣非常赏识他，对他十分优待。

安禄山发动叛乱后，大将军郭子仪知道李光弼是一位了不起的将才，就推荐他为河东节度副使，知节度事，兼云中太守。

李光弼执法严明，言行一致。唐肃宗即位后，李光弼奉命来到灵武，做了户部尚书。当时太原节度使王承业政务松弛，侍御史崔众掌握兵权，号令不行，唐肃宗便命李光弼带兵5000人至太原，接过了崔众的兵权。

757年，叛将史思明、蔡希德以十万大军围攻太原。当时留守的李光弼军队不足1万人，双方力量相差很大。将士们都主张加固城墙，全力坚守。李光弼认为这是消极防守，应该在防守中积极主动地出击。李光弼动员百姓拆掉房屋做擂石车，叛军靠近则发石攻打。史思明则命令部下建造飞楼，围上帐幕，筑土山接近城墙。李光弼组织人力挖地道直到土山下，这样，土山便自然倒塌了，然后出其不意派精兵出击。史思明害怕了，留下蔡希德继续攻城，自己先逃走了。李光弼看出叛军力量削弱、军心动摇，便抓住这一时机，组织主力军奋勇出击，史思明军队迅速溃败。

760年，史思明杀了安庆绪，改范阳（今北京西南）为燕京，自称为大燕皇帝。不久，史思明整顿人马准备重新攻打洛阳，唐肃宗加封李光弼为太尉、中书令，命令他去攻打叛军。李光弼到了洛阳，当地官员听说叛军势力强大，都很害怕，主张退守潼关。李光弼权衡了一下，认为这个时候官兵绝不能退，但可以转移到河阳（今河南孟州）。

史思明率兵进入洛阳后，发现是一座空城，只得率军到河阳南面与唐军对峙。

史思明为了显耀自己兵强马壮，每天把一批批战马牵到河边洗澡。李光弼见状，想出一计。他命令将军中500多匹马集中起来，把小马关在厩里，待史思明放马洗澡之时，把母马赶到城外。母马思念小马，便嘶叫起来，而史思明的马听到马群叫声，立即挣脱缰绳，浮水泅过河来。史思明一下子失去了上千匹好马，气得咬牙切齿，立即纠集几百条战船，前面用一条火船开路，准备把唐军浮桥烧掉。李光弼得到消息，命令士兵准备几百条粗长竹竿，用铁甲裹扎竿头。待叛军的船靠近后，唐军几百条竹竿一齐顶住火船，火船无法靠近，很快便烧沉了。唐军又在浮桥上发射擂石机关炮攻击叛军，叛军死伤无数，仓皇逃窜。

不久，李光弼打败了史思明。后因受宦官牵制，在洛阳北邙山战败。宦官鱼朝恩和程元振屡次在皇帝面前进谗言，蓄意加害李光弼，李光弼也一度被撤了帅职。

唐德宗李适像

后来，史思明被他的儿子史朝义杀死。763 年，史朝义兵败自杀。从安禄山发动叛乱到史朝义兵败，中原地区经历了 8 年的战火浩劫，史称"安史之乱"。

永贞革新

唐德宗宠信宦官，贪得无厌的宦官便想尽办法来盘剥百姓，不择手段地掠夺财物。他们设立了"宫市"，派太监专门到宫外采购宫里需要的东西。这些太监看到他们需要的货物，只付给百姓十分之一的价钱，强行购买。后来，索性派了几百个太监在街上瞭望，看中了就抢走，叫作"白望"。

还有一些宦官在长安开设"五坊"。五坊是专门替皇帝养雕、鹘、鹞、鹰、狗的地方。五坊里当差的太监，叫作五坊小儿。这批人无所事事，专以向百姓敲诈勒索为能事。

那时候，太子李诵住在东宫，由两位官员——王叔文、王伾陪伴读书。太子读书之余，喜欢下棋写字。而王叔文和王伾，一个下得一手好棋，一个写得一笔好字，于是他们俩经常在东宫陪太子下棋写字。

王叔文是下级官员出身，多少了解一些百姓疾苦。他趁跟太子下棋的机会，向太子反映外面的情况。太子听到宦官借宫市为名在外面胡作非为，大为不满。有一次，几个侍读的官员在东宫议论起这件事，太子气愤地说："我见到父皇，一定要告知这件事。"

王叔文说："我看殿下眼下还是不宜管这些事。如果坏人在皇上面前挑拨离间，说殿下想收买人心，皇上怀疑起来，殿下很难辩白。"

太子猛然醒悟说："没有先生提醒，我很难想到这一点。"

从此，太子对王叔文更加信任。王叔文认为唐德宗已是暮年，太子接替皇位是迟早的事，就私下替他物色朝廷中有才能的官员，跟他们结交。

没想到过了一年，太子得了中风病，说不出话来。年老的唐德宗为此事急出病来，贞元二十一年（805 年）正月二十三日，唐德宗去世，时年 64 岁。二十六日，太子李诵于太极殿即皇帝位，是为唐顺宗。

唐顺宗即位前，已因中风不能说话，所以不上朝堂处理国事，只得靠原来在东宫伴他读书的官员王叔文、王伾来帮他处理朝政。王叔文明白自己力量不够，不便公开掌握朝政大权，只好请一个老资格的官员韦执谊出来做宰相，自己当一名翰林学士，为唐顺宗起草诏书。他和韦执谊、王伾相互配合，又起用了刘禹锡、柳宗元等一些有才能的官员，这才能总揽朝政大权。

王叔文掌权后，第一件要做的就是整顿宦官欺压百姓的坏风气。他替唐顺宗下了一道诏书，免了一些苛捐杂税，统统禁绝了宫市、五坊小儿一类欺负百姓的事。

这个措施一实行，长安百姓个个拍手称快，一些作恶多端的宦官却气歪了脸。

王叔文又对财政制度进行了改革，历史上称为"永贞革新"（"永贞"是唐顺宗的年号）。

王叔文大力度的改革，自然触犯了掌权的宦官。宦官头子俱文珍认为王叔文的权力过大，便以唐顺宗的名义解除了王叔文翰林学士的职务。

不出一个月，俱文珍又勾结一批拥

护他们的老臣，以唐顺宗病重不能执政为由，由太子李纯监国。又过了一个月，太子正式即位，这就是唐宪宗。

唐顺宗一退位，俱文珍等一批宦官立刻把王叔文、王伾革职，贬谪到外地去。第二年，又处死了王叔文。"永贞革新"不到一年就全盘失败，那些支持王叔文一起改革的官员也受到了牵连。

朋党之争

宦官专权时期，朝廷官员中凡是有反对宦官的，大都受到打击排挤。一些依附宦官的朝官，又分成两个不同的派别。牛党是以牛僧孺、李宗闵为首的官僚集团，李党是以李德裕为首的官僚集团。唐宪宗时，两党政争开始，穆宗时朋党正式形成，历经敬宗朝、文宗朝、武宗朝、宣宗朝，两党此起彼伏，反复较量，持续达半个世纪之久。两党斗争的形式是交替掌权，一党掌权，就积极排挤另一党，把朋党利益置于国家利益之上。两派官员互相攻击，争吵不休，这样闹了 40 年，历史上把这场政治斗争叫作"朋党之争"。

朋党之争图
唐代党争既有传统士族与庶族斗争的一面，又混杂了大官僚地主阶级之间的斗争。争斗中两派又援引宦官做靠山，得势后便大力排挤政敌，从而演变成为掌权而进行的互相倾轧，结果进一步加深了统治危机。

这场争吵开始于唐宪宗在位之时。有一年，长安举行考试，选拔能够直言敢谏之人。在参加考试的人中，有两个下级官员，一个叫李宗闵，另一个叫牛僧孺。两个人在考卷里都批评了朝政。考官看了卷子后，认为这两个人都符合选拔的条件，就把他们向唐宪宗推荐了。

宰相李吉甫知道了这件事。李吉甫是个士族出身的官员，他本来就对科举出身的官员有想法，现在出身低微的李宗闵、牛僧孺居然对朝政大加指责，揭了他的短处，更加令他生气。于是他在唐宪宗面前说，这两人被推荐完全是因为跟考官有私人关系。唐宪宗对李吉甫的话深信不疑，就把几个考官降了职，李宗闵和牛僧孺也没有得到提拔。

李吉甫死后，他的儿子李德裕凭借他父亲的地位，做了翰林学士。那时候，李宗闵也在朝做官。李德裕对李宗闵批评他父亲这事，仍旧记忆犹新。

唐穆宗即位后，又举行了进士考试。有两个大臣因为有熟人应考，就在私下里与考官沟通，但是考官钱徽没卖他们人情。正好李宗闵有个亲戚应考，结果被选中了。这些大臣就向唐穆宗告发钱徽徇私舞弊。唐穆宗问翰林学士，李德裕便谎称有这样的事。唐穆宗于是降了钱徽的职，李宗闵也受到牵连，被贬谪到外地去做官。

李宗闵认为李德裕存心排挤他，恨透了李德裕，而牛僧孺当然同情李宗闵。从这以后，李宗闵、牛僧孺就跟一些科举出身的官员结成一派，李德裕也与士族出身的官员拉帮结派，双方明争暗斗得很厉害。

唐文宗即位之后，李宗闵利用宦官的门路，当上了宰相。李宗闵向文宗推荐牛僧孺，把牛僧孺也提为宰相。这两人一掌权，就合力对李德裕进行打击，把李德裕调出京城，派往四川（治所在今四川成都）做节度使。

唐文宗本人因为受到宦官控制，政治上摇摆不定。一会儿用李德裕，一会儿用牛僧孺。一派掌了权，另一派日子就不好过。两派势力就像走马灯似的轮流转换，把朝政搞得十分混乱。

牛、李两派为了争权夺利，都向宦官讨好。李德裕做淮南节度使的时候，监军的宦官杨钦义被召回京城，人们传说杨钦义回去必定掌权。临走的时候，李德裕办酒席请杨钦义，还给他送上一份厚礼。杨钦义回去以后，就在当时为太子的唐武宗面前竭力推荐李德裕。

到了唐武宗即位以后，李德裕果然当了宰相。他竭力排斥牛僧孺、李宗闵，把他们都贬谪到南方去。

846年，唐武宗病死，宦官们立武宗的叔父李忱即位，就是唐宣宗。唐宣宗对唐武宗时期的大臣全都排斥，即位的第一天，就把李德裕的宰相职务撤了。

李德裕一贬再贬，于848年死于贬所，从此李党瓦解。牛李党争以牛党的胜利告终。唐宣宗以后，牛李两派的领袖人物相继去世，朋党终于停息。

历经六朝近40年的牛李党争，使官僚集团陷于严重的内耗之中，他们为争夺自身的政治权力而丧失理智，不惜一切，乃至损害国家和人民的利益。但两党官员有些还是做出一些政绩的，如李党首领李德裕曾经辅佐朝廷北破回纥，安定边陲；又平定昭义镇叛乱；抑制宦官权力，并裁减冗官、禁断佛教。但他却又不择手段维护自己的同党，陷害敌党，可惜一代名相身陷朋党倾轧中而"功成北阙，骨葬南溟"。

黄巢起义

唐朝末年，经过藩镇混战、宦官专权和朝廷官员中的朋党之争，朝政混乱不堪。尽管唐宣宗是一个比较精明的皇帝，但也不能改变这种局面。唐宣宗死后，先后接替皇位的唐懿宗李漼、唐僖宗李儇只知寻欢作乐，追求奢侈靡烂的生活，腐朽到了极点。唐僖宗初年，河南、山东一带连年天灾，庄稼颗粒不收，许多人以草籽、槐树叶充饥，而官府只知向百姓搜刮。于是，唐末大规模的农民起义在这里爆发。

875年，濮州（治所在今山东鄄城东北）地方有个盐贩首领王仙芝，带领几千农民，在长垣（在今河南）起义。王仙芝称自己为天补平均大将军，发出文告，揭露朝廷造成贫富不等的罪恶。这个号召很快得到贫苦农民的响应。不久，冤句（今山东菏泽西南）地方的盐贩黄巢也起兵响应。

后来，黄巢和王仙芝两支起义队伍会合了，继而转战山东、河南一带。

后来，黄巢决定跟王仙芝分两路进军。王仙芝向西，黄巢向东。不久，王仙芝率领的起义军在黄梅（在今湖北）

打了败仗，他本人也被唐军杀死了。

王仙芝失败后，剩余的起义军重新与黄巢的队伍会合，大家推黄巢为王，又称冲天大将军。

当时在中原地区的官军力量还比较强，起义军进攻河南的时候，唐朝在洛阳附近集中大批兵力准备围攻。黄巢看出唐军的企图，决定攻打官军兵力薄弱的地区，于是带兵南下。后来，一直打到广州。

起义军在广州休整后不久，岭南地区发生了瘟疫。黄巢于是决定挥师北上。

880年，黄巢统率60万大军开进潼关，声势浩大。

起义军攻下了潼关，唐朝惊恐万状，唐僖宗和宦官头子田令孜带着妃子向成都出逃，来不及逃走的唐朝官员全部出城投降。

过了几天，黄巢在长安大明宫称帝，国号大齐。经过7年的斗争，起义军终于取得了胜利。

但是，黄巢领导的起义军长期流动作战，攻占过的地方都没留兵防守。几十万起义军占领长安以后，四周还是官军势力。没过多久，唐朝便调集各路兵马，把长安围住。长安城里的粮食供应发生了严重困难。

黄巢派出大将朱温在同州（治所在今陕西大荔）驻守。在起义军最困难的时候，朱温竟投降了唐朝。

三月，唐僖宗任用先前因兵败逃往鞑靼部落的李克用父子以攻击黄巢军。李克用率沙陀兵5万讨伐起义军，取得成效。四月，联合忠武、河中、义武等军击溃黄巢军，收复长安。

黄巢带领起义军撤退到河南时，又遭到朱温、李克用的围攻。884年，黄巢攻打陈州（今河南淮阳）失利，官军紧紧追赶。最后，黄巢在泰山狼虎谷（今山东莱芜西南）兵败遇害。

长达10年之久的唐末农民大起义，沉重地打击了唐朝政权，导致统一王朝彻底的大分裂。黄巢虽没有灭亡唐朝，但土崩瓦解的唐朝已名存实亡。

第三节　五代十国

海龙王钱镠

开平元年（907年）四月，梁王朱全忠即帝位，国号大梁，建元开平，是为后梁太祖。

大梁的建立，标志着中国重新分裂，五代十国的混战从此开始。

朱全忠原名朱温，全忠之名为唐朝所赐，他原本是黄巢部将，后见起义军大势已去，便举兵降唐。唐朝廷授朱温任宣武军节度使、右金吾大将军、河中行营招讨副使，赐名全忠，后授为梁王。朱全忠拥兵自重，权欲熏心，企图篡唐以代之。他先后杀昭宗、立幼主、屠诸王、灭朝士，摧残唐朝的统治。当时，他兵力强盛，诸藩如李克用、李茂贞、王建、杨渥、钱镠、刘仁恭等皆不能与之抗衡。唐哀帝困居洛阳，在朱全忠掌握之中。

907年农历正月，朱全忠强迫哀帝下诏，定于二月禅位。三月，哀帝正式降下御札，禅位于朱全忠。四月，梁王朱全忠更名朱晃，服衮冕，登上皇帝宝座，史称后梁太祖，改元开平，国号大梁，以汴州为开封府，称东都。以唐东都洛阳为西都，废唐西京长安，改称大安府，置佑国军。将唐哀帝降为济阴王，迁于曹州，派兵防守，次年将唐哀帝杀死。撤废枢密院，另设崇政院，任命首辅敬翔为使。

至此，自武德以来经21帝、289年的李唐王朝为梁王朱全忠所亡。以后50多年的时间里，中原地区前后更替了五个王朝——梁、唐、晋、汉、周（为了跟以前相同名称的王朝区别，历史上把它们称作后梁、后唐、后晋、后汉、后周），合称为五代。五代时期，在南方和巴蜀地方，还出现了许多割据政权，有的称王，有的称帝，前后建立了九个国（前蜀、吴、闽、吴越、楚、南汉、南平、后蜀、南唐），加上建立在北方的北汉，一共是十国。所以又把五代时期称作"五代十国"时期。

朱温刚一即位，镇海（治所在今浙江杭州）节度使钱镠第一个派人到汴京祝贺，表示愿意臣服于梁。朱温很高兴，立即把他封为吴越王。

吴越王钱镠为唐代镇海、镇东节度使。后梁灭唐后，梁末帝朱友贞于后梁龙德三年（923年）二月，派兵部侍郎崔协等为使，拉拢钱镠并册封其为吴越国王。从此，吴越开始建国，都城设在杭州。

吴越国王钱镠为杭州临安人，出身寒门。年轻时以贩私盐为生，后应募参军，慢慢掌握军权而占据两浙之地。唐末时被封为越王和吴王。后梁初，钱镠为提高自身地位及加强国力，采取与别国不同的做法，主动和后梁建立良好的外交关系，钱镠被封为吴越王兼淮南节度使，但他虽受封却不对后梁称臣而将自己的势力称为吴越国，次年改元天宝，是一个表面臣属而实际独立的政权。吴越国的版图在十国之中较为狭小，包括杭、越、湖、苏等13州。因其国小力弱，孤处东南，所以一直对北方朝廷示好纳贡，以联络中原抗衡周边政权为国策，自身注意兴修水利，发展商业及海上交通，但国内赋役繁重，民众苦不堪言。

钱镠当上了节度使后，开始追求奢华的生活享受。他在临安盖了豪华的住宅，出门时坐车骑马，兴师动众。他父亲对他这样的做法很看不过去。他对钱镠说："我家祖祖辈辈都是靠打渔种庄稼过日子，没有出过做官的人。你处在今天的位置，周围都是敌对势力，还要跟人家争城夺地。我怕我们钱家今后要遭难了。"

钱镠听了，很有感触。从那以后，他做事谨小慎微，力求保住这块割据地区。当时，吴越是个小国，人少势弱，比北方的吴国弱小得多，吴越国常常受他们的威胁。

钱镠长期生活在混乱动荡的环境里，于是他养成了一种保持警惕的习惯。他给自己做了个"警枕"，就是用一段滚圆的木头做枕头，倦了就斜靠着它休息，如果睡熟了，头从枕上滑下，人也惊醒过来了。

他除了自己保持警惕外，还严格要求他的将士。每天夜里，都有兵士在他住所周围值更巡逻。有一天晚上，值更的兵士坐在墙脚边打瞌睡，隔墙飞来几颗铜弹子，正好掉在兵士身边，惊醒了兵士。兵士们后来才知道这些铜弹子是钱镠打过来的，再也不敢在值更的时候打盹了。

钱镠就是靠小心翼翼地做事才保住了他在吴越的统治地位。吴越国虽然不大，但是因为长期没有遭到战争的侵扰，经济渐渐繁荣起来。

后来，钱镠征发民工修筑钱塘江的石堤和沿江的水闸，这样就有效地防止了海水倒灌，又叫人把江里的大礁石凿平，方便船只来往。民间因他在兴修水利方面的贡献，给他起了个"海龙王"的外号。

吴越自后梁开平元年（907年）建国，至宋太平兴国三年（978年）降宋，共历五主，计71年。

儿皇帝石敬瑭

后唐河东节度使石敬瑭是后唐明宗的女婿，早年与唐明宗的儿子李从珂一起追随唐明宗，都以能征善战著称。后来，石敬瑭与李从珂发生了矛盾，上奏弹劾李从珂，唐明宗大怒，将其免职。

唐明宗死后，李从珂做了后唐皇帝，这就是唐末帝。唐明帝在位时，唐末帝已与石敬瑭不和，等到他登基后，两人终于闹到公开决裂的地步。

石敬瑭本是勇将，唐朝沙陀部人，辅佐李克用和李存勖，屡立战功，升至刺史。他从小沉默寡言，喜欢读兵法书，而且非常崇拜战国时期赵将李牧和汉朝名将周亚夫。李嗣源对他很器重，还将自己的女儿嫁给了他，让他统领自己的亲军精锐骑兵"左射军"，将他视为心腹之将。

石敬瑭不仅在战场上救过岳父李嗣源，而且在李嗣源遇到政治难题时为他分析局势，指点迷津，体现出了过人的政治谋略。这方面最突出的就是劝李嗣源顺应时势，在兵乱时取得帝位。石敬瑭后来去河东任节度使，并兼云州、大同军等地蕃汉马步军总管，掌握了河

东这块后唐起源地区的军政大权。

石敬瑭不仅在军事和政治方面有勇有谋，而且在地方事务的治理方面也表现出色。在陕州、魏博、河东等地，石敬瑭政绩出色，其在任时异常节俭，不贪声色，很多事都亲自处理。到陕州不到一年就将当地治理得井井有条，再加上他自己很清廉，施政颇得人心。

李从珂派兵讨伐石敬瑭，石敬瑭眼看要抵挡不住了，这时，有个叫桑维翰的谋士给他出个主意，让他向契丹人求救兵。

那时候，耶律阿保机已经死了，他的儿子耶律德光做了契丹国主。桑维翰帮石敬瑭起草了一封求救信，对耶律德光表示愿意拜契丹国主做父亲，并且答应在打退唐军之后，将雁门关以北的燕云十六州（又称幽云十六州，指幽州、云州等十六个州，都在今河北、山西两省北部）土地献给契丹。

耶律德光正打算向南扩张土地，听到石敬瑭给他优厚的条件，真是喜出望外，立刻派出五万精锐骑兵援救晋阳。这样，内外出兵夹击，唐军大败。

后来，耶律德光来到晋阳，石敬瑭亲自出城迎接，卑躬屈膝地称比他小十岁的耶律德光为父亲。

经过一番观察，耶律德光觉得石敬瑭的确是死心塌地投靠他，便正式宣布石敬瑭为皇帝。石敬瑭称帝后，立刻按照原来答应的条件，把燕云十六州送给了契丹。

石敬瑭在契丹的支持下，带兵南下攻打洛阳，接连打了几个胜仗。唐末帝被契丹的声势吓破了胆，在宫里烧起一把火，带着一家老少投火自杀了。

石敬瑭攻下洛阳，灭了后唐，在汴

出行图　辽

京（今河南开封）正式做了中原的皇帝，国号晋，这就是后晋高祖。石敬瑭为获取契丹的支持以打击不归服的藩镇，并通过与契丹交好以安定后晋北部边界，向契丹上奏章，把契丹国主称作"父皇帝"，自己称"儿皇帝"。朝廷上下都觉得丢脸，只有石敬瑭毫不在乎。

石敬瑭做了7年的儿皇帝后病死了。他的侄儿石重贵即位，这就是晋出帝。晋出帝向契丹国主上奏章的时候，自称孙儿，不称臣。耶律德光借机说晋出帝对他不敬，带兵进犯。

契丹两次进犯中原，都被晋朝军民打败了。但是后来由于汉奸的出卖，契丹兵攻进了汴京，俘虏了晋出帝，把他押送到契丹。后晋便灭亡了。

947年，耶律德光进了汴京，自称大辽皇帝（这一年契丹改国号为辽）。

后来，中原的百姓受不了辽兵的残酷压迫，纷纷起义，反抗辽兵。东方的起义军声势浩大，攻占了三个州。

耶律德光被迫退出中原。但是，被石敬瑭出卖的燕云十六州仍在辽的控制之中，这些地方后来成为他们进攻中原的基地。

周世宗斥冯道

辽兵被迫退出中原的时候，后晋大将刘知远在太原称帝。随后，率领大军向南进兵。刘知远的军队纪律严明，受到中原百姓的欢迎。刘知远很快收复了洛阳、汴京等地。947年六月，刘知远在汴京建都，改国号为汉。这就是后汉高祖。

刘知远只做了10个月皇帝就得病死了，他的儿子后汉隐帝刘承祐即位。乾祐三年（950年）十一月，辽军攻打后汉辖地，后汉隐帝任郭威为天雄节度使，前去抗击。郭威率军离去不久，隐帝忽又派使者去杀郭威。郭威大怒，带兵攻入东京，隐帝为郭威部队所杀。另议立刘赟，郭威又率大军前去抗辽，行到澶州（今河南濮阳）时，数千名将士鼓噪起来，将黄旗披在郭威身上，要拥戴郭威为皇帝。郭威接受了他们的建议，废刘阴公，自任监国。第二年正月，后汉太后无奈下诏书，授予郭威皇帝玉符，郭威（后周太祖）即位，国号周，改元为广顺。后汉从此灭亡。

郭威（904—954年），字文仲，邢州尧山（今河北隆尧）人，18岁从军。后晋末，曾协助后汉高祖刘知远建国，任枢密副使。汉隐帝时任枢密使，负责征伐之事，并平定汉中、永兴、凤翔三镇叛乱。称帝后于显德元年（954年）正月病逝，在位3年，庙号太祖。

后周太祖出身贫苦，非常体谅民间疾苦，同时他也有些文化，注意重用人才，改革政治。在他的治理下，五代时期的混乱局面开始好转。

后周太祖没有儿子，生前把柴皇后

的侄儿柴荣收作自己的儿子。柴荣从小聪明能干，练得一身武艺。后周太祖死后，柴荣继承皇位，这就是后周世宗。

即位后，柴荣继承郭威重农恤民的政策和统一中国的大志，重用王朴等贤能之士，浚通漕运，发展文教，虽然在位仅6年，但却是一位有作为的皇帝。

柴荣重用王朴，王朴献"平边策"，提出先攻南唐，取江北以控制南方诸国，再取后蜀和幽州，最后解决契丹边患的战略思想；又提出争取民心和避实击虚等建议，柴荣都加以采纳，成功地发动了一系列统一兼并战争。周世宗刚即位时，北汉国主刘崇认为周朝局势不稳，正是进占中原的大好时机。他集中了3万人马，又请求辽主派出1万骑兵，向潞州（治所在今山西长治）进攻。

消息传到汴京，后周世宗立即召集大臣商议对策。他提出要亲自出征。

大臣们看后周世宗态度挺坚决，也不好说什么了。这时，有一个老臣站出来反对，他就是太师冯道。

冯道从后唐明宗那时候起，就当了宰相。后来，换了4个朝代，他都能随机应变，一些新王朝的皇帝，也乐得利用他。所以，他一直位居宰相、太师、太傅等职。

后周世宗对冯道说："过去唐太宗都是自己带兵最终平定了天下。"

冯道说："陛下与唐太宗相比，谁更英明呢？"

后周世宗看出冯道瞧不起他，激动地说："我们有强大的军队，要消灭刘崇，还不是像大山压鸡蛋一样容易。"

冯道说："陛下能像一座山吗？"

后周世宗听罢一甩袖子，怒气冲冲地离开了朝堂。后来，由于有其他大臣的支持，后周世宗把亲征的事决定了下来。

后周世宗率领大军到了高平（今属山西），与北汉兵相遇，双方摆开了阵势。

刘崇指挥北汉军猛攻周军，情况十分危急，后周世宗见状亲自上阵，指挥他的两名将领赵匡胤和张永德各带领两千亲兵冲进敌阵。周军兵士看到后周世宗沉着应战，也奋勇冲杀。最后，北汉兵抵挡不住，大败而逃。

高平一战，大大提高了后周世宗的声望。过了两年，他又亲自征讨南唐（十国之一），后周显德二年（955年）、显德三年（956年）、显德四年（957年）三次征伐南唐，后周世宗每次都胜，后南唐自去帝号，割地求和。后周平定长江以北，得州14个、县60个。后周又谋取蜀邻地，显德二年（955年）大败后蜀，取秦（今甘肃天水）、成（今甘肃成县）、阶（今甘肃武都）、凤（今陕西凤县东）4州。显德六年（959年），后周世宗以契丹没有彻底离开中原为由，决意北伐。后周多次将辽师击败，取燕南之地，后周世宗于此役染病班师，后很快病逝，未能完成统一大业。

后周世宗在位6年，多施仁政惠民，不只是减免苛政，还在大兵过后、淮南大饥时，发放米粮给淮南饥民。他死后，由年仅7岁的儿子柴宗训接替皇位，就是后周恭帝。

第六章　王朝更迭

第一节　宋朝大业

黄袍加身

赵匡胤出生于河南洛阳将门之家，胆识过人，武艺超群。21岁时投奔郭威，成为郭威帐下的一名士兵。951年，掌握后汉军权的郭威，谎称契丹入侵，太后命他统军北征。后汉大军渡过黄河，到达澶州时，将士们将黄袍披在郭威身上，拥立郭威为帝。郭威率军掉头南行，回后汉京师开封，建立后周。赵匡胤也逐步升为滑州副指挥。

不久，郭威病逝，其养子柴荣即位，就是后周世宗。柴荣有雄才大略，他南征北战，同时励精图治，革新政治。即位之初，北汉勾结契丹大举攻后周，柴荣率军亲征。双方在高平大战，世宗亲冒矢石督战，当后周军队形势危急时，禁军将领赵匡胤和张永德拼死保护世宗。高平大捷后，赵匡胤被提拔为禁军高级将领，负责整编禁卫军。他精心挑选武艺超群的壮士，组成勇敢精锐的殿前诸班，这支队伍以后成了后周战斗力最强的队伍。世宗也由此开始了他"十年平定天下"的战略行动。几乎每次征战，赵匡胤都立下汗马功劳，成为后周世宗的得力虎将。正当世宗开拓疆土、北征辽国时，却不幸英年早逝。

据史书记载，世宗在征辽途中捡到一块木牌，上写"点检做天子"，心中就产生几分猜忌。当时张永德任禁军最高统帅殿前都点检，他又是后周太祖郭威的女婿。柴荣担心禁军将帅权势过重会发动政变，就匆匆撤掉了张永德，换上了赵匡胤。但这却使赵匡胤的实力更加雄厚，他做了禁军的最高统帅，掌握了后周军权。

960年，后周接到边境送来的紧急战报：北汉国主和辽国联合出兵，攻打后周边境。

赵匡胤得令后，立刻调兵遣将，带了大军从汴京出发。军校苗训自称知天文，找到主帅的门吏楚昭辅说："我看见太阳下边还有一个太阳，而且有一道黑光来回荡漾了好长时间。一日克一日，这是天命啊！"快到夜晚时，部队还没有走出很远，只好在陈桥驿安营扎寨，这时离京城不过20里路。当天晚上，将领们反复商议，说现在皇帝还小，即使战死他也不知道，不如推赵匡胤为天子，大家可以荣华富贵。他们到军营四处游说，煽风点火，一时军士大哗，都聚集在赵匡胤营前喊着："点检当天子！"

赵匡胤的弟弟赵光义和归德军掌书记赵普知道时机已经成熟，于是连夜派人骑快马回京城，将殿前都指挥使石守信和都虞侯王审琦这两个赵匡胤的心腹叫来，商量办法。天快亮的时候，叫喊着的军士们已经逼近赵匡胤休息的房舍，赵光义和赵普进去，叫起了赵匡胤，走出房门。只见许多军校站在庭院中，手里还拿着武器，一齐叫喊："愿奉点检当天子！"这时早有人从背后给赵匡胤披上黄龙袍，所有在场的人都跪倒在地上，高喊着"万岁"，向赵匡胤叩拜。其实这不过是赵匡胤在背后导演的一出闹剧而已。

随即，赵匡胤率大军进入汴京城。文武百官齐集崇元殿，为赵匡胤举行受禅大典。但是到了黄昏时分，还没等到小皇帝的禅位诏书，众人都不知如何是好，幸好翰林学士陶谷早有准备，已经拟好了诏书。于是，众人就用陶谷起草的禅位诏书举行仪式。宣徽使领着赵匡胤来到龙墀的南面，朝北跪拜，接着，赵匡胤穿上皇帝行大礼的衮服和冠冕，被宰相们搀扶登上崇元殿，端坐到龙椅上，接受群臣的拜贺，这就算正式登上了皇位。

赵匡胤因为原来做过归德军节度使，并驻扎在宋州（今河南商丘）。所以，他把国号改为宋，并以汴京（今河南开封）为京城。后来，他让前朝小皇帝和符太后迁到西宫，并封小皇帝为郑王。

赵匡胤赐给内外百官军士爵位，实行大赦，凡被贬官的都恢复原职，被流放发配的放回原籍。派官员祭祀天地，报告改朝换代的事，还派出宦官带了诏书向天下人宣告宋朝的建立。

杯酒释兵权

赵普，字则平，幽州蓟县（今北京）人，是陈桥兵变的关键人物。他多谋善策，读书虽然不多，但对政事有独到的见解。曾经担任赵弘殷的军事判官，对赵弘殷很忠心。据说有一次赵弘殷生病，幸亏赵普日夜伺候，方转危为安。赵弘殷感动之余，便认他做同宗。赵匡胤发现赵普是个人才，见识高远，很想收为己用，便向父亲借调赵普任自己的推官。陈桥兵变时，赵普任掌书记，是赵匡胤的心腹谋士。

赵匡胤母亲杜太后视赵普为自己亲人，平日里总是以"赵书记"称呼他。因陈桥兵变中的关键人物就是赵普，所以赵匡胤建宋后论功行赏，授予赵普右谏议大夫、充枢密直学士。公元962年，赵普任掌管全国军事的枢密使、检校太保，后任宰相。赵匡胤与赵普相交甚久，互相了解，关系非同一般，赵匡胤视赵普为智囊和军师，事无巨细都要与他商量后再做最后的决定。

赵匡胤提倡大臣读书，赵普精熟于《论语》，并以其中所讲用于政事上。他曾经对赵匡胤说："我有一本《论语》，用半部佐助您平定天下，用半部佐助

宋太祖赵匡胤像

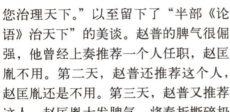

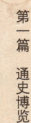

您治理天下。"以至留下了"半部《论语》治天下"的美谈。赵普的脾气很倔强，他曾经上奏推荐一个人任职，赵匡胤不用。第二天，赵普还推荐这个人，赵匡胤还是不用。第三天，赵普又推荐这人，赵匡胤大发脾气，将奏折撕碎扔在地上。赵普也不害怕，不慌不忙地跪下把破碎的奏折粘贴起来。第四天又到朝廷上向赵匡胤上奏举荐。赵匡胤没办法，只好下诏重用这个人。

从一建立宋朝起，如何结束和防止唐末五代军阀割据政局不稳的局面一直是赵匡胤的心结，他经常跟赵普谈起这个话题。陈桥兵变后论功行赏，以石守信为归德军节度使，以王审琦为泰宁军节度使、殿前都指挥使，掌握着国家最精锐和数量近全国总兵额一半的禁军，负责出征和保卫皇帝与都城的任务。又让手握重兵的慕容延钊任殿前都点检，并让韩令坤担任侍卫亲军都指挥使。赵普对此感到很担心，多次向赵匡胤提出警示。他又把赵匡胤与柴荣的关系做了比较，当年柴荣待赵匡胤恩重如山，但赵匡胤还是在部下的鼓动下夺取了后周的政权。生动的事例使赵匡胤如梦初醒。有一天，他主动找来赵普，说："从唐末以来，几十年时间，出了8姓12个君王，僭称皇帝和篡夺政权的事比比皆是，战乱不断。我想要结束天下的战争，开创长治久安的局面，应该用什么方法呢？"赵普说："陛下考虑到这个问题，是天地神人的福气。我看，关键是节度使权力太大，造成尾大不掉的后果而危及皇权，只要削弱他们的行政权，剥夺他们的兵权，那些节度使就不敢有什么想法了。"赵匡胤恍然大悟，决心依照赵普说的办。

961年，为了保证自己地位不受威胁，赵匡胤首先把讨伐李重进回来的大将慕容延钊的殿前都点检职务免去，改任山南东道节度使；免去韩令坤侍卫亲军都指挥使的职务，改任成德节度使。此后不再设殿前都点检一职。接下来，赵匡胤又谋算起他最亲信的老朋友的军权。有一天晚朝过后，赵匡胤将石守信等大将留下来喝酒叙旧，赵匡胤趁酒酣耳热之际，命令身边的太监退出。他拿起一杯酒，请大家喝干之后说："我要不是有你们帮助，也不会有今天这个样子，但是你们哪里知道，做皇帝也有很多难心事，皇帝这个位子，谁不眼红呀？"

石守信等人听赵匡胤这么一说，都惊慌失措地跪在地上说："陛下为什么这样说呢？现在天下已经太平无事了，谁还敢对陛下不忠呢？"

赵匡胤摆摆手说："你们几位我是信得过的，只怕你们的部下当中，有人贪图富贵，往你们身上披黄袍，你们想不干，恐怕也不行吧？"

石守信等听赵匡胤这么说，顿时感到大祸临头，连连磕头，流着泪说："我们都是粗心人，想得不周到，请陛下给我们指引一条出路。"

赵匡胤说："我替你们着想，你们不如把兵权交给朝廷，去地方做个闲官，置些田产房屋，给子孙留点家业，平平安安地度个晚年。我和你们结为亲家，彼此毫无猜疑，这样不是很好吗？"

石守信等一齐说："陛下为我们想得太周到啦！"

第二天，石守信等大臣一上朝，每人都递上一份奏章，说自己年老多病，请求辞职。赵匡胤马上准许，收回他们的兵权，赏给每人一大笔财物，打发他们到各地去做节度使。历史上把这件事称为"杯酒释兵权"。

在解除了石守信等重臣元老的军权后，赵匡胤又采取措施加强禁军，并用各种手段牢牢控制住禁军，使其成为巩固统治最重要的力量，以对抗实力强大的各地方节度使。

同时，他一反五代重武轻文的陋习，重用文人，让文官取得了武官的许多权力，使各地武官的权力大幅缩小，建立起以皇帝为中心的封建中央集权政治制度，成功解决了军阀割据问题，促进了社会的安定和经济的发展。

开宝九年（976 年）十月，赵匡胤因病逝世，终年 50 岁，谥号英武圣文神德皇帝，庙号太祖。

宋太宗征辽

后晋高祖石敬瑭为感谢契丹助其灭后唐，入主中原，把幽云十六州割给契丹并自称"儿皇帝"。979 年，宋灭北汉，以幽云十六州为基地屡扰宋边的辽（契丹）国成了宋王朝北面最大的边患。宋太宗积极部署，欲收回幽云十六州。

979 年农历六月，灭掉北汉的宋太宗踌躇满志，欲北上一举收复幽云十六州。宋太宗亲率大军 10 万出镇州（今河北正定）北进，突破了辽军在拒马河的阻截，进围幽州，击败城北辽军 1 万余人。二十六日，太宗命宋渥、崔彦进等四将率军分四面攻城。辽韩德让和耶律学古一面安抚军民，一面据城固守待援。屯驻清沙河（今北京昌平境内）北的辽将耶律斜轸因宋军势大而不敢冒进，只声援城内辽军。六月二十九日，

以耶律沙和耶律休哥为统帅的辽援军赶到，尽管宋军一度登上城垣，但终未能攻入城内，被迫撤退。

七月六日，宋辽两军在高梁河（今北京西直门外）大战。辽军初战不利，稍却。耶律斜轸和耶律休哥及时赶到，分左右横击宋军，城内辽军也杀出参战，宋军大败，宋太宗中箭受伤。辽军乘胜反攻，追至涿州，宋军大量军械资粮落入辽军之手，宋朝第一次幽州（今北京）会战宣告失败。

高梁河落败后，宋辽平静了几年，但宋太宗积极筹划二度北伐，以雪前耻。982 年辽景宗去世，耶律隆绪继位，是为圣宗，因年幼，其母萧太后摄政。宋雄州（今河北雄县）守将贺令图以辽帝年幼、内部不稳，建议太宗再攻幽州，太宗心动。参知政事李至以粮草、军械缺乏，准备不充分而反对，但太宗不听，于 986 年农历三月发兵 3 路攻辽。东路曹彬 10 万人出雄州，中路田重进

宋代武士复原图

出飞狐口（今河北涞源北），西路潘美、杨业出雁门（今山西代县），三路合围幽州。

宋西路军很快攻下寰（今山西朔州东）、朔（今山西朔州）、云（今山西大同）、应（今山西应县）等州，中路军攻占灵丘、蔚州等战略要地，东路军夺占固安、涿州。辽国获悉宋军北伐，即派耶律抹只率军为先锋，驰援幽州，萧太后偕辽圣宗随后亲往督战。辽军意图是以南京（幽州，治所在今北京西城）留守耶律休哥抵御宋东路军，耶律斜轸抵制宋西路和中路军，而圣宗、太后率大军进驻幽州，以重兵击溃宋东路，再击退西、中路。由于辽军主攻点不在西、中路，故宋中、西两路捷报频传，东路宋军将士纷纷主动请战，促主帅曹彬北上。曹彬难抑众愿，遂率军北进，一路不断遭到辽军袭扰。时值夏季，天气酷热，宋军体力消耗很大，抵达涿州时，东路军上下均已疲惫不堪。

此时辽圣宗和萧太后所部辽军已从幽州北郊进至涿州东50里的驼罗口，攻占固安，而与曹彬对峙的是辽悍将耶律休哥，他正虎视眈眈，欲伺机攻击宋军。曹彬鉴于敌主力当前，难以固守拒战，而己军又面临粮草将尽的形势，令军队向西南撤退。辽耶律抹只和耶律休哥见时机已到，即令辽军追击宋军。五月三日，宋军在歧沟关（今河北涿州西南）被辽军赶上，困乏的宋军抵挡不住锐气正盛的辽军，大败。辽军追至拒马河，宋军四散奔逃，溃不成军，死伤数万，所遗弃的兵甲不计其数。

宋太宗得知东路军惨败，遂令中路军回驻定州，西路军退回代州（今山西代县），并以田重进、张永德等沉稳持重的将领知诸州，以御辽可能发起的进攻。东路宋军已遭重创，而西路战事仍在进行。八月，宋西路主帅潘美、监军王侁拒绝副帅杨业的合理建议，迫令其往朔州接应南撤的居民，杨业要求在陈家谷设伏以防御辽军追击。杨业与辽西路主帅耶律斜轸在朔州南激战，因遭辽萧挞览军伏击而败退。杨业按预定计划退到陈家谷，本以为此地有宋军埋伏将截击辽军，哪料潘美、王侁违约，早已率军逃走。杨业愤慨自己被出卖，但仍率孤军力战，终因势单力薄全军覆没。杨业身负重伤后被俘，绝食而死。

北宋朝廷发起的旨在收回幽云十六州的幽州之战，因自身的种种原因以惨败结束。

寇准谋国

燕云十六州是中原的天然屏障，直接关系着中原的安危。中原王朝从后周柴荣开始，就开始与辽争夺燕云。赵匡胤建立北宋后，国力无法与辽抗衡，就采取了"先南后北"的方针。他曾积极储存钱帛，准备或以赎回的方式收回燕云十六州，或用这笔钱做军费，以武力攻取燕云。其弟宋太宗赵光义统一北汉后，就亲征伐辽，要乘胜收复燕云。宋军初战时极为顺利，一直打到幽州，但

还猎图　辽

辽军苦守坚城，幽州久攻不下。太宗率军在高粱河与辽国援军展开激战，结果在辽援军的夹击下大败。太宗身中两箭，匆忙乘驴车逃走。几年后，太宗趁辽国圣宗幼小、母后萧太后专政的机会，兵分3路北伐辽国。但由于东路军不顾进兵计划，贪功冒进，宋军大败。

宋太宗两次伐辽失败，朝廷内外谈辽色变，加上王小波、李顺起义以及对西夏战争的失败，宋政府采取妥协退让政策，在河北沿边的平原上广修河渠池塘，广植水稻和柳、榆林，阻挡辽国的铁骑。宋真宗即位后对辽更是以和为贵。辽军见宋朝软弱可欺，就不断遣兵南下，威胁宋廷。只是由于大将杨延昭等人奋起抵抗，辽军才无法长驱直入。

1004年，辽国再次南侵。辽圣宗及萧太后亲披甲胄，督军30万，大规模南下，深入宋境内地，直抵澶州北城，离北宋首都开封只有一河之隔。

告急的消息不断地传到已经当了宰相的寇准那里，一个晚上竟来了5次。寇准启奏说："现在只有陛下亲自出征，才能长我军士气，灭敌人威风，我们就一定能打败强敌！"

宋真宗是个胆小鬼，听了寇准的话，脸都吓白了，就想回皇宫躲起来。寇准郑重地说："您这一走，国家的事没人决断，不是坏了大事吗？请您三思！"在寇准的坚持下，宋真宗才平静下来，商量起亲征的事。

过了几天，辽军的前锋已经打到了澶州（今河南濮阳），情况万分紧急。同平章事王钦若趁机劝真宗迁都避敌，寇准据理力争，真宗才答应亲征。

宋真宗和寇准带领人马离开东京往北，来到韦城（今河南滑县东南）时，

听说辽国兵马十分凶猛，宋真宗又害怕了。有的大臣趁机再向他提出到南方去的事。

但是寇准和两员武将高琼和王应昌抗敌的坚定态度感染了宋真宗，他这才下了决心去澶州亲征。

宋真宗亲征的消息传到前线，宋军将士士气大振。当辽军攻打澶州城的时候，宋军拼死抵抗，威虎军头张瓌眼疾手快，一箭射死了辽军统帅萧挞览。辽军见统帅未战而死，顿时士气低落。辽军见形势不利便主动提出和谈。而真宗本无抵抗之心，急忙答应与辽议和。他不顾寇准等人的反对，派使臣曹利用前往和谈，告诉曹利用哪怕赔百万白银也行。寇准不得已，告诉曹利用超过30万白银就杀了他。经过几次讨价还价，双方达成协议：宋辽约为兄弟之国，宋帝尊辽萧太后为叔母，辽主称宋帝为兄；宋朝每年交给辽朝绢20万匹、银10万两等。因议和地点在澶洲城下，故称"澶渊之盟"。

澶渊之盟是在宋朝军事有利的条件下订立的屈辱性条约。它开了赔款的先例，成了宋朝财政的重负和民众的重压。但澶渊之盟结束了宋辽之间的战争，使边境相对稳定，宋辽两国由此保持了上百年的和平局面。

元昊建西夏

宋真宗一味地妥协求和，这种做法虽然安定下了辽朝那一头，但西北边境的党项族（古代少数民族之一）贵族却趁机侵犯宋朝边境，提出无理要求。宋真宗疲于应付，只好妥协退让，封党项族首领李继迁为夏州（今陕西靖边境内）刺史、定难军节度使。1004年，李继

迁死后，又封他的儿子李德明为西平王，每年送去大批银绢，以示安抚。

李德明的儿子元昊是个雄心勃勃的人。他精通汉文和佛学，多次打败吐蕃、回鹘等部落，势力范围不断扩大。他劝说李德明不要再向宋朝称臣。

李德明不肯接受他的意见。直到李德明死后，元昊继承了西平王的爵位，才按照自己的主张，设置官职，整顿军队，准备脱离宋朝的控制，自立门户。

1038年，元昊正式宣布即位称帝，国号大夏，建都兴庆（今宁夏银川）。因为它在宋朝的西北，历史上叫作西夏。

元昊称帝以后，派使者要求宋朝承认。那时候，宋真宗已经死去，在位的是他的儿子赵祯，即宋仁宗。宋朝君臣讨论的结果，认为这是元昊反宋的表示，就下令削去元昊西平王爵位，断绝贸易往来，还在边境关卡上张榜悬赏捉拿元昊。元昊被激怒了，就决定大举进攻。

那时，在西北驻防的宋军兵士有三四十万，但是这些兵士分散在24个州的几百个堡垒里，而且各州人马都直接由朝廷指挥，彼此之间没有作战配合。西夏的骑兵却是统一指挥，机动灵活，所以常常打败宋军。

一年后，西夏军向延州（今陕西延安东北）进攻，宋军又打了一个大败仗。宋仁宗十分生气，把延州知州范雍革了职，另派大臣韩琦和范仲淹到陕西指挥抗击西夏。

范仲淹到了延州，改革边境上的军事制度。他把延州1.6万人马分为6路，由6名将领率领，日夜操练，宋军的战斗力显著提高。西夏将士看到宋军防守严密，不敢进犯延州。

1041年2月，西夏军由元昊亲自率领，向渭州（今甘肃平凉）进犯，韩琦集中所有人马布防，还选了1.8万名勇士，由任福率领出击。

任福带了几千骑兵迎击西夏兵，两军相遇，双方打了一阵，西夏兵丢下战马、骆驼就逃。任福派人侦察，听说前面只有少量的敌兵，就在后面紧紧追赶。

任福带着宋军向西进兵，到了六盘山下，连西夏兵的影子都没看见。只见路边有几只银泥盒子，封得很严实，兵士们走上前去，端起银泥盒子听了一下，有一种跳动的声音从里面发出。兵士报告任福，任福吩咐兵士打开盒子。只见里面接连飞出了一百多只带哨的鸽子，在宋军的头上飞翔盘旋。

原来，西夏兵采取了诱敌战术。在六盘山下，元昊带了10万精兵，早已布置好埋伏，只等那鸽子飞起，四面的西夏兵就一齐杀出，将宋军紧紧围在中央。宋军奋力突围。从早晨一直打到中午，大批的西夏兵不断从两边杀出。宋兵边打边退，伤亡不断增加。

任福身上中了10多支箭，兵士劝任福逃脱。任福说："我身为大将，兵败至此，只有以死报国。"他又冲了上去，死在西夏兵刀下。

这一仗，宋军死伤惨重，元昊获得大胜。韩琦听到这消息，非常难过，上书朝廷请求处分。宋仁宗撤了韩琦的职。范仲淹虽然没直接指挥这场战争，但是因被人诬告，也被降了职。

从这以后，宋夏多次交兵，宋军连连损兵折将，宋仁宗不得不重新起用韩琦、范仲淹指挥边境的防守。两人同心协力，爱抚士卒，军纪严明，西夏才不敢再进犯。

范仲淹推行新政

范仲淹（989—1052 年），宋苏州吴县（今江苏苏州）人。父亲在他很小的时候就死去了，因为家里贫穷，母亲不得不带着他改嫁。范仲淹在十分艰苦的环境中成长，他在一座庙里居住、读书，穷得连三餐饭都吃不上，每天只得熬点薄粥充饥，但是他仍旧苦学不辍。有时候，读书到深更半夜，实在倦得睁不开眼，就用冷水泼在头上，去除倦意，继续攻读。这样苦读了五六年，终于成为一个学识渊博的人。

范仲淹是宋大中祥符年间进士。入仕后，他关心民众疾苦，政绩显著，天圣初，任泰州兴化令，主持修筑捍海堰，世称"范公堤"。

范仲淹最初在朝廷当谏官，因为看到宰相吕夷简滥用职权，谋求私利，就向宋仁宗大胆揭发。这件事触犯了吕夷简，吕夷简怀恨在心，诬陷范仲淹结交朋党，挑拨君臣关系。宋仁宗听信了吕夷简的话，贬谪范仲淹去了南方。直到西夏战争发生以后，才把他调到陕西去防守边境。

范仲淹在宋夏战争中屡立战功，宋仁宗觉得他确实是个难得的人才。这时候，宋朝因为内政腐败，加上在跟辽朝和西夏战争中军费和赔款支出浩大，财政极为紧张。宋仁宗就把范仲淹从陕西调回京城，任命他为副宰相。

范仲淹回到京城后，宋仁宗马上召见了他，要他提出治国的方案。范仲淹知道朝廷弊病太多，不可能一下子都改掉，准备一步一步来。但是，禁不住宋仁宗一再催促，就提出了 10 条改革措施。

有励精图治之志的宋仁宗看了范仲淹的方案，立刻批准在全国推行。历

史上把这次改革称为"庆历新政"（"庆历"是宋仁宗的年号）。

范仲淹的新政刚一推行，就在朝中引发了巨大的波澜，一些皇亲国戚、权贵大臣、贪官污吏，见自己的利益受到威胁，纷纷抵制，散布谣言，攻击新政。那些原来就对范仲淹不满的大臣，天天在宋仁宗面前恶意诽谤，又诬陷他与一些人结党营私，滥用职权。

宋仁宗看到有那么多的人反对新政，就动摇起来。范仲淹被逼得无法在京城立足，便主动要求回到陕西防守边境，宋仁宗批准了。范仲淹刚走，宋仁宗就下令废止新政。

在文学创作上，范仲淹亦提出不少新颖的观点，主张"应于风化"。他传下来的诗词仅有 6 首，其中《渔家傲》突破了当时词仅限于男女、风月的界线而开创了新的词风，这首词是他在西北负责抵抗西夏入侵时所作。词中表达了作者决心捍卫边疆的英雄气概，同时也反映了作者思念家乡的情绪和战士们生活的艰苦，格调苍凉悲壮，慷慨激昂，与那些靡丽的闺怨词形成鲜明对比。

范仲淹的文学主张和他政治革新的要求相同，认为"国之文章，应于风化，风化厚薄，见于文章"，反对那种"专事藻饰，破碎大雅，反谓古道不适于用"的浮华文风。他擅长辞赋文章，所作政论趋向古文，著名的《岳阳楼记》就是其中的代表。

范仲淹因改革政治一事，受了很大打击，但是他并不因为个人的遭遇感到懊恼。一年之后，他的一位在岳州（治所在今湖南岳阳）做官的老朋友滕宗谅，重新修建当地的名胜岳阳楼，请范仲淹写篇纪念文章。范仲淹挥笔写下了《岳

阳楼记》。在这篇著名的文章里，范仲淹提到：一个有远大政治抱负的人，他的思想感情应该是"先天下之忧而忧，后天下之乐而乐"。这两句名言一直被后人传诵，而岳阳楼也因范仲淹的文章而名扬四海。

王安石变法

宋仁宗在位 40 年，虽然朝中有范仲淹、包拯等一些正直的大臣，但是宋仁宗并没有真正使他们发挥作用，因而国家逐渐衰弱下去。宋仁宗没有儿子，死后由一个皇族子弟做他的继承人，这就是宋英宗。治平四年（1067 年）正月，宋英宗病逝，其长子赵顼即皇帝位，是为宋神宗。赵顼庆历八年（1048年）四月初十生于开封濮王宫，原名仲铖，宋英宗即位后封他为光国公，治平元年（1064 年）六月封颍王，三年十二月立为皇太子。他从小勤奋好学，当皇太子时就很受人们称赞。治平四年（1067 年），只有 20 岁的神宗即位，改元熙宁，在位 19 年。

宋神宗即位时，正值北宋中期统治

王安石像

危机日益加深，社会弊端日益显著，阶级矛盾和民族矛盾也日益尖锐，财政入不敷出。面对如此积贫积弱的危难局面，有识之士的改革呼声日趋高涨。宋神宗即位后，力主革新图强，可是他周围的人都是宋仁宗时期的老臣，就连富弼这样支持过新政的人，也变得暮气沉沉了。宋神宗想，要改革这种现状，一定得找个得力的助手。他任命王安石为参知政事，主持变法。变法贯串于熙宁、元丰十五年间，又被称为"熙丰变法"。

王安石是北宋中期的改革家、思想家和文学家。他出生于世宦之家，博学强识，能文善赋，早年就负有盛名，22 岁中进士，出任地方官。他年轻时，文章就写得很出色了，得到了欧阳修的赞赏。

王安石在地方做了 20 年的官，名声越来越大。后来，宋仁宗调他到京城做管理财政的官。他一到京城，就向仁宗上了一份近一万字的奏章，提出他对改革财政的主张。宋仁宗刚刚废除范仲淹的新政，对王安石提出的改革议奏并不热心，便把王安石的奏章束之高阁。王安石知道朝廷没有改革的决心，自己又跟一些官员合不来，就趁母亲去世的时机，辞职回家了。

这一次，他接到宋神宗召见的命令，又听说宋神宗正在物色人才，就高高兴兴地进京来了。

王安石一到京城，宋神宗就单独召见他。宋神宗一见面就问他说："你看要治理国家，该从哪儿入手？"

王安石从容地回答说："先从改革旧的法度，建立新的法度开始。"

1069 年，宋神宗把王安石提为副宰相。熙宁二年（1069 年）二月，宋神宗与王安石共同商讨后，为实行变法专门设立了一个机构——制置三司条例司，主要工作就是制定新的财政经济政策、颁行新制、以通天下之利。同年七月，制置三司条例司建议实行均输法，宋神宗采纳后便下诏实行，在"便转输，省劳费，去重敛，宽农民"等方面，收到较好的成效。

九月，王安石主持改革常平仓制度，推行青苗法。青苗法的实施在限制官僚望族利用高利贷盘剥等方面，收到成效，同时为朝廷获取了大量利息。十一月，宋实施农田水利法，也称农田水利条约或农田水利约束。水利法实行后亦颇见成效，熙宁九年（1076年），兴修水利10793处，受益民田36万多顷，公田1915顷。后有募役法、市易法、方田均税法等出台。

王安石的变法巩固了宋朝的统治，取得了富国强兵的显著成效。政府的财政状况大有改善，北宋军事实力明显提高。在与西夏交战中，取得了熙河之役的胜利，收复故地两千里，这是北宋历史上十分少见的胜利。然而，由于变法涉及面广，阻力很大，未能真正解决社会矛盾，遭到两宫太皇太后、皇太后及元老重臣如司马光、文彦博、吕公著等守旧派的激烈反对。

宋神宗听到反对的人不少，就动摇起来。

王安石眼看新法实行不下去，便上书辞职。宋神宗也只好让王安石暂时离开东京，去江宁府休养。

第二年，宋神宗又把王安石召回京城当宰相。谁知几个月后，天空出现了彗星。这本来只是一种正常的自然现象，但是在当时的人看来这是不吉利的预兆。宋神宗又慌了，要大臣对朝政提意见。一些保守派便趁机对新法攻击诬蔑。王安石竭力为新法辩护，让宋神宗不要相信这种迷信的说法，但宋神宗还是犹豫不定。

后来王安石无法继续贯彻自己的主张，便于1076年春天，再一次辞去宰相的职位，回江宁府去了。

《资治通鉴》

王安石虽然罢了相，宋神宗还是把他定下的新法推行了将近10年。1085年，宋神宗病死，年仅10岁的太子赵煦即位，这就是宋哲宗。宋哲宗年幼，他祖母高太后临朝听政。高太后一向反对新法。她临朝后，便把反对新法最激烈的司马光召到东京担任宰相。

司马光（1019—1086年），字君实，北宋陕州夏县（今山西夏县）人。他父亲司马池，官任天章阁（皇帝藏书阁）待制（皇帝顾问）。司马池为人正直、清廉，这对司马光有深刻的影响，时人赞誉司马光是"脚踏实地的人"。司马光自幼酷爱史学，"嗜之不厌"。仁宗宝元元年（1038年）司马光中进士，历仕仁宗、英宗、神宗三朝，任天章阁待制兼侍讲、龙图阁直学士、翰林学士、御史中丞等职。

宋神宗在位的时候，司马光担任翰林学士。司马光和王安石本来是交往密切的好朋友，后来王安石主张改革，司马光不赞同，两个人就分道扬镳了。

司马光很喜欢研究历史，他认为治理国家的人，一定要通晓从古以来的历史，从历史中吸取兴盛、衰亡的经验教训。他又觉得，从上古到五代，历史书实在繁杂无序，做皇帝的人没

有那么多精力去看。于是，他很早就开始动手编写一本从战国到五代的史书。宋英宗在位之时，他把一部分稿子献给朝廷。宋英宗觉得这是本对巩固王朝很有好处的书，十分赞赏这项工作，就专门为他设立了一个编写机构，叫他继续编下去。

宋神宗即位以后，司马光又把编好的一部分稿子献给宋神宗。宋神宗不欣赏司马光的政治主张，但是对司马光编书却十分支持。他把自己年轻时收藏的2400卷书都送给了司马光，让他好好完成这部著作，还亲自为这本书起了个书名，叫《资治通鉴》（"资治"就是能帮助皇帝治天下的意思）。

司马光一共花了19年时间，才完成了这部著作。《资治通鉴》是中国最著名的编年体通史，共294卷，洋洋300余万字，上起周威烈王二十三年（公元前403年），下迄后周显德元年（959年），记载了包括周、秦、汉、魏、晋、宋、齐、梁、陈、隋、唐、后梁、后唐、后晋、后汉、后周在内的16个朝代的1362年历史。全书分为294卷，共计300多万字；另外，《目录》30卷、《考异》30卷、《周纪》5卷、《秦纪》3卷、《汉纪》60卷、《魏纪》10卷《晋纪》40卷、《宋纪》16卷、《齐纪》10卷、《梁纪》22卷、《陈纪》10卷、《隋纪》8卷、《唐纪》81卷、《后梁纪》6卷、《后唐纪》8卷、《后晋纪》6卷、《后周纪》5卷。司马光是为了巩固当时的封建政权才编写的《资治通鉴》，这就决定了此书的内容主要是政治史。他把历史上的君主依据他们的才能分为五类：第一类是创业之君，比如汉高祖、汉光武帝、隋文帝、唐太宗等；第二类是守成之君，如汉文帝和

汉景帝；第三类是中兴之帝，如汉宣帝；第四类是陵夷之君，如西汉的元帝、成帝，东汉的桓帝、灵帝；第五类是乱亡之君，如陈后主、隋炀帝。在司马光看来，最坏的是那些乱亡之君，他们"心不入德义，性不受法则，舍道以趋恶，弃礼以纵欲，谗谄者用，正直者诛，荒淫无厌，刑杀无度，神怒不顾，民怨不知"，像陈后主、隋炀帝等就是最典型的例证。对于乱亡之君，《资治通鉴》都做了一定程度的揭露和谴责，以为后世君主鉴戒。

高太后临朝听政后，把司马光召回朝廷。这时的司马光已经是年老体衰了，但是他反对王安石新法的思想却毫不动摇。他一当上宰相，第一件大事就是把新法废除掉。王安石听到废除新法的消息，十分生气，不久就郁郁不乐地死去了。而司马光的病也越来越重，于同年九月也死去了。

文豪苏轼

1037年农历正月初八，四川眉山一个清寒的人家里，传出了几声清脆的啼哭声，又一个崭新的生命诞生了。已经28岁的苏洵大喜过望，更让他高兴的是这个孩子生得眉清目秀、体格不凡。苏洵以"夫子登轼而望之"之义为儿子取名为"轼"。苏轼的母亲程氏精通文史，十分注意对子女的早期教育。在她的悉心培育下，苏轼不负众望，少年时期即通经史，习字作文，下笔千言，一挥而就。22岁时，他和弟弟苏辙高中同榜进士，深得欧阳修赏识。

3年后，守母制毕，父子3人再上京城，此时，他父亲因自27岁后发愤读书，刻苦励志，为当时名流所重，免

试任编纂礼书。"三苏"之名，震动京师。3年后，苏洵在任上病故，苏轼兄弟扶榇南归，又守制3年。这时苏轼已经年近30，然而，他仍然胸怀壮志，"达则兼济天下"的理想依然在他心里激荡澎湃。但这3年中，朝政发生了变化，以王安石为代表的改革派在宋神宗的支持下推行新法。由于新法实施过程中的确存在若干问题，苏轼对新法本来就不十分赞成，所以他上书指出新法中的一些弊病，不料触犯了一些人的利益。知道自己的政见不被采纳后，按照中国官场的惯例，苏轼只得请求出调为地方官。据记载，这段时间，苏轼历任杭州、密州（今山东诸城）、徐州等地知州。苏轼每到一处，都能励精图治，兴利除弊，为当地百姓做出贡献，自然赢得了人民的爱戴和景仰，和改革派也暂时相安无事。可是时局变幻莫测，苏轼又耿直敢言，所以无论是变法的新党还是守旧的老党，都不把他当作自己人。他们吹毛求疵，在苏轼诗集中找一些稍露棱角的句子作为借口，一次又一次地将苏轼逼到悬崖的边缘。

经过"乌台诗案"和其他几次陷害后，苏轼对政治清明的信心已经丧失殆尽。绍圣四年（1097年），因为又一次无中生有的中伤，当权者余恨未解，将刚在惠州安顿好的苏轼转谪到海南。

因为这时苏轼已年近60，他自己也说："垂老投荒，无复生还之望。"伤心之余，他只得把安顿下来的家属留在惠州，独自带着幼子苏过漂洋过海。全家人都预感这次是生死之别，他们静静地听苏轼吩咐后事，默默地看着那一叶小舟消失在巨浪滔天的茫茫海天之际。"生人作死别，恨恨哪可论！"

命运并不因为苏轼的天纵文才和勤政为民而对他有青眼有加，流放到海南7年后，苏轼终于得到一纸赦令，踏上了北归旅程。然而，他没有李白"千里江陵一日还"的幸运。多年的磨难和旅途的劳累，消磨了苏轼全部的生命和精力，他艰难地走到了生命的尽头，1103年7月28日，他在友人代为借租的一所房子里溘然长逝。苏轼与世长辞，朝野俱痛，几百太学生自发到佛舍祭奠他，为这样一代文人之厄叹惋哀悼。苏轼的词飘飘欲仙，不惹红尘，自有一种出世脱俗的飘逸，如他的《水调歌头》就是这样：

明月几时有，把酒问青天。不知天上宫阙，今夕是何年？我欲乘风归去，又恐琼楼玉宇，高处不胜寒。起舞弄清影，何似在人间？转朱阁，低绮户，照无眠。不应有恨，何事长向别时圆？人有悲欢离合，月有阴晴圆缺。此事古难全，但愿人长久，千里共婵娟。

这是苏轼在密州任职时所写的，是一首在文学史上负有盛誉的词。苏轼当时和弟弟苏辙已七年没有见面，这种血肉相连的感情在美酒和月华的催化下，终于凝成了一首千古绝唱。在诗人笔下的月华也通了人意，她转过朱红大门，绕过雕花琐窗，照着天下相思的人们。苏轼不禁又问道："月儿你远离尘嚣，不应该再有什么遗憾的，可为什么偏偏在人间相思难聚的时候圆得如此难堪呢？"看来，人间有悲欢离合，就和月亮有阴晴圆缺一样是难免的啊。想到这里，诗人对远在千里之外的弟弟说："即使我们相隔千

里，无法相见，但只要我们能共同沐浴着这一片月亮的清辉，也就该满足了。"这样，本来沉重的思亲之情，在作者几经转折之后，就从抑郁翻转为超脱。

一般都将苏轼看作是豪放派词人，其实问题并不这么简单。苏轼的词包罗万象，风格多变，有豪放旷达如《念奴娇·赤壁怀古》者，有婉约凄恻如《江城子·十年生死两茫茫》者，也有活泼真切如《浣溪沙》五首者。人们之所以用"豪放词人"来评价苏轼，是因为自从苏轼之后，词开始走出了"花间派"专咏风花雪月的路子，转而写生活中积极向上的事物和感情。从根本上看，苏轼真正称得上豪放的，只有《江城子·密州出猎》等几首，像前面所说的《念奴娇·赤壁怀古》可能都不是。词写到最后时，苏轼追古思今，想想自己已经年过四旬，却壮志成空。忍不住悲从中来，说："故国神游，多情应笑我，早生华发。人生如梦，一樽还酹江月。"

苏轼对词的贡献是多方面的，他扩大了词的内容，提高了词的境界。胡寅的《酒边词序》说苏词"一洗绮罗香泽之态，摆脱绸缪婉转之度，使人登高望远，举首高歌，而逸怀浩气超乎尘埃之外矣"。的确如此，苏轼之后，词不但可以写花前月下的卿卿我我，也可以写政治情怀和民生疾苦，甚至连农村的生活生产也被他纳入词中，这在词史上是一次重大突破。

苏轼还有几首小词写得清新流畅，饶有情趣。如《蝶恋花》：

花褪残红青杏小，燕子飞时，流水人家绕。枝上柳绵吹又少，天涯何处无芳草？

墙里秋千墙外道，墙外行人，墙里佳人笑。笑渐不闻声渐消，多情却被无情恼。

这首词写于作者贬谪途中，苏轼此时仕途不顺，心中极为不适，外出散步时走到一家人的院墙外，听见里面有清脆的笑声传来，他知道这肯定是富人家的女孩在园内赏春。她们青春年少，无忧无虑，正是人生最幸福的时候。而自己空怀壮志，只为一封奏书，就拖家带口一路南奔。这样的日子何时才能结束？相传苏轼的爱妾朝云在唱到这首词时泣涕满襟，说："妾所不能歌者，'枝上柳绵吹又少，天涯何处无芳草'也。"这也许正是苏轼感触最深的一联吧。对苏轼个人而言，本来应该大有作为的一生竟会因为一言不慎而付诸东流。这是怎样一种深沉而无奈的悲哀！历史的轻烟已经散去，知道这些隐曲的，可能只有随风而去的古人了。

花石纲

高太后临朝 8 年后死去，宋哲宗亲临朝政。年轻的宋哲宗对他祖母重用保守派很不满意，亲自执政后，他就重新起用变法派。但是后来的变法派不像王安石那样真心实意改革朝政，一批投机分子打着变法的幌子，趁机为自己谋利。元符三年（1100 年）正月初八，宋哲宗去世，宋神宗之子、哲宗赵煦之弟赵佶即位，是为宋徽宗。他是北宋第八代皇帝，1100—1125 年在位。宋徽宗执政期间，政治上腐败无能，导致奸臣弄权；他又大兴土木，弄得民不聊生。

宋徽宗是个风流皇帝，不懂得如何

治国，对书画珍宝却很感兴趣。他身边有个心腹宦官童贯，想方设法迎合他的心意，替他搜罗书画珍宝供他赏玩。有一次，童贯到苏州一带去搜集书画珍宝，有个不得志的官员蔡京想讨好童贯，每天陪着童贯游乐。童贯得到蔡京的好处，便捎话给宋徽宗，说他物色到一个少有的人才。

蔡京到东京后，又四处活动，拉帮结伙。有个官员对宋徽宗说："推行新法是件大事，朝臣中无人能帮助办好这件事。如果陛下要继承神宗的遗志，只有起用蔡京。"那个官员还献给宋徽宗一幅图。图表上列了大批朝臣名字，写在右面的是保守派，写在左边的是变法派。右边的名字都是当朝大臣，而左边的名单只有两个名字，其中一个就是蔡京。

建中靖国元年（1101 年），蔡京被正式起用。此后 20 多年间，他 4 次入相，任宰相达 17 年之久，他把持朝柄，专掌大权，做尽擅权误国之事。

蔡京上台后，就打起变法的幌子，把一些正直的官员，不论是保守的还是赞成变法的，一律称作奸党。他还怂恿宋徽宗在端礼门前立一块党人碑，碑上把司马光、文彦博、苏轼、苏辙等 120 人称作元祐（元祐是宋哲宗前期的年号）奸党，已经死了的，革去官衔；活着的，一律免职流放。这样一来，很多正直的官员就被排挤出朝廷，而蔡京的同伙却步步高升了。至于王安石制定的新法，到蔡京手里完全是另一副模样，把本来可以减轻百姓劳役负担的免役法，变成了敲诈百姓的手段。

蔡京、童贯为了讨好宋徽宗，派了一个二流子朱勔，在苏州办了一个"应奉局"，搜罗奇花异石。朱勔手下养了一批差官，专门办理这件事。听说哪个老百姓家有块石头或者花木比较精巧别致，差官就带领兵士闯进那家，用黄封条一贴，这就属于进贡皇帝的东西了。并且百姓还得认真保管，如果有半点损坏，就要被戴上"大不敬"的罪名，轻的罚款，重的抓进监牢。

朱勔把搜刮来的花石，用船只大批大批地运送到东京。运送的船只不够，就截下运粮的商船，强行倒掉船上的货物，装运花石。这大批船只又要征用大量民夫。于是船只在江河里穿梭似地来往，民夫们为运送花石而日夜奔忙。这种运送花石的队伍就叫"花石纲"。

花石纲到了东京，宋徽宗一见，果然高兴，给朱勔加官晋爵。花石纲越来越多，朱勔的官也越做越大。一些达官贵人，都去评论朱勔的好，以致人们把朱勔主持的苏杭应奉局称作"东南小朝廷"，可见朱勔权力是何等之大了。

李纲抗金

就在宋朝国力日渐衰弱的同时，我国东北地区的女真族却逐渐强大起来。

南宋、金、西夏的对峙局面

1115 年，完颜阿骨打建立了金朝。之后，强大的金兵屡次南侵，宋朝只有抵抗的能力。

宋宣和七年（1125 年），金兵大举南下，消息传到开封，北宋君臣慌作一团，群臣请求宋徽宗禅位于太子赵桓，以便号召各地官兵和百姓起兵勤王。宋徽宗一听，直吓得魂飞魄散，急忙写下了"传位东宫"的诏书宣布退位，自己当了"太上皇"，并且，连夜带着亲兵逃出了京城。太子赵桓即位，这就是宋钦宗。他在宫中也六神无主，宰相白时中、李邦彦乘机劝他弃城逃往襄阳。兵部侍郎李纲听说后，立刻求见宋钦宗。

李纲在殿上责问宋钦宗，说："太上皇把固守京城的千斤重担托付给陛下，现在金兵还没到，陛下就把京城抛弃了，将来怎么向太上皇交代，怎么向全国的百姓交代？"

宋钦宗哑口无言。白时中却怒气冲冲地说："金兵来势汹汹，锐不可当，京城哪里能守得住？"

李纲怒视白时中，反问道："天下的城池，还有比京城更坚固的吗？如果京城守不住，那么天下就没有守得住的城了。况且宗庙社稷、百官万民都在这里，丢开不顾，还去守卫什么？如果我们鼓励将士，安慰民心，就一定能守住京城！"

李纲的一片忠心打动了宋钦宗，他马上让李纲负责守京城。

李纲随即去城楼上调兵遣将，布置好守城的人马准备迎击金兵。

几天后，金兵统帅完颜宗望率领十万铁骑，来到汴京城下。这一天，天刚亮，金兵就疯狂地攻城了。他们沿着汴河出动了几十只火船，企图顺流而下，烧掉城楼。李纲早有准备，在汴河里布置了一排排的木桩，又从蔡京府中搬来了大量的假山石，垒塞在门道间，使金兵火船无法前进。这时，布置在城下的 2000 多名敢死队员一齐上前，手执长竿铙钩，牢牢地钩住那些火船，使它进退不得，不久那些火船便化为灰烬。

完颜宗望一计不成又生一计，把他的王牌铁骑搬了出来。他们身穿铁甲，头戴兜鍪，全身只露出两只眼睛，刀箭不入，十分凶悍。但因为是骑兵，在城下施展不开，只能坐在大船里顺流而来。李纲便把城下的兵撤到城头上，也不放箭，只是让那些船只驶近水门前。紧接着一声令下，巨大的石块如暴雨般向下投掷。任凭兜鍪怎样坚韧，百十斤重的石块落在头上，也只有脑浆迸裂，一命呜呼。船只也被砸碎，跌入汴河的铁甲兵，上不了岸，只有活活被淹死。

宋军将士斗志高昂，个个奋勇杀敌。李纲脱去官服，亲自擂鼓激励将士，打退了敌人一次又一次的进攻。

完颜宗望孤军深入，千里奔袭宋朝都城，原打算速战速决，却不料汴京的防守那样坚固、严密。不仅城池久攻不下，而且损兵折将，伤亡惨重，只好派人议和。

靖康之辱

在金将完颜宗望被迫退兵的时候，种师道向宋钦宗建议，趁金兵渡黄河之际，发动一次袭击，把金兵消灭掉。宋钦宗不但不同意这个好主意，反而把种师道撤了职。

金兵退走以后，宋钦宗和一批大臣以为从此可以安稳度日了，哪料到东路的完颜宗望虽然退了兵，西路的完颜宗翰率领的金兵却不肯罢休。靖康元年（1126年）十月，金兵又开始对北宋发动进攻，太原、真定很快失守。十一月中旬，西、东两路金军相继渡过黄河。宋钦宗君臣知道金兵渡河向开封进军的消息后，吓得惊慌失措，不知该怎么退敌。宋钦宗派大将种师中带兵前去援救，半路上被金兵包围，种师中败牺牲。投降派的一些大臣正嫌李纲在京城碍事，就撺掇宋钦宗把李纲派到河北指挥作战。

李纲明知道自己遭到排挤，但是要他上前线抗金，他也不愿推辞。

李纲到了河阳，招兵买马，准备抗金。但是朝廷却命令他解散召来的新兵，立刻前往太原。李纲调兵遣将，分3路进兵，但是，那里的将领都受朝廷的直接指挥，根本不听李纲的命令。由于3路人马缺乏统一领导，结果打了一个大败仗。

李纲名义上是统帅，却没有实际指挥权，只好向朝廷提出辞职。宋钦宗撤了李纲的职，把他贬谪到南方去了。

金朝君臣最怕李纲，现在李纲被罢官，他们就再没有顾忌了。金太宗又命令完颜宗翰、完颜宗望向东京进犯。

这时候，太原城被完颜宗翰的西路军围困了8个月后，终于陷落在金兵手里。

太原失守之后，两路金兵同时南下。各路宋军将领听到东京吃紧，主动带兵前来援救。宋钦宗和一些投降派大臣忙着准备割地求和，竟命令各路援军退回原地。

面对两路金兵不断逼近东京，宋钦宗被吓昏了。一些投降派大臣又成天劝宋钦宗向金求和。宋钦宗只好派他弟弟康王赵构到宗望那里去求和。

没过多久，两路金军已经赶到东京城下，继而猛烈攻城。城里只剩下3万禁卫军，不久就差不多逃跑了一大半。各路将领因为朝廷下过命令，也不来援救东京。这时候，宋钦宗已是叫天天不应，叫地地不灵了。

眼看末日来到，没有办法，宋钦宗痛哭了一场，亲自带着几个大臣去金营送降书。宗翰勒令宋钦宗把河东、河北土地全部割让给金朝，并且向金朝献金1000万锭、银2000万锭、绢帛1000万匹。宋钦宗一一答应，金将才把他放回了城。

宋钦宗派了24名官吏帮金兵在皇亲国戚、各级官吏、和尚道士等人家里彻底查抄，前后抄了20多天，除了搜去大量金银财宝之外，还把珍贵的古玩文物、全国州府地图档案等也抢劫一空。

靖康二年（1127年）三月七日，金人扶植张邦昌建立傀儡政权。四月一日，金将完颜宗望、完颜宗翰押着被俘而扣留在金营的宋徽宗、宋钦宗和赵氏皇子、皇孙、后妃、宫女等400余人回归金朝，同时满载掠夺的大量金银财宝。金军退兵时，还将宋宫中所有的法驾、卤簿等仪仗法物和宫中用品，以及秘阁、太清楼、三馆所藏图书连同内侍、内人、伎艺工匠、倡优、府库蓄积席卷一空。

岳飞抗金

1127年，金军废宋徽宗、宋钦宗为平民，立张邦昌为楚帝，撤军北归。张邦昌被宋朝勤王兵马胁迫，迎奉康王赵构。赵构于同年五月初一即位，改元建炎，重建宋朝，史称南宋。金军的入

侵激起人民的反抗，红巾军、八字军等各路军队四处袭击金军，其中最著名的属岳飞领导的抗金军。1129 年，金完颜宗弼（兀术）入临安，赵构出海南逃。兀术占领建康，率军直逼杭州。1130 年，秦桧与妻子王氏回到浙江绍兴，受宰相范宗尹等多人力荐，得到高宗召见。此后，高宗重用秦桧，一意向金求和。

1131 年，宋朝命张浚、岳飞负责平定李成叛军后，岳飞晋升为右军都统制。此后，岳飞多次率军平叛。1133 年，岳飞率领神武军，驻防长江两岸自舒州（今安徽潜山）至蕲州（今湖北蕲春东北）一带。1134 年，岳飞上书请求北伐，收复襄汉，并于该年取得了南宋立国以来局部反攻的第一次大胜利，襄阳六郡全部光复。1138 年，南宋正式定都临安（今浙江杭州）。1140 年，岳飞率领各部将攻打金军，先后在京西、颖昌府、淮宁府、郑州、西京河南府等地取得胜利，收复失地，进逼开封。不久，岳飞率军在郾城大败金军，给金军以沉重打击。以宋高宗和秦桧为首的主和派趁机议和，命令岳飞等人班师回朝。

1141 年，宋高宗剥夺韩世忠、岳飞、张浚三名抗金名将手中的兵权。此后，为了彻底实现控制军队、压制主战派的目的，他们以莫须有的罪名毒死岳飞，并将岳飞的义子岳云、部属张宪斩首，受牵连的人数不胜数。岳飞死时年仅 39 岁。宋孝宗赵昚即位后，立即为岳飞平反，赠谥号武穆，宋宁宗赵扩时又晋封为鄂王。

岳飞反攻中原之战要图

第二节　大元帝国

一代天骄

南宋北伐屡屡失败的同时，金朝也因内部腐败而渐渐走向衰落。这时，北方的蒙古族却日渐强盛起来。

铁木真出生于蒙古孛儿只斤氏族。曾祖合不勒统一了蒙古尼伦各部。后来，叔祖忽图剌和父亲也速该也相继做了尼伦的乞颜部的首领。

也速该英勇善战。在成吉思汗出生的那一天，也速该征讨塔塔儿部凯旋。为了纪念出征的武功，他给这刚出生的儿子取名铁木真。"铁木真"蒙古语的意思是"精钢"。青少年时的铁木真武艺超群，才智过人，远近闻名。为了重振家业，铁木真去找父亲的安答（结义兄弟）克烈部首领王罕。在王罕的庇护下，铁木真开始积聚力量，势力迅速壮大。后来，铁木真迁居到怯绿连河上游的桑沽儿小河，建立了自己的营地，铁木真被推举为部族的汗。

1196 年，铁木真联合王罕，配合金国军队，在斡里札河围歼了反叛金国的塔塔儿部，杀死了他们的首领。战后，金国封王罕为王，任命铁木真为招讨使，铁木真名声大振。此后，他又战胜了篾儿乞等部，攻取呼伦贝尔草原。1202年，铁木真彻底歼灭塔塔儿部，占领了西起斡难河，东到兴安岭的广大地区。1203年，王罕与铁木真反目，大战于合兰真沙陀（今内蒙古东乌珠穆沁旗北境），铁木真大败。随后，铁木真重整旗鼓，发动突然袭击，大败蒙古族最强大的克烈部，王罕父子逃亡后被杀。

1204年，铁木真征服蒙古草原上唯一能和自己对抗的乃蛮部的首领太阳罕。1206年，铁木真统一了西起阿尔泰山，东到兴安岭的整个蒙古草原。各部贵族在斡难河源头举行盛大集会，推举铁木真为大汗，称成吉思汗，建立了强大的蒙古帝国。随后，成吉思汗开始建立蒙古帝国的国家制度。

成吉思汗的黄金家族是蒙古国的最高统治集团，拥有全部的土地和百姓。他按照分配家产的方式，将百姓和土地分给自己的子弟亲族。成吉思汗推广了千户制度，将全蒙古的百姓划分为95千户，任命蒙古的开国功臣以及原来的各部贵族担任那颜（意为千户长），世袭管领。为了维护自己至高无上的统治地位，成吉思汗还建立了一支由大汗直接控制的人数达1万人的常备护卫军。这支强大的护卫军成为巩固蒙古帝国、进行对外战争的有力工具。

成吉思汗还根据畏兀儿文字创造了蒙古文字，用这种畏兀儿蒙古文发布命令，登记户口，编订法律，大大加强了统治，推进了蒙古文化的发展。

成吉思汗又任命自己的养子失吉

成吉思汗像

忽秃忽为大断事官，负责分配民户，后来又让他掌管审讯刑狱等司法事务。成吉思汗还制定了蒙古法律"大札撒"，作为蒙古全部人民都要遵守的准则。法律的制定，对于安定社会、加强蒙古政权的统治起到了积极的作用。

蒙古汗国建立之后，成吉思汗开始向外扩张。他先后三次入侵西夏，迫使西夏称臣纳贡，并随同蒙古一同进攻金国。1211年，成吉思汗南下进攻金国，1215年，攻占了中都燕京（今北京）。

1219年，成吉思汗踏上征讨花剌子模的万里西征之路。1221年，成吉思汗占领花剌子模全境以及中亚的许多地区。1220年，成吉思汗连破花剌子模的要塞不花剌、撒麻耳干等城，花剌子模国王逃往里海一带，成吉思汗穷追不舍。1222年，血洗花剌子模中心城市玉龙杰赤（今土库曼斯坦库尼亚－乌尔根奇）后，派军深入巴基斯坦、印度追击逃敌。之后，大军继续西进，征服了阿塞拜疆，横扫伊拉克，并于1223年跨过高加索山，在阿里吉河打败俄罗斯与钦察联军，随后长驱直入俄罗斯境内，一直打到克里米亚半岛、伏尔加河流域、多瑙河流域。他将征服的广大国土分给 3 个儿子，建立了钦察汗国、察合台汗国和窝阔台汗国。1224 年，成吉思汗决定东归。1225 年，回到蒙古，这场持续 7 年的西征终于结束。成吉思汗的西征，创造了世界历史上的奇迹。

蒙古灭金

1206 年，铁木真称成吉思汗，在斡难河（今蒙古人民共和国境内的鄂嫩河）建立了蒙古汗国，成为北方草原地区新兴的强大势力。蒙古汗国一直受女真族建立的金朝统治，金朝统治者经常向蒙古部族勒索各种贡物，激起了蒙古族人民的不满和反抗。蒙古汗国确立奴隶制以后，奴隶主贵族掠夺财富的欲望不断膨胀，成吉思汗建国以后，开始发动南侵金朝的战争。

1211 年农历二月，成吉思汗率众南下，开始了对金的侵略战争。

蒙古军首先突袭金军要隘，金军士气低落，无力抵抗，金军守将仓皇撤兵。蒙古军顺利占领抚州（今内蒙古集宁东）后，成吉思汗率众继续追击，经过 3 天鏖战，金军损失惨重。十月，蒙古军过紫荆关、居庸关，前锋部队直逼中都（今北京）。1212 年春，蒙古军攻打中都时，遭到金守将完颜天骥的埋伏和夜袭，蒙军被迫撤军。

1212 年秋，成吉思汗再次南侵，攻打金的西京府（今山西大同）。蒙古军队与金援兵元帅左都监奥屯襄部发生激战，金军全军覆没。蒙军在围攻西京时，遇到金左副元帅兼西京留守赛里的顽强抵抗。成吉思汗在作战中身中流矢，再加上一时也攻不下西京，只好撤回阴山。

1213 年秋，成吉思汗又从阴山南下，一直打到怀来，与金尚书左丞完颜纲 10 万军队展开激战，金兵精锐全部溃散，损失极其惨重。成吉思汗率军乘胜进攻，相继占领河北、河东广大地区，直抵黄河北岸。然后又向东攻占山东诸地，直到海滨，对中都形成包围之势。金朝无奈，只好提出议和的要求，蒙古大军携带掠夺来的人口和财富得胜而归。

1214 年农历五月，金宣宗不愿再受蒙古军队的骚扰，迁都南京（今河南开封）。成吉思汗又立即派兵南下，进占中都。同时，蒙古木华黎部攻占金东京（今辽宁辽阳）和北京（今内蒙古宁城西），金朝实力大减。

1217 年 8 月，被封为太师兼国王的木华黎，率兵出征，接连攻克太原、汾州（今山西汾阳）、绛州（今山西新绛县）、潞州（今山西长治）、平阳（今山西临汾）。1221 年，木华黎大军直指陕西，进攻延安，金延安知府固守城池，蒙军只好撤退。1222 年 8 月，木华黎转攻被金朝收复的太原府，太原再次失守。不久，蒙古军攻占河中府（今山西永济）。

1223 年春，木华黎决定亲率大兵 10 万，先攻打凤翔府（今陕西凤翔），再取京兆（今陕西西安），但是在进攻的过程中，却遭到沉重打击，只好撤兵。

1227 年 7 月，成吉思汗病死。1229 年 8 月，成吉思汗第三子窝阔台继承汗位。窝阔台继位后，大举侵金。此次用兵，窝阔台旨在消灭金朝。

庆阳之战、卫州（今河南境，治所在辉县）之战、潼关凤翔之战后，1231 年 5 月，窝阔台分兵三路合围汴京（今河南开封），中路窝阔台率兵攻陷河中府，左路斡陈那颜进兵济南，右路拖雷出凤翔，攻破宝鸡，直指汴京。经过钧州（今河南禹州）三峰山之战，金朝军队主力损失殆尽，主要将领大多战死，元气大伤，灭亡已成定局。1232 年 1 月，蒙古军队围攻汴京，虽然金朝军民奋力保卫汴京，但金哀宗却逃到了蔡州（今属河南），汴京、中京（今河南洛阳）相继陷落。

1233 年，蒙古与南宋达成协定，协力围困蔡州。蔡州被困 3 个月后城破，金哀宗自杀，金朝灭亡。

贾似道误国

蒙古、南宋联合灭了金朝以后，南宋出兵想收复开封、河南一带土地。窝阔台借口南宋破坏协议，向南宋发起进攻。从这以后，蒙古、南宋双方不断发生战争。

到窝阔台的侄儿蒙哥即位后，蒙哥汗派他弟弟忽必烈和大将兀良合台进军云南，占领了西南地区。1258 年，蒙哥分 3 路进兵攻打南宋。他自己亲率主力进攻合州（今四川合川），忽必烈攻打鄂州（今湖北武昌），另一路由兀良合台率领，从云南向北攻打潭州（今湖南长沙），3 路的进军路线，都直指临安。

警报一个接一个送到临安，南宋朝廷震动了。南宋当时的皇帝是宋理宗，他命令各路宋军援救被忽必烈围困的鄂州，又任命贾似道担任右丞相兼枢密使，去汉阳督战。贾似道，字师宪，台州天台（今属浙江）人，嘉定六年（1213 年）生于官宦之家。他少年时整天游荡赌博，不思上进，后来靠父亲的关系，荫补为嘉兴司仓。他的姐姐做了宋理宗

的贵妃后，贾似道开始官运亨通，一两年内便由正九品籍田令升为正六品军器监，并于嘉熙二年（1238 年）中进士。理宗还特别召见了贾似道，予以勉励，后又升任宰相。这一回，宋理宗派他上汉阳前线督战，他只好硬着头皮去了。

忽必烈攻城越来越猛。贾似道眼看形势紧张，就瞒着朝廷，偷偷地派了一个亲信到蒙古大营去求和，表示只要蒙古退兵，南宋朝就愿意称臣，进贡银绢。正巧这时候，忽必烈接到他妻子从北方派人送来的密信，说蒙古一些贵族正准备立他弟弟阿里不哥做大汗。忽必烈见汗位要被弟弟占了，就答应了贾似道的请求，订下了秘密协定，赶着回去争夺汗位去了。

贾似道回到临安，隐瞒了私自订立和约的事，还抓了一些蒙古兵俘虏，吹嘘各路宋军大获全胜，不但打跑了鄂州的蒙古兵，还把长江一带的敌人也全部肃清了。

宋理宗听信了贾似道的谎言，认为贾似道立了大功，特意下了一道诏书，赞赏贾似道指挥有方，给他加官晋爵。

贾似道由此进一步掌握了大权。他随即使人编造左相吴潜的罪状上奏宋理宗，吴潜被罢相。宦官董宋臣已在吴潜为相时被斥出朝，支持董宋臣的阎妃在同年 7 月病死。贾似道进而清除朝中异己，一手把持了政权。从此，贾似道在宋理宗、宋度宗两朝独专朝政长达 15 年。

景定五年（1264 年），宋理宗赵昀养子赵祺即皇帝位，即宋度宗。次年，宋度宗加封贾似道为太师。赵祺认为贾似道有"定策"之功，每逢他朝拜，也定回拜，称贾似道为"师臣"，而不呼其名。朝廷百官都称贾似道为"周公"。

忽必烈打败了阿里不哥，稳定了内部以后，于1271年称帝，国号元，他就是元世祖。元世祖借口南宋不履行和约，派大将刘整、阿术出兵进攻襄阳，把襄阳城整整围了5年。贾似道把前线送来的消息一一封锁，不让宋度宗知道。最终，襄阳还是被元兵攻破了。消息传来，南宋朝廷大为震惊。这个时候，贾似道再想瞒也瞒不住了，就把责任推给襄阳守将，免了守将的职了事。

元世祖见南宋这样腐败，便决定一鼓作气消灭南宋。他派左丞相伯颜率领元兵20万，分兵两路，一路从西面攻鄂州，另一路从东面攻扬州。这时，宋度宗病死了，贾似道拥立一个4岁的幼儿赵㬎做皇帝。伯颜攻下鄂州后，沿江东下，直指临安。到了这个时候，南宋灭亡的局势已经无法挽回了。

襄樊之战

1268年，元世祖忽必烈纳宋降将刘整，下决心拿下襄阳，而后浮汉入江，直趋临安。九月，忽必烈派都元帅阿术、刘整率军进围襄樊。针对宋军长于守城和水战的特点，蒙古军依据襄樊宋军设防在城西，便南筑堡连城，切断城中宋军与外界的联系，完成了对襄樊的战略包围。阿术还建立水师以防备宋水军援襄——刘整造船5000艘，并日夜操练，以改变战术上的劣势。

蒙古军修筑的鹿门堡、白河城使襄阳处于孤立无援的境地，宋军几次反包围，都归于失败，伤亡惨重。1269年农历七月，宋将张世杰率军自临安来援，与蒙古军大战于樊城外围，被阿术打败。八月，宋将夏贵率军救援襄阳，遭蒙古军和被改编的汉军夹击，兵败虎

尾洲，损失2000人及50艘战船。1270年春，襄阳守将吕文焕率军出城攻万山堡，阿术诱敌深入，而后令部将张弘范、李庭反击，宋军大败，退回襄阳。九月，宋援军范文虎水军又为蒙古水陆两军击退。翌年初，元气恢复的范文虎卷土重来，阿术亲率大军迎击，宋军大败，损失战舰100余艘。三年中，宋蒙双方在襄樊外围反复争夺，宋军终未能突破包围圈。

1271年，忽必烈改国号为元，随即采取措施加紧对襄樊的围攻。1272年年初，元军对樊城发起总攻，三月，阿术率军攻破城郭，增筑重军，并进一步缩小了包围圈，宋军退至内城坚守。四月，宋名将李庭芝招募荆楚等地民兵3000人，派张顺、张贵兄弟率领驰援襄阳。临行前张顺激励士卒说："此次援襄任务艰巨，人人都要有必死的决心和斗志，你们当中若有人贪生怕死，就请趁早离开，免得影响大家。"3000名士卒群情振奋，皆表示愿拼死报国。五月，张顺、张贵在高头港集结船队，每只船都安装火枪火炮，结成方阵，备好强弩利箭，张贵突前，张顺殿后，驰入元军重围。在磨洪滩，3000名勇士强攻密布江面的元军舰只，将士先用强弩射向敌舰，靠近后再用大斧猛砍敌人，元军被杀溺而死者不计其数，张顺、张贵军冲破层层封锁，如愿进入襄阳城中。这一行动的胜利极大地鼓舞了襄阳军民抗敌的信心，张顺在这次战斗中战死，几天后，襄阳军民在水中找到他的尸体，只见他依然披甲执弓，怒目圆睁。军民怀着沉痛和敬佩的心情安葬了他，并为之立庙祭祀。

张顺、张贵带来的大批军用物资缓

解了襄阳危机，但在元军重重封锁下，形势仍很严峻。张贵与郢州殿帅范文虎相约南北夹击，打通襄阳外围交通线。范文虎率5000名精兵驰龙尾洲接应，张率所部出城会合范军。张贵按约定日期辞别吕文焕，率部顺汉水东下，临行检点人数，发现少了一名因犯军令而遭鞭笞的士卒，张贵知道计划已泄露，决定迅速行动，在元军采取措施前实现与范军会师。张军乘夜放炮开船，突出重围。阿术忙遣数万人阻截，封死江面。宋军接近龙尾洲时，遥见龙尾洲方向旌旗招展，战舰无数，张贵以为是范文虎之接应部队，遂举火晓示，对方即迎火光驶来。等至近前，张贵才发现：哪里是什么范文虎，尽是元军，他们接宋军叛卒告密，早占领了龙尾洲，专等张贵。于是两军在此处展开激战，由于元军是以逸待劳，宋军是长途跋涉、极度疲惫，结果宋军失败，张贵被俘，不屈就义。元军令四名宋降卒抬着张贵尸体到襄阳城下昭示宋军开城出降，吕文焕杀掉四个降卒，将张贵与张顺合葬，立双庙祭祀。

1272年秋，元军为了尽快拿下襄樊，决定先攻樊城，襄、樊唇亡齿寒，樊城一失，襄阳即指日可下。1273年初，元军从三个方向进攻樊城，已为大元皇帝的忽必烈又遣炮匠至前线，造炮攻城。元军烧毁了樊城与襄阳间的江上浮桥，使襄阳宋军眼见樊城危急却只能望江兴叹。刘整率元军战舰抵达樊城城下，用炮击塌城西南角，元军弃岸鼓噪而入城内。宋将牛富率军与元军展开巷战，终因势孤力单，牛富投火殉国。另一宋将天福见城告破，痛不欲生，拒降元军，也入火自焚，樊城失陷。

樊城沦落，襄阳更加危急。城中军民拆屋做柴烧，苦苦支撑。吕文焕数次遣人突围而出并向朝廷告急，但宋朝奸相贾似道当权，对告急置之不理，却在皇帝耳边大言"天下太平"。1273年农历二月，元骁将阿里海牙炮轰襄阳城。由于孤立无援，敌人攻势猛烈，城中人心动摇，城中将领纷纷出城投降。吕文焕自感大势已去，遂开城投降。

文天祥抗元

元兵乘胜南下，眼看就要打到临安了。四岁的皇帝赵㬎自然无法处理朝政，他祖母谢太后和大臣们一商量，赶紧下诏书，要各地将领带兵到临安救驾。诏书发到各地，响应的人寥寥无几，只有赣州的州官文天祥和郢州（今湖北钟祥）守将张世杰两人立刻起兵救援。

文天祥（1236—1283年），字履善，号文山，吉州庐陵（今江西吉安）人，宋宝四年（1256年），20岁的文天祥中进士，任宁海军节度使判官。1259年，蒙古军南下攻打鄂州（今湖北武昌），南宋君臣惊慌失措，宦官董宋臣劝理宗赵昀迁都，文天祥上书坚决反对，并提出御敌之计，没有被采纳。在以后的日子里，文天祥先后任刑部郎官、右丞相兼枢密使等职。后来他听到元兵南下的消息，感到南宋正值快要灭亡的危急时刻。

文天祥接到朝廷诏书，立刻招募了3万人马，排除种种干扰，领兵到了临安。右丞相陈宜中派他到平江（今江苏苏州）防守。这时候，元朝统帅伯颜已经渡过长江，3路进兵攻取临安。其中一路从建康出发，越过平江，直取独松关（今浙江余杭）。陈宜中得到消息，马上命令文天祥退守独松关。文天祥刚

离开平江，独松关已经被元军占领，想再回平江，平江也在这时陷落了。

谢太后和陈宜中惊慌失措，赶紧派了一名官员带着国玺和求降表到伯颜大营求和。伯颜却指定要南宋丞相亲自去谈判。

陈宜中害怕被扣留，不敢到元营去，偷偷地逃往了南方。张世杰不愿投降，一气之下，带兵出海去了。

谢太后无可奈何，只好宣布文天祥接替陈宜中做右丞相，让他到伯颜大营去谈判投降。

文天祥答应到元营去，但是他心里却另有打算。他带着大臣吴坚、贾余庆等到了元营，根本不提求和的事，反而义正词严地责问伯颜说："你们究竟是想跟我朝友好呢，还是想存心消灭我朝？"

伯颜说："我们皇上（指元世祖）的意思很清楚，没有消灭宋朝的打算。"

文天祥说："既然是这样，那么请你们把军队立刻撤回。如果你们硬要消灭我朝，南方军民一定会跟你们反抗到底，那样对你们也没有任何好处。"

伯颜转作怒色，用强硬的口气逼迫文天祥代表南宋向元军投降。

文天祥也气愤地说："我是堂堂南宋宰相。现在国家危急，我已经准备拼死报答国家，哪怕刀山火海，我也毫不畏惧。"

文天祥的气势把伯颜的威胁顶了回去，周围的元将个个都惊呆了。之后，伯颜让别的使者先回临安去跟谢太后商量，却把文天祥扣留了下来。

随同文天祥到元营的吴坚、贾余庆回到临安，把文天祥拒绝投降的事向谢太后奏报了一番。谢太后一心想投降，

便改任贾余庆做右丞相，到元营去求降。伯颜接受降表后，把文天祥请进营帐，告诉他宋朝廷已另外派人来投降。文天祥气得痛骂了贾余庆一顿，但是投降的事已无法挽回了。

1276年，伯颜带兵进入了临安，谢太后和赵显出宫投降。元军把赵显当作俘虏押往大都（今北京），文天祥也被一同押走。一路上，他一直在考虑怎样逃脱。路过镇江时，他和几个随从人员商量好，趁元军没防备之机，逃出了元营。

后来，扬州的宋军主帅李庭芝听信谣言，以为文天祥已经投降，便悬赏缉拿他。不得已，文天祥等人夜行日宿，历尽千难万险，从海口乘船到了温州。在那里，他听说张世杰和陈宜中在福州拥立新皇帝即位，就决定去福州。

文天祥复任右丞相兼枢密使。景炎二年（1277年）进兵江西，收复州县多处。后因寡不敌众，败退广东，依旧坚持抵抗元兵。景炎三年（1278年）十二月，在五坡岭（今广东海丰北）被俘。

投降元朝的张弘范劝说文天祥招降张世杰，他写了《过零丁洋》诗作为答复。元朝专横跋扈的宰相阿合马来威逼利诱，文天祥不为所动。

南宋灭亡了以后，张弘范又劝文天祥投降，文天祥嗤之以鼻。到了元朝的大都以后，南宋的前丞相留梦炎、受封为瀛国公的宋恭帝赵显，前来劝降，都碰了一鼻子灰回去了。文天祥的慷慨陈词、义薄云天让所有的人都无计可施。从这以后三年当中，他一直被关在阴暗潮湿的监狱中。在此期间，他读到投降元朝的弟弟和在监狱中的妻子儿女的来

信。但他没有被百般的折磨吓倒，没有被千般的利诱迷惑，甚至没有被万般的亲情感动，始终没有投降，表现了自己的气节。1283年农历正月初八，元世祖忽必烈召见文天祥，进行最后一次劝降。文天祥回答说："我是大宋的状元宰相，宋朝灭亡，我只能死，不能活。"第二天就慷慨就义。

文天祥著有《文山先生全集》。他前期的诗文大多是应酬之作。赣州起兵以后，风格迥然不同，诗词散文都悲壮刚劲，被人传诵至今。

张世杰死守崖山

在临安被元兵占领、小皇帝赵㬎被俘虏去大都以后，南宋皇族和大臣陆秀夫护送赵㬎的两个哥哥——9岁的赵昰和6岁的赵昺逃到福州。陆秀夫派人找到张世杰、陈宜中，把他们请到福州。3个大臣一商量，便拥立赵昰即位，继续反抗元朝。

文天祥得到消息，感到有了兴国的希望，马上也赶到福州，在新的朝廷里担任枢密使。

十一月，元大将董文炳率兵攻进福建，赵昰被张世杰和陆秀夫等人护送到海上，到达惠州。十二月，赵昰又坐船下海，途中被元军袭击，因惊吓过度而患病，第二年四月在硇州（今广东湛江东南硇州岛）病逝，时年11岁。

端宗死后，张世杰又拥立赵昺即位，改元祥兴。至元十五年（1278年）六月，雷州（今广东海康）被元兵攻破，张世杰带着赵昺撤到崖山（今广东新会台山东南），开始建筑工事，企图凭借险要地形久守。

元世祖担心，如果不迅速扑灭南方的小朝廷，会有更多的宋人响应，就派张弘范为元帅，李恒为副帅，带领2万精兵，分水陆两路南下。

张弘范先派兵攻打驻守在潮州的文天祥。不久，文天祥便因兵少势孤，兵败被俘了。

崖山地处我国南面海湾里，背山面海，地势十分险要。张世杰在海上把1000多条战船一字排开，用绳索连接起来，船的四周还筑起城楼，决心跟元兵决一死战。

张弘范先用火攻，失败后，就用船队封锁海口，断绝了张世杰通往陆地的交通。宋兵忍饥挨饿，誓死抵抗，双方相持不下。

这时候，元军副统帅李恒也从广州赶到崖山跟张弘范会师。张弘范增加了兵力，重新组织力量进攻。他把元军分为四路，围攻宋军。张世杰知道大势已去，急忙把精兵集中在中军，又派人驾驶小船去接赵昺，准备组织突围。

赵昺的坐船由陆秀夫保护着。他对张世杰派出来接赵昺的小船，弄不清是真是假，担心小皇帝落在元军手中，就拒绝了使者的要求。他对赵昺说："国家到了这步田地，陛下也只好以身殉国了。"说着，就背着赵昺跳进了大海，淹没在滚滚波涛里了。

张世杰没有接到赵昺，便指挥战船，趁着夜色朦胧，突围撤退到海陵山。这时候，海岸又刮起了飓风，把张世杰的船打沉了，这位誓死抵抗的宋将落水牺牲。

南宋的最后一支军队覆没，至此宋朝彻底灭亡。

1279年农历二月，元朝统一了中国，南宋宣告灭亡。

关汉卿与《窦娥冤》

元朝初期，元世祖采取了许多促进生产发展的措施，使社会经济出现了繁荣的景象。但是，最大的受益者是那些王公贵族和地主官僚，而处于社会底层的贫民百姓依然过着悲惨的日子。

元世祖死后，他的孙子铁穆耳即位，即元成宗。元成宗在位期间，官吏、贵族贪赃枉法的情况日益严重，冤案繁出，民不聊生。正是在这样的社会背景下，诞生了一个伟大的杂剧作家关汉卿。

关汉卿是元代伟大的戏曲作家，在中国戏曲史上占有举足轻重的地位，被后人列为"元曲四大家"之首。他的《窦娥冤》为元代杂剧杰出的代表作。

关汉卿，名不详，号已斋，又号一斋，大都（今北京）人。关于他的籍贯，还有祁州、解州等多种不同的说法。

关汉卿大约生于金末或元太宗时（1210 年前后），卒于 1300 年。在元代杂剧四大家中，关汉卿为四人之首，艺术成就和历史地位很高。关汉卿多与当时大都一带的著名杂剧、散曲家及艺人来往，商酌文辞，评改作品，有时候还会亲自登台演出，在创作之余，过着"射跷排场、面敷粉墨"的生活。

关汉卿钟爱戏曲艺术，把毕生的精力用在这一事业上。随着年龄的增长和许多严酷现实的磨炼，关汉卿对当时的黑暗社会有了清醒而深刻的认识。他把自己所看到或听到的民间悲惨遭遇，编写成杂剧，猛烈地抨击了官府的黑暗统治和社会不公平现象。关汉卿一生所作剧本多达 60 多种，今存 18 种。从内容看，这些剧作可分为三类：社会公案剧、爱情婚姻剧和历史故事剧。

《窦娥冤》是关汉卿公案剧中的代表作，作品中人物刻画精湛细腻，戏剧冲突扣人心弦，反抗精神强烈鲜明，《窦娥冤》的全名是《感天动地窦娥冤》，主要情节说的是：

当时楚州（今江苏淮安一带）地方，有一个贫苦的女子，名叫窦娥。她 3 岁就失去了母亲。7 岁时，她父亲窦天章为还清借债和筹集进京赶考的盘缠，欠了蔡婆婆几十两银子，便将女儿窦娥卖给蔡家做童养媳。窦娥到蔡家没两年，丈夫又生病死了，家里只剩下老少寡妇俩相依为命。

一天，蔡婆婆出外索债，赛卢医谋财害命，想将她勒死。张驴儿父子搭救了蔡婆婆。

原来张驴儿是个流氓、地痞，他看见蔡家婆媳无依无靠，就趁机要挟，逼迫蔡婆婆嫁给了张老头。张驴儿见窦娥年轻美貌，欲娶她为妻。窦娥秉性刚强，坚决拒绝，还痛骂了张驴儿一顿。

张驴儿怀恨在心，企图用毒药害死蔡婆婆，以便强娶窦娥，不料，却把自己贪嘴的父亲给毒死了。张驴儿嫁祸于人，把毒死他父亲的罪名栽到了窦娥的身上，告到了楚州衙门。

楚州的知府是一个见钱眼开的官吏，背地里被张驴儿买通了，就在公堂上百般拷打窦娥，逼窦娥招供。窦娥虽受尽了折磨，痛得死去活来，却始终不肯承认。

这个贪官知道窦娥非常孝敬婆婆，就把蔡婆婆抓来，当着窦娥的面严刑拷打。窦娥想到婆婆年老体弱，受不了这种重刑，只好含冤招了供。

在赴刑场的路上，窦娥满腹冤屈，

无处去申诉，于是她喊出了"衙门自古向南开，就中无个不冤哉"的强烈抗议。临刑时，她指着天发了三桩誓愿：血溅丈二白练、六月飞雪、楚州三年大旱。她的三桩誓愿震动了天地，件件应验了。

后来，窦娥的父亲窦天章在京城做了大官，窦娥的冤案得到了昭雪，杀人凶手张驴儿被判处死罪，贪官知府也得到了惩处。

窦娥不向黑暗势力低头，坚贞不屈的顽强斗志，代表了当时人民的精神面貌，反映了在封建统治下，无数含冤受苦的百姓申冤报仇的强烈愿望。

关汉卿的爱情婚姻剧中最著名的是《救风尘》。汴梁妓女宋引章与秀才安秀实相恋，但在富商周舍的引诱下她改变了意愿，嫁给了周舍。她一嫁过去就遭到了非人的折磨，她只得求助于赵盼儿。赵盼儿盛装来到周舍家，说自己要嫁给他，让他休掉宋引章。周舍信以为真，休掉了宋引章，把休书给了赵盼儿。周舍发现中计，追回宋引章，扯碎了从宋引章那里骗来的休书。把两人拉到官府，状告赵盼儿诳骗他的妻子。可是赵盼儿拿出真正的休书，反告周舍强占民妻，官府最后判周舍有罪，并把宋引章判给安秀实，以颇富喜剧色彩的结果收场。

《单刀会》是关汉卿历史剧中的代表作。剧作描写了三国时期蜀国关羽和吴国鲁肃之间为了荆州而展开的一系列斗智斗勇的故事。曲文沉浑苍凉，意境阔大豪迈，被称为一时之秀。

关汉卿在他的历史剧中表现出一种浓浓的化不开的历史虚幻感，正如《单刀会》中一段著名的唱词中所感慨的那样：

【驻马听】水涌山叠，年少周郎何处也，不觉的灰飞烟灭，可怜黄盖转伤嗟。破曹的樯橹一时绝，鏖兵的江水由然热，好教我情惨切。这也不是江水，二十年来流不尽的英雄血。

在作者笔下，当年争雄叱咤的风云人物，都已成往事。火烧赤壁，周瑜战功炬赫；黄盖苦肉计成，曹操80万军在一夜之间被烧得溃不成军。在这段定鼎三分的历史决战中，关羽也曾金戈铁马，跃马扬鞭。可如今江水依旧东流，人物却全然非昨。作品虽是写关羽的感慨，但这何尝不是作者自己的心声。

关汉卿的杂剧创作丰富了中国古代文学的宝库。他的杂剧因思想性和艺术性的完美统一，得到了国内外广大人民的喜爱和推崇。

红巾军起义

元朝从成宗以后，又传了九个皇帝，皇室斗争日趋激烈，政治也越来越腐败，人民生活在水深火热之中。最后一个皇帝元顺帝（又叫元惠宗）妥欢帖睦尔即位后，荒淫残暴，百姓没有了活路，纷纷起来造反。

河北有个叫韩山童的农民，聚集了不少受苦受难的百姓，烧香拜佛，后来慢慢发展成了白莲会（一个秘密宗教组织）。韩山童对他们说："佛祖见天下大乱，将要派弥勒佛下凡，拯救百姓。"

正巧这时黄河在白茅堤决口，两岸百姓遭受了严重的水灾。1351年，元王朝征发了汴梁（今河南开封）、大名等地民工十五万和兵士两万人，到黄陵冈开挖河道，疏通河水。

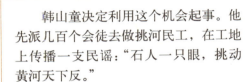

韩山童决定利用这个机会起事。他先派几百个会徒去做挑河民工，在工地上传播一支民谣："石人一只眼，挑动黄河天下反。"

民工们不懂这首歌谣是什么意思，开河开到了黄陵冈，有几个民工，忽然挖出一座石人来。大家好奇地聚拢来一瞧，只见石人脸上正是一只眼，都禁不住呆住了。这件新鲜事很快地在十几万民工中传开，大家心里想，民谣说的真的应验了，既然石人出来了，天下造反的日子自然也来到了。

不用说，这个石人是韩山童事先派人偷偷地埋在那里的。

百姓被鼓动起来了。韩山童便挑选了一个日子，聚集起一批会徒，杀了一匹白马、一头黑牛，祭告天地。大家都推举韩山童做领袖，号称"明王"，并约定日子，在颖州颖上（今安徽阜阳、颖上）起义，起义军用红巾裹头作为标记。然而正在歃血立誓的时候，有人走漏了消息。官府派兵士抓走了韩山童，押到县衙门杀了。韩山童的妻子带着他儿子韩林儿，逃脱了官府追捕，到武安（今河北武安）躲了起来。

韩山童的伙伴刘福通逃出包围，把约定起义的农民召集起来，攻占了颖州等地。在黄陵冈开河的民工得到消息，也杀死了河官，纷纷投奔刘福通。起义兵士头上裹着红巾，百姓就把他们称作"红军"，历史上称作"红巾军"。不到十天的工夫，红巾军已经发展到十多万人。

刘福通的红巾军陆续攻下了一些城池。江淮一带的农民早就受到白莲会的影响，也纷纷响应刘福通起义。

1354年，元顺帝派丞相脱脱，动用了西域、西番的兵力，号称百万，围攻占领高邮的张士诚起义军。起义军正处在危急存亡之时，元朝突然发生内乱，脱脱被撤掉官爵。元军失去了统帅，不战自乱，全军崩溃。

第二年二月，刘福通把韩山童的儿子韩林儿接到亳州（今安徽亳县）正式称帝，国号宋，称韩林儿为小明王。

刘福通是反抗元朝统治战争中的农民起义领袖，他率领新兴的武装力量，打击了军事力量强大的元政权。元朝把亳州大宋政权看作是心腹大患，令丞相脱脱率大军前往镇压。为了避开元军的攻击。1358年，刘福通攻陷开封恢复宋的首都后，分三路向蒙古进兵，发动总攻。其中毛贵的东路军一直打到元大都城下。刘福通亲自率领大军攻占了汴梁，然后把小明王韩林儿接来，定汴梁为都城。

元朝不甘心失败，纠集地主武装加紧镇压红巾军，致使三路北伐军先后失利，汴梁重新落在元军手里。元朝又用高官厚禄招降了张士诚。刘福通保着小明王逃到安丰（今安徽寿县）后，受到张士诚的袭击，1363年，刘福通战死。北方红巾军失败后，南方红巾军还在活动。在农民起义军的打击下元朝的灭亡近在眼前。

处于南北红巾军之间的朱元璋，利用这一有利条件，按照徽州老儒朱升提出的"高筑墙，广积粮，缓称王"的建议，自1356年占领集庆后，先后削平了陈友谅、张士诚、明玉珍等势力，势力扩张到苏南、浙江、安徽一带。刘福通战死后，朱元璋救出皇帝韩林儿，将其迎往滁州。1366年，朱元璋命令廖永忠迎韩林儿至应天府，途中韩林儿落水淹死。最后，朱元璋命令大将徐达挥师北上，推翻了元朝统治，于1368年建立了明朝。

第三节　明的集权与裂变

和尚皇帝

在刘福通带领红巾军征战的同时，据守在濠州（今安徽凤阳）的郭子兴领导的红巾军，也在日益壮大。濠州虽处在元军的包围中，但义军将士们英勇不屈，众志成城，元军无计可施。

一天，在凛冽的寒风中，匆匆赶来了一位衣衫褴褛的年轻和尚。城卫怀疑他是元军的奸细，一面将他捆在拴马桩上，一面派人去通报元帅郭子兴。郭元帅闻讯赶到城门，只见绳索紧缚的和尚相貌奇伟、气度非凡，心里不禁暗暗

明太祖朱元璋像

称绝。此人便是后来的大明开国皇帝朱元璋。

朱元璋祖籍江苏沛县，本名朱重八。当时布衣百姓一般都不取正式名字，只用行辈或父母年龄合计数作为称呼。

朱元璋小时候一有空就跑到皇觉寺去玩耍，寺内的长老见他聪明伶俐，讨人喜欢，便抽空教他识文认字。朱元璋天赋过人，过目不忘，天长日久，便也粗晓些古今文字了。

朱元璋17岁那年，淮北发生旱灾、蝗灾和瘟疫，他的父母、长兄在不到半个月的时间里相继死去，乡里人烟稀少，非常凄凉。朱元璋走投无路，只好剃发进了皇觉寺，当了一个小行童，整天扫地上香，敲钟击鼓，还经常受到那些老和尚的训斥。为了混口饭吃，朱元璋只好忍气吞声。

后来，灾情越来越严重，靠收租米度日的皇觉寺再也维持不下去了。住持只好把寺里的和尚一个个打发出去云游化斋，自谋生路。进寺刚刚50天的朱元璋也只得背上小包袱，一手拿木鱼，一手托瓦钵，穿城越村，加入了云游僧人的队伍。

云游中，朱元璋亲眼目睹了混乱不堪的世事，对当时的社会有了深刻的认识，人生经验也大大丰富，他决定广泛交游，等待出人头地的时机。3年后，他回到了皇觉寺，不久，接到了已在郭子兴部队当了军官的穷伙伴汤和的来信，邀他前去投军。于是他连夜奔往濠州城。在征战过程中，朱元璋知人善任，为人豁达大度，文士冯国胜、李善长等为他出谋划策，英勇善战的常遇春、胡大海也来投奔他。攻下滁州和和州（今

安徽巢湖和县）后，他整顿军纪，申明纪律，禁止军队抢掠奸淫，因此深得百姓的拥护。郭子兴死后，朱元璋被升为左副元帅，第二年，他率众占领建康，成为红巾军内部一支力量强大的武装力量。此后，他逐渐把郭子兴的旧部全部纳入自身旗下，并以建康为根据地，不断扩充势力。当时，在他北面的刘福通、韩林儿所率红巾军正受到地主武装的袭击；西面的徐寿辉被部将陈友谅所杀，陈友谅不能服众，将士离心；明玉珍因为不服陈友谅的领导，在四川自立，国号大夏；朱元璋东面的张士诚和方国珍受到元政府的劝诱，接受了元朝的官号。元朝的主力指向刘福通等人，朱元璋便趁机在浙东发展，逐渐控制了皖南、浙东地区。

由于红巾军内部的分裂腐化和元政府的镇压，刘福通一部在1363年时兵败，刘福通遇难牺牲，另一首领徐寿辉也被部下陈友谅所杀，红巾军力量削弱，起义失败。朱元璋这时占据浙东，发展生产，罗致人才，巩固统治，实力渐渐壮大。

南征北伐与明朝初建

当朱元璋向南方发展势力的时候，遇到了一个强敌名叫陈友谅。陈友谅占据江西、湖南和湖北一带，地广兵多，自立为王，国号汉。1360年，他率领强大的水军，从采石沿江东下，进攻应天府，想一下子吞并朱元璋占领的地盘。

朱元璋赶忙召集部下商量对策。大家七嘴八舌，议论纷纷，只有新来的谋士刘基待在一旁，一声不吭。

朱元璋犹豫不决，散会后，把刘基单独留下来，问他有什么主意。刘基说："敌人远道而来，我们以逸待劳，还怕不能取胜？您只需用一点伏兵，抓住汉军的弱点痛击，就可以打败陈友谅了。"

朱元璋听了刘基的话，非常高兴。

朱元璋有个部将康茂才，跟陈友谅是老相识。朱元璋把康茂才找来，和他定下了引陈友谅上钩的计策。

康茂才回到家里，按照朱元璋的吩咐写了封信，连夜叫老仆去采石求见陈友谅。陈友谅见了这封信，并不怀疑，问老仆说："康公现在在什么地方？"

老仆回答说："现在他带了一支人马，在江东桥驻守，专等大王去。"

南都繁华图 明

陈友谅连忙又问："江东桥是什么样子？"老仆说："是座木桥。"

陈友谅在老仆走后，立刻下令全体水军出发，由他亲自带领，直驶江东桥。没想到到了约定地点，竟没见木桥，只有石桥。

一霎间，战鼓齐鸣，朱元璋安排在岸上的伏兵一起杀出，水港里的水军也加入战斗。陈友谅遭到突然袭击，几万大军一下子溃败下来，被杀死的和落水淹死的不计其数。此后，朱元璋的声势越来越大。1363年农历四月二十三，陈友谅乘朱元璋率军北援安丰（今安徽寿县）红巾军、江南空虚之机，挥师号称60万，取道水路，围攻洪都（今江西南昌），并占领吉安、临江、无为州。守将朱文正率军奋力固守，坚持两月，并派人向朱元璋告急。朱元璋闻信后，令朱文正继续坚守，以疲惫消耗陈军，随即亲率水军20万于七月六日救援洪都。陈友谅围攻洪都85天不克，闻朱元璋来救，即撤围移师鄱阳湖准备决战，朱元璋十六日亦进至鄱阳湖口。

为把陈军困于湖中，朱元璋先部署一部分兵力扼守泾江口和南湖嘴，切断陈友谅归路；又调信州（今江西上饶）兵守武阳渡（今江西南昌东），切断陈军侧后；然后亲率水师由松门（今江西都昌南）进入鄱阳湖，形成关门打狗之势。

二十日，两军在康郎山（今江西鄱阳湖内）水域遭遇。陈军巨舰联结布阵，展开数十里，颇有气势。但睿智的朱元璋看出其首尾相接、不利进退的弱点，于是将己方舰船分为20队，每队都配备大小火炮、火铳、火蒺藜、神机箭和弓弩，命令各队接近敌舰时，先发火器，

再射利箭，继以短兵相搏。次日，双方激战开始。朱元璋爱将徐达身先士卒，率舰队奋勇冲击，击败陈军前锋，毙敌1500余人，缴获巨舰一艘。俞通海乘风发炮，焚毁20余艘陈军舰船，陈军死伤甚众，朱军伤亡也不少。战至日暮，双方鸣金收兵，战斗告一段落。

二十二日，陈友谅率全部巨舰出战。朱军因舟小，不能正面进攻，接连受挫。下午，东北风起，朱元璋纳部将郭兴的建议，改用火攻。他选择敢死士驾驶7艘渔船，船上装满火药柴薪，逼近敌舰，顺风放火，一时风急火烈，迅速蔓延，湖水尽赤。陈军巨舰被焚数百艘，死者过半，陈友谅弟陈友仁、陈友贵及大将陈普略均被烧死。朱元璋挥军乘势猛攻，又毙敌2000余人。二十三日，陈友谅瞅准朱元璋旗舰发起猛攻。朱元璋刚刚移往他舰，原舰便被陈军击碎。二十四日，俞通海等率领6艘疾舰突入陈军舰队，勇往直前，如入无人之境。朱军士气振奋，再次猛烈攻击。陈友谅不敢再战，转为防御。为控制长江水道，当晚，朱元璋进扼左蠡（今江西都昌西北），陈友谅亦退至渚矶（今江西星子南）。

相持3天，陈友谅屡战屡败；陈军左、右金吾将军见大势已去，投降朱元璋，陈军军心动摇，形势越发不利。朱元璋乘机致书陈友谅劝降，陈为泄愤，尽杀俘虏；而朱元璋却反其道而行之，放还全部俘虏，并悼死医伤，以分化瓦解敌军。为阻止陈军逃遁，朱元璋移军湖口，命常遇春率舟师横截湖面，又在长江两岸修筑木栅，并置火筏于江中。陈友谅被困湖中一个月，军粮殆尽，将士饥疲，于

是孤注一掷，冒死突围。八月二十六日，陈友谅由南湖嘴突围，企图进入长江，退回武昌，却陷入朱军的包围。陈军复走泾江，又遭朱军伏兵截击，陈友谅中箭身死。残部5万余人于次日投降朱元璋，只有张定边逃回武昌。1364年农历二月，朱元璋兵抵武昌，陈友谅子陈理投降，朱元璋的势力扩大到两湖。

在巩固了南方根据地并占据了东南半壁江山后，朱元璋又挥师北伐。出征前朱元璋再三申明军纪，告诫出征将士，北伐不是攻城略地，而是平定中原、推翻元朝、解除人民痛苦。随后还发布了由宋濂起草的告北方官吏和人民的檄文，文中提出"立纲陈纪，救济斯民"的口号，这对中原地区的广大汉族人民具有很强的号召力；檄文还表示，蒙古族人民与其他少数民族人民若愿为新皇朝臣民，则与中原人民一样看待。

北伐军节节胜利，迅速攻下山东诸郡。至正二十八年（1368年）四月占领开封，平定河南，同时攻克潼关。八月，攻克元朝首都大都（今北京），元顺帝见孤城难守，于是带着后妃太子慌忙弃城逃走，奔向漠北，统治中原长达99年的元朝灭亡。

在南征北伐不断取得胜利的情况下，至正二十八年（1368年）正月，40岁的朱元璋告祀天地，于应天（今江苏南京）南郊登基，建国号大明，改元洪武，以应天为南京。

经过16年的征战讨伐，朱元璋终于实现了自己的梦想，从一个横笛牛背的牧童、小行僧，成为明朝的开国皇帝。

1371年，明军入川，夏主明升暗降，四川平定。1381年，朱元璋命傅友德、沐英、蓝玉进攻云南，次年攻破大理，基成上完成了南方的统一。1387年，冯胜、傅友德、蓝玉奉命进攻辽东元朝残将纳哈出，纳哈出无路可走，只好投降，辽东平定。至此，除漠北草原和新疆等地外，全国已基本上统一。

燕王进南京

明太祖上台后，杀了一些权位很高的大臣，把他的24个儿子分封到各地为王。明太祖认为这样做，可以巩固他建立的明朝的统治，却不料后来引起了一场大乱。

明太祖60多岁的时候，太子朱标死了，朱标的儿子朱允炆被立为皇太孙。各地的藩王大都是朱允炆的叔父，眼看皇位的继承权落到侄儿的手里，心里不服气。特别是明太祖的第4个儿子——燕王朱棣，他多次立过战功，对朱允炆更瞧不起了。

朱允炆的东宫里，有个官员叫黄子澄，是朱允炆的伴读老师。

1398年，明太祖死了，皇太孙朱允炆继承皇位，这就是明惠帝，历史上又叫建文帝（建文是年号）。当时京城里就听到谣传，说几位藩王正在互相串通，准备谋反。建文帝听了这个消息害怕起来，忙让黄子澄想办法。

黄子澄找建文帝另一个亲信大臣齐泰一起商量。齐泰认为诸王之中，燕王兵力最强，野心最大，应该首先把燕王的权力削除掉。黄子澄不赞成这个做法，他认为燕王已有准备，先从他下手，容易引发突变。于是，两人商量好先向燕王周围的藩王下手。

建文帝便依计而行。

燕王早就暗中练兵，准备谋反。为

了麻痹建文帝，他假装得了精神病，成天胡言乱语。齐泰、黄子澄不相信燕王有病，他们一面派人到北平把燕王的家属抓起来，一面又秘密命令北平都指挥使张信去捕燕王，还约定燕王府的一些官员做内应。不料张信是站在燕王一边的，反而向燕王告了密。

燕王是个精明人，知道建文帝毕竟是法定的皇帝，公开反叛，对自己不利，就说要帮助建文帝除掉奸臣黄子澄、齐泰，起兵反叛。历史上把这场内战叫作"靖难之变"（靖难是平定内乱的意思）。

这场战乱，差不多打了3年。到了1402年，燕军在淮北遇到朝廷派出的南军的抵抗，战斗进行得十分激烈。有些燕军将领主张暂时撤兵，燕王却坚持打到底。不久，燕军截断南军运粮的通道，发起突然袭击，南军一下子垮了。燕军势如破竹，进兵到应天城下。

过了几天，守卫京城的大将李景隆打开城门投降。燕王带兵进城，只见皇宫火光冲天。燕王派兵把大火扑灭时，已经烧死了不少人。他查问建文帝的下落，有人报告说，燕兵进城之前，建文帝下令放火烧宫，建文帝和皇后都跳到大火里自焚了。

随后，燕王朱棣即了位，这就是明成祖。七月初一，朱棣于南郊大祀天地后，回到奉天殿，诏令当年六月以后，仍以洪武三十五年为纪，第二年（1403年）为永乐元年。建文帝所改易的祖宗成法，一律恢复旧制。七月初三，又诏令把建文时更定的官制改回洪武旧制。九月初四及次年（1403年）五月，朱棣先后两次赐封靖难功臣。建文四年（1402年）十一月十三日，朱棣册立妃徐氏为皇后。

朱棣即帝位后，为了巩固自己的皇位，又进行了大量的充满血腥的屠杀活动。他将建文帝亲信大臣50余人列为奸臣，悬赏捉拿。捉住后，不仅将他们本人杀害，而且还株连九族。

兴建北京城

故宫气势恢宏，庄严华丽，是明清两代的皇宫，亦是中国古代宫殿建筑的扛鼎之作。

故宫又称紫禁城，紫禁二字系从紫微星垣而来。大家知道，我国古代天文学家把天上的恒星分为三垣、二十八宿和其他星座，其中的三垣为太微垣、紫微垣和天市垣。紫微星垣（北极星）位于三垣的中央，是所有星宿的中心。紫，即为"紫微正中"，皇宫是人间的"正中"；"禁"是指皇宫大内，严禁侵扰。

故宫修建于1406年，工程的营建者是明代的永乐帝朱棣。朱棣曾在北京做燕王，对北京的地理有深刻的认识。

《明史》记载，修建故宫时征集了全国著名工匠10多万名，役使民夫达100万之多，整个工程历时15年，直到1421年才最后完成；此后又多次重建和扩建，但整体面貌保持不变。

故宫是一座砖木结构建筑，所用的建筑材料来自全国各地。木料主要来自京郊房山悬山中，也有部分来自湖广、江西、山西等省。汉白玉石料亦来自房山县。宫殿里砌墙用的砖，叫澄浆砖，是在山东临清烧制的；铺地用的方砖，叫作金砖，是在苏州烧制的。整个紫禁城用砖超过了1亿块。

施工所用的材料做工非常精细。譬如砌墙用的澄浆砖，是先把泥土放入池水中浸泡，经过沉淀，然后取出过滤后

中国史鉴大讲堂

第一篇 通史博览

一五二

的细泥，最后才把细泥晾干做坯。还有就是砖块之间、石板之间的黏合剂，材料是煮过后捣碎的糯米和鸡蛋清，选用这种黏合剂，不仅黏力强，而且效果平整美观。

建成后的故宫占地面积72万平方米，内有房屋9999间，外有高达10米的城墙（南北960米，东西760米），四角各有一座屋顶有72条脊的角楼。在最外端，还有一条宽52米的护城河环绕四周。

故宫的建筑布局整体分为外朝和内廷两大部分。外朝是明清皇帝治理朝政的主要场所，以太和、中和、保和三大殿为中心，文华殿和武英殿分列两翼。内廷是皇帝处理日常政务和皇族后妃们居住的地方，一般称为"三宫六院"，主要包括乾清宫、交泰殿、坤宁宫、东西六宫以及御花园。

外朝三大殿是故宫中轴线上的主要建筑。三殿均建在汉白玉砌成的8米高巨大平台上，台分三层，中上层各9级，下层台阶21级，每层都有汉白玉栏杆围绕，总面积约8.5万平方米。太和殿也称"金銮殿"，是紫禁城的正殿，也是建筑群中最为高大的建筑。它高26.92米，东西面宽63.96米，南北进深37.20米。中和殿位于太和殿的后面，是一座亭子形方殿，高18.87米。保和殿为三大殿的末殿，屋顶为歇山式，高20.87米。

故宫建筑设计严谨，表明了我国古代的木构建筑设计到明清时期已经非常的规范化和程序化。在这一时期，殿式建筑以"斗口"作为基本模数。每一个等级的各部分用料尺度是一定的。确定了斗口，就确定了各种尺度，大大简化

了工程营建的程序。拼合梁柱构件技术也是这一时期的重大成果。通过小块木料的拼合组成可用的大木料，大大节省了工程用料。在建筑施工中，广泛采用了模型设计的方法，称之为"烫样"。

故宫是我国同时也是世界上现存规模最大最完整的古代木结构建筑群。它是我国木结构建筑的典范。1987年，联合国教科文组织世界遗产委员会将其列为世界文化遗产。

郑和下西洋

明成祖夺得皇位后，有一件事总使他心里不安稳，那就是皇宫大火扑灭之后，没有找到建文帝的尸体。为了把这件事查个水落石出，他派出心腹大臣，去各地秘访建文帝的下落，但是这件事不好公开宣布，就借口说是求神问仙。

后来，明成祖又想，建文帝会不会跑到海外去呢？于是，他就决定派一支队伍，出使国外。他觉得跟随他多年的宦官郑和是最合适的人选。

郑和（1371—1435年），本姓马，小字三保，云南昆阳（今云南晋宁）人。明初，郑和入宫做宦官，因靖难立战功，赐姓郑名和，人称"三保太监"。

1405年6月，明成祖正式派郑和为使者，带一支船队出使"西洋"。那时候，人们所说的"西洋"，指的是我国南海以西的海和沿海各地。郑和带的船队，一共有2.78万多人，除了兵士和水手外，还有技术人员、翻译、医生等。他们驾驶62艘大船，从苏州刘家河（今江苏太仓浏河镇）出发，经过福建沿海，浩浩荡荡，扬帆南下。

郑和第一次出海，到了占城（今越

南南方）、爪哇、旧港（今印度尼西亚苏门答腊岛东南岸）、苏门答腊、满剌加、古里、锡兰等国家。他每到一个国家，先把明成祖的信递交国王，并且把带去的礼物送给他们。许多国家见郑和带了那么大的船队，而且态度友好，都热情地接待他。

郑和这一次出使，一直到第三年九月才回来。西洋各国国王见郑和回国，也都派了使者带着礼物跟着他一起回访。各国的使者见了明成祖，送上大批珍贵的礼物。明成祖见郑和把出使的任务完成得很出色，高兴得合不拢嘴。

后来，明成祖觉得没有必要再去寻找建文帝了，但是出使海外的事，既能提高中国的威望，又能促进与各国的贸易往来，有很多好处。此后，郑和又进行了6次出海航行：从1407年9月到1409年7月，1409年10月到1411年7月，1413年11月到1415年7月，1417年5月到1419年8月，1421年1月到1422年8月，1430年6月到1433年7月。郑和出海7次，先后一共到过印度洋沿岸30多个国家。

前三次的出行，郑和最远都只到达古里。他们在东南亚及南亚一带活动，打通航道，建立贸易中转站。后面几次主要进行商品贸易，郑和航队给所经国家带去大量中国的瓷器、铜器、丝绸、锦绮和茶叶，同时带回来许多亚洲国家的特产，像胡椒、象牙、宝石、药材、香料和珍禽异兽等，大大促进了中国与亚洲各国的经济交流。每到一处，郑和都派人了解当地风俗习惯，宣扬中华文明。

第四次出海到达非洲东海岸的麻林国时，麻林国遣使随贡，献上麒麟、天马、神鹿等吉祥珍兽，给京城带来了轰动。明成祖龙颜大悦，认为异邦进贡麒麟是国势鼎盛、尧舜再世的征象。

在第七次即将航行出使时，明成祖驾崩，明仁宗即位，下令停止下西洋。明宣宗即位后，看见因下西洋活动的停止，海外诸国来朝日益减少，就决定再次遣使下西洋。这时郑和已年近60，又踏上了最后一次下西洋的航程。1433年农历三月船到古里时，郑和因积劳成疾而病逝，王景弘代郑和率船队于七月抵达南京，结束了伟大的航程。

郑和七下西洋，时间持续29年，行踪遍及亚非10多个国家，最南到达爪哇，西北到波斯湾和红海，最西到非洲东海岸，是历史上空前的壮举，其时间之早、规模之大，都是后来的哥伦布和麦哲伦所不及的。郑和下西洋，增加了中国与南洋各地联系，传播了中华文明，影响十分深远。

土木之变

明成祖从他侄儿手里夺得皇位，怕大臣不服他的管制，便特别信任身边的宦官。这样一来，宦官的权力就渐渐大起来。到了明宣宗的时候，连皇帝批阅奏章，也交给宦官代笔，宦官的权力更大了。

有一年，皇宫要招收一批太监。蔚州（今河北蔚县）人王振年轻的时候读过一点书，参加几次科举考试都名落孙山，便在县里当了教官。后来因为犯罪该判充军，听说皇宫招太监，就自愿进了宫，从而免了罪罚。宫里识字的太监不多，王振粗通文字，所以大家都叫他王先生。后来，明宣宗派他教太子朱祁镇读书。朱祁镇年幼贪玩，王振就想出各种各样法子让他玩得高兴。

明宣宗卒时，朱祁镇仅有9岁，朝臣有人欲立襄王为帝。在大学士杨士奇、杨荣等人力争下，终使朱祁镇于1063年正月初十即皇位，是为英宗，以第二年为正统元年。二月，尊皇太后为太皇太后。太皇太后主持国家的军政大事，下令停办所有不急之务，勉励幼小的皇帝好学上进。

这一做法使仁宣时期政治较好的状况得以延续，"海内富庶，朝野清晏""纲纪未弛"。同时，杨士奇、杨荣、杨溥等元老重臣依然在朝中发挥重大作用。他们遵从宣宗遗嘱，在太皇太后的领导下尽心辅佐幼主，对稳定明王朝政局、保持良好的局面，起到了重要的作用。

当时，侍奉朱祁镇读书的太监便是王振，他善于迎合朱祁镇的心理，深受朱祁镇赏识。朱祁镇即位后不久，王振便当上了司礼监太监，帮助明英宗批阅奏章。明英宗年少好玩，根本不问国事，王振趁机掌握了朝廷军政大权。朝廷大员谁敢顶撞王振，不是被撤职，就是被充军发配。一些王公贵戚都讨王振的好，称呼他"翁父"。王振的权势如日中天。

这个时候，我国北方的蒙古族瓦剌部已经强大起来。1449年，瓦剌首领也先派3000名使者到北京进贡马匹，要求赏金。王振发现也先谎报人数，而且还将进贡的马匹减少了，于是就削减了赏金。也先又为他的儿子向明朝求婚，也被王振拒绝。这一来，也先被激怒了，他率领瓦剌骑兵进攻大同。守大同的明将出兵抵抗，被瓦剌军打得溃不成军。

边境的官员向朝廷告急，明英宗召集大臣商量对策。大同离王振家乡蔚州不远，王振在蔚州有大批田产，他怕家产受损失，竭力主张英宗带兵亲征。兵部尚书（兵部尚书和侍郎是军事部门的正副长官）邝埜（"埜"同"野"）和侍郎于谦认为朝廷准备不够充分，不能亲征。明英宗是个没主见的人，对王振言听计从，因此不听大臣劝谏，就冒冒失失决定亲征。

明英宗叫他弟弟郕王朱祁钰和于谦留守北京，自己跟王振、邝埜等官员100多人，带领50万大军从北京出发，浩浩荡荡向大同开去。

过了几天，明军的前锋在大同城边被瓦剌军打得全军覆没，各路明军也纷纷溃退下来。明军退到土木堡（今河北怀来东）时，遭到了瓦剌军兵的伏击。明军毫无斗志，丢盔弃甲，狂奔乱逃。瓦剌军紧紧追赶，被杀和被乱兵踩死的明军，不计其数，邝埜在混乱中被杀死，祸国殃民的奸贼王振也被禁军将领樊忠一铁锤砸死。明英宗做了俘虏。历史上把这次事件称作"土木之变"。

此一战役，明军死伤数高达10万，文武官员亦死伤50余人。英宗被俘消息传来，京城大乱。廷臣为应急，联合奏请皇太后立郕王朱祁钰即皇帝位。皇太后同意众议，但郕王却推辞不就。文武大臣及皇太后正在左右为难之时，英宗秘派使者到来，传口谕命郕王速即帝位。郕王于九月初六登基，是为景帝，以第二年为景泰元年，奉英宗为太上皇。瓦剌自俘虏明英宗以来，便大举入侵中原，并以送太上皇为名，令明朝各边关开启城门，乘机攻占城池。十月，攻陷白羊口、紫荆关、居庸关，直逼北京。

于谦守京城

明英宗被俘的消息传到北京后，满朝文武大臣乱作一团，没有一个人能拿出好主意。翰林侍讲官徐珵主张走为上策，向南撤退。此时，朝中你一言，我一语，吵吵嚷嚷，毫无结果。正在关键时刻，兵部侍郎于谦挺身而出，他说："京都是国家的根本，如果朝廷一撤出，大势就完了，大家难道忘了南宋的教训吗？"

于谦（1397—1457年），字廷益，浙江钱塘人。为永乐十九年（1421年）进士，曾任监察御史、兵部侍郎、大理寺少卿、山西、河南巡抚、兵部尚书等职。

于谦的主张得到许多大臣的赞同。皇太后和朱祁钰眼看在这关键时刻，能站出一位力挽狂澜的忠臣，当然满心欢喜，立即委以于谦兵部尚书的重任，让他负责指挥军民守城。

景泰元年（1450年）九月，明代宗即位不久，瓦剌军进逼宣府城下。于谦面对敌我兵力悬殊的态势，一面抓防卫，一面抓备战，大力征募新兵，调运粮草，赶制兵器，不到一个月，就征集了20万人马，做好一切迎敌的准备。

十月，也先挟持着被俘的皇帝朱祁镇攻破紫荆关，兵逼北京城。于谦主张先

于谦像

打掉也先的嚣张气焰，鼓舞士气。他调集了22万军队，做好迎战准备，并做了周密布置：都督王通、副都御史杨善率部守城，其余将士分别驻扎在9个城门外，列阵待敌。

明军副总兵高礼首先在彰义门外告捷，歼敌数百，夺回民众千人。狡猾的也先眼看明军有于谦等将领指挥，硬攻不能取胜，便变换手法，以送还英宗为名，准备诱杀于谦等人，但被于谦识破了。

也先见此计不成，便采取强攻。于谦不在正面与敌人拼杀，他派骑兵佯攻，把敌军引入伏击圈内，便用埋伏好的火炮轰击，瓦剌军伤亡惨重，也先的弟弟勃罗也在炮火中丧生。

瓦剌军围攻京都，屡遭挫败，进攻居庸关又遭守将罗通的抵抗。也先怕归路被明军切断，忙带着朱祁镇向良乡（今北京房山东）后撤。明军乘胜追击，大获全胜。也先带着残兵败将逃回塞外。

北京之战，瓦剌军受到重挫，引起内部不和。也先见留着朱祁镇也没有多大作用，就把他送回了京都。从此，瓦剌军再也不敢进犯明朝了。

于谦迫使瓦剌于景泰元年释放英宗，并说服景帝迎英宗归国。于谦改革亲军旧制，创立团营，整肃军纪，加强训练，毫不松懈。他本人才识过人，忧国忧民，深受景帝器重。天顺元年（1457年）正月，明英宗复辟后，于谦被陷害致死。他曾有的"粉骨碎身浑不怕，要留清白在人间"的著名词句，不幸竟成为他自身的写照。后人辑他的诗文为《于忠肃集》流世。

明宪宗即位后，为于谦平反，恢复官衔。明孝宗即位后，又追赠其为太傅，

谥肃愍，为他建"旌功祠"。后明神宗改谥为"忠肃"。

海瑞罢官

明孝宗之后是明武宗，然后又到了明世宗年间。大奸臣严嵩掌权时，不仅他的自家亲戚，就连他手下的同党，也都是依仗权势作威作福之辈。上至朝廷大臣，下至地方官吏，谁敢不让着他们几分！

可是在浙江淳安县里，有一个小小的县官，却能够秉公办事，对严嵩的同党也不讲情面。他的名字叫海瑞。

海瑞（1514—1587年），自号刚峰，生性峭直严厉，不肯阿上，又清苦自律，力摧豪强，厚抚穷弱，所以深受百姓拥护。但因其经常触忤当道，曾经三次丢官，一度入狱。他20多岁中了举人后，被调到浙江淳安做知县。海瑞到了淳安，认真审理过去留下来的积案，不管什么疑难案件到了海瑞手里，都一件件被调查得水落石出，从不冤枉一个好人。当地百姓都称他是"海青天"。

海瑞的顶头上司浙江总督胡宗宪，是严嵩的同党，他到处敲诈勒索，谁敢不顺他心，他就让谁倒霉。

有一次，京里派御史鄢懋卿到派江视察。鄢懋卿是严嵩的干儿子，敲诈勒索的手段更阴险。他每到一个地方，地方官吏要是不"孝敬"他一笔大钱，他是绝不会放过的。各地官吏听到鄢懋卿要来视察的消息，都一筹莫展。可鄢懋卿却装出一副奉公守法的样子，他通知各地，说他向来喜欢简单朴素，不爱奉迎。

海瑞听说鄢懋卿要到淳安来，就给鄢懋卿送了一封信，信里说："我们接到通知，要我们招待从简。可是据我们得知，您每到一个地方都是花天酒地，大摆筵席。这就叫我们不好办啦！要按通知办事，怕怠慢了您；要是像别地一样大肆铺张，又怕违背您的意思。请问该怎么办才好？"

鄢懋卿看到这封揭他老底的信，气得咬牙切齿。但是他早听说海瑞是个铁面无私的清官，心里有点害怕，就临时改变主意，绕过淳安，到别处去了。

通过这件事，鄢懋卿对海瑞怀恨在心。后来，他在明世宗面前狠狠告了海瑞一状，海瑞被撤了淳安知县的职务。

严嵩倒台后，鄢懋卿也被充军到外地，海瑞恢复了官职，后来又被调到京城做官。

那时候，明世宗已经有20多年没有上朝了，他崇信道教，迷信方士，沉湎于斋醮，朝臣谁也不敢谏阻。海瑞虽然官职不大，却大胆地写了一道奏章向明世宗劝谏。他把明朝的昏庸腐败现象痛痛快快地揭露出来。

海瑞这道奏章在朝廷引起了轰动，更触怒了明世宗。明世宗看了奏章后，又气又恨，下令把海瑞抓了起来，交给锦衣卫严刑拷打。直到明世宗死了，海瑞才被释放。

明神宗即位后，海瑞任右佥都御史巡抚应天知府，打击豪强，平反冤狱，大修水利，推行一条鞭法，为民众做了很多好事，深受百姓爱戴。但海瑞不肯迎合上官，一贯恃才傲物的宰相张居正亦不免暗怀嫉恨，终于把海瑞第三次排挤出朝。

万历十三年（1585年），海瑞在赋闲16年后，以72岁的高龄被召为南京右都御史。他作风不改，依旧是一心为民，两袖清风。万历十五年（1587年），海瑞病殁任上。海瑞去世后，身无分文，连为其办理丧事的钱也是大家捐集而成。发丧时，农辍耕，商罢市，号哭相送数百里不绝。后来赐谥"忠介"。

戚继光抗倭

倭寇最早出现在元末明初，当时日本处于南北朝分裂时期。日本西南的封建割据势力除了互相争战外，还常勾结海盗、商人和浪人武士在中国沿海进行武装掠夺和骚扰，形成了最初的倭患。明永乐时因为军备整饬，加强了海防，又同日本政府交涉，所以倭寇没能进行大规模骚扰。但到了明正统以后，明朝政治日益腐败，海防松弛，倭寇侵扰又渐渐猖獗起来。明嘉靖时，随着东南沿海一带商品经济的发展，一些经商的富豪地主与倭寇勾结，形成武装劫夺集团，气焰十分嚣张，倭患达到高潮。明政府曾派朱纨做浙江巡抚，监督抗倭。朱纨看到问题症结在于闽浙富豪通倭，便打击了一些地主奸商，并积极加强海防抗倭，但因触犯了富豪大户的利益而处处受到阻挠，被迫自杀。

后来，朝廷派熟悉沿海防务的老将俞大猷去平乱。俞大猷一到浙江，就打了几个胜仗。可是不久，江浙总督张经被严嵩的同党赵文华陷害，俞大猷也被牵连坐了牢。沿海的防务没人指挥，倭寇又猖獗起来。朝廷把山东的将领戚继光调到浙江，这个局面才得到扭转。

戚继光，字元敬，山东蓬莱人。戚继光的六世祖戚详原是朱元璋部将，东征西讨近30年，最后在云南战死。明太祖追念戚详的功绩，授他的儿子戚斌为明威将军，世袭登州卫（今山东蓬莱）指挥佥事。

1544年，戚景通病死，17岁的戚继光承袭了登州卫指挥佥事，从此开始了他的军职生涯。两年后，戚继光分工管理屯田事务。这时，卫所的军丁大多逃亡，屯田遭到破坏，海防受到很大影响。戚继光了解了这些情形，进行清理整顿，很快收到成效。

戚继光调到浙江抗倭前线后，发现军队缺乏训练，临阵畏缩，根本不能打仗。针对明军兵惰将骄、纪律松弛、战斗力低等弱点，戚继光两上《练兵议》，并以"杀贼保民"为号召，在嘉靖三十八年（1559年）九月亲自往义乌、金华招募素质良好的矿工和农民入伍，经过数月的精心编制与严格训练，组成了3000多人的新军。

新军在戚继光领导下，纪律严明，作战英勇，对百姓秋毫无犯，多次建立战功，战斗力非常强，被人们誉为"戚家军"。

1561年四月，倭寇聚集了1万多人，驾数百艘战船，又一次大举侵扰浙东的台州和温州，骚扰了大片地区，声势震动了整个东南。戚家军迅速出击，先在龙山和雁门岭打败倭寇，接着驰援台州，在台州外上峰岭设伏。戚家军士兵每人执松枝一束，隐蔽住身体，使倭寇以为是丛林，等倭寇过去一半，立刻发起进攻。士兵一跃而起，居高临下，猛烈冲锋，全歼了这股倭寇。台州的战斗历时一个多月，共斩杀倭寇1400多人，烧死溺死4000多人。戚继光因功升为都指挥使。

这时，福建沿海倭患严重，福建巡抚向朝廷一再告急。戚继光奉命到福建抗倭，仅仅3个月，就荡平了横屿、牛田、林墩3个倭寇巢穴。戚继光升任都

督同知、总兵官，镇守福建全省及浙江金华、温州二府。

不久，倭寇又聚集了 2 万多人，陆续在福建泉州、漳州、兴化（今福建莆田）等地登陆。戚家军分成数支，和倭寇展开激战，在一个月内就打了 12 次胜仗，杀死倭寇 3000 多人。1563 年农历十一月，2 万多倭寇围攻仙游。仙游军民昼夜在城上死守，情势十分危急。戚继光调各路明军，切断仙游倭寇与福建其他各处倭寇的联系，对围攻仙游的倭寇发起总攻，一举把这批倭寇消灭了。仙游大捷是以戚家军为主力的明军继平海卫之战后的又一重大胜利，共歼灭倭寇两千多人。

接着，戚继光又在同安、漳浦两地指挥戚家军大败倭寇，使福建境内倭患平定下来。1565 年以后，广东总兵俞大猷官复原职，戚继光任职副总兵配合抗击倭寇。经过戚继光、俞大猷等抗倭将领的共同努力，以及沿海军民的浴血奋战，到 1566 年时，横行几十年的倭患，终于得到基本解决。

张居正改革赋役

明世宗千方百计寻找长生不老的药方，不但没有得到，反而误服了有毒的"金丹"，命丧九泉。明世宗死后，他的儿子朱载垕即位，这就是明穆宗。

明穆宗在位期间，大学士张居正才华出众，得到穆宗的信任。隆庆六年（1572 年）五月，仅仅执掌朝政 6 年的明穆宗病危，他诏令大学士高拱、张居正、高仪为顾命大臣，令他们辅佐幼帝。二十六日，穆宗于乾清宫病逝，享年 36 岁，葬于昭陵。六月初十，皇太子朱翊钧遵遗诏继承帝位，改次年为万

历元年，是为明神宗。

大学士张居正（1525—1582 年），湖广江陵县（今湖北江陵）人，字叔大，号太岳。嘉靖二十六年（1547 年）进士，历任编修、礼部侍郎兼翰林院学士、吏部左侍郎兼东阁大学士、礼部尚书兼武英殿大学士，加少保兼太子太保等职，是明代著名政治家。

张居正与宦官冯保的私交很好，且两人共同辅助幼年明神宗执掌朝政。明神宗即位只过了一个月，张居正即利用冯保将高拱排挤掉，代之为首辅，并推荐礼部尚书吕调阳兼文渊阁大学士，参与机务。至此，张居正、冯保两人执掌明朝政权。张居正根据穆宗的嘱托，像老师教学生一样，辅导年仅 10 岁的明神宗。他自编了一本图文并茂的历史故事书，叫作《帝鉴图说》，每天讲给明神宗听。

明神宗把张居正当作严师看待，既尊敬，又惧怕。再加上李太后和宦官冯保支持张居正，朝中大事几乎全部由他裁决。为扭转嘉靖、隆庆以来军政腐败、财政空虚、民不聊生的局面，以除旧布新、振纲除弊和富国强兵为宗旨，在整顿吏治、整饬边防、整顿经济、兴修水利等众多方面进行了一系列的改革。

那个时候，沿海的倭寇已经肃清了，但北方的蒙古鞑靼部还不时侵扰内地，对明朝构成威胁。张居正把抗倭名将戚继光调到北方去镇守蓟州（今河北北部），戚继光从山海关到居庸关的长城上修筑了 3000 多座堡垒，以防鞑靼的进攻。戚家军号令严明，武器精良，多次打败鞑靼的进攻。鞑靼首领俺答见使用武力不行，便表示愿意和好，要求通商。张居正奏明朝廷，封俺答为顺义

王。以后的二三十年中，明朝和鞑靼之间就没有发生战争，北方各族人民的生活也安定下来。

当初，由于朝政腐败，大地主兼并土地，巧取豪夺，地主豪绅越来越富，国库却越来越穷。张居正下令清查土地，结果查出了一批被皇亲国戚、豪强地主隐瞒的

顾宪成像

土地，这一来，使一些豪强地主受到了抑制，增加了国家的收入。

丈量土地后，张居正又把当时名目繁多的赋税和劳役合并起来，折合成银两来征收，称为"一条鞭法"。经过这种税收改革，一些官吏就不能营私舞弊了。

经过 10 年的努力，张居正的改革措施起到明显的效果，使十分腐败的明朝政治有了转机，国家的粮仓存粮也足够支用十年的。但是这些改革触犯了一些豪门贵族的利益，他们表面不得不服从，背地里却对张居正恨之入骨。

明神宗长大后，有一批亲近的太监在内宫用各种办法给他取乐。

后来，由张居正做主，把那些引诱神宗胡闹的太监全部赶出宫去，太后还让张居正代神宗起草了罪己诏（皇帝责备自己的诏书）。这件事发生后，使明神宗对张居正从惧怕发展到怀恨了。

1582 年，张居正病死，明神宗亲自执政。那些对张居正不满的大臣纷纷攻击张居正执政时专横跋扈。第二年，明神宗把张居正的官爵全部撤掉；还派

人查抄了张居正的家。张居正的改革措施也遭到极大的破坏，刚刚有一点转机的明朝政治又昏暗下去。

东林党与阉党之争

明朝经历了神宗、光宗两朝后，明熹宗即位。当时朝臣结党，派系林立。万历三十二年（1604 年），落职还乡的原史部郎中顾宪成在地方官员的资助下，与高攀龙同讲学于无锡东林书院，他们讽议时政，裁量人物，其言论形成了广泛的社会影响，在朝在野的各种政治人物和东南城市势力以及一些地方实力派都聚集在他们周围，形成了一个声势浩大的东林党。

早期与东林党对立的主要是一批代表大地主集团利益的官员。东林党与各党派的斗争是以争"京察"为发端的，以后争论的中心逐渐转移到太子废立问题上来。后期党争主要是与以魏忠贤为首的阉党的斗争。魏忠贤原是当地有名的市井无赖，后因赌博输尽了家产，做了太监。明熹宗时，魏忠贤与明熹宗乳母客氏勾结，日益得宠，成为新的政治集团，被称为"阉党"。

东林党曾为明熹宗登基之事出过大力，他们当政后，开始整顿朝纲，将很多腐败官员罢免。这些人便纷纷投靠魏忠贤，魏忠贤把东林党人看成阻止他实现野心的重要障碍。天启四年（1624 年），魏忠贤在宫内基础已牢固，开始向外廷出击。六月，素以刚直敢谏著名的左副都御史杨涟上疏参劾，列举

魏忠贤24条大罪，并请求驱逐客氏出宫。魏忠贤设计使熹宗下旨严责杨涟。不久，杨涟和东林党另一重要成员左光斗一起被罢了官。天启五年（1625年），阉党爪牙许显纯捏造口供，将杨涟、周朝瑞、左光斗、袁化中等人下在锦衣卫大狱中，不久又将他们杀害。天启六年（1626年），魏忠贤捏造了"七君子"事件，把东林党人周启元等7人迫害致死。此外，为了打击反抗和不肯依附他们的官员，魏忠贤的党羽们还编列了黑名单，将不肯同流合污的官员指为东林党，列在黑名单上。当时开列黑名单已成为一大风气，很多人被他们弄死。一时间，朝廷上下乌烟瘴气，魏忠贤的权势达到了顶峰。

天启七年（1627年）熹宗病逝，崇祯继位，魏忠贤大势已去，自知被天下人所憎恨，难以自保，便自缢而死，阉党势力也遭到沉重打击。东林人士逐渐返回朝廷。

东林党人主张改良政治、开放言路，反对横征暴敛，提倡减轻人民负担、缓和矛盾，并为此进行了坚持不懈的斗争，他们敢于揭露批判黑暗腐败政治，为民请命，为挽救明朝危机做出了巨大努力，反映了社会进步势力的要求。

努尔哈赤建后金

满族的前身是女真族，长期居住在今松花江南北以及黑龙江一带。早在11世纪时，女真族的完颜部就曾建立过金政权。元时一部分女真人迁入中原，另一部分仍留在东北。明初女真各部落生产渐渐发展，出现了阶级分化。作为满族主体的建州女真定居于赫图阿

拉（今辽宁新宾一带），接受明朝廷的有效管辖，定期缴纳贡赋。当明王朝政治越来越腐败的时候，建州女真渐渐强大起来，不断扩大势力，它的首领是爱新觉罗·努尔哈赤。

努尔哈赤出身在建州女真的贵族家庭里。祖父觉昌安和父亲塔克世都被明朝封为建州左卫的官员，努尔哈赤从小就学习骑马射箭，练得一身好武艺。

努尔哈赤25岁那年，建州女真部土伦城的城主尼堪外兰引来明军攻打古勒寨城主阿台。阿台的妻子是觉昌安的孙女，觉昌安便带着塔克世到古勒寨去，途中碰上明军攻打古勒寨，觉昌安和塔克世都死在混战中。

努尔哈赤当时的力量不足以与明朝抗衡，就把怨恨全集中在尼堪外兰身上。他满腔悲愤地回到家里，找出了他父亲留下的盔甲，分发给手下的兵士，向土伦城进攻。尼堪外兰根本不是努尔

努尔哈赤像

哈赤的对手，狼狈逃走。努尔哈赤攻克了土伦城后，趁机又征服了建州女真的一些部落。

努尔哈赤灭了尼堪外兰，声名远扬。过了几年，他统一了建州女真。这样一来，引起女真族其他部落的恐慌。当时女真族有三部，除了建州女真之外，还有海西女真和"野人"女真。海西女真中数叶赫部实力最强。1593年，叶赫部联合了女真族、蒙古族9个部落，合兵3万，分3路向努尔哈赤进攻。

努尔哈赤听到九部联军来攻，便在敌军来路上埋伏了精兵，在路旁山岭边，安放了滚木石块。九部联军一到古勒山下，建州兵就派出100名骑兵挑战。叶赫部一个头目冲过来，马被木桩绊倒，建州兵上去把他杀了，另一头目当时被吓昏过去。这样一来，九部联军没有了统一指挥，四散逃窜，努尔哈赤乘胜追击，打败了叶赫部。又过了几年，努尔哈赤统一了女真族各部。

努尔哈赤统一了女真族后，把女真族部众编为8个旗。旗既是一个行政单位，又是军事组织。为了麻痹明朝，努尔哈赤继续向明朝朝贡称臣。

1616年，努尔哈赤认为时机成熟，就在八旗贵族拥护下，在赫图阿拉（今辽宁新宾附近）即位称汗，国号金。历史上为了跟过去的金朝区别把它称为"后金"。

萨尔浒之战

1618年，努尔哈赤召集八旗首领和将士誓师，宣布跟明朝结下七件冤仇，叫作"七大恨"。第一条就是明朝无故杀死了他的祖父和父亲。为了报仇雪恨，他决定起兵征伐明朝。

努尔哈赤亲自率领2万人马攻打抚顺。他先写信给抚顺明军守将李永芳，劝他投降。李永芳见后金军来势凶猛，无法抵抗，就投降了。后金军俘获人口、牲畜30万。明朝的辽东巡抚派兵救援抚顺，也被后金军在半路上打垮了。

明神宗得知消息后，派杨镐为辽东经略，讨伐后金。杨镐率总兵杜松、马林、刘𬭚、李如柏，又通知朝鲜、叶赫部出兵助攻，合11万人，浩浩荡荡杀奔后金。杨镐令总兵马林率1.5万人出开原（今属辽宁铁岭），入浑河上游，从北面进攻；总兵杜松领3万人担任主攻，由沈阳出抚顺关入苏子河谷，从西面进攻；总兵李如柏率2.5万兵由西南进攻；总兵刘𬭚率兵1万与朝鲜兵1.5万由南进攻；杨镐坐镇沈阳指挥，四路大军会攻赫图阿拉。

经过侦察，努尔哈赤得知山海关总兵杜松率领的中路左翼是明军主力，他们正从抚顺出发，打了过来。努尔哈赤决定集中兵力，先对付杜松。

杜松是一位身经百战的名将。从抚顺出发时，天正下着大雪，杜松立功心切，不管气候恶劣，急急忙忙冒雪行军。他先攻占了萨尔浒（今辽宁抚顺东）山口，接着，把一半兵力留在萨尔浒扎营，自己带了另一部精兵攻打后金的界藩城（今新宾西北）。

努尔哈赤一面发兵增援吉林崖，一面亲率4.5万旗兵直扑驻萨尔浒的明军西路主力。两军展开激战，杀得天昏地暗。杜松军点燃火炬照明以便准确炮击，后金军利用明军的火光，以暗击明，集矢而射，杀伤甚众。时起大雾，努尔哈赤趁雾引一路军越过堑壕，拔掉栅寨，攻占明军营垒。明西路军遂溃，死

伤逾万。与此同时，杜松万余军在吉林崖也遭后金军重创，杜松战死，明西路全军覆没。

明军主力被歼，南北二路显得势弱，处境孤单，马林率北路军进至尚间崖时，得知杜松覆灭，不敢前进，就地防御。他环营挖掘三层堑壕，将火器部队列于壕外，骑兵继后，又命潘宗颜、龚念遂各率万人屯于大营数里外以成掎角之势，并环战车以迟滞后金。努尔哈赤在击灭杜松后，已率八旗主力转锋北上，迎击明北路军。随后，后金军一部骑兵横冲龚念遂阵营，并以步兵正面冲击破明军车阵，龚军大败。主力后金军与马林部明军大战于尚间崖，刚击溃龚念遂的后金骑兵已迂回到马林军侧后，与主力前后夹击，马林大败。努尔哈赤挥军乘胜追击，八旗骑兵又冲垮潘宗颜军，北路明军大部被歼。坐镇沈阳的杨镐接到两路人马覆灭的消息，连忙派快马传令另外两路明军立刻停止进军。

中路右翼的辽东总兵李如柏胆小谨慎，行动也特别迟缓，他一接到杨镐的命令，急忙撤退。剩下的是南路军刘铤。杨镐发出停止进军命令的时候，南路军因迷路未能如期到达目的地，而又不知明军北、西二路已被歼，仍向北开进，当快到萨尔浒时，努尔哈赤已击败马林，挥师南下，做好了迎战准备。努尔哈赤以主力埋伏于赫图阿拉南，另以少数士兵冒充明军，持着杜松令箭，诈称西路明军已迫近赫图阿拉，要刘铤速进会攻。刘铤毫不怀疑，带着人马进入了后金军的包围圈。后金军里应外合，四面夹击，明军阵势大乱。刘铤虽然英勇，但毕竟寡不敌众，战死在乱军中。

这场战争从开始到结束，只有5天

的时间，杨镐率领的10万明军损失过半，文武将官死了300多人。这就是历史上著名的"萨尔浒之战"。

萨尔浒之战后，明朝元气大伤。两年后，努尔哈赤又率领八旗大军，接连攻占了辽东重要据点沈阳和辽阳。1625年3月，努尔哈赤把后金都城迁到沈阳，把沈阳称为盛京。从那以后，后金就对明朝的统治构成了威胁。

袁崇焕大战宁远

萨尔浒大战之后，明朝派老将熊廷弼出关指挥辽东军事。熊廷弼是个很有指挥才能的将领，可是担任广宁（今辽宁北镇）巡抚的王化贞却怕熊廷弼影响他的地位，百般阻挠熊廷弼的指挥。1622年，努尔哈赤向广宁进攻，王化贞带头出逃。熊廷弼面对混乱的局势，只好保护一些百姓退到山海关内。

广宁失守后，明朝不问事由，便把熊廷弼和王化贞一起打进大牢。

熊廷弼一死，派谁去抵抗后金军呢？

这时，详细研究了关内外形势的主事（官名）袁崇焕向兵部尚书孙承宗说："只要给我人马军饷，我能负责守住辽东。"袁崇焕（1584—1630年），字元素，广东东莞人。万历四十七年（1619年）进士。历兵部主事、监军佥事、宁前兵备佥事。天启三年（1623年）九月奉命筑宁远城（今辽宁兴城），进而升为右参政、按察使职，驻守宁远。

那些被后金的攻势吓破了胆的朝廷大臣听说袁崇焕自告奋勇，都赞成让袁崇焕去试一试。明熹宗给了他20万饷银，要他负责督率关外的明军。

袁崇焕到了关外，在宁远筑起三丈

二尺高、两丈宽的城墙，装备了各种火器、火炮。孙承宗还派了几支人马分别驻守在宁远附近的锦州、松山等地方，与宁远互相支援。

袁崇焕号令严明，辽东的危急局面很快就扭转过来。

正当孙承宗、袁崇焕守卫辽东有了进展之时，却遭到魏忠贤的猜忌。

魏忠贤先是排挤孙承宗离了职，又派了他的同党高第指挥辽东军事。高第是个庸碌无能之辈，他一到山海关，就召集将领开会，说后金军太厉害，关外防守不了，让各路明军全部撤进山海关内。

袁崇焕坚决反对撤兵，高第见说不服袁崇焕，只好答应袁崇焕带领一部分明军在宁元留守，但却要关外其他地区的明军，限期撤退到关内。

努尔哈赤看到明军撤退时的狼狈相，认为明朝容易对付。1626 年，他亲自率领 13 万人马，渡过辽河，向宁远进攻。

努尔哈赤带领后金军气势汹汹地到了宁远城下，冒着明军的箭石、炮火，猛烈攻城。明军虽然英勇抵抗，但是后金兵攻势如潮，情况十分危急。袁崇焕下令动用早就准备好的大炮，向后金军轰击。炮声响处，只见一团火焰，后金兵士被炸得血肉横飞，纷纷后撤。

第二天，努尔哈赤亲自督战，集中优势兵力攻城。袁崇焕登上城楼瞭望台，沉着应战。等到后金军冲到逼近城墙的地方，他便命令炮手瞄准敌人密集的地方发炮。这样一来，后金军伤亡就更大了。正在后面督战的努尔哈赤也受了重伤，不得不下令全军撤退。

袁崇焕见敌人退兵，就乘胜杀出城

去，一直追了 30 里，才得胜回城。

努尔哈赤受了重伤，回到沈阳后，伤势越来越重，没过几天，就咽了气。他的第八个儿子皇太极接替了他，做了后金大汗。

皇太极用反间计

努尔哈赤死后的第二年，皇太极亲自率领人马，攻打明军。后金军分兵三路南下，先包围了锦州城。袁崇焕料定皇太极的目标是宁远，决定自己镇守宁远，派部将带领四千骑兵援救锦州。果然，援兵还没出发，皇太极已经派兵来攻打宁远。袁崇焕亲自到城头上督战，用大炮猛轰后金军，城外的明军援军也配合战斗内外夹击，把后金军打跑了。

皇太极把人马调到锦州，但是锦州的明军守得很严密，皇太极只好退兵。

袁崇焕虽然打了胜仗，可是魏忠贤阉党却把功劳记在自己的名下，还责怪袁崇焕没有亲自救锦州是失职。袁崇

清太宗皇太极像

焕知道魏忠贤有心跟他过不去，就辞了职。

天启七年（1627年）八月，明熹宗于乾清宫病逝，年仅23岁，临终遗诏："以皇五弟、信王由检嗣皇帝位。"朱由检为明光宗的第五子，万历三十八年（1610年）生。他于明熹宗死的那天晚上进宫，第3天即皇帝位，诏次年为崇祯元年，这就是庄烈帝，历史上称他为思宗、毅宗、怀宗等。

朱由检即位后，并没有真正掌管朝政，当时是魏忠贤独霸朝纲，朱由检第一件要做的事就是把权力从魏忠贤手里抢回来。到了那时，他才能成为真正有权的皇帝。而此时的魏忠贤已经意识到明熹宗早亡使自己失去了靠山，虽然手中仍有一定权力，但不敢如以前那样放肆。九月，魏忠贤请辞东厂职，朱由检未批准；他又"乞止生祠"，但只被允止少许。十月以后，魏忠贤集团自身发生了矛盾，有人弹劾魏忠贤之罪。朱由检趁机向魏忠贤开刀，他先是下令将魏忠贤安置于凤阳，继而又下令逮捕。魏忠贤知道这个消息后自缢而死。

崇祯帝又把袁崇焕召回朝廷，提拔他为兵部尚书，负责指挥整个河北、辽东的军事。

袁崇焕重新回到宁远，选拔将才，整顿队伍，士气大振。有一次，东江总兵毛文龙作战不力，虚报军功。袁崇焕使用崇祯赐给他的尚方剑，把毛文龙杀了。

皇太极打了败仗，当然不肯善罢甘休，他知道宁远、锦州防守严密，决定改变进兵路线。1629年农历十月，皇太极率领几十万后金军，从龙井关、大安口（今河北遵化北）绕道河北，直扑明朝京城北京。

这一招出乎袁崇焕的意料。袁崇焕得到情报，赶忙带着明军赶了两天两夜到了北京，没顾上休息，就和后金军展开激烈的战斗。

后金军退走后，崇祯帝亲自召见袁崇焕，慰劳了一番。但是一些魏忠贤的余党却到处散布谣言，说这次后金兵绕道进京，是由袁崇焕引进来的。

崇祯帝是个疑心极重的人，听了谣言，也有些怀疑起来。正在这时，有一个被金兵俘虏去的太监从金营逃了回来，向崇祯帝报告，说袁崇焕和皇太极订下了密约，要出卖北京。

崇祯帝把袁崇焕召进宫责问说："袁崇焕，你为什么要擅自杀死大将毛文龙？为什么金兵到了北京，你的援兵还迟迟不来？"袁崇焕一时不知如何回答才好。他正想答辩，崇祯帝已经喝令锦衣卫把他捆绑起来，押进大牢。崇祯帝拒绝大臣的劝告，到了第2年，下令把袁崇焕杀了。

皇太极用反间计除掉了对手袁崇焕，消除了后金政权的心腹大患。到了1635年，皇太极把族名女真改称满洲；又过了一年，皇太极在盛京称帝，改国号叫清。皇太极就是清太宗。

第四节　清朝兴衰

闯王李自成

崇祯帝即位的第二年，陕西闹了一场大饥荒，老百姓没粮吃，连草根树皮也被掘光了。在这种情况下，一些地方官吏还照样催租逼税。于是，陕西各地爆发了农民起义。

这年冬天，明朝从甘肃调了一支军队开赴北京。这支军队走到金县（今陕西榆中）时，由于兵士们领不到军饷，闹到了县衙门。带兵的将官出来弹压，有个年轻兵士引头，把将官和县官杀了。这个兵士就是李自成。

李自成是陕西米脂人，出生在一个农民家庭里，少年时就喜欢骑马射箭，练得一身好武艺。

这一次，李自成在金县杀了朝廷命官，带着几十个兵士一起投奔王左挂领导的农民军。不久，王左挂禁不住高官厚禄的诱惑，投降了朝廷，李自成不得不另找队伍。后来，他打听到高迎祥领导一支队伍起义，自称"闯王"，就去投奔了高迎祥。高迎祥见李自成带兵来投奔，十分高兴，立刻叫他担任一个队的将官，大家把他叫作"闯将"。

李自成所率军队纪律严明、作战勇敢，对百姓秋毫不犯，虽经受过几次挫折，但最终发展成为农民起义军中力量最强大的。面对各地农民纷纷揭竿而起的局面，明政府改变了招抚的政策，转而采用剿杀的政策。但是起义军实行游击战，且基础深厚，官军虽连连取胜，但怎么也剿除不净。

为了对付官军围剿，高迎祥把13家起义军的大小头领约到荥阳开会，商量对敌办法。李自成认为起义军应该分成几路，分头出击，打破敌人的围剿。大家听了，都觉得李自成说得有道理。经过商量后，13家起义军分成了6路。有的拖住敌军，有的流动作战。高迎祥、李自成和另一支由张献忠领导的起义军向东打出了包围圈。

1633年年底，高迎祥、李自成

等率起义军突破黄河天险，杀入明朝的心脏地带——河南。他们乘势前进，转而向安徽方面挺进。1635年，义军攻下明皇室龙兴之地凤阳，那儿有朱元璋的祖坟。起义军进城后，焚毁皇陵宫殿，刨了皇家祖坟。崇祯帝闻知祖坟被挖大为吃惊，下罪己诏。崇祯帝悲伤过后，命兵部尚书杨嗣昌专力剿杀，有一次，高迎祥带兵向西安进攻。陕西巡抚孙传庭在盩厔（今陕西周至）的山谷里埋下了伏兵，高迎祥没有防备，被捕牺牲，李自成带领余部杀了出来。将士们失去了主帅，心情十分沉痛。大伙认为闯将李自成是高迎祥最信任的将领，加上他有勇有谋，就拥戴他做了闯王。从那以后，李闯王的名声就在远近传开了。

李闯王的威名越高，越使明朝害怕和仇恨。崇祯帝命令总督洪承畴、巡抚孙传庭专门围剿李自成，李自成的处境一天比一天困难起来。在这个困难的时刻，另两支起义军的首领张献忠、罗汝才都接受了明朝的招降，李自成手下的将领也有叛变的，这使李自成处于极其危险的境地。

1638年，李自成从甘肃转移到陕西，准备打出潼关去。洪承畴、孙传庭事先探听到起义军的动向，便在潼关附近的崇山峻岭中，布置了三道埋伏线，然后故意让开通向潼关的大路，诱使李自成进入他们的包围圈。李自成中了敌人的计。起义军经过几天几夜的搏斗，几万名战士在战斗中阵亡，队伍被打散了。

李自成和他的部将刘宗敏等17个人冲出重重包围，翻山越岭，排除了千难万险，才到了陕西东南的商洛山区，

隐蔽起来。

史可法死守扬州

1644年李自成带兵攻进北京城，崇祯帝在煤山（今北京景山）自杀，消息传到明朝陪都南京，南京的大臣们惊慌失措。他们立福王朱由崧做了皇帝，这就是弘光帝，历史上把这个南京政权叫作南明。

弘光帝朱由崧是个荒唐透顶的人，凤阳总督马士英等人利用弘光帝的昏庸，操纵了南明政权。

南明政权的兵部尚书史可法本来不赞成让朱由崧做皇帝，为了避免引起内乱，才勉强同意，并主动要求到前方去统率军队。

那时候，长江北岸有四支明军，叫作四镇。四镇的将领都是骄横跋扈的人，他们互相争夺地盘，放纵兵士杀害百姓。史可法到了扬州，亲自去找那些将领，劝他们不要自相残杀，又把他们安排在扬州周围驻守，自己坐镇扬州指挥。由于史可法在南方将士中威信高，那些将领不得不听从他的号令，大家称呼他为史督师。

不久，多铎带领清军，大举南下，史可法指挥四镇将领抵抗，打了几次胜仗。可是南明政权内部却起了内讧，驻守武昌的明军将领左良玉和马士英争权夺势，起兵进攻南京。马士英急忙将江北四镇军队撤回，对付左良玉，还以弘光帝名义要史可法带兵保卫南京。

史可法明知道在清军压境的情况下不该离开，但是为了平息内争，不得不带兵回南京，刚过长江，便得知左良玉兵败的消息。他急忙撤回江北，此时清兵已经逼近扬州。

史可法发出紧急檄文，要各镇将领来守卫扬州。但是过了几天，竟没有一个发兵来救。史可法清楚，只有依靠扬州军民，孤军奋战了。多铎带领清军到了扬州城下，先派人到城里劝史可法投降，一连派了五个人，都遭到拒绝。多铎恼羞成怒，下令把扬州城紧紧围困起来。

扬州万分危急，城里一些胆小的将领害怕了。第二天，就有一个总兵和一个监军带着本部人马，出城向清军投降。这一来，城里的守卫力量就更薄弱了。史可法召集全城官员，勉励他们同心协力，抵抗清兵，并且分派了守城的任务。将士们见史可法坚定沉着，都很感动，表示一定要和督师一起，誓死抵抗。

多铎命令清兵不间断地轮番攻城。扬州军民奋勇作战，把清兵的进攻一次次打退，清兵死了一批，又上来一批，扬州形势越来越紧急。多铎志在必得，命令清兵用大炮攻城。他探听到西门由史可法亲自防守，就下令炮手专向西北角轰击。炮弹一颗颗在西门口落下来，城终于被轰开了缺口。史可法眼看城已经守不住了，拔出佩刀就要自杀。随从的将领上前抱住史可法，把他手里的刀夺了下来。史可法还不愿走，部将们连拉带劝地把他保护出了小东门。这时候，有一批清兵冲过来，看见史可法穿着明朝官员的装束，就吆喝着问他是谁。史可法怕连累别人，就高声说："我就是史督师，你们快杀我吧！"

1645年4月，扬州城陷落。

扬州失守几天后，清军攻破了南京。南明政权的官员降的降，逃的逃，弘光政权也被消灭了。

夏完淳怒斥洪承畴

弘光政权瓦解后，东南沿海一带还活跃着一支抗清力量。1645 年 6 月，明朝官员黄道周、郑芝龙在福州立唐王朱聿键即位，把他称为隆武帝。另一部分官员张国维、张煌言在绍兴拥戴鲁王朱以海监国。这样，就有两个南明政权同时出现。

为了对付抗清力量，清朝廷派了在松山战役中投降清朝的洪承畴总督军事，到江南去招抚明军。

这时候，松江（在今上海）有一批读书人也在酝酿抗清事宜，领头的是夏允彝和陈子龙。夏允彝有个年仅 15 岁的儿子叫夏完淳，又是陈子龙的学生。夏完淳自小就读了很多书，才华出众，在他父亲、老师的影响下，也参加了抗清斗争。

靠几个读书人去抗击清军是不行的。夏允彝有个学生吴志葵，在吴淞做总兵，手下还有一些兵士。他们去说服吴志葵一起抗清，吴志葵同意了，但不久就被清军打败。

清军围攻松江的时候，夏允彝父子和陈子龙冲出清兵包围，到乡下隐蔽起来。清兵到处搜捕他们，还想引诱夏允彝出来自首。夏允彝不愿落在清兵手里，便投河自尽。他留下遗嘱，让夏完淳继承他的抗清遗志。

父亲的牺牲使夏完淳悲痛万分，更激起了他对清朝的仇恨。

过了一年，陈子龙秘密策动清朝的松江提督吴胜兆反清，这次兵变又失败了，吴胜兆被杀害，陈子龙也被捕自杀。

后来，夏完淳因为叛徒告密，也被捕了，清军派重兵把他押到南京。

夏完淳在监狱里被关押了 80 天。

郑成功厦门水操台
位于厦门鼓浪屿日光岩。郑成功当年在此亲自检阅和指挥水师于海中操练。

他给亲友写了许多可歌可泣的诗篇和书信，死亡的威胁并没有吓倒他，他感到伤心的是没有实现恢复中原的壮志。

主持审讯夏完淳的正是招抚江南的洪承畴。洪承畴用一副温和的神态说："我看你小小年纪，未必会起兵造反，一定是受人指使。只要你肯归顺大清，我保荐你做官。"

夏完淳装作不知道上面坐的是洪承畴，厉声说："我听说我朝有个洪亨九（洪承畴的字）先生，是豪杰，当年松山一战，他以身殉国，震惊中外。我钦佩他的忠烈，我年纪虽然小，但是杀身报国，怎么能落在他的后面。"

旁边的兵士真的以为夏完淳不认识洪承畴，提醒说："别胡说，上面坐的就是洪大人。"

夏完淳"呸"了一声说："天下人谁不知洪先生为国牺牲这件事。崇祯帝曾经亲自设祭，满朝官员都为他痛哭哀悼。你们这些叛徒，怎敢冒充先烈，污辱忠魂！"说完，他指着洪承畴骂个不停。洪承畴被骂得面无血色。

1647 年农历九月，这位年仅 17 岁的少年英雄在南京西市被害。

郑成功收复台湾

中国史鉴大讲堂

第一篇 通史博览

一六八

隆武帝在福州建立政权后，他手下的大臣黄道周一心想帮助隆武帝出师北伐，抗清复明。但是掌握兵权的郑芝龙贪图富贵，背叛了隆武帝，向清朝投降，隆武政权也就瓦解了。

郑芝龙有个儿子叫郑成功（1624—1662年），原名森，字大木。隆武帝对郑成功十分赏识，并封他为延平郡王，赐姓朱，改名成功，因此亦称为"国姓爷"。郑芝龙降清时，郑成功不听苦劝，便率师拒降，"不受诏，不剃头"，打出"背父救国"的旗号，单独跑到南澳岛，招募了几千人马，坚决抗清。

郑成功是个将才，在他的努力下，队伍渐渐强大起来，在厦门建立了一支水师。他跟抗清将领张煌言联合起来，乘海船率领17万水军，开进长江，向南京进攻，一直打到南京城下。清军见硬拼不行，就用假投降的手段欺骗他。郑成功中了清军的计，最后打了败仗，又退回厦门。

郑成功回到厦门时，清军已经占领福建大部分地方，他们采用封锁的办法，将沿海居民内迁30里，同时，禁止舟船出海，以切断东南人民与郑成功的联系。这给郑成功造成许多困难。为了扭转被动局面，郑成功决意收复我国被荷兰侵占的领土台湾，用作抗清斗争的最后基地。

台湾自古以来就是我国的领土。明朝末年，趁明朝腐败无能，欧洲的荷兰人趁机侵占了台湾。

1624年荷兰殖民者被明逐出澎湖后，又占领了台湾南部，并建立了许多据点，如台湾城和赤崁城，并蚕食了大量土地。1642年，荷兰打败了西班牙独霸台湾，在台湾实行残暴的殖民统治。

郑成功少年时期曾经跟随父亲到过台湾，亲眼看到台湾人民遭受的苦难。这一回，他决心赶走侵略军，就下令让他的将士修造船只，积蓄粮草，准备渡海。

正巧这时，有一个在荷兰军队里当过翻译的何廷斌，赶到厦门见郑成功，说台湾人民受侵略军欺侮压迫，早就想反抗了，只要大军一到，一定能够把荷兰人赶走。何廷斌还送给郑成功一张台湾地图，把荷兰侵略军的军事布置都告诉了郑成功。郑成功有了这个可靠的情报，信心就更足了。

1661年3月，郑成功亲率2.5万名将士，乘坐几百艘战船，浩浩荡荡从金门出发。他们冒着风浪，越过台湾海峡，在澎湖休整几天，便直取台湾。

荷兰侵略军听说郑军攻打台湾，十分惊慌。他们把队伍集中在台湾（今台湾东平地区）和赤崁（今台湾台南地区）两座城堡里，还在港口沉了好多破船，想阻挡郑成功的船队登岸。

何廷斌为郑成功领航，利用海水涨潮的机会，驶进了鹿耳门，登上台湾岛。

殖民者调动一艘最大的军舰"赫克托"号，气势汹汹地开了过来，阻止郑军的船只继续登岸。郑成功沉着镇定，指挥他的六十艘战船把"赫克托"号围住，随即一声令下，60多只战船一齐开炮，把"赫克托"号击沉了。还有三艘荷兰船见势不妙，吓得掉头就跑。

随后，郑成功派兵猛攻赤崁城。赤崁城的敌军拼死顽抗，一时攻不下来。有个当地人为郑军出主意说，赤崁城的水都是从城外高地流下来的，只要把水源切断，敌人就会不战自乱。郑成功采用这个办法，没出三天，赤崁的荷兰人乖乖地投降了。

盘踞台湾城的侵略军企图顽抗，等待援兵。郑成功采取长期围困的办法逼他们投降。在围困8个月之后，郑成功下令向台湾城发起猛攻。荷兰侵略军走投无路，只得扯起白旗投降了。

1662年年初，殖民者头目被迫到郑成功大营，在投降书上签了字，灰溜溜地离开了台湾。收复台湾后，郑成功在台湾设置行政机构，将赤崁城改为安平城，在台湾设承天府，下辖天兴、万年两县；将台湾城改为安平镇。建立了与大陆一致的郡县制，大力开发台湾，发展农业生产，鼓励开荒，招徕大陆移民，积极发展海外贸易，促进了台湾社会经济发展。他还带来了先进农具和耕作技术，高山族从此以后也同大陆一样使用牛耕和铁犁种田，生活逐渐安定。

1662年五月初八，郑成功病逝。他的儿子郑经率领军队，继续驻守台湾，进行抗清活动。1683年，清军进入台湾，设置台湾府。

郑成功是我们民族的英雄。他收复了台湾，使台湾重新回到祖国的怀抱，捍卫了中国领土和主权的完整；驱逐了荷兰殖民者，结束了荷兰对台湾历时38年的殖民统治，保卫了中华民族的利益；开发了台湾，促进了当地的经济开发和社会发展，具有重大的历史意义，他的壮举将永垂史册。

李定国转战西南

隆武、鲁王两个南明政权先后灭亡后，驻守在两广的明朝官员瞿式耜等在肇庆拥立桂王朱由榔即位，年号永历，这就是永历帝。

1649年，瞿式耜在桂林城被清兵攻陷后就义。在桂王政权面临覆灭之时，李定国领导的大西农民军，担负起抗清的重任。

李定国本是张献忠手下四名勇将之一，又是他的义子，排行老二，老大是孙可望。张献忠牺牲后，孙可望、李定国率领剩下的五六万起义军南下贵州、云南。他们派人告知永历帝，愿意和他们联合抗清。永历帝见形势危急，只好依靠大西军，封孙可望为秦王。

孙可望是个有野心的家伙，他把永历帝控制在手里，在贵阳作威作福，根本不想抗清的事。李定国却一心抗清，他在云南用了一年的时间，训练了一支3万人的精锐部队，还找了一批驯象的人，组成一支象队。在做好了充分的准备之后，李定国便向清军发起了攻击。

他们从云南、贵州一直打到湖南，连战连胜，收复了几座重镇，接着，又兵分三路进攻桂林。

李定国攻进桂林，一面派兵继续肃清残敌；一面安抚百姓，把逃到山里的南明官员接回城里。有一天，李定国摆了酒宴，请来南明官员，对他们说："现在的局势，就像南宋末年一样。大家不是敬佩文天祥、陆秀夫、张世杰诸公吗？他们的精忠浩气，固然是名留青史，但是我们尽忠国家，毕竟不希望有那样的结局啊。"大家听了，都深深佩服李定国的豪迈气概。

永历帝得到捷报，封李定国为西宁王。接着李定国又带兵攻下永州、衡阳、长沙，逼近岳州。清朝廷得知消息，大为震惊，连忙派亲王尼堪带领10万清军反攻长沙。李定国得到消息，知道敌人来势很猛，就主动撤出长沙，却在退

到衡阳的途中设下伏兵。尼堪率兵追击时，中了南明军的埋伏，当场被砍死了。

李定国的胜利，引起秦王孙可望的妒忌，孙可望假意邀请李定国来商量国事，想借机暗害李定国。李定国看出了他的诡计，只好带兵离开湖南，回到云南。

孙可望野心勃勃，想逼迫永历帝让位。他知道要达到目的，首先要除掉李定国，就亲自率领14万兵马进攻云南。哪里想到，他手下的将士们恨透了他的分裂活动，在双方交战的时候，纷纷倒戈，孙军一下就瓦解了。孙可望走投无路，就逃到长沙，投降了清军。

南明政权经过孙可望叛乱，力量削弱了。1658年，清兵由降将吴三桂、洪承畴等率领，分三路向云南、贵州进攻。李定国分三路阻击，都失败了，不得已，退回昆明。永历帝和他的几个亲信官员惊慌失措，逃往缅甸去了。

永历帝逃往缅甸后，李定国继续在云南边境上征集人马，打击清军。他接连13次派人去接永历帝回国，永历帝都不敢回来。

1661年12月，吴三桂亲自带领十万清兵开进缅甸，逼迫缅甸交出了永历帝，并将其处死。这样，南明政权才彻底灭亡。

李定国艰苦抗清10多年，没有实现他的愿望，终于忧愤而死。临死的时候，他对他的儿子和部将说："宁可死在荒野，也不能投降啊！"

康熙帝削藩

康熙帝大阅兵盔甲　清

清太宗之子顺治帝福临病逝后，其子玄烨即位，时年8岁。以第二年（1662年）为康熙元年。

顺治十七年（1660年）八月，顺治宠爱的董鄂贵妃病逝后，他雄心渐消，不理朝政，并沉迷于释道，几度产生了出家的念头。是年年底，顺治染上天花。顺治十八年（1661年）正月初六，顺治自知自己时日不多，急忙召见亲信、礼部侍郎兼翰林院掌院学士王熙入养心殿，命他草撰诏书。遗诏命三子玄烨即帝位，由四大臣索尼、苏克萨哈、遏必隆、鳌拜辅政。

康熙即位后，辅政大臣鳌拜独持权柄，于朝廷中培植私党，排斥异己，一时权倾天下。

康熙帝满14岁的时候，亲自执政。这个时候，另一个辅政大臣苏克萨哈和鳌拜发生了争执。康熙帝想到鳌拜势力太大，只好忍耐，任由他把苏克萨哈杀了。

从那以后，康熙帝决心除掉鳌拜。他派人物色一批健壮有力的十几岁的贵族子弟担任侍卫。康熙帝把他们留在身边，天天练摔跤。

鳌拜进宫时，常常看到这些少年吵吵嚷嚷地在御花园里摔跤，只当是孩子们闹着玩，并不在意。

有一天，鳌拜接到康熙帝召见的命令，要他单独进宫商量国事。鳌拜像平常一样大模大样地进宫去。刚跨进内宫的门槛，忽然一群少年拥了上来，将他围住，有的拧胳膊，有的拉大腿，一下子就把他打翻在地。任凭他大喊大叫，也没有人搭救他。

把鳌拜抓进大牢后，康熙帝马上让大臣调查鳌拜的罪行。大臣们认为，鳌拜独断专横，擅杀无辜，罪恶累累，应该处死。康熙帝从宽发落，革了鳌拜的官爵。

康熙帝除掉鳌拜，朝廷里一些骄横的大臣知道了这个年轻皇帝的厉害，就不敢在他面前放肆了。

康熙帝亲自执政后，大力整顿朝政，使新建立的清王朝渐渐强盛起来。但是，南方的三个藩王却成了康熙帝的一块心病。

三藩问题由来已久。早在顺治年间，平西王吴三桂、平南王尚可喜、靖南王耿继茂奉命南征，为清朝一统中原立下了汗马功劳。因而顺治帝在统一中原后，并没有及时撤除三藩，而是命令他们留守其地。天长日久，三藩势力日盛，成为威胁中央的地方割据势力。三藩拥兵自重，把持地方财政，欺压百姓，甚至利用沿海交通的便利条件，置清廷的海禁政策于不顾，大肆进行走私活动。

康熙即位之初，四大臣辅政。他们对三藩采取笼络、包容之策，企图借助他们的力量对付南明、农民军余部，因而对三藩的所作所为不闻不问，三藩的势力更加嚣张。康熙帝亲政后，敏锐地看出三藩已成为国家的心腹之患，把它列为自己亲政所必须解决的大事之一。

康熙亲政之前就采取措施，逐步削弱三藩的势力，他收缴大将军印，裁兵裕饷，严禁欺行霸市、借势扰民，解除藩王总管云贵两省事务的职务。亲政以后，康熙专心学习经史典籍，借鉴历朝历史，他清楚地认识到：三藩的性质不是同宋初的开国功臣一个类型，而是同唐末藩镇一个性质。于是他更加抓紧整顿财政，筹措军费，扩大兵力，并主动缓和满汉矛盾，以争取民心，为撤藩工作做准备。

康熙虽有撤藩之意，但鉴于"三藩俱握兵柄"，他也不敢贸然行动。正在他犹豫不决的时候，平南王尚可喜给他提供了一个机会。康熙十二年（1673年）三月，平南王尚可喜上奏要求"归老辽东"，主动提出了撤藩问题。康熙立即抓住机会，顺水推舟，应允了尚可喜的要求，并对他的行为加以表彰。康熙帝的举动引起其余二藩的恐慌。他们也纷纷上书"请求撤回安插"。

朝臣对是否撤藩的事情意见不一，大多数官员惧怕吴三桂势力，主张暂时妥协，先行撤去耿精忠的藩国。康熙认为与其等吴三桂蓄谋已久，养痈成患，不如痛下决心，三藩并撤。于是康熙十二年（1673年）八月，帝派礼部侍郎折尔肯、翰林院学士傅达礼带手诏前往云南；户部尚书梁清标赴广东；吏部右侍郎陈一炳往福建，会同地方官员料理三藩迁移事务。但是吴三桂申请撤藩不过是故作姿态，没想到康熙帝竟然如此迅速地批准他撤藩。吴三桂感到愤愤不平，即与其党羽密谋起兵。九月初，康熙所遣办理迁移事务的大臣到达云南后，吴三桂阳奉阴违，表面上接受诏书，暗地里却一再拖延动身日期，加紧叛乱的步伐。十一月二十一日，吴三桂杀死云南巡抚朱国治，逼使云贵总督甘文焜自杀，扣留了折尔肯，吴三桂又自称"周王"，建元昭武，公开反叛清朝。

吴三桂反叛的消息传到北京，举

吴三桂斗鹑图

朝震惊。大臣中主张向吴三桂妥协的人很多，大学士索额图竟然要求将"前议三藩当迁者，皆宜正以国法"。康熙也知情势严重，但他知道撤藩的决策没有错，此时向吴三桂妥协，只能长他的气焰，灭自己的威风。康熙下定决心要与吴三桂一比高低。吴三桂起兵前后，曾经致书平南、靖南二藩，台湾郑经以及贵州、四川、湖广、陕西等地官吏，他还发布了蛊惑人心的《反清檄文》。一时间，滇、黔、湘、蜀纷纷响应。吴三桂主力东侵黔湘，很快兵力便达到14万。接着河北总兵蔡禄也反于彰德，塞外又有察哈尔部布尔民的叛乱，可谓"东南西北，都在鼎沸"。

康熙没有退路可走，当即采取措施，布置兵力，"增派八旗精锐前往咽喉要地荆州固守"；通知停撤广东和福建二藩，孤立吴三桂；拘禁额驸、吴三桂之子吴应熊及家属，赦免散处各地的原属吴三桂的官员，削除吴三桂爵位，并悬赏捉拿吴三桂。

康熙十四年（1675年），吴三桂与清朝的对抗达到了顶峰。叛军在全国形成了三大战场：耿精忠控制的福建、浙江、江西为东线，"湖南是正面战场"，四川、陕西、山西、甘肃为西线。康熙分析形势，定下战略方针：以荆州为战略立足点，顶住湖南战场的吴军主力，只对峙而不主动出击。主攻从侧翼入手，先解决耿精忠、王辅臣两股主要叛军，然后再集中力量对抗吴三桂。康熙还并用剿灭、招抚两手，亲自致书王辅臣、耿精忠等人，表示只要他们"投诚自归"，即赦免前罪，仍像从前一样对待他们。康熙十五年（1676年），王辅臣兵变降清。十月，耿精忠投降。十二月，尚之信也公开反吴。康熙践约，一律优待他们。如此一来，那些参与反叛的将领和将官纷纷投降，吴军渐渐分化瓦解。

康熙十七年（1678年）八月，吴三桂暴病身亡。其孙吴世璠即大周皇位，改元洪化。他见势不妙，退居贵阳。清军在解决两翼之后，开始战略反攻，进入湖南。康熙十八年（1679年）正月，清军攻克岳州。

接着清军势如破竹，一路收复长沙、常德、衡州。至此，湖南、四川、贵州、广西被收复。康熙又下令兵分三路，进军云南，康熙二十年（1681年）十一月，昆明城破，历时八年的内战以吴三桂的覆灭而告终。

清军平定了叛乱势力，统一了南方。正当朝廷庆贺平定叛乱告捷的时候，在我国东北边境又传来沙皇俄国侵犯边境的消息。

雅克萨的胜利

明朝末年，明、清双方都忙着打仗，北方边境的防务就无人顾及了。沙皇俄国趁机向我国黑龙江地区进犯。他们在我国掠夺财物，杀害人民。直到清朝稳定了局势，才派兵打击沙俄侵略军，收复了被俄国占领的黑龙江北岸的雅克萨（今黑龙江呼玛西北，漠河以东的黑龙江北岸）。

后来，康熙帝为了平定三藩，把大批兵力调到西南去。有个俄国逃犯带了84名匪徒逃窜到我国雅克萨，在那里筑起堡垒，到处抢掠。他们把抢来的貂皮献给沙皇。沙皇不仅赦免了逃犯的罪，还任命为首的歹徒做了雅克萨长官，想永远霸占我国土地。

康熙帝平定了三藩之乱后，听到东北边境遭到侵犯，便亲自来到盛京，派将军彭春、郎谈借打猎为名到边境侦察。

1683年农历三月，康熙帝再次致书俄国沙皇，要求俄军撤走，两国以雅库茨克为界，但再遭拒绝。康熙帝终于看清：若非"创以兵威，则罔知惩畏"，于是决意征剿。九月，清朝勒令盘踞在雅克萨等地的沙俄侵略军撤出中国领土。侵略军不予理睬，反而窜至瑷珲劫掠，被清宁古塔副都统萨布素率军击败，清军拆除了全部黑龙江下游俄军建立的据点，使雅克萨成为孤城。沙俄军不但不肯退出，反而向雅克萨增兵，跟清朝对抗。于是，康熙帝发布了进军的命令。

一月二十三日，康熙帝命都统彭春赴瑷珲，负责收复雅克萨。四月二十八日，彭春和刚被委任的黑龙江将军萨布素、建义侯林兴珠率领由满族、汉族、蒙古族、达斡尔族等民族组成的约2000人军队，携战舰、火炮和刀矛、盾牌等兵器，从瑷珲出发，分水陆两路向雅克萨开进，五月二十二日清军主力抵雅克萨城。彭春向侵略军头目托尔布津发出最后通牒，但托尔布津自恃巢穴坚固，将军役人员全部撤入城内，以负隅顽抗。五月二十三日清军战船集于城东南，火炮列于城北，陆军布阵于城南，准备攻城。二十四日，从尼布楚增援雅克萨的一队哥萨克兵乘筏顺江而来，清军于江面截击。林兴珠率福建藤牌兵裸而入水，冒藤牌于顶，持片刀以进，俄军惊所未见。藤牌兵疾劈猛砍，俄军一个个被打入江中。藤牌兵随即跃上竹筏，冲杀这批哥萨克兵。俄军死伤大半，余众溃散而逃，而清军未丧一人。

二十四日夜，清军开始攻城。在城南，彭春派萨布素等进兵，设置挡牌木垒，施放箭镞；在城北，副都统温岱、提督刘兆奇等以红夷大炮猛烈轰击；两翼又有护军参领博里秋、营门校尉乌沙等放神威大将军炮协攻；在江南，都督何佑、副都统雅齐纳、镇守达斡尔提督白克等密布战舰，以备救援。清军众志成城，协调配合，猛烈攻城。二十五日黎明，清军加大炮轰力度，俄军100多人被击毙，塔楼与城堡破坏无遗，商铺、粮仓、教堂、钟楼，尽被火药箭烧毁；清军还在城下堆积柴薪，准备焚城。托尔布津被迫乞降，遣使要求在保留武装的条件下撤离雅克萨。当日，彭春等遵照谕旨，允许城内俄军携带武器、行李撤走。被沙俄窃踞长达20年之久的雅

神威无敌大将军炮　清
"神威无敌大将军"大炮在雅克萨之战中发挥了巨大威力。

克萨重返祖国。清军平毁雅克萨城后回师，留部分兵力驻守瑷珲，另派兵在瑷珲、嫩江一带屯田，加强黑龙江防务。

俄军撤离雅克萨后，积蓄兵力，图谋再犯。1685年秋，莫斯科派兵600名增援尼布楚。托尔布津获悉清军撤走后，即率500余人，携带大炮，再度侵占雅克萨。侵略者在雅克萨废墟上重建城堡，四周围以长40俄丈、下底宽36俄丈、上底宽4俄丈、高1.5俄丈的长方形木城，城上起筑炮垒，城外挖掘壕堑。在堑外陆地一侧还竖立木栅，直抵江边。俄军这一背信弃义的做法引起清政府的极大愤慨。1686年年初，康熙帝下令反击，令萨布素速修战舰，统领乌喇（今吉林永吉）、宁古塔官兵，驰赴黑龙江城（今黑龙江黑河爱珲）；林兴珠的八旗汉军和福建藤牌兵也参与作战。五月，清军两千余人再次围攻雅克萨。清军施放炮火，奋勇进攻，通宵达旦，予敌重创。七月十四日，清军再次发起攻城高潮，城内俄军不得不藏在地穴中躲避炮火。清军见强攻不下，遂改为围困，每日向城内发炮轰击。八月，敌酋托尔布津登塔楼侦察时，被清军炮弹击中，右腿齐膝被炸断，旋即毙命，改由拜顿代行指挥，继续顽抗。清军进一步加强对雅克萨的围困：在城西要地设立营寨，控制江面，切断尼布楚方向援敌通道；城内无井，饮水全靠黑龙江水道，清军激战4昼夜，断其水源。在清军围攻下，俄军人数逐日减少。十月严冬来临，俄军饥寒交迫，处境更蹙。到第二年春，原来826名俄军只剩66人。雅克萨城旦夕可下，清政府再次建议沙皇以谈判解决两国边境问题。沙皇鉴于失败已成定局，而俄国重心又在欧洲，遂同意了。

1687年三月二十五日，清军解除对雅克萨的封锁，并准许俄军残部撤往尼布楚，历时3年的雅克萨抗俄战争至此结束。

1689年，清政府派出代表索额图，与沙俄政府代表戈洛文在尼布楚（今俄罗斯涅尔琴斯克）举行和谈，签订了《尼布楚条约》。条约划分了两国边界，肯定了黑龙江和乌苏里江流域的广大地区都是中国领土。

三征噶尔丹

在《尼布楚条约》签订后的第二年，沙俄政府不甘心失败，又唆使准噶尔部（蒙古族的一支）的首领噶尔丹向漠北蒙古进攻。

那时，蒙古族分为漠南蒙古、漠北蒙古和漠西蒙古三个部分。除了漠南蒙古已归属清朝外，其他两部也都向清朝臣服了。准噶尔部是漠西蒙古的一支，本来在伊犁一带过着游牧生活。自从噶尔丹统治准噶尔部以后，他先兼并了漠西蒙古的其他部落，又向东进攻漠北蒙古。漠北蒙古人逃到漠南，请求清朝政府保护。康熙帝派使者到噶尔丹那里，叫他把侵占的地方还给漠北蒙古。噶尔丹依仗沙俄撑腰，不但不肯退兵，还大举进犯漠南。

康熙帝决定亲征噶尔丹。1690年，康熙帝兵分两路：左路由抚远大将军福全率领，从古北口出兵；右路由安北大将军常宁率领，从喜峰口出兵，康熙帝亲自带兵在后面坐镇。

七月十四日，康熙帝离开北京，不料途中忽患感冒，只好取消亲征计划。

七月十五日，气焰嚣张的噶尔丹

向清军宣战，屯兵于西巴尔台（今内蒙古克什克腾旗土河），然后又逐步南下，占据了距京师仅有 350 千米的乌兰布通。噶尔丹把几万骑兵集中在大红山下，后面有树林掩护，前面又有河流阻挡。他把上万只骆驼，缚住四脚放倒在地，驼背上加上箱子，用湿毡毯裹住，摆成长长的一个驼城。叛军就在那箱垛中间射箭放枪，阻止清军进攻。

噶尔丹还派使者向清军提出交出他们的仇人的要求。康熙帝命令福全反击。八月一日，清军向乌兰布通推进，向噶尔丹大军发起猛攻。清军用火炮火枪对准驼城的一段集中轰击。驼城被打开了缺口。清军的步兵骑兵一起冲杀过去，福全又派兵绕出山后夹击，把叛军杀得七零八落，噶尔丹乘夜逃跑。

噶尔丹回到漠北，一面佯装向清朝政府表示屈服，一面在暗地里重新招兵买马，图谋东山再起。康熙三十三年（1694 年），康熙帝约噶尔丹会见，订立盟约。噶尔丹不但不来，还派人到漠南煽动叛乱。

康熙三十四年（1695 年），噶尔丹又燃叛乱战火，率领骑兵 3 万，向漠南大举进攻。

康熙三十五年（1696 年），康熙帝决定再次御驾亲征，分三路出击噶尔丹：黑龙江将军萨布素从东路进兵；大将军费扬古率陕西、甘肃军兵，从西路出兵，拦截噶尔丹的后路；康熙帝亲自带中路军，从独石口迎击噶尔丹大军。

康熙帝的中路军到了科图，遇到了敌军前锋，但东西两路还没有到达。

康熙帝决心已定，继续进兵克鲁伦河，并且派使者去见噶尔丹，告诉他康熙帝亲征的消息。噶尔丹在山头望见清

军黄旗飘扬，军容整齐，便连夜拔营逃走了。康熙帝一面派兵追击，一面派快马通知西路军大将费扬古，让他们在半路上截击。

噶尔丹带兵奔走了五天五夜，到了昭莫多（今蒙古人民共和国乌兰巴托东南），正好与费扬古军相遇。费扬古在树林茂密的地方设下埋伏，然后派先锋把叛军引到预先埋伏的地方，叛军一到，便前后夹击。叛军死的死，降的降。最后，噶尔丹只带了几十名骑兵逃走了。清军大获全胜。

昭莫多之战后，噶尔丹流窜于塔米尔河流域。为了彻底消灭噶尔丹的势力，康熙帝采取收服降众、断绝噶尔丹外援的策略，彻底地孤立了噶尔丹。噶尔丹之侄策妄阿拉布坦也遣使入朝，接受了清朝的册封，噶尔丹已处于四面楚歌的境地，但他顽固不化，拒不接受清廷的招抚。

康熙三十六年（1697 年）二月六日，康熙帝第三次率兵亲征噶尔丹。出京城，经过山西大同、陕北府谷、神木、榆林等地，三月二十六日康熙大军抵达宁夏。这时，噶尔丹原来的根据地伊犁已经被他侄儿策妄阿拉布坦占领；他的左右亲信听说清军来到，也纷纷投降，愿意做清军的向导。噶尔丹走投无路，服毒自杀。五月十六日，康熙帝胜利回京。

从那以后，清政府重新控制了阿尔泰山以东的漠北蒙古，分封了当地蒙古贵族称号和官职。随后，又在乌里雅苏台设立将军，统辖漠北蒙古。

第一次鸦片战争

当英、美、法等列强进行如火如荼的资本主义革命时，清政府正闭关锁

林则徐像

国，自以为"天朝上国"，不思改革，遂使中国在世界上落伍。英国通过鸦片贸易从中国攫取了大量白银，同时使我国军民身衰体弱，政府官员中的有识之士纷纷要求禁销鸦片。

1839年，湖广总督、钦差大臣林则徐奉命于1月底到达广州，他一方面整顿海防，允许人民群众持刀杀敌；一方面宣布收缴鸦片。3月，英国鸦片贩子被迫交出烟土237万余斤。6月3日林则徐下令把这些鸦片在虎门海滩当众销毁，以示中国政府禁烟的决心。

英国政府以此为借口向中国发动了战争，1840年1月，以懿律和义律为正副全权代表，懿律为侵华英军总司令，出兵中国。5月，英国舰船40余艘、士兵4000多名先后到达澳门附近海面，鸦片战争爆发。懿律率英军进犯广州海口，看到广州军民早已严密布防，遂转攻厦门，又被邓廷桢军击退。6月，英军北上攻占定海作为军事据点。8月，英舰抵达天津大沽口外。道光帝慑于英军武力，又为投降派的劝说所动摇，遂改变态度，罢免了林则徐，改派直隶总督琦善为钦差大臣去天津和英军谈判。而此时英军因夏秋换季，疾疫流行，遂放弃定海，于8月中旬南返，双方议定在广州谈判。琦善到广州后，一反林则徐所为，命令撤除海防水勇，镇压抗英群众，一心议和。1840年12月，琦善与义律在广州开始谈判，英军趁中方严防撤除、又因谈判而致海防松懈无备之际，于1841年1月7日发动突袭，攻陷了虎门附近的沙角、大角两炮台，并单方面宣布所谓"穿鼻草约"。1月26日，英军攻占了香港。

道光帝得知琦善开门揖盗，丢失两炮台后，下令捉拿琦善，并向英宣战，派侍卫内大臣奕山为靖逆将军，调兵万余赴粤抗英。英军先发制人，出动海陆军攻虎门，广州提督关天培亲率清兵迎击，清军刀矛不敌英军坚枪利炮，关天培中弹牺牲。2月26日，英军攻占虎门、猎德、海珠等炮台，溯珠江直逼广州。4月，奕山率大军抵广州，5月24日英军进攻广州，一路占领城西南的商馆，一路由城西北登陆，包抄城北高地，不久攻占城东北各炮台，并炮击广州城。奕山执行"防民甚于防寇"的方针，对英军侵略消极抵抗，在英军的迅猛攻势下，他与英人签订《广州和约》并征得道光帝批准，以缴600万元换得英军撤出广州地区。

与清政府的妥协投降态度相反，广州三元里人民在广州北郊牛栏冈附近同窜入这里的千余英军英勇作战，打死打伤英军数十人，并把四方炮台围得水泄不通。在广州知府的调停下，英军才得以解围。

英政府并不满意懿律和义律在中国获得的权益，改派璞鼎查（后来的首任港督）为全权代表来华，扩大侵略战争。1841 年 8 月 21 日璞鼎查率 37 艘舰船、陆军 2500 人离开香港北上，攻破厦门，占据鼓浪屿。10 月 1 日再次攻陷定海，清定海总兵葛云飞英勇殉国。10 日英军攻占镇海（今浙江宁波），钦差大臣、两江总督裕谦战死，英军旋占宁波城。道光帝闻信大惊，忙派吏部尚书大学士奕经调兵赴浙以收复失地。1842 年 3 月，奕经在准备不充分的情况下全面反击，清军数战不利，撤回原地。

洪秀全像

战败消息传到京师，朝野上下震动，道光帝无奈，只得派盛京将军耆英和伊里布赴浙向英军请和。璞鼎查不理会耆英的乞和，继续深入，1842 年 5 月 18 日英军攻取浙江平湖乍浦镇。6 月 16 日攻吴淞口，吴淞炮台守将陈化成壮烈牺牲，宝山、上海沦陷。英军溯长江西上，于 7 月 21 日陷镇江。8 月，英舰陆续到达南京下关江面。清政府已无心再战，遂接受英方停战的条件，29 日在英军舰"汉华丽"号上，耆英、伊里布与璞鼎查签订了中国近代史上第一个不平等条约《南京条约》，鸦片战争以清政府的惨败而告终。

《南京条约》严重侵害了中国的主权，鸦片战争的失败昭示了"落后就要挨打"的深刻道理。

太平天国

英国人用鸦片掠夺中国，又用炮舰保护了罪恶的鸦片贸易。《南京条约》签订后，外国货如潮水般涌入中国，清政府也为支付战争赔款，加重了对人民的剥削，广东首当其冲。不久，太平天国起义在两广地区爆发了。领导起义的首领就是洪秀全。

洪秀全出生在广东花县的一个中农家庭里。他 7 岁时，到村中私塾读书，由于天性好学，聪明过人，到了 18 岁，他在史学和文学方面的造诣已经远近闻名了。后来，他的父母相继死去。服孝期满后，他来到府城广州赶考，结果名落孙山。1843 年，他重整旗鼓又赴广州考秀才，结果仍然落榜。

洪秀全在广州应试期间，曾得到一本基督教的宣传品《劝世良言》，他无意中翻阅之后，觉得书的内容十分新奇，他对书中所描述的人人平等的大同世界十分神往，从此开始信奉上帝。

1843 年农历七月，洪秀全约合了老同学冯云山和族弟洪仁玕，三人结成一个秘密的团体——拜上帝会。洪秀全称自己是上帝的次子。

洪秀全建立拜上帝会后做的第一件事，就是砸毁了家里的孔孟牌位，然后便和冯云山赴广西紫荆山区传教。洪秀全等到组织基本建立后回到广东，开始了两年多的著述活动。他写了《原道救世歌》《原道醒世训》《原道觉世训》。在这些书里，他阐发了农民的平等和平均思想，第一次提到社会上的两大对立面：正义与邪恶。

与此同时，冯云山在紫荆山区烧炭

工人中发展会员，很快会员就发展到数千人，初步形成了以洪秀全、冯云山、杨秀清、萧朝贵、石达开、韦昌辉等人为首的领导核心。

1850年正月，道光帝旻宁病死，咸丰皇帝即位，历史上称为清文宗。当年七月，洪秀全下令各地会友在十月四日前到桂平县金田村集合，并计划在洪秀全38岁生日那天举行武装起义。

拜上帝会在各地的会员接到命令后，向金田聚集。很快，人数就超过了2万。一天，洪秀全、冯云山正在花洲山人村胡以晃家中密谋起义，官府得知这一消息，派兵包围了那里。杨秀清等人听说后立即派兵救援，并全歼了敌人。这就是太平天国史上著名的"迎主之战"。

1851年农历正月十一，太平军按原定计划举行隆重仪式，正式宣布起义。由此，太平军揭开了纵横18省、坚持14年的农民革命战争的序幕。

洪秀全颁布《天命诏旨书》作为太平军的军令，挥师东进。3月，洪秀全称天王。9月，太平军攻克了出战以来的第一座州城永安，太平军在此进行建制，颁布了封王诏令，封杨秀清为东王、萧朝贵为西王、冯云山为南王、韦昌辉为北王、石达开为翼王，同时规定诸王皆受东王节制，天王领导于上，正式确立太平天国的领导核心，史称"永安建制"。1852年农历四月，太平军离开广西进入湖南，明确提出了推翻清朝的战斗号召，受到热烈响应。1853年农历三月，太平军攻克南京，将其改名为"天京"，正式定都，建立起与清朝对峙的农民政权，并乘胜东进，攻克镇江、扬州等地，建立起统一防御体系，结束了起义以来流动作战的局面。

可是没过几年，太平军领导集团发生了内讧，太平天国运动最终在中外反动势力的联合绞杀下失败。

火烧圆明园

圆明园始建于明朝。1709年，康熙帝将它赐给四子胤禛，并赐名为圆明园，"圆"乃"君子之灵魂"，"明"为"用人之智慧"，是康熙帝授其子孙为人治国之计。雍正即位后，将圆明园大规模扩建，乾隆三十五年（1770年）圆明园三园格局基本形成。后来圆明园又经过嘉庆、道光、咸丰等皇帝的经营，才营造成为一座规模宏伟、景色秀丽的宫苑。清朝皇帝每到盛夏就来此避暑听政，所以圆明园也被称为"夏宫"。

圆明园共经营了150多年，它由圆明园、万春园、长春园三园组成，其中以圆明园最大，此外它还有许多属园，建筑面积达16万平方米，园里共有100多个景点。它继承了中国历代优秀的造园艺术，汇集了全国的名园胜景，是我国园林艺术的集大成之作。同时，它也大胆吸收西方建筑形式，有一组中西合璧的"西洋楼"建筑群，兼备中、日、西欧三种风格。除此之外，圆明园还是一座皇家博物馆，珍藏了无数的孤本秘籍、名人字画、鼎彝礼器、金珠珍品和铜瓷古玩等，堪称人类文化的宝库。

1856年，正当清政府忙于镇压太平天国运动之时，英法联军在俄国和美国的支持下，发动了新的旨在扩大《南京条约》所取得的权益的侵略战争，这就是第二次鸦片战争。在这次战争中，中华文化遭受到一次空前的劫难。著名的皇家园林圆明园不仅被残暴洗劫，甚至被野蛮的侵略者们付之一炬。

1860年10月5日，英法联军兵临北京城下，听说清军驻守力量在北城最薄弱，便绕道安定门、德胜门，进犯圆明园。首先闯入的是法国侵略军，当法军攻破宫门时，园内太妃董嫔恐受辱而自缢身亡，护园大臣亦投水自尽。侵略者们见物就抢，口袋里装满了珍品宝物。刚开始司令部还对士兵们有所节制，后英军亦赶到，联军司令部发出了"自由抢劫"的通知，一万多名士兵军官贪婪地扑向琳琅满目的珍藏，进行疯狂地洗劫，能抢就抢，能运就运，对于那些搬不走的大件器物，他们就丧心病狂地砸碎破坏。大肆洗劫后，额尔金在英国首相支持下，竟下令烧毁圆明园。10月7日到9日，迈克尔率英军第一师持火燃园，园内300多名太监、宫女、工匠都葬身于火海，大火连续烧了三天三夜，这座世界名园化为一片焦土。10月13日，侵略军攻占了安定门，控制了北京城。10月18日再次抢劫万寿山、玉泉山和香山等多处所藏的珍贵文物，并进行第二次大焚烧。这次焚烧圆明园的事件之后，有些偏僻角落和水中景点并没遭劫，清廷30多年间仍将此当成重兵看守的禁苑，进行一系列的修复工程，同治、光绪和慈禧还常到此巡游。1900年八国联军侵华，圆明园再次遭受劫难，遗址被彻底破坏。

洋务运动

洋务，又称夷务，泛指包括通商、传教、外交等在内的与西方资本主义有关的一切事物。洋务运动指清政府一批具有买办性质的官僚军阀在19世纪60年代到90年代为挽救统治危机，自上而下推行的一场以引进西方的军事装备、机器生产和科学技术为主要内容，以富国强兵为目的的自救运动。

洋务派在中央以总理衙门大臣奕䜣、侍郎文祥等为代表，在地方上以曾国藩、李鸿章、左宗棠、张之洞等为代表，同治登基后他们握有实权，可以左右清朝的政局。如两江总督长期由湘系曾国藩、曾国荃、左宗棠、刘坤一交替占据，直隶总督由李鸿章独占。洋务派的指导思想是"中学为体，西学为用"，他们认为中国的政治制度比西方好得多，只是火器比不上西方列强，只要清政府掌握了西方的近代军事技术和装备，就可以强盛起来。洋务运动分为前后两个阶段，19世纪60年代为第一阶段，洋务派打着"自强"的旗号，依照西方资本主义国家的办法制造新式枪炮和船舰，兴办了一批军事工业企业；19世纪70年代到90年代是第二阶段，以"求富"为口号，洋务派开始创办民用工业企业。

在第一阶段洋务派建立的军工厂中规模较大的有江南制造总局、金陵机器局、福州船政局、天津机器局等。李

江南水师学堂旧址

鸿章在曾国藩支持下于上海创立江南制造总局，创办经费为 54 万余两白银，工人 2000 余人，主要生产枪炮、弹药和小型船舰，还附设译书馆来翻译西方书籍，这是洋务派创办的规模最大的军工企业。这些军工企业全部都是官办企业，由清政府和湘、淮系军阀控制，具有浓厚的封建性，同时对外国有着严重的依赖性，从设计施工、购置机器设备、生产技术直到原料供应完全依赖于外国，并长期受外国人控制，但这些近代企业毕竟也具备了一定的资本主义因素。

由于在创办军工企业的实践中遇到资金、原料、运输等困难，洋务派认识到必须先求富才能自强，所以决定发展民用企业以积累资金，有了雄厚经济基础后才能制造洋枪炮以自强御侮。19 世纪 70 年代起，洋务派开始大力发展工业企业，到 19 世纪 90 年代就已创办了大约 20 多家民用企业，涉及交通运输、采矿、纺织、冶炼等各个行业。规模较大的有上海轮船招商局、上海机器织布局、电报总局等。在这些企业中，上海轮船招商局是最成功的一个，它是 1872 年李鸿章在上海创办的，是中国第一家近代轮船航运公司，也是洋务派兴办的第一个民用企业，这个企业在经营过程中屡遭英美轮船公司的排挤，但并没有被挤垮，一直在夹缝中求生存。

洋务派在兴办军工、民用企业的同时，还进行了筹建海军、加强海防、设立外文学馆、派遣留学生等活动。1875 年，两江总督沈葆桢、直隶总督李鸿章等人奏请筹建北洋、南洋、粤洋（又称福建）三支海军。1885 年三支海军已初具规模。1867 年，奕䜣设立京师同文馆，以教习外语为主，同时兼习天文、历史和数理化。此后，各类学堂学馆在各地纷纷建立。1872 年，中国首次派遣留学生到国外，30 名学生由上海赴美留学。此后，政府还多次遣派留学生到国外学习。

洋务派向西方学习的探索，尽管带有浓重的封建性和对外国的强烈依赖性，但他们创办了中国第一批近代工业企业，为中国培养了近代中国第一批新型的科技、军事和翻译人才，是近代最早觉醒的先行者，其进步作用也是不容忽视的。

镇南关大捷

法国侵略越南，清政府采取绥靖政策，息事宁人。但法国蓄意与中开战，独占越南后，不断犯边挑衅清军。1884 年竟炮轰中国福建水师，致使福建水军全军覆灭，清廷无奈对法宣战。

1885 年 3 月中旬，法军再度大举进犯，集中两个旅团约万余人兵力向谅山清军发动进攻，广西巡抚潘鼎新不战而退，法军未经战斗即占领战略要地谅山。法军进犯文渊州，守将杨玉科力战牺牲，清军纷纷后撤，法军乘势侵占广西门户镇南关（今友谊关）。

由于潘鼎新怯战致法军深入桂北，清廷免去其职务。在清军中素有威望的原广西提督冯子材受旨督办广西关外事务。冯子材赶到镇南关后，根据清军内部派系之争的情况，对诸将晓以民族大义，使众将感动而团结一致，冯子材得以统一指挥协调各军行动。此时法军因兵力不足，补给困难，已从镇南关退回文渊，伺机再北犯。冯子材亲自跋山涉水勘测地形，依托有利地势构筑起坚固的防御工事，形成一个完备的山地防御阵地体系。15日，冯子材得悉法军将经扣波袭芤封，妄图从侧后包抄清军关前隘阵地，他急调兵力前往扣波和芤封，挫败了法军的迂回企图。19日，有人密报法军将入关攻龙州，冯子材决定先发制人。21日，他率王孝祺军出关夜袭文渊之敌，激战竟日，"毙贼甚多"，极大地鼓舞了清军斗志，增强了诸部的信念。

3月23日，法军前线指挥官尼格里因文渊受袭，恼羞成怒，纠集了两三千侵略军，集起谅山之众，直扑关前隘长墙。尽管之前他曾观察了清军的设防，知道清军工事坚固，但他在报复心理驱使下，贸然踏入冯子材早已布置好的陷阱。法军在炮火掩护下，攻占隘东小青山上清军三座堡垒后，势如潮涌般扑向关前隘长墙。第一天战斗异常激烈，炮声震得地动山摇，砂石横飞，双方伤亡都很重。冯子材挥刀大声激励部众："若让法寇再入关，我们有何面目见家乡父老！活得又有什么意义？"将士们深受感动，"皆誓与长墙俱死"。由于清军浴血奋战，在炮弹如雨点般倾泻入阵地的险境下拒不退缩，法军猖狂进攻没有占到什么便宜，只好收兵。

尼格里仍然迷信武器装备的精良，还要拼死一搏。翌日黎明，他先派副手爱尔明加中校率一股法军乘浓雾弥漫山野之时，攀登大山头，以迂回偷袭清军大青山大堡，然后居高临下，

《马关条约》清

配合正面攻击的法军主力，夺取清军关前隘阵地。然而当地山路曲折崎岖，灌木丛生，爱尔明加的法军被地形搞得像无头苍蝇一样胡冲乱撞，转了半天也找不到攻击目标，只好沿原路返回。而尼格里以为偷袭得手，迫不及待地把全部兵力派上正面冲锋。

法军这时已抵长墙下，有的已从长墙缺口爬入墙内。冯子材看到就近歼敌、转守为攻的时机已到，遂下达反击命令。霎时，号角嘹亮取代了炮声沉闷，战鼓擂得震天响，只见须发斑白的冯子材大吼一声，率两个儿子首先持矛冲出长墙，直奔法军。清军诸将士见主将年老尚如此奋不顾身，皆感奋，一齐杀出，"奋挺大呼从如云，同拼一死随将军"的动人场面出现了。清军与法军进行白刃格斗，法军的枪炮不管用了，而清军的刀矛却大显威力，双方在关隘前战得难分难解，但清军毕竟人多势众，以十倍二十倍于法军的兵力猛压过来，法军主力被打退。此时，绰号"王老虎"的清将王德榜在击溃法援军、消灭其运输队后，又从关外夹击法军右侧后，配合东岭的陈嘉、蒋宗汉军攻袭法军，夺回了被占堡垒。而清将王孝祺也已击溃西岭的法军，并包抄敌人左侧后，法军三面受敌。而在敌后，关外游勇客民千余，闻冯子材身先士卒，亦来助战，袭敌后方。清军如潮水般冲向敌寇，法军在四面打击下死伤数百人，弹药将尽，后援断绝，尼格里只得下令做梯形阵势退却。

法军残部狼狈逃到文渊，又退到谅山，企图重新积蓄力量反扑。但冯子材岂会给尼格里喘息机会，率清军乘胜追击，26日克复文渊，28日在激战中又把尼格里击成重伤，29日突袭谅山。法军士气沮丧又疲惫不堪，代指挥爱尔明加下令毁坏各种军用物资后，弃城而逃。清军和黑旗军继续追击，又在谷松、威坡、长庆重创法军，缴获各种枪炮弹药不计其数，法军第二旅团精锐悉被歼灭。与此同时，黑旗军与清军在临洮也取得大捷。抗法战争在中方胜利在望之时，清廷却与法国签订了不平等条约，中国"不败而败"，法国"不胜而胜"。

甲午战争

1868年明治维新以后，日本开始大力发展资本主义，建立近代国家，并具有强烈的军国扩张欲望。明治政府一建立就制定了旨在征服中国和世界的所谓"大陆政策"：侵占中国台湾，再征服朝鲜，进一步侵占中国东北和蒙古地区，继而征服全中国，最后独占亚洲，称霸世界。

1894年春，朝鲜爆发了以"除暴安良"和"逐灭夷倭"为口号的东学党起义。起义很快席卷了朝鲜南部很多地区，朝鲜政府无力镇压，便向清政府求援。清派直隶提督叶志超等率兵2500人赴朝助剿。日本伺机而动，决定出兵朝鲜，趁机挑起中日冲突以发动侵略战争。朝鲜东学党起义被镇压后，清政府照会日本，建议中日两国同时撤兵。日本拒不撤兵，蓄意扩大事态。面对日本的挑衅，清统治集团内部出现了主战和主和两派意见。以光绪帝为首的帝党力主加强战备，以武力遏制日本的扩张，

但实权掌握在慈禧太后和李鸿章手上，他们对日避战求和。日本重兵压境，驻朝清兵多次请添援军，李鸿章不予理会，反而把解决中日争端的希望寄托在国际列强的调停上，但西方列强对日本发动战争均持默许和支持的态度。

7月底，清援军途经丰岛海南时，突遭日舰袭击，清军官兵死伤惨重，日本不宣而战，正式挑起侵华战争。1894年8月1日，中日两国同时正式宣战。九月，日陆军分四路会攻平壤，清军与日军在城外展开激战。左宝贵指挥清军英勇抵抗，死守城北玄武门一带，并亲自登城开炮轰击日军，不幸中炮牺牲，玄武门失守，主将叶志超逃跑。9月17日，中日在黄海海面上进行了激烈的海战。提督丁汝昌率领北洋舰队与日军展开激烈战争，丁汝昌受伤后仍坐于甲板上鼓舞士气，由"定远"号管带刘步蟾代其指挥督战。"致远"号管带邓世昌在鏖战多时、船舰受重创情况下，下令舰船猛撞日舰，不幸中鱼雷，全舰官兵壮烈殉国。"经远"号亦在其管带林永升指挥下坚持战斗到最后一刻。黄海海战北洋舰队虽然损失了5艘军舰和近千士兵，但也重创了日舰。由于李鸿章实行"保船制敌"的消极防御方针，命令北洋海军集于威海卫，不准出战，致使日本掌握了黄海制海权。

10月，日军偷渡鸭绿江成功，九连城、安东等地相继失守，日军进逼辽阳。与此同时，日军另一支军队由辽东半岛的花园口登陆，南犯金州。徐邦道率部分清军与日军在金州激战，因寡不敌众、后援不济而退守旅顺，另一清军将领赵怀业不战而逃，弃守大连。11月17日，日军进攻旅

顺，只有徐邦道一部奋勇迎敌，孤立无援，旅顺失守。22 日，日军进入旅顺，进行了惨绝人寰的大屠杀，历时 4 天，杀害 2 万多人，血流成河，尸横遍野。旅顺失守后，清政府多次派人向日本求和，日军不予理会，将进攻重点转向北洋舰队基地威海卫。当时北洋舰队实力尚存，可与日军一战，但李鸿章严禁其出击，造成了被动挨打的局面。威海一战，北洋舰队全军覆没，提督丁汝昌拒降自杀，定远管带刘步蟾亦自杀殉国。1895 年年初，日军战略重点转向辽东半岛，辽东半岛沦陷。3 月，清政府派李鸿章赴日议和。1895 年 4 月 17 日，李鸿章屈服于日本的压力，与伊藤博文签订了《马关条约》，甲午战争结束。

《马关条约》是《南京条约》以来最严重的不平等条约。日本割占了中国大片领土，进一步破坏了中国的领土完整，助长了列强侵略中国的野心，引发了列强瓜分中国的狂潮，给中华民族带来了空前严重的危机。

戊戌政变

1895 年到 1898 年，在中国发生了一场颇有声势的资产阶级维新变法运动。到了 1898 年，百日维新成为这次运动的高潮。这是一场由资产阶级改良主义者领导的改革。维新运动的主要领导人是康有为。康有为出身于封建官僚家庭，深受儒家思想熏陶，他后来又阅读了许多介绍西学的书籍，渐渐产生了要求改变中国现状的革新思想。1888 年他到北京参加科举考试，时值中法战争结束不久。康有为第一次上书皇帝，他的奏折因顽固派的压制而未能送交到

皇帝手中，但该书在爱国士子中广为传诵。1891 年，康有为在广州创办万木草堂，聚众讲学，引导学生关心天下大事，探索救国救民的道路。后来，他发表了《新学伪经考》和《孔子改制考》两部著作，宣传自己破旧立新的改革思想。康有为又多次上书光绪帝，其中第二次上书（即“公车上书”）在社会上产生了很大影响，维新思想也随之传播。康有为领导维新派创办了强学会等多个团体和《万国公报》等多种刊物，并与封建顽固派展开了激烈的论战。全国议论时政的风气逐渐形成，维新思想开始深入人心。

中日甲午战争后，帝国主义列强掀起瓜分中国的狂潮，民族危机空前严重。就在德国强占胶州湾的消息传出后不久，康有为第五次赴京上书光绪帝，提出变法自救的强烈主张。这份上书亦被阻，但其内容已在北京广为传抄。1898 年年初，光绪帝知道了上书内容，想召见康有为，但被恭亲王奕訢所阻，光绪只好指派翁同龢、李鸿章等五大臣接见康有为。后康有为第 6 次上书光绪帝，即著名的《应诏统筹全局折》，继续强调变法的急迫性，并提出具体措施。光绪帝一心想改变国势贫弱的局面，于是决心接纳维新主张。

1898 年 5 月，恭亲王奕訢病死，变法阻力减少。康有为即刻鼓动帝党官员上书敦请变法，光绪帝接受建议，于 6 月 11 日颁布由翁同龢草拟的《定国是诏》，变法运动正式开始。16 日，光绪在颐和园召见康有为，商讨具体变法措施。光绪任命康有为总理衙门章京上行走一职，准予专折奏事；赏杨锐、刘光第、谭嗣同、林旭四品卿衔，擢为军

机章京，参与新政。变法期间，光绪帝发布了上百道变法诏令，包括：政治方面设制度局，裁减冗员，提倡西学等；军事方面设厂制造军火，改用西法精练军队。这些措施虽然是没有触及根本政治制度的变革，但都有利于民族资本主义经济的发展和近代资产阶级进步思想文化的传播。

随着变法运动的高涨，以慈禧太后为首的顽固派与维新派的矛盾也日益尖锐。

慈禧太后首先逼迫光绪帝下令将翁同龢革职。翁同龢是光绪帝的亲信大臣，在帝党和维新派之间起着桥梁的作用，将他革职，就大大削弱了变法维新的力量。接着，慈禧太后逼迫光绪任命荣禄为直隶总督兼北洋通商大臣，统率北洋三军，这实际上是把北京控制在她的手里。慈禧太后又用光绪帝的名义，宣布在 1898 年 10 月 19 日去天津检阅军队，准备到时发动政变，逼迫光绪帝退位。

在这危急的时刻，光绪帝便与维新派的主要人物反复商量，认为唯一的办法，就是依靠袁世凯的军事力量。

袁世凯早年曾在天津小站督练新建的陆军，当时是荣禄的部下，是北洋三军中的重要将领。当光绪帝皇位难保之时，谭嗣同挺身而出，表示愿意冒险去找袁世凯，说服他出兵帮忙。

当天深夜，谭嗣同独自到了袁世凯的寓所，拿出光绪帝的密诏，并将维新派的全部计划也和盘托出，要袁世凯扶持光绪皇帝诛杀荣禄，消灭后党。

谭嗣同慷慨激昂地说："今天只有你能救皇上。如果你愿意，就请全力救护；如果你贪图富贵，就请到颐和园告密，你可以升官发财！"

袁世凯正颜厉色地说："你把我袁某看成什么人了！皇上是我们共事的圣主，救驾的责任，你有，我也有！"

第二天，光绪帝召见了袁世凯，要他保护新政。退朝之后，袁世凯匆匆赶回了天津。一到天津，他就去向荣禄告密。荣禄得报后，连夜乘专车进京，赶往颐和园去向慈禧太后报告。袁世凯从这一叛变行动开始，便飞黄腾达起来，他用维新派的鲜血，染红了自己的顶戴。

第二天凌晨，慈禧太后就带着大批人马，气急败坏地从颐和园赶到紫禁城，下令把光绪帝囚禁在中南海的瀛台。对外则宣布光绪帝生病，不能亲理政务，由慈禧太后"临朝听政"。同时，下令大肆搜捕维新派和倾向维新派的官员。百日维新期间推行的新政，除了京师大学堂等少数几项措施以外，全部被废除了。这一年，正是甲子纪年的戊戌年，所以，通常把这场政变称为"戊戌政变"。

维新派领袖人物康有为得知消息后，从天津搭乘英国轮船逃往香港。梁启超当天得到日本使馆的保护，化装逃往日本。

1898 年 9 月 28 日，慈禧太后下令杀死谭嗣同、康广仁、刘光第、林旭、杨锐、杨深秀六人，他们被称为"戊戌六君子"。

至此，资产阶级改良主义运动彻底失败了。戊戌变法虽然失败了，但它对中国历史发展产生了不可磨灭的影响，留下了深刻的历史教训。它是资产阶级领导的一次政治改革运动，也是一场思想启蒙运动，符合中国近代社会发展的趋势，具有爱国救亡的积极意义。它的失败证明，在半封建半殖民地社会的中国，资产阶级改良的道路是行不通的。

慈禧太后西逃

　　光绪二十六年（1900 年）农历五月初一晚，义和团焚烧丰台火车站的消息与京津铁路轨道被拆毁的谣言传到外国公使居住的东交民巷。各国公使感到形势紧急，立即举行会议，全体同意调军队保护各国使馆。次日，驶抵大沽口外的外国舰队先后接到进京的电报，并很快派出陆战队，由海河乘船抵达天津，准备向北京进犯。五月上旬，进入天津租界的各国军队已达 2000 人。五月十三，各国驻津领事和海军统帅在英国领事贾礼士的提议下举行会议。在美国领事的鼓动下，会议决定将在津的八国现有兵力组成联军进军北京，由在津军队中级别最高的英国人西摩尔中将为统帅，美国人麦卡加拉上校为副统帅，八国联军正式组成。光绪二十六年（1900 年）农历五月二十一，八国联军攻打大沽炮台，当天义和团和清军就联合攻打紫竹林租界，天津战役爆发。五月二十五，清政府宣布对各国开战。六月二十三夜里，炮声急促起来，慈禧不敢入睡，坐在养心殿听取军情报告。忽然载漪慌慌张张地跑了进来，喊

道："老佛爷，洋鬼子打进来了！"接着，军机大臣荣禄也惊慌失措地报告沙俄哥萨克骑兵已经攻入天坛。

　　慈禧慌忙召集王室亲贵和军机大臣，紧急商议撤离京师避难事宜。

　　六月二十五凌晨，慈禧与光绪皇帝等皇室人员，换便衣乘马车仓皇逃离京城。当时东直门、齐化门已被洋人攻下，慈禧一行从神武门出宫，经景山西街，出地安门西街向西跑。当队伍到德胜门时，难民涌来。慈禧的哥哥桂祥率八旗护军横冲直撞一阵，才开出一条道来。

　　队伍在上午像潮水一般到达颐和园，两宫人员纷纷下车进入仁寿殿休息了一会。随后，慈禧下令马上出发。由皇室成员和一千多护驾人员组成的队伍，马不停蹄地一路向西急行军。

　　慈禧一行，历尽了颠沛之苦。沿途只能夜宿土炕，既无被褥，又无更换的衣服，更谈不上御膳享用，仅以小米稀粥充饥。

　　一直到了西安后，安全和供应才有了保障。为了能早日"体面"地回京，她命令庆亲王奕劻回京会同直隶总督李鸿章与各国交涉议和。

　　虽然国家已经面临亡国的危险，但

《辛丑条约》签字的现场旧照

慈禧仍然要求地方官员供应她奢侈的生活用度。为了满足慈禧一行在西安浩繁的开支，各省京饷纷纷解到，漕粮也改道由汉口经汉水、丹江运往陕西。据档案文献统计，截至光绪二十七年（1901年）二月初，解往西安的饷银就高达五百万两，粮食一百万石。

就御膳而言，慈禧一行每餐仍分荤局、素局、饭局、茶局、点心局等，每局设管事太监一人，厨师数人至十余人不等，统一由总管大臣继禄管理。每天选菜谱百余种，以致每天要花掉银子200两。

为了讨好列强，慈禧不断发布上谕：这次中国变乱，事出意外，以致得罪友邦，并不是朝廷的意思；对于那些挑起祸乱的人，清朝政府一定全力肃清，决不姑息。这些话完全表明她要丢卒保帅，不惜一切代价讨好列强。

慈禧为尽量满足列强的心愿，还以光绪的名义下罪己诏，奴颜十足地说："量中华之物力，结与国之欢心。"

1901年8月15日，《辛丑条约》签订，中国赔款白银4.5亿两，这笔费用相当于清政府12年的收入总和。《辛丑条约》的签订，标志中国完全沦为半殖民地半封建社会。

"议和"告成，慈禧一行便于同年8月24日踏上返京的路途。这次归返京城与逃出京城的情形可大不一样了。从西安启程时，百姓"伏地屏息""各设彩灯"欢送，数万人马按照京城銮仪卫之制列队行进，慈禧乘坐八抬大轿，轿前有御前大臣及侍卫，后面是3000多辆官车，装着慈禧及王公大臣的行装及土特产，浩浩荡荡如同打胜仗般凯旋。

同盟会革命纲领

同年11月28日，慈禧、光绪帝等人回到了北京，京城地方官动用了大量财力和人力，将御道装饰一新。但入城的气氛叫人感到压抑，沿途大街上除了乱哄哄的八国联军官兵围观外，跪迎慈禧回銮的官员百姓没有几个。经历浩劫的京城已经再也打不起精神来迎接这个祸国殃民的国贼了。

中国同盟会的成立

革命形势的迅速发展和爱国运动的广泛开展，使革命党人深切意识到有必要把分散的革命力量联合起来，建立一个全国性的统一革命组织和政党来领导革命运动。孙中山敏锐地觉察到中国已处于革命高潮的前夕。为联合各种革命力量，从1902年到1905年，他做了一次环球旅行，致力于在各地宣传革命思想、组织革命团体，进一步扩大革命的影响。

1905年夏，孙中山从欧洲到达中国留学生集中的日本东京，同留日革命团体领导人黄兴、宋教仁、陈天华等会晤，商议筹建统一的革命政党。7月，来自各省的革命志士70多人在东京召开筹备会议。会上，孙中山发表演说，阐明革命的原因、形势及联合组织、统一团体的必要性。孙中山提议该团体定名为中国革命同盟会，经过反复讨论，最后定名为"中国同盟会"，简称"同盟会"，并以孙中山提出的"驱除鞑虏，恢复中华，创立民国，平均地权"16字为政治纲领。为进一步扩大革命影响，由黄兴和宋教仁发起，在东京召开了中国留学生和华侨欢迎孙中山的集会。孙中山当场发表激动人心的演说，给与会者以巨大鼓舞，革命热情迅速高涨。

8月，孙中山和黄兴等联合兴中会、华兴会和光复会等革命团体的成员，在东京正式举行了中国同盟会成立大会。大会通过了黄兴等人起草的同盟会章程，确定16字纲领为同盟会宗旨，推举孙中山为总理、黄兴等人为执行部干事。章程规定同盟会本部设于东京，本部机构在总理之下设执行、评议、司法3部；在国内设东、西、南、北、中5个支部，国外设南洋、欧洲、美洲、檀香山4个支部，支部以下按地区、国别设立分会。同盟会是中国第一个全国性的具有比较明确的政治纲领的资产阶级革命政党。它成立后，海内外革命者纷纷加入，革命队伍日益壮大，为资产阶级革命运动的全面高涨奠定了基础。

末代皇帝

光绪在位三十四年，最终抑郁而死。他"驾崩"两个时辰后，醇亲王载沣被宣入中南海，跪在西太后的帷帐前。

慈禧开口说："载沣，你得了两个儿子，这是值得喜庆的事。光绪晏驾，我又在病重之中。现国家有难，朝廷不可一日无君，我决定立你的长子溥仪为嗣，继承皇位，赐你为监国摄政王！"向来懦弱的载沣，听了这番话，如五雷轰顶，手足无措，不知该怎么办才好，只是反复念叨说："溥仪仅仅3岁，溥仪仅仅3岁……"

1908年11月，一群太监将溥仪带入皇宫，又过了半个多月，也就是12月2日，清廷举行了隆重的皇帝登基大典。

登基大典开始时，不满3周岁的溥仪，坐在皇帝的龙床宝座上，竟哇哇地大哭起来。他父亲载沣侧身坐在龙床上，双手扶着他，叫他不要再哭闹。

根本还不懂事的溥仪，见那些文武百官不断地磕头，高呼："万岁、万岁、万万岁"，加之山崩地裂般的锣声、鼓声、钟声，更加害怕，哭声也更大了。载沣觉得在这样的盛典上，皇帝却哭闹不止，太不像话，心中一急，不由脱口而出，叫道："就快完了！就快完了！马上回老家了！一完就回老家了！"

话一出口，文武官员们不由得窃窃私语起来："怎么说是'快完了'呢？说要'回老家'是什么意思呢？"回满族老家？不就是结束二百六十多年的清朝统治吗？

载沣这一番话，竟不幸得到了应验。到了1911年，溥仪当皇帝不到三年，辛亥革命就爆发了，在重重压力下，隆裕皇太后不得不替溥仪宣布退位，大清帝国就此宣告灭亡了。

辛亥革命

同盟会成立后，以孙中山为首的革命派积极宣传革命思想，夺取思想阵地的领导权，为推翻清朝做舆论准备。与此同时，革命派组织和发动了一系列武装起义，由于群众基础薄弱，这些起义都相继失败了，但它有力地冲击了清朝

的反动统治，扩大了革命影响，激发了全国人民的斗志，鼓舞了更多的志士仁人投身于反清斗争。

武汉地处长江中游，号称"九省通衢"，是当时的水陆交通中心，又是帝国主义侵略中国的重要据点和清朝统治的一个重心，也是资产阶级革命党人活动非常活跃的地区。1904

孙中山像

年，武汉成立了第一个革命团体科学补习所，随后又成立了日知会、文学社和共进会等革命团体。革命党人在武汉长期进行革命宣传和组织工作，大批青年学生、群众加入革命队伍。革命党人深入新军中进行宣传，把反革命武装变为革命武装。到武昌起义前夕，新军中已有 1/3 的士兵参加了革命组织，成为武昌起义的主力军。1911 年的广州起义和四川保路风潮，推动了革命形势的迅速发展，尤其是四川保路运动爆发后，清朝调湖北军入川镇压，统治者在武汉的兵力减弱，武昌起义的时机成熟。9 月，在同盟会中部总会的推动下，文学社和共进会在武昌召开联席会议，成立了起义临时总指挥部，推举文学社领导人蒋翊武为总指挥，共进会领导人孙武为参谋长，并制订了起义计划，预定在中秋节起义。同时，拟定文件，绘制旗帜，制造炸弹，为起义做准备。

起义前夕，孙武在汉口俄租界赶制炸弹时不慎爆炸受伤，革命机关遭到破坏，革命的旗帜、文告及党人名册全被搜走，起义计划暴露。起义总指挥部及其他机关也被破坏，起义领导

人大批被捕或逃亡。革命党人和新军中的革命士兵见事态紧急，决定自行秘密联络，提前发动武装起义。

10 月 10 日晚，武昌城内新军工程第八营的革命党人和广大士兵在熊秉坤率领下，首先发难，打响了武昌起义的第一枪。他们杀死镇压起义的反革命军官，冲出营房，占领楚望台军械库。各处响应的起义士兵齐集楚望台，并临时推举吴兆麟担任指挥，向总督衙门发动进攻。湖广总督吓得惊魂丧胆、走投无路，急忙从总督署后围墙上打开一个洞逃之夭夭。各起义部队在统一指挥下，经过一夜激战，攻占了总督衙门，占领了武昌，武昌起义胜利了。随后，起义军又占领了汉阳和汉口，革命军在武汉三镇取得胜利。

武昌起义胜利后，由于同盟会主要领导人孙中山、黄兴等均不在武汉，革命党人便推举新军协统黎元洪为都督。湖北军政府成立后，宣布国号为"中华民国"，废除大清年号。同时，号召各地发动起义，共同推翻清朝的统治，建立共和制。

辛亥革命是以孙中山为首的资产阶级革命派领导起义以来第一次取得的胜利。它在中国历史上第一次树起民主共和国的旗帜，是一次完整意义上的资产阶级民主革命。作为反帝反封建的伟大革命，辛亥革命极大地影响了各国的民族解放运动，掀起了各国人民反抗压迫的民族解放热潮。

第二篇　野史追踪

第一章　先秦野史

第一节　帝王逸闻

尧以围棋教子

相传尧之子丹朱资质既不高，又非常顽劣，而且甚不喜读书，最爱的是游戏玩耍。尧退朝之暇，亦常常教导他，然而丹朱当面唯唯，或则绝不作声，一旦离开了尧之后，依旧无所不为。

尧为了教育丹朱，便做围棋以弈，来启发他的智力。丹朱到尧书房中，见席上放着一块木板，有黑有白，旁边堆着黑白的小圆木块，更是无数。尧手中拿着一颗白色的木块，坐在那里，对着方块凝思。丹朱不解，便问尧此为何物，尧曰："棋以围而致胜，便叫它围棋吧！"便以席上所摆的棋教丹朱如何弈法。丹朱方才欢欣而出，自己去研究。后遂流传于世。

商纣王发明胭脂

胭脂采自红蓝花，燕北民族叫这种花为燕支花，所以胭脂又叫燕支。古人也考证出胭脂是纣发明的，看来纣为中国美容业做出了贡献，堪称鼻祖，纣就是用红蓝花汁加工制成胭脂的。女子在上胭脂前，先用白粉涂脸，然后把胭脂膏在手心调匀，拍在脸上，其中酒晕妆是浓妆，桃花妆是淡妆。也可以反着进行，先用胭脂后用粉，这叫飞霞妆。

胭脂除了涂脸，还可做口红用，搽在颊上的胭脂是粉状的，而点唇的胭脂则是脂状的，叫作唇脂、口脂。点唇用的胭脂有许多品种，如石榴娇、燕脂晕品、小红春、大红春、嫩吴香、万金红、半边娇、圣檀心、内家园、露珠儿、天宫巧、洛儿殷、猩猩晕、淡红心、格双唐、小朱龙、媚花奴等。

玉调色盘　商
商代用来调制颜料，或调制胭脂的用具。

商纣王发明炮烙之刑

炮烙，相传是商代所用的一种酷刑。它的发明者便是历史上赫赫有名的暴君纣王，其目的就是为了讨美女妲己的欢心。妲己为人狠毒，脾气乖戾，平日里很少笑。为了讨她的欢心，纣王使尽各种办法，但妲己脸上仍是见不到一丝笑容。后来，有一天，纣王看到一只蚂蚁爬到烧热的铜斗上，被烙的细小的蚁足无法继续爬行，只能一个劲地翻滚、挣扎。纣王觉得很有趣，心想，如果人被火烙，一定也有那种痛苦挣扎的狼狈相，肯定更好看，妲己也肯定喜欢。于是，纣王就让人用铜制成方格，下面煨着炭火，铜格子被烧得通红，有罪的囚犯必须赤着双脚在上面行走，囚犯们痛得纷纷惨叫，从格子上掉下来的，就活活落入火中被烧死。看到这种情景，妲己果然高兴得开怀大笑。纣王大喜，以后经常用铜格子烙人，为的就是逗妲己发笑。

周文王吃子肉羹

周文王又称西伯，是周朝的开创者。正是他大胆起用姜子牙，使周国势蒸蒸日上，为日后周武王伐纣打下了基础。但是让人难以想象的是，这样一位历史上的圣人，到了商纣暴君那里，也被迫做了一件让人不可思议的事。

传说西伯被囚禁于羑里（在今河南汤阴一带）的时候，他的长子伯邑考在殷都做人质，充任纣王的车夫。伯邑考被纣王放在大锅里"熟为羹"，赐给西伯。不知是人肉羹的西伯，就把它吃了。纣王因而得意地对别人说："谁说西伯是圣人？他竟然吃了自己儿子的肉羹还不知道呢！"这便是"周文王吃子肉羹"的故事。

卫昭伯娶庶母为妻

卫惠公子朔逃到齐国。齐襄公为了让卫昭伯子顽叛离公子黔牟，命令齐大夫公孙无知到卫国，把宣姜嫁给子顽。宣姜，是齐襄公几个妹妹当中的最大的一个，卫惠公子朔之生母、卫昭伯子顽之庶母。

公孙无知奉齐襄公之命到了卫国，命子顽娶宣姜，子顽说："宣姜，是我的庶母，我怎么能娶她做妻子？"公孙无知摆了酒席，用酒把子顽灌醉后，把他领入宣姜的卧室之中。从此以后，子顽与宣姜结为夫妻。宣姜怀孕，首先生了一个儿子，死了；后来生了第二个儿子姬申；再一次怀孕，生了少子姬毁。这以后，宣姜又怀孕，生了两个女儿，分别做了齐桓公、许穆公的夫人。

卫惠公子朔逃亡在齐国整整八年。齐襄公带领各路诸侯攻打卫国，杀掉左右二公子，黔牟逃亡到周。卫惠公子朔的母亲宣姜，已经改嫁给他同父异母兄弟子顽为妻，子顽与宣姜欢迎子朔回到卫国。

楚怀王初置七夕

七夕节在夏历七月初七夜，它与中国古代一个美丽的爱情神话联系在一起。牛郎织女是千载流传的爱情故事，至今他们生死不渝的爱情还在延续，每年的七月初七这一天，传说中牛郎、织女就能渡过天河走到一起，以慰一年漫长的相思之苦。据传说，楚怀王是初置七夕的人。据《物原》记载，战国"楚怀王初置七夕"。

西周时期，人们就知道了牵牛星和织女星。《诗·小雅·大东》中有"跂彼织女""睆彼牵牛"的句子。当时，虽然还没提到牛郎、织女的爱情，但先秦的占星术已将之人格化了。《史记·天官书》中说："牵牛为牺牲"。正义曰："牵牛星不明，天下牛疫死。""织女，天女孙也。"正义曰："织女三星主果蓏、丝帛、珍宝。""王者至孝于神明，则三星俱明；不然，则暗而微，天下女工废；明，则理。大星怒而角，布帛涌贵；不见，则兵起。"

第二节 后妃韵事

妃授秘诀于舜

舜遵父命去打扫粮仓，临去之前，告诉了他的两个妃子，妃子对舜说："你进粮仓后，你父亲要把粮仓点燃烧死你。这时，你脱掉你的衣服，像鸟张开翅膀那样逃脱。"舜按妃子授他的秘诀行事，死里逃生，没有被烧死。

舜的父亲没有达到目的，便又命令舜去挖井。舜又告诉了二妃，妃子再次授诀于舜："到时脱掉你的衣服，从井下的旁洞中逃出。"此次，舜又大难不死。

商王妻妇好善武

1976 年，河南安阳小屯村西北发掘墓葬，出土文物一千六百多件，包括样式繁多的青铜器、玉石器，还有十六个殉葬者。这座墓葬是半个多世纪以来殷墟发掘中唯一未被扰动而完整保存的墓葬。那么，这座墓葬的主人是谁呢？根据其墓葬可以肯定，这是一位极有身份的人。经过考证和推理，最终得出一个结论：这就是妇好墓。

妇好，是商王武丁之妻。是商代极盛时期一个身份地位很高的女政治家和军事家。

妇好，甲骨文又名妣辛、母辛，是庙号与后辈之称。根据卜辞记载，她有属于自己的封地，常向商王朝觐纳贡，商王朝的一些重要祭祀活动她都曾主持过，并且率领士族多次出征夷方、土方、羌方、舌方、巴方等国。其中征伐羌方的一次战斗中动用军队多达一万三千人，是迄今所知商代用兵数最多的一次。

一个女人在那样的时代既能主持重要祭祀活动，又能带兵打仗，足见其卓越的政治才能与军事才能。因而，妇好在生前深得商王武丁喜爱。在她死后，商王悲痛不已，不惜花重金为其安葬。

西施的洗澡水名曰"香水泉"

提到四大美女之首的西施，人们就会想起西子捧心、西子浣纱、西子沉鱼的故事来衬托她的美丽。甚至西施的洗澡水也成了"香水泉"。

西施浣纱图 清 任颐

据说，西施的身上散发着一种迷人的香气。因而她沐浴过后的洗澡水，被称为"香水泉"。宫女们都争先恐后地希望得到这种"香水泉"。如果这种水被洒在屋里，整间屋子都会弥漫着一股迷人的芳香，算得上是香水的代用品呢！

第三节 宫廷仪规

黄帝始创冠冕制

何谓冠？我国最早的冠出现在何时？据记载，华夏族的祖先黄帝始创冠冕制。《古经服纬》卷上记载："黄帝作冕，有虞氏皇，夏后收。"

在夏朝的时候冕称为收，这时还是照黄帝时候的样子制冕，只是颜色发生了变化。从尧到舜，冠的颜色是黄色，夏朝时候的冠是纯黑的。自从黄帝制冠冕开始到周，冠冕的礼仪已经发展完备。天子所戴的冠有很多种，除了各种各样的冕，还包括元冠、皮弁等。秦时出现了通天冠。

冠是贵族的一般头衣。戴冠前，头发先束在一起，头顶上盘成一个髻，用缅包住。缅是一种帛，常为黑色，又称缌。然后将冠套在髻上。冠梁在上，从前至后覆在头上，再左右用笄横穿过冠圈和发髻。冠缨即为冠圈两旁的丝绳，引到颔下打结，打结后余下部分垂在颔下，称作緌，亦称作蕤。还有根丝绳兜住颔下，两头系在冠圈上，丝绳称作纮。

冠不是用于日常，主要用于礼仪。戴冠后头发并未被全部遮住，周朝的冠梁很窄，秦汉逐渐变宽，但罩住全部头发也不可能。所以《淮南子·人间训》称，冠"寒不能暖，风不能障，暴不能蔽"。

冠是贵族身份和成年的标志，该冠而不冠称为非礼。春秋齐景公出宫门披着发，守门者拦住他的马说："尔非吾君也。"羞愧的齐景公吓得都不敢上朝。

先秦的宗庙礼仪

古代一般在宗庙祭祖，天子的宗庙被称作太庙。南宋开始有了族祠堂，一般庶民在祭祖时就在祠堂。

先秦的宗庙规定十分严格。《礼记·王制》中记有："天子七庙，三昭三穆，与太祖之庙而七；诸侯五庙，二昭二穆，与太祖之庙而五；大夫三庙，一昭一穆，与太祖之庙而三；士一庙，

庶人祭于寝。"这里的太祖，意为始封之君。如周公、姜太公、康叔、唐叔分别是鲁、齐、卫、晋的始封之君。昭穆是西周的宗法制度，简单而言，即各代递为昭、穆，父为昭，子为穆，孙为昭，曾孙为穆。宗庙的排列顺序是这样的，太祖居中，左昭右穆。周代庶人无宗庙，就在家中正堂上祭祖。

先秦时的殉葬制度

古代葬人，扎草为人，随死者一起埋葬，作为死人的陪伴，称为"刍灵"，其形状仅略似人形而已。到了中古，用俑取代了草人陪葬，这种俑人身上有一个机关，启动机关，便能跳跃，所以叫"踊"。俑人的面孔如同真人，只要开动机关，与活人确实太相似了。到了秦穆公死时，以大夫的一个儿子殉葬，而辽代皇后则以自己的一只手臂为皇帝殉葬。历史上关于殉葬的记载很多，害在始作，所以孔子叹息说："始作俑者，其无后乎。"

春秋战国互换人质制度

春秋战国时期，各诸侯国之间为了保持边界安定、相互约束，帝王采用互换人质的制度。

春秋晋惠公夷吾流亡到梁国时，惠公的妻子怀孕过了预产期却还没把孩子生下来，于是请人占卜。卜者说生下来会是一男一女，将来男为人臣，女为人妾。因而夷吾为生下来的儿子取名为圉，女儿取名为妾。果然，到了后来，圉到秦国做了人质，跟随着去的妾做了侍女。圉是春秋战国时代较早的人质。

秦始皇之父庄襄公异人，还有燕国太子丹都曾为人质。他们都是诸侯王的

王孙，是政治交易中的牺牲品。

第四节 宫禁探奇

先秦时的宫殿——前朝后寝

《说文》称："堂，殿也。"《释名·释宫室》："古者为堂，自半以前虚之谓堂，自半以后实之谓室。堂者当也，谓当正向阳。"由此可知，秦汉以前是前堂后室，秦汉以后才为一堂二室，呈一字形。

《考工记》中记载，古代宫殿、官府、士大夫的住居都是前堂后室，又称"前朝后寝"。因而，天子、官府的大堂，常被称作"朝"。《礼记·礼器》载："天子之堂九尺，诸侯七尺，大夫五尺，士三尺。"

先秦帝王嫔妃的来源

先秦帝王的嫔妃，有不同的来源，有的是诸侯或是大臣的女儿，由他们的父亲敬献给帝王；有的是帝王们直接抢劫来的；还有的则是恩威并施，在以礼相求的同时加以武力威胁。

纣时西伯昌、九侯、鄂侯是纣任用辅助天子掌握军政大权的三公。九侯将自己美丽的女儿送给了纣。九侯的女儿不喜淫乱，结果被纣杀掉，纣还将九侯剁成肉酱以示惩罚。也有的嫔妃是帝王以双重手段才获得的，像中国历史上很有名的妹喜，她是有施氏，以歌舞闻名天下，桀想要得到她，一方面派说客前往提亲；一方面又伐有施求妹喜。最后有施没办法，只好送妹喜艳妆出城。抢劫也是先帝帝王获得嫔妃的一个来源。特别是国家之间兵戎相见时，失败一国的公主或一般的少女很容易被对方虏获，就被收纳入宫中，有的得到帝王宠幸，便晋封为嫔妃。

周代首创内廷机构

宦官是内廷的仆役，凡周王、王后、妃嫔日常生活所需要的服务都由宦官提供，内廷门禁森严，守护内殿各门也是宦官的重要职责。后宫则是以女御充之，宦者守之。当然，王室这个国家合一的家庭所需要的服务要比豪门富室多得多，宦官的职责也就分化出许多，因此便产生了内廷服务机构，即宦官机构，宦官又叫作内官。

内廷机构，西周时有宫正、宫伯，掌管王宫事务；宫人，掌管寝宫事务；内宰，管理王宫内的政令；阍人，负责守护宫门；寺人，管理后宫女子。

战国时出现了宦者令，如赵国的宦者令是缪贤，蔺相如最初是缪贤的舍人，后来被缪贤推荐给赵王。

第二章 秦汉野史

第一节 帝王逸闻

秦始皇四出巡游

十月金秋，秦始皇摆皇家仪仗，威风凛凛地于咸阳起程，出了武关，从丹江、汉水来到湖北云梦，又从长江到了虎丘山，吴王阖闾的墓地就在此地。他听说，当年吴王死后，陪葬了三千把宝剑，就命令手下开山取剑，然而把剑池翻遍了，却没有找到三千宝剑。秦始皇失望至极，也只有领着群臣向东进发，来到会稽（今浙江绍兴）。

秦始皇出游的显赫气派，引得当地老百姓前来观看，小项羽和叔父项梁，也在观望的人群中，小项羽羡慕得忘乎所以，叫嚷起来："你可以夺取他的地位，去代替他啊！"项梁急忙掩住了项羽的嘴巴。亏得马车喧哗，离得稍远，因而秦始皇全然不觉。

到了会稽，秦始皇祭了大禹，又登山望海，心胸不由为之开阔，但是，不知什么原因，他突然想起母亲和吕不韦以及嫪毐之间见不得他人的事来。他不能容忍这一切。在刻石以纪功名的时候，他刻下了自己过去的宏伟业绩，同时也在上面刻上了"宣传教化习俗，黔首要整齐庄重"的训条，将女人的贞操首次列入了国家的法令。

秦始皇大杀宦官

秦始皇觉得咸阳的居民太多，而旧的宫殿又太小，所以就在渭水南岸修建新的宫室。他先在上林苑中修建前殿阿房宫。阿房宫的建筑规划为东西长五百步，南北宽五十丈，上面可以容纳一万人，下面可以竖五丈的旗。宫室的四周都修有阁道，这些阁道可以从宫殿一直抵达南山，以山巅作为阙，复道越过渭水，一直到达咸阳。为了修建阿房宫和骊山墓，秦始皇共役使隐宫刑徒七十余万人。当时，他先后在关中修建了三百多所宫殿，关外也有宫殿四百余所，秦始皇还迁徙了四万家囚徒到骊邑，五万家囚徒到云阳。卢生告诉秦始皇，平时在阴暗的地方行走可以避开恶鬼，不要让人知道自己的住处，这样才能得到长

秦始皇陵外景
秦始皇的身形容貌已埋藏地下，现在人们只能猜测这位昔日帝王之躯。

生不死的药物。于是秦始皇将咸阳附近三百里内的宫殿楼阁都用复道连接起来，并在其中设置帷帐钟鼓。每座宫殿都住满宫女，这些宫女都不能随便改变住处。如果有人敢泄漏皇帝的住处，就会被处死，这样，秦始皇的住处根本没有人清楚，所以重要的事务都在咸阳宫中决定。有一次，秦始皇从梁山宫中看到丞相的车马、随从众多，浩浩荡荡，他感到很不满意。有人把这件事情告诉了丞相，丞相马上就精简了自己的车辆和随从。秦始皇知道后很不高兴，说："肯定是宫中的宦官把我的话泄漏出去。"接着他就把身边的宦官全都处死了。

汉高祖自创"刘氏冠"

有一种冠可以用于礼节，也可用于平日燕居，这便是通天冠。通天冠高九寸，正面竖立，顶部向后倾斜，前面是展筒，后有一个铁卷梁。

刘邦还没有做皇帝时，曾用竹皮为自己做了一种冠，并为它取名为刘氏冠。刘邦做了皇帝后，这种刘氏冠也"凭主而贵"，地位大大提升。以至于这种冠成为刘邦后代在祭祀时的专用冠。在唐宋时期，冠高一尺，梁宽一尺，冠上卷梁二十四道，这样还不够，为了让它更加美观，还要在上面施以珠翠，并且用玉、犀簪将冠横穿，并在后面垂有黑巾。

汉高祖故乡行乐

刘邦当上皇帝后，有一年因事途经沛县，就留在沛宫设宴招待原来的乡亲们，和他们一起喝酒，当时沛宫一共来了120人。席间，刘邦教他们唱歌，并乘着酒兴，亲自击筑唱歌，当时他是这样唱的："大风起兮云飞

汉高祖刘邦像
图中刘邦所戴的帽子，就是他独创的刘氏通天冠。

扬，威加海内兮归故乡，安得猛士兮守四方。"接着，他又让众人都跟着他一起唱，后来还亲自跳起舞来。跳到后来，他很伤感，不禁流着眼泪，对沛的父兄们说："在外的游子总会思念故乡，我虽然建都在关中，但我死后，魂魄还是会思念沛县的。何况我还是以沛公的称号铲除强暴得取天下的，我要把沛作为我的汤沐邑，这里的百姓世世代代都不用服徭役。"沛县的父老乡亲们听后都很高兴，就都放开酒量尽情饮酒，与刘邦一起回忆他过去的事情。十天后，刘邦才离开沛县。

王莽奉汉太后为文母

王莽篡位并改国号之后，奉原来的太后为新朝的文母，让她和汉室断绝关系。又废掉汉室的孝文庙，另外为她修建新庙，还把孝文庙原来的殿堂改为文母用膳的地方，并取名为和寿宫。改建工程结束后，王莽设宴，请太后来用饭，太后到来后，看到原来的庙堂被改得面目全非，又吃惊又伤心，便哭了起来，并说道："这乃是汉家的宗庙，其中供奉有神灵，为什么要毁坏它呢？鬼神如果不灵验，又何必修庙？鬼神如果灵

验，我是他们的妃妾，又怎能污辱皇帝的庙堂，在这里摆放食物呢？"于是这次宴会便就此作罢。

第二节　后妃韵事

汉高祖怜悯薄姬临幸之

薄太后的父亲与魏王宗家的女儿魏媪私通，生下了薄姬。诸侯纷纷反叛秦王朝之时，魏豹自立为魏王，魏媪便献上了自己的女儿。相士许负看了薄姬的面相后认为她将来会生太子。魏豹听说后，暗自高兴，不再与刘邦联合，保持中立。后来他又与楚军联合起来，最终被汉王刘邦击败，当了俘虏，魏国变成了汉朝的一个郡。薄姬被送进了织丝的作坊服役。

魏豹死后，汉高祖有一次来到织丝的作坊，年轻貌美的薄姬吸引了他，他便下诏将其纳入后宫。但薄姬进宫一年多也没有受到汉高祖的临幸。

薄姬年少之时，与要好的管夫人、赵子儿相互约定说："若谁先得富贵，不要忘了大家。"后来，管夫人、赵子儿比薄姬先受宠幸。一次，汉高祖在河南宫成皋台听到管夫人、赵子儿谈论着薄姬年少时与大家订的誓约，便询问其中缘由。他知道详情后，顿生怜悯之心。当天，汉高祖便召见薄姬并临幸了她。薄姬对皇帝说："昨天夜里，妾梦见妾的腹中附着一条苍龙。"高祖道："这是富贵的征兆啊，我成全你了。"

薄姬受到皇帝临幸后，生了一个男孩，这就是代王。打那以后，薄姬便与高祖很少见面。高祖驾崩后，吕后忌妒众嫔妃，把她们全都打入冷宫。

薄姬因为很少见到皇帝，又被放了出来。之后薄姬便随着儿子来到封地代国，她的儿子后来即位是为汉文帝，薄姬成为太后。

赵飞燕掌上起舞

汉成帝坐享太平日子，整日吃喝玩乐。一开始，他最宠爱许后。到成帝即位十多年后，许后也已年过三十，面如黄花，鬓发已稀。汉成帝看到许后已经人老珠黄，便转而宠爱其他的妃嫔。在成帝一次微服私访时，偶然间他看到了舞姿优美、唱着清脆委婉之歌的赵飞燕，心里十分高兴，于是把她带回宫中，极尽宠爱。皇帝对飞燕的情意就像春风一样，而飞燕对皇帝的情意也如水一般温柔。飞燕把成帝迷得如痴如醉，以致成帝对后宫三千佳丽再也不理睬了。皇帝封飞燕为婕妤，后来又立她为皇后。又有人对成帝说，飞燕还有个很妖艳的妹妹，成帝便派人把其妹妹赵合德接进宫去，封为昭仪。

一天，汉成帝和赵飞燕在太液池的彩船上游赏。成帝令侍郎冯无方吹笙，为赵飞燕的翩翩舞姿伴奏，并亲自有节奏地以文犀簪轻敲玉杯。当船开到太液池中间时，突然刮起大风，飞燕被吹得衣裙飘飘，差一点落入水中。成帝赶紧下命让冯无方去救飞燕，无方立刻把手中的笙扔掉，两手紧紧拉住飞燕那双柔嫩的双脚。飞燕见被人把着双脚，干脆扭动腰肢，随风起舞，而且轻歌一曲。舞了一会儿，风停了，飞燕也渐渐停了下来。只见她面色红润，娇喘连连，令成帝倍加喜爱。

汉武帝爱妃骨节自鸣

汉武帝的妃子丽娟，皮肤白嫩细

腻，吐气如兰。每当丽娟唱歌的时候，李延年便在芝生殿和她遥相酬和。每当唱"回风"时，庭院中的鲜花便纷纷往下飘落。武帝担心尘土玷污丽娟的身体，就把她放在帷帐中。武帝还担心她会随风飘飞，用衣带绑缚住丽娟的衣袖，将她关在重重帷幕之中。丽娟用琥珀为佩饰之物，悄悄地放在衣裙里面，却对别人说是骨节发出的声响。大家纷纷觉得奇异。

第三节　宫廷仪规

秦创"传国玉玺"制

传说春秋时，楚人卞和在荆山看见凤凰栖息在青石上。古人有"凤凰不落无宝地"之说，于是卞和将青石献给楚厉王，经玉工辨识为石块。卞和被判欺君之罪，左足被刖。楚武王继位，卞和又去献玉，仍被鉴定为石块，卞和右足又被刖。楚文王的时候，卞和抱着玉在荆山下痛哭，文王派人取来青石，鉴定之后确为宝石，于是经玉工雕琢成璧，即为"和氏璧"。

400年后，楚威王以和氏璧赏赐相国昭阳。又过了50余年，赵国太监缪贤偶以500金购得和氏璧。赵惠文王听说之后，将璧占为己有。61年后，秦灭赵，得了和氏璧。

秦嬴政统一中国，称为"始皇帝"，要选用天下无双的宝贝制成皇帝玉玺。于是，宰相李斯奉命以和氏璧做皇帝玉玺。嬴政想以此玺代代相传，就像秦国一样能二世、三世、千世万世地传下去，因而称之为"传国玺"。

秦取消"子议父，臣议君"的谥法

古代诸侯、大臣死后，天子接到讣告，就会派人或亲自前往吊唁，除了赠赗赙外，还要赐谥。赐谥一般在迁柩前进行，先是宣读诔文。以盖棺定论的形式总结死者生前的所作所为，叫作"诔"。诔只能是上对下，长对幼。《礼记·曾子问》："贱不诔贵，幼不诔长，礼也。"诔完了后，开始宣布谥号，一般只有一两个字，是对死者生前行为最简明的概括。北魏崔挺因留恋彭城，不肯赴京上任。死后，太常议谥说"炀侯"。魏孝文帝说："不遵上命曰灵，可谥为灵。"唐朝张守节在《谥法解》中说："谥者，行之迹；号者，功之表……是以大行受大名，细行受细名。"由此可知，谥号即有善谥，也有恶谥。

天子、皇帝死后也会有谥号，通常是由礼官议上。秦始皇曾取消这种"子议父，臣议君"的谥法，汉以后又恢复。

汉代皇帝大婚礼仪

皇家的婚礼，十分讲究排场。汉代皇帝结婚的礼仪就已相当烦琐。

惠帝十九岁时，大臣上奏惠帝已到了娶妻年纪。当时张皇后只有十岁。诏令丞相曹参、御史大夫赵尧等到宣平侯邸第迎回皇后。皇后的礼服，上面是稍微带红的黑色，下面是青白色，领子很高，袖子很宽，衣带宽长，身着色彩绚丽的披肩，礼服长及地，脚也被盖起来了。头上戴着龙凤珠冠、黄金打造的头饰和簪珥。皇后从张氏的宗祠庙辞行。张敖抱着女儿爬上车，此为警跸，入未央宫前殿，天子坐在正中，百官陪位，皇后北面。礼官册文读毕，皇后行六肃三跪三拜礼。女官带领皇后至帝前谢恩。皇后跪拜在地，很久一言不发。女官附耳教之，皇后于是说"臣妾张嫣贺帝万年"。皇后的声音，像是如微风吹过箫里似的，悠扬悦耳，惠帝心旌荡漾。后起退立。太尉周勃授玺绶，中常侍、太仆跪受，转授女官。女官以带皇后，皇后拜伏，复称臣妾。谢恩完以后，即位。每一位大臣皆就位行礼退。

汉后宫的驱鬼逐疫仪式

原始社会逐傩是一种巫舞。《论语·乡党》中说："乡人傩。"《礼记·月令》又有："命有司大傩。"《吕氏春秋·季冬纪》注云："腊发前一日，击鼓驱疫，谓之逐除。"意思是说，腊月头一天，敲鼓驱赶鬼疫，称为逐除。看来，先秦时期这种逐傩仪式已很盛行。

到了汉代，逐傩不仅流行于民间，宫中的驱鬼逐疫仪式更为隆重盛大。《后汉书·礼仪志》中记载，汉官举行大傩仪式时，10—12 岁的中黄门子弟120 人被选为驱鬼的童子，头带红巾，身穿皂衣，手里拿鼓。又有人披着熊皮，手里拿着戈和盾，扮作方相氏主舞，由 12 人扮演的猛兽跟在后面，一边挥舞，一边呼喊。皇帝和文武官员在殿前集中。傩舞反复三遍后，将疫疠凶鬼持火炬送出端门，再由 4 名骑士接过火把送出司马门。门外再有千位五营骑士接过火把，送到洛水边，将火把投入水中。

第四节 宫禁探奇

汉代后宫妻妾的等级

汉代皇帝后宫的妻妾有着严格的

婕妤妾娟玉印及婕妤妾娟印文 西汉

等级秩序，如汉元帝刘奭后宫妻妾除皇后外的等级、秩禄、官爵，分别为：

昭仪：位视丞相，爵比诸侯王。

婕妤：位视上卿，爵比列侯。

娙娥：视中二千石，比关内侯。

容华：视中二千石，比大上造。

美人：视二千石，比少上造。

八子：视千石，比中更。

充依：视千石，比左更。

七子：视八百石，比右庶长。

良人：视八百石，比左庶长。

长使：视六百石，比五大夫。

少使：视四百石，比公乘。

五官：视三百石。

顺常：视二百石。

无涓、共和、娱灵、保林、良使、夜者，皆视百石。

上家人子、中家人子，视有秩斗食。

五官以下，葬司马门。

汉后宫斗鸡走狗

中国斗鸡之风在汉唐时期盛极一时。汉高祖刘邦的父亲早年就特别喜欢斗鸡走狗。刘邦当上皇帝后，其父便成了太上皇。太上皇住在皇宫，整日锦衣玉食，这对于一个过惯了沽酒卖饼、斗鸡走狗日子的老人来说实在是一种煎熬。太上皇每天闷闷不乐，希望能继续过往日的生活。刘邦了解到父亲的心事

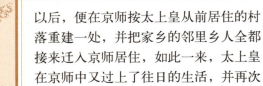

以后，便在京师按太上皇从前居住的村落重建一处，并把家乡的邻里乡人全都接来迁入京师居住，如此一来，太上皇在京师中又过上了往日的生活，并再次拾起了斗鸡的爱好。

汉代宦官机制

西汉时候，皇帝身边有一侍中、一中常侍。因石显得志，元帝设立中尚书的职位，负责文书诏令的颁布实施。黄门侍郎设为一人，负责上递下传奏章。黄门是指掖庭的小门，黄门侍郎之下有中黄门、小黄门。太后住在长秋宫，由大长秋领导该宫中的宦官，大长秋一职，由士人或宫人担任。秦时的永巷令到了西汉成了掖庭令。内者负责掌管内库出纳。

东汉，在宦官中中常侍职位最高，在皇帝面前随时准备"顾问应对"，出入禁宫，负责赞导内廷众事。中堂侍设四人，后来增加到 10 个。确切地说，自邓太后临朝听政以后，东汉由于事实上的需要和便利，规定宦官必须为阉人。除中常侍以外，设立的宦者职位包括：大长秋，管理皇后宫内事务，下属有内谒者监，中宫谒者三人，担任章奏传递；黄门侍郎，沟通内外信息；小黄门，在太后身边服务，负责整理文书与太后和皇帝之间的联络，另外接受临时分派的任务，例如诸公及太妃有疾病，小黄门可做太后派去的使者探问；黄门还有中黄门，中黄门冗从仆射；中宫仆令，管理车舆杂畜，出门时担任车马导从；掖庭令，掌管后宫贵人，采女之事，其属官暴室令，负责管理暴室内的妇女，送来暴室的人有患病的宫女和犯罪的皇后、贵人；宫中服劳役的婢女归永巷令掌管；御府令的事务是指挥宫婢制作、清洗宫中衣物；宫中有织室的活，便要设宦官为织室丞；钩盾令负责皇家苑囿管理，东汉第一位著名的宦官郑众就是出身于钩盾令。

第三章　魏晋南北朝野史

第一节　帝王逸闻

魏武帝之子以爱妾换马

魏武帝曹操之子曹彰，封彭城王。曹彰遇到一匹骏马，非常喜爱，但马主不愿意好端端地将一匹骏马白白地送给曹彰。曹彰说："我有美妾，你可以挑选以换你的马。"马主从中挑出一名美妾，与曹彰约定：曹彰美妾归马主，骏马归曹彰。这匹马名叫"白鹄"。曹彰后来骑着它与魏文帝曹丕一同打猎，并把"白鹄"送给了魏文帝。

晋明帝巧言辩日

晋明帝司马绍小的时候，父皇将他抱在膝上，问他："太阳与长安哪个远？"司马绍回答说："太阳远。从没有听说谁从太阳那边来，凭这一点就知道太阳离我们肯定很远。"元帝对他的机智很惊异，第二天召集群臣宴会，告诉大家这件事，为了炫耀，他当着群臣，又问了一遍前一日的问题，而司马绍却冷不防回答说："太阳近。"晋元帝顿时脸色就不自然了，他怕儿子在群臣面前出丑，忙问："你昨天不是说太阳远吗？"司马绍镇静地说："我们抬头就能见到太阳，却见不到长安，

晋明帝巧言辩日版画

这不是太阳比长安近吗？"晋元帝和群臣都为小皇子的聪颖所折服。司马绍十八岁时被立为太子。

宋武帝拆琥珀枕

南朝宋武帝刘裕北征时，得到了一个用琥珀做的枕头，颜色美丽。刘裕听说琥珀可治疗金疮，就把琥珀枕拆了把琥珀粉碎，分给将士们。古代还出现过水晶枕，夏天枕在脑后，就像一股小溪从身边流过，非常凉爽。有一首咏水晶枕的诗："千年积雪万年水，掌上初擎力不胜。南国旧知何处得，北方寒气此中凝。黄昏转烛萤飞沼，白日搴帘水在簪。薪籁蜀琴相对好，裁诗乞与涤烦襟。"

宋顺帝不愿生在帝王家

南朝宋顺帝刘准，九岁即位，也是

一位少年天子。刘准生得眉清目秀，谁见了都说他像神仙。在他十一岁时，权臣萧道成篡位。篡位当日，刘准见到处都是叛乱的士兵，无路可逃，慌忙躲到佛盖下，被搜出来时，他两眼含泪问领兵官："要杀我吗？"那兵官说只是让他搬到别的地方住而已，再说刘氏也是篡司马氏之位建立宋的。刘准大哭着说："但愿再也不要生在帝王家。"刘准被降为汝阴王，不到一年又被杀害。

癫痴天子高洋不认亲母

北齐文宣帝高洋即位以后，励精图治。用汉儒杨愔等辅助朝政，政治清明。又以法律驾驭天下，不畏强权，朝廷内外没有不尊敬他的。他派兵北击突厥、柔然、契丹，节节胜利，周边无不臣服。

六七年以后，高洋居功自傲，并一改以往作风，恶行昭彰。朝中群臣敢怒不敢言，连市井妇人都知道高洋癫癫痴痴，此后是日甚一日。高洋癫狂病发起来，连太后也不认。有一次太后在北宫，坐在小榻上，酒醉后的高洋突然把小榻举起来，太后滚落在地上，满脸是血。高洋酒醒以后，后悔万分，命人堆积柴草，要点火自杀。太后大为不安，亲自劝阻。高洋将上衣脱掉，命平素王高归彦持杖打他，说杖不出血，就要他的人头！太后泪流满面，上前抱住高洋，请他不要这样。高洋坚持要受惩罚，最后同意舍去背杖，但要鞭打五十下。高洋甘愿受罚，悲不自胜，对天立誓戒酒。然而十天以后，高洋照旧纵酒行乐，把此事抛诸脑后。

萧宝卷喜欢抓老鼠

萧宝卷是南齐明帝的第二个儿子，生于483年，别名叫萧明贤，字智藏。

哥哥萧宝义自幼残疾，行动不便，明帝便将所有希望和心思寄托于萧宝卷身上。萧昭业继武帝萧赜后即皇帝位，西昌侯萧鸾辅政。军政大权掌握在萧鸾手中，他将宠儿萧明贤改名为萧宝卷。后来，萧鸾废皇帝自立，册立十一岁的萧宝卷为皇太子。

太子萧宝卷说话口吃，平常不善言语。萧宝卷在东宫时，言语虽然不多，却沉迷于玩乐，不能自拔。萧宝卷有一个捉老鼠的嗜好，常半夜时喊人捉老鼠，还没有睡醒的近侍便迷迷糊糊地翻箱掘洞去抓老鼠，有的睡眼惺忪，被老鼠咬破了手才惊醒。乐此不疲的萧宝卷日以继夜地捉老鼠，却十分厌倦读书，一见书本就觉得头疼。

第二节 后妃韵事

甄皇后梳灵蛇髻

宫中有时也会规定不同地位的女子梳不同的发髻。发髻的式样实在太多了，很难一一统计。古代文献中虽然有许多记载宫中发髻的名称，但如果没有实物，只凭名称，便很难想象。

魏文帝的甄皇后梳的发式每日都不相同。据说她每天都会看见一条绿蛇，这条绿蛇是条灵蛇，它口含赤珠，并且能以盘卷的姿态告诉她不同的梳髻方法，因此甄皇后的发髻被称为灵蛇髻。

魏宫四美人

魏文帝后宫中最漂亮的宫女有四位。第一位叫莫琼树，她所发明的蝉鬓，远远望去，如同蝉翼一般缥缈；第二位叫段巧笑，用锦衣丝履做紫粉敷面；第三位叫陈尚衣，能歌善舞；最后一位叫薛夜来，对做衣服很有研究。这四位美人终日陪伴着文帝。

魏宫女莫琼树发明蝉鬓

鬓式与鬓饰是打扮头发的两种重要手段。最简易的长鬓也是最飘逸的发式，是将头发垂在两耳前随风飘动。鬓上照例会插上珠钿宝钗或各种花朵。魏文帝时的宫女莫琼树之所以能被皇帝宠爱，是因为她创造了一种很有传奇色彩的鬓式叫蝉鬓。蝉鬓大概是借助了什么材料，才产生看上去像蝉翼一样缥缈美丽的效果，这种梳法恐怕很难，大概是用类似于胶的东西涂在鬓上，让它能固定，把发梳齐弄薄，再做成蝉翼的形状。后世皇后的礼妆就是用类似方法做成两薄鬓。缓鬓是宫女们常用的鬓式。

薛夜来化"晓霞妆"

魏文帝的宠妃薛夜来刚到后宫不久，一天夜里，文帝正在灯下读书，用七尺水晶屏风防外人打扰。这时薛夜来来看文帝，没有看见屏风，不小心碰到了脸，受伤的部位看上去如同早晨朝霞，别有风韵。从此宫女们都开始用胭脂，仿照薛夜来化"晓霞妆"。

杨皇后为夫择嫔妃

晋武帝司马炎的年号是"泰始"，当时司马炎刚刚建立起西晋政权。他登上帝位之后，马上着手"博选"后宫佳丽。为了切实做到"博选"，他先下了一条命令，杜绝老百姓结婚嫁娶，以便把所有适龄女人留着供他选择。由宦官选来的"良家女"，再由皇后亲自挑选。晋武帝的皇后杨艳怎样为她丈夫选择嫔妃呢？原来，这位杨皇后与所有的女人有着同样的缺点——妒忌。来自州郡的"良家子"们聚集在洛阳，排成长长的队伍，杨皇后只留下那些长得白净的，而真正姿容美丽者全部放弃。

当时有一位朝臣名叫卞藩，他的女儿卞氏长得非常漂亮，司马炎看上了她。司马炎用扇子掩着自己的嘴，私下里对杨皇后说："这位卞氏长得不错！"杨皇后却反驳说："她父亲卞藩乃出身于豪门贵族。他的女儿怎能甘心做一个小小的嫔妃呢？"听了这话，司马炎只好放弃了此事。

乐昌公主破镜重圆

陈后主有一妹乐昌公主，嫁与徐德言为妻。当时陈朝政治混乱，德言对公主道："以公主之才貌，国亡必入豪家。倘情缘未断，犹期相见。但宜以物为信。"乃破一镜，两人各执一半，并相约他年以正月望日，于都市卖出。及隋代陈，乐昌公主落入杨越公家。德言到都城，有个老头高价卖半镜，德言拿出半镜与之相合，并为老头题诗一首。公主得诗悲痛欲绝，越公得知详情后，召德言与之饮酒，令公主作诗。公主诗云：

> 今日何迁次，新官对旧官。
> 笑啼俱不敢，方信作人难。

越公听后，赏赐了他们，并把他们送回江南。

第四章　隋唐五代野史

第一节　帝王逸闻

隋炀帝临幸江都

大业元年（605年）的八月间，隋炀帝临幸江都（今江苏扬州）游玩，所乘龙舟共有四层，长二百尺，高达四十五尺。最上面一层是正殿、内殿和朝堂；中间一层都用金玉装饰，有一百二十个房间；下层则是内侍的住处。皇后乘坐规格稍小些的翔螭舟。还有九艘用浮雕装饰的水上皇宫。各王

隋炀帝游江南　明

隋炀帝三下江南，留下了最富想象的荒诞浪漫，此图生动描绘了炀帝龙舟下江南的盛况。

公、公主、后宫嫔妃、百官、道士、尼姑、和尚和少数民族客人乘坐的船不下于十艘。拉船的纤夫个个身穿锦袍，人数多达八万。又有数千艘船，是专供侍卫乘坐的，其船头和船尾相接就达二百多里长。运河两岸的骑兵沿途搜刮方圆五百里内的民脂民膏，光是食物就多达上百车。后宫的人吃厌了各种各样的山珍海味，船将开时，就把这些所献之物埋掉。

隋炀帝喜爱"来梦儿"

隋炀帝去往扬州后，终日花天酒地极度荒淫。每晚睡觉时，必须有人在旁轻轻摇动他或奏乐歌唱，方能入睡。侍女韩俊娥，十分了解炀帝心意，炀帝每次睡觉时，非她摇才能睡得好。因此炀帝为她赐名"来梦儿"。

萧妃暗中讯问韩俊娥道："皇帝睡不着觉，只有你能让他安睡，难道你有什么媚术吗？"韩俊娥对萧妃回答："妾从都城来此，一路上车子不能平平稳稳，车子在高低不平的路上晃动，把人弄得摇摇晃晃，我坐在皇帝身边，身子随车摇晃，皇帝靠着我一摇一晃的，他便感到舒适愉快。后来妾得以侍奉皇帝寝卧，便是仍保持车中的姿态才使皇帝成眠，妾实在没有媚术。"不久，萧妃便在炀帝面前说韩俊娥的坏话，从炀帝

身边调离了她。

武则天杀亲女

武则天在太宗死后又为高宗宠幸，封为昭仪。武昭仪生下一个女儿，长得白胖美丽，高宗、王皇后都很喜爱。一次王皇后前往看视，一会儿走开了。武昭仪背着人将女儿掐死，放在被子下。高宗来看女儿，武昭仪装着什么也没发生的样子，高高兴兴地揭开被子。然后装着刚发现女儿死了，开始大声呵斥侍女，问刚才谁来过。侍女答是王皇后。武昭仪开始大声啼哭。不明真相的高宗真以为是王皇后杀了自己的女儿，而使武昭仪遭此丧女的不幸。于是更加怜爱武昭仪，想要把王皇后废掉。后来，皇帝要晋封武昭仪为宸妃，侍中韩瑗等不同意。武昭仪又诬告王皇后与其母搞巫术，高宗以此为由废了王皇后。

唐玄宗以饼试太子

唐以后御膳用的饼，制作工艺和设计都越来越精细、考究、别出心裁，普通的饼渐渐在御膳中消失了，只有在刻意锻炼节俭风尚和实在无计可施的情况下才会吃到。唐玄宗和太子之间曾在吃饼时发生过一件微妙的事情：一次，玄宗与太子一同进餐。太子在用刀切熟肉的时候，因肉上有许多油沾在了刀口上，便拿过一张饼，擦去了油渍。玄宗不动声色地看着太子，观察他的一举一动，想看看太子如何处理这张饼。太子正不知怎样处理这张饼，他抬头看到父亲后，便慢慢地把饼送到嘴里。玄宗很高兴，觉得儿子很节俭。

唐玄宗备尝相思之苦

杨贵妃因得唐玄宗恩宠，非常任性骄纵。天宝五载（746 年）七月，贵妃因为忌妒触怒圣上，玄宗命令高力士把她送回杨铦家中。贵妃刚走，玄宗便茶饭不思，甚是想念。高力士看出玄宗的心思，便请求玄宗接回贵妃。玄宗应允，高力士夜里打开安兴坊门，将贵妃迎回宫中。

天宝九载（750 年）二月，玄宗按旧历设五王帐，跟他的兄弟们共同睡在里边。贵妃闲来无事，便偷宁王的紫玉笛。玄宗龙颜大怒，将贵妃驱逐出宫。贵妃事后非常后悔，剪下一缕青丝，让大臣张韬光交给皇上，并让他禀奏皇上，说自己罪该万死，但无以回报皇上。玄宗正因思念贵妃而若有所失，闻听奏报之后，急忙命高力士将贵妃请回宫中。经过两次离别、相思之后，玄宗更加宠爱贵妃。

唐玄宗培训梨园子弟

隋唐帝王对于音律都深为通晓，唐玄宗的音乐造诣更是非同一般。他曾挑选宫廷艺人的子弟三百人，将他们聚集于梨园学习音乐。在培训过程中，碰到谁演奏出现错误，唐玄宗必能觉察出来，并一一指正。这些接受培训的子弟都被称为"梨园弟子"。此外还有数百名宫女，也是梨园弟子，都住在宜春北院。唐玄宗过去专门为这些宫女配置了三十多人的小乐队。

有一次，唐玄宗到骊山游玩，正逢贵妃生日。玄宗于是命令小乐队在长生殿演奏乐曲。因演奏的是新曲，尚未命名，正好南方派人送荔枝来，于是将新曲命名为《荔枝香》。玄宗又命乐工黄幡绰撰拍板谱，由其他乐工演奏，大家呼天子为"崖公"。

唐德宗寻母

沈氏是江浙人，开元末年（约740年前后），作为平民之女，被选入东宫（太子宫）。被皇太子李亨赐给广平王李豫（李亨之子）。沈氏生了个儿子，名叫李适。天宝末年，安禄山叛变，带兵进入长安。叛军抓了沈氏，仍囚于东都洛阳宫中。广平王李豫率军攻下洛阳，沈氏还在宫中。当时，由于北伐，沈氏无法赶回长安。不久，河南又被叛军史思明攻占，沈氏被叛军抓走，没有人知道其下落。唐德宗继位后第一件事，就是派人去寻找自己的母亲沈氏。

早年，宦官高力士有个女儿高氏，对宫廷中的旧事非常了解。女官李真一曾经跟沈氏游玩，依稀记得当年沈氏的面貌。李真一见过高力士的女儿，发现她颇能讲宫廷中的事情，于是怀疑高氏就是沈氏。李真一问高氏是从何年何地成为高力士的女儿的，高氏的回答含糊不清。从高氏的年龄和相貌来看，李真一觉得她确实与沈氏差不多。除此之外，有一重要证据：沈氏用刀切果脯给幼小的李适吃时，左指受了伤。高氏也曾因削瓜，伤了左指。沈氏失踪二十年了，无人能记得沈氏的模样了。女官李真一把高氏与沈氏的相似之处汇报给朝廷，李适派车迎接高氏回到上阳宫。使者骑马报告皇帝李适，李适欣喜若狂，群臣都一起欢呼。高力士的儿子知道他妹妹高氏并非沈氏，把实情禀告皇上，皇上非常失望，令好好对待高氏，让她回家。李适对身边的大臣们说："我被欺骗一百次也无悔，为的是找我的亲娘！"

李后主始创缠足

缠足始创于五代十国中的南唐。李后主别出心裁，为宠妃宵娘缠足，用帛绕脚，还使之弯曲成新月状。李后主无比赞赏他的佳作，使得那些日夜盼望得宠的宫女们纷纷效法，也缠上了足并以此为美。

第二节　后妃韵事

上官婉儿称量天下

据史书记载，上官婉儿之母郑氏怀婉儿时，"梦巨人界大称曰：持此称量天下。"婉儿天生机敏，极有文才。十七岁时，婉儿被武后召见，当场面试，文章一气呵成，遣词造句，就像是事先精心准备好的一般。上官婉儿的《剪彩花应制诗》很美：

> 密叶因裁吐，新花逐剪舒。
> 攀条虽不谬，摘蕊讵知虚。
> 春至由来发，秋还未肯疏。
> 借问桃将李，相乱欲何如？

剪彩花的场景和春天的气氛写得活灵活现。更为精彩的是《彩书怨》，一缕相思被写得淋漓尽致：

> 叶下洞庭初，思君万里余。
> 露浓香被冷，月落锦屏虚。
> 欲奏江南曲，贪封蓟北书。
> 书中无别意，惟怅久离居。

上官婉儿才华横溢，以机敏和富有文才在宫中闻名，武后十分喜欢她。到了中宗李显即位后，上官婉儿愈加被信任，进拜昭客，其母郑氏被封沛国夫人。

杨贵妃极喜"雪衣娘"

　　唐玄宗和杨贵妃都很喜欢鹦鹉。"绿衣使者"和"雪衣娘"便是他们非常喜欢的两只鹦鹉，尤其是"雪衣娘"，更是深得二人喜爱。"绿衣使者"入宫以后，由后宫专人饲养。玄宗对它非常依恋，从此生活便离不了鹦鹉。正当此时，岭南又进献了一只白鹦鹉，雪白的羽毛，极其美丽，更胜"绿衣使者"几倍。玄宗和贵妃对白鹦鹉怜爱得无以复加，恨不得每日与其同卧同起，并呼它为"雪衣娘"。由于玄宗和杨贵妃的宠爱，"雪衣娘"在宫中待遇极厚；加上内官的驯养得法，天资极好的"雪衣娘"，愈加伶俐，颇通人性，而且有异乎寻常的语言能力，让玄宗将其视为无价之宝！

　　玄宗平日休息的时候，喜欢闲庭信步，或是吟诵近人的诗文。吟诵几遍以后，"雪衣娘"便亮着圆润的歌喉，清晰从容地吟出，而且准确无误。杨贵妃对"雪衣娘"也极其喜爱。有一次，杨贵妃教它读《多心经》，"雪衣娘"很快便能背得滚瓜烂熟，而且日夜不息地反复吟诵，虔诚得似是为贵妃祈祷。在后宫，玄宗常和贵妃、诸王博戏，每当玄宗快要输时，饲养"雪衣娘"的内官便轻呼"雪衣娘"，"雪衣娘"闻声立即跃上博局，脚踩戏盘，双翅凌空一番翻舞，一场博局被它搞得面目全非，只能重新再来。

杨贵妃华清池洗浴

　　唐玄宗与杨贵妃的爱情，是与其

侍女俑　唐

奢侈生活密切联系在一起的。"华清恩幸古天伦，犹恐蛾眉不胜人"，李商隐的这两句诗，显示出了杨贵妃华清池洗浴的恩宠是无以复加的。

　　华清宫是盛唐著名的行宫，坐落于骊山之下。华清宫原名温泉宫，因温泉而建，曾三次扩建。

　　玄宗与贵妃在华清温泉洗浴，可以说是穷奢极侈。唐代诗人有很多描写御汤与贵妃池的诗篇。李商隐《骊山有感》云："骊岫飞泉泛暖香，九龙呵护玉莲房。"前句写贵妃入浴后泉水香气四溢，写出了贵妃施粉之重。后句的"九龙呵护"一语双关，既指出御汤在九龙殿，又隐指莲花汤也曾有玄宗前往沐浴。

　　白居易《长恨歌》中有诗云，"春寒赐浴华清池，温泉水滑洗凝脂。侍儿扶起娇无力，始是新承恩泽时。"诗中的隐含之义便是，华清池不仅是洗浴的场所，也是杨玉环蒙幸之处。

第三节　宫禁探奇

隋宫廷服饰用羽毛

　　炀帝和牛弘等人商讨拟定了皇帝的各种服饰和宫廷礼仪侍卫制度，任命何稠为大夫少卿，让他负责制定，送往江都。何稠在前朝制度的基础上做了不少改动。皇帝的龙袍冠冕上刺上日

月星辰图案，武官的礼服用轻便的漆纱制成。为了制作得更为华美、精致，以向皇上邀宠，何稠下令各州县送上羽毛，以致老百姓到处捕鸟，鸟类几乎灭绝。曾有一个鹳巢筑在一棵高达百尺的大树上，百姓只有砍断树根才能捕到鹳。鹳恐怕它的幼鸟遭到伤害，只好拔自己身上的毛丢在地上，民间传说这是祥瑞之兆。

唐宫流行高髻

高髻只是一种通称，实际上它有许多种类，今人能推测其形状的大概只有望仙髻、飞天髻等少数几种了。飞天髻始于南北朝，一直流传下来，直至明朝依然盛行，这是因为这种发式很美很浪漫。顾名思义，飞天髻显然和佛教有关。起于唐初而盛行武则天时的螺髻，同样也是源于佛教，据说螺髻是释迦佛的发髻样式。望仙髻是两个环状的髻耸于头上，虽也是高髻且梳法与飞天髻差不多，但远没有飞天髻的飘逸之态。唐玄宗很喜爱望仙髻，于是宫女们竞相梳这种发髻来取悦他。惊鸿髻很像一只鸟即将展翅而飞的样子，从曹魏一直流行到隋唐。唐宫中还盛行一种很美丽的发髻，即两鬓蓬松并向后拢，用两鬓包围着脸，并在头上做个锥形的朵子，它的名称叫抛家髻。还有一种发髻看来很像抛家髻，它是半翻髻，这种髻和抛家髻梳法不同。

高力士受宠不改忠诚

高力士十岁进宫，在宫中长大，身长六尺五寸，颇具风采。在玄宗藩邸时，倾心跟随，玄宗也极为欣赏他，二人皆视彼为知己。玄宗即位以后，指派高力士负责与外部的联系，玄宗即可运筹帷幄之间。高力士常服侍玄宗，每晚都会在殿内陪宿，玄宗曾说："力士当上，我寝乃安。"

正因如此，高力士声名大作，在朝中令奔竞之徒仰慕，很多人都想见他一面，却苦于没有机会，侥幸见到他的便如望天人，激动不已。众宦官也唯高力士马首是瞻。一些位尊处优的皇亲如杨国忠、安禄山等也极力攀附高力士，常馈赠珍奇。高力士这人善于置办田产，仅在京师就筑建府第、池园等，占据良田千亩。而在宫中高力士更得其势，肃宗视其如兄长，公主称其为翁，玄宗不称其名而只称将军，有时还向高力士自称小字"阿瞒"。

高力士虽居高位却不失立身持法，虽受宠却从未恃宠弄权，仍恪尽职守。在玄宗懵懂之时，他便能劝谏善诱。玄宗中年渐图安逸，对李林甫极为信任，打算把政务交与李林甫。李林甫的阴险奸诈已为朝内外官员所惧，肃宗在东宫时也日夜担忧，唯恐遭其诬陷，焦心致发鬓昏秃。高力士见状，冒死力陈社稷不可假托于人，玄宗大怒，高力士顿首自责道："心狂易，语谬当死！"玄宗仔细考虑后，觉得高力士有理，乃置酒嘉赏于他，左右臣僚皆高呼万岁。

唐宦官掌握军政大权

宦官之职，唐太宗时下令不超过三品，四品为最高。经武后、中宗，宦官人数增至三千人，上千余人官居七品。玄宗时期，对那些服侍时间很久、尚有功德的宦官大肆封赏，出现了像左右监门将军这样的三品宦官，四千多名宦官中，官居四五品者不下千人。在殿头供奉的三品将军，被授以重任，传命持节，"光焰殷殷动四方"。在出外监军时，宦官掌握军政大权，节度使也要听从其命。在当时的京城，宦官的产业几乎占地一半，真可谓权财并进。德宗之后，将掌管禁军之权授予宦官，左右神策、天威军皆为禁军，置护军中尉、中护军分管禁兵。皇帝将禁卫军权交给他们本是出于信任，然而宦官持权要挟皇帝便有了可能，这也一反皇帝初衷。

唐宦官废帝

唐顺宗想将宦官军权夺回，没有成功，因其有严重的风疾在身，在宦官强迫之下将皇位禅于太子，顺宗于宪宗即位第二年死去。宪宗因服用丹药妄图长生而致性情大变，动辄杀人。为避免殃及自身，宦官们将其杀死。事后，王守澄、陈弘志谎称皇帝死于丹药，遂立太子为帝，即穆宗。穆宗乃短命皇帝。同穆宗一样，敬宗在继位后，终日狩猎游乐，宦官们甚是满意，但敬宗的杀气也同于宪宗。为防止身遭不测，宦官们决意将其铲除。一次夜宴，宦官首领刘克明趁敬宗大醉，将他挟至更衣室并将他杀死。另一未参加此行动的宦官王守澄，则趁刘克明挟立绛王为帝时，率另

一支宦军进入宫中将其杀死，同时杀死绛王，然后立文宗为帝。

唐宫女称为"花鸟使"

唐玄宗开元年间，天下太平，财丰粮富，达到了唐朝鼎盛时期。与此同时，玄宗也开始腐化堕落起来。为了充实后宫，玄宗秘密下令"挑选天下好看的女子，纳入后宫并给她们取名为花鸟使"。这些绝色女子被迫入宫后，便成了被奴役的宫婢。由于每年都要从民间采选民女入宫，开元、天宝年间宫女们人数急剧增加。长安大内、大明、兴庆三宫，皇子十宅院，皇孙百孙院，东都洛阳大内、上阳两宫，大约有四万个宫女。《新唐书·宦者传》中记载，在开元天宝年间，大约有宫嫔四万人。唐文宗为太子挑选妃子，曾下令百官各自"举言十岁以来嫡女及妹、侄、孙女"；为在恪太子选妃时，专"求汝，郑间衣冠子女为新妇"。就这样，许多良家少女相继被选入宫中，大部分成为宫女，只有少数人才会幸运地成为妃嫔。

唐乐舞女群俑

第五章 宋、辽、金、元野史

第一节 帝王逸闻

宋太祖后苑弹雀

有一天，正当宋太祖赵匡胤在后苑中用弹弓弹雀的时候，有一位大臣称有急事直闯进后苑，提出要面见皇帝。得知大臣有急事进奏，赵匡胤忙放下弹弓，让他当面禀报。听完以后才知道事情极为平常，于是异常恼火，觉得很扫自己的弹雀之兴，于是生气地责问道："这难道称得上是急事吗？"

不料大臣火上浇油："比弹雀紧急。"赵匡胤本来心中不快，听他一说，更是气不打一处来，这不是明摆着贬损皇帝和蔑视皇帝吗？是可忍，孰不可忍！于是赵匡胤随手操起一旁的斧子，一挥斧柄，打在大臣的脸上，他顿时血流如注，两颗牙齿被打掉。但这位大臣素养极好，临走前还从容不迫地把两颗打落的牙齿捡起，并小心地包好。

赵匡胤见此大惑不解，便质问他。大臣的回答令赵匡胤目瞪口呆，说他要把这捡回去，以此为证，让史官记下此事。

赵匡胤感到了事态严重，认为玩弹引起这种事，实在是不应该，如果史官记下来的话，便会令人难堪。想及此，

赵匡胤当即收敛怒容，厚赐该大臣。

宋太宗抱尸哭子

赵德昭是宋太宗赵光义的儿子，生前曾被封为武功郡王。太平兴国四年（979 年），赵德昭随父亲宋太宗征讨幽州（今河北北部与辽宁南部）。一天夜里，军队中发生了一场虚惊，人们讹传太宗失踪了，因此便有人策划要立赵德昭为帝。太宗回来知道此事后，十分生气，加上征讨幽州的战事失利，因此很长一段时间里，宋太宗也不提把太原赏赐给赵德昭的事。赵德昭忍耐不住，就当面去问宋太宗。宋太宗一听，很不高兴地说："等你自己去把太原取回来，我再把它赏赐给你也不迟！"赵德昭遭到父亲的抢白，十分气恼，竟回家自刎而死。宋太宗听到儿子自杀的消息后，又吃惊又懊悔，忙赶到儿子家去，但已经迟了。最后他抱住儿子的尸首大哭起来，回宫后，他就追封赵德昭为魏王，谥号为"懿"。

宋徽宗杖上刻谏言

皇帝的手中通常有一根玉杖，其杖头多为龙头状。皇帝通常也将自己用

的拐杖赐给他的大臣们。宋徽宗在自己刚登上皇位时，接受了江公望的谏言，把内苑畜养的珍禽奇兽全部都驱赶走，其中有一只白鹇不肯离开内苑，徽宗就用手杖打它，它仍然不肯离开。后来徽宗就把江公望的谏言雕刻在手杖的最上端。

元顺帝设计龙舟

元顺帝是一位杰出的设计师。至正十四年（1354年）十二月，他在内苑设计了一条龙舟，并命内宫供奉少监塔思不花为监工，照他的设计督造。

龙舟建成后，首尾长120尺，宽20尺，前部设有瓦帘棚、穿廊以及两座暖阁，后面则建有庞殿楼子。龙舟的龙身和殿宇用五彩金装饰。行进时，龙身的首、眼、口、爪、尾都会动，并且动作十分协调，整个龙舟设计得十分精巧别致。舟上的24名水手，都身穿紫衣，腰系金荔枝带，头裹皿带头巾。

每当有事要用到龙舟时，这些水手就会各拿一枝长篙，分列于龙船两侧。顺帝常乘坐龙舟到前宫山下的海子内来往嬉玩。

龙舟争标图 元

第二节　后妃韵事

李宸妃坠玉钗

宋仁宗的母亲李宸妃怀孕时，有一次和真宗一起在砌台游玩，头上的玉钗忽然无故掉下来了。李宸妃觉得这是件很不祥的事，但真宗却认为，钗这么脆弱，如果掉在地上而没摔坏，李宸妃一定生男孩。侍从们把钗拾起奉上，玉钗真的完好无损，真宗非常高兴。不久，李宸妃真的生了儿子。

郭皇后误伤帝颈

宋仁宗很宠爱尚美人和杨美人，她俩曾多次跟皇后争吵。有次，尚美人在仁宗面前说出一些触犯皇后的话，皇后十分生气，就上前打她，仁宗见状忙站起来护住尚美人，皇后来不及收回手掌，结果误打了仁宗一个耳光，使仁宗十分不高兴。

宦官阎文应乘此机会和皇帝商量废后之事，并劝仁宗把被打的痕迹给宰相看，仁宗因此就召吕夷简进宫，并把脖子伸给吕夷简看，又把挨打的原因经过讲给他听。吕夷简与皇后曾有过节，因此便同意废后，但仁宗自己又有点犹豫不决，吕夷简说："光武帝刘秀是东汉有名的明君，郭皇后只是因为不满他而发牢骚就被废掉，更何况像今天这种打伤陛下的事呢？"仁宗于是决意废后。仁宗做出决定后，吕夷简便抢先命令朝廷的有关部门不得接受谏官关于废后一事的奏章，于是仁宗便下诏说皇后愿意入道修行，并封其为净妃、玉京冲妙仙师，迁居长宁宫，而谏官们的奏章就真的没能送到仁宗手中。

辽宫皇后分娩用羊

历代宫中孕妇的分娩过程，外界很难知道，史书对此却有记载。契丹人建立的辽国，特别对皇后的分娩建立了一套制度，这套制度是和契丹人的游牧生活密切联系的，十分有趣。据说皇后待产时，先造团白毡帐四十九座，围成一圈，皇后在其中最大的一座内待产，其余四十八座内各备一只羊，一人扭着羊角，另几个抓住羊的其他部位，等待中间帐内的动静。大帐内分娩在即，翰林院使负责抱住皇后胸部，产婆在下面准备接生，皇后身下铺着甘草苗。分娩的过程中，皇后痛苦难忍，失声叫喊。这时，一听到大帐内传出皇后的叫喊之声，四十八座小帐内扭着羊角的人同时用力割羊角，四十八只羊一齐痛叫，响声震天，立刻淹没了皇后的痛叫声。此法蕴含着用羊替皇后忍痛的意思。如果皇后生的是男孩，守在帐外的契丹主便穿上红衣服，令乐队奏乐，与众臣饮酒庆贺。

丽妃张阿元制作昆钟

丽妃张阿元，天性聪颖机智。有时，元帝退朝便来到后宫，与众妃嫔一起嬉笑游玩。众妃嫔则八仙过海，各显神通，使出浑身的解数，博取元帝的欢心。其中阿元匠心独运，悄悄地制做了一座昆钟。该钟从上到下共有三层，中间有转轴，玉石质地，黄金为枝。钟的四面用彩线缝制的花朵围缀，又做了许多蜂蝶，夹杂点缀在花朵的中间。昆钟转动时三层浑然一体，百花自动摇曳，蜂蝶飘飘欲飞，全都扑向花蕊。阿元又穿了一件自制的飞琼流翠袍，每当穿在身上向前走的时候，宛如月宫仙子一般缥缈飞动。

第三节　宫禁探奇

宋宫流行蹴鞠

宋代是蹴鞠发展最为鼎盛的时期。宋代宫廷中不仅有专门的蹴鞠球队，而且经常举行蹴鞠比赛。

孟元老在《东京梦华录》中记载：参加竞赛的左、右军各十余人，其中一为球头，比赛时，球头均头戴长脚幞头，余则戴卷脚幞头。蹴鞠之所以在宋朝繁荣昌盛，一个重要原因就是皇帝对蹴鞠的喜爱。宋太祖赵匡胤开蹴鞠风之先。元代钱选就做了《太祖蹴鞠图》，生动地描绘出赵匡胤同大臣们踢球的情景。北宋的宰相李邦彦就曾以踢尽天下球而自诩。

北宋还有一宰相高俅就是因球艺高超而在官场上青云直上的代表。宋代宫廷宴会时，就会有蹴鞠助兴，还特意制定了礼仪规定，要在喝完第六杯酒后，蹴鞠高手们上场来表演球艺。正因为朝廷对蹴鞠的重视，所以京城里蹴鞠高手如云，甚至还出现了专以教球技为生的踢球艺人。

太祖蹴鞠图　元
蹴鞠是宋代流行的一种体育活动，这幅画描绘了宋太祖赵匡胤、宋太宗赵光义和近臣赵普等一起蹴鞠玩乐的情景。

元宫大摆斗巧宴

至大年间，后宫嫔妃中，洪妃最受宠爱。七月七日夜，宫中高坛上用毛彩丝结为彩楼。只有洪妃与宫官数人登高坛，然后剪断彩丝扔到台下，让众宫嫔争相捡拾，拾到颜色鲜艳的一方为胜。第二天，在宫中大摆宴席，叫作"斗巧宴"，败的一方负责置办酒宴。

宋宫的三十六髻

徽宗赵佶昏庸无道。亲政以后，重用奸臣蔡京、朱勔、王黼、童贯、李邦彦、梁师成六人，时称六贼。当时，内忧外患，童贯受命领兵远征。一次在燕蓟战役中，不懂军事的童贯被击溃，狼狈不堪地逃回京师。过了不久，宋后宫内宴上出现了一个十分精彩的节目：三个教坊女伎一身奇装，翩翩登场，三人最显著的特征是头上的发型各不相同，一个发髻在额上高耸，一个发髻偏坠一旁，一个是满头发髻，遍地开花，颇为有趣。

三个女伎登台亮相以后，场上出现了一个优伶。优伶一一将三位女伎介绍给观众，说这是蔡太师家人，这是郑大宰家人，这是童大人家人。席上人觉得奇怪，便问三位女伎，为何发髻各不相同，是不是三位大人家里有什么讲究？蔡太师一髻高耸的家人答道："太师觐清光，此名朝发髻。"郑太宰发髻偏坠的家人说："吾太宰奉祠就第，此懒梳髻。"最后轮到童大人满头发髻的侍女，侍女娉婷而出，款款地说："大人方用兵，此三十六髻也。"三十六髻就是三十六计，当时有句俗语，为三十六计，走为上计。最后这位女伎的说白是这段

俳戏的戏眼。

元后宫制作五云车

元时，皇宫中曾制作一辆"五云车"。此车共有五个车厢，槛式用火树做成，轮辕用乌棱木制作。车顶悬挂着夜明珠。五个车厢呈十字形排列，前后左右四个，中间放一个。左厢张挂绿色羽毛，华盖下吊着金铃，华盖上是叠成云状的黑色织锦，厢旁树有青龙旗，五支磨锷雕银戟并排放着。右厢则张挂白色鸠毲，华盖下面吊着玉铃，华盖上是叠成云状的白色锦缎，厢旁树有白虎旗，五支豹绒连珠枪并排放着。前厢张挂的是红猴毛颤，华盖下吊的是木铃，厢前树的是朱雀旗，五支线锋火金戈并列放着，后厢张挂着黑色兔团毫，华盖下吊着竹铃，华盖上是叠成层云状的黑色织锦，厢前树立玄武旗，五只画干并列排放。中厢张挂着雕羽曲柄，华盖下吊着石铃，华盖上是叠成云状的黄色织绵，厢前立着勾陈旗。中厢是皇帝的座位，外面的四个车厢则坐着嫔妃。皇帝乘坐此车，夜晚在皇家园林游玩，车上挂着夜明珠，蜡烛也不用。陈刚中曾作有《云车夜游》一诗，诗曰：

金根云盖辖移玉，露花不坠瑶草绿。

明珠照乘秋月悬，天风吹下箫韶曲。

万年枝上清光满，八鸾导引双龙管。

夜深如昼翠华来，三十六宫碧云暖。

第六章　明代野史

第一节　帝王逸闻

明太祖睹画思妻

相传明太祖长子朱标善作画。明太祖早年与陈友谅作战失败，其妻马氏背太祖逃跑，朱标当时就偷偷把这一场景画成图画。马皇后死后，明太祖一度疯狂地诛杀功臣，太子多次劝谏他都置之不理，于是太子对皇帝说："上有尧舜之君，下有尧舜之民。"皇帝听到之后更加愤怒，就用榻椅打太子，太子逃跑时将怀中所藏之画掉在地上，皇帝看见这幅图，十分悲痛，就

明太祖妻马皇后像

马皇后自幼聪明贤惠，心地仁慈，性格坚强，是朱元璋的得力助手。马皇后一生保持俭朴之风，待人宽厚，且常谏于太祖。洪武十五年（1382年）病逝，太祖心痛不已，未再立后。

停止了追打。

明英宗不怨王振

当时明朝边外驻有蒙古瓦剌部落，英宗正统十四年（1449年）七月，瓦剌大举侵犯。英宗听从好大喜功的王振的进谏想要亲征，并置大臣们劝谏于不顾。遂带几十万大军向北行进，至宣化遇大风雨，王振对大臣进谏仍不听。军驻大同，时值八日，王振意欲继续向北，但听过镇守太监郭敬报告之后，王振害怕，决定班师回京。途中，王振为向人炫耀便邀英宗至其家乡蔚州（今河北蔚县），又恐大军毁坏庄稼，遂改主意，从宣化回京。如此绕弯，到达土木堡（今河北怀来东）。此时瓦剌兵至，明军大败，王振死于乱军，英宗被擒。明英宗成为继宋徽、宋钦二帝之后，又一个被少数民族俘虏的皇帝。英宗较为幸运，次年被放回。归来之后，他退居为太上皇，苦熬七年之后，夺权复辟重做皇帝。英宗不仅不怨恨王振所造成的苦难，反而为其祭祀、招魂，很是怀念，并赐匾额"旌忠"挂于王振祠堂。

明宪宗敬畏万贵妃

万贵妃成为宫女时才十四岁，服侍英宗的母亲孙太后。少女时期的她，长得十分美丽，楚楚动人，加上聪明伶

俐，以至于孙太后非常喜欢她，她成为孙太后身边的"小答应"。英宗的儿子宪宗在非常小的时候就成为太子，万贵妃被派去服侍他。宪宗比万贵妃小十七岁，在这个几乎相当于乳母的女子的照料下，宪宗逐渐成长为一个风度翩翩的少年。天性聪明伶俐的万贵妃不知怎样吸引了少年太子，宪宗对她更加依恋。在宪宗十八岁当上皇帝时，万贵妃已经三十五岁了，宪宗对她既依赖又敬畏。在宫苑中，人们常能看到在宪宗的驾前，有一位肥硕的中年妇人戎服前行。凭借着宪宗对她的恩宠，万贵妃在宫中毫无顾忌，而且宪宗私幸别的宫女，要尽可能地不让她得知。在五十八岁时，她因为怒打宫女而气血不调，加上因肥胖造成心脏的负荷量过大而突然死亡。宪宗知道后，心里十分悲痛，怅然叹道："万贵妃死了，我也活不了多长时间了。"果然应了他说的话，几个月之后宪宗就郁闷伤怀而死。

明孝宗生于冷宫

明孝宗皇帝的身世十分悲惨。孝宗的母亲纪氏原本是一名宫女，怀孕的消息被当时骄宠横行的万贵妃知道后，万贵妃便派人送去堕胎药，逼迫纪氏服下。幸亏药量不大，否则历史上也不会有孝宗皇帝了。当时纪氏早已不得宠，孝宗出生在紫禁城外的一个安置病老宫女的地方，名为安乐堂。出生时，他头上有一寸左右的地方未长头发，估计是堕胎药造成的。纪氏偷偷生下这个小皇子后，感到危机四伏，因为在她之前，其他宫女所生的几名皇子都被万贵妃害死。纪氏日夜惊恐，难以安寝，反复思量，最后决定让太监将小皇子溺死。太监张敏不同意这样做，并说服了纪氏，

决定和纪氏一起偷偷养大这个孩子。六个年头过去了，宪宗皇帝终于知道了这件事情。当时宪宗已过三十，还未得子，听说自己已有了一个六岁的儿子，激动万分，派内使把孝宗从安乐堂接来。当小皇子张开双臂向父皇跑去时，背后长了六年的胎发晃来晃去，宪宗把儿子抱在膝上，喜极而泣。

明武宗宫中大放烟火

武宗即位之后，每年宫中都要张灯结彩，以此来娱乐消遣，但极为奢侈挥霍。库中贮存的黄蜡不足了，便命令管事部门补买。正德九年（1514 年），朱宸濠上贡样式新颖的四时灯数百盏，灯的设计独具匠心，巧夺天工。灯献来时，武宗又命令送灯的人进入宫中，亲自把灯悬挂起来。这些灯各有特色，大多靠墙壁或柱子挂着，以凸显它的玲珑奇巧。武宗还专门在庭轩倚栏间盖起专门储存火药的棚子，但有一次因疏忽引燃了火药，宫殿毁于一旦。武宗却笑称："真是一棚大烟火呀！"武宗整日贪图游乐，不过问朝政。

第二节　后妃韵事

仁孝皇后作《内训》

永乐五年（1407 年）十一月，皇帝向群臣颁赐仁孝皇后草拟的《内训》，让群臣用于家教。当初，皇后阅览了大量古代典籍，写了这本书，取名为《内训》，以此作为女人的行为规范。书共20 篇，包括德性、修身、谨行、勤励、慎言、节俭、警戒、积善、迁善、崇圣训、谨贤范、事父母、事君、事舅姑

明成祖下令刊印的《大明仁孝皇后内训》书影

（公婆）、奉祭祀、母仪、慈幼、睦亲、逮下（关怀厚待下人）、待外戚。序言写道："高皇后经常教诲媳妇们要遵守礼法，言行谨慎，我有幸能够聆听高皇后教诲，心服口服，丝毫不敢违犯。20多年来，我一直侍奉皇帝，为了推行宫中教化，凡事遵守先帝遗志。"又说："承蒙高皇后的谆谆教导，超越往昔，足以成为后世的楷模，我永远铭记在心。"永乐二年（1404年）冬天，皇后把高皇后的教导用诉说的形式加以推广，写成《内训》，以此教育宫中之人。皇太子把书进献给皇帝，皇帝看后，潸然泪下，下令刊印颁发。当时皇后正在为高皇后服丧，三年不吃酒肉，只要一说到高皇后就掉泪。成祖问皇后："你能背诵高皇后的许多遗言，那么，你能举例说明当今哪些话可用吗？"皇后毫无遗漏地背诵出来。

皇后的弟弟抢皇冠

　　明孝宗时，因其独宠张后，张后两个兄弟出入宫中、旁若无人，连皇帝也不放在眼里。一次内宴，张鹤龄趁孝宗不在之时，借着酒意，将皇冠戴于头上，张后视而不见。身为长随的宦官何文鼎在一旁见状，强忍心中怒火没有发作。另些时日，张鹤龄偷窥龙床，何文鼎见状顿生怒气，执手中大瓜欲砸之，孝宗、

张后将其拦住。何文鼎奏曰："二张不敬，无人臣礼。"皇后回击。孝宗虽知其忠心一片，怎奈张后挑拨，终因惧内而将其打入天牢。因皇后之命，何文鼎死于狱中，孝宗痛心，刻下碑文并祭之。

　　张后虽获独宠，却不念皇恩而放纵自家人，其忠诚之心无法与何文鼎相比。

皇太后"废"神宗

　　万历元年，神宗厌恶读书，慈圣皇太后召他前来，并罚他跪了很长时间。皇太后每次来到神宗读书的地方，都让他复述一遍，确保他记住了才作罢。每到上朝的日子，五更之时，皇太后喊他起床。不论他愿不愿意，就给他洗脸，拖他去上朝。八月十一日，神宗在西苑宴乐，两个宫女在旁侍奉。神宗喝醉了，让两个宫女唱新歌，她们推辞说不会。神宗气急败坏，退席取来宝剑，要刺杀两个宫女，左右奉劝这才罢休，不过还是用剑割下她们的头发。太后知道后，便换上青布袍，去掉簪子耳环，让内阁大学士张居正写奏章严厉劝谏神宗的过失，并一同替神宗起草自责的御札。慈圣皇太后又把神宗召来，让他跪在面前，对他严加斥责，甚至说出："不用你做皇帝还不行吗？"当时，宫中盛传皇太后命令冯保到内阁去取《霍光传》，将要废掉神宗，另立潞王为帝。神宗才觉得害怕，长跪在地上，使皇太后收回废自己的念头。

第三节　宫廷仪规

明皇帝登极仪

　　登极仪是皇帝宣告即位时举行的

庆祝大典。1367 年 12 月，左相国李善长率领众礼官举行登极仪。登极之日，明太祖先到京城南边郊外设坛行祭天大礼。仪式结束后，于南郊即位，丞相带领百官以及元老高呼三声"万岁"。皇帝准备天子卤簿入太庙，上追尊四代祖先帝后册、宝，然后登极向上天祈祷社稷安康，最后回宫。第二天在奉天殿内外设立仪仗队，群臣按顺序排列好，仪銮司官、赞礼郎等按次序就位，午门外排列士兵，有持旗队到奉天殿外排列。开始击鼓，群臣立在午门外，丞相率领百官进入午门，皇帝穿帝服、戴皇冠到奉天殿入座，鼓乐齐奏。乐声停止后，将军打开帘子，尚宝卿把玉玺放在桌上，这时拱卫司开始放炮，群臣到丹墀准备好，音乐起，向皇帝拜四拜，乐声停止。向皇帝致贺词，贺毕，乐声起，群臣又向皇帝拜四拜，乐声停。群臣又向皇帝三鞠躬，把手放在头上，山呼"万岁"，出笏，下跪后乐声又起，直到再向皇上拜四拜，仪式才成，皇上下诏书公告天下，宣告即位。

明仁宗以后的各位皇上都是在前代皇帝死后期间登基的，所以与开国登极礼有所不同。

明皇帝亲征仪式

洪武元年（1368 年）闰七月，中书省等准备皇帝亲自征战的仪式。出征之前，选择吉利的日子拜祭天地、宗庙、社稷，这种仪式与大祭祀差不多，奏乐，行三献之礼，但是皇帝穿武弁服，而不穿衮冕。乘革辂，有六军相从。另在国都之南神祠中行祭礼，设军六纛之神，祭品用笾、豆各十二，皇帝穿武弁服，有将军一同陪着祭祀。出征前，以皇帝亲征下诏书公告天下，出征途中所

过山、川、岳、镇、海、渎诸神，皇帝穿弁服行一献礼，都用太牢、少牢等牺牲来祭祀，如果行军时间紧迫，就只用酒、肉干当祭品。若取得胜利，也要告祭天地、宗庙、社稷，这与出征的仪式大致一样。明永乐、宣德、正统时，皇帝亲征都用这种仪式。武宗曾以征宁王宸濠为借口南下游乐，这些祭祀全都不举行，只是诏告天下而已。

皇帝亲征若得胜回来，皇帝带领大将行献俘礼。预先将凯旋之乐、俘虏及被俘敌人的头领的首级先后摆放在太庙南门外、社稷坛北门外，告祭庙、社，行三献礼，祭拜过的俘虏和头领的首级转交给刑部，奏乐而退。皇帝戴通天冠、穿绛纱袍坐在午门，百官穿朝服按班排列，贴告示诏告天下。

明廷皇族车辂制度

古代的制度，天子有五辆车备用，其主要功用不是为了给人乘坐，而是为了在祭典、朝会时显示威仪。明初大朝会时，拱卫司陈列五辆车在奉天门，玉辂在中间，东为金辂、革辂，西为象辂、木辂。天子外出时则乘玉辂，后面有八个人抬着玉辂的腰。后来因为用玉装饰车太奢侈，改为只用木辂。洪武二十六年（1393 年）制定天子车辂制度，为玉辂一、大辂一，九龙车一，步辇一，后面摆放九龙车。永乐三年（1405 年）重新制定车辂的制度，天子备大辂、玉辂、大马辇、小马辇、步辇、大凉步辇、板轿各一乘，具服、幄殿各一套。其中大辂、玉辂各高一丈三尺九寸五分，宽八尺二寸五分，车辕长二丈二尺九寸余，辂座上设有亭子，亭内设黄线绦编红綮匣座。辂车内外装饰华美。马车套上马，装着轴轮。大马辇高一丈二尺五寸九

分，宽八尺九寸五分，小马辇高、宽各少一尺，上面设有亭子，内设软座。大凉步辇高宽各一丈二尺五寸多，有红髹漆辕六，上设辇亭，内有红漆的桌、椅。红板轿，高六尺九寸余，顶上漆红漆，让人抬着走。具服、幄殿是为皇帝出行所准备的，仿造宫内的格调，帐及帷幕用黄木棉布，上面画有动物，柱竿髹红漆，竿头画狮子来装饰，顶端用毡。

明朝皇族车制有辂、安车、行障、坐障等，皇妃有凤轿、行障、坐障等。皇太子乘金辂，亲王乘象辂，都比天子低一个级别，太子妃、王妃所坐的车有凤轿、小轿，也有行障、坐障等。

明后妃、宫女的冠服制

明朝的宫里有规定，宫女的头饰和服装采用宋朝时的样子，紫色、团领、窄袖，到处刺上折枝小葵花，并用金线圈边。其实明朝的后宫中有一种盛行的服装是从元朝宫中传承过来的，这就是比甲。比甲是由元世祖的皇后设计并制做的，无领无袖，衣服的后片比前片长，两侧的开衩处各缀两个用线做的扣子，当初设计比甲是为了在骑马时穿着比较方便，前胸后背不受凉而胳膊可以活动自如。明朝宫中的比甲形状和无袖的背子相比，比甲比背子小一些，只可以盖住膝盖。后妃宫女的日常穿着就是宽袖衫外面套着比甲。

霞帔是日常服饰。大衫霞帔就是衫和霞帔放到一起穿的服装，衫的颜色为黄色，而霞帔的颜色较青色更暗一些，上面织上金云霞和龙文，或绣或铺翠圈金，放上珍珠和玉佩等饰物作为装饰品。

明朝的后宫嫔妃和宫女大多喜欢穿自己设计并制做的新装。熹宗的张皇后心灵手巧，她用白色的丝绸配上暗绿色的丝绸设计做成的鹤氅式新衣，称为霓裳羽衣。崇祯时，宫女们纷纷向张皇后学习，大多数都喜欢素白色的纱衫，因为通过透明的白纱衫可以隐约看到里面的红色肚兜。在明朝最后的时期，宫女十分喜欢穿淡粉色的衫子，看上去白里透着些许微红，雅中带着一丝艳丽，连爱美的宦官也穿上了这种颜色制成的衣服。明代宫女喜欢用纸做衣服的领子，一日一换，这种纸大概是宣纸，由江西玉山县进贡。用纸做护领在明朝的宫中非常流行，其他朝并没有类似的记载，所以用纸当衣领应该是明朝时期宫女们的新发明。

霞帔展示图 明皇后服饰

但是，纸衣在唐代也曾出现过，唐代宗大历年间发生兵乱的时候，"自赤水至潼关二百里间，畜产财物殆尽，官吏至有著纸衣或数日不食者"，可以想象那个时候实在是别无他法才穿用纸做的衣服，所以纸衣在那个时候并没有被认可。

明代巡狩制度

巡狩是皇帝出京城来视察民情或办理其他重要事宜。明初拟实行南京（应天）、北京（汴梁）两京巡狩之制，但后来并没有完全实行。明成祖即位，改北平为北京，巡狩成为经常举办的大典。永乐六年（1408年）明成祖北巡，先祭祀天地、社稷、太庙、太祖孝陵，祭大江之神和旗神，在承天门奉行。沿途祭祀的神都派遣官员来祭祀，将走到北京时，设坛祭北京山川诸神。到北京，奏告天地，祭境内山川。跟皇帝一起去的马步军共有五万，随行官员为五军都督府都督各一人，吏、户、兵、刑四部堂官各一人，礼、工二部堂官各二人，都察院、通政院、通政司、大理寺、太常寺、光禄寺、鸿胪寺堂官二十一人，以及御史、给事中、翰林院、内阁、讲读官、六部郎官等一百零六人，共计一百四十人。出发前宴请群臣，赐随从官员军校宝钞。到北京，大宴群臣耆老，赐百官及命妇宝钞。出行在路上时，州县官吏、生员、耆老参拜，皇帝派朝臣考察地方官是贤还是贪，给予奖罚并在沿途中看望年龄大的人，赐帛币、酒肉。皇帝巡幸期间，皇太子监国于南京，在午门左门或文华殿视事，有大事和各国进贡进表的人，直接报与皇上，小事则由皇太子处理。永乐八年（1410年），明成祖从北京北征朔漠，除皇太子监国南京外，还留下皇长孙监国北京，在奉天门左视事，如果遇到军机大事或王府要务一定要报告给皇上知道，并让皇太子处理。各国的表文都送到北京，各国的贡品也送到北京。

第四节 宫禁探奇

皇子出生

明朝的制度，皇帝的子女出生或满月，要请求圣上降旨行剪孩子头发的礼节；一百天时，请求圣上给他赐名字。皇子百日后，每次都要把头发剃得像和尚一样，10多岁开始留头发，行"长头礼"。皇太子、皇长子、皇长孙等人出生还要布告本国的平民百姓和其他国家，覃恩有差。有时皇子出生前还要提前看好一个喜日举行仪式，如天启三年（1623年）十月，皇帝的第二个儿子出生（皇长子十几天前出生，旋即死去），礼部奏明圣上皇子出生举行仪式用的物品：第一，当月二十四日祭告南郊、北郊、太庙、社稷坛，用酒、水果、脯醢三样做供品，南北郊区各加一牛，首先到太常寺准备办理，翰林院撰写文稿。第二，当天的祭祀结束，皇上具衮冕服御皇极门内殿，文武百官都各自穿着朝服，鸿胪寺官称喜道贺，一共行了大小四次礼。第三，文武百官从二十二日始至闰十月初二止，都穿喜庆的朝服办公。第四，行钦太监选择吉利的日子发榜告诉全国人民，按照惯例派遣人和中书等官充正副使，赍捧至各个地方开读。第五，赍捧御书往各王府报告，让他们知道。有王府省份各派一员，于翰林院、春坊、卿寺、六科行取应差官，疏名上请点用，二十几天后颁布特赦的布告给人民。

后宫中的"三婆"

在我国古代，"三婆"就是稳婆、医婆和奶婆，民间妇女一般是不能进入皇宫的，但宫廷中的这三种妇女可按劳领取薪酬，有的还可免除其全家的终身徭役，同时由于她们有机会接近帝后，更有享不尽的金银财宝，甚至家族中人有机会加官晋爵。

明代蒋一葵的《长安客话》中最早出现了"稳婆"一词："就接生婆中

预选名籍在宫以待内庭召用，如选女则用以辨别妍媸可否，如选奶口则用等第浮汁厚薄隐疾有无，名曰稳婆。"就这段文字分析，在我国古代宫廷中，稳婆和接生婆这两种职业是可以互换的，稳婆在一定时候是可担任接生婆的职责，因此在古代也把接生婆称为稳婆。由此可见，负责接生是稳婆的第一个职责。稳婆的第二个职责是对宫廷选女"以辨妍媸可否"。就这一方面而言，明代以前就已经出现了稳婆一职，而且这种对入选宫女的辨别事实上是对女子进行裸体检查。东晋时的《汉宫春色》中详细记录了汉惠帝张皇后入选以前被稳婆检查的情况。

由此我们可以得出这样的结论：我国古代至少在秦代时已出现稳婆这一职业，而且稳婆对送选女子进行裸体检查已成为皇帝婚姻中一个必经过程。进而发展到宋明时期，伴随人们对贞操观念的进一步加强，稳婆在皇宫中的地位亦越来越重要，并且对女子的检查也以其是否为处女为主。

稳婆的第三个职责是对入宫的奶婆进行检查，主要检查报名奶婆是否有疾病，是否乳汁厚薄，依奶水的多少而定级别，选择其中奶水最多、质量最好的一个人，为她改变发型、换新衣服入宫，以等待喂养皇子或公主。

医婆这一职业，我们从字面上来看，就是我国古代掌握一定医术技能的妇女。汉代的义姁是我国史书记载的第一位医婆，她悬壶济世，受到了广大人民的欢迎。

古代宫廷中的医婆就是当时的女性御医，由于她们能救人于危难之中，能起死回生，所以皇家对她们是很感激的，义姁弟弟的拜官、冯氏的被封，都是意料之中的事。

古书上称奶婆为奶妈或乳母，从字面含义上看来，指的是用奶水来哺育他人之子的女性。奶婆在上古时代就已出现，《礼记》中就有规定：天子、诸侯、大夫之子有资格请奶婆，士之子必须由妻自己喂养。宫廷选奶婆要求很严，在年龄、相貌、身体健康等方面都有明确严格的规定，一旦入选，在饮食方面就有限制。

由于中国古代的宫廷制度要求后妃知礼遵法，有母仪天下的威严，处处表现出一种大家闺秀的肃穆形态，于是，在皇子幼小的心里，亲生母亲成了一种可敬而不可亲的人物；而相反，宫廷中的奶婆肩负着哺乳养育皇子的职责，皇子在宫里，从小接触的就是奶婆，奶婆常常伴他游玩耍闹，皇子对奶婆往往比对生母还亲，长大以后，这份感情仍还存在。以至于在中国古代的史书上我们常常可以见到奶婆被册封、死后厚葬的事例。

宫廷御膳

明朝的皇家食物都是由御膳房烹调和料理的。明代厨房的杂役分别隶属于光禄寺和太常寺，隶属光禄寺的供应膳食，隶属太常寺的则供应祭祀用品。礼部设有清吏司，其责任主要是备办招待各藩王、属国的往来使节以及礼仪性宴会所需的各种佳肴。自明朝中后期起，光禄寺厨役基本上已经没有什么用处了，实际供奉皇上和宫眷们饮食起居的是宦官衙门。明朝时有二十四个宦官衙门。每个衙门各司其职，负责宫廷内各项事务，其中尚膳监负责皇上的饮食。二十四个宦官衙门的地位并不平等，其中要属司礼监的地位最高，司礼监太监几乎与内阁诸辅臣地位相等，其中有一个人最得宠，他一个人兼有数项职务，既掌管东厂，又掌印秩尊。

他在东厂的权力很大，兼任总宪和次辅。在他之下次一级是秉笔，再次一级是随堂，这些人就像普通的辅臣一样。因为东厂首领通常是皇帝最宠爱的心腹，所以在天启年以前，皇帝每天吃的饭，都是由掌管东厂的司礼监太监共两三个人轮流操办。后来为了节约开支，由尚膳监专职管理。到了崇祯十三年（1640年），又恢复祖制，由司礼监、掌管东厂的以及掌管印绶和秉笔的太监轮流供应御膳。

明宫御酒

到明代，宫廷所饮用的酒不再由光禄寺配制，而是由宫中的宦官所建的御酒房来配制酿造。御酒房所造的酒有荷花蕊、寒潭香、秋露白、竹叶青、金茎露、太禧白。崇祯帝时常把他所喜欢的金茎露、太禧白称为长春露、长春白。魏忠贤在掌管内宫时，经常把宫外所酿造的酒通过宫中的御茶房进献给皇帝。当时酒的名目繁多，有荷花蕊、金盘露、君子汤、佛手汤、天乳、琼酥等。宫词中说："但看御酒供来旨，录得嘉名百十余。"

明宫流行射柳之戏

永乐年间，宫中有一种游戏叫剪柳，剪柳就是射柳。宫人在柳树上悬挂葫芦，把鸽子放进葫芦里，拉弓射向葫芦，箭中葫芦，鸽子从中飞出，飞得高者为赢。比赛常常在清明、端午节聚会时举行，有时会射死鸽子，这被认为不吉利，为了免除灾祸，就用桃树枝掸去身上的灰尘。

明代发达的宦官机构

宦官机构于明代异常全面而发达，就连非属宦官机构的宫廷用具制造部门，也归其下。明代统称宦官机构为内府衙门。下设十二监、四司、八局。

司礼监，因其有掌印太监和可用朱笔批阅奏章的随堂太监，所以是宦官机构中地位最高的。因有司礼太监，明代皇帝便可几十年对朝中之事不闻不问。皇帝轻松了，太监却可借机控制权柄。东厂由秉笔太监兼管。司礼监提督常入住衙门，掌管古今书画及文房用品，并藏之于各库。提督下属的六科廊掌司管理宦官的人事档案。

司礼监设文书房来办理批阅奏章的事务。在司礼监正房，司礼监掌印官参看奏章书文，而秉笔、随堂则在其他各室详阅文书房之文书。魏忠贤做掌印太监时，竟于乾清宫大殿之上，公然批改文书，他本人虽不识字，但有人在旁宣读。秉笔、随堂太监要学识渊博，崇祯皇帝对这一点甚为重视，选拔太监如同考进士，一次出了"事君能致其身"一题，郑惠和曹化淳二人通过了考试。

在司礼监中，由大学士、翰林院词臣设堂教书，实乃创举。

东厂和西厂

明成祖时，因一直不知建文帝下落，成祖害怕会有人暗中谋反，于是设立了一个东厂，由提督太监管理，用来打探聚众谋反的事。成化初年东厂由太监尚铭掌管。尚铭是个很贪婪而且深藏不露的人。他利用职权敲诈勒索，手段高明，不义之财滚滚而来。这时，有个在外侦事的太监汪直特别眼红东厂，也想得到这块肥肉，于是他不断地向明宪宗表态，如果由他来掌管东厂，一定会

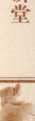

比尚铭办得更好。明宪宗经过再三考虑后，决定再设立一个与东厂一样的机构，由汪直管理，看他和尚铭到底谁的本事更大。于是在成化十三年（1477年），汪直办起了与东厂相对的西厂。西厂设立后，汪直开始了排除异己的行动，很多朝臣如兵部尚书项忠、左都御史李宾、侍郎程万里、滕昭等人都被他诬陷而被罢职。最后导致亦思马进犯宣府，明宪宗对汪直惹的麻烦十分恼怒，便下旨将西厂撤销，汪直也被调到南京御马监任职去了。

明宫女幽闭的宫禁生活

宫女们一旦被选入宫内便如笼中之鸟，失去自由，干一辈子苦差事，与亲人分离，不得相见。苛刻繁多的礼节，森严的规范、制度，突如其来的凌辱，黑暗至极，毫无出头之日。她们最害怕的就是生病，一旦病了，得不到医生诊治，病会愈来愈重，因为明朝律例明文规定："宫嫔以下有病，医者不得入，以证取药。"宫嫔都只是这种待遇，宫女就更不必说了。

《明宫史》记载："在棂星门迤北、金鳌玉蛛桥西洋房夹道，有内安乐堂，有掌司总其事者二三十人。凡宫人病老或有罪，先发此处，待年久方再发外之浣衣局也。"这句话的大体意思是，宫女和太监们生病了，或是岁数大了，或是犯了法，就被遣到内安乐堂，自生自灭。待时日久了，再遣送到浣衣局，洗衣做苦役。

第七章 清代野史

第一节 帝王逸闻

清太祖畏惧明朝假都督

女真部落以前每年都要向明廷上贡蜜，兼开蜜市。相传蜜是用来作为糇粮的。万历四十一年（1613年）后不再上贡。明之边臣，对此加以隐瞒。次年四月，巡抚都御史郭光复到任不久，了解到这个情况，派辽阳材官萧子玉，假称都督衔命探听原因。子玉于是盛设仪仗，坐着八人的大轿至女真境，扬言天使降临而不好好迎接，要以无礼之罪加以责问。太祖闻之，立即叮嘱随从迎

于道旁。子玉问他为什么不上贡蜜。太祖肃立对曰："本部之蜜，好像中原五谷，五谷也有不丰收的时候，这能怪谁呢？本部五年来花疏蜂少，所以没有上贡。等到春秋花满，酿熟蜂蜜，就会像以前一样上贡。"子玉于是带着厚礼回来复命。不久，太祖始知其伪，不过也来不及了。

雍正帝大兴文字狱

清朝统治者对明朝留下来的文人采取两种手段：对于服从统治的文人，采取招抚的办法；对于不服统治的，采取严厉的镇压。就在康熙帝即位的第二年，有官员告发，浙江湖州有个叫庄廷珑的文人，私自召集文人编辑《明史》，里面有攻击清朝统治者的语句。这时候，庄廷珑已死去。朝廷下令，开庄廷珑棺材戮尸，把他的儿子和写序言的、卖书的、刻字的、印刷的以及当地官吏，处死的处死，充军的充军。这个案查下去，一共株连了70多人。

由于这类案件完全是因写文章引起的，所以就叫作"文字狱"。

康熙帝死后，他的第四个儿子胤禛即位，这就是清世宗，又称为雍正帝。在雍正帝的统治下，文字狱更多更严重了。其中最出名的是吕留良事件。

吕留良也是一个著名学者。明朝

康熙帝读书像

灭亡以后，他参加了反清斗争。失败后，就在家里收学生教书。有人推荐他做官，他坚决拒绝了。官员劝他，他也不听，后来他索性跑到寺院里，剃发当了和尚。吕留良当了和尚以后，就躲在寺院里著书立说，书里有反对清朝统治的内容。后来，吕留良死了，他的书也没有流传开去。

有个叫曾静的湖南人，偶然见到吕留良的文章，对吕留良的学问十分敬佩，就派学生张熙从湖南跑到吕留良的老家浙江，打听他遗留下来的文稿。

张熙到浙江后，不但打听到了文稿的下落，还找到了吕留良的两个学生。张熙跟他们一谈，很谈得拢。他向曾静汇报后，曾静就约两人见了面，四个人议论起清朝统治，都十分愤慨。大家就秘密商量推翻清王朝的办法。

他们知道，光靠几个读书人成不了大事。后来，曾静打听到担任陕甘总督的汉族大臣岳钟琪握有重兵。他想，要是能说动岳钟琪反清，就大有成功的希望。曾静写了一封信，派张熙去找岳钟琪。张熙力图策反岳钟琪，并列雍正帝谋父、逼母、弑兄、屠弟等"十大罪状"。岳钟琪是位高权重的川陕总督，岂肯放弃荣华富贵，听从小民蛊惑。他迅速将这事上报雍正帝。雍正批示岳钟琪审理此案，并指示岳钟琪不要重刑逼供，要设法引诱他说出实情。岳钟琪于是会同陕西巡抚西琳、按察使硕色定下诱导之计，岳钟琪依计行事，先将张熙偷偷放出，以礼相待，然后痛哭流涕，说自己早有谋反之意，只是皇帝监视严密，还没来得及付诸实施，又要与张"盟誓"，迎聘他为老师，共举义旗。

张熙信以为真，将老师曾静的姓名、居地以及平常交游的人，和盘托出。

岳钟琪得到了其想要的东西后，立即恢复本来的面目，将张熙重新下狱，把所得情报上报雍正帝。

雍正帝迅速采取措施，于十月间派副都统海兰，十一月初派刑部侍郎杭奕禄为钦差急赴湖南，将曾静及刘之珩、陈立安、陈达、张新华等与曾静和张熙有关的亲友扣押，又命浙江总督李卫查抄已故的吕留良家，将吕留良的儿孙以及一帮学生拿获。后来雍正又命将各犯解送京师。

雍正帝为了洗刷失德的罪名，尽力寻找攻击他失德的言论制造者。"十大罪状"中"谋反、逼母、弑兄、屠弟"等都是不曾向民间公布的宫室秘闻，乡野小民怎么会知道？其后必有更大的阴谋者在散布谣言。于是他下令有司追问曾静何以得知这些小道消息，曾静供认是听安仁县生员何立忠和永兴县医生陈象侯说的。雍正帝顺藤摸瓜，发现根源竟然是允禩集团的人。

雍正帝决心挽回自己的名誉，他屡发上谕，再次宣布允禩集团罪状，讲述储位斗争以前的历史，为自己辩白。为了使自己的辩白能够广传天下，家喻户晓，他又将关于曾静一案的上谕编辑在一起，附上曾静的口供，编成《大义觉迷录》。雍正帝将该书颁发到全国各府州县学，命地方官向百姓宣讲。

除了这样真是由反对朝廷的活动引起的案子之外，有不少文字狱，完全是牵强附会，或是挑剔文字过错惹出的大祸。有一次，翰林官徐骏在奏章里，把"陛下"的"陛"字错写成"狴"字，雍正帝见了，马上把徐骏革职。后来派人一查，在徐骏的诗集里找出了两句诗："清风不识字，何事乱翻书"，便挑剔说这"清风"指的就是清朝。这样一来，

雍正帝行乐图 清

徐骏犯了诽谤朝廷的罪，把性命也丢掉了。

雍正帝痴迷剑术

雍正小时候，浪迹江湖，有酗酒、斗剑等江湖武士的习气。因此，他经常仗剑云游，遇见剑术高明的侠客，就要想办法与之结交，甚至还与他们结拜成兄弟，进而向他们学习高深剑术。他在行走江湖的几十年中，与当时十三个有很高武艺的江湖之士结拜成了兄弟。在这十三个异姓兄弟中，有一个和尚的剑术达到了炉火纯青、无人能比的境地。据说这个和尚不但骁勇绝伦，而且把剑练到尘埃微粒那么大，不用时，就把剑收缩到脑海中，成为意念的一部分；而只要他需要，就能够吐气成剑，灵敏、矫健、势如长虹，可以在百里之外把人的脑袋砍下来，就像探囊取物一样，让人防不胜防。江湖同道给他起了个绰号，叫

"万人敌"。稍次于"万人敌"的剑客可以将剑练到芥菜籽那么大，一般都藏在他们的指甲缝里，一旦临敌，就凌空弹指，剑去如飞，挡者必死。悟性极高的雍正，剑术就到了这种练剑成芥的水平。这位四皇子跟江湖武士结拜的做法，自然遭到康熙帝的强烈反对。康熙把他比作无赖子弟，因而对他一向不理不睬，以至于他很怕面见康熙。

乾隆帝为母祝寿

皇太后的正宫是慈宁宫，它是宫中举行庆典活动的一个重要场所。比如给皇太后上徽号、册立后妃以及元旦、冬至、皇太后万寿节等盛大的庆祝活动都是在这里举行的。

乾隆十六年（1751年）十一月二十五日，乾隆帝为了庆贺母亲孝圣太后六十寿辰，便在慈宁宫举行了隆重的祝寿礼。在庆寿的这个月内，各衙门一律不处理案件，在京城的文武官员要进献金银珠宝、绫罗绸缎等寿礼；外省官员除了进表祝贺外，还要派代表进京参加庆典。祝寿这天，三品以上文武官员和外国来使，一大清早就按等级分别在景运门外，或者隆宗门外、午门外排列守候，乾隆帝则亲自守候在慈宁宫外。等到皇太后在中和韶乐的伴奏下入座，庆典活动便正式开始。首先，乾隆帝带领各位王公大臣向皇太后行三跪九拜礼。其次，皇后率内廷各妃嫔和公主、福晋、大臣命妇等向皇太后行六肃三跪二拜礼，接下去是皇子、皇孙给皇太后行三跪九叩礼……在这一系列礼仪中，最能体现满族特色的，是乾隆帝身穿彩衣，手捧酒杯，面向皇太后跳舞称贺，皇子、皇孙以及驸马们也依次跟在他后

面手舞足蹈。

这次祝寿，除了和以往一样在内务府拿出白银一万两外，还有珍珠上千串、绸缎上百匹，从十一月二十一日到二十五日这五天内，宫内外每天都要向皇太后进献大量的珍奇玩物，称为"九九寿礼"。例如，二十一日这天进献了九尊佛像、九对宫灯、九个玛瑙花瓶、九件玉玩、九件古铜器、九盒果品、九幅挂轴、九本画册、九卷手卷；二十二日又进献九件玻璃陈设、九个象牙大盆景、九对髹漆香几、九柄玉石玛瑙如意、九盘蜜蜡果品、九盒香料、九个彩漆手炉、九件葫芦匏器、九件牙雕陈设等。

咸丰帝为兰儿讨饶

清宫有规定，凡皇上宿某处，都有册籍记载。皇后有权知道并稽考。有不合格的妃嫔，就予以杖斥。而承伺的内监，则有权在宫门外，诵读祖训。皇帝须起床跪听，直到出朝。文宗宠幸孝钦时，接连几日不上朝。孝贞知情后，于是头顶着祖宗遗训，至

象牙雕群仙祝寿塔 清

宫门跪读。文宗大吃一惊，赶忙制止了她，并答应她马上去上朝。后登殿，忽然想起皇后有杖斥后宫的权力，便有不祥的预感，乃草草处理完政务，即命驾还宫。不出文宗所料，皇后正要惩治孝钦。文宗大呼："请皇后免责，兰儿已有身孕了。"兰儿是孝钦小名。皇后闻听此言，埋怨文宗为何不早说，她要杖笞孝钦，原本是遵照祖训行事，如果因此而害死了她腹中的孩子，这就有违祖训了。

第二节 后妃韵事

大玉妃与小玉妃争风吃醋

清太宗后博尔济吉特氏面容姣好，肌肤如玉，被宫中誉之为"玉妃"。当初，她仅为才人，聪慧善智谋，言则称"太宗旨"。世传，她曾劝洪承畴："降，朝廷亦不会亏待你，关外之地予汝所有。卒，覆明社，其功可与开国将军同日而语。"玉妃因此得参政之机会，权力日进。又生皇子福临，故被封为后宫之首。有妹，嫁九王，后以多尔衮福晋称之，亦美貌异常，白皙光艳与姊相等。人为示区别，故以"大玉妃""小玉妃"相称。两玉妃相貌极为相似。洪承畴之降也，稳操胜算，折冲于帷幄内者，且小玉妃亦为之疏附。太宗固知其故，便厚待九王。既都沈阳，仿汉制定起居，宫禁稍稍森严，独九王以参与密谋，故仍然出入自由。太宗频年用兵，征战南北，一年之中，无几日可安心歇息。既服朝鲜，转师入山海关，长年在外征战，无回家之闲时。内政琐务，尽决于九王，而实奉大玉妃意旨，逢迎无所不至。大玉妃

往往留九王居宫中，长久不回私室。小玉妃问他，辄言："出于商量军国要事。"小玉妃开始相信，后又听人有众多传言。小玉妃以"请安"为名亲自入宫，探听虚实。大玉妃匿九王于他所，不许小玉妃入宫见他。遣人传诏曰："皇帝有旨，无皇上令而私自入内者，斩。幸福晋自爱。"小玉妃羞怒难当，本欲自裁于宫门，被左右劝住才恢复平静。自是，玉妃姊妹变成了仇敌。会闯兵破明都，吴三桂引清兵入关。未发，小玉妃贿某王，向太宗进言大玉妃、九王恶事。太宗震怒，曰："朕唯有处分这对贱人才能平天下！"乃命返师沈阳，先平内乱才止外侵，然回宫不到一日便暴崩。众人怀疑乃大玉妃及九王为之。但那时九王党羽颇盛，众人皆不敢言。九王旋奉遗诏摄政。师入燕京，遂恒居宫中。大玉妃为保其位而泄政事机密。小玉妃既抵燕京，恚不往朝太后。众皆劝之，为掩朝廷耳目而一往。太后命人带领她去别处，半天未见其面。小玉妃愤怒不已，大骂，宫人皆不敢言。有人报告太后，太后想让武士绞死她。总管某劝曰："太后此番作为，杀了自己亲妹妹，不可。不如让皇父来定夺。"太后乃命多尔衮先归，召传皇父。小玉妃不信，以为九王尚在宫中，坚持不走，要见太后一面，久之，一侍婢持九王之手环入告。侍婢为小玉妃亲信，才得以出宫，是夜小玉妃暴卒，满朝不敢提及。睿亲王削号后，府中人始泄之。

西太后怒撕遗诏

穆宗的病本来快要康复，一天，他忽然想去找凤秀女，于是就告诉孝哲，孝哲不答应。穆宗就跪在地上不起来，非要孝哲答应，孝哲无奈之下只好答应。下了命令，穆宗满心欢喜地去了。第二天，穆宗病情加重，御医看过后认为已无药可救，孝哲因此万分悔恨。穆宗在大病之中单独召见军机大臣、侍郎李鸿藻，他一来，皇上便要他面圣。此时孝哲也在皇上旁边，她想回避，却被穆宗制止道："没有必要，他既是我的师傅，又是前朝老臣，你是我的妻子，我要对他说什么，你不需回避。"鸿藻进宫后见孝哲在旁边，立即伏地行礼，穆宗连忙说："师傅快平身，此时哪还是讲究礼节之时啊。"皇上用手拉着鸿藻说："朕的病好不了了。"鸿藻一听就放声痛哭，孝哲也哭了起来。穆宗劝住他们后说："现在不是哭的时候。"

他看看孝哲说："朕若西归就要有储君，你觉得谁是合适人选呢？赶快告诉我。"孝哲回答说："国不可一日无君，我更不愿借着太后的头衔而干涉帝政，给国家招惹祸事。"穆宗微笑道："你明白这个道理，我也就没有什么牵挂的了。"于是就和鸿藻商议让载澍继承帝位，皇上口传圣旨，让鸿藻在龙榻边听旨。凡千余言，防孝钦十分严密。圣旨写好后，穆宗看了后还对鸿藻说："什么事都安排妥当了，师傅下去吧，明天或许还能见得上一面。"鸿藻出宫后，面如死灰，立即奔到孝钦那儿商量对策，见到孝钦后，鸿藻从袖中将草拟的遗诏拿出，孝钦看完后怒气冲天，将诏书撕得粉碎，扔在地上，把鸿藻也赶了出去。孝钦立即命令不再给皇上送药送饭，也不许他到乾清宫。没过不久，穆宗驾崩的消息就传了出来。第二天，宫外才知道穆宗已死。

第三节 宫廷仪规

清廷皇帝登基大典

　　顺治元年（1644 年）十月初一，清朝定都北京，清世祖再次举行登基大典。次日，派遣官员拜祭太庙和社稷坛，皇帝身穿专门的祭祀服装，在天坛拜祭天地，结束后，接受群臣拜贺，大学士献上御玺，并祝贺说："皇帝威临万国，我国臣民无比欢喜。"所有礼仪结束，皇帝回宫，再行朝贺礼，九天后才诏告天下。

　　清圣祖以后诸帝除仁宗外，也都是在先朝皇帝丧期登基，仍让官员告祭天地、宗庙、社稷，皇帝服衰服至大行皇帝筵席前三跪九叩，拜祭结束后，才可登基。然后改穿礼服，朝拜皇太后，行三跪九叩礼。礼毕后到中和殿接受内廷大臣的拜礼。进入太和殿，王公大臣上表行礼，三跪九叩，丹陛大乐（乐器有大鼓、方响、云锣、箫、管、笛、笙、杖鼓、柏板等，陈于殿外）、中和韶乐（陈于殿外檐下，乐器有匏笙、陶埙、建鼓、搏拊、木柷、木敔、石编磬、石特磬、镈钟、编钟、琴、瑟、排箫、箫、笛等，配有乐舞唱词）等设而不奏，不宣表，不赐宴（清圣祖即位时曾赐茶，世宗以后都无此礼），仪式完后，皇帝回宫换上丧服。随后诏宣告天下。

皇帝大婚制

　　清朝入关后的皇帝共有十位，其中顺治、康熙、同治、光绪四帝都是冲年即位，所以他们的大婚和册后都是同时进行的，他们在紫禁城先后举行过五次大婚礼。其中，顺治皇帝举行过两次大

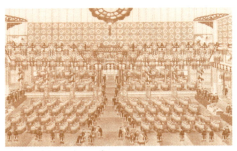

光绪帝大婚图之一　清
皇后娘家所排的盛大喜宴。

婚。皇帝再行纳彩礼、大征礼、册立、奉迎礼、合卺礼、庆贺礼和赐宴礼等名目众多的繁缛礼仪。清代四帝的大婚立后，规模盛大，典礼隆重。而雍正、乾隆、嘉庆、道光、咸丰五个皇帝是婚后即位，不需要再行大婚礼了，只需在即位时通过行册立礼，将原嫡福晋册立为皇后正位中宫。末代皇帝溥仪（宣统）即位之时，尚不满六岁，不能成婚立后。

清朝帝后丧葬之礼

　　清初各种典章制度未备，太祖、太宗二帝的丧葬之仪亦很简略。顺治十八年（1661 年）年正月初七，清世祖驾崩，礼官因明朝列帝丧仪并结合满州旧制，制定出清朝皇帝的丧仪。其制，嗣皇帝（圣祖）、亲王、百官、公主、福晋以下，宗女、佐领、三等侍卫、命妇以上，男子摘掉帽上红缨、截去辫发，女子去掉粉装首饰，剪发。大敛以后，梓宫设于乾清宫，设几筵，每日早、午、晚三次上食祭奠，皇帝亲行礼。三日内缟素朝夕哭临，王公大臣至宗室公夫人以上在几筵前，副都统以上在乾清门外，汉族文官在景运门外，武官在隆宗门外，以次排班随哭。第四日起，王公百官在官衙斋宿二十七日，以后每日哭临一次，军民二十七日除丧服。音乐、嫁娶，官员之家停百日，军民停一月。禁屠宰

四十九日，京城自大丧之日为始，各寺、观皆鸣钟三万杵。百日内票本俱蓝笔批签，移文用蓝印。外省地方官服丧二十七日，军民男女服丧十三日。

清朝沿袭前代以日易月的服丧之制，凡遇帝后大丧，嗣皇帝和王公百官服斩衰之服二十七日而除，皇帝在宫中仍须素服三年，以循古礼三年丧之制。三年丧满，在太庙行祫祭礼，其仪同岁暮祫祭。

康熙以后，清朝诸帝后丧葬之仪皆仿世祖例行之，唯有两点突出变化：一是皇太后、皇帝及部分皇后之梓宫赴陵大葬，皆由在位皇帝亲送至陵园，一应典礼遂由皇帝主祭。二是清初太祖、太宗、世祖三朝帝后多遵从满州旧制火葬，即将遗体连同梓宫、随葬宝物一起焚化，然后以盛贮骨灰之坛（宝宫），葬入陵中，唯分别死于康熙二十六年（1687年）、五十六年（1717年）的太宗孝庄文皇后、世祖考惠章皇后例外。康熙朝开始，清朝帝后葬俗文化发生变化，不再火化遗体，而是实行棺木葬，即直接将梓宫葬入陵中。

正大光明匾与清廷传位制

秘密立储制度是雍正鉴于康熙年间因立储不当导致内宫动荡而想出来的。雍正即位不到一年，即创秘密立储制度，他把继嗣写出，藏于匣内，秘不示人，然后让总理事务五大臣，将密封锦匣置于乾清宫正中世祖皇帝御书"正大光明"匾额之后，此匾为宫中最高之处，也是最安全的地方。直至雍正病亡，乾隆即位，整个接班过程没出一点差错，雍正的秘密立储制度非常成功。

雍正秘密立储，收到了巩固人心的政治效果。乾隆即位后，也遵照这个方

法，于元年（1736年）七月，预书皇二子之名，藏于"正大光明"匾后。皇二子早死，乾隆又秘立皇十五子，即仁宗。后来嘉庆、道光也相继用此法立嗣。

皇帝服饰和御赐黄马褂制

清代皇帝一般会穿明黄色的袍服，祀天时用黄，夕月时用白，朝日时用红。春天和夏天，袍子的边缘可以镶上缎子，秋天和冬天就会用珍贵的野兽皮毛。日常穿的所谓的龙袍是在明黄袍上绣九条龙，穿龙袍要挂上朝珠，束上腰带。龙袍主要是明黄色，有时也有杏黄和金黄等颜色。龙袍上的九条龙的位置也很特别，从正面和背面看都是五条龙，那是因为前后各有三条，有两条绣在肩上的缘故，而第九条从外面根本看不到，那是因为它被绣在衣襟里面了。龙的周围是五色云和十二章纹，下面是八宝立水，它的上面还绣有一些山石宝物，表示一统山河。

清代文武官员穿的是蟒袍，蟒与龙乍一看基本相同，它只比龙少一爪，四爪的是蟒，五爪的则是龙。如果皇帝赐给某个大臣一件黄马褂，为了表示忠诚，这个大臣应主动从绣龙上拆下一爪，做蟒袍穿用。

同时，清廷对大臣还实行御赐黄马褂制，对一些功高而不宜加封的大臣，便御赐黄马褂以示恩宠。

清代顶戴花翎制度

清代官服继承明代，蟒袍、玉带、补服照旧，冠服则已废除，代之以暖帽、凉帽和顶戴花翎。

满族人原起于东北地区，男子多戴黑色的暖帽，圆形，四周有一道檐边，用皮、呢、缎、布制成，檐内为一丝或

缎制的圆顶帽，常为红色。顶部有底座，一根铜管伸出，装上红缨、翎管、顶珠，然后以螺帽固定。夏、秋用的是各种草或藤丝编成的凉帽，四周没有檐边，形上尖而下阔，呈覆釜形，里面有帽带结于额下。满族男子以前的暖帽、凉帽顶部都饰红缨，因而又称"红缨帽"。入关后，官兵的帽子才有红缨。

翎管用来插花翎。花翎用的是孔雀羽毛。以像眼睛一样的彩色斑纹为依据，花翎又分成单眼、双眼、三眼花翎。亲王、郡王、贝勒不戴花翎。固伦额驸、贝子戴的是三眼花翎，镇国公、辅国公、和硕额驸戴双眼花翎，五品以上官员戴单眼花翎，六品以下官员戴无眼花翎。

暖帽、凉帽顶上镶嵌的宝石被称为顶戴。一品官镶的是红宝石，二品为红珊瑚，三品蓝宝石，四品青金石，五品水晶石，六品砗磲，七品素金，八品阳文镂花金，九品阴文镂花金。无顶戴即定为无品级，俗称"未入流"。革去官职时，首先摘掉顶戴花翎。

第四节　宫禁探奇

清后宫的日常膳食

清朝的帝后及妃嫔和留在后宫中未分府的皇子们每天的饭食都有定制，即备办物料的"分例"，现摘录如下：

皇帝：汤肉五斤，盘肉二十二斤，羊二只，鸡五只（其中当年鸡三只），鸭三只，白菜、香菜、菠菜、韭菜、芹菜等共十九斤，水萝卜、大萝卜和胡萝卜共六十个，冬瓜、包瓜各一个，干闭蕹、苤蓝菜各五个（六斤），葱六斤，

清后宫图

酱和清酱各三斤，玉泉酒四两，醋二斤。早、晚除了主食外，还有八盘饽饽，每盘三十个（一盘饽饽用上等白面四斤、芝麻一合五勺、香油一斤、澄沙三合，白糖、黑枣和核桃仁各十二两）。御茶房备例用乳牛五十头，每头牛每天交乳二斤，还用乳油一斤、玉泉水十二罐、茶叶七十五包（每包二两）。

皇后：菜肉十斤，盘肉十六斤，鸭、鸡各一只，香菜、白菜、芹菜共二十斤十三两，胡萝卜、水萝卜共二十个，干闭蕹菜五个，冬瓜一个，酱一斤八两，葱二斤，醋一斤，清酱二斤。早、晚也有饽饽，但只有四盘，每盘亦三十个。御茶房备例用乳牛二十五头，共得乳五十斤，还有茶叶十包、玉泉水十二罐。

皇贵妃：菜肉四斤，盘肉八斤，每月鸭、鸡各十五只。

贵妃：菜肉三斤八两，盘肉六斤，每月鸭、鸡各七只。

妃：菜肉三斤，盘肉六斤，每月鸭、鸡各五只。

嫔：菜肉二斤，盘肉四斤八两，每月鸭、鸡各五只。

贵人：菜肉二斤，盘肉四斤，每月鸭八只。

常在：菜肉一斤八两，盘肉三斤八

两，每月鸡五只。

皇贵妃以下，各内廷主子：每日共用香菜四两，白菜四十斤，葱五斤，芹菜一斤，胡萝卜、水萝卜共二十个，干闭蕹菜、苤蓝各十个，酱、醋各三斤，冬瓜一个，清酱五斤。御茶房备贵妃每位乳八斤，妃每位乳六斤，嫔每位乳四斤，贵人以下随本宫主子分例。妃、嫔等每天还有五包茶叶。

清宫御膳"家法"——饭菜只许吃三勺

清朝皇帝特制定"家法"来防止遭暗杀，规定再好吃的饭菜，也只许吃三勺。晚清慈禧太后虽然位高权重，也不敢违反"家法"。曾在宫中侍奉过她的宫女说，"进膳时，老太后想吃哪个菜，就用眼看一下，然后就会专门有个老太监把这个菜放在她身边，并用勺给老太后舀一勺。假如一定要吃第三勺，那么三勺后，身边的四个太监首领会大喊一声'撤'，这个菜就十天半月不再出现。这身旁的四个老太监是专门执行这一家法的。舀第三勺的菜，准是老太后喜欢吃的，若让别人知道，会在这个菜上打主意。老太后之所以要这么做，是为了让后人在吃饭时也小心谨慎，不能为了贪食而遭暗杀。就是因为这样的家法，即使跟了老太后四十多年的人也不知道她最爱吃的是什么。今天爱吃各地督抚上贡的菜，明天也许爱吃御膳房的常规菜，后天也许爱吃合乎时令的新菜。在这件事上真是'天意难测'"。

清宫洋画师

清朝乾隆皇帝对西洋人特别优待，尤其是供职于清廷的西洋画家，他们能以画笔渲染歌舞升平的盛世，满足乾隆帝自大的心理和追求享受的欲望，所以他们受到了乾隆的礼遇。他们是郎世宁、王致诚、艾启蒙、安德义、潘廷璋、贺清泰。

乾隆统治期间，多次对边疆叛乱进行平定，且捷报不断。其中有十次重大战事被他誉为"十全武功"。而这"十全武功"中又以平定准噶尔和回部的战争影响最大。为纪念平叛的胜利，乾隆命郎世宁、王致诚、艾启蒙一起创作《平定准部回部战功图》，这项工程浩大，并且是在乾隆亲自过问下完成的。通过这次创作，乾隆帝对西洋画师创作重大题材的能力有了相当的认识。此后又有十六幅战功图先后完成，并被送往法国刻版，当铜版及印纸送回北京时，"高宗见之，深为嘉许"。

第五节 宦官秘莘

清代太监的品级

清代裁定宦官人数，由内务府大臣统领。

清代额定太监二千四百人，官级四等，总管太监，六品，八人；首领太监，七品，八十九人；副首领太监，八品，四十三人；笔帖式，有八品敬事房。其余杂役、守护之太监，均为无品的普通太监。

清代，负责皇帝、后妃的衣食是太监的主要职责。四季所需的物品均要事先备好，交于御前大臣。首领太监、执

事太监充当内廷坐更。

清代，不允许太监出紫禁城的大门。

安德海出宫被杀

同治八年（1869年），慈安与恭王商量惩罚安德海。安德海一开始倚仗慈禧的权势，得罪了许多文武百官，并且目中无人，大臣们都气愤不已，尤其是恭王。

一次，恭王请见慈禧，慈禧正在和安德海谈话，没有见他。恭王生气地回来并表示一定要杀了安德海。后来，慈禧竟私自让安德海去山东，又去江南购置龙锦缎。沿途安德海恣意妄为，地方官拿他没有办法。当时山东巡抚丁宝桢很有胆略，以安德海假借太后的名义扰乱民生之罪，要杀了他。丁宝桢知道恭王会支持，就请恭王带去奏折，请慈安批示。慈禧当时正在看戏。于是慈安下谕准许将安德海就地正法，不需回京城审讯了。发出谕旨前，慈安对恭王说："这事一定会得罪西太后，日后她或许会因此加害于我。但事关国家大事，只有这么做。"谕旨一到，丁宝桢便杀了安德海。

谕旨大意是：丁宝桢上奏，德州知州赵新禀说七月时一个姓安的太监，坐了两只太平船，说是奉圣旨行事来购置龙衣，船上有龙凤旗帜，岸上的围观者都堵塞了交通。还有说本月二十一日，这个太监大过生日，知州正要追查，那太监已开船南下了，巡抚遂派人追踪抓捕。这个太监私自出宫，还做了那么多违法之事，必须严厉惩处，以儆效尤！命马新贻、张之万、丁昌日、丁宝桢派人缉拿安德海，就地处死，不必审问，不许他有辩解的机会。如果这个太监听到风声返回直隶，命曾国藩将他擒拿处死。如果有疏忽，拿督抚问罪。跟随安德海的人，如果有行为不良的也一起惩处，不用再请命下旨了。

慈安下这道谕旨时，慈禧还沉溺于戏中，并不知情，所以慈禧对此事没有加以阻挠。

太监净身立"婚书"

自愿净身入宫为太监之人，务必要地位高的太监援引，随后凭证人立下"婚书"，像女人那样"嫁"入宫中。"婚书"须是在自愿的前提下具结。如此之后，便准备术前工作。择一良辰吉日，把自愿者关入房中。

为了净身者的安全起见，采用密不透风的房子。在此禁闭的三四天中，不可进食，以免排泄物使术后创口恶化，危及生命。如此经过三四天，就开始"手术"了。

首先操刀者要问："此次自愿净身吗？"受割者说："是。"又问："倘若你反悔，现在还来得及！"答道："决不后悔。""那么你断子绝孙，和我不相干吧？"答道："不相干！"

例行问话之后，身为介绍人的太监把"自愿阉割书"循例宣读一遍，手术便开始了。

中国史鉴大讲堂

第三篇　秘史探究

第一章　先秦秘史

第一节　名人谜团

妹喜是"间谍"吗？

有施国是与夏朝同时期的一个小国，它的国内有一位叫妹喜的美女很有胆识，商便是在其帮助下灭掉了夏，她是中国有史以来的第一位女间谍。

有施国在与入侵的夏朝作战时战败。作为战败国，有施国国王为了复仇，将国中最美的美人妹喜送给了夏桀。据明代钟惺的《夏商演义》中说，妹喜是山东蒙山国君施独的女儿，其父母想把她进献给夏桀来实施复仇计划。

美貌绝伦的妹喜，常常像男子一样佩剑戴冠，具有深不可测的多变性格。来到夏朝后，好色的夏桀很快就为其神魂颠倒，终日饮酒作乐。直至半月之后，外间击鼓奏事甚多才处理政务，但每次朝会又草草了之。诸臣免朝，国事尽托太师。夏桀整天与妹喜饮酒作乐，并对其言听计从，昏乱失道。但国力不强的有施国，尚无能力打败夏国。此时，强大起来的商国也派来一位名叫伊尹的间谍。伊尹是商国的一名厨师，商汤非常赏识他的智谋，因此派他去夏朝从事间谍活动。为了不让夏桀怀疑，汤施用了苦肉计，亲自追射伊尹，以示伊尹有罪逃亡。果然，夏桀非

常信任伊尹。伊尹的真实意图被妹喜知道后，俩人便配合行动。妹喜主要从事破坏和离间活动，刺探夏的机密，调查中原地形；及时通风报信则是伊尹的任务。妹喜在取夏的时机成熟后，又让伊尹向商和各诸国传播谣言，说夏桀曾做了这样一个梦，梦见西方和东方都出现了一个太阳，两个太阳搏斗，东方的太阳战胜了西方的太阳。

东方的太阳代表的就是位于夏的东边的商朝。迷信的商朝人，认为这是上天的旨意，于是，大肆宣扬，最后率领诸侯消灭了夏朝。

在商灭亡夏朝的过程中，妹喜做出了重要贡献，但她不但没有受到赏赐，反而连同夏桀一道被流放到南巢。

周公为什么没有取周成王而代之？

西周时期，周武王驾崩，太子成王年纪尚小，关于周公作为叔父如何处理当时朝中政治局面的这一问题，从春秋时期到现在，一直是众说纷纭。《左传·僖公二十六年》称，周公曾"股肱周室，夹辅成王"；《左传·定公四年》又记，成王在武王之后继位时，"周公相王室以尹天下"；《史记·周本纪》也载，由于天下刚刚稳定，成王还在少年时期，"周公……乃摄行政，当国"。

周公像

从这些可了解周公只是"夹辅"或"相"成王，"摄（代为）行政"，并没有篡夺王位的意思。《孟子·万章》说得更为详细，"周公尔有天下"。

然而有些史料中记载，周公的所作所为并不是这样的。

《荀子·儒效》和《淮南子·记论训》都说，周公想要夺取天下。清代王念孙《读书杂志》解释说，周公想要得到天子的王位。《礼记·明堂位》和《韩诗外传》卷三又称：周公想要坐上天子的位置。《尚书·大传》更明确指出，周公身居要位，管理着天下的国事。据今所考，《尚书·大诰》中的"王"把文王称为"宁王"，也称作"宁考"。"考"，是对已故父亲的称呼。文王的儿子是周公，文王的孙子是成王，所以只有周公才能称文王为"考"。《尚书·唐诰》又载："王若曰：孟侯，朕其弟，小子封。"周公的同母弟是康叔，"封"即为康叔之名。《康诰》中的王对康叔称"弟"，显然这个"王"又是周公。据上述条件可知，并未身居王位的周公的确自称为王。

为什么周公会僭位称自己为王呢？根据《尚书·金滕》的记载，周公曾对太公、召公说："我不管理国家，我

没有办法告慰我的先王。"众所周知，武王死后，国家还未统一东方，这就有待于让武王的子嗣完成统一大业。由于成王尚年少，不能担负起这个重任。周公经过深思熟虑，觉得如果自己不称王，则各诸侯就会造反，先王的统一大业将毁于一旦，自己死后无法向先王交代。《荀子·儒效》也说，周公"履天子之籍"的原因是"恶天下之倍（背叛）周"。的确，由于刚创下基业，政局不稳定，成王年幼无知，还没有治理国家的能力，如果想巩固新生政权，就需要经验丰富的君主。其实，武王在临死前也想把王位传给周公。《逸周书·度邑解》记武王曾称赞周公为"大省知"，认为只有周公"可瘳于兹"，能稳定周初的政局，因而主张"乃今我兄弟相为后"，既应该由弟来继承王位。当武王把自己的想法告诉了周公时，周公"泣涕共手"，既感激又害怕，并说自己不能这么做。这足以证明，周公并不想篡权夺位。故《韩非子·难二》说："周公旦假为天子七年。"他也只是代替成王打理国事，等成王长大再主动交出权位。《汉书·王莽传》载，群臣上奏说："周公掌握大权，那么周朝就有道，且王室安稳，如若不然，周朝就有灭国的危险。"正因如此，周公才以天子的身份，对众多的大臣发号施令，常常称为天命。很明显，周公是为整个江山社稷做打算，才会"假为天子"。

但是，有些史料对此还有另一种说法，《荀子·儒效》记载说，周公屏除成王而继接武王来治理天下，有人说"偃然固有之"，这怎么不是想篡位呢？《史记·燕召公世家》又记当时"召公疑之"，《鲁周公世家》也记载周公对

太公、召公解释过这个问题。召公、太公都是贤明之人，如果当时周公安分守己，怎么都怀疑他呢？特别是管叔、蔡叔他们都害怕周公的所作所为对成王会有很大的威胁，所以才会发生暴乱。看着管、蔡的表现，足以证明他们对周王朝的忠心。关于管叔、蔡叔"受赐于王"、"开宗循王"之事，在《逸周书》中的《大匡》《文政》等篇中都有记载。所以顾颉刚曾说："他们二人确实是武王的好助手。"

屈原为何投汨罗？

"长太息以掩涕兮，哀民生之多艰""路漫漫其修远兮，吾将上下而求索"——这些都是伟大的政治家、文学家屈原留下的光辉诗句。屈原是中国历史上第一位杰出的浪漫主义诗人。他忠君爱国，忧国忧民，一生都在与邪恶势力做不屈不挠的斗争。然而，当时楚王信任奸佞小人，屈原一次又一次地受到迫害。最后，楚都被攻破，屈原自沉汨罗，谱写了中国历史上爱国主义的可歌可泣的诗篇。历史上一向认为屈原是殉国，然而关于其死因，后世除了这一看法外，还有许多其他的看法，所以屈原自沉汨罗的原因也就成了一个让世人争论不休的谜。

清代的王夫之认为屈原自沉是为殉国。屈原哀叹自己的国都被攻破，国家被灭亡，人民颠沛流离，无家可归。昏庸腐朽的顷襄王又不能抵御强秦。眼看着自己的国家即将被灭掉，屈原无比的痛苦，于是便自己投进了汨罗江以殉国难。郭沫若也坚持并发展了这种说法。他说，"屈原活到了六十多岁，他的流亡生活已经过了好久，然而他终究是自杀了。自杀的动机，单纯用失意来

屈子祠

屈子祠位于湖南汨罗汨罗江岸的玉笥山上，始建于汉代，现存规模为清代乾隆二十一年（1756年）重建。祠后有一平顶土丘，俗称骚坛，传说《离骚》就在此地写成。

说明，是无法说通的。屈原是一位理性很强的人，而又热爱祖国，从这些推断来说明，他的自杀应该有更严肃的动机。顷襄王二十一年的国难，情形是很严重的。那时，不仅郢都被破灭了，还失掉了洞庭、王渚、江南。顷襄王君臣朝东北避难，在陈城勉强地维持了下来。故在当年，楚国几乎遭到了灭亡。朝南方逃的屈原，接连受到迫害。一定是看到了国家的破碎已无可挽救，故才终于自杀了。"

而姜亮夫等人则认为屈原之所以自杀是为了自己光明磊落的道德理想。诗人在自己的绝命词《怀沙》中庄严地说："世界混沌没有人了解我，人心不能说啊。知道死亡是不能躲避的，因此希望不要吝惜它。明白地告诉君子，我将成为他们这一类人。"正是在这种"举世皆浊我独清，举世皆醉我独醒"的黑暗世界中，屈原才愤而投江，捍卫自己的高洁。不仅仅如此，坚持屈原自杀为"洁身"的人还强调，尽管屈原不是因为白起攻破楚郢都而"殉国难"，但他

是激愤于昏君佞臣的不识忠良、祸国殃民才愤而投江的。这样的死，不是怯懦，也不是想要逃脱责任，而是以死来表明自己对邪恶势力的抗议。虽然他的死同样是出于对楚国前途和命运的担忧，但从最实质的意义上讲，他是为了自己的道德理想而死。

第三种说法是认为屈原在奸佞横行的楚国受到严重的迫害，不断被流放，但是他的忠君爱国之心，从来不曾泯灭。他没有办法使楚王觉悟，只好投水而死，希望以自己的死来唤起楚王的觉悟。这就是"尸谏"的看法。

当时楚怀王已死掉，顷襄王继位后更加变本加厉。屈原一直主张联合齐国抵抗秦国。但是这个时候的顷襄王早已忘记国土沦丧、父亲被骗客死异国的国耻家仇，反而与齐国断交，认秦国为好友；内部则骄奢淫逸，任凭奸佞弄权。就这样，全国上下内无良臣守备，百姓离心，外有虎狼之秦国，楚国已经面临着亡国的大祸。满怀救国济民之志的诗人受谗言而遭受罢黜和放逐，欲报国而无门。顷襄王最后一次放逐屈原时，屈原感到自己的报国之梦已经完全绝灭。诗人身心交瘁，他怒斥了楚王的昏聩，并写下了"不毕辞以赴渊兮，惜壅君之不识"的诗句，决心以死谏来震醒无能的庸君。

为了证明这一点，还有人在"尸谏说"的基础上，增加了屈原效法彭咸一说。屈原《离骚》中有"愿依彭咸之遗则"一句。据说彭咸是殷朝的贤良大夫，他劝谏君王而不被采纳，于是便投水而死。屈原既"愿依彭咸之遗则""将从彭咸之所君"，则暗示了自己最后在衰志不堪时，将选择投江道路，以死做最后的一谏。

除了以上三种分析，后世乃至当今文学界、历史学界还有人从屈原的心理倾向、政治人格等方面来讨论屈原死因。前者认为屈原具有充满了悲剧性的双重人格，这种人格精神必然使他发狂，从而走向悲剧。后者认为屈原崇圣和忠君的政治人格酿成了他自杀的悲剧，因而他的死实际上是一种"殉道"行为，也就是对理想的坚持。这些说法更多地吸收了西方精神分析的方法，与其说是分析屈原投江的原因，更多的不如说是现代人的一种文学上的分析，所以不足以广泛流传。

伟大的诗人投江自尽了，留给后世的是无尽的叹息。今人以各种形式纪念这位具有伟大情操的人物，因此无论从哪个角度分析屈原自沉汨罗的原因，无论屈原自沉之谜何时能够解开，这位高尚诗人永远都是不朽的，亦将鼓舞更多的人。

西施究竟花落谁家？

我国古代"四大美女"之首的西施，是春秋末期越国的一名浣纱女，有闭月羞花、沉鱼落雁之貌，之所以能名见史册，是因为她不幸成为两个国家斗争的主角。吴王夫差对之宠幸有加，也因为她对越国放松了警惕，最终被越国打败。

那么，吴国灭亡以后，这位美貌的女子究竟归宿何处呢？早期的史书所记录的，都是一代红颜薄命的下场，立了功却最终被越王装进皮袋沉到江里。《墨子·亲士》篇就说："西施之沈（"沉"，古作"沈"），其美也。"《太平御览》引东汉赵晔所撰《吴越春秋》中有关西施的记载说："吴亡后，越浮西施于江，随鸱夷以终。"这里的"浮"字也是"沉"

的意思。"鸱夷",就是皮袋。这与上述记载相同。另外,唐代诗人皮日休也有《馆娃宫怀古》五首,第五首是:"响屧廊中金玉步,采苹山上绮罗身;不知水葬今何处,溪月弯弯欲效颦。"这些记载均说西施最后被沉于水。但是后人不忍这位绝代佳人有如此可悲的结局,于是流传出西施和范蠡偕隐西湖的美满姻缘的故事。范蠡是当时越国的大夫,帮助越王勾践刻苦图强,灭亡吴国,因深知越王勾践为人"可以共患难,不可以共安乐",于是隐姓埋名出走。本来范蠡和西施没有任何关系,但因有范蠡泛于西湖的传说,后人便给他安排了一个如花美眷西施为伴,同时也给西施安排了一个虚假的美满的结局。《越绝书》是东汉袁康所撰,记吴越两国史迹及范蠡等人的活动,多采传闻异说。例如《越绝书》就这样记载:"吴亡后,西施复归范蠡,同泛五湖而去。"唐代诗人杜牧在所作《杜秋娘诗》中有句云:"西子下姑苏,一舸逐鸱夷。"这里的"鸱夷"不做皮袋解释,而指的是范蠡。《史记·越王勾践世家》说范蠡亡吴后,"浮海出齐,变姓名,自谓鸱夷子皮"。《古今姓氏书辩证》卷三中也说,范蠡到了齐国以后,自号鸱夷

西施像

子。

民间还有一些纪念范蠡与西施爱情的场所。说是在范蠡送西施去吴国途中,二人情难自抑,双宿双栖,生下一子。等他们到吴国时,孩子已能张嘴说话。至今吴越间还有一"爱子亭",用于纪念范蠡与西施的爱情结晶。只不过令人遗憾的是,传说中这个孩子后来送给别人抚养就再也没有找回。

《史记》中《越王勾践世家》与《货殖列传》都提到范蠡却没有提起西施,就更不用说她和范蠡有什么关系。是司马迁没有看到这方面的记载,没有听到这方面的传说,还是司马迁特意不写进去,今天就无从知晓了。因此有关西施的结局众说纷纭。是被沉于水,或者跟随范蠡归隐于西湖,或者还有其他什么结局,这仍是有待探索的谜。

纵横家鬼谷子有无其人?

据传,我国战国时代纵横家的鼻祖鬼谷子为楚国人,姓名传说不一,曾经在鬼谷隐居,因以鬼谷子自号,人们也这样称呼他。

第一种说法否认鬼谷子其人的存在。乐一在注《史记·苏秦列传》时说:"苏秦欲神秘其道,故假名鬼谷子。"他认为鬼谷子就是苏秦。清朝人翁元圻在注《困学纪闻》时说法更为明确:"秦仪,即鬼谷子。"有人认为鬼谷子是对隐士的泛称,唐朝人李善注《文选》说:"鬼谷之名,隐者也,通号也。"既然认为鬼谷子只是泛称隐者,实际上也就是否认鬼谷实有其人。现在学术界也有人认为鬼谷子非历史人物。1984年湖北人民出版社出版的《湖北历史人物辞典》列了很有名的慎子、鹖冠子,但未列鬼谷

子。《古今伪书考补证》讲到鬼谷子时说："《史记》所记，得之传闻，本不足据。"又说："其人无考，况其书乎？"《宗教辞典》也称其是"中国古代传说人物"。

第二种说法认为鬼谷子是神。据《仙传拾遗》记载，鬼谷子"疑神守一，朴而不露，在人间数百岁，后不知所之"。杜光庭《录异记》也认为："鬼谷先生者，古之真仙也……自轩辕之代，历于商周，随老君西化流沙周末复还中国。"

第三种说法对鬼谷子的有无持半信半疑态度。清朝人秦恩复以为"或云周时豪士，隐于鬼谷者，近是"（四部备要本《鬼谷子》）。所谓"近是"即接近正确，并没有完全肯定。现在也有学者认为"欲证鬼谷子真有其人，终不可得其确"，同时认为"鬼谷其人，又不全虚"（《古籍整理论文集·鬼谷子研究》）。新版《辞海》《辞源》在介绍鬼谷子时，前面都冠以"相传"二字以示不做确切肯定。

第四种说法认为鬼谷子是战国时楚国人。现在介绍鬼谷子的文字不系统，不完整，也不可靠，但根据大量见于古籍中的资料，历史上确有鬼谷子其人。

《史记》最早记载鬼谷子，司马迁与鬼谷子生活的年代相隔较近，根据苏秦、张仪谢世的年纪推测，最多也就一两百年，因此司马迁所记应当是比较可靠的。《史记》虽无鬼谷子传记，但是在《苏秦列传》中太史公记曰："苏秦者，东周雒阳人也，东事师于齐，而习之于鬼谷先生。"在《张仪列传》中也说张仪是鬼谷子的学生。另外，司马迁在《史记·太史公自序》中有一段引文："故曰，圣人不朽，时变是，虚者道之常也，因者君之纲也。"司马迁未注明出处，但是唐朝人司马贞在《索引》中指出："此

出《鬼谷子》，迁引之以成其章，故称'故曰'也。"可见司马迁与司马贞都曾见到过鬼谷子的著作。

许多鬼谷先生遗迹尚在湖北当阳鬼谷洞附近。据《舆地纪胜》记载，此洞"即鬼谷子隐处"。今鬼谷洞外石壁上嵌有三块石碑，均系清光绪五年重修大仙洞的石碑记，其中有一段曰："清溪寺山后五里许，有大仙洞，系战国时鬼谷大仙披门仙师修真之所……残碑隐隐有字迹，（鬼谷庙）大约始于晋。"在鬼谷洞东南2公里处有棋盘山，亦名云梦山，据《当阳县志》称"传鬼谷子对弈处"。

综上所述，历史上究竟有无鬼谷子其人尚无定论，要揭开谜底，还需要充足的证据和深入的研究。

韩非死亡之谜

中国历史上最早从理论上提倡"权术"论的人物恐怕就是韩非了。韩非是战国时期韩国人，著名的思想家。他曾经拜荀卿为老师，继承和发扬荀卿的法学思想，同时又吸取法学前辈李悝、吴起等人的学说，最终成为法家的集大成者。韩非的"法治"思想，以及提出的"法""术""势"等主张，对后世产生了极大的影响。因为当时正是群雄争霸之时，韩非的这种封建君主专制理论，是很适用于当时情势的。据说秦王嬴政看到他的文章后，非常急于得到韩非。但是韩非来到秦国后不但没被重用，反而很快被投入秦国监狱走上了不归之路，这是因为什么？

有人认为韩非是死于李斯的忌妒陷害，这种说法自从王充《论衡》中阐述"韩非之死，乃李斯忌才所致"后，已经成为史学界普遍的看法。司马迁《史

记》中也有这样的记载。《老庄申韩列传》中记载，韩非出身于韩国的贵族世家，师从荀子，与后任秦国宰相的李斯为同窗学友。适值韩国日渐衰落，韩非屡次上谏韩王变法图强，却不被韩王所用。于是韩非发愤著书十余万字，来阐发自己的法治主张。这些作品后来传到秦国被秦王嬴政看到。嬴政读后大为叹服，激动地说如果自己能够得到韩非这个人，则"死不恨矣"。当得知韩非是李斯同学时，便下令攻打韩国，索要韩非。韩王本就不想用韩非的主张，现在自己处在秦国的攻打下，毫不吝惜地将韩非献出，美名曰将韩非"派遣到秦国"。

韩非像

韩非到了秦国后马上被秦王接见。据说韩非本人有点口吃，但是他深刻的思想，令秦王折服。秦王非常赏识韩非，大有相见恨晚之意。李斯看到这个情形，深知自己不如韩非，感觉自己的地位受到了严重的威胁。于是李斯对秦王说："韩非是韩国公子，他能真心为大王您吗？现在大王想吞并诸侯，他终究会为韩国而不能为秦国，这是人之常情。不能为秦国效力，大王您现在又留着他甚至送他回国，这是祸患的开始。不如找个过错用法律把他诛杀吧。"李斯这段话说得非常有技巧，句句充满对秦王和秦国的忠诚。一向对李斯很信任的秦王觉得李斯言之有理，便下令查办韩非，将韩非囚入监狱。李斯的目的初步达到，当然不能允许自己的计划落空。为了尽快铲除韩非这个威胁，避免因秦王后悔而生出他事，他派人送去了

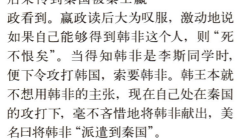

毒药。韩非很想到秦王面前申诉，狱卒和李斯却不给他这个机会。可怜的韩非，昨日还是秦王座上客，今日就成了阶下囚，含冤而死。待到秦王后悔让人赦免韩非时，发现韩非已经死了。而李斯则说韩非是畏罪自杀，秦王半信半疑，但人已死了，也只有作罢。

也有人为李斯申冤，说李斯不可能杀韩非。原因有很多，若李斯是嫉贤妒能之人，他又何必把韩非的作品介绍给秦王？并且当时秦王不过是对韩非很赏识而已，还没有对韩非加以重用，作为当时绝对有权的李斯来说，韩非还不足以构成对自己的威胁吧。在这种情况下，李斯为什么要加害韩非呢？

与李斯"奸嫉贤良"版本相反的是，《战国策》中所记载的韩非之死则是说韩非自取灭亡。当时，楚国、吴国、燕国和代国四个国家打算联合起来抵抗秦国，秦国派姚贾出使四国。姚贾用重金贿赂四国，瓦解破坏了四国计划。姚贾回国后受到秦王重赏。韩非就攻击姚贾拿国家的钱自己去交朋友，还指出姚贾出身的低贱。姚贾在秦王面前反驳说，以财宝来贿赂四国，出发点是为了秦国谋利，而不是为了自己的利益。如果是为了自己交朋友，何必又返回秦国呢？虽然自己的出身低贱，名声不好，但是有一颗效忠君主的心，哪里像有些人，只是在那里说却不做任何实际的事情，专门挑别人的毛病。秦王认为姚贾的话非常有道理，更加信任姚贾，而对"挑拨是非"

的韩非则冷落起来，最后杀掉了韩非。这样看来，韩非遭到杀害，是因为他自己忌妒别人，是搬起石头砸了自己的脚。

后世人还认为，杀害韩非是秦王的主意，李斯就算是再受到秦王的宠幸，他也不敢自作主张杀死韩非。为什么说是秦王自己的主意呢？秦王嬴政是一个寡恩多忌的人，尽管他爱惜贤才，欣赏韩非的理论，但是韩非出身于韩国贵族这一事实终究不能消除秦王对韩非的戒心，他始终害怕韩非会暗中为韩国出力。并且，韩非来到秦国后，只是谈自己的君主集权主张，不谈统一天下（作为韩国公子的韩非也不可能谈），因此，秦王并不重用他。但是，放回韩非，必定又要给韩国增添了一个抵抗秦国的好帮手。秦王怎么可能放他回去？相反，若是杀了韩非，不但他的学说可以为自己所用，而且也为秦国铲除了威胁，不是一箭双雕吗？这样分析，秦王杀死韩非是必然的了。这还可以从《史记》中看出来，书中说秦王对韩非的死感到后悔，但是他可曾去追究李斯的擅自谋杀罪？可曾为死去的韩非正名？不过是简单的"后悔"而已。

还有人认为，是李斯等大臣杀死了韩非，但是这并不能说明韩非死亡的实质，韩非实际是死于秦国和韩国之间的政治斗争。战国时期，各个诸侯国都极力保全自己，尤其是竭力对抗秦国这个一心想消灭它国统一天下的大敌。韩国派韩非出使秦国，实际上就是为了保全韩国。李斯和韩非两个人，一个忠心于秦，一个热爱韩国，两个人之间的矛盾是不可避免的。韩非必然要破坏李斯攻打韩国的计划，而李斯站在秦国要兼并六国的立场上，必然也要揭穿韩非出

访秦国的目的。韩非与李斯、姚贾的矛盾冲突并不是如《战国策》中所说的是韩非个人的嫉贤妒能，也不是李斯本人与韩非有什么个人恩怨，而是秦国与韩国政治斗争的反映。所以说，韩非的死是当时秦与韩尖锐的矛盾斗争的反映。

关于韩非的死因究竟如何，韩非究竟死于谁手，至今也没有更确凿的证据证明。一代大思想家死因未明是个历史的遗憾，但是想到韩非的理论终为后世所用且影响至今，韩非本人也算是重于泰山了。

第二节　文化迷踪

"北京人"在哪里？

北京猿人遗址位于北京西南约50千米的房山区周口店村西部的龙骨山上。远在60万年前，古人类就生活在这里，在这片土地上留下了他们的印迹。他们创造了旧石器文化，至今还能找到他们使用过的工具。1987年，北京猿人遗址还被联合国列入"世界自然与文化遗产"名录中。可惜的是时至今日，"北京人"化石还下落不明，成为一大谜案。"北京人"化石究竟到哪里去了？

1929年12月2日下午，考古工作者在经过漫长的期待和挖掘后，终于得到了一个完好的古人类头盖骨化石，这是一个震惊中外的发现。随后，经过多次发掘得到的头骨有5个，下颌骨15个，牙齿150余枚，少量的肢骨，这些人骨化石分属于几十个不同的个体。此外还掘得7万余件石器，虽然都是些非常粗糙的打制石器，它们往往就是原始

中国史鉴大讲堂

第三篇 秘史探究

二四二

人抓起石头一摔，摔出几瓣有锋利边缘的石头，这些石头就称为打制石器。

"北京人"化石发掘出来后一直存放在北京协和医院地下冷藏库中。但是，1937年，日本发动全面侵华战争。外国考古专家呼吁绝不能让"北京人"化石落入日本人手里，而日本人早就想把化石据为己有。于是，当时的国民政府就和美国达成一致意见，把化石运往美国保存，战事结束后再运回中国。时间一直拖延到了珍珠港事件前期，北京猿人化石才从北京协和医院调出并装箱运往美国大使馆，而后由美军军舰运输完成此项任务。然而，不幸的是军舰在来中国的途中竟然撞上了暗礁，沉没于海底。后来日军在秦皇岛找到了运送存放猿人化石的箱子，不过，令人惊奇的是箱子竟然是空的。为什么会是空的，化石哪儿去了？到现在都是一个谜。

第一种说法是被日本人夺去并暗地藏起来，对外便说失踪了。考古学家们因此念念不忘，有人多次到日本探查化石的下落，不过却毫无收获。第二次世界大战结束后，日本成为战败国，被美军控制，美国于是也在日本寻找"北京人"化石，最后也无果而终。化石藏于日本的可能性很大，但为何至今没有任何消息，日本人难道会把化石埋到地下？

第二种说法是被美国人得到了。据说美国人早就知道日本对"北京人"化石也有非分之想，于是先一步做了手脚，然后就栽赃给日本人。美国人有充分的时间和极佳的机会进行偷梁换柱。"北京人"化石装箱后就运往美国大使馆，等待军舰来运输，这期间美国人搬出真正的化石隐藏起来或秘密运到美国，用一个空箱子诱惑日本人去抢，最

"北京人"遗骨
北京市房山区周口店出土，北京人生活的地区，地形基本上和今天相似，气候更温暖，他们学会了打制和使用工具，主要依靠采集和捕捞从大自然中获取食物。

后就顺理成章地拥有了"北京人"化石。还有与美国有关的一说是，最终美国人也没有得到，而是沉入海底了。美国人偷梁换柱，得到化石后暗暗装上了哈里逊号游船，而此船也没有成功抵达，在太平洋中遭袭遇难，永远沉入了海底。

第三种说法是"北京人"化石最终不是落入哪个政府手里，而是被个人得到了。仔细推敲，由于多方探寻至今无果，所以此种说法是除了沉入太平洋一说以外最有可能的一个。只有被个人得到秘密隐藏才会如此杳无音信，而政府得到肯定会加以研究利用，会透露出消息的。很多人都可以被怀疑，甚至有可能被文物贩子、江洋大盗偷了。然而无奈的是"北京人"化石从那以后就再也没现过身。

也许哪一天"北京人"化石突然出现，也许将再也看不到它们，这个谜案何时能解开呢，我们都期待国宝重现的那一天。

《河图》《洛书》是上古的无字天书吗？

《河图》《洛书》都是中国上古时期传下来的神秘图案。关于它们的传说和

问题是易学史上争论最多，被弄得最复杂最混乱，但同时又是内容最为丰富的问题。

相传在我国远古的伏羲氏时代，有一个丑陋的怪物游到黄河边上的城市孟津，背上负着一块刻有一幅古怪的图案的玉版，这个怪物大得吓人，吃了百姓们的稻谷和庄稼，最后竟然开始生吞人类。伏羲听到这件事，带着利剑来到河边要斩除这头妖怪，妖怪打不过伏羲，跪地嗷嗷求饶，自称是黄河里的龙马，并将背上的玉版献给了伏羲，由于它是来自黄河的宝贝，伏羲称这张图为"河图"，后来，伏羲还按照《河图》画出了"八卦"，可以用来推算历法、预测吉凶等。

到了大禹治水的时候，有一次大禹在洛河引水疏通河道，从干涸的河底浮出来一只可以驮起百十人的巨龟，大禹认为这是一只通灵神龟，就将它放生了，不久后，大龟腾云驾雾再次来到洛河，将一块光芒四射的古老玉版献给大禹，上面同样有一些神秘的文字和图画，大禹将这块玉版命名为"洛书"。传说在《洛书》上有大禹也不认识的65个红字。后来大禹经过反复揣摩，整理出历法、种植谷物、制定法令等九个方面的内容，古人又根据这九章大法，整理出一篇一直传至今日的科学法典《洪范篇》。

上述这些传说在我国最古老的典籍《周易》《尚书》《论语》中都有记载。其中比较可靠的是《周易》中的系辞篇，里面是这样记载的："河出图，洛出书，圣人则之。"这与上述传说十分吻合。直到宋代，朱熹解《周易》时，还曾派他手下的学者蔡元定去四川，用高价才在民间收购到了华山道士传出的《河图》《洛书》等，它们都是由一些圆圈、点构成的图形。另外，还有一个可信的证据是在现在河南洛宁长水一带有"洛出书处"石牌两块。1987年安徽含山凌家滩原始社会末期墓葬中出土大量的玉片和玉龟，据专家考证是距今5000年无文字时代的原始的《洛书》和八卦图。

据说《河图》《洛书》在古代出现的时候都有普通人无法识别的文字，但后来都慢慢地散佚，现在人们经常看到的两幅图是宋时朱熹的《易学启蒙》中的，因为有图无字又神秘难解，人们把它们叫作"无字天书"。其中《河图》是用黑白环点示数、排列成图的。即一六居下，二七居上，三八居左，四九居右，五十居中。而《洛书》也只有用黑白环点示数的图。有人形容它："戴九履一，左三右七，二四为肩，六八为足，五环居中。"关于《河图》《洛书》上的这些神秘的图案，自古以来无人能破译。

早在春秋战国时期，《河图》《洛书》已经开始被视为与天命、阴阳、占卜等有关了。孔子周游列国不得意时悲叹说："凤不至，河不出图，吾已矣夫。"那时就已经有老子、孔子写的关于天命的书《河洛谶》各一种。在两汉时期的算命的文献中，《河图》《洛书》显得更复杂和神秘了，共有《河图括地象》《河图始开图》等三十七种，《洛书甄曜度》《洛书灵准听》等九种。宋时出现的《河图》《洛书》又加进了新的内容，据说是融天文、人体、阴阳、象数为一体的易学图像，是一种理念的阴阳消长的坐标图，暗喻的范围非常广泛。

对《河图》《洛书》的解释非常之多，有些人认为它是古人对天象的观察活动

的记载。原因是有关河图的记载最早曾见于《尚书·顾命》篇。记载周康王即位时，在东边厢房有：大玉、夷玉、天球、河图。后人就认为《河图》是测日晷仪与天象图标，这些实物在当时是测日观天察地的仪器，在古人眼中带有神圣和神秘的性质，因而才有可能和代表古代王权威严的古玉器陈列在一起。《魏志》中说"宝石负图"是一幅河图洛书的八卦综合图，看上去像罗经盘，磁针居中，外面围着八卦，最外层为二十八宿。所以这些《河图》是古代测量太阳的晷仪时根据日影来画出的；而《洛书》则是张天文图，用来概括天文的原理。还有人认为西安半坡出土的石板上用锥刺的圆点排成的等边三角形图案是它们的原型。但这还不过是一种有一定联系的设想，还无法看出这种图案与《河图》《洛书》的起源有什么联系。

最近，西南电子技术研究所退休高工杨光和儿子杨翔宇发现，"洛书"的核心"十"字与墨西哥发现的"阿兹特克"历石中心人像的"十"字、金字塔俯视图中心的"十"字完全吻合。他们提出《洛书》是外星人遗物，《河图》则描述了宇宙生物的基因排序规则，而"阿兹特克"历石则是外星人向地球人的自我介绍。

各种关于《河图》《洛书》的说法都还没有真正找到依据，《河图》究竟是一个什么样的图案？《洛书》究竟是一些什么样的书写符号呢？《河图》《洛书》的原型是什么？古人又是如何按河图洛书画出八卦的？还有待解答。

足球是黄帝发明的吗？

蹴鞠是中国古代一种类似足球的运动，用以练武。公元前3世纪末的古籍《蹴鞠新书》记载了一个古老的传说：足球是黄帝发明的。蹴鞠亦作"蹵鞠""鞠鞠"。关于蹴鞠，除《蹴鞠新书》的记载外，刘向《别录》也有很相似的记载："蹴鞠者，传言黄帝所作，或曰起于战国时。"足球是否是黄帝发明已经没法考证。不过近代发掘所得，也似乎可以解释中国古代就有类似足球的运动。但它到底是什么时候开创的呢？现在只能推断出它的始创时代可能早于战国时代。

1926年，中央研究院的李济教授在山西夏县西阴村灰土岭发掘到大小不一的纹饰陶球和一个陶制小陀螺。考古专家卫聚贤看过这些实物后，认为这些陶丸大的是玩具，小的则为弹丸。根据考古学家研究的结果，认为这些器物与半坡遗址同期，属于距今约四五千年的新石器时代仰韶文化遗物。

考古研究的发现并不止于此。1934年，李济和梁思永等又在山东历城县城子崖发现龙山文化遗址。在这里，他们发掘到直径2.2厘米的红色陶球，而且在同一遗址第五区黄土凸起处东灰土堆内，发现一堆大泥球，但都已经被打坏。这些大泥球以碳-14加以测定，约在公元前2800年至公元前2300年之间，属于龙山期文化，在新石器时代晚期。

1954年，在西安半坡仰韶期文化遗址，考古专家们又发掘到一些大小不一的石球。他们认为：这些石球不但数量多，而且磨得光滑、规则，直径自1.5至1.6厘米，很可能是弹丸一类的东西。这就产生了疑问：这些到底是弹丸还是玩具呢？如果是弹丸，它们一旦被打出去，就很难找回来。以新石器时代的打磨技术，要制成一个弹丸必须费很长的时间，大概要数日。那么新石器时代的古人，会不会把这些费劲做的"弹丸"用来打出去呢？这一点看来是不大合理的。又有人认为这些石球是装饰品，可是它们上面并没有穿孔，也着实难以令人相信。

《汉书·枚乘传》有"蹴鞠刻锐"的说法。颜师古注云："蹴，足蹴之也；鞠，以韦为之，中实以物；蹴鞠为戏乐也。"由此可见，金元时寒贱之子琢石为球，恐怕是古代的游戏方法，以其作为某些皮球的代用品。在殷墟发掘工作中没有发现当时可能存有的皮球，而在西安的发掘工作中却发现了石球，也许因为皮制品不好保存，而石球、陶球却可以很好地保存下来。

这些虽然仅仅是主观的推断，没有形成定论。但根据考古发现的种种器物，中国新石器时代即使不一定有足球，也似乎已经有了球类运动。可是公元前2世纪司马迁做的《史记》和公元前1世纪刘向校的《战国策》，都明确地记载了战国时代齐都临淄人爱好足球运动。史称汉高祖刘邦的父亲丸公，他本人就常常与乡中丰邑"屠贩少年"踢球。刘邦生于公元前247年，据此推论，丸公应生于战国之时。当时连小城边邑也流行踢足球了，可见足球运动在当时已经很广泛了。

中华民族为什么叫"华夏"？

汉族的形成和发展，是以华夏族为主体，融合他族，不断发展壮大起来的。在中华五千年文明的漫漫发展的历程中，随着各民族经济文化上互相交流，互相渗透，形成了统一的中华民族——华夏民族。"华夏"是中华民族的称号，凡是今天在中华大地上生活的56个民族，都称为"华夏民族"。作为一名中国人，常常以称自己是"华夏民族""华夏子孙"为荣。尽管我们经常这样自豪地称呼自己，但对于"华夏"的由来，却是很难给出一个定论，作为一个未解之谜，自古至今，有很多说法。

关于"华夏"的由来，上古时代就流传这样一个传说。蚩尤原来是炎帝的大臣，是个很有野心的人，他想独霸天下，于是联合有苗氏，想把炎帝从南方赶到涿鹿，自称南方大帝。决定胜负的大战开始了，他们大战于涿鹿的野外。大战当时，蚩尤一夫当关，手持长剑，指挥着自己的士兵冲向炎帝的阵营，炎帝部落明显占了下风。不得已，炎帝被迫一面抵抗，一面带着部队仓皇地撤离战场，并向黄帝求援。这时蚩尤已向涿鹿进军，黄帝下令重整队伍，两军开始了新一轮的对垒，黄帝心想，只要我和炎帝携手并肩、齐心协力，一定可以打败蚩尤。但他们低估了蚩尤的实力，蚩尤竟然施起了妖法，刹那间，天地间扬起一片浓雾，而且天黑得伸手不见五

炎帝像
炎帝即神农氏，曾遍尝百草为人治病，晚年在南巡途中因误尝毒草而身亡，死后葬于长沙茶乡之尾。

指，炎黄的军队什么都看不见，被打得节节败退。面对一意孤行、制造战争、祸害百姓的蚩尤，黄帝决定奋力一搏，他找到了炎帝商量作战计划，并让人利用太极推测演算，后来又派人到蚩尤的大本营探听军情，找到克制攻妖法的办法，掌握了战争的主动权。当蚩尤再次施妖法反攻时，便被炎黄联军团团包围。此时炎黄联军把骨头做的战鼓擂得震天响，使得联军的士气大振，士兵们个个变得更英勇了。最后终于将蚩尤的部落打得落花流水，蚩尤也被俘虏。不肯投降的蚩尤被黄帝下令斩首，而炎黄部落最后团结一致，统一了整个中原。从此以后，中原各部落都尊黄帝为共主，炎、黄等部落在黄帝的领导下融合成华夏民族，这就是"华夏"的由来。

还有另外一个关于华夏由来的传说，对此有不同的解释。相传，我国历史上第一个朝代是夏朝。大禹历时数年，成功治水，被舜选拔为继任者。之后他开启了一个清明的历史时代。所以在当时，以禹为代表的夏后族在当时独领风骚，成为盛极一时的氏族部落。又加上夏后族以华山作为自己的活动中心，所以他们又被人们称之为华夏族。这也是为什么禹的儿子建立的第一个王朝叫夏的原因了。

今天，对于"华夏"由来的争论，仍然不断。一些专家学者将众多观点归纳为两类。第一种观点认为，"华夏"是民族的名称。他们认为我国古代以"夏"为族名，"华夏族定居在华山之周，夏水之旁，故而得名。"讲的就是这个意思。"夏"这个名词是由"夏水"得到的。中华民族自古以来就是融合了别的不同的民族构成的一个庞大的民族。她尽管不是一个单纯的民族，但是在历史的长河中她始终以一个核心民族为中心，逐渐地融合和同化别的民族，形成一种"单元性的多元化民族"，这就是今天的中华民族。在先秦时代，她被称为华族或夏族。而"华"指的是居住在华山、以玫瑰花（华）做图腾的"华族"，"夏"则指的是居住于长江中下游的"夏族"祖先的夏后氏。华夏民族的称谓由此而来。

还有一种观点认为，"华夏"根本不是什么民族的称呼，它仅仅指的是一个地域文化概念。而在这个派别中，又有两种不同的解释。第一个派别认为，遥远的中华民族的远祖们曾经分为三个主要的集团，他们分别是华夏、东夷和苗蛮。在不断的争战和竞争中，黄帝取得了最终的霸主地位，他领导的华夏集团于是成为当时的文化和政治主流，东夷和苗蛮两大集团不得不俯首称臣，被迫纳入华夏文明的圈子里。第二个派别认为，远古时代是以文化发展水平高低来定名的。所以，文化高的周礼地区称之"夏"，同样另一个文化高的民族称为"华"。"华"和"夏"合起来，统称为"中国"。相反的，对于"华夏"周围的四方，由于他们是文化发展水平低的地区和民族，所以被称为"东夷""南蛮""西戎""北狄"。后来"华夏"不断融合壮大，周围四方民族凡是接受"华夏"文化的，大都纳入了传统华夏文化的范畴，"华夏"渐渐地就成为了我们中华文明的象征了。

尽管现阶段我们还没有完全解开"华夏"之名由来的谜底，但我们相信，"华夏子孙"将永远是令每一个中国人自豪的称呼。

甲骨文之谜

大约在公元前 16 世纪，商汤灭夏，

在中原立国。从此中国历史进入商代。商王朝曾五次迁都，最后盘庚迁都于殷，直到商纣亡国总共 555 年，商代晚期的统治中心一直在殷。但商朝被灭之后，殷民迁走，殷都逐渐变成一座废墟。

1899 年，北京国子监祭酒王懿荣老先生感到身体不舒服，就买了一剂含有"龙骨"的药物，在准备将这些"龙骨"研碎时，王懿荣发现这些坚硬的东西并不是什么骨头，而是上面有许多划痕的变黄的龟甲。王懿荣是一位研究古文字的金石学专家，好奇心驱使他拿起甲骨仔细地观察，他吃惊地发现这些划痕像是一种文字，他于是将这家药店的全部"龙骨"买下，经过细致研究和考证，断定这种非篆非籀的字形是商代的一种占卜文字。

原来所有的这些碎片都是史书上所称的"卜骨"。骨上的裂纹是人们有意用高温加热所造成的。根据商代的习俗，商代人上自王公下至庶民，无论是大事还是小事，都要用这种龟甲和牛胛骨进行占卜。占卜时，就用燃炽的木枝烧炙甲骨的反面凿出的槽和钻出的圆窠，这时甲骨因厚薄不匀而出现"卜"字形裂纹。这些裂纹就是他们判断吉凶的"卜兆"。占卜以后，将所问事顷刻记在甲骨之上，这就是"卜辞"。占卜的内容是以当朝国王为中心的，有对祖先与自然神祇的求告与祭祀，有对天象、农事、年成以及风、雨、水的关注，也有对周围各国战争的关注和商王关于旬、夕、祸、福以及田游、疾病、生育的占问等。这样就为我们提供了许多商代历史事件和天气气象的资料。

王懿荣的发现引起了许多中外人士对甲骨的重视。1908 年，经罗振玉先生多方查询，才得知甲骨实出自河南安阳小屯一带。伴随着甲骨被确认、购藏和挖掘，古文字学家也开始对甲骨文进行破译。经过众多专家的努力，甲骨片上排列的文字成为可以通读的文句了，从而证实了出土甲骨文的小屯村正是古文献记载的殷墟。因此，一个湮没了 3000 多年的繁华故都终于在世人面前得以呈现。

自 1899 年发现殷墟甲骨至今，约有 15 万片以上商代甲骨已出土，现分藏在中国各地，另有一部分流散到其他国家。殷墟甲骨文内容涉及商代的政治、经济、文化及天文等。可以说甲骨文的发现和破译帮助我们解开了历史上许多难解之谜，而发现的甲骨文共有 5000 多个单字，还有 2/3 的文字等待人们去破解。

绘画的始祖是谁？

在世界美术史上，中国画独树一帜。中国绘画的起源可追溯到原始社会，其绘画痕迹是留于陶器上的各种花纹、图案，但现代意义上的绘画并非这些花纹、图案。那么，谁是中国画的始祖？中国画起源于何时？我国有很多关于这个问题的传说，古籍上也对此众说纷纭。

"白阜始作图画说"。《画史会要》中说："炎帝神农氏，命其臣白阜，甄四海，纪地形而图画之，以通水道之脉。"白阜是传说中神农氏的大臣，古人在讨论绘画起源诸问题时极少提及此说，因为白阜画的是地形图。

"绘画源于黄帝说"。《鱼龙河图》说："黄帝遂画蚩尤形象，以威天下。"这些可以说是绘画。《云笈七签》又云："黄帝以四岳皆有佐命之山，乃命潜山为衡岳之副，帝乃造山，躬形写象，以为五

岳真形之图。"这两者都只能算是画地形图了。

"伏羲氏始作画说"。《周易·系辞上传》云："古者伏羲氏之王天下也，仰则观象于天，俯则观法于地，观鸟兽之文，与地之宜；近取诸身，远取诸物。于是始作八卦，而文籍生焉。"古今都有学者认为，伏羲氏所画八卦的爻象的意义原在图形，因为它们都是象形的。伏羲氏观察天象画出了"乾"，根据大地则画了个"坤"等。因而伏羲氏所画的八卦乃是中国最原始的绘画。

"绘画始作于史皇说"。史皇是黄帝的大臣。《文选》李善注中说："《世本》云：'史皇作图。'宋忠曰：'史皇，黄帝臣；图，谓图画物象。'"《云笈七签》则称："黄帝有臣史皇，始造画。"说得更为直截了当。在《画史会要》中，黄帝之臣史皇"体象天地，功侔造化"，颇"善鱼"，无一不通，无一不画。黄帝的另一大臣仓颉作文字便是受传于史皇的"写鱼龙龟鸟之形"。

"绘画始于仓颉说"。不仅书法，绘画亦源于仓颉。书画同源是得到我国大多数学者的肯定的。朱德润《存复斋集》云："书画同体而异文……类皆象其物形而制字；盖字书者，吾儒六艺之一事，而画则字书之一变也。"《孝经援神契》

中说道："奎主文章，仓颉效象。"宋均注云："奎星屈曲相钩，似文字之画。"意即"屈曲相钩"的文字实际上就是中国最原始的绘画。

"绘画始祖为封膜说"。《画麈》中指出："世但知封膜作画。"意思是说人们只知晓封膜为绘画之祖。但此说没有根据。唐人张彦远见到《穆天子传》中有"封膜昼于河水之阳"之语后，误把"封"当作姓，又将"昼"解为"画"，并用郭璞的注来证实这一误解，很是牵强，有穿凿附会之意，使后人误传世上曾有过"封膜"其人，并说中国绘画之祖就是封膜。此说实为以讹传讹，故而不足凭信。

"敤首为绘画始祖说"。《说文解字》曰："舜女弟名敤首。"敤首据说是舜的妹妹，她曾"脱舜于瞍象之害"，向两个嫂嫂告发了恶徒们欲置舜于死地的阴谋，救了舜一命。《列女传》盛赞她善画，"造化在心，别具神技"。敤首又名嫘或画嫘。正是由于嫘创造了绘画，所以她又叫画嫘。

然而，敤首的绘画事迹，距今年代久远，某些古籍的记载又缺乏有力的根据，往往带有神话色彩，无从查考。中国绘画的始祖也许是黄帝时代的人物，究竟谁属目前仍是个谜。

《山海经》是什么书？

《山海经》是我国第一部描绘山川与物产、风俗与民情的大部头地理著作，还是我国古代第一部神话传说的大汇编，有着巨大的文化价值与历史价值。全书共18篇，分为《山经》和《海经》两个部分。然而，对于这样一部体系庞大的"怪"书的性质归类，却是各有各的看法。

仓颉造字图

有一种比较有影响力的观点认为，《山海经》是一部巫术之书，即祭祀的礼书和方士之书，是古人行施巫术的参考书。近代鲁迅在《中国小说史略》中称："《山海经》……盖古之巫书也。"他的观点对中国学者产生了重大的影响，绝大多数人都持此种观点。西汉司马迁认为它荒诞不经，难登大雅之堂，认为《山海经》中虽然记载了方位、山川、异域，但那是因为祭祀神灵的需要，如《海外西经》记载的"登葆山，群巫所从上下也"。此外，《山海经》中所记载的海外殊方异物、神人居住的地方、怪物的藏身之处，都是秦汉间鼓吹神仙之术的方士的奇谈。班固把《山海经》置于"术数略"的"形法家"，是"大举九州之势"而求其"贵贱吉凶"，类似后世讲究"风水"的迷信之书。这是对《山海经》性质的最早的说明。由于诸多对巫术和祭祀的记载，《山海经》被归类为语怪、巫术书。

茅盾从神话学角度把《山海经》归为一部杂乱无章的神话总集，专记古怪荒诞的神话故事。这一看法很具有普遍性。《山海经》所收的神话故事源自上古历史传说，以及各地诸侯国的报表文书和采自民间的神话故事。如我们周知的"女娲补天"就来自于《大荒西经》，还有《大荒北经》中的夸父追日，《北山经》中的精卫填海、后羿射日、共工怒触不周山、大禹治水、黄帝擒蚩尤等这些神话传说都来自于《山海经》中的记载。

此外，还有不少学者认为《山海经》是一部自然地理和人文地理专著，是"第一部有科学价值的地理书"，具有极高的军事价值和政治价值，它详细地记载了山川地貌的距离和里数，还记录了各个地区的山脉、河流，以及草木、鸟兽、矿藏等，还有关于各地的特产和风情的记载。

近世的许多学者，也都认为它是一部既有科学内容、又杂有巫术迷信成分的地理志。既是历史地理学家又精通古代神话和宗教的顾颉刚颇赞同此观点，或许是为了在巫书与地理志之间寻求一种平衡与融合。很长一段时间内，《山海经》是地理书似乎成了定论。但是后来也有人认为，虽然《山海经》记述了山川、异域，但是它并不是以讲述地理为目的，不能够把它误认为是一部实用的地理书。

还有一种观点，认为《山海经》是根据图画记述的。在晋代，陶渊明有诗曰："泛览周王传，流观山海图，俯仰终宇宙，不乐复何如？"《山海经》中有些文字，如"叔均方耕""长臂人两手各操一鱼"，确实是根据图片来述说的。根据我国古代很早就有的关于山川地图的记载，可以推测出《山海经》成书时有一种绘载山川道里、神人异物的图画，也就是说最早的《山海经图》是图文并茂的，上面既有图形图画，多为一幅幅线描的怪兽人神插图，也有文字，还有大量图画式的文字。

《山海经》是实用的自然地理和人文地理专著，还是杂乱古怪的神话？是奇士编撰的小说，还是巫术和方士之书？它成书于什么时代，作者又是谁？谜底仍未解开，还有待于新的发现和进一步研究探讨。

谜团重重的后母戊鼎

后母戊鼎是世界上罕见的青铜器贵重文物之一，而且也是到今天为止所有出土的鼎中最大最重的。它的存

在和发现本身就是一个传奇。它的发现和出土无不充满神奇色彩，再加上它的特定发现时期，使本来就具有很大价值的后母戊大方鼎蒙上了一层神秘的面纱。

后母戊大方鼎的鼎耳为什么不翼而飞？这里有这样的传说：1939年是一个动乱的年代。时局的混乱，加剧了盗墓风气的盛行，身居河南省安阳市武官村的村民自然不会忘记身居殷墟之旁这块风水宝地，村民们开始有组织地在夜间盗掘古墓。3月的某个深夜，在河南安阳侯家庄武官村吴玉瑶家的农田里，距武官村大墓西南隅大约80米处，随着村民的铁锹"呛啷"的脆响，华丽雄伟的青铜之冠、国之重宝——后母戊大方鼎出土了。村民们忙碌了一夜，但因为鼎太大、太重而实在无法搬动，他们不甘心整夜提心吊胆地忙碌无功而返，于是一个私掘者取来锯子，将大鼎的一只鼎耳锯下，然后又将大鼎重新掩埋。事后他们相约谁也不准说出此事。

后来，日本侵华战争爆发，日本人闻知此事，想花重金购买都没有得到。抗日战争胜利后，后母戊鼎在1946年6月重新出土，作为蒋介石的寿礼，被用专车运抵南京，拨交中央博物院筹备处保存。但当年被盗墓的村民偷偷锯下的一只鼎耳在动荡的年月里下落不明，这也成为后母戊大方鼎永远的遗憾。今天我们看到的后母戊大方鼎，有一只鼎耳就是后来补铸上去的。1959年，中国历史博物馆在北京建馆，后母戊大方鼎又被运到北京展出。2011年3月底，后母戊鼎入驻中国国家博物馆新馆三层。

后母戊鼎总重875千克，高达133厘米，口长110厘米，宽78厘米，足高46厘米，壁厚6厘米。因为此鼎大得足够做马槽，所以人们又称它为"马槽鼎"。后母戊鼎立耳方腹、四足中空，除鼎身四面中央是无纹饰的长方形素面外，其余鼎身各处皆有饰纹，而且各部分纹饰各具形态。鼎身四面的长方形素面周围以饕餮作为主要纹饰，四面交接处，则饰以扉棱，扉棱之上为牛首，下为饕餮。鼎耳外廓有两只猛虎，虎口相对，口中含人头，鼎耳侧是鱼纹纹饰。四只鼎足的纹饰也很有特色，在三道弦纹之上各饰以兽面。鼎腹内壁铸有铭文"后母戊"，其造型、纹饰、工艺均达到极高水平，堪称商代青铜文化顶峰时期的代表作。

关于鼎身腹内的"后母戊"铭文也存在着种种猜测，据此，也产生了一些对后母戊大方鼎属商朝哪个时期的种种说法。目前学术界主要有三种观点，第一种观点认为这鼎是商王为祭祀他的母亲戊而铸造的，这也是大多数人认可的解释。第二种观点认为，"后母戊"是一个氏族的名称。"母戊"是谁呢？根据最早的推测，"母戊"一般被认为是殷王武乙的配偶妣戊，即文丁的母亲，铸鼎者则为文丁。卜辞记载文丁的配偶为妣癸，而武乙的配偶却不见记载，因此陈梦家认为，"母戊"可能是武乙的配偶。据此，则大鼎为殷墟晚期的器物

后母戊鼎 商

（陈梦家：《殷代铜器》，见《考古学报》）。第三种观点认为，"母戊"可能是指武丁的配偶或祖甲的配偶。因此铸鼎者可能为祖庚、祖甲或廪辛、康丁。这样，该鼎就是殷墟前期的遗物。

后母戊大方鼎最为神秘也最难让人猜测的是它是如何铸造的。后母戊大方鼎表明商朝青铜器的制作技术已经达到炉火纯青的地步，标志着我国古代青铜工艺出现第一个高峰。但是铸造后母戊大方鼎，在当时的生产力情况下是一件相当困难的事。据推测，后母戊大方鼎的铸造过程是这样的。在商代，冶炼青铜用的是陶制的坩埚，它的形状和后来倒放着的头盔差不多，考古工作者趣称它为"将军盔"。据科学估算，每个"将军盔"能熔铜12.7千克。假使铸造一个中小型的铜器，只需用一个坩埚就可以了。但是，要铸造后母戊大方鼎这样的庞然大物就需要七十多个"将军盔"同时浇铸，这意味着要求几百人同时操作。如此浩大的工程该如何施工呢？有人认为勤劳智慧的奴隶们采取化整为零的战略，先分别铸好鼎耳、鼎足、鼎身，然后再把铸好的各个部分合铸在一起。经过奴隶们的长期艰苦卓绝的劳动，终于铸成了后母戊鼎。但这种猜测没有得到相关科技的论证。直到今天，纵使科技如此发达，都没有人能再现铸鼎的情况。

后母戊大方鼎是中华文明的瑰宝，它纹饰美观庄重，工艺精巧，一向为世人所钦羡。因此它的价值更高，而围绕它的种种迷雾也增添了它在世人心目中的地位，后母戊大方鼎之谜的解开，有待考古和科学技术的进一步发展。

《春秋》是不是孔子所作？

《春秋》是流传下来的迄今为止我国最早的一部编年体史书，也是儒家的主要经典。人们谈论《春秋》时，往往提到孔子。但《春秋》到底是不是孔子所作？人们对此有不同的看法。

一种观点认为，《春秋》就是孔子所作。它最早由孟子提出来。孟子认为，春秋时社会动荡，各种邪说暴行屡屡出现，"孔子成《春秋》而乱臣贼子惧"。现代学者指出，孔子之所以作《春秋》，一是因内乱；二是因外患。孔子作《春秋》以正名分，给诸侯、大夫以严正的褒贬，从心理上来钳制他们，以安定天下的秩序，恢复周王室的政治权力，同时达到"尊王攘夷"的目的。

另有一种观点认为，《春秋》不是孔子所作，不过是由孔子整理而成。有的学者指出，孔子是我国历史上第一个创办私立学校的教育家。他为了能更好地讲学，搜集鲁、周、宋、杞等故国文献，重加整理编次，形成《易》《书》《诗》《礼》《乐》和《春秋》六种教本。孔子对它们的内容虽有删节，但态度是"信而好古"，也就是尽量保持原有的文字，包括原来的史事内容和表达风格。司马迁在《史记·孔子世家》中说："子曰：'弗乎弗乎，君子病没世而名不称焉。吾道不行矣，吾何以自见于后世哉？'乃因史记作《春秋》，上至隐公，下讫哀公十四年，十二公。"据此说法，孔子是根据鲁国和周王室以及其他诸侯国的史官的记载略加修改，编写成一部简要的史书。《春秋》中的一些字句都是沿用以前史官的写法，并非孔子的创造。

还有一种观点，认为孔子根本没有著作或删订《春秋》。"五四"以后，钱玄同主张此说。他认为，"六经"（《诗》

《书》《易》《礼》《乐》《春秋》）并没有孔子改动的痕迹。《春秋》应是鲁史旧文，其中如"郭公""夏五"之类，都保存了原来的缺简，只不过在长期转写、流传中，难免会有改动。他又举出《论语》作为例子，说《论语》载孔子生平言行甚

孔子杏坛讲学图轴 明 吴彬
孔子端坐中间，两侧为颜子、曾子、子思及子路，聆听孔子讲学。

详，其中论《诗经》的最多，但对于《春秋》却一字未提；孔子时代《春秋》还是鲁国秘藏的国史，孔子不可能也不必要对这本秘藏的国史进行改编。有的学者则根据《春秋》记载孔子生年和卒年，认为孔子修《春秋》的说法是不能成立的。因为他不会自称"孔子"，又不能写出自己的卒年。孔子只是曾经把《春秋》作为教材而已。经孔子一用，《春秋》便逐渐流传到了民间，然后再由孔门弟子一代一代地传述下去。《春秋》不是一时而成或出于一人，而是由鲁国史官们在两百多年时间里陆续编纂而成，从而出现了一些前后风格、笔调不太一致的地方。

以上三种说法各有道理，谁也不能彻底说服谁，遂成文史上的又一桩公案。但不论《春秋》是否为孔子所作，都不会削弱孔子作为文化伟人的地位和《春秋》作为古籍的不可估量的研究价值。

孙武有没有写《孙子兵法》？

我国古代的军事文化十分灿烂，以《孙子兵法》为其杰出代表。《孙子兵法》又称《吴孙子兵法》，通称《孙子》，为中外人士奉为兵书之鼻祖，相传为春秋吴将孙武所撰。在中国古代，这部经典的兵法著作为军事家的必读书，在宋代官定的军事教科书《武经七书》中位居首位。只有熟读《孙子》、考试合格的从军行武者才能被授武职。《孙子》传入西方，也有数百年历史。据说拿破仑滑铁卢失败后，曾十分后悔没有早读此书，否则或许能免遭失败。今日经营工商企业的日本、西方企业家，常有运用《孙子兵法》中的韬略而取得成功的。

然而对于吴国将军孙武到底是不是《孙子》的作者，却有一番争论。战国时《商君书》《韩非子》等提到过"孙吴之书"，指的是《孙子兵法》和《吴子兵法》，但并未说明作者就是孙武。

汉代司马迁《史记·孙武列传》正式记录了孙武的事迹："世俗所称师旅，曾道《孙子》十三篇，吴起兵法，也多有敌弗论。"他肯定地说《孙子》十三篇为孙武所著。此后千年之间，无人对《史记》之说提出怀疑。但到了宋代，又出现了疑问：历史上是否确有孙武其人？孙武是否真的写了《孙子》？

持怀疑观点的有宋人陈振孙的《直斋书录题解》、叶适的《习学纪言》等。怀疑者们认为：第一，他的名字和事迹有可能是司马迁的误闻或是杜撰，《左传》未提及；第二，一些孙武所处时代不可能出现的名词、事件、状况出现在《孙子》中，例如春秋时代仅称大夫为"主"，臣僚以"主"称国君是三家分晋后的事，而《孙子》中称国君为"主"；第三，《史记》同时记载了齐将孙膑的

事迹并有兵法理论，但并未专门说明有《孙膑兵法》，也许是太史公将一书误作二书，一人误作两人。因此，《孙子》或被说成是春秋战国之时山村处士所写，或被认为是孙膑所撰，还有的说是秦汉时的人伪托。

但是，陈振孙、叶适的怀疑论遭到了许多学者的反对，如明代宋濂的《诸子辨》，清代的《四库全书总目提要》的撰者等。这些意见认为：严肃、认真的史家太史公在本传中所叙孙武、孙膑事明明白白、翔实可靠，《汉书·艺文志》明确提出古兵法有《齐孙子》（孙膑）和《吴孙子》（孙武），实无可疑。至于《左传》，本身也非完整之历史记录，也有可能出错，不能仅凭其中偶遗之记载即断定《史记》之文字为误谬。《孙子》原文定出自春秋之世，只是后代人在其中窜入了若干涉及后世名物之文字。先秦古籍常有此种现象，即便是《左传》本身，也不例外，《孙子兵法》核心内容的真实性、历史性和孙武的著作权不足以受到影响。

1972 年山东临沂银雀山汉墓竹简本《孙膑兵法》和《孙子兵法》的出土，为解决这番争论提供了一些重要的资料，有可能揭开历史真相。因为已考订出墓葬年代是西汉初年，而且竹简《孙子兵法》恰好有十三篇，所以可以证明：第一，至少在西汉初年《孙子》已经存在，其篇目内容与今天基本一致，曹操整理《孙子》，并无大的改动。第二，确实有《孙膑兵法》这本书。第三，确有孙武、孙膑两人。第四，《孙子》并非孙膑著。第五，《史记》所记载史实基本可信。有一种观点认为，《孙子》的作者之争应该暂停，孙武肯定是《孙子》的作者。

由于竹简本的可信度还是一个疑问，因此不能证明《孙子》成书的具体时间，也无法证明《孙子》从成书到竹简抄录时其间有无重大修改。不能直接证明《孙子》就是孙武所作，因而还有待于进一步的考古发现和研究，以解开《孙子》的作者之谜。

第二章　秦汉秘史

第一节　名人谜团

秦始皇是病死，还是被害而亡？

公元前 210 年，秦始皇巡游至沙丘平台（今河北平乡东北），猝然病逝。他死后发生一系列重要变故。这不禁让人们怀疑，他究竟是怎么死的，是病死的，还是被谋杀的？如果是谋杀，那么又是什么人，出于什么目的谋杀威震四方的秦始皇呢？

关于秦始皇之死，司马迁在《史记·秦始皇本纪》中有明确记载，说他在第五次出巡时，途经平原津患病，之后扶病抵达沙丘平台一带，死在那里。人们普遍认为，秦始皇平时骄奢淫逸，纵欲无度，导致身体虚弱不堪，又加之出巡期间车马劳顿，以致一病不起。秦始皇死后，大家如临大敌，气氛一度很紧张。《史记》上说，丞相李斯恐宣布秦始皇的死讯会使天下有变，于是秘不发丧，把盛殓始皇帝遗体的棺木置于辒凉车中，让亲信宦官日夜守护，同时昼夜兼程赶回咸阳。每到一处，地方官要按例进膳。官员奏事时，李斯命宦者在车内应答。时值酷暑，尸体发臭，李斯命人在车帐中放入一石鲍鱼，来混淆尸体的臭味。

直到巡游队伍进入咸阳，才正式发丧。这种种做法，无疑给秦始皇之死蒙上了一层更加神秘的色彩。

后世历史学者通过分析《史记》中的《秦始皇本纪》《李斯列传》和《蒙恬列传》等文章中关于秦始皇死亡的史料，指出秦始皇死得非常蹊跷，并非如人们所说的"病死于路上"。他们的理由是，秦始皇并不像历史上的某些封建帝王那样体弱多病。在诸多秦汉史籍中，都未发现他患有暗病、宿疾的记载，从各方面的情况判断他的身体一向健

秦始皇嬴政像

始皇嬴政，公元前 246 年至公元前 210 年在位。2000多年来关于秦始皇的功过人们争论不休。说他有雄才大略也好，说他凶狠残暴也罢，都是轰轰烈烈的一生。

壮。突出的事例是，秦王政二十年（公元前 227 年）他遭遇荆轲行刺时，还能在惊慌中挣脱衣袖，绕着柱子逃跑，而且没让荆轲追上。

秦始皇第五次出巡是公元前 210 年，当时他才 50 岁，并不算衰老。况且，他在平原津得病之后，又坚持走了一百多里到达沙丘，即便在沙丘平台养病期间，还能口授给公子扶苏的诏书。种种迹象表明，当时的秦始皇思维清晰，根本不像患了什么致命的急病。最起码，他还不至于在沙丘一病不起。

值得一提的是秦始皇养病的沙丘宫周围的环境。相传，它原本是殷纣王豢养禽兽的处所，四面极为荒凉，宫室空旷深邃。在这种与世隔绝的封闭环境之中，发生不测的可能性是很大的，尤其是在关键的历史时期。

专家们根据秦始皇生前死后赵高的言行，以及他与扶苏、蒙恬、胡亥、李斯等人之间的利害关系推测，他弑君的可能性最大。赵高与蒙恬、蒙毅兄弟二人有宿怨。当时，蒙恬北击匈奴，有大功；蒙毅官至上卿，受秦始皇信赖。他们一个为武将任外事，一个为文臣在内谋划，不仅深得始皇信任，还与公子扶苏往来过密。一旦扶苏即皇位，蒙氏兄弟的地位必将更加巩固。因此，赵高对声望煊赫的蒙氏兄弟既恨又怕，如何解除蒙氏兄弟的威胁对他来说关乎生死荣辱。他认为，只有设法压制扶苏，扶持胡亥才是唯一的一条出路，这是比较可行的一个方案，因为秦始皇最宠爱胡亥，扶苏之外也只有胡亥最有可能继承皇位。同时，他也在寻找机会除掉蒙氏兄弟。当时，秦始皇在沙丘养病，给赵高提供了一个扭转命运的机会。始皇病重期间，下诏给扶苏："与丧会咸阳而

葬。"很明显，这是要扶苏继承皇位。赵高思谋已久，当然不会错过这样的良机。那时候，秦始皇身边有丞相李斯和上卿蒙毅，李斯私心重，容易控制，蒙毅与赵高势不两立，是其行动的障碍。其他侍从均是赵高的同党。

秦始皇病重期间，作为皇帝亲信的蒙毅，竟然被遣"还祷山川"。学者们认为这可能是赵高的计谋。因为当时蒙恬正领兵 30 万随公子扶苏戍守上郡（治所肤施，今陕西榆林南），赵高从秦始皇身边赶走蒙毅，就去掉了扶苏的耳目，从而为自己后来计谋的实施清掉了一个绊脚石。

还有，从赵高当时的处境看，他只能走这一步险棋，否则就得坐以待毙。秦始皇口授诏书给扶苏时，赵高在场。诏书中有什么内容，他最清楚不过。诏书封好后，他却扣压未发，以便寻找机会说服胡亥和李斯，矫诏杀死扶苏、蒙恬。但诏书扣压的时间又不能太久，万一秦始皇病情有所好转，得知诏书未发，赵高肯定被处死。或者说，秦始皇弥留不死，李斯又没被说服，反而向始皇告发，赵高也是一死。所以，赵高在劝说李斯、胡亥之前杀了始皇，才能确保万无一失。秦始皇一死，就不怕李斯不就范，自然也不会有人再追问诏书的事了。可见，赵高从扣压诏书的那一刻起，就再也没有退路了。

赵高劝说胡亥取代扶苏自立时说："臣闻汤武杀其主，在下称义焉，不为不忠。卫君杀其父，而卫国载其往，孔子著之，不为不孝。狐疑犹豫，后必有悔，断而敢行，鬼神避之，后有成功。"认为是赵高谋杀秦始皇的学者从这些弑君言论推断，他完全有可能对重病中的秦始皇下毒手，使其提前

结束生命。他们分析认为，赵高可能早就有谋害秦始皇的想法，只是秦始皇平时深居宫中，戒备森严，无法下手。现在他在旅途中病倒，给了赵高一个机会。

另外，赵高不仅有肆无忌惮的弑君言论，而且在后来还有公开的弑君行动。秦末农民战争风起云涌之际，赵高曾指使亲信咸阳令阎乐率兵千余人，乔装为盗，闯入皇宫，逼迫秦二世自杀。阎乐还骄横地说："臣受命于丞相（赵高），为天下诛足下。"胡亥自杀身亡之后，赵高把玉玺佩在自己身上，来到大殿，欲自立为帝，无奈群臣不服，他才立皇族子婴为王。

尽管如此，秦始皇之死，仍然疑云重重，正如赵高对胡亥说的那样，"沙丘之谋，诸公子及大臣皆疑焉"。从逻辑上分析，赵高弑君的可能性与必然性都存在，但事情毕竟过去了两千多年，无论是认为秦始皇死于疾病，还是遭他人谋害，都没有确凿的证据。

刘邦为何要偷韩信兵符？

楚汉战争开始时期，项羽有明显的优势，而刘邦则处于下风。但是，刘邦麾下有一批文臣武将为他卖力，终于转弱为强。其中，萧何、张良、韩信三人的贡献尤为突出。但是，谁曾想到，刘邦这位汉王还曾冒充使者偷过韩信的兵符，确切地说，是"夺"兵符。

楚汉战争时，项羽的军队击败彭越后，听到刘邦收复成皋的消息，来不及进一步追击彭越，又挥师西进，再次包围了成皋。在项羽的围攻下，刘邦在成皋不敌，与夏侯婴乘车独自从成皋的北门逃出，渡过黄河至修武（今河南修武县东）。这时韩信和张耳率军伐赵，正

韩信像

淮阴人，我国历史上著名的军事家。在整个楚汉战争中韩信发挥了卓越的军事才能，为汉王朝的建立做出了重要贡献，他的用兵之道也为后世兵家所推崇。

在修武一带清除残敌。刘邦逃来后，没敢暴露身份，先在当地驿站住下。第二天一早，自称是刘邦派来的使者，进入韩信和张耳的军营。这时韩信和张耳还没有起床，刘邦进入他们的卧帐，将其印符夺过来，然后召集众将领来集合，向他们发布命令。

韩信和张耳以为来的是刘邦的使者，可是等他们起床后仔细一看，才知道是刘邦。原来，刘邦只身从成皋逃出，来到韩信和张耳的军营，是想调他们的军队支援成皋的战场。可是他又怕独自一个人来，万一韩信和张耳看到其狼狈相，不听他的命令，不但军队调不成，自己还可能有危险，所以才冒充刘邦的使者，先把韩信和张耳指挥军队的印符夺过来，然后才表明身份。这样刘邦就顺利地夺了他们的兵权，让张耳守赵地，任命韩信为相国，要他在赵国征兵再去进攻齐国。

西楚霸王不肯过江东是为虞姬吗？

"生当作人杰，死亦为鬼雄。至今

思项羽，不肯过江东。"这是著名女词人李清照的名作。项羽是秦末农民起义军的领袖，为人刚愎自用，独断专行，因而在楚汉之争中落败，最终落得个自刎乌江（今安徽和县境）的下场。项羽为何不渡乌江呢？两千多年来，人们有种种说法。

有一种观点认为，西楚霸王不过江东，是因为虞姬已死。

项羽的死与虞姬的死有必然联系吗？两者之间有联系，有学者就认为项羽因"虞姬死而子弟散"心生羞愧，因而不肯过江，拔剑自刎。这样说很有道理，但单纯说项羽不肯过江东是因为虞姬之死就显得论据不足。而这与《史记》上说的"项王笑曰：'天之亡我，我以何渡为！且籍与江东子弟八千人渡江而西，今无一还，纵江东父兄怜而王我，我何面目见之？纵彼不言，籍独不愧于心乎？'"这段话一致。"子弟散"，一方面符合他说的"天之亡我"；一方面也是"无颜见江东父老"的原因。项羽即便过江，败局已定。因而，他选择了不渡乌江。

但有的学者提出，自固陵（今河南淮阳西北）战败后，项羽连连败退，退到垓下（今安徽灵璧东南），垓下突围又逃往东南，一直逃至乌江边。由此可见，他早有退守江东之意，并且是一路逃奔。如果说项羽因失败使江东八千子弟葬送性命而愧对江东父老的话，垓下被围时，"虞姬死而子弟散"，他就应羞愧自杀。渡淮之后从

虞姬像

骑仅百余人，至阴陵（今安徽凤阳南）又迷了路，问一农夫，结果被骗，身陷天泽，被汉军追上。如此狼狈的境遇他也没有羞愧自杀呢！逃至东城，汉骑将之包围数重。尽管他"自度不得脱"，但还是把仅剩的二十八骑组织起来做了一番拼杀，又"亡其两骑"。这时候项羽仍"欲东渡乌江"。因而认为他好不容易逃到乌江岸边时却反而感到羞见江东父老而自杀似乎有些说不通。项羽的羞愧之心来得太突然，也不合情理，很可能是司马迁为使情节完整而下笔渲染的情节。

有人认为项羽不渡乌江是出于一种高贵的品质，是从早日消除人民的战争苦难考虑的。认为项羽认识到了长期内战使人民痛苦不堪，希望这场战争尽早结束。项羽确实曾有结束战争的愿望，也曾想过通过他与刘邦的个人决斗来将战争结束，他觉察到"楚国久相持不决"，"丁壮苦军旅，老弱罢鞍漕"，所以对刘邦说："天下匈匈长岁者，徒以吾两人耳，愿与汉王挑战决雌雄，毋徒苦天下之民父子为也。"最后他甚至不惜违背自己个性，想要牺牲自己的利益通过和谈换取刘邦的让步，以鸿沟（在今河南中牟境内）为分界。但是刘邦却违约出兵追杀楚军。当项羽失利并且认识到自己无法立即消灭刘邦而又无法谈和的情况下，项羽只有牺牲自己以结束数年的残杀。据说，项羽当时还是有可能与刘邦抗衡的。

项羽为何乌江不渡？2000多年来，无论是文人骚客，还是历史学家

都给予了极大的关注，但至今难有定论。

李广为何难封？

"但使龙城飞将在，不教胡马度阴山！"这是唐朝著名边塞诗人王昌龄的诗。诗中的"飞将"是指汉朝的将军李广。李广是一位颇具传奇色彩的人物，他一生征战无数，为汉王朝立下了累累战功。然而不知为什么，这样一个优秀的军事将领，又在那样一个帝王开疆拓土、以封侯赐爵奖励军功的年代，却始终没有得到封侯，后世遂有"冯唐易老，李广难封"一说，文人亦用以慨叹自己的命运。

李广为何终不能得封侯？

一说认为李广之所以不得封侯乃是因为"杀已降"。李广在世的时候，眼看着身边的大大小小的将领都已经封功授爵，而自己身经百战却始终身居下僚，心里感到十分疑惑。于是他找到"操望气之业"（相面）的王朔，请教说："自汉击匈奴而广未尝不在其中，而诸部校尉以下，才能不及中人，然以击胡军功取侯者数十人，而广不为后人，然无尺寸之功以得封邑者，何也？岂吾相不当侯邪？"王朔问李广平生可有憾事，李广自言说任陇西太守时，曾杀过已经投降的八百名羌人，这是自己最后悔的事。针对此，王朔说："祸莫大于杀已降，此乃将军所以不得封侯者也。"这个看法在日本史学界得到了相当多的人的赞成。但是这一说法明显带有强烈的唯心论色彩，且王朔不过是以李广之憾事来消除李广心中不得封侯的怨气罢了。国内持此说法的人不多。

明人董份认为，"广不能忘一尉之小憾，乃知功名不成，非特杀降也，亦浅中少大度耳，其不侯故宜"，认为李广是一个心胸狭窄的人，因此不得封侯。此说是以李广"杀霸陵尉"为依据的。史料记载李广曾因兵败而丢了将军的职位，被贬为庶人的李广一天夜晚回家路过霸陵亭。霸陵尉不予放行，李广手下的人说情道："这是过去的李将军。"酒醉的霸陵尉轻蔑地回敬道："当今的将军尚且不能夜行，何况过去的将军！"后来李广复职，很快就借故杀了霸陵尉。董份以此认为李广乃"少大度"之人，所以功名不成。

宋朝人黄震则以为："李广每战辄北，因踬终身。"即认为李广是一个常败将军，因此自然得不到封赏。司马光也持这种说法，认为当时的将军程不识虽然没有功劳，但是也没有失败，而李广却经常使军队陷于覆亡之境地，既然如此，当然不能封侯。但是这种说法显然是不合理的。做出此说的依据多是《史记》，但是司马迁写《李将军列传》的时候仅仅记载了李广一生中的几次战事，而不是说李广大小七十余战，一无战功。倘若李广屡战屡败，司马迁何以称他为"名将"，匈奴兵何以敬畏地称之为"飞将军"？

一说认为李广"治军不严"，所以受此冷遇。宋朝人何去非认为，"自汉师之加匈奴，广未尝不任其事，而广每至败衄废罪，无尺寸之功以取封爵，卒以失律自裁者，由其治军不用纪律。"这种说法显然也经不起推敲，因为何去非显然忽略了李广本人小事上可能不拘一格，但是对征战大事还是肃审慎严的，并且他的部下也个个愿意为之冲锋陷阵。并且，所谓李广"治军不严"的说法，不过是和程不识的治军整严相对而言。而司马迁明确指出，李广和程不识一样都是好将军，不过是治军方式不同而已。

　　还有一种说法认为李广的不公平待遇乃是由于汉武帝的偏见和卫青的压制。李广数次征战失利，使汉武帝对他产生了偏见，觉得他"数奇"（即不吉利），不胜重任。所以李广最后一次出征时，汉武帝就嘱咐统帅卫青，不让李广居前夺首功。卫青也出于私心，让好朋友公孙敖出任前锋，代替了身为前将军的李广，致使李广失道触犯军律，遂自刎而死。这种说法从汉武帝时代的政治、军事上探索原因，视野较为开阔，但是依然有很多的疑点。

　　李广自杀前慨而言"岂非天哉！"王维亦在诗中感叹"卫青不败由天幸，李广无功缘数奇"，然而真的是一句"天意"就能解释了吗？李广悲剧的一生，犹让今人唏嘘。"李广难封"之谜地揭开，也许能让人稍微释怀吧。

西汉大将军李陵投降匈奴之谜

　　李陵（？—前74年），字少卿，陇西成纪（今甘肃秦安）人，飞将军李广的孙子。年轻时为侍中建章监。

　　天汉二年（公元前99年），李陵向汉武帝请求攻打匈奴，收复国土。汉武帝很欣赏他这种勇气，就准奏了这次军事行动。

　　李陵于这年九月率5000人从居延出发，经过了30天的长途跋涉，到达浚稽山（约在阿尔泰山脉中段），在山下遇到了匈奴的军队。单于用8万大军包围了李陵军，李陵命令前队的人拿盾和戟，后队的人都持弓弩。他下令："听到鼓声就向前冲，听到锣声就停止。"匈奴见汉军少，就一直向前挺进。李陵指挥弓弩手，千弩齐发，单于的士兵顷刻间死伤一大片，匈奴兵顿时大乱，急

急忙忙向山上逃跑。汉军乘胜追击，杀死匈奴数千人。

　　就在这节骨眼儿上，李陵军中有一个叫管敢的兵士，被李陵的校尉韩延年辱骂，一气之下跑去向匈奴投降。他还向匈奴讨好，对单于说："李陵的军队没有后备支援，弓矢也快用完了。"管敢还把李陵的排兵布阵告诉了单于。

　　由于单于洞悉了李陵的虚实，知道他是孤军作战，便放心大胆起来。他还按照管敢的主意，用许多骑兵攻打李陵。李陵率汉军向南走，还没有到鞮汗山，弓矢都用光了，汉军被单于困在峡谷中。单于乘机用垒石攻打，汉军死伤惨重。最后致使李陵被擒。此时，边关便报李陵降敌。

　　汉武帝听说这件事后，十分恼怒。朝中大臣也都大骂李陵。单单太史令司马迁对皇上说："李陵这个人诚实而讲求信义，他为国家常常奋不顾身。现在他处境不幸，我们应同情他。况且，李陵只带步兵5000人，面对匈奴8万大军，转战千里，弹尽粮绝，赤手空拳同敌人拼搏。这种勇往直前、无所畏惧的精神，即使古代名将也不过如此而已。他现在身陷匈奴，但是全天下的人都知晓他的战绩，他不死，估计是还想再为汉朝立功。"

　　司马迁的一番话，非但没打动皇上的心，皇上反而定司马迁"为陵游说"之罪，处以宫刑。从此，司马迁打消了仕进的念头，忍辱负重，专心致志撰写《史记》，以此来宣泄自己心中的愤懑。

　　那么李陵为什么向匈奴投降呢？事实是李陵在匈奴数年杳无音信，皇上派公孙敖带兵去设法抢回李陵。公孙敖去匈奴后无功而返，为了回复皇上、完成任务，他带回了关于李陵的消息，告诉

皇上说："听说李陵在那边训练匈奴兵，要攻打汉朝。"皇上听到这个消息，大发脾气，命人把李陵母亲、李陵弟弟及李陵的妻儿都杀了。其实，替匈奴训练士兵的人是李绪，一位早年投降匈奴的汉都尉，公孙敖显然是张冠李戴了。

就在李陵投降匈奴的前一年，苏武出使匈奴被扣。后来，李陵宴请苏武，李陵给苏武斟满酒说："你不降匈奴，忍辱负重，名扬天下，功劳盖世。"李陵推心置腹地告诉苏武说："我投降的目的原本是想找机会劫持单于，为国家效劳。却不料汉皇不了解我的心志，杀了我的老母和妻儿，绝了我的归路。"苏武说："过去，我深知老友的为人处世的态度，但现在你的处境不同过去，是非功过，也只好由人们去评说。但是我决不能做对不起国家的事。"

李陵听苏武说完后，长叹一声："比起苏君来，我这个人真如粪土一般。"李陵朝着南方跪拜不起，苏武望着他，叹息不止。这就是李陵"身在异族心在汉"的故事。

司马迁死因之谜

司马迁是我国历史上伟大的史学家和文学家，他的50万言的巨著《史记》被鲁迅称为"史家之绝唱，无韵之《离骚》"。由于《史记》在我国历史上的重要地位，历代专门研究《史记》和司马迁的学者众多，论著不断涌现。但值得注意的是，对于司马迁的卒年和死因的问题，由于史料的缺乏，至今没有准确的说法。

正史中未记载司马迁卒年，有人认为是善终的证明，有人则认为这恰恰说明司马迁并非寿终正寝。他是在遭受腐刑之后，怀着悲愤之情写作《史记》的，

司马迁祠

书中多处流露出对西汉王朝特别是对汉武帝的不满，因此极有可能是被陷害致死的。

《汉书》记载司马迁受刑之后，又"尊宠任职"，为中书令，可说是"载卿相之列"。但郭沫若认为《盐铁论·周秦篇》中的既"下蚕室"又"就刀锯"，就是暗指司马迁再度下狱致死之事。这两种观点至今针锋相对，不能判定谁是谁非。

也有人认为司马迁可能死于汉武帝晚年的"巫蛊之狱"。治巫蛊使者江充因与太子刘据有怨，想要借武帝之手杀太子。太子杀江充后自杀，武帝先治巫蛊之狱，转而治太子死之狱。这场灾难牵涉到很多官员，司马迁恐怕也难以幸免。

还有人认为司马迁死于武帝之后。因为《史记》各篇里都有汉世宗谥号"武帝"。如果司马迁死在武帝之前，又怎会知其谥号？

司马迁到底是"有怨言，下狱死"，还是因"巫蛊之狱"累及而死，或是平安活到武帝之后，至今难有定论。

王莽真的是"大奸似忠"吗？

西汉末年，王莽杀帝篡位，登上了皇帝的宝座。一个自幼家境贫寒、在政治上没有什么地位的落魄贵族，靠着往

上爬的那股野心，忍气吞声，以各种手段"指佛烧香"，终于一步步登上了权力的巅峰。

这样一个人，当然是个"大奸似忠"的人物，不奸，不会杀帝篡位；不忠，难以蒙蔽他人。他是以奸心扮忠样，从而成就了他的野心梦想。

为了出人头地，王莽一面努力读书，把四书五经背得滚瓜烂熟；一面拼命巴结叔伯，希望能得到他们的栽培。对于担任大司马将军的大伯王凤，王莽视若父亲。王凤临死前向太后和汉成帝推荐了王莽。王莽扮"孝"初见成果，被任命为黄门侍郎，开始步入仕途。在一般人眼里，唯有孝才能忠，因而王莽日后继续巴结众位伯叔、姑母，没过几年，就成了皇帝的亲近侍从。又过了几年，王莽代替王根成了大司马，掌握了朝政大权。王莽装出恭谨勤劳的样子，私下里用心搜罗党羽，凡是来投奔的全收下，让他们做官。还把封邑里的钱粮送给宾客，而他自己家里却过着十分俭朴艰苦的生活。这样，王莽舍己为人、克己奉公、勤俭朴素的名声就在朝廷里传开了。朝廷里的大官都在皇帝面前夸王莽，他的宾客、名士到处替他吹嘘。王莽好像真的成了人们心中的"大忠"之人。但不久，他的"奸心"便开始暴露了，当然，他还是打着"忠"的幌子，采取各种手段笼络、收买人心。甚至曾有40多万人联名上书称颂他的"功德"。

除了毒杀汉平帝，逼太皇太后让自己

王莽像

登基以外，他一如既往地扮"忠"。做了皇帝以后他就开始下令变法，可惜变法的结果是激起民乱，最终被商人杜吴杀死。由此可见，再"大奸似忠"，也终有暴露的一天。

第二节　文化迷踪

《吕氏春秋》究竟成书于何年？

《史记·吕不韦列传》曾载："《吕氏春秋》布咸阳市门，悬千金其上，延诸侯游士宾客，有能增损一字者予千金。"这便是有名的"一字千金"之说。此书的编纂者吕不韦是卫国国都濮阳（今河南濮阳西南）人，早年通过经商成为大贾，"家累千金"。庄襄王做了秦王后，拜吕不韦为相，以酬谢其奔走请托的拥立之功。在秦执政期间，吕不韦不但学习信陵君、春申君的养士风气，还学习信陵君使用宾客著书立说的办法，命宾客综合各派学说之长，编成《吕氏春秋》一书。

《吕氏春秋》分三部分，即《八览》《六论》《十二纪》，共160篇。至今有关它的成书年代，说法不一。

第一，作于秦八年（公元前239年）说。在《吕氏春秋》的《序意篇》中，吕不韦说："维秦八年，岁在涒滩，秋，甲子朔，朔之日，良人问十二纪。"高诱注云："八年，秦始皇即位之八年也。"古人习惯将序作于书做成后，那么，吕不韦自说《吕氏春秋》成于秦始皇即位八年（公元前239年）当然可信。

第二，作于秦十年（公元前237年）说。司马迁在《史记·自序》中说："不韦迁蜀，世传《吕览》。"张守节的《正义》说："即《吕氏春秋》。"也就是说《吕氏春秋》成于"不韦迁蜀"之后。司马迁可以用其作《史记·吕不韦传》记载的吕不韦迁蜀的那一段历史证明自己《吕氏春秋》成书于秦十年后的观点，"秦王（秦始皇）十年（公元前237年）十月免相吕不韦，出文信侯（吕不韦）就国河南。岁余，诸侯宾客相望于道，请文信侯。秦王恐其变，乃赐文信侯书，其与家属徙处蜀。吕不韦自度稍侵，恐诛，乃饮鸩而死。"司马迁在《史记·太史公自序》中又说："不韦迁蜀，世传《吕览》。"不韦迁蜀在秦十年之后，这一点是很清楚的，而这又与上所证吕氏之书成于即秦八年之说不相符。

究竟哪一个说法符合历史的真相，还是一个未解之谜。

历史上有无徐福东渡日本之事？

"蓬莱"因秦始皇遣方士徐福率三千名童男童女去寻找长生不老之药而得名。自唐开元年始，它就被命名为"蓬莱乡"，风景秀丽，有"海上仙境"的美称。据说秦始皇十分憧憬得到服后可以成仙的仙草"养神芝"，欲与天地同寿，与日月齐庚。于是授命徐福东渡为他寻找不老仙药。

《史记·秦始皇本纪》中注明徐福是个读书人，除了读儒书外，同时也阅读了大量关于阴阳五行、修真炼丹等方面的书籍。他交游非常广泛，当时和齐国的侯生、燕国的卢生交情甚好。

然而，历史上对徐福东渡到底到了何方却有争论，有人说去了日本，有人说去了南洋，也有人说到了美洲，更有人说到了海南岛。这当中，呼声最高的是说徐福当年东渡去了日本。

《史记》和《汉书》是中国历史上最有权威性的两部史书，这两本史书中都有记载徐福东渡日本，其可信度还是相当高的。此外，五代后周时期义楚和尚所写《义楚六帖》中说："日本亦名倭国，在东海中，秦时，徐福将五百童男，五百童女，止此国也，今人物一如长安，又东北千余里有山，名富士，亦名蓬莱。徐福止此，谓蓬莱，至今子孙皆曰秦民。"证明徐福东渡地是日本。而宋代欧阳修和《司马光文集》等都有相似的记载，他们也认为徐福东渡到日本，明初，日本和尚空海到南京，向明太祖献诗，还提到了日本的徐福祠。民间传说就更多了：徐福东渡是公元前中国历史上的壮举，秦始皇派徐福三次东渡求仙药，徐福求药不成，却把秦帝国高度发展的造船、航海技术和政治制度、文化艺术、生活方式，还有冶炼、农耕、建筑、医药、文字、货币、宗教、武术、服饰、瓷器等当时世界最先进的科学技术带到了日本，还带去了一批谷物种子粮食等，对于开发、发展日本的生产力是十分有利的，三千人繁衍生息的同时，也传播了中华民族的传统文化。

对此，日本也有大量的史志记载此事。如《富士古文书》："徐福一行奉秦始皇之命，到富士山取不老长寿药，因以居也。"《国文通考》有如下记述："今熊野附近有地曰秦住，土人相传为徐福居住之旧地。由此七八里有徐福祠……"颇具说服力的是，当时徐福的东渡出发点千童镇有一项闻名遐迩的民间文艺活动"信子"，在偌大中国是独此一家，而这项活动在日本也有，只是名叫"尸子"；而现在仍保留有徐福墓、徐福祠的日本新宫市，至今每年都要举行大祭仪式。此外，还有人根据古代中国和日本的海上往来，海船的营造规模和古文物发掘，推测了徐福东渡到日本的路线。

徐福在日本的地位很高，从九州到本州的二十多处地点，流传着有关徐福的登陆地点、活动遗迹、祠庙和墓葬等传说，同类遗迹往往重复地见于多处地点，并且长期以来成为民间信仰崇拜的对象。尤其日本各地民众，称徐福为"王"，并尊他为"弥生文化的旗手"。日本现有徐福陵墓 5 座，祭祀庙祠 37 座，因徐福登临而得名的蓬莱山有 13 座，各种遗址和出土文物数以百计，各地历代传承和近代成立的徐福纪念组织和研究机构就有 90 多个，祭祀节典和仪式多达 50 多个，以秦和徐为姓氏的有 17 个。在日本的佐贺、新宫、富士吉田这三个地方，祭祀徐福不仅是当地民众的重要活动，而且已发展成重要的文化和旅游产业。参加徐福祭祀和纪念活动的，不仅有工、商、学、军和各界著名人士及民众，还有政界官员等。

徐福出海并东渡日本这一伟大历史事件，历来为中日学界所重视。中外文献对徐福航海并东渡日本对中日文化交流的重大贡献，都给予了肯定性评价。

但是有些中日学者也对徐福东渡日本提出了疑问：他们认为，秦始皇灭六国后，中国人为了逃避秦始皇的暴政，大量移民日本，但是这其中并不包括徐福及其率领的童男童女们；徐福的故事只不过是民间传说而已，找不到可靠的历史文献来证明；更有人认为，徐福东渡日本的传说，是日本 10 世纪左右的产物，并非最先由中国人提出来的，徐福当时到的只是渤海湾里的岛屿，他在日本的事迹、遗迹、墓地，均属后人虚设；还有学者认为新宫市的徐

徐福东渡时登程地点

福墓和其他遗迹都是后人伪造的。有的日本学者还做了实地调查，进一步证实了这一点。他们认为，徐福东渡日本的传说，是由于汉唐以后，日本和尚常到中国散布徐福的故事，被人不辨真伪地记入书中，发展到后来，人们就对这样的传说深信不疑了。

迷雾茫茫，徐福东渡究竟是不是去了日本，至今仍然是一个解答不出的谜。

秦始皇传国玉玺下落追踪

玉玺是国家权力的象征，其自身也具有无比珍贵的价值。随着朝代的更迭，玉玺也经历了风风雨雨。秦始皇统一中国之后，为了显示其至高无上的权威而令玉工孙寿为其刻制了一枚国玺。国玺是以闻名天下的和氏璧刻成的，玺方四寸，其上盘曲巨龙，李斯手书的"受命于天，既寿永昌"八个形如"龙凤鸟鱼"之状的篆字镌刻其上。

"玺"和"印"在秦汉之前并无尊卑之分。自秦始皇后，玺成为皇帝专用。因为它是用玉刻成的，所以国玺又称玉玺。

凭此玉玺秦始皇原想将皇位代代相传，没想到秦二世便亡国了。从此，这象征着至高无上权力的玉玺也便成为历代帝王争夺的对象。他们为这枚

玉玺而钩心斗角，互相厮杀。

在秦朝末期，刘邦进入咸阳，子婴在举行了投降仪式后将传国玉玺献给了刘邦。到了西汉末年，王莽篡权，他命其弟王舜进宫向其姑母孝元太后逼索传国玉玺。太后一怒之下将玉玺掷到地上，撞破了一角。王莽用纯金把撞去的一角补上。王莽失败后，传国玉玺落入东汉开国皇帝刘秀之手。东汉末年，十常侍作乱。汉少帝夜出北宫，却把传国玉玺丢失了。后来孙坚攻入长沙，在城南甄官井捞出一宫女尸体，从其项下锦囊中的一个金锁锁着的小匣子内发现了玉玺。孙坚死后，袁术拘捕了孙坚妻子而夺得玉玺。袁术兵败身亡后，传国玉玺落入曹操之手。西晋统一后，司马炎得到了玉玺。西晋灭亡之后，玉玺流落到北方十六国。后来，有人将传国玉玺献给了东晋皇帝。东晋灭亡后，玉玺被刘裕得到，开始在南朝宋、齐、梁、陈中流传。隋文帝灭陈后，获得传国玉玺。隋末，隋炀帝被宇文化及杀死，玉玺落入宇文化及手中。宇文化及兵败后，窦建德得到玉玺。窦兵败后，唐高祖李渊又得到玉玺。从此以后，玉玺在唐传了370年。最后，玉玺被后梁皇帝朱温获得。梁之后，玉玺归后唐。963年，石敬瑭勾结契丹耶律德光攻打洛阳。后唐末帝李从珂见失败已成定局，便带着玉玺登玄武楼自焚了。传国玉玺从此便没了踪影。

随着时间的发展，一度失踪的玉玺据说又重现人间，并被元顺帝的后人博硕克图汗得到。元太祖成吉思汗的嫡系后裔林丹汗得知了这一消息，他认为这玉玺应属于他，便用武力把它从博硕克图汗手中夺了过来。后来玉玺又被皇太极用武力夺去。皇太极得到之后，才发现玺上刻的是"制诰之宝"，并非秦始皇的传国玉玺。但皇太极为了宣扬"天命所归"，对外仍称获得了传国玉玺，于是改"金"为"清"，建立了大清国。后来清朝统一了天下，就将这枚假传国玉玺当成了清朝传国的宝物了。这是关于玉玺下落的第一种说法。

除此之外，还传说北宋时咸阳的一位农民耕地时发现一方玉印，上面刻着"受命于天，既寿永昌"八个字。当时的宰相蔡京得知这一消息后，命拿来考证。最后他宣称这就是秦始皇的传国玉玺。此事曾轰动一时。到后来这枚玉玺被一位曾在美国侨居多年的华人得到了。后这位旅美华人要在澳门出售这枚玉玺，香港的一位爱国人士得知这一消息后，表示愿收购这块玉玺捐赠给祖国。但经专家鉴证后说这方玉玺是赝品。此后也有一些关于玉玺下落的传说，但真实性都值得怀疑。

唯一能肯定的是，秦始皇的传国玉玺肯定尚在人间。因为据专家介绍，用来雕制传国玉玺的和氏璧是玉石中的"柱长石"，能耐1300摄氏度的高温，所以一般火焚化不了它。由此说来，说不定哪一天这方传国玉玺会真的重现人间。到那时，关于玉玺下落的谜团就会解开了。

秦兵马俑主人到底是谁？

1974年，在陕西临潼县秦始皇陵东侧发掘出土了由一号坑、二号坑、三号坑、四号坑组成的大型地下兵马俑军阵。这就是令世人惊叹叫绝的秦兵马俑，堪称"人类文明的精神瑰宝"，是"世界第八大奇迹"。

最著名的一号俑坑，由6000件陶人、陶马组成一个长方形军阵。整个军

兵马俑一号坑　秦

秦始皇兵马俑中的陶俑、陶马均仿真人、真马大小，再配以木制的战车、实用的兵器，把秦始皇统一六国的熊虎之师生动传神地再现出来，实为中国历史上空前绝后的纪念碑性质的军阵群塑。

阵由三部分组成：前面是 210 个弓弩手组成的前锋部队，中间是 6000 人的铠甲俑组成的主体部队，后面是 35 乘驷马战车，战车两侧各有一排保护驭手的侧翼部队。这些武士俑身高 1.75～1.95 米，均按秦军将士形象塑造，体格魁伟，服饰逼真，神态生动。他们手执戈、矛、戟、铩等各种兵器，严阵以待。陶马则高 1.5 米，长 2 米，高大健壮，肌肉丰满，表情机警，栩栩如生，匹匹都如同即将奔赴疆场的骏马。经判断，一号坑为"右军"，二号坑为"左军"，三号坑为"指挥部"，四号坑为"中军"。

人们认为，只有统一全国的秦始皇，才具有组织和指挥这支钢铁队伍的气度和能力。秦始皇死后，有这么一支驻扎在京城内外的大军。因此，这些俑坑就应该是秦始皇的陪葬坑，这些兵马俑毫无疑义就是他的殉葬品。

可是，有人经考证否定了这个结论，提出了一堆疑问，使这个公认的看法变成了扑朔迷离的谜团。

其一，军阵之谜。

在一号坑和二号坑里，发掘出战车。它们和步兵、骑兵组成方阵，形成一种作战方式。但是在《文献通考》《菽园杂记》《淮南子》和《史记》等古籍记载中，那不是秦始皇时期的军阵。那么，兵马俑也就不该属于秦始皇了。

其二，武士之谜。

四个俑坑中的大部分兵士均身穿战袍，腿扎行膝，足登浅履，精梳着各种头髻，没有一个人戴攻坚作战的头盔，没有着护身铠甲。秦始皇怎么能用这样无战斗力的军队征战南北呢？

其三，武器之谜。

秦统一六国后，为防止旧贵族反叛，下令收缴全国的兵器，铸成钟座和各重 24 万斤的 12 个大铜人，违者诛杀。然而，在兵马俑坑中竟出土了大批的步兵使用的矛、戟、铍等长柄武器及弩弓。这都是违禁的。因此，当时的人是不可能如此做的。

其四，服饰颜色之谜。

秦统一六国之后，规定"衣服、旌旗、节旗皆为尚黑"的制度，一律着黑色。可是俑坑中的武士俑们，身上穿的却是五颜六色的衣服，不符合历史事实。

那么，到底兵马俑的主人是谁呢？

学者陈景元在《大自然探索》1984 年第 4 期发表的《秦俑新探》一文中详细考证了俑坑中出土的铜铍的年代顺序和武士俑身上的铭文，认定这些兵马俑属于秦昭王之母——秦宣太后。这位太后本是楚国人，生前嫁到秦国，专权 41 年。这些兵马俑是她的仪仗队，是护送她的亡灵回老家的。

然而，上海《社会科学》杂志 1985 年第 2 期发表刘修明的文章，对上述说法又提出两个问题，使这个说法难以成立。其一，俑坑出土的兵器比秦宣太后晚 50 年。谁也不会把当代的新式兵器

加到半个世纪前的死者的坟墓中去。兵器之一名为"相邦吕不韦戈"，属于秦始皇时代的三年（公元前244年）、四年（公元前243年）、五年（公元前242年）、七年（公元前240年）之物。兵器之二名为"寺工"长铍，"寺工"一词最早出现在秦始皇二年（公元前245年），是专铸墓葬兵器的官署。况且这些兵器出土时，土层并没有被挖掘过的痕迹。其二是秦宣太后的葬地。《史记》中明确记载"宣太后死，葬芷阳骊山"。实际上，芷阳在骊山南麓，而兵马俑坑在骊山北麓，方向正好相反。一个是言之凿凿的史实，一个是明确无误的实地，结论根本不同。

兵马俑的主人究竟是谁？这仍是一个令人费解的谜团。

造纸术始于蔡伦吗？

作为我国四大发明之一，造纸术对世界文化的发展具有十分重要的作用。很长时间以来，人们一直认为造纸术的发明者是东汉宫廷宦者蔡伦。据传，蔡伦从小就对造纸很感兴趣，他经常看着竹子的内膜发呆，心里想道，要是字写在这薄薄的竹膜上，不是比写在竹简上要方便得多吗？于是他就用竹膜试验，但是经过很多次失败之后，他意识到竹膜太薄，根本无法写字，于是他想到要加进一些与竹膜一样质地的东西，但那些东西必须坚韧，他开始尝试用一些棉、麻试验。在千百次的试验之后，他成功了。正史中关于蔡伦发明造纸术的记载最早出现在南朝宋代范晔的《后汉书》里。《后汉书·蔡伦传》说："（蔡）伦乃造意用树肤（皮）、麻头及敝布、渔网为纸，元兴元年奏上之。帝善其能，自是莫不从用焉，故天下咸称'蔡

侯纸'。"后来的教科书都采用此说。

然而，许多考古发现证实，造纸术的发明者并不是蔡伦。在西汉时期，我国劳动人民已经学会了造纸。

在比《后汉书》更早的东汉官修国史《东观汉记·蔡伦传》（已逸）中记载："黄门蔡伦，典作尚方作纸，所谓'蔡侯纸'也。"原书只说蔡伦主管（即"典"）少府所属尚方造纸，根本没有蔡伦发明纸的意思。蔡伦于75年入宫为宦官，后因卷入宫廷内讧而服毒自杀。所谓蔡侯纸实出于尚方内众工匠之手，而绝非身为尚方令的蔡伦所亲制。

中国著名考古学家黄文弼于1933年在新疆罗布淖尔汉代烽燧遗址中发现了西汉麻纸。但是，此纸没有经科学鉴定，便毁于1937年的战火之中。

到1957年，人们又在陕西西安市郊灞桥的一个砖瓦厂发现了一座西汉古墓，墓中有一叠古纸，共88片，最大的有100平方厘米大小，最小的只有12平方厘米，平均厚0.139毫米，稍厚于现在的新闻纸，是用麻纤维做成的。

到了1973年和1974年，又有两片西汉纸在甘肃居延汉代遗址中发现了，一片有400平方厘米大小，是用大麻纤维制做的，其年代大约在西汉宣帝时期；另一片有103.5平方厘米大小，是用麻、线混合制成的，其年代大约在西汉建平年间。

到了1986年，考古工作者又在甘肃天水发现了一张西汉天水地区的纸画地图。该地图出土时被放在死者胸部上面，残长5.6厘米，宽2.6厘米，纸面光滑平整，是用细墨线条绘制的。这张纸大约有14平方厘米，出土时已非常残破，但却是我国劳动人民在西汉时

居延纸 西汉
又名金关纸，1973年甘肃居延金关遗址出土。

期就已掌握了造纸技术这一史实的有力证明。

从1990年到1991年，考古工作者又在甘肃敦煌悬泉置遗址中发现了24片汉代麻纸，其中4块书写有字，这纸和1500多件有确切纪年的简牍同时发现，其年代当是西汉宣帝到哀帝时期。这说明西汉不仅有纸，而且开始用纸来进行书写。

上面这些重要考古发现有力地证明：我国造纸术的发明者并不是东汉蔡伦。远在西汉，我国劳动人民就已经掌握了造纸术；蔡伦的贡献是改进了造纸术，使造纸业的发展更进一步。也因为他在造纸术方面的改进，使得后来的史书将其列为造纸术的发明者。这同时反映出，造纸术在蔡伦改进之后技术水平的确有了很大提高，人们的书写也较以前更为方便了。

北匈奴西迁何处？

匈奴是中国北方一个古老的游牧民族，他们骁勇善战，终日与马为伴，被称为"马背上的民族"。也许是居无定所的原因，这个民族四处扩张，这是他们的特点，也是他们的无奈。中国古代历史中，总有匈奴的影子，中原政权或是抗击匈奴或是与匈奴结盟，于是汉族人与匈奴族人的故事被记载在诗歌、史书和百姓的口头流传中。

匈奴族人长期以来与中原人民有着经济、文化的联系。自汉武帝大规模抗击匈奴后其势力衰落，48年，匈奴分裂，南匈奴逐渐归汉，北匈奴继续盘踞在漠北。89年，东汉联合南匈奴一起夹击北匈奴，取得大胜。又过了几年，东汉的军队在今天的阿尔泰山附近大败北匈奴，他们落荒而逃，从此，北匈奴在东方销声匿迹。一个剽悍民族的消失自古以来就是吸引人们追寻的谜，况且这个民族还与我们有着千丝万缕的联系，那么匈奴人的结局如何？这一直成为千百年来人们追问的一个话题。有人说，他们逃往了西方，在我国的史书上还有一些零星的记录，但是他们究竟走的什么路线，到了什么地方，不得而知。好奇的人们一直想揭开这个谜底。

一种说法是融合于其他民族。国内外的研究表明，历史上一度十分强盛的匈奴，在中国北方、中亚乃至欧洲各地不断地进行争战、迁居、再争战、再迁居，经过几个世纪与当地居民的混杂、通婚和民族融合，作为民族的匈奴在6世纪后基本消失，渐渐同化到其他民族之中，其所经地区其他民族或多或少都带上了匈奴"血统"。

其实，在内外交困等诸多因素的影响下，匈奴人或南迁，或西迁（近则中亚，远至欧洲），或滞留草原，通过婚姻、吞并、臣服、迁居等形式融合到其他民族之中的做法是在情理之中的。所以现在持这种看法的人是大多数。专家们说：虽然匈奴作为一个民族消失了，但其文化习俗仍部分保留下来了。以现在主要流行于蒙古人民共和国、俄罗斯以及中国的内蒙古与新疆的"胡笳"为例，胡笳虽为匈奴乐器，但其继承、传播却早已超出了匈奴。

关于匈奴族的迁徙，中国史书记录得并不详细。考古学家证实位于陕西

靖边县毛乌素沙漠南缘的统万城，是世界上发现的唯一的匈奴都城遗址。相比之下，欧洲学者对北匈奴西迁这段历史的记载更为翔实：91年，匈奴开始了史无前例的民族大迁移，北匈奴西迁的第一站是乌孙的地盘，即现在的伊犁河上游一带；第二站是康居，也就是锡尔河上游东部；第三站为阿兰聊，已经到了欧洲边缘。在91年到290年长达两百年的历程中，这个北方的苍狼为了梦中的家园，在雪地中、沙漠里艰难跋涉。当《波斯史》中提到3世纪末匈奴出现在阿兰聊时，北匈奴人已经对他面前弱小的西方民族露出了爪牙……4世纪中叶，阿兰聊灭国，西方震动。从此，匈奴在西方的活动开始频繁起来。433年，在匈奴历史上出现了一位传奇人物阿提拉，阿提拉时期的匈奴帝国是匈奴史的最后一章，也是最辉煌的一章。阿提拉使罗马人蒙羞，使日耳曼人丧胆，具有令西方人沮丧而无奈的强大力量，以至他和他的匈奴铁骑都被称为"上帝之鞭"。

关于阿提拉本人各方面的记载，西方史书上有很多生动具体的描写，阿提拉年轻时作战勇猛，登基之后则更主要的是依靠他的头脑而不是他的武功完成了对北方的征服。他具有勃勃野心和高超的政治外交手腕，而且为人狡猾、残忍。据传说，他曾自称拥有战神之剑，所以当部下晋见时，如若正面直视他则必须同时后退，否则会烧坏自己的眼睛。他有一个凶猛地转动眼珠的习惯，好像他乐于欣赏受他惊吓的人的恐惧。

阿提拉在生活上崇尚简朴，却很能容忍部下的奢侈。他的臣民对他极其敬畏，在他外出巡查的时候，凡见到他必向其欢呼，以示服从，进出宫殿必有华盖迎送，逢宴会还有专为他谱写的赞歌。他甚至还有罗马人赠送的私人秘书。阿提拉的长相似乎令人不敢恭维。据记载，他身材矮胖，双肩很宽，短粗的脖子上长着一个硕大无比的头颅，有粗硬的黑发和稀疏的胡须，鼻子扁平，一双黑眼睛锐利而阴鸷。尽管这种描写似乎有些不太恭敬，但有一点毫无疑问，这肯定是一个东方人的形象。也许这说明经过300多年的西迁后，匈奴人并没有被其他民族混血得失去了原来的体质特征。

还有很多学者提出当今匈牙利人的祖先就是匈奴人。他们举出了许多的证据：比如，匈牙利人吹唢呐和剪纸的情形和中国陕北人民一样，他们说话的尾音也与陕北口音很相似。匈牙利诗人裴多菲在一首诗中曾经这样写道："我们那遥远的祖先，你们是怎么从亚洲走过漫长的道路，来到多瑙河边建立起国家的？"很多匈牙利学者都认为这个国家与匈奴后裔有着密切的关系。

当然以上的几种推测都是后人的猜测和美好的愿望，至于匈奴族人是否就是现在匈牙利人的祖先，匈奴族人是不是融入了欧洲各国，目前还没有更充分的证据，但这并不会阻挡人们想象的翅膀，这一美丽的设想给东西方文化盖上了一层神秘的面纱，恐怕是遥远的匈奴族人当初并没有想到的。

第三章　三国两晋南北朝秘史

第一节　名人谜团

刘备真的"三顾茅庐"了吗？

　　"三顾茅庐"这个成语典故的出处妇孺皆知。我国古代四大名著之一《三国演义》写刘备"三顾茅庐"聘请诸葛亮出山辅助他成就帝业的故事，将刘备礼贤下士的态度写得栩栩如生，把刘备对诸葛亮的敬仰之情，关羽、张飞的妄自尊大描绘得惟妙惟肖，入木三分，这段"三顾茅庐"的故事，是罗贯中根据陈寿《三国志·诸葛亮传》中的记载，加以艺术构思而创做的。但刘备为请诸葛亮出山究竟是不是"三顾茅庐"，学术界各有说法。

　　《三国演义》中关于这第一次见面的记载是：刘备带领军队驻扎新野时，徐庶对刘备说："诸葛孔明者，卧龙也，将军愿见他吗？"刘备说："你带他一起来吧。"徐庶说："可以主动登门去见此人，但不能让他来拜见您。"可见，刘备是亲自到诸葛亮那里去请

三顾茅庐图

东汉末年，刘备"三顾茅庐"，向诸葛亮询问天下大势，聘请诸葛亮出山共图汉兴大业。此图描绘的就是著名的"三顾茅庐"故事。

求拜见、赐教的，共三次前往，才得以相见。但没有写关羽、张飞同往，也没有说明是在茅庐中相见。

　　诸葛亮自己写的《出师表》中也说："先帝不以臣卑鄙，猥自枉屈，三顾臣于草庐之中……"这几句话，证据确凿。陈寿在《三国志》中写到了《隆中对》，对刘备三次往访以及诸葛亮论天下形势的内容记载得更为详细。刘备"三顾茅庐"一直被当作礼贤下士、重视人才的典范。刘备当时困难重重，急需人才，从情理上看，"三顾茅庐"是极有可能的，所以历代没有人对此事的真实性有过怀疑。

　　但现在有人提出另一种说法，认为"三顾茅庐"的记载难以令人相信。诸葛亮是位胸有宏图之士，刘备请他出山，当然正合其意，他岂能大摆架子，而不抓住这个可能失去的机会？当时的诸葛亮只有27岁，刘备则是个有声望的政治家，对诸葛亮怎能那样低声下气地苦求？虽然前一种说法中以《隆中对》作为证据，但当时，曹操几十万南征大军正威胁着刘备，《隆中对》不

提这个紧迫的现实问题，是不合乎情理的。同时，刘备第一次见诸葛亮，不会安排现场记录。所谓《隆中对》，很有可能是后人附会《出师表》而杜撰的。据此，"三顾茅庐"之说就不可信了。

三国时代人鱼豢写的《魏略》中，也提到了刘、诸葛二人第一次相见的情景。《魏略》中说刘备屯兵于樊城时，曹操方已统一黄河以北，诸葛亮预见曹操马上就要对荆州发动进攻。荆州刘表性情懦弱，不晓军事，难以抵抗。诸葛亮于是北行见刘备。刘备因为诸葛亮年纪小，根本不重视他。诸葛亮通过谈论对当今政局的对策，才使刘备逐渐信任他。最后，刘备才"以上客礼之"。西晋司马彪《九州春秋》的记载也大同小异。

从诸葛亮本身的积极进取的态度来看，《魏略》《九州春秋》的记载也有一定的可信度。

有人则调和了这两种说法之间的冲突，认为"三顾茅庐"与诸葛亮的樊城自请相见都是真实可信的。清代学者洪颐煊在《诸史考异》中说诸葛亮初见刘备于樊城，刘备虽以上客待之，但没有特别器重他。等到徐庶举荐时，刘备再次相见，才逐渐有了很深的感情。并指出：在建安十二年（205年）初见，再次相见是在建安十三年（206年）。诸葛亮后来非常感激，因而记入了《出师表》中。

诸葛亮与刘备究竟是"一见"，是"再见"，还是"三见"，这只有当事人知道了，然而，"三请诸葛亮"的故事却流传了下来，吸引了无数人。

曹操为何至死不称帝？

"往事越千年，魏武挥鞭，东临碣石有遗篇"，曹操是毛泽东笔下的风流人物。看一下曹操的一生，不管他自己怎么说，他是由不自觉到自觉地在一条通向帝王的道路上一步步前进着。如果说建安元年（196年）前曹操在这方面的努力还只是一种不动声色的铺垫，那么从建安元年起，他就开始在这方面迈出了坚实有力的步伐。建安元年八月，曹操亲至洛阳朝见汉献帝。随即挟持汉献帝迁都许昌。将汉献帝变成了自己手中的一个傀儡和一张王牌，取得了"挟天子以令诸侯"的优势。汉献帝任命曹操为大将军，封武平侯，后来因为袁绍不满，曹操才将大将军的职位让给袁绍，自己改任司空，兼车骑将军，并从此开始主持朝政。

随着实力的增强，曹操对于朝政的控制也越来越严密，汉献帝的傀儡化程度也就越来越深了。

建安二十二年（217年）四月，献帝诏令曹操设置只有天子才可使用的旌旗，外出时像皇帝那样，左右严密警戒，不让行人通行。五月，曹操修建了诸侯有权享受的学宫泮宫。六月，曹操任命军师华歆为御史大夫。十月，献帝诏令曹操像天子那样头戴悬垂有十二根玉串的礼帽，乘坐专门的金银车，套六马。同时，封长子五官中郎将曹丕为魏国太子。

就这样，曹操完成了夺取帝位和世袭权力的所有准备，在通向帝王的道路上，几乎已经走到了终点。曹操不但早已在事实上控制了朝廷的一切大权，使自己成了一个实际上的皇帝，而且在形式上，他也同皇帝没有什么两样了。曹操唯一没到手的，只不过是一个皇帝的名号而已。

事实上，曹操的代汉意图早就昭

然若揭，但至死他也没有迈出最后的一步。他要把这最后一步让给自己的儿子完成。曹操为什么自己不称帝呢？主要考虑有以下几个方面：

其一，孙权劝他称帝是从自己的利益出发的。首先，孙权认为这样做可以获得曹操的信任，从而实现吴、魏之间的和解，自己就可以专心对付蜀汉。襄樊之役中，孙权为了从刘备手中夺回荆州，从背后袭击关羽，帮了曹操的大忙，但却得罪了刘备。吴、蜀之间长达十年的联盟关系就此结束，这时他比什么时候都更需要缓和同曹魏的矛盾，否则会陷入腹背受敌的不利境地。其次，孙权认为曹操如果真的称帝，拥汉派将会强烈反对，曹操因此陷入困境，减轻对吴国的威胁。因此，孙权阳奉阴违，曹操看穿了孙权的意图，不肯轻易上当。

其二，从当时形势看，如果贸然称帝，确实会给政敌和拥汉派势力一个舆论上的借口，使自己在政治上陷入被动。综观曹操的一生，内部的反对和反叛大都发生在他被封为魏公、魏王之后，就是最好的证明。因此，继续维持献帝这块招牌，对于安抚拥汉派、巩固内部，仍有不可忽视的作用。

其三，至少从建安十五年（210年）起，曹操一再"自明本志"，说自己绝对没有代汉自立的意图，言辞恳切，说了差不多十年，现在如果突然改变主意，否定自己，对自己的声誉名节必然会造成不利影响，不如坚持把戏演下去。

其四，更重要的是，曹操是一个讲求实际的人，只要掌握了实权，虚名并不重要，"施于有政，是亦为政"一语，是他内心想法的真实写照。

此外，建安二十四年（219年）曹操已65岁，年纪大了，估计自己将不久于人世了，这也可能是他不愿称帝的一个原因。

总之，曹操不当皇帝，是从策略上全面权衡得失后所做出的决定，是一种周密而明智的谋虑。

曹操为何要建72座陵寝？

曹操在丧葬上有别于历代帝王，他对自己的身后事，提出了"薄葬"。他是中国历史上第一位提出"薄葬"的帝王。

当时，曹操虽未称帝，但权力与地位不比帝王低，为什么他不但提倡"薄葬"，而且身体力行呢？

据说，曹操一生提倡节俭，他对家人和官吏要求极严。他儿子曹植的妻子因为身穿绫罗，被他按家规下诏"自裁"。宫廷中的各种用过的布料，破了再补，补了再用，不可换新的。有个时期，天下闹灾荒，财物短缺，曹操不穿皮革制服，到了冬天，朝廷的官员们都不敢戴皮帽子。

又据传，曹操早年曾干过盗墓的勾当。他亲眼目睹了许多坟墓被盗后尸骨纵横、什物狼藉的场面，为防止自己死后出现这种惨状，他一再要求"薄葬"。

为了防止盗墓，在力主和实践"薄葬"的同时，他还采取了"疑冢"的措施。布置疑冢，当然也和他生性多疑有关。生前，他因多疑，错杀了许多人；死后，他的多疑也不例外。传说，在安葬他的那一天，72具棺木从东南西北四个方向，同时从各个城门抬出。

这72座疑冢，哪座是真的呢？曹操之墓的千古之谜随之悬设。

千百年来，盗墓者不计其数，但谁也没发掘出真正的曹操墓。

传说，军阀混战年代，东印度公司的一个古董商人为了寻找曹操的真墓，雇民工挖了十几座疑冢。除了土陶、瓦罐一类的东西外，一无所获。

1988年《人民日报》发表一篇文章《"曹操七十二疑冢"之谜揭开》说，"闻名中外的河北磁县古墓群最近被国务院列为第三批全国重点文物保护单位。过去在民间传说中被认为是'曹操七十二疑冢'的这片古墓，现已查明实际上是北朝的大型古墓群，确切数字也不是72，而是134。"关于疑冢的说法便被确证不准确了。

但是，曹操尸骨到底埋于何处，仍然是个谜。诗曰："铜雀宫观委灰尘，魏之园陵漳水滨。即令西湟犹堪思，况复当年歌无人。"由此推断，曹操墓是在漳河河滨。

又据《彰德府志》载，魏武帝曹操陵在铜雀台正南5公里的灵芝村。据考察，这也属假设。那它还有可能在哪里？

还有一种说法是，曹操陵在其故里谯县（今安徽亳县）的"曹家孤堆"。

据《魏书·文帝纪》载："甲午（220年），军治于谯，大飨六军及谯父老百姓于邑东。"《亳州志》载："文帝幸谯，大飨父老，立坛于故宅前树碑曰大飨之碑。"曹操死于220年正月，初二入葬，如果是葬于邺城的话，那魏文帝曹丕为何不去邺城而返故里？他此行目的是不是为了纪念其父曹操？《魏书》还说："丙申，亲祠谯陵。"谯陵就是"曹氏孤堆"，位于城东20公里外。这里曾有曹操建的精舍，还是曹丕出生之地，此外，又据记载：亳州有庞大的曹操亲族墓群，其中曹操的祖父、父亲、子女等人之墓就在于此。由此推断，曹操之墓也当在此。

但这种说法也缺乏可信的证据，遭到许多人的质疑。

关于曹操的陵寝的真实情况至今仍是个谜，还有待于新的考古发现。

诸葛亮娶丑女为妻探秘

诸葛亮的名字家喻户晓，他本人也成为智慧忠贤的化身，他辅佐刘备共图大业，最终使蜀汉政权成了三国鼎立的一极。他的一生，奇闻逸事很多，"孔明择妇"便是其中之一。

诸葛亮不仅有才，而且相貌俊伟，据《三国志·诸葛亮传》记载，诸葛亮"身高八尺，犹如松柏"。但他却选了一位"瘦黑矮小，一头黄发"的丑女阿丑为妻，诸葛亮为何要娶丑女呢？传统观点认为，诸葛亮重才不重貌，是注重人的内在美。阿丑自幼才识过人，颇有心计，诸葛亮早在成婚前就有所耳闻。这不无道理，但并非全部。其实，诸葛亮娶阿丑，是出于一种政治上的考虑。《三国

诸葛亮像

志·诸葛亮传》裴松之注所引《襄阳记》记载："黄承彦者，高爽开列，为沔南名士。谓孔明曰：'闻君择妇，身有丑女，黄头黑色，而才堪匹配。'孔明许，即载送之。时人以为笑乐，乡里为之谚曰：'莫作孔明择妇，正得阿承丑女。'"

另一种说法是诸葛亮家境贫寒，出身卑微，自幼丧父，少年时代便过着流离转徙的生活，吃尽军阀混战的苦头，深受强宗豪族的压迫。后来跟着在南昌做像章太守的叔父诸葛玄生活。14岁时，叔父因官被削而投靠了刘表。17岁那年，叔父死了，他从此没了依靠，就在襄阳城西20里的隆中定居。他虽然住在乡下，但他不想无声无息地隐居一辈子，他时刻关心着国家的盛衰，有着为国家尽忠的抱负。怀着如此壮志雄心，他立志要登上政治舞台而建功立业。

这种政治上的考虑无疑会影响到诸葛亮的婚姻大事，甚至还牵涉到了家人的婚事。这也是为了在地主集团的上层站稳脚跟，以便今后一展宏图。为此，他在家庭婚姻方面，做了三件事：第一，他把姐姐嫁给了荆州地主集团中在襄阳地区颇有名望的首领人物庞德公的儿子，庞德公对其赏识备至，称他为"卧龙"，从此，他就在荆州站稳了脚跟。第二，诸葛亮为弟弟娶了荆州地主集团中在南阳地区颇具威望的人物林氏之女为妻。第三，也是最重要的，他自己择妇结亲，当然要服从既留荆州又能结交望族这一政治目的，这也就是诸葛亮在荆州而不到其他地方去的原因。所以，诸葛亮娶了那个丑女黄氏。

诸葛亮为何不怕众人耻笑，而娶丑女黄氏呢？换作别人也许他会犹豫，但是黄氏之女他就娶定了，一是因为黄承彦在当地有相当声望；二是因为黄妻蔡氏和刘表的后妻是姐妹关系，做了黄家的女婿，就攀上了刘表这门皇亲。

据《诸葛亮新传》记载：当黄承彦当面问及诸葛亮时，他当即"拜谢泰山"，一锤定音，把从未见过面的阿丑要了过来，从而为自己进入地主集团开了"绿灯"，他是无论如何也不会放弃这个"进身之阶"的。

从封建历史文化来说，贤妻、美妻、正妻要相夫教子，帮助丈夫治理家业，诸葛亮深受传统文化的熏陶，在自己的婚姻上，自然希望遵循"贤妻美妻"的风俗，而据《三国志》记载，诸葛亮其后确实又有过一妾。但诸葛亮要丑妇的动机仍有争论，待后人再研究探寻吧。

周瑜真的是被诸葛亮气死的吗？

《三国演义》第一一三回写了周瑜之死。说是诸葛亮三气周瑜之后，周瑜箭伤复发、怒气冲肺，从马上摔下来。结果诸葛亮仍不放过他，又送来书信一封："闻足下欲取西川，亮以为必不可也……今孙将军兴兵远征，非长计也。倘操兵一至，江南齑粉！不忍坐视，特此告知。幸垂照鉴。"周瑜看完以后，长叹一声，命左右拿过纸笔，给吴侯上书。然后将众将士叫过来说："我不是不想尽忠报国，奈何老天不帮我的忙。你们忠心伺候吴侯，一定能成大事。"说完就昏过去了。过了一会儿又醒过来，仰天大叫一声："既然世上有了周瑜，又为什么还要有诸葛亮呢！"连叫数声后周瑜便死了。死时36岁，当时是建安十五年（210年）冬十二月初三。

周瑜是被诸葛亮气死的这一说法，在民间广为流传，人们都认为周郎是死

周瑜点将台

于"量窄",但在正史记载中,周瑜并非是被气死,而是自己病死的。《武侯鼎蜀诸葛亮世家》中说,周瑜要趁曹操新败、无法兴兵之际,与奋战将军孙瑜(孙坚弟之子)一鼓作气夺下蜀地,然后留下孙瑜驻守益州,并与马超结援;而他自己再返回荆州,与孙权一起伺机进攻曹操。这样,中原之地便可以到手了。周瑜的计划与诸葛亮在《隆中对》中说的兵分两路夺取中原的战略不谋而合。但就在他取得孙权同意,速从京口(今江苏镇江)西归,欲往江陵治兵,一意伐蜀之时,刚走到巴丘(即今湖南岳阳市),他便因病去世了,时年36岁。

说是病死似乎也有些道理。周瑜虽才不及诸葛亮,但他文武双全,而诸葛亮不过是一介书生而已,他又何须忌恨到气死的程度?再说,他的一生也是志得意满,"羽扇纶巾,谈笑间,樯橹灰飞烟灭",出身富贵,又得重用,赤壁之战也获得全胜,并且在东吴的号召力极强。何况,西蜀即使有诸葛亮,也只不过是后起的政权,东吴又地处富庶之地,优势明显,周瑜对诸葛亮也许会仰慕、赏识但绝不至于忌恨。周瑜被活活气死很可能是后人为了突出诸葛亮的智慧所做的附会之辞。

周瑜是死于疾病,还是被诸葛亮气死?历史事实的本来面目我们今天暂时无法弄清,只能等待更多的资料加以证实。

曹丕为何在王粲墓前学驴叫?

建安二十二年(217年),"建安七子"之中最富才华的王粲突然死于疾疫,引起整个建安文坛的震动。在安葬仪式上,曹丕学起驴叫,随即一同前来吊唁的才子们也一起学起了驴叫。于是,在肃穆的葬礼上响起了一片驴叫声。曹丕为何要学驴叫,而且同来的才子们为何非但未加阻止,还纷纷效仿?

原来,他们也是投其所好。尤其是曹丕,以显赫官位,却以驴叫送王粲入土为安,可见他与王粲之间感情十分深厚。身为当时的文坛领袖,曹丕与"建安七子"的关系十分密切,他们经常在一起饮酒作诗,"行则连兴,止则接席"。王粲在"建安七子"中不但才华横溢,而且以诙谐幽默闻名。高兴的时候,王粲喜欢学驴叫。惟妙惟肖的驴叫声,常令人捧腹不已。所以,当他暴毙后,伤感的曹丕一方面为他举行了隆重的葬礼;另一方面考虑到他生前的癖好,不惜学驴叫来表示对亡友的哀悼与思念。

这种颇为滑稽的送葬行为,说明曹丕与"建安七子"间的特殊感情,也可见曹丕为人随和、幽默的一面,这在当时社会是难能可贵的。

陶渊明辞官是因"不为五斗米折腰"吗?

东晋的陶渊明,是中国田园诗派的开创者,他的《桃花源记》一文至今脍炙人口。而关于他的辞官归隐,更是被传为佳话。在陶渊明41岁时,他当上了彭泽令。这时,刚好有监察权的督邮要来巡视。他的下属告诉他,要束带整容见这位督邮。陶渊明很不乐意,长叹一声道:"我不能因为五斗米的俸禄而在乡里粗鄙小儿面前低头。"于是交

陶潜归庄图卷 元 何澄

了官印辞官回家。这个彭泽令他只当了85天。从此以后，他隐居乡里，不再为官。

自此以后，"不为五斗米折腰"就成了不屑为官的代名词。但陶渊明辞官真的是不为五斗米折腰吗？其实，还有更深层的原因，那就是他的仕途并不如意，同时出世归隐也是他一生的追求。

看他的《归园田居》一诗，"少无适俗韵，性本爱丘山。误落尘网中，一去三十年。羁鸟恋旧林，池鱼思故渊。开荒南野际，守拙归园田。"本来就是爱山爱水的命，偏偏抛不开俗念，在仕途上孜孜以求，可到了48岁快要知天命的年纪，却还只是个小小的县令。在感慨叹惜的同时，陶渊明归隐之心已定，而所谓的督邮巡察事件便成了一个契机。但是，陶渊明并不愿意别人知道他心里的想法，因而只说了句"不能为五斗米折腰"。

魏晋时期，读书人的生活道路主要是做官和归田，但做官的路注定无法亨通，陶渊明就只剩下一条归田的路。不过，这一条路是走对了，虽然无富贵荣华可言，但思想获得了绝对自由，诗作也千古流传，"采菊东篱下，悠然见南山"的那份自在惬意让后人向往不已。

第二节　文化迷踪

诸葛亮写过《后出师表》吗？

> 三顾频频天下计，
> 两朝开济老臣心。

这是后世对诸葛亮的赞颂。诸葛亮是在中国人心中有较高地位的政治家和军事家。当年刘备能在东汉末年那样一个群雄争斗的时代里建立蜀汉王朝，诸葛亮可谓功不可没。刘备死后，他的儿子刘禅即位。蜀汉政权在诸葛亮的主持下向曹魏政权发动了六次北伐。历史记载，227年"一出祁山"之前，诸葛亮向刘禅呈递了《前出师表》，第二年"二出祁山"前又写了《后出师表》，"鞠躬尽瘁，死而后已"，就是其中最为著名的一句。

查诸史料，《后出师表》是刘宋裴松之注《三国志》时引录东晋习凿齿《汉晋春秋》的，而《汉晋春秋》中的这篇《后出师表》又是出自三国孙吴张俨的《默记》。除此之外，当时较为著名的史籍中，都没有收录《后出师表》。

因此，人们不得不向传统说法提出了疑问：诸葛亮真的写过《后出师表》吗？

有人做出了否定的回答。他们的理由是：

首先，《后出师表》的立意完全不同于《前出师表》。在《前出师表》中，诸葛亮雄心勃勃，充满了对北伐必胜的信心，并明确地表决心说"愿陛下托臣以讨贼兴复之效；不效，则治臣之罪，以告先帝之灵"。而在《后出师表》中，语气则明显沮丧，竟有"然不伐贼，王业亦之；惟坐待之，孰与伐灵"。不仅没有了往日之雄心，而且还做了如此的自我贬低。凭诸葛亮一向的表现，自然不会如此。

其次，《后出师表》中说"议者谓之非计"，看似是为说服别人进行北伐。但是根据历史记载，当时蜀汉并没有人反对北伐，那么诸葛亮何必有如此一说？

再次，《后出师表》中提及了一些与史实明显不符的事情，还有一些人名错误。《后出师表》中说："自臣到汉中，中间期年耳，然丧赵云、阳群、马玉、阎芝、丁立、白寿、刘颌、邓铜等及曲长屯将七十余人。"但是此表上于建兴六年（228年）的十一月，而《蜀志·赵云传》则说赵云"建兴七年（229年）卒"，并且阳群、马玉、阎芝、丁立、白寿、刘颌、邓铜等人，史书上都没有记载。可见，《后出师表》肯定有问题。

最后，从文辞风格上，前后《出师表》迥然不同。《前出师表》辞意恳切，风格高迈；而《后出师表》有大量的意义雷同、辞意庸陋的句子。两篇风格如此不同的文章，显然不是出自同一人之手。

否定《后出师表》为诸葛亮所做的学者认为，《后出师表》可能就是张俨所作。但是有人提出，张俨其人对诸葛亮的北伐持有相当的乐观态度，这

与《后出师表》中的悲观失望情绪完全不同，因此不可能是张俨所作。又有人提出伪造《后出师表》的人可能是诸葛亮的侄子诸葛恪。诸葛恪在吴王孙权死后被任命为吴大将军。诸葛恪为了树立自己的威望和掌握兵权，打算发动对魏的战争。但是此举遭到了全国上下的一致反对。于是诸葛恪就伪制了《后出师表》，以使自己的伐魏主张有一个旁证，因此表中才有"议者谓为非计"一句。

对上面的观点，也有学者提出反对意见，认为《后出师表》确是诸葛亮所作。他们认为，由于诸葛亮和诸葛恪的亲戚关系，使诸葛恪完全可以得到诸葛亮的文字，因此《后出师表》确实是出自诸葛亮的手笔。

"出师一表真名世"——诸葛亮作完《前出师表》后，究竟有无写作《后出师表》？这还是一个谜。

诸葛亮制造木牛、流马之谜

《三国志·诸葛亮传》记载："（建兴）九年（231年），亮复出祁山，以木牛运，粮尽退军……十二年春，亮率大众由斜谷出，以流马运。"文章描绘得那么奇妙，可说明诸葛亮以木牛、流马运粮是

诸葛亮营 三国
此营位于云南保山地区，传说是诸葛亮七擒孟获时的兵营所在地。

真实的事情。

诸葛亮到底用过木牛、流马没有，确实是一个谜，而且尽管《诸葛亮集》中对木牛、流马做了描绘，但由于没有任何实物与图形存留后世，多年来，人们对木牛、流马到底是什么东西做出了种种揣测。

一种说法为木牛、流马是诸葛亮改进的普通独轮推车。此说源于《宋史》《后山丛谈》《稗史类编》等史籍，它们认为汉代称木制独轮小车为鹿车，诸葛亮加以改进后称为木牛、流马，北宋才出现独轮车之称。

一种意见认为，木牛、流马是四轮车和独轮车，但是哪种为四轮，哪种为独轮，各人有不同的见解。宋代高承《事物继原》卷八说："木牛即今小车之有前辕者，流马即今独推者是也，而民间谓之江洲车子。"今世学者范文澜认为，木牛实际上是一种人力独轮车，有一脚四足，就是在车旁前后装四条木柱；流马是改良的木牛，前后四脚，也就是人力四轮车。

一种意见认为，木牛、流马是新颖的自动机械。《南齐书·祖冲之传》说："以诸葛亮有木牛、流马，仍造一器，不因风水、施机自运，不劳人力。"这是指祖冲之在诸葛亮制造的木牛、流马的基础上造出更新颖的自动机械。

木牛和流马到底是一种东西还是两种东西，后世对此发起了广泛的争辩。如谭良啸认为，木牛和流马是一回事，是一种新型的木头做的人力四轮车；王开则说木牛与流马是两种东西，前者是人力独轮车，后者是经改良的四轮车；王谌认为两者同属一物，并且还做出了一种模型，既具备牛的外形，又具备马的姿势；陈从周等勘察了川北广元一带

现存古栈道的遗迹：畜在前面拉，后面有人推，流马与木牛差不多，但没有前辕，不用人拉，反靠推为行进，外形像马。

令人遗憾的是当年诸葛亮没有留下木牛、流马的详细制作图解，导致后人苦苦思索，上下探求，仍是难以明白究竟。

中国古代到底有没有指南车？

有人认为黄帝是指南车的发明者。相传在4000多年前，黄帝同蚩尤在涿鹿大战，黄帝打了败仗，因为蚩尤能作大雾，使黄帝的队伍迷失了方向。因此黄帝组织人力，研究创造了指南车，于是，再和蚩尤作战就取得了胜利。还有一个传说是西周初，居住在偏远南部的越裳氏派使臣来朝贺周天子，周天子怕他们回去时迷路，就造了辆指南车送他们。

上述传说给人们带来一系列思考：真的有指南车吗？它是什么形状的？

有一个叫马钧的人，生活在三国时期，是一个著名的机械制造家，他能做许多奇特的机械。他改进了提花机，使它操作方便而且省时，还能织出复杂精美的图案；他还创造出了龙骨水车，这个水车结构精巧，运转省力，为灌溉提供了连续不断的水源；他甚至还改进发明了兵器，据说，马钧改进了当时诸葛亮使用的一种"连弩"，让它在连续射箭的基础上再提高五倍的效率；他试制成一种很厉害的攻城武器，叫"轮转式发石机"，能连续发射砖石，射程几百步；他还创造了"变幻百端"的"水转百戏"。这是一组木偶，利用机械传动装置，机关一开，各个木偶能够各自做

着不同的动作，像是一台戏，机关一停，便马上停止运转。由此可见，马钧有杰出的机械设计才能并且将其发挥得淋漓尽致。

后来马钧在魏明帝的支持下，根据传说潜心研究指南车的造法。不久，马钧真的造出来一辆机械的、能指定方向的车子。他把齿轮传动机装在车上，车走起来，车上木人会自动指示方向。这种车子不同于利用磁铁造的指南针。

现在已不知道马钧造指南车的具体方法了，而且当时人们也没有使用指南车，只是作为陈设而束之高阁。西晋末，这辆指南车就下落不明了。留给后人的只是一个千古之谜。

后秦时，皇帝姚兴又让令狐生造了一辆指南车。可惜那辆指南车在后秦灭亡时，作为战利品被运到了建康（今江苏南京）。由于年久失修，机件散落，指南功能也就丧失了。

60年后的齐王萧道成忽然想起这个奇宝来，他让当时著名学者祖冲之再研制一辆指南车，祖冲之便闭门钻研。同时代的索驭林骐由于不服气也造了一辆。又过了几百年，北宋中期的燕肃和吴德仁都制造过式样不同的指南车。

指南车制造困难，比较笨重，实用价值不高。但古时人们对指南车的不断探索与研究，反映了我国古代人民辛勤劳动和不断创新的精神。正是由于几代人不断地辛勤研究，不断地改进和提高，才有我们今天指南针的问世。

曹植《感甄赋》为谁而作？

人称"才高八斗"的曹植，是魏文帝曹丕的弟弟。其人风流倜傥，文思敏捷，是建安文坛上一位叱咤风云的人物。然而他的任性纵酒，使其父曹操对他颇为失望，他的才华又遭到了其兄长曹丕的妒忌，终被一贬再贬，终身备受迫害。

曹植一生留下了很多千古名篇。223年所作的《洛神赋》尤其情采风流，被后人广泛传诵。该赋用浪漫主义的笔调抒写了自己对洛水之神的爱慕之情。写作这篇赋时，曹植正处于政治苦闷之中。传统看法认为，此赋是借人神恋爱的悲剧，来抒发作者自己对君王的一腔衷情和怀才不遇的感慨，是"托辞宓妃以寄心文帝"。所谓"虽潜处于太阴，长寄心于君王"，也正是借洛神之口说出了曹植自己的心声。

然而，唐代李善在为《文选》作注时却说，这篇赋是曹植为了感念他的嫂子甄后而写的。该赋的原名是《洛神赋》，后来曹丕的儿子魏明帝读后，才为之改名为《感甄赋》。这种说法犹如一石激起了千层浪，舆论一片哗然。曹植爱上了他的嫂子了吗？这篇《洛神赋》真的是为了甄后而作吗？这无疑是不忠不义的违逆之举啊。千百年来，人们一直对此争论不一。

李善认为《感甄赋》乃是曹植为甄后所作，这种说法只有李善为《洛神赋》做注解时叙述的"赍枕"一事可以作为旁证。他说："（曹植）黄初中入朝，帝示植甄后玉缕金带枕，植见之不觉泣。时甄后已经被郭后谗死，帝已寻悟，因令太子留宴，仍以枕赍植。"曹丕身为皇帝，为什么要将自己妻子用过的枕头送给弟弟？其居心是耐人寻味的。看来，曹丕应该知道他的弟弟曹植倾心于甄后，至少是暗恋甄后，所以才故意刺激曹植，让他"一辈子抱着枕头空悲切"。李善在注解中还说，曹植离开京城返回封国，途经洛水，想起了甄后，并与之相见，得到甄后以珠玉相赠，悲喜不能自胜，于是做了《感甄赋》。

但是翻开所有史籍，人们并不能找到曹植与甄后有私情的记载。因此对于《洛神赋》的寓意问题，历来有两种对立的看法。

一种看法是为曹植的"不忠不义"辩护，否认《洛神赋》为感甄之作。唐宋明清的一些文人学者认为，甄后本是曹丕的妃子，小叔爱慕嫂子，臣子暗恋国母，这是不成体统大逆不道的事情，必须辨伪正本，口诛笔伐。他们提出了《洛神赋》非感甄之做的诸多理由。其一，李善本无此注，是宋人刊刻时误引的。其二，图谋自己的嫂子，这是"禽兽之恶行"，讲究操行的曹植断然不会那么做。其三，即使曹植真的爱上他的嫂嫂，在这样的社会条件下，他也绝对没有那么大的胆量写《感甄赋》以表达自己的情感。其四，"赉枕"的说法是不合情理的，纯属无稽之谈。曹丕乃君主，怎么可能做出如此荒诞的事情来？毕竟自己的弟弟对自己的妻子有所图谋不是什么好事，于己于人都是不应声张

的。其五，曹植时年十四岁，甄妃已经二十四岁，在年龄上是不合情理的。

进而他们提出了自己的看法。他们认为，《感甄赋》的"甄"，并不是"甄后"的"甄"，而是"鄄城"的"鄄"，"鄄"与"甄"通，遂讹为"感甄"。《洛神赋》实乃"托辞宓妃以寄心文帝"，是"长寄心于君王"，是向曹丕表达自己的忠君之情，以求任用。

尽管这些理由和推论很充分，但是仍然有人认定《洛神赋》是感甄之作。尤其是一些文人，如李商隐、蒲松龄等人，往往是抱着宁可信其有，不可信其无的态度。李商隐在诗文中曾经多次提到曹植"感甄"的情节，甚至还认为"君王不得为天子，半为当时赋洛神"。一些小说传奇对这一情节更是渲染有加。现代学者郭沫若在《论曹植》这篇文章中，也直言不讳地说："子建（曹植）对这位比自己大十岁的嫂子曾经发生过爱慕的情绪，大约是无可否认的事实吧。"他认为魏晋时期的男女关系比较浪漫，那么曹植对自己美丽的嫂子产生爱慕之情并不奇怪。当然，碍于礼教名分，曹

洛神赋图（局部）东晋 顾恺之

此图取材于三国时期文学家曹植的《洛神赋》（《感甄赋》），描绘曹植在洛水边遇到宓妃的浪漫故事。顾恺之以手卷的形式，用连续的画面，艺术地展现了原赋的内容，表达了曹植抑郁惆怅的感情，成功地传达了洛神"翩若惊鸿，婉若游龙"的动人姿态。这幅画在内在气质上和曹植的《洛神赋》达到了珠联璧合的程度，是中国绘画史上不朽的精品。

植不会做出非分之举动，不过是通过诗词歌赋含蓄地表现而已。甄氏与曹植都比较高雅、清高，两人从气质上是相和的，所以，甄氏的心中也不一定就不明白曹植的感情。至于之后两人命运的相似、情感的相通，更让两人有惺惺相惜之感。曹植以甄氏为自己文学作品的写作模特，"应当是情理当中的事"。曹植写《洛神赋》，很可能就是为了寄托作者身不由己、好梦难圆的惆怅和愤怒。

还有人分析说曹植的"感甄"是甄后被杀、曹氏兄弟关系紧张等事件发生的重要原因之一。也有人说所谓的"长寄心于君王"中之君王是指曹植，这是宓妃对其表达心迹之语，并不是向君主寄托忠臣之心。

上述两种观点，或言是，或言非，都提出了很多理由。但是无论哪种理由都不过是推论而已，并且也没有直接的证据去推翻对方的观点。不知道这场笔墨官司要几时才能有结果。

《兰亭序》是否出自王羲之之手？

提起《兰亭序》，人们就会想起王羲之。王羲之是我国古代伟大的书法家，为历代学书者推崇，被尊为"书圣"。相传，书法史上的丰碑——《兰亭序》就是出自王羲之之手。东晋永和九年（353年）三月三日，王羲之与谢安等当时名流，在山阴（今浙江绍兴）兰亭修禊，作诗行乐，王羲之挥毫作序，即为《兰亭序》。后来，《兰亭序》为唐太宗所得，并断定为王的真迹。最后，原件成了唐太宗死后的殉葬品。

但到了南宋，姜夔因唐代何延之、刘餗二人对《兰亭序》流传途径记载的不同，开始对《兰亭序》作者产生怀疑。他认为，梁武帝收集王羲之书帖270余轴，提到了《黄庭》《乐毅》《告誓》，但却未提及《兰亭序》。这还只是怀疑。清末李文田则干脆否认了《兰亭序》是王羲之所作，因为《世说新语》中刘孝标注引王羲之此文不叫《兰亭序》而称作《临河序》，李文田还认为定武本《兰亭序》是隋唐人添上去的。李还从文字字体上论述《兰亭序》帖是后人伪造，是隋唐间的书法创作。李文田成为公开否定《兰亭序》出自王羲之之手的"第一人"。

1965年，郭沫若根据在南京附近出土的东晋《王兴之夫妇墓志》《谢鲲墓志》等文物，再次提出《兰亭序》为伪作。他在这一年的《文物》杂志上发表了《由王谢墓志的出土论到〈兰亭序〉的真伪》的文章，文章说："《兰亭序》不仅从书法上来讲有问题，就是从文章上来讲也有问题。"他斩钉截铁地断定这篇文章"根本就是伪托的，墨迹就不用说也是假的了"。并进而推断它是陈僧智永所书。如此，《兰亭序》不仅字不是王羲之写的，连文章也不是他做的了。

此文发表以后得到了不少人的赞同，他们的主要论据是序文前后格调不一致，因为"夫人之相与俯仰一世"以后一段文字与王羲之一贯的思想不符，"悲得太没有道理""更不符合王羲之的性格"，因此认为"《兰亭序》是在《临河序》的基础上加以删改、扩大而成的"。1972年第8期的《文物》杂志上又发表了郭沫若《新疆出土的写本〈三国志〉残卷》一文，认为晋代没有楷书与行书，文章中说"天下的晋代书都必然是隶书体"，从而成为否定《兰亭序》为王做的又一论据。

但这种说法遭到了高二适、商承

《兰亭序》帖 东晋 王羲之

祚、章士钊等人的反驳，他们从东晋书法风格等角度出发，进行了一次外围考证，认为"东晋时代的章草、今草、行书、楷书确已大备，比较而言，后两者都是年轻的书体，到了羲之，把它们向前推进变化，因而在书法史上起着承先启后的作用"。至于题目的前后差别，是因为"羲之写此文时并无标目，其标目乃是同时人及历代录此文者以己意加上去的"，所以有《临河序》《兰亭诗序》《修禊序》《曲水序》等名。因为"羲之的思想有许多矛盾的地方"，"这些矛盾反映在《兰亭序》以及诗句的情感变化上"，从而造成了思想上的矛盾之处。《世说注》中的《临河序》比《兰亭序》少了一段感伤文字，只是刘孝标删节了而已。

这些不同的说法，给《兰亭序》增加了些许神秘的色彩，从而让《兰亭序》更受到人们的珍视。

桃花源究竟在何处？

千古名篇《桃花源记》出自我国屈原以后的又一伟大诗人、晋宋时代杰出的诗词散文大作家陶渊明的手笔。它是我国古代散文中的奇葩，传诵千古而不衰。《桃花源记》就是他亲笔绘出的理想社会图：环境优美，怡然自得。在这样的理想社会，没有君主，没有战乱，没有贫穷，没有欺诈。人们淳朴厚道，和睦相处，过着自食其力、康乐幸福的生活。一千六百多年来，这篇不足400字的《桃花源记》，不知让多少人为之魂牵梦绕，可在现实生活中，怎么也寻它不到。"桃花源"究竟是纯属虚构，是东方的乌托邦，还是有它真实的原型？它的原型又在哪里呢？

陶渊明（365—427年），字元亮，又名潜，别号五柳先生，谥号"靖节先生"。原籍江州浔阳柴桑栗里（今江西九江西南）。他生于一个没落的官僚世家。曾祖陶侃，封长沙公，赠大司马。祖父陶茂是武昌太守。母孟氏，是陶侃的外孙女。在这种家庭环境中，陶渊明自幼聪明好学。史称"潜少怀高尚，博学，善属文，颖脱不羁，任真自得，为乡邻之所贵"。

义熙十四年（418年），刘裕杀晋安帝，立恭帝，朝廷大权全归刘裕。为了笼络人心，刘裕任陶渊明为著作佐郎，而"不为五斗米折腰"的陶渊明厌倦了官场上尔虞我诈的生活，无心恋政，说自己有病而不赴任，于是有了"陶征士"之称。420年，刘裕称帝，国号宋，改元永初，废晋恭帝，东晋灭亡。第二年，恭帝被刘裕杀死。就在宋永初元年前后，陶渊明写下了他的代表作《桃花源诗并序》。

湖南的桃源县被大多数人称为陶渊明笔下的桃花源，俯临沅水，背倚青山，景色绮丽，松竹垂阴，千百年来，吸引无数骚人墨客前去寻访、探幽，留下千古佳话以及墨宝遗迹。目前有神话故乡桃仙岭、道教圣地桃源山、福地洞天桃花山、世外桃源秦人村四个景区近百个景点。桃源地域东汉时置县，名沅南县，属武陵郡。从隋开始直到唐和五代，撤县而成为武陵县的一部分。宋太

祖乾德元年（963年），朝廷发出了分拆武陵县的政令，转运使张咏根在实地考察后，建议置桃源县。历史悠久的"桃花源"，是中国古代四大道教圣地之一，有"第三十五洞天，四十六福地"的美誉。它以山水田园之美、寺观亭阁之盛、诗文碑刻之丰、历史传说之奇而举世闻名。当地的人们用陶渊明的诗文命名在此修建的观、祠、亭、洲，比如桃花观、集贤祠、蹑风亭、缆船洲等。不少学者认为陶渊明描绘的那幅美好的社会生活图景并不是他的臆想和虚构，而是桃源县实在的生活。

也有学者认为《桃花源记》是当时居住在武陵地区的苗族社会生活的写真，那时武陵地区的苗族人民已出现了私有制的自耕农，但由于生产力还比较低，剩余产品也比较少，还产生不了突出的富户和显贵人家，所以没有阶级压迫、阶级剥削的社会现象。除了陶渊明对此有记载外，另一个东晋文人在他的著作中也提到了这个"世外桃源"。此外，武陵的苗族人民素有对桃树的崇拜以及有客人"便要还家，设酒杀鸡作食"的习俗等，这些都能说明陶渊明所说的桃花源就是指湖南武陵地区的苗家社会。

在今天的连云港市区也有两个武陵的地名：一个是《魏书》中记载的武陵郡，遗迹犹存，在赣榆县的沙河城子村；另一个是云台山脉的宿城西山麓，至今留有武陵古邑的地名。其地位于江苏连云港市北云台山东南侧的宿城山凹，三面环山，山川秀丽，景物清幽，除了翻越虎口岭外，与外界无路可通。宿城区山雄水秀、风光旖旎，春生奇花异草，秋染五色层林，左映清流激湍，右带茂林修竹，还有悟正庵的千年银杏、保驾山的苍松掩映、滴水崖的漱玉喷珠、枫树湾的飞金流丹等人间奇景，四时好花常开，八节鲜果不绝。陶渊明确实曾经到过这个地方，他在著名的《饮酒诗》中写道："在昔曾远游，直道东海隅"。根据地理志的记载，陶渊明所说的"远游"，正是指宿城高公岛（处于东海一角）之行。而且，宿城山的地理方位与入口，与《桃花源记》中的记载相吻合。南唐诗人李中早就在他写的"犹怜陶靖节，诗酒每相亲"诗句里发出了与陶渊明同样的感慨——看到秀丽的渔村、鲜美的芳草、一径通幽的石峡小口，只想忘记世间烦恼，常住于此。苏东坡知道陶渊明是游过宿城山的，他也曾模仿陶渊明写过这样的诗篇："我昔登远山，出日观苍凉，欲济东海县，恨无石桥梁。"陶渊明的后裔陶澍向道光帝讲述高公岛、宿城一带的太平景象时，把它们说成是与桃花源无异的人间仙境。后来，他还在宿城法起寺旁建起了"晋镇军参军陶靖节先生祠堂"，还仿照陶渊明故居的特点，在门前植柳栽桃。于是昔日"山有小口，仿佛若有光"的宿城山水，如今已出入通达，呈现出一片繁华景象。

桃花源究竟只是陶渊明失望于现实中的理想，一个激起无数人对美好生活的向往的美丽的梦幻，还是真的曾经有一个那样神奇而又美丽的地方，现在还是一个无法解答的谜。

第四章　隋唐秘史

第一节　名人谜团

武则天立"无字碑"的目的何在？

武则天，是中国历史上唯一的一位女皇帝。她从一个才人一步步爬上皇后宝座，直到建立大周朝。登上帝位之后，武皇一方面消灭异己，一方面却也励精图治。在她统治时期，整个社会倒也安定，而关于武则天的传说民间有很多。武则天本人也是个特立独行的人，即使死了，也要留下一块无字碑，千百年来引得人们纷纷猜测。

唐高宗李治和武则天的合葬墓乾陵位于西安市西北占地80公顷的乾县梁山上。墓前有两块高均为6.3米的石碑，西面的为"述圣碑"，碑文主要是歌颂唐高宗的功绩，由武则天撰文、唐中宗书写。该碑由7节组成，榫卯扣接，故又称为"七节碑"，碑宽1.86米，重81.6吨。东面是武则天的"无字碑"，碑由一块巨大的整石雕成，宽2.1米，重98.8吨。碑头雕有8条互相缠绕的螭首，饰以天云龙纹，碑座则用骏马饮水、雄狮、云纹等线刻画而成。如此精细的雕刻，在历代墓碑中都是极为罕见的。

人们纷纷猜测武则天立无字碑的

原因，最主要的说法有三种，一说武则天认为自己功高德大，不是文字所能表达的。在武则天看来，自己虽是女人，但高宗平庸，自己的才能绝对优于高宗，而且她统治期间政治清明，社会安定，人民安居乐业，这应该算是她的一大政绩。可惜的是，当时有很多人认为武皇是抢了大唐江山，是叛臣逆贼，对于她的功劳视而不见。因而，武则天要把自己的功劳让后人去评述、去记载，于是就有了无字碑。二说武则天自知罪孽深重，立了碑文恐怕更招世人骂，还是不写为好。有的说法是，武则天建立大周朝之后，内心感觉愧疚不安，一心想在自己死后将江山归还唐室。但由于自己称帝的这段经历，使她对自己死后的境遇没有信心，更害怕世人责骂其篡位之罪，因而留下无字碑借以自赎。三说武则天想让后人去评说她的一生。这种说法与第一种说法恰恰相反。武则天对自己一生还是颇感自豪的。作为一个女流之辈，却能在政治斗争中脱颖而出，并到达了权力的巅峰。她要后人客观地评价她的文治武功，雄才大略，而与自己有利益冲突的儿子李显肯定不会对自己做出客观、公允的评价。鉴于此，武则天要将自己的一生的功过是非交与后人，就是要让后人对自己的一生做出

中国史鉴大讲堂

第三篇　秘史探究

二八三

评价。这三种说法似乎每一种都很有道理，至于哪一种说法是她的本意，现已无从考证。

值得一提的是，宋金以后，人们开始在无字碑上面添补题识，现在上面共有13段文字。令人惊异的是，这些文字中还有一种少数民族文字，而且长期以来一直没有人能识别。这种早已废绝的少数民族文字，被日本学者山路广明视为"20世纪之谜"。经考证，金太宗的弟弟于1134年在无字碑上刻了《大金皇帝都统经略郎君行记》（简称《郎君行记》），且在旁边配有汉字译文。这种失传了的文字并不是金文，但究竟是什么文字呢？明代金石学家赵山函在《石墨镌华》中说："（《郎君行记》）碑字不能辨，盖女真字……字刻乾陵无字碑上。"这种说法一直广为流传。直到20世纪20年代，考古工作人员在内蒙古巴林右旗附近发现辽代帝后的墓志，才将这一谜团解开。原来这些文字和墓志上的字相同，是早期的契丹文字。契丹文字始创于920年，但随着国家的灭亡很快消亡，到了元代已几乎没有人认识，到了明代则彻底成为一种无人能识的"死文字"了。这一失传的文字作为一份极为珍贵的文字史料被保留下来，却是武则天的无字碑的一大贡献。

上官婉儿为何不记武则天灭族之仇？

上官婉儿是一代才女。在唐高宗时，上官婉儿一家被武则天抄没，然而上官婉儿一心服侍武则天，她为何就不记武则天的灭族之恨呢？

据说婉儿尚在母腹中时，其母梦中见大秤一杆，于是请教相士，相士掐指一算，惊呼："此子日后当称量天下。"待到婉儿出生，竟是一个女孩，大家都很失望，说相士骗人，无非为钱财而已，也就不再在意。等到婉儿祖父上官仪被武后杀害后，童年的婉儿与母亲郑氏被没入宫中为奴，本以为会暗无天日，可是等婉儿长成，她的才华开始在宫中显露出来。她博古通今，诗词文章尤为出色，甚至书法、数术、弈棋等无所不精。她的才名很快传到了武后的耳中，武后召见了她。当场面试时，小婉儿聪明伶俐，从容不迫，一挥而就，写了一首七言诗，其文辞精美，比起朝廷大臣们的腐儒酸调，可谓有天壤之别。尽管诗的字里行间不时透出对武则天的愤恨之情，可武则天并不计较，并感叹道："此女才智非凡，赛过须眉！"随后，她命上官婉儿离开掖庭，到她身边来当秘书。上官婉儿接到诏命，心里非常复杂，这个权力至上的女人，曾是杀死自己家人的仇人，害得自己和母亲沦落为奴，现在，她又要将自己从困境中解救出来，委以重任，而且是随侍身边的贴身秘书，憎恨、感激、恐惧各种滋味涌上心头，烦恼无比。但是一个月以后，她就成了武后最信任的贴身女官。武后讨厌批阅表奏，起草诏命，便把这些事都给婉儿处理，由此也正应了"称量天下"的预言。朝廷大臣们也竞相奔走其门下。从此，上官婉儿对武则天由仇视慢慢转为拥护。到中宗李显即位，上官婉儿更是大被信任，中宗被婉儿的才貌所迷，便将婉儿召幸，册封为婕妤，封其母郑氏为沛国夫人。

但此时婉儿并不高兴。因嫌中宗懦弱无能，在武后晚年时，她开始与武三思私通，并在诏命封旨上推举武氏，抑制唐中宗。此时的上官婉儿已变得心机重重，她为了讨好皇后韦氏，便将武三思让给了韦氏。

景云元年，韦后和安乐公主毒死中宗，立中宗年仅16岁的幼子李重茂为帝，韦后称太后，临朝听政，并派上官婉儿商请太平公主，想得到她的帮助。此事未果以后，韦后自当朝政，后来还想杀少帝李重茂和相王李旦，此事被相王第三子李隆基得知，他与太平公主合谋，联络羽林军冲入皇宫杀死韦后和安乐公主。李隆基后来诛其逆党时，上官婉儿受此牵连被杀了。"称量天下"的一代才女从此香消玉殒。

李白家世之谜

李白是我国历史上一位颇具传奇色彩的大诗人。历史上说他的长相特异，对月氏语十分精通，并且据说他的先世曾经流落到西域。那么他的家世如何？这是后人非常感兴趣的研究话题。一直有人在问：李白究竟是胡人还是汉人？

根据李白自述及其好友的述说，李白是唐玄宗的族祖，出身显赫。在李白自己的作品中，他曾经自述说："家本陇西人，先为汉边将。攻略盖天地，名飞青云上"以及"白本陇西布衣，流落楚汉""白本家金陵，世为右姓，遭沮渠蒙逊难，奔流咸秦，因官寓家，少长江汉"等。李白的叔父李阳冰在《草堂集序》中说，"李白，字太白，陇西成纪人，凉武昭王李暠九世孙。蝉联圭组，世为显著。中叶非罪，谪居条支，易姓与名……神龙之始，逃归于蜀"。

据此，有人推断，李白应该是太宗李世民的曾侄孙。进而再推断，李白的曾祖父有可能是李世民的哥哥或弟弟中的某一个。

但是根据史料记载，唐玄宗在天宝年间曾经下过诏书，准许李暠的子孙"隶入宗正寺，编入属籍"，也就是说登记上皇族的户口。为什么李白一家没有去登记呢？李白后来进入了翰林院，有很多与皇帝接近的机会，为什么也从没有提起过？晚年的李白，处境很是艰难，求人推荐的心情也很是迫切，但是他仍然没有提起过自己的皇族身份。身为皇族后代是十分荣耀的事情，足以使他光耀门户，青年时代的李白纵然豪放飘逸认为这不值得一提，可是晚年困境中的他为什么仍旧死守？这难道不是有点奇怪吗？有人推测，这大概是因为既然李白的祖上是李世民兄弟中的一个，便可能牵涉到玄武门事变这样一场宫廷恩怨。此外，后文还提到，李白可能是李陵的后裔，因为李陵曾因罪在历史上留下了不好的名声，故而李白生前只承认远祖李广，却否认李陵。因此，李白生前不愿意将自己的家世公之于众。

后世对李白父子的了解则更显得模糊。前文提到，"中叶非罪，谪居条支，易姓与名……神龙之始，逃归于蜀"，李白的一个好朋友也曾经写过："隋末多难，一房被窜于碎叶，流离散落，隐易姓名，故自国朝以来，漏于属籍。神龙初，（其父）潜还广汉，因侨为郡人。父客，以逋其邑，遂以客为名，高卧之林，不求禄仕。"通过这两段已有的关于李白之父经历和处境的材料，人们会提出疑问：李客为什么要"逃归于蜀"？为什么要"潜还广汉"？是国破家亡、流落异域，还是因为触犯刑律、流放边疆？无论是哪一种理由，在时隔百余年后，都构不成"逃归于蜀"和"潜还广汉"的可以讲得通的原因。那么，促使李客"逃归""潜还"的真正原因究竟是什么？还会有什么更为严峻的理由使李客跑到偏僻的山中？李白父亲的"逃归"之谜，使人们对李白身世的了解更为迷离。

清朝人王琦分析认为，李客的逃很可能与任侠、避仇有关。他推测说李客或许是一位行侠仗义的侠客，由于其行为触犯了当权者，所以只能是避到穷乡僻壤，隐姓埋名，终其一生。

如果上述推断得以成立，那么李白家世中的一些疑难问题就可以略见端倪了。李白父亲特殊的经历和处境，使李白能在诗文中对身边所有的亲戚朋友都饱含深情，却唯独对自己的家世闪烁其词。他的亲友在提及李白的家世籍贯时也出自"为尊者讳""为亲者讳"的目的，不得不使用一些托词和曲笔。这样分析，李白这个皇族的后裔，他不敢将自己的家世形诸文字，更不能登记上皇族的户口，等等疑问，似乎也就有了答案。

又有人根据李白的长相及其对外语和外族礼节的精通提出了一种新的看法，认为李白的出身并非如他自己所言，而是西域的胡人。持这种说法的人考证说，其一，碎叶、条支等地，在隋朝末年并不在中央政权的势力范

江油李白故里
李白（701—762年）幼时从中亚的安西都护府回到内地的故乡四川江油。

围内。怎么可能成为窜谪罪人之地？这样推断，李白不是汉人而是胡人。其二，从李白之父的名字看，他们认为，其名字是在潜还蜀中后改的，其名为客，是因为西域人的名字与中原不一样，西域人往往被称为"胡客"，因此以"客"为名。其三，隋末，蜀中地区正是与西域胡人贸易往来的区域，李客也许以经商致富，入蜀后因富有渐成贵族。其四，从李白的相貌看，李白"眸子炯然哆如饿虎"，相貌具有胡人的特征，又精通月氏语，对少数民族的礼节也十分精通。总之，所有证据都指向这一结论：李白根本就是一个胡人。

同时也有许多人对此予以驳斥。他们指出，"窜谪"一词的含义不应如此被限制。古时凡是由汉族居住区域移往少数民族聚居的边疆地区，即是"窜谪"。何况，李白的先世移居西域并非因罪窜谪，并且谁说这一事件发生在隋末呢？再有，不仅仅西域人入中原被称为"客"，外地汉人入蜀不也可以被称为"客"吗？说李白精通月氏语和懂得夷礼，这也不足以说明李白就是胡人。在唐朝这样一个地域博大、民族融合广泛的帝国里，一个汉族人，如果他的家世与西域有关联，是完全可能精通夷礼夷语的。至于说李白貌似胡人，汉族人中不是也有具有胡人特征的人吗？进而指出，倘若没有确凿的证据说李客不姓李，是胡人，那么也就不能肯定李白的先人是胡人。这些人的驳斥使用了一系列诘问，可以说给了认为李白是胡人的人以足够的挑战。

还有人认为，李白并不是李广的后代。他的先世应该是久居西域的汉人，"潜归蜀中"，后来为了抬高自己的门

第，所以才更改了姓名，假冒是李暠的后代。

另外有一种看法较为折中，认为李白先世既非胡人也非汉人，而是汉胡两族的混血儿。他们查证古籍后，认为李白是西汉名将李广的嫡孙李陵的后代。当年汉武帝时，李陵兵败投降，汉武帝盛怒之下将李陵在中原的妻儿老小全部杀死。李陵后来娶胡女为妻，他的后代也就随胡人俗。隋朝末年，其后裔又蒙难被流放到西域。李白的先世就属于这一支。这样，李白带有胡人的血统，那就不足为奇了。这种分析，可以说折中了所有的观点，似乎也言之有理。

然而无论哪一种说法，都因为关于李白家世的文字记载之隐约其词而有漏洞，李白自己的记述也使自己的身世扑朔迷离。这位号为"诗仙"的传奇大诗人李白，其身世之谜何时能够解开？

白居易是胡人吗?

提到唐代大诗人白居易，可以说是无人不知、无人不晓，那家喻户晓的"离离原上草，一岁一枯荣。野火烧不尽，春风吹又生"的诗句给人们留下了深刻的印象，其他的长篇作品如《长恨歌》《琵琶行》等，千百年来也一直广泛地流传着。对白居易的出身有人提出了这样的疑问：他究竟是胡人，还是汉人？

很多人认为，白居易是西域胡人，而不是人们比较愿意接受的汉族人。持这样看法的人的理由主要是这样的：

宋朝人孙光宪的《北梦琐言》记载说，白居易的从弟白敏中曾经与曹确、罗劭权等共同执掌宰相大权，崔慎猷叹息说："可以回家了！现在中书（省）到处都是'番人'。"所谓的"番人"自然是指胡人这样的少数民族。既然崔慎猷

说白敏中是胡人，那么可以断定白居易也是胡人。白居易曾经给从侄僧人白寂然撰写过《沃洲山禅院记》，文中说："厥初有罗汉僧西天竺人白道猷居焉……大和二年春，有头陀僧白寂然来游兹山……六年夏，寂然遣门徒僧常赞自剡抵洛，持书与图，诣从叔乐天乞为禅院记云：昔道猷肇开兹山，后寂然嗣兴兹山，今日乐天又垂文兹山。异乎哉！沃洲山与白氏其世有缘乎？"由这段话可以了解到，白道猷是"罗汉僧西天竺人"，白居易自己说"沃洲山与白氏其世有缘"，即是自认白寂然是他的本家，据此可以推断白居易本身也是胡人。

有人否定了白居易是胡人这种看法，他们认为白居易是汉族人。在白居易的《故巩县令白府君事状》一文中，白提及自己的族系时曾经说："白氏是华姓，是楚国的公族。当年楚熊居太子建出奔到郑国，建的儿子胜居住在吴楚一带，号白公，并以此为姓氏。楚国杀死了白公，他的儿子出奔到秦国，代为名将。其后裔孙名为起，对秦国有大功，因此被封为武安君，后来又因为坐罪而被赐死杜邮……到秦始皇的时候，始皇怀念武安君的大功，所以把武安君的儿子仲封在了太原，其子孙后代便世代以此为家，故现在为太原人。从武安君以下凡二十七代，至府君高祖，北齐五兵尚书，赠司空。曾祖名讳士通，为皇朝利州都督。祖名讳志善，朝散大夫，尚衣奉御。父名讳温，朝请大夫，检小都官郎中。公名讳锽，字上钟，都官郎中第六子……公有子五人：长子名讳季庚，襄州别驾……次名讳季般，为徐州沛县令。次名讳季轸，为许州许昌县令。次名讳季宁，为河南府参军。次名讳季平，为乡贡进士。"白居易的父亲

就是襄州别驾白季庚，而白季庚的族系所属是清楚的，因而白居易自称汉人，应当可以相信。

如果白居易是汉族人，后世居住洛阳的白氏出自哪一支呢？我们知道，白居易没有儿子，晚年退职后居住在洛阳履道里，修香山寺，以醉酒吟诗为消遣，死后葬于香山如满师塔之侧。根据现存的洛阳白书斋处的《白氏谱系序》稿本记载："幼文（白居易兄）有三个儿子：景回、景受、景衍，将景受过继给白居易，因此洛阳白氏，都是景受之后裔。白居易为始祖，传至今天已经有五十余代了。"这样看来，白居易兄长的儿子景受过继给他，洛阳白氏都是白景受的后裔，而奉白居易为始祖，因此洛阳白氏也应当出自汉族。

尽管有白居易自撰的《故巩县令白府君事状》详细介绍了自己的族属问题，并可以由此确证白居易是汉族人，但是现世仍然有许多人坚持认为白居易为胡人。20世纪80年代的《文学评论丛刊》曾发表过顾学颉的《白居易世系家族考》，在这篇文章中，顾学颉认为，白居易的"祖先并不是汉族，而是西域龟兹国的王族；曾经役属西突厥，为西突厥统治下的十部落之一的鼠尼族部。因龟兹国境内有白山，故汉朝赠其王姓白，一直到唐代未变"。顾学颉提出这种看法的主要依据是《后汉书·班超传》。在《后汉书·班超传》记载道："今宜拜龟兹侍子白霸为其国王……明年（永元三年）……以超为都护……拜白霸为龟兹王，遣司马姚光送之。"为

白居易像

什么白居易说自己是汉族人？实际上，白居易是知道自己的胡姓血统的，他之所以要假冒汉族人，只是为了提高自己的身价，不被人轻视为寒族。但是还有人提出疑问：白居易时已经是中唐时代，唐朝对于寒族的轻视已经不像从前那样严重，尤其是经过武则天时期的武周革命后，门户观念也已经在唐人心中变得淡薄，同时，唐朝政治的大一统宏阔局面下，少数民族在当时是受到尊重的，因此，白居易没有必要刻意地掩饰自己的胡人身份。

争论仍然在继续着，白居易到底是胡人还是汉人，这个问题看来是需要费一番考证的。如果白居易真是胡人，那么中国文学史上又将多了一位大名鼎鼎的少数民族作家。

杜甫死后葬何地？

"朱门酒肉臭，路有冻死骨。"这是唐朝著名的现实主义大诗人杜甫的名句。杜甫生前忧国忧民，在他的诗歌中处处可见对国计民生的担忧和对君主的殷殷期待。然而，杜甫的一生更是穷困潦倒的一生。诗人的晚年生活更见窘迫，"亲朋无一字，老病有孤舟"，可谓悲凉！后世通常认为杜甫最终死在湘江水上的一条小船里。他死后，儿子宗武无力葬父，只好将父亲的棺材权厝着，直到40多年后，孙子杜嗣业才借助于乞讨，将祖父安葬。那么杜甫究竟被葬在何处？诗人生时经历催人泪下，身后也留下了依旧凄凉的谜。

关于杜甫最后的葬地，历史上通常有四种说法。分别是：湖南的耒阳县、岳阳县、平江县以及河南的偃师县。

《耒阳县志》记载说，杜甫开始时为避战乱到蜀，"往依严武。武卒，蜀乱，复移夔州。大历三年（768年）下峡，至荆南，游衡山，将适郴州，依舅氏聂十二郎，侨居耒阳。"当时正好赶上天降大雨，江水暴涨，杜甫很久都没有食物。聂氏县令乘船出迎，并赠牛肉和白酒给杜甫。有一天晚上杜甫大醉，住宿在江上的酒家，结果被水淹死，只遗落一只靴子在江上，聂氏县令只好将靴子埋葬。其他史书如新、旧《唐书》也都这样记载。由此可以看出，杜甫死后连尸体都没有找到，那么耒阳的杜甫墓其实只是一个埋其靴子的衣冠冢。据说，这个墓在耒阳县城北郊二里，建于南宋理宗景定年间（1260—1264年），明朝嘉靖年间曾被当时的知县马宣重修过。

而唐朝郑处晦《明皇杂录》等书也认为杜甫死于衡州耒阳，葬于县城北耒江左畔。但这个墓是杜甫的权厝冢，并不如前文所说的"尸体不存"。《偃师县志·陵墓志》记载，唐宪宗元和八年（813年）时，即杜甫死后的第四十三个年头，杜甫的孙子杜嗣业"启子美之柩，襄祔事于偃师"，实现了祖父归葬祖茔的遗愿。那么究竟在偃师的什么地方？有史料说是在偃师县西土楼村，也有说是在首阳山，各种看法让人感到疑惑。

唐朝诗人元稹曾经应杜甫孙杜嗣业的请求撰写过《唐故检校工部员外郎杜君墓志铭》，这篇墓志铭对于确定杜甫的葬处有着重要的意义。铭中说："适遇子美之孙嗣业，启子美之柩之襄，祔事于偃师。途次于荆，雅知余爱其大父

之为文，拜余为志。辞不能绝，今因系其官阀日铭其卒葬云……甫字子美……舟下荆楚间，竟以寓卒，旅殡岳阳，享年五十有九……嗣子曰宗武，病不克葬，殁，命其子嗣业。嗣业贫无以给丧，收拾乞丐，焦劳昼夜，去子美殁后四十余年，然后卒先人之志，与足为难矣。"这一段记载可以说是确定杜甫墓究竟是在偃师还是在湖南岳阳，或是在平江此三种说法的重要依据。

后人参照元稹的墓志铭以及《湖南通志》《巴陵县志》《平江县志》等文献，认为杜甫在耒阳死后，其子杜宗武并没有继续南下，而是举家移居岳州（即今湖南岳阳），并将葬于耒阳的父亲的灵柩暂时厝于此，所谓元稹所说的"旅殡岳阳"。《巴陵县志》即记载说，"杜甫墓在岳州，今不知其处。按元微之（元稹）墓志，扁舟下湘江，竟以寓卒，旅殡岳阳，是杜墓在岳阳也。元和中，孙嗣业迁墓偃师，后人遂失其殡处。"后人寻找今天的岳阳，没有找到杜甫的墓地，也没有找到杜甫的后裔。但是后来在《平江县志》中找到了一点线索：今天汨罗江畔的湖南平江小田村有杜甫墓，还有杜甫的后裔。进而考察出，平江在唐代称为昌江，隶属于岳州，因此"旅殡岳阳"就是权葬岳州昌江。后来，杜嗣业将祖父杜甫的灵柩迁回了河南偃师西土楼村的祖茔。据《艺文志》记载，清朝乾隆年间，偃师的杜公墓被村民侵成麦地，后邑令朱续志找出了杜甫墓的遗址，并造茔树碑表示纪念。

也有人认为杜甫原本就病逝于平江，而不是耒阳，所以他的墓所就在平江小田村。杜甫死后，杜宗武贫困无力迁葬，也在平江病逝。再加上当时的战乱，所以杜宗武、杜嗣业这一支就一直

杜甫草堂

杜甫在安史之乱后，曾漂泊至成都，筑草堂于花溪旁。在这里他度过了一生中最安然的生活，写下了许多著名的诗篇。

在平江留了下来，也方便祭守墓地。清朝同治年间，张岳龄在实地考察偃师后，写了一篇《杜工部墓辨》，指出偃师既无杜甫墓，也没有杜氏后代。李元度的《杜工部墓考》也这样说，认为"岳属别无杜墓，遗迹在小田无疑"。

关于杜甫究竟葬于何处的争论仍在继续，一直没有一致的结论。战乱中的杜甫受尽了苦难，死后他的去处依旧是一个未解的谜。这是诗人的悲哀，也是时代的悲哀。

骆宾王下落之谜

以一句"试看今日之域中，竟是谁家之天下"而让武则天赫然变色的骆宾王，是初唐诗坛的活跃人物，为"初唐四杰"之一。这位四杰中年辈最长、阅历最多之人，其逸闻也最富有传奇色彩，其中他的下落至今仍旧是一个谜。

骆宾王一生壮志飘零，沉沦下僚。唐高宗仪凤四年（679 年）时，他被升任为侍御史，又因屡次向武则天上书言事而被诬下狱，在狱中，他写下"露重飞难进，风高响易沉"的千古名句抒发自己的悲愤。武则天称帝后，大肆斥逐李唐王室旧臣，并大量起用武氏家族成员。光宅元年（684 年），对武则天政权极为不满且自身仕途失意、郁郁不得志的骆宾王参加徐敬业发动的扬州兵变，被辟为艺文令。这期间，他起草了著名的《讨武曌檄》。该檄文历数武则天的秽行劣迹和阴谋祸心，备述起兵的目的，申明大义。结尾处"试看今日之域中，竟是谁家之天下"，气势非凡，极富号召力。据说武则天看了檄文后，赫然变色，连忙询问檄文为谁所写。被左右告知是骆宾王后，十分惋惜，并说："这个人有这么大的才能，却流落到这个地步，这是宰相的过错啊。"惜才之心溢于言表。但是由于徐敬业武略不够，所以扬州兵变才三个月就遭到失败。唐人郗云卿在《骆宾王文集序》中记载道："文明（唐睿宗年号，684 年）中，与嗣业于广陵共谋起义，兵事既不捷，因致逃遁。"后来《新唐书·骆宾王传》沿用这个说法，也用"宾王亡命，不知所之"来描述骆宾王的下落。骆宾王的下落之谜由此而始。

在众说纷纭的说法中，流传较广的大体有以下几种说法：

第一种说法是说兵败后骆宾王被杀，《旧唐书·骆宾王传》《资治通鉴》《新唐书·李勣传》等书都如此记载。此说法认为，徐敬业兵变失败后，骆宾王等人准备入海逃往新罗，抵达海陵时，遇到风浪受阻于遗山江中，骆宾王被徐敬业的部将王那相所杀，传首东都，并牵连家族。具体记载如《资治通鉴》说："乙丑，敬业至海陵界，阻风，其将王那相斩敬业、敬猷及骆宾王首来降。"另外，骆宾王的世交宋之问曾写过一篇《祭杜审言学士文》，在这篇文章中，宋之问也说骆宾王"不能保族而全躯"，看来骆宾王不仅自身未保，而且家人乃至族人都遭到牵连而被杀。

第二种说法认为骆宾王在兵败后逃脱隐居，也有人说他是削发为僧。郗云卿在《骆宾王文集序》中所谓"兵事既不捷，因致逃遁"就是骆宾王并未被杀的证明。根据这种说法，兵变失败后，官军没有捕获徐敬业和骆宾王，他们害怕武则天会治他们的罪，因此以假乱真，杀了两个面貌酷似徐、骆的人，将其首级报送京师。事实上骆宾王和徐敬业二人均逃脱并在后来落发为僧。最早说骆宾王出家为僧的人是唐朝人孟棨，根据他的《本事诗》记载，宋之问有一次在杭州灵隐寺玩月赋诗，吟出两句："鹫岭郁岧峣，龙宫锁寂寥。"然而苦于没有佳句可续。正在这时，走来一位老僧，听罢宋之问的诗后，立刻说道："何不云：楼观沧海日，门对浙江潮？"并接着连吟十句诗完篇，句句精妙非凡，令宋之问惊叹不已。老僧吟罢一去不复见，宋之问再去拜访也没有找到他的影踪。后来宋向人打听这位老僧，得知此人竟是骆宾王。

还有人说骆宾王是逃匿于今天的江苏南通一带。根据明代人朱国祯《涌幢小品》所记载，明朝正德年间在南通城东发现了骆宾王的墓，墓主衣冠如新。这座墓后来被迁到了狼山，至今遗迹犹存。清人陈熙晋的《骆临海集笺注·附录》中还记载说，雍正年间有自称是李勣十七世孙的李于涛，他说他们家的家谱中记载说，扬州兵变失败后，骆宾王与徐敬业的儿子一起藏匿于邗之白水荡，后来骆宾王客死崇川，据说骆宾王的陵墓就是徐敬业的儿子修的。

第三种说法是说骆宾王投江水而死。唐人张鷟在《朝野佥载》说："骆宾王《帝京篇》曰：'倏忽抟风生羽翼，须臾失浪委泥沙。'后与徐敬业兴兵扬州，大败，投江水而死，此其谶也。"就是说，骆宾王最终死于江水中。不过这种说法加入谶语之说，且没有资料加以旁证，所以并不广为流传。

现世对骆宾王下落的争论主要集中在前两种看法上，即兵败后骆宾王究竟是被杀死还是逃脱得生。主张骆宾王被杀的人认为，除了《新唐书·骆宾王传》说骆宾王"不知所之"外，其他所有的正史记载都说他是兵败被杀。而宋之问说骆宾王"不能保族而全躯"的那句话，则更是有力的证据，因为凭宋之问和骆宾王的亲密关系，宋的话是足可信的。至于孟棨《本事诗》所言宋之问与骆宾王在灵隐寺月夜联句一事，被指斥为荒诞不经。因为宋之问和骆宾王本是熟识的密友、世交，相逢时怎么可能会不相识？

与之针锋相对的，主骆生者认为，《本事诗》固然存有缺漏，但是这并不排除官军为邀功请赏而用假首级报送朝

骆宾王《咏鹅》诗意图 清 恽寿平
此图表现骆宾王最脍炙人口的名诗《咏鹅》。"鹅、鹅、鹅，曲项向天歌，白毛浮绿水，红掌拨清波。"画风淡雅精工，设色温润新奇。恽寿平(1633—1690年)，初名格，字寿平，后以字行，号南田，又号云溪外史等，江苏常州人，是清代六大画家之一。

廷的可能性。同朝人郗云卿是奉诏搜缉骆宾王的遗文，他说骆宾王"因致逃遁"，必定是有所根据的，不可能信口雌黄。至于宋之问的"不能保族而全躯"，并不能作为骆宾王被杀的证据。因为宋之问是骆宾王的好朋友，他自然是熟悉骆宾王的，那么他可能是在辨认出报送京师的乃是假骆宾王的首级后才说的那句话。他可能说出真话吗？一来他要帮好友活命，肯定不能说真话；二来恐怕他也不愿意得罪送交首级的官军。所以，用宋之问的一句话作为骆宾王兵败被杀的证据，是难以站住脚的。

由于这些关于骆宾王下落的史籍记载的相互矛盾，这桩公案一直争论不休。何时能有定论？恐怕要等新的确凿的材料出现后才可能知道。

第二节 悬案秘事

杨贵妃有没有被缢死于马嵬驿？

杨贵妃是中国家喻户晓的一位绝代佳人。她那传奇的一生曾触发无数骚客文人的才情，为之吟诗作赋。然而，这位国色天香的美女究竟归宿如何呢？史书记载天宝十五载（756年）六月，洛阳沦陷，潼关失守，盛唐天子唐玄宗狼狈地与众臣逃跑，其爱妾杨贵妃死于马嵬驿。可是，文人赋咏与史家记述是相差十万八千里的，因此杨贵妃的最后归宿，至今还留下许多疑问。

一种观点认为，杨玉环或许死于佛堂。《旧唐书·杨贵妃传》记载：禁军将领陈玄礼等杀了杨国忠父子之后，以"后患仍存"为由，强烈要求赐杨玉环一死，唐玄宗无奈，与贵妃诀别

后只得下令，杨贵妃"遂缢死于佛室"。

也有人认为，杨贵妃也可能死于乱军之中，这可从一些唐诗中的描述看出。杜牧的"喧呼马嵬血，零落羽林枪"、张佑的"血埋妃子艳"、温庭筠的"返魂无验青烟灭，埋血空生碧草愁"等很多诗句，都认为杨贵妃被乱军杀死于马嵬驿，而不是被强迫上吊而死。

一些人称，杨贵妃之死存在其他的可能，比如有人说她实际上是吞金而死。这种说法只出现在刘禹锡所作的《马嵬行》一诗。刘禹锡诗中有段写道："绿野扶风道，黄尘马嵬驿，路边杨贵人，坟高三四尺。乃问里中儿，皆言幸蜀时，军家诛戚族，天子舍妖姬。群吏伏门屏，贵人牵帝衣，低回转美目，风日为无晖。贵人饮金屑……平生服杏丹，颜色真如故。"从此诗来看，杨玉环是吞金而死的，陈寅恪先生曾对这种说法颇感新奇，因而在《元白诗笺证稿》中提出质疑。陈氏怀疑刘禹锡所作《马嵬行》一诗，是流于"里中儿"，所以会有很多说法。可是，陈氏也没有排除杨贵妃在被缢死之前，也有可能吞过金，所以"里中儿"才一传十，十传百。

还有一种说法是，杨贵妃没有死在马嵬驿，只是被贬为庶人，并被下放于民间。俞平伯先生在《论诗词曲杂著》中对白居易的《长恨歌》以及陈鸿的《长恨歌传》做了考证。他本人认为白居易的《长恨歌》、陈鸿的《长恨歌传》之本意蕴含着另一种意思。假设以"长恨"为篇名，写到马嵬就不写了，何苦还要在后面假设个临邛道士和玉妃太真呢？从而俞先生认为，杨贵妃并未死于马嵬驿。当时军中正乱，贵妃不明去向，只有金银散落一地。诗中详细说明了唐玄宗"救不得"之因，因此正史所载的赐

杨贵妃墓

风华绝代的杨贵妃真的葬在这里？

贵妃一死，当然绝不会有。陈鸿的《长恨歌传》所言"使人牵之而去"是说杨贵妃被使者牵去藏了起来。白居易《长恨歌》说玄宗回长安后要为杨贵妃重造陵墓，结果是"马嵬坡下泥土中，不见玉颜空死处"，连尸骨都找不到。这就更证实了贵妃也许已被人救出。令人深思的是，陈鸿作《长恨歌传》时，恐怕后人不明其故，所以重点突出"世所知者有《玄宗本纪》在"，而"世所不知"者，今传有《长恨歌》。这分明是暗示杨贵妃没有在马嵬驿死去。

还有一种说法认为，杨贵妃最后逃亡到日本。1984年出版的《文化译丛》第五期，张廉译自日本《中国传来的故事》一文说，当时马嵬驿被缢死的，乃是个侍女。禁军将领陈玄礼为贵妃美色所吸引，不忍杀之，遂与高力士谋，以侍女代死。杨贵妃则由陈玄礼的亲信护送南逃，大约在今上海附近扬帆出海，经海上漂泊，辗转来到日本久谷町久，最终在日本安度晚年。

其生死情况究竟如何，至今仍令人难解。

李白是溺水而死的吗？

集"诗仙""酒仙"称号于一身的唐代诗人李白是杰出的浪漫主义诗人，关于他的死，后人有多种说法。概括起来，一种说法认为他是死于疾病；另一种说法则带有浓厚的浪漫色彩，那就是认为他死于"揽月落水"，即溺水说。

李阳冰为李白诗集写的《草堂集序》说李白是病死的，以后的碑碣著述多沿用此说。范传正的《墓铭》中即有"至今尚疑其醉在千日，宁审乎寿终百年"的文字。李白嗜酒成性，特别是到了晚年，"狂饮"更成了他生活中的一个重要组成部分，所以醉而致疾极有可能。晚唐诗人皮日休作《李翰林诗》（《七爱诗》之一），其中有"竟遭腐胁疾，醉魄归八极"的说法，明白地指出李白因醉得疾。郭沫若考证说，61岁的李白曾游金陵，往来于宣城、历阳二郡间。李光弼东镇临淮，李白曾决定从军，到了金陵发病，只得半途而返，此时李白处于"腐胁疾"之初期，估计当为脓胸症。郭沫若又说，他62岁在当涂养病，脓胸症慢性化，胸壁开始穿孔，成为"腐胁疾"，762年十一月卒于当涂。

《旧唐书》上则说，李白因为饮酒过度，引发疾病，而死于宣城。这种说法也有一定的道理，综观李白一生，坎坷流离，经历曲折。爱酒，爱月，恃才而狂，傲视权贵。他才气冲天，却命运多舛。晚年穷极悲苦却又不甘寂寞，常感慨自己的一生。他胸怀大鹏之志，却只能听任命运的安排，发"中天摧兮力不济"的不堪、"白发三千丈"的幽怨，没奈何，只得呼酒买醉，可惜"举杯消愁愁更愁"，大量的酒精已经使他的肌体受到侵蚀损害，但他仍贪杯，直至病入膏肓而不可救药。推断其死因，人们认为他的族叔李阳冰的话应该是可信的。

李白"溺死"说也有一定的依据，五代王定保《唐摭言》说："李白着宫锦袍，游采石江中，傲然自得，旁若无

人，因醉入水中捉月而死。"宋代洪迈《容斋随笔》中记载类似，不过在前面加了"世俗言"三字。"世俗言"的意思是这是民间的一种出于美好的想象而产生的传说。值得一提的是，这种带有浪漫色彩的民间传说的出现，是在李白去世不久，而不是在王定保或洪迈的记述之后才广为流传的。到了元代，王伯成编《李太白流夜郎》杂剧，其中有李白落水的说法。虽然艺术无法与现实等同，但其出处也有一定的真实性。

对于李白诗歌的爱好者来说，他们更愿意相信李白是"揽月落水"而死。因为他有许多诗是写月的，他把月亮看成是高尚皎洁的象征。所以人们愿意接受他的死与月亮有关之说。但李白究竟是因"揽月落水"而死，还是发病而死，只有诗人自己知道了。

李商隐与牛李党争之谜

晚唐大诗人李商隐，其人一生沉于下僚，过着郁郁不得志的生活。有人说"锦瑟无端五十弦，一弦一柱思华年""相见时难别亦难，东风无力百花残"等无题诗都是他对自己仕途多蹇的伤感。考察他当时所处的时代，整个政治正陷于党争纷繁之中，他的一生基本上都与长达四十年之久的牛李党争相始终。

所谓牛李党争，是指中晚唐时期两个官僚集团之间的斗争，一方以牛僧孺、李宗闵为代表，另一方以李德裕为代表。史载李商隐之所以政治不得志就是由于他卷入了党争之中。果真如此吗？一介文人的他如何卷入此等纷争中？这在历史上向来有不同的说法。

一般认为李商隐的政治悲剧从他被令狐楚赏识开始。根据《旧唐书·李商隐传》的记载，李商隐因为年少时就颇富文采，受到当时镇守河阳的令狐楚的赏识，"以所业文干之"。李商隐年及弱冠后，令狐楚更以其才俊，而对他非常礼遇，还让他与自己的诸子在一起交游。按此形势，李商隐本来应该能够在政治上大有作为的，但是事情却发生了变化：当时"镇河阳，辟为掌书记，得侍御史"的王茂元也对李商隐欣赏有加，并把自己的女儿嫁给了李商隐。而王茂元其人是李党领袖李德裕所信赖的人，恰与当初欣赏、提携李商隐的牛党方面的令狐楚是对头冤家。现在李商隐做了王茂元的女婿，因此李宗闵、令狐楚所代表的势力对他极其鄙夷，认为他是忘恩负义之徒。当时令狐楚已经死了，"其子绹为员外郎以商隐背恩，尤恶其无行……令狐绹作相，商隐屡启陈情，不之省"。这就是说，李商隐早年为牛党的重要成员令狐楚重视，后来又得到李党成员王茂元的赏识，并娶其女儿为妻。这在牛党看来无疑是一种背恩的行为，因此遭到了令狐楚之子令狐绹等人的厌恶和诋毁。李商隐虽然屡次向其"陈情"，希望令狐绹能够引荐自己，但是自己的处境却始终都没有得到改善，一生受尽冷落。

对李商隐的遭遇，著名史学家陈寅恪在《唐代政治史论稿》中指出，"李商隐之出自新兴阶级，本应该始终属于牛党，方合当时社会阶级之道德。乃忽结婚李党之王氏，以图仕进。不仅牛党目以放利背恩，恐李党亦鄙其轻薄无操。斯义山所以虽秉负绝代之才，复经出入李牛之党，而终于锦瑟年华惘然梦觉者欤！"也就是说，陈寅恪也认为李商隐是先党牛后党李，是一种放利背恩的行为。

对此看法，有人提出异议。

清代学者徐湛园认为李商隐一直都属于牛党。他说："唐之朋党，二李为大，牛僧孺为李宗闵之党魁，故又曰牛李。杨嗣复、李宗闵、令狐楚与李德裕大相仇怨。义山为楚门下士，是始乎党牛之党者也……徐州归后，复以文章于绹，乃补太学博士，是始乎党牛之党矣。"意即李商隐从始至终都是在牛党手下做事，先是为令狐楚门人，楚死后，又在其子绹手下做事，所以从来都属牛党。

而朱鹤龄则认为李商隐属李党。他在《笺注李义山诗集序》中，认为李党"理直"，所以李商隐就王茂元等任"未必非择木之智"。张采田在其《玉谿生年谱会笺》中也进一步指出，与其说李商隐属牛党，不如说他属李党，并说"朱氏（鹤龄）所谓李党者，据其迹也；余之所谓李党者，原其心也"。

这两种看法都认为李商隐是从于一党的，而当代一些学者则提出了另外的新看法，认为《旧唐书·李商隐传》的记载并不可信，李商隐和牛李党争

朋党之争图
唐代党争既有传统士族与庶族斗争的一面，又混杂了大官僚地主阶级之间的斗争。争斗中两派又援引宦官做靠山，得势后便大力排挤政敌，从而演变成为掌权而进行的互相倾轧，结果进一步加深了统治危机。

其实并没有关系，他既不属于牛党，也不属于李党。

首先，李商隐与令狐氏的矛盾并不是党派纷争引起的。李商隐因少有文采而受到令狐楚的赏识和提拔，这表明他和令狐楚是师生的关系，而不是一种结党行为。后来，由于李商隐与令狐绹在政见上产生了分歧，加之两人地位、性格的不同，因此隔阂越来越大。李商隐最初还对令狐绹抱有希望，然而令狐绹却始终"不省"，两人终至绝交。

观李商隐一生，他见识超迈，并非结党营私之人。他与人交游，从来不问对方的党属，更没有过什么狼狈的结纳现象，他的作品既有酬赠牛党人士的，也有酬赠李党人士的。可见他并没有把自己看成是牛党或者李党之属。他后来之所以会赴王茂元泾原幕，及后来与李德裕有所交往，其原因并不是党属之变，原始动机或许只是为了仕进，只是希望能借助他们实现自己的政治理想，并没有考虑过自己会冒犯到牛党，也就谈不上去牛就李。

古今看法各不同，或认为李商隐处于牛李党争的夹

缝中，或认为本属一党，或认为根本不属任何一个党派。孰是孰非？李商隐空怀大志，却终生沉于下僚，其原因究竟何在？这仍是一个谜。

第三节　文化迷踪

首次去西天取经的是玄奘吗？

在中国，《西游记》的故事可谓家喻户晓，它以唐僧、孙悟空等师徒去西天取经的过程为线索，讲述了他们在西行途中与各方妖魔鬼怪比智斗法的传奇故事。小说里武艺高强、疾恶如仇的孙悟空大战白骨精、智取牛魔王，为取得真经立下了汗马功劳。相比之下，作为师傅的唐僧却显得那么优柔寡断、懦弱无能。但事实上，唐僧的原形——唐代的玄奘大师却是中国乃至世界佛教史上一大功臣，也是我国古代西行求法高僧中成就最高、影响最大的一位。但中国历史上西行取经的第一人是否就是他呢？后世有很多不同的看法。

一些书籍中是这么认为的。根据史书记载，玄奘当年是冒着偷渡的危险西行取经的，并且在同行的胡僧中途退出之后，他孑然一身，仍然坚持独游沙漠。唐太宗贞观三年（629年），他从长安西行，经姑臧（今甘肃武威），出敦煌，经今新疆及中亚等地，历尽艰险，辗转到达中印度。他在中印度巡游了各

玄奘像

方佛教圣地学府并学习讲研了大量佛教著作，于贞观十九年（645年）回到长安。孤征十七年，亲行五万里，历经一百多个国家（"所闻所履，百有三十八国"），玄奘大师西行求法后带回了大量梵文经典，并且把他在印度中亚的所见所闻写成了《大唐西域记》，详细介绍了印度各地的风土人情和宗教盛衰。此书不仅是历史研究的宝贵资料，也为今天考古工作提供了重要依据。可以说，玄奘是我国佛教传播史上一位重要人物。

但更多的人否认这种说法。众所周知，佛教是源于印度的。在中文的佛教教义里，西天往往是真理存在终极世界的代名词。因为佛教是从古中国的西域传入的。公元前5到6世纪，佛教在印度恒河流域创立以后，不久就向周边国家传播。汉代张骞出西域标志着丝绸之路的开通，促进了佛教的东传。佛教由印度西北部，东逾葱岭，沿着丝绸之路传入中国内地。但最初来中国的传教者，基本上都是笃信佛教的中亚各国的西域僧侣，而不是印度僧。据北京大学学者季羡林先生考证，汉地最早的佛经并不是直接从梵文翻译过来的，而是经中亚古代语言转译的。同时，由于所翻译的经典，大都是口译，而且是按照西域的思维习惯，中国人不易接受。结果，初期佛经的原本在经过西域各地的间接输入后，不是经本不全就是传译失真，在流传过程中常常产生自相矛盾的现象。佛教盛行后，一些佛教徒想要改变这一状况，于是决意西出阳关，发起西行求法运动，由此揭开

了中外佛教文化新的一页。在佛教盛行的两晋和唐代，西行求法的人陆续不绝，人数还是相当多的。据义净《大唐西域求法高僧传》所列就有近六十人。但在古代生产力水平低下、交通极不方便的情况下，从我国内地到印度无论是走陆路还是海路，都需要经年累月，吃尽千辛万苦，甚至付出生命的代价。据佛教史传的记载，在成百上千的求法高僧中，真正能够幸存下来、学成而归的，只是少数人而已。这样看来，玄奘大师应该是这幸运的少数人中最成功的一位了，而不一定是第一人。

那么，如果玄奘不是，谁又是西天取经的第一人呢？根据现存的史料来看，一般认为三国时代的朱士行应当是我国最早西行求法的人。他是三国时魏国的僧人，原籍颍川（治所在今河南禹县）。朱士行少年时出家，嘉平（249—253年）年间，开始依羯磨法受戒成为比丘。他在出家后就埋首研读经典。在洛阳讲《道行般若经》的时候，他常常感觉到口译的经文文句艰涩不说，有很多又被删略，很难理解，因此就希望去西域寻找原本。魏甘露五年（260年），朱士行从长安出发，历尽艰险，终于到达当时大乘经典集中的地方于阗（今新疆和田一带），经过二十多年，才找到了原本梵文的《放光般若经》40章，大概60多万字。原本希望能立刻将写好的经文送回国，但由于当地学徒的阻挠，直到西晋太康三年（282年）才由他的弟子弗如檀（汉语译作法饶）等10人送回洛阳。元康元年（291年）由无罗叉和竺叔兰等译出，计20卷。而大师朱士行却终身未能回汉地，80岁病死于阗。自朱士行后，西行求法的僧侣一时涌起，从三国到唐代，络绎不绝。

只是成功者实在是微乎其微，史册上也无多记载。

预测千古的《推背图》究竟是什么？

人类文明的发展历史已有至少5000年，在历史的车轮滚滚前进的同时，现代文明快速发展也伴随着一些人类自身难以解释和解决的问题。对于茫茫难以预测的未来，如果有人或有些事物能揭露其奥秘，一定会引起社会上的轰动。各国的科学家与有识之士都进行了大量的推测，就连好莱坞的大片也对此热衷不已。而中国在这方面也有自己的很多预言，其中最家喻户晓，而且也最为扑朔迷离的，当属一千三百多年前，唐贞观年间袁天罡及李淳风合做的《推背图》。

《推背图》是中国比较有影响力的预言之一，由初唐的司天监李淳风和袁天罡共同编写，共六十象，分别预言了从唐朝后发生的主要历史事件。从地域范围来看，涉及中国和外国，如三十八象——噬嗑卦，预言的就是第一次世界大战。据说《推背图》有数个版本，原因是清兵入关后，恐怕有人能预知清朝未来，清廷故意颠倒《推背图》的顺序而制作不同版本流入民间。

关于《推背图》的起源的说法也很神秘。据说，李淳风精通天文历算，有一次他坐观紫微星斗，进行推算，预感到不久将有武则天乱唐的灾难。当他推算得忘了情准备一直推演下去时，突然被另一位术士袁天罡从后面推了一下后背，提醒道："天机不可泄漏！"他才就此罢手，不再推算，但这时他已经推到千年之后了。李淳风便把他推算的天机，写成诗歌，并配以图画，通过袁天罡作为奏章呈给了唐太宗。这种事关国家机密的东西当然是不能再让别人看的，可是后来却不知怎么泄漏出来，这就是我们现在看到的所谓的《推背图》。《推背图》不仅把唐数百年间，还把唐代以后的宋辽金元明清的治乱兴衰都预测得分毫不差。真是前无诸葛亮，后无刘伯温！而且最为珍贵的是它的一幅幅插图，把唐以后一千多年的中外服饰也都预测出来了，包括满族的花翎马褂，甚至洋人的西服革履，也预言得分毫不差。从这个意义上来说，人们很难解释得通，为什么唐代的一个术士，能够预测未来的事情，以至于后来的清朝统治者都惧怕它的神奇魔力，不得不通过扰乱视听的方式，破坏《推背图》的版本的完整性，来维持自己的统治。

据说一位预言家曾引用《推背图》的预言，证实唐朝的武则天和杨贵妃乱唐之事也被预言中了。《推背图》第二象，谶曰：

累累硕果　　莫明其数
一果一仁　　即新即故

颂曰：

万物土中生　　二九先成实
一统定中原　　阴盛阳先竭

预言研究家据此认为，第二象预言的是唐朝女祸灾难。一盘果子是指李子这种果实，即指代唐朝，它的个数是二十一，指的是从唐高祖至昭宣年间共有二十一主。"二九"者指唐二百八十九年。"阴盛者"指武则天当女皇统治大唐，淫昏乱政，几乎危

及到唐朝的稳固统治。开元之治虽然可以与贞观之治媲美，却由于杨贵妃招来灾祸，女人受到宠幸，以致国乱家毁，所以称之为"阴盛阳先竭"。而这些从中国历史上都能找到证据来证明，从而也愈来愈加剧了人们对《推背图》的向往和崇拜，也增添了《推背图》在人们心目中的神秘色彩。

由上我们不难理解，为什么《推背图》在人们心目中如此有吸引力。的确，在人们心中，《推背图》是一种很神秘的东西，好像它是一本天书，能预知未来，它包含着什么"天机"，预言着未来的社会变迁，而且诗图并茂，在世界上被一些人称之为"中国七大预言"之首，它颇能引起人们的好奇心。但是如果《推背图》真能预知未来，李淳风这个人也太神奇了。那么他真是历史中确切存在的人吗？他有什么特殊的才能吗？

李淳风确有其人，在《旧唐书》《新唐书》中都有他的传。他是唐太宗时人，博通群书，精通天文历算、阴阳之学。他曾经主持铸造过浑天仪，编成《麟德历》以取代过时的《戊寅历》，在唐代是一个了不起的天文学家、科学家。另外，他在史书中又被塑造成

《推背图》书影

《推背图》作为千古奇书，从诞生之日起，便充满了神秘的色彩，常沦为禁书。宋代和清代的统治者更是将其中的内容倒置、混合甚至篡改以扰乱视听，达到控制人心、巩固统治的目的。

一个预言家，在稗官野史中更成了出阳入阴、兼判冥事的半仙（故事虽然在《西游记》中为大家所知，但最早却是见于唐人的笔记《朝野金载》）。后来，由于他预测武则天乱唐之事，激怒了唐太宗而被杀。由此可见，所谓预言书的作者的真伪更多的是文学家的描绘，而他本身的真实情况也因此变得扑朔迷离。

再加上长期以来，《推背图》一直被当成禁书，不要说市面上不能出售，就是家里私自收藏和传阅也是违法的。人们往往有这样一种心理，对于一些"禁"的东西兴趣愈浓，所以越是不让看的书就越是感到神秘，这样一来二去，反而不少人心里真的认为《推背图》中藏着什么天机。这从另一方面也加剧了《推背图》的神秘。但不管怎么讲，《推背图》反映了中国传统文化的瑰丽灿烂，反映了中国传统文化的博大精深和神秘。

杜牧写过《清明》吗？

清明时节雨纷纷，路上行人欲断魂。
借问酒家何处有？牧童遥指杏花村。

这是唐代诗人杜牧的一首脍炙人口的名作。千百年来，此诗以其清秀生动而又意境真切的文字征服了后世，成为老幼皆知的小诗，至今还有很多酒馆店铺以"杏花村"命名。但是，一直以来却都有这样一个怀疑：杜牧真的是这首《清明》诗的作者吗？有很多人提出了异议。不少人怀疑这首诗根本不是杜牧所写。比较有代表性的学者是文伯伦先生。他认为《清明》

诗的渊源十分可疑。杜牧的诗文集《樊川文集》共二十卷。这个文集由杜甫的外甥裴延翰编次的，裴延翰在此文集的序中提到，杜牧在临终的时候说："始少得恙，尽搜文章阅千百纸掷焚之，才属留者十二三。"可见，杜牧对自己可以传世的文章的筛选是有着极其严格的要求的。他对自己所有的文章经过严格的挑选，保留下的不过是平生所有诗歌创做的十之二三。后来，从晚唐时候起一直到北宋，人们一直反复地收集和编纂杜牧的诗歌刻本，但是都没有找到这首《清明》诗。可见，它是值得人怀疑的。

收录这首《清明》诗的最早的文集是南宋时期刘克庄所编纂的《分门纂类唐宋时贤千家诗选》，这也是唯一收录此诗的文集。但是人们认为这个选本有很多可疑的地方，而且历来评价也不高。

既然这首诗在唐人和宋人的文集中都没有提及过，那么起码收录此诗的文集的作者刘克庄应该在自己的相关著作中有所记载。然而，让人疑惑不解的是，刘克庄的《后村诗话》中多次提到过杜牧，也多次具体涉及杜牧的作品，但是对这首《清明》诗却只字未提。相反，刘克庄在《后村诗话·前集》中甚至认为杜牧的《樊川外集》《樊川别集》中混入了一些不是杜牧所写的诗歌，而且认为杜牧有很多诗歌已经散佚。既然刘克庄已经注意到了这一点，那么他一定会对杜牧的诗歌多加留意，如果发现有新的杜牧诗，又怎么可能不在自己的文集中有所描述？

此外，这首诗的风格与杜牧的一贯风格不一致。杜牧向来以为诗歌创作"以意为主，以气为辅，以辞采章句为

之兵卫",又说"某苦心为诗,本求高绝,不务奇丽,不设习俗。不今不古,处于中间"。这些话在他的《答庄充书》《献诗启》中有明确的记载,明确表达了杜牧的创作态度。并且杜牧其人才气纵横,抱负远大,平生所研究的是"治乱兴亡之迹,财赋兵甲之事,地形之险易远近,古人之长短得失"。综观杜牧的诗文创作,可以看出他所追求的是一种情致高远、笔力劲拔的诗风。历代文学评论家论及杜牧的诗风的时候,也都一致认为其诗"豪而艳,宕而丽"。"豪"是指感慨淋漓,挺拔警悍;"宕"是指情韵悠长,清新多变。而《清明》诗显然是与他的写作风格不相一致的,这显然不是杜牧诗的诗风。

有人则坚持认为杜牧是此诗的作者,持这种看法的人通常是引用《江南通志》的记载。在此通志中记载说,杜牧在池州任刺史时,曾写过"清明时节雨纷纷"的诗句。而杏花村就在池州的城西不远处,据说城的附近还有一个名为"杜湖"的湖泊。但是认为此诗作者非杜牧的人则反驳说,很多地方通志中的记载往往有"攀龙附凤"之嫌,他们喜欢引入著名人物以增加本地的人文色彩,这在历史上不乏例证。《江南通志》也不例外,所以尽管它言之凿凿,却不能成为杜牧是《清明》诗作者的证据。

可是为什么后世会将此诗看作杜牧的作品呢?如果不是杜牧所作,又是出自谁之手呢?这又是一个难解的谜。人们猜测这首诗可能是南宋人所作,因为不仅诗风近似南宋,而且"雨纷纷"和"欲断魂"之句可能是用来表示时人国破家亡的凄凉心境。至于它的流传,文伯伦认为可能是在流传的过程中,由于刘克庄编纂的《千家诗》较为粗糙,很多作品都没有署上作者的姓名,因此就出现混乱姓名的情况。而杜牧的很多怀古诗在当时颇得人心,又曾经长期在江南做刺史,所以有人就将此诗假托在杜牧的名下了。又由于这首诗的通俗清秀,以及思想感情上与很多人达成了共鸣,可谓是妇孺皆知,杜牧也就成为人们心目中此诗的作者。

杜牧到底是不是《清明》诗的作者?这位诗风隽永的江南才俊,留下了"商女不知亡国恨,隔江犹唱《后庭花》"等著名咏史诗句,是否也留下了这首富有生活气息的《清明》诗?还有待于今人的破译。

第五章　宋、辽、金、元秘史

第一节　名人谜团

北宋名妓李师师死亡之谜

看过《水浒传》的人可能都知道，宋江在要归顺朝廷时，苦于没有门路，最后无法，只得托李师师打通关节。当然，这是小说家虚构的情节，但现实中的李师师是怎样的呢？原来李师师是北宋末年誉满京华的名妓，她本姓王，4岁亡父，只得入娼籍李家，后因才貌双全，善词曲，工歌唱，名噪汴京（今河南开封）。

后来宋徽宗将李师师纳入后宫，一个是风流皇帝，一个是风情万种的妃子，二人无比恩爱。只可惜好景不长，金人入侵，徽宗被掳，而李师师就不知下落了。南宋时有人做了一篇《李师师外传》，说她为宋徽宗殉情了。

《李师师外传》中说，金人攻破汴京后，金

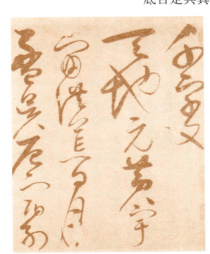

草书千字文　宋徽宗

主帅挞懒派人去找李师师，但找了很多天都没找到，张邦昌等人跟踪李师师，最后捉了她送到金军大营。李师师大骂道："以我一个卑贱的妓女，受到皇上宠爱，宁愿死也不迎合这些金人。你们这些高官显贵，朝廷有什么对不起你们的，你们却事事不为社稷子孙着想！"于是拔下金簪自刺喉咙，但没死成，于是折断金簪吞下而死。

但是，关于《李师师外传》中所说的李师师为宋徽宗殉情一事，后人异议颇多。鲁迅称这篇外传只是传奇而已，不足为据，其他许多人也持否定态度。邓广铭教授在《东京梦华录注》中说《李师师外传》"一望而知为明人妄作"，彻底否定其真实性。但这些说法也只是推测而已，没有明显的文献资料可以证明李师师并没有为宋徽宗殉情。

还有另一种说法则是汴京失陷后，李师师被俘北上，嫁给了一个身有病残的老兵为妻，抑郁地了结了一生。

作为一个与亡国之君有关系的绝色女子，李师师的情事必然会涉及国

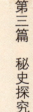

事，因而其下落究竟如何，只能任由后人评说了。

秦桧是金国的奸细吗？

秦桧（1090—1155 年），字会之，是中国历史上有名的一代汉奸。南宋时期，他把持朝政，通敌叛国，残害忠良。尤其可鄙的是他以"莫须有"的罪名杀害了抗金名将岳飞，留下了千古骂名。他将永远被钉在历史的耻辱柱上，遗臭万年。

秦桧是何时沦为金国的奸细呢？据推测，靖康元年（1126 年），他为金人掳获后，由囚徒沦为了内奸。秦桧在金的所作所为，今已无处可查。但是关于秦桧的南归，颇能说明问题。他自己说是"杀监己者奔舟而归"，对此当时人就很怀疑，但因有宰相范宗尹、知枢密院事李回的极力保荐，所以才被高宗接纳，最终令高宗对他深信不疑，并委以重任。绍兴初做过宰相的朱胜非在《秀水闲居录》中说："秦桧随敌北去，为大帅挞赉（又名挞懒、挞达兰，即完颜昌）任用，至是与其家得归。桧，王氏婿也。王仲山有别业在济南，金为取千缗其行，然全家来归，婢仆亦无损，人知其非逃归也。"另外有记载说，秦桧在金朝献和议书，当时金统治者赐他钱万贯、绢万匹。建炎四年（1230 年），金朝攻楚州，秦桧竟然被允许用船将全家带回，不是奸细，能得金人如此恩宠？实情是，建炎三年（1229 年），金兵南侵时，秦桧作为金太宗之弟挞懒的随军转运使同行。临行前，秦桧欲携其妻王氏南下，又恐挞懒不允，于是假装争吵，并故意让挞懒知晓，终于获准。而秦桧此番南下的重要任务就是诱使宋朝与金达成和议。

从金人那里也能找到秦桧投降金人的确凿证据。宋嘉定七年（金贞祐二年，1214 年），金宣宗为避蒙古的兵锋，迁都于南京（汴京），著作郎张师颜在《南迁录》中记载过此事，其中两处提及秦桧。一次是讨论是否迁都，直学士院孙大鼎在讲到迁都的必要性时说："（金）天会八年（宋建炎四年，1230 年）冬，诸大臣会于黑龙江之柳林，陈王悟室忧宋氏之再兴，其臣如张浚、赵鼎则志在复仇；韩世忠、吴玠则习知兵事，既不可以威服，复构怨之已深，势难先屈，欲诱以从，则阴纵秦桧以归。一如忠献之所料，及诛废其喜事贪功之将相，始定南疆北界之区划，然后方成和议，确定誓书，凡山东、淮北之民多流寓于江南，及杜充、张忠彦之家属悉令发还，盖惧在南或思归南，鼓煽摇惑，易以生隙，务令断绝，始无后患。"

还有一次，在蒙古军攻陷复州、顺州时，被俘的金同知县赵子寅、督运天使张元应二人得以逃脱，他们回来后建议遣使向蒙古乞和，金宣宗下旨封赵子寅为直昭文馆，张元应为总天马飞龙十七监。权给事中兼知制诰孙大鼎封还录黄，奏曰："多事之世，士无常守，外顺内逆，惟利所在。子寅、元应之归，朝廷以其言遣使，遂以为诚，臣深疑之。自天统之中，至今三十年，北兵陷执官吏不知其几多，不知其存亡，传闻戮辱囚苦，皆是求死。独此二人忽然逃归，情态张皇，气貌不改，恐未必非敌之间。古事臣不必言，谨按国史，天会八年冬，诸大臣虑南宋君臣之刻苦于复仇，思有以止之，而势难于自屈。鲁王曰：'惟遣彼臣先归，因示空（恐）胁而使其臣顺。遵之，我佯不从，而勉强以听，感可以定。'忠献曰：'我军初到太原，孝纯见霍安国之使，使来迎降。即得太原，一鼓渡河。取洛阳。围大梁，皆由先取河东，彼此谁不怒之，仇之，如何得位得志？此事在我心中三年矣，只有一秦桧可用。桧初来说赵臣得人心，必将有所推立；不及半年，其言皆验。我喜其人，置之军中，试之以事，外拒而中委曲顺从。间语以利害，而桧始言南自南，北自北。'"

上奏中的"只有一秦桧可用""而桧始言南自南，北自北"表明秦桧已死心塌地投降金朝了。

秦桧回到宋朝之后，由于得到高宗的宠信而官运亨通，直至占据宰相的高位。自此，秦桧独揽朝中大权，积极从事投降叛国活动。绍兴八年（1138年），他代表高宗拜受金朝诏书，接受"和议"，而后为了讨好金人，又以"谋反"之罪杀害了力主抗金的爱国将领岳飞。绍兴二十五年（1155年）十月，中国历史上臭名昭著的大汉奸秦桧病死临安（今浙江杭州），谥号"缪丑"。他的卖国行径使他成为千古罪人，为后人所唾弃。

抗金英雄岳飞死因探秘

岳飞（1103—1142年），字鹏举，相州汤阴（今属河南）人，出身贫苦农民之家。联金灭辽时应募从军，曾在张所部任统制，并与王彦一起抗金。后随宗泽守东京，任都统。宗泽死后，他投身张浚部，并逐渐成为南宋重要的抗金将领，立下赫赫战功。建炎四年，收复建康（今江苏南京）；绍兴四年（1134年），大

岳飞像

败刘豫齐军，收复襄阳等六郡，封清远军节度使，后封为武昌开国侯，联络两河义军，部署北伐。绍兴八年（1138年）年底，他反对高宗与秦桧的议和，并上表提出"金人不可信，和好不可恃"。绍兴十年（1140年），郾城一战，大败兀术统率的金兵主力，收复颖昌、郑州、洛阳等重镇。在抗击金兵的战斗中，岳飞率领的"岳家军"常常以一当十，勇往直前，声威大震，甚至金军中都流传着"撼山易，撼岳家军难"的悲叹。可是，就在收复中原即将实现的大好形势下，宋高宗赵构却连发十二道金牌，下令收兵。岳飞挥泪含恨退兵，不久以"莫须有"的罪名和他的儿子岳云及部将张宪被毒死于"风波亭"。

直到孝宗即位，冤案平反，岳飞墓才迁至景色秀丽的栖霞岭下。岳飞墓前，铸有两个跪着的铁人，即当时南宋的宰相秦桧夫妇。几百年来，到此悼念岳飞的人们都要唾骂奸臣秦桧。岳飞为秦桧所害，这似乎已成为不容置疑的铁案。

但是，事实上杀害岳飞的元凶并不是秦桧，秦桧只不过是这个元凶手下的一个鹰犬！

第一，秦桧没有杀岳飞的权力。有人指出，当时秦桧虽然很受高宗的信任，但还没到摆布高宗的地步，因此也不能为所欲为地恣意铲除异己。绍兴九年（1139年），秦桧正积极对金议和，枢密院编修官胡铨上书反对，并请求皇帝"斩秦桧之头挂诸街衢"。秦桧对此人恨之入骨，但也不敢

任意杀害他。由此可知，对战功赫赫的岳飞，他更不可能擅自处置了。

第二年，金兵违背和议，一举攻占了河南地区，秦桧惶惶不可终日，生怕高宗因此迁怒于自己的议和政策，他此时惶恐不安，正是自保不足的时候，因此，他没胆量背着高宗杀害岳飞。需要说明的是，岳飞的狱案又称作"诏狱"，程序严密，外人无法插手。这样，即便秦桧权力再大，公开"矫诏"杀人也是不合情理的。

第二，秦桧及刑部主审岳飞一案，曾上书定岳飞、张宪死罪，但并没有定岳云死罪。可上书赵构后，岳云也没能幸免于难。由此可见生杀大权还是在高宗之手。

第三，秦桧死后，赵构为秦桧制造的许多冤假错案平了反，但唯独对岳飞一案不肯昭雪，而且对许多大臣申请为岳飞平反的奏折不予理睬。

这一切都足以证明，赵构才是杀害岳飞的元凶。

赵构出于什么原因要害死自己倚为军事支柱的岳飞呢？而且宋太祖赵匡胤曾传下秘密誓约，规定后世子孙"不得杀士大夫及上书言事人"，"子孙有逾此誓者，天必殛之"。在北宋历朝，这条誓约执行得非常严格，赵构为何敢违约破例？这在认为赵构是杀害岳飞元凶的学者中存在着争议。

有的学者认为"帝之忌兄，而不欲其归"。高宗眼见岳飞一心要"迎二圣"，而徽、钦两帝一旦回来，自己的皇位就不保了。他害怕中原光复，因而杀了岳飞。

另一部分学者则认为原因并不是"迎二圣"。赵构杀岳飞，主要原因是怕他在外久握重兵，跋扈难制，危及自己

的统治，对武将的猜忌和防范，是赵宋王朝恪守不渝的家规。只要武将功大，官高而权重，就意味着对皇权构成威胁。岳飞个性刚强，"忠愤激烈，议论不挫于人"，不容易与人合作，绍兴七年（1137年），他上书奏请高宗立储："乞皇子出阁，以定臣心。"同年，他又因守母丧，未经高宗批准便自行解职，把兵权交给张宪。这两件事犯了高宗的大忌。再加上高宗曾在金营做人质，又有从扬州南渡等惊险经历，对金兵始终心存恐惧。对战争前景，他既怕全胜，又怕大败。胜则怕武将兵多、功高而权重，败则怕欲为临安布衣而不能。他想当个安安稳稳的太平皇帝，因此一心求和。所以，秦桧利用岳飞部下的告密来证明岳飞的跋扈，正好迎合了赵构害怕岳飞立盖世之功、挟震主之威的心理，加上岳飞又是反对和议最强烈的主战派，故而赵构下令杀了岳飞。

岳母刺字之谜

南宋抗金英雄岳飞背刺"尽忠报国"四字，昭示爱国心迹，历来为人称道。岳飞背部的字究竟是何人所刺，《宋史》没有详细记载，民间流传有多种版本，一种说法是岳母刺字，激励岳飞报效国家。也有人考证说，岳飞背上刺字乃是宋朝兵制使然。岳飞背上的"尽忠报国"究竟从何而来，仍然是一个未解之谜。

岳飞背上刺有"尽忠报国"，历史上确有其事，很有可能源自岳母鼓励儿子上战场的意愿，但不是岳母亲手所刺。《宋史·岳飞传》有记载，当岳飞入狱之初，秦桧等密议让何铸审讯。岳飞义正词严，力陈抗金军功，并当着何铸的面"裂裳以背示铸，有'尽忠报国'

四大字，深入肤里"。浩然正气，令何铸汗颜词穷。

北京师范大学历史系教授游彪说，岳飞背上刺有"尽忠报国"四个字，历史上确有其事。但是这几个字究竟是因为什么缘故，在什么时候，由什么人刺的，史书上并没有确切的记载。

清人钱汝雯《宋岳鄂王年谱》卷一云："靖康初始见宋高宗，母涅其背'尽忠报国'。"是说岳飞背上的四个字系"母刺"。据考证钱氏撰此年谱，取材于《唐门岳氏宗谱》，此谱成书较晚，材料来源庞杂，不足为凭。游彪教授也认为，岳母刺字是民间流传的一个典故，还是有一些历史依据的。在宋金打仗的时候，岳飞在现在的山西平定一带当兵，岳飞是一个忠孝的年轻人，他担心家里年迈的老母亲，为了安顿好母亲，岳飞就从战场回到了家乡河南的汤阴县。

岳飞的母亲姚氏是一个农家妇女，识字的可能性不大，所以不可能亲手在岳飞背上刺上"尽忠报国"四个字。但极有可能的是，他母亲为了鼓励他放心去战场打仗，请人在岳飞背上刺的。

关于岳飞背部刺字还有一种说法。岳飞久怀报国之志，曾三次从军抗金杀敌。他于宣和四年（1122年）19岁时第一次应募入伍，背部刺字大约是此时所为，因为北宋末年"刺字为兵"的制度仍在贯彻执行。所以岳飞在背部刺上"尽忠报国"四字明志。

游彪教授对此提出了不同的看法，他认为通过分析宋代的兵制，可以推断岳飞

岳飞坐像，在今浙江杭州岳王庙内。

背上的字不是因为他当兵才刺的。

两宋时期，是中国历史上唯一一个国家正规军完全靠募兵的时代。汉唐和元明清都是实行征兵制，所谓征兵就是一种兵役，只要是国家的公民，都要被强行服兵役。两宋的募兵制则是国家从老百姓中招募士兵，国家出钱雇佣他们。所以宋代的军队都是国家花钱养的雇佣兵，人员来源比较复杂，游民、饥民和犯过法的人都可以应募入伍，这就加大了管理的难度。

从宋太祖赵匡胤开始，为了加强对军队的管理和控制，"刺字为兵"就成为了一种规范运做的制度，只要是应募入伍的士兵，都要刺字作为标记。赵匡胤认为应该把兵和民分开，兵民分开控制，有利于国家的稳定，有利于皇帝的统治。南宋人牛弁《曲洧旧闻》也说："艺祖（即宋太祖）平定天下，悉招聚四方无赖不逞之人，刺字以为兵。"据古书零星记载，一般是取"松烟墨"，入管针（类似于管状针头）画字于身，直刺肌肤，涂以药酒即成。

岳飞刺字的内容和部位，都不符合宋代士兵刺字的规定。宋代有两种军队需要刺字，一种是禁军，就是国家的作战部队；一种是厢军，也称其兵士为役兵，相当于现在的工程兵，国家或地方的大型公共工程，比如修桥铺路等，都是由厢军来完成，他们也从事各项杂役。禁军和厢军都有各自固定的番号，为了便于识别和管理，士兵刺字的内容基本上都是各自

所属部队的番号，不会是其他的内容。这样使得士兵不能随心所欲地流动和逃跑。

还有牢城兵，比如说《水浒传》里面的林冲，他犯罪之后被发配到沧州当兵，这种兵是带有徭役性质的，也会刺上诸如牢城第几指挥之类的标记。

所以游彪教授说，从岳飞背部刺字的内容——"尽忠报国"来分析，不可能是他应募当兵的时候刺上去的。而且刺字的部位也不符合宋代的规定，宋代给士兵刺字叫作黥面，最开始刺在脸上，人为地把士兵和社会普通阶层分开，这对士兵是一种歧视。

宋代是一个重文轻武的社会，武将的社会地位十分低下。文官尤其是进士出身的人，社会地位都很高，武官则受到严重的社会歧视。因为当时就是一个尚文的时代，连军官都受到歧视，更不用说普通的士兵了。当然也不乏开明的士大夫提出自己的看法，认为这种歧视士兵的做法并不太好，希望做一些必要的调整。后来有很多刺字就改刺在手臂、手心、手背或者是虎口上了。而且给士兵刺字的目的是防止士兵逃跑或者犯法，便于管理和控制，所以才会选择刺在脸上和手心手背这些相对明显的地方。如果像岳飞那样刺在背上，太隐蔽了，根本没有任何标识作用。所以这也说明岳飞背部的"尽忠报国"不符合"刺字为兵"的募兵制度。

现在也有一些关于岳飞的史料记载，把"尽忠报国"写做了"精忠报国"。游彪教授认为这很可能和宋高宗有关系。岳飞在对抗金兵入侵的战斗中，立下了赫赫战功，为了表彰岳飞，当时的皇帝宋高宗御赐了"精忠岳飞"四个字给岳飞，并且让手下人做成了一面写有"精忠岳飞"的旗帜。以后凡是岳飞出征的时候，都会带上这面写有"精忠岳飞"的大旗。到了明清以后，"尽忠报国"就被传成了"精忠报国"，这实际上是明清人的误解。

陆游与唐琬爱恨离愁之谜

陆游是南宋的爱国诗人，在文学创作上的成就一直受到后人的高度赞誉，那首《示儿》中"王师北定中原日，家祭无忘告乃翁"的爱国情怀和悲愤至今还让人唏嘘不已。因为陆游一生坚持抗金主张，因此也屡次遭到统治者集团投降派的打击，政治上郁郁不得志；同时，陆游的感情经历也很曲折，他早年的那首《钗头凤》词背后的凄婉的爱情故事一直被后人传诵着。

红酥手，黄縢酒，满城春色宫墙柳。东风恶，欢情薄，一怀愁绪，几年离索。错！错！错！

春如旧，人空瘦，泪痕红浥鲛绡透。桃花落，闲池阁，山盟虽在，锦书难托。莫！莫！莫！

《钗头凤》是陆游写给表妹唐琬的。绍兴十四年（1144年），不满二十岁的陆游与舅舅的女儿唐琬结为夫妻，婚后两人的生活甚是美满。然而让人疑惑不解的是，陆游的母亲竟然对自己的内侄女非常不满，先是百般挑剔和刁难，最后甚至蛮不讲理地逼陆游和唐琬离婚，硬将一对恋人拆散。接着，陆母又让陆游另外娶了自己所中意的王氏女，唐琬也迫于家长之命改嫁给同郡的赵士程。

时隔十年，这个春天陆游到故乡禹迹寺南的沈家花园游玩，恰好唐琬和

怀成都十韵诗卷帖　南宋　陆游

这是陆游回忆50岁左右在四川做参议官时的诗卷。当时范成大身为四川制置史，和他"以文字交，不拘礼法"，诗曰"人讥其颓放，因自号放翁"。

后夫赵士程也到此游玩。陆游看到了唐琬，想起了别后十年来消息的隔绝和人事的变迁，难以消散的伤痛又在心中涌起，于是提笔在墙上题了那首悲痛绝伦的《钗头凤·红酥手》。"错！错！错！"和"莫！莫！莫！"的悲叹中包含着多少心酸！唐琬看到这首词后，心中的愁苦也是不言而喻的，回到家以后，也和了一首词，不久就郁郁而终。

这一幕婚姻悲剧，成为诗人心底不可平复的创痛，即使后来时过境迁、一切已是旧迹，但陆游还是无法忘掉它。即使是在晚年时，每当年底，陆游总还要登上禹迹寺的楼上眺望，并写了很多诗抒发自己心头的隐痛。比较著名的是陆游75岁时候写的诗："池上斜阳画角哀，沈园非复旧池台。伤心桥下春波绿，曾是惊鸿照影来。梦断香销四十年，沈园柳老不吹棉。此身行作稽山土，犹吊遗踪一泫然！"此时已经距离唐琬逝世四十余年，陆游却依旧如此伤感！读来犹让人潸然泪下。

面对这样一个悲剧，人们不禁猜疑：既然陆游与唐琬志趣相投、婚姻美满，陆游母亲为何反而会逼着儿子离婚？最早的一则记载陆游、唐琬婚姻悲剧的史料《耆旧续闻》中只是简单地记载二人的婚姻悲剧，并没有明确说明陆母不喜欢唐琬的原因。在这之后，刘克庄在《后村诗话》中说，陆游的父母担心陆游因沉溺儿女情而荒废学业，所以才逼迫儿子离婚。但是这种说法仅仅是一种推论，没有实际的证据加以证明。

陆游第一次应考失败时是18岁，还没有和唐琬结婚。如果陆母果真有那么崇高的精神境界，为什么要让儿子年纪轻轻且刚刚落第时就急急忙忙地娶妻？陆游第二次应试本来是名列第一的，但是当时权贵秦桧弄权，陆游因为触怒了秦桧而被贬黜落榜。这时陆游是29岁，唐琬早已经被离弃，甚至陆游与续娶王氏所生的长子也已经有5岁了。可见，陆游科场不利，与唐琬的婚姻没有任何的关系，唐琬在这方面是不应该受到任何指责的。由此说陆游的父母是为了国家和民族的利益、为了陆游的前途和事业而逼自己的儿子离婚，是不足以服人的。

陆游曾经有一首诗名为《夏夜周中闻水鸟声甚哀，若曰"姑恶"，感而作诗》。有人根据此诗推测说，唐琬婚后一直都没有生孩子，而老夫人弄孙心切，又听信了别人的谗言，于是便逼迫儿媳离婚。但是单纯地从陆游的诗词中的某个字句来推断陆游夫妻二人被逼分散的缘由还缺乏充分证据。

另外有一种说法是说，唐琬嫁到陆家后，由于不通人情世故，礼节不周，因而使老夫人对她很不满意。后来陆游考试落榜，陆游的父亲也因为主张

抗战而触怒了秦桧被革职，悒郁而死，这都给了陆游母亲以很大的刺激。而唐琬是一个心胸豁达的人，对公公的死没有形之于颜色，陆母当然很不高兴。而一个偶然的机会让陆母老夫人遇见了王氏女，王氏女的端庄孝顺让陆母非常满意，归来后她便强迫儿子与唐琬离婚，以"不孝翁姑"为理由休弃了唐琬而娶王氏。当然这种说法也是有很多疑点的。比如说陆游和王氏结婚的时候在二十三四岁，而陆游父亲去世是在这之后，这时候唐琬早已经离开了陆家，怎么可能有前文所说的"遇见公公死不形之于颜色而得罪婆母"之事？

不管怎么说，在这个婚姻悲剧中，陆母的责任是不能推卸的。在那样一个讲究"孝道"的社会中，陆母可以行使自己封建家长的威严命令儿子，那么所谓"欲加之罪，何患无辞"，她的目的是达到了。至于她究竟为何硬要拆散儿子和唐琬，陆唐二人的悲剧之因究竟为何，还有待于后人根据史料进行进一步的研究。从这样一个谜案，人们也看到了封建社会婚姻制度的残酷，陆唐二人悲悲切切的爱情，有情人终不能成眷属，犹令今人感叹。

第二节　悬案秘事

"陈桥兵变"是赵匡胤一手策划的吗？

建隆元年（960年）春天，中国历史上发生了令人震惊的"陈桥兵变"，后周大将赵匡胤奉命出征，行军到黄河南岸的陈桥驿，部众发生兵变，给他披上黄袍。"陈桥兵变"使赵匡胤登上了皇帝的宝座，建立了宋朝。但"陈桥兵变"是赵匡胤一手策划的，还是遵循五代将士拥立主帅旧例？这就不得而知了。

赵匡胤轻易夺得政权，旧史书称是人心所向，宋王朝君臣也认为是"本朝以揖让得天下"。

可是，一个政权的更易就真的是"揖让"那样简单的吗？这种说法存在很多破绽。有记载说，在陈桥兵变前，赵匡胤的姐姐、母亲以及政敌韩通之子、学士陶谷都已窥测到赵匡胤返朝称帝的意图，正所谓司马昭之心，路人皆知。还硬要装什么黄袍加身、迫不得已，岂非好笑？再说，黄袍不是寻常物，谁能相信军中偏偏正好就有呢？黄袍的来源实在让人怀疑。陈桥一事表面看来是兵变，其实是个人的阴谋。尚钺在《中国历史纲要》中说："赵匡胤虚报辽和北汉联合入侵，借奉命出征的机会，利用五代以来将士拥立的风气，在陈桥驿组织兵变，自立为帝。"张家驹在《赵匡胤》中也说："其实所谓契丹入侵，仅仅是一个谎报，它不过是赵姓集团实现阴谋的一个步骤罢了"，"利用出兵机会，得以提早实现他的阴谋"。

而且，就算是当时确有外敌入侵，也未必非要先逼赵匡胤做天子，而是应

陈桥兵变遗址
今河南封丘陈桥镇，"宋太祖黄袍加身处"。

先御外敌而后再安内政。所以这样看来，《中国通史》中"匡胤奉命出征时，汴京已有传说，将士将拥立都点检为天子"，"乃于夜深强以黄袍加于赵匡胤之身，逼令做天子，并逼回京，先即皇帝位"的说法就不足为信了。

"陈桥兵变"虽有史可查，但"陈桥兵变"的真正原因仍然不得而知，是赵匡胤一手操纵，还是遵循旧例？这还是个谜。

"烛影斧声"之谜

赵匡胤于960年发动陈桥兵变，黄袍加身，做了17年皇帝，到976年便撒手归西了，正史中没有他死亡的明确记载，《宋史·太祖本纪》中的有关记载也只有简单的两句话："帝崩于万岁殿，年五十。""受命杜太后，传位太宗。"因此他的死一直是一个不解之谜，为历史留下了又一桩悬案。

司马光的《湘山野录》中记载，开宝九年（976年）十月，那天天气极为寒冷，宋太祖赵匡胤急唤他的弟弟晋王赵光义进入寝宫，宋太祖斥退旁人，只留下他们两人自酌自饮。酒过三巡，已是夜深了，他见晋王赵光义总是躲在后边，极其害怕，自有几分得意。见殿前雪厚几寸，便用玉斧刺雪，还不时对他弟弟说："太容易了，真是太容易了。"当夜赵光义没走，留宿于禁宫。第二天天快亮时，禁宫里传出宋太祖赵匡胤已经死了的消息。赵光义按遗诏，于灵柩前即皇帝位。

历史上所谓"烛影斧声"的疑案就指此事。有人认为"烛影斧声"也许不是疑案，只是晋王赵光义戕兄夺位的借口。宋太祖安排后事是宋朝的国家大事，不可能只召其弟单独入宫，并且赵

光义又在喝酒时退避。用玉斧刺雪，这正是赵匡胤与赵光义进行过争斗的状态，晋王一狠心杀死宋太祖。要是不这样写，这段史料也许会被封杀。

不过，关于光义弑兄的原因，史书上另有一种说法。《烬余录》称，赵光义很喜爱已归降的后蜀主孟昶的妃子花蕊夫人费氏。孟昶死后，花蕊夫人被宋太祖赵匡胤纳为自己的妃子，而且特别宠爱。赵匡胤因病卧床，深更半夜时赵光义胆大妄为，以为宋太祖已熟睡，便趁机调戏花蕊夫人，可没想到太祖惊醒，要用玉斧砍他，等到皇后、太子赶到之时，赵匡胤已经只剩一口气了。赵光义趁机逃回自己的王府，第二天太祖赵匡胤就升天了。由此可知，赵光义趁夜黑无人，赵匡胤昏睡不醒的时候调戏他觊觎已久的花蕊夫人，谁知赵匡胤突然醒来发觉了，也许是他盛怒之下欲砍赵光义，可是因为病体虚弱，体力不足，未砍中赵光义。赵光义觉得自己只有死路一条，不管用何种方式都不能取得其兄的原谅与宽恕了，预料到自己将会死得很惨，于是一狠心便杀死了自己的同胞兄弟，然后慌忙逃回府中。宋太祖赵匡胤是病怒交加而死，还是他弟弟杀死的呢，谁也不知其详。不过十分清楚的是，赵匡胤之死与其弟赵光义当夜在皇宫内院的行为有一定的关系。

对于这个疑案，也有一些人为赵光义开脱罪责，司马光的《涑水纪闻》记道："太祖初晏驾，时已四鼓，孝章宋后使内侍都知王继隆召秦王德芳；继隆以太祖传位晋王之志素定，乃不召德芳，径趋开封府召晋王。见医官贾德玄坐于府门……乃告以故，叩门与之俱入见王，且召之。王大惊，犹豫不敢行，曰：'吾当与家人议之。'入久不出。继隆促之曰：

'事久，将为他人有。'遂与王雪下步行至宫门，呼而入……俱进至寝殿。宋后闻继隆至，曰：'德芳来耶？'继隆曰：'晋王至矣。'后见王愕然，遽呼官家曰：'吾母子之命，皆托于官家。'王泣曰：'共保富贵，无忧也。'"从这一记载来看，宋太祖赵匡胤过世时，他弟弟赵光义并不知晓，也没在宫中待过，似乎可以洗去"烛影斧声"的嫌疑了。

但是，自从赵光义继帝位后，赵匡胤的长子德昭于979年被迫自杀，次子德芳又于981年无故而死来看，宋太宗赵光义还是摆脱不了"烛光斧影""戕兄夺位"的嫌疑。

"金匮之盟"之谜

宋太祖赵匡胤驾崩后，皇位由其弟赵光义继承，正史认为光义乃合法继位，是奉太后"金匮遗诏"之命行事。但后来有人对"金匮之盟"一事提出质疑，使得这一事件变得扑朔迷离。

《宋史》有好几处提到"金匮之盟"事，《杜太后传》里面记叙："建隆三年(961年)，太后病，太祖始终在旁服侍不离左右。太后自知命已不长，召宰相赵普入宫。太后问太祖：'你知道怎样得天下的吗？'太祖曰：'我所以得天下者，皆祖先及太后之积庆也。'太后曰：'不然，正由周世宗使幼儿统治天下耳。假如周氏有长君，天下岂为汝所拥有乎？汝死后当传位于汝弟。四海至广，能立长君，国家之福也。'太祖顿首泣道：'敢不如教诲！'太后转过身对赵普说：'尔同记吾言，不可违背也。'赵普于床前写成誓书，普于纸尾写'臣普书'。藏在金匮（同柜），命谨慎小心的宫人掌之。"

在司马光《涑水纪闻》、李焘《续资治通鉴长编》等史著中也有大致相同的记载。历史上人们虽然相信有所谓的"金匮之盟"，但却找不到盟约的原文。一千多年来，没有人怀疑"金匮之盟"的真实性，这一盟约就成了宋太祖坦荡无私的例证。直到清代，古文学家恽敬对盟约内容提出疑问。

20世纪40年代初张荫麟曾作《宋太宗继统考实》，后收入《张荫麟先生文集》，认为"金匮之盟"是赵普伪造的，全盘否定此事。除此之外，邓广铭、吴天墀、李裕民、顾吉辰、王瑞来等学者也持同种观点，怀疑它的真实性或断定"金匮之盟"的伪造性。其理由大致如张荫麟所言，建隆二年（公元961年）杜太后病重时，宋太祖只有34岁，正值年轻力壮之时，赵光义才23岁，而太祖长子德昭也已经14岁。当时太祖身体健康，没有短寿夭折之象，即使太祖只能再活20年，那时，长子德昭已30多岁，怎么会有幼主之说？杜太后凭什么猜测太祖早死、幼子继位，而宋朝重蹈五代的覆辙呢？实在没有道理！如果确如太后所预料宋太祖中年夭折，人们还可以推测，也许杜太后凭经验或灵感有超前的洞察力，尚可勉强解释。但是，太祖活了50来岁，并没有早逝而面临幼子主政。如果真有遗诏，太祖临终前应该命人打开金匮，就算是突然死亡，皇后也应该知道此事，掌管金匮的宫人同样也知道此事，为什么要等到太祖死后六年才由赵普揭露出来呢？即使公布遗诏，赵光义应该把全文都公布出来，因为这是他继位合法的有力证据，而留下来的却仅是一个大概的内容，而且内容还不完全一致。更何况，太祖并未遵守遗诏办事传位给他的弟弟，而是传位给他自己的儿子。

但对"金匮之盟"持肯定观点的学者们提出了相反的证据。关于立此盟约的条件，持肯定论者认为它符合常理。杜太后亲身经历过五代，这是一个王朝更替频繁的特殊时期，五代君主十三人，在位超过十年的绝无仅有，有七人死于非命，杜太后凭什么否认宋太祖可以摆脱"宿命"，而不像周世宗英年早逝、最终幼主执政失国而终呢？杜太后在赵匡胤刚当上皇帝时说出了"吾闻'为君难'，天子置身兆庶之上，若治得其道，则此位可尊，苟或失驭，求为匹夫不可得，是吾所以忧也"这一段话。杜太后认为刚刚建国，根基未稳，随时有可能成为短命的"第六代"。尽管当时太祖正值壮年，但政治变化无常，哪里知道宋太祖不会暴死？哪里知道宋太祖不会被人杀掉？假如真的发生了，十多岁的德昭显然是不足以应付。而拥有丰富政治经验的赵光义，应是理想的继承人。

"金匮之盟"疑案属于皇家禁宫疑案，否定也好，肯定也好，都是根据当时历史事实、政治背景所做出的判断。比较双方的观点，其资料和解释、推断均偏向于对己方所持观点有利的一边，因此越争论疑点越多。

五殿阎罗王 明

此图描绘了阴曹地府阴风惨惨的情景，据载包拯就是设计了这样一个场面，吓得郭槐如实招供。

包拯是如何审理"狸猫换太子案"的？

北宋仁宗皇帝时期，包拯在朝为官，因其公正无私被誉为"包青天"。一般老百姓有什么冤屈案件都希望能由"包青天"来审理，"包青天"美名千古流传，他也的确是审理了一些重要的案件。传说中的"狸猫换太子案"便是由包拯审理的。

"狸猫换太子案"的审理是一步

步展开的，先是让仁宗生母李后去见以前自己的好姐妹狄后，让狄后向仁宗提起此事，使仁宗深信不疑；接着就是最关键的第二步，使郭槐招供。郭槐是当初"狸猫换太子"一案的主谋，他是受了刘后的指使，但因为对刘后十分忠诚，死不招供。于是，足智多谋的包拯与公孙策就想出了一个办法，用鬼魂吓唬郭槐。

所谓的鬼魂，是公孙策派人到勾栏院找来的妓女。寇承御是当初在"狸猫换太子"案中被害的一名奴婢，包拯让找来的妓女假扮她。同时，营造出一种阴间的凄凄惨惨的气氛。结果，吓得魂飞魄散的郭槐说出实话。案件得以审理并弄清了真相。

第三节　文化迷踪

《满江红》是岳飞写的吗？

一直以来，人们都认为流传千古的《满江红》是南宋抗金名将岳飞所作。但是，近代已故学者余嘉锡在《四库提要辩证》中的"岳武穆遗文"条下，却对《满江红》的作者是否是岳飞提出了质疑。

余嘉锡认为，这首词最早见于明代嘉靖十五年（1536年）徐阶编的《岳武穆遗文》。宋、元人的记载或题咏跋尾从未见过此词，但却突然出现于400年后的明代中叶，不能不让人生疑。同时，收录者对此词出处一无所言，搞得《满江红》像是来历不明的词。再说，岳飞之子岳霖和孙岳珂，费尽艰辛搜求岳飞遗稿，但他们所编的《岳王家集》中却未收录这首《满江红》，31年后重刊此书时，仍未收入该词，这让人觉得很奇怪。所以，余嘉锡认为《满江红》可能不是岳飞所作，而是明人的伪作。

赞同余嘉锡看法的夏承焘还就词中"驾长车踏破贺兰山缺"一句加以研究，而不是补充论断。夏认为，贺兰山位于今甘肃河套之西，南宋时属西夏，而不是金国地盘。岳飞率兵直捣的黄龙府，是在今吉林境内，"这首词若真出岳飞之手，不应方向乖背如此！"夏承焘进一步考证：在明代，北方蒙古族鞑

鞑部就常从贺兰山入侵甘、凉一带，明代弘治十一年（1498年），明将王越曾在贺兰山抗击鞑鞑，打了第一个胜仗，因此，"踏破贺兰山缺"在明代中叶是一句抗战口号，在南宋是绝不会有的。所以这首词出现于明代，正是作这首词的明代人说出了当时的地理形势和时代意识。

1980年9月10日，台湾《中国时报》发表孙述宇的文章，他主要从词的内容和风格上提出质疑。孙述宇认为《满江红》是一首激昂慷慨、英风飒飒的英雄诗，而岳飞作过的另一首词《小重山》却是那样的婉转低回、失望惆怅，两首词的格调和风格大相径庭，不像出于同一人之手，因而也怀疑《满江红》的真伪。但是：

第一，贺兰山同"长安""天山"一类地名一样，可用作泛称，岳飞就是把贺兰山当作黄龙府。1980年12月15日香港《大公报》发表苏信的文章，认为西夏与北宋向来都有战事，派范仲淹经略延安府，就是镇守边陲、防御西夏的。这种对峙局面直至真宗、仁宗贿赂求和才暂时安定下来。岳飞当然熟悉50余年前的这段历史，《满江红》一词提到的贺兰山，很可能就是借指敌境，不能简单地当作违背地理常识。

第二，一些作品湮没多年，历久始彰，在文学史上是有先例的。如唐末韦庄的《秦妇吟》，湮没900余年才看到全文。

有人还结合词句，根据史实，考证出岳飞写《满江红》的具体时间。岳飞30岁（1133年）执掌军事，因责任重大，身受殊荣，感动深切，乃作成此壮怀述志的《满江红》词，故词中有"三十功名尘与土"一句。岳飞从军后，南征北

战，至30岁时，计其行程，足逾八千里，故词中有"八千里路云和月"一句。岳飞30岁时置守江州，适逢秋季，当地多雨，故词中有"潇潇雨歇"之句。因而推断出，《满江红》词是岳飞表达其真实感受，于宋绍兴三年（1133年）秋季九月下旬作于九江的。

《满江红》词究竟是否出于岳飞手笔，论者意见不一。不过，即使是怀疑《满江红》为伪作者，也无法抹杀这首词的价值和历史影响，不管是否是岳飞所作，《满江红》也仍然值得流传下去。

《清明上河图》中的"清明"是什么意思？

宋代张择端的《清明上河图》是中国历史上的一幅杰出画作。自从它问世以来，受到上至皇宫贵族、下至文人墨客的赏识和珍藏而辗转数百年。此图卷全长528厘米，宽24.8厘米，是一幅描绘北宋都市生活各方面的长卷风俗画。张择端用十分高超的艺术手法，横向全景式构图，将极其繁复的场景处理得有条不紊，严密紧凑。它的笔法谨严，设色典雅，人物传神，器物逼真，是世人公认的中国古代遗产中的伟大作品之一。对了解和研究当时的经济、文化、建筑、交通、服饰、民俗等具有极其重要的价值。

但是，此画原来既没有画家本人的署名，也没有画名。后来，金人张著在卷后题跋，认为此画为"翰林张择端"所作，并附了简短的作者小传，同时提到了张择端画有《清明上河图》及《西湖争标图》。至此，这幅图卷才被称为《清明上河图》。由于画卷上有宋徽宗题诗之句"如在上河春"，后人因此确定此画描绘的是清明时节的景色。从那以后，直至20世纪80年代，人们都认为它画的是清明时节的景物，未有异议。

而今，学术界却对这幅画的名称发起了一场争论。尤其是"清明"一词，其说不一。

一是"清明节"说。

近代一些艺术史家持"时令说"的观点，认为图中描绘的是在清明时节，汴京城郊居民进行扫墓、踏青、探亲等种种活动，并肯定了是"清明节"。

二是"清明坊"说。

1981年有人对画面中的内容提出了质疑，并提出了"地名说"，从画面所展现的内容推断此画描绘的是中秋节前后的景色，而非"清明"，他又据画中的"城门楼"设想《清明上河图》应该是描绘的从"清明坊"到汴河口这一段上河的繁华热闹的景色，"清明"是指汴京城中的"清明坊"。上述两种意见都有理有据，但也有各自的缺陷。如持"清明时令说"，则画面上并无门插柳条、扫墓、踏青、郊游等特有的"清明"时节习俗；如持"清明坊"之说，也无有力凭证。

三是寓意"承平"说。

还有一种观点是认为"清明"既非

清明上河图卷 北宋 张择端

时令，又非地名。画面所显示的是秋色而不是春光，是沿河数里好几处街道，并不仅指在郊外的某一个地点。这里所说的"清明"应该是在称颂"太平盛世"。《后汉书》有"固幸得生于清明之世"的话，用"清明"即意味着"治平"。张择端作为一名皇帝御用画院的待诏创作这幅鼓吹"歌舞升平"的作品，以迎合宋徽宗的心意，是很有可能的。他为了加强歌功颂德的气氛，成功地向皇帝进献此画，因而选用了"清明"一词。这一说法，颇有见地。

综上所述，从各方面加以分析，第三种意见是很有说服力的。因此，在《清明上河图》有关"清明"二字的解释还没有定论之前，我们一般情况下将其视作北宋一般的都市生活的典型写照。

马可·波罗是否来过中国？

马可·波罗是中国历史上家喻户晓的人物，是沟通东西方文化的圣人，他的《马可·波罗游记》在人类旅游史上享有盛誉，在《马可·波罗游记》中他讲述了自己神奇的中国之旅以及他返回意大利的经过，并详细地描绘了中国的繁华与富饶。

马可·波罗于 1254 年出生于意大利威尼斯市一个商人家庭，17 岁时，他的父亲带他一起去中国，于是，雀跃万分的马可·波罗跟随他的父亲、叔叔出发了。他们由"古丝绸之路"东行，经过叙利亚、两河流域和中亚细亚，越过帕米尔高原，3 年跋涉后，于 1275 年到达元朝皇帝避暑行宫所在地上都（今内蒙古锡林浩特市正蓝旗），拜见了元世祖忽必烈。

《马可·波罗游记》书影

他们在中国居留了 17 年，游历了中国的许多地方。马可·波罗的观察力和记忆力相当惊人，他对不同地区的物产的观察非常细致；他很关注各个地方的商业活动、经济水平、风土民情、宗教信仰等；对所到之处的地形和交通状况的记载也很详细。不过，马可·波罗也爱夸大其词，喜欢吹嘘自己。1292 年马可·波罗离开中国并于 1295 年回到威尼斯。不久后，发生了意大利西部城市热那亚的海战，威尼斯舰队战败，马可·波罗被俘入狱。在狱中，他口述东方见闻，由狱友庇隆人鲁思梯切诺记录成书，这本书就是著名的《马可·波罗游记》。

但是，对于马可·波罗在《马可·波罗游记》中谈到的中国之行，历来遭到人们的怀疑和讽刺。有人认为马可·波罗根本没有到过中国，《马可·波罗游记》不过是为传教士和商人利益编出来的传奇故事，是道听途说或抄袭一些阿拉伯人著作而来的，没有任何证据可以证明马可·波罗确实在中国旅居过，只不过是他的一些故事和当时的一些历史事件相符而已。

为什么《马可·波罗游记》中没提到茶叶、女人的缠足、印刷书籍以及长城等这些在中国人的生活中占有极重地位的事物呢？为什么没提及汉字和筷子的使用呢？为什么浩如烟海的中国文献没有记载马可·波罗的活动呢？此外，还有许多学者指出了《马可·波罗游记》的不正确之处：记录成吉思汗死亡以及其子孙世系的关系有诸多失误之处；攻陷襄阳城、襄阳献新炮法的情况有可疑之处；马可·波罗在扬州做官三年也不足信，等等。

但是，几乎中国所有的元史和蒙古史研究者都认为马可·波罗到过中国，在这方面研究贡献最大的是杨志玖教授，他在《永乐大典·站赤》里发现了一篇十分重要的元代公文，记载了西亚蒙古伊利汗国的使团准备从泉州下海归国的事情，其中最引人注意的是史籍中波斯使臣的名字和返回时间与《马可·波罗游记》中马可·波罗所记录的完全一致。虽然公文里面没有提到马可·波罗的名字，但很有可能是当时马可·波罗在元朝的职位不太高。至于《马可·波罗游记》中没有提到筷子、茶叶、长城等，则是因为：第一，马可·波罗的口述不可能面面俱到，他没受过高等教育，著书环境是监狱，而且又是狱友记录的，难免会有疏漏处；第二，马可·波罗不提茶，很有可能是当时的蒙古人和色目人也不喝茶，而是喝马奶、葡萄酒和果子露；第三，马可·波罗很少接触汉族人，他也不识汉字，所以文中并没有提到汉字书法和印刷术。

究竟哪种观点最可信，马可·波罗到底有没有来过中国，看来还将成为一个长期存在的疑案。

《水浒传》的作者是谁？

《水浒传》是我国古代文学艺术宝库中的精品之作，它是我国古代第一部以农民起义为题材的长篇白话小说。

但是，它的作者是不是施耐庵呢？

《水浒传》的故事取材于北宋末年宋江领导的一次农民起义，历史上确实有宋江等36人起义反抗北宋朝廷一事，起义给了当朝统治者沉重的打击，但最后还是失败了。《徽宗本纪》和《张叔夜传》等文献都记载了此事。后来这个故事就在民间广泛流传，而且不断丰富与充实，在南宋时被民间的说话艺人用说话的形式继续传播，到了宋末元初时，就被人写入了《大宋宣和遗事》话本，到了元代，戏剧艺术空前繁荣，当时杂剧表演中就有水浒戏，百回本《水浒传》的问世是在元末明初，从民间口头流传到说话艺人话本再到文人的加工创造而成，这是一个相当漫长的过程，然而这项再创造、再加工的工作难度非常大，它的完成者究竟是谁，学术界目前还有很大的争议。

大多数的人还是对施耐庵是这一名著的作者持肯定意见的：施耐庵是江苏兴化人，他出身船家，家境贫寒。童年时随父到了苏州，13岁时在苏州附近的浒墅关读书，29岁时中举人，后来经朋友推荐，到山东郓城任训导。在山东，他遍搜梁山泊附近有关宋江等人的英雄事迹，熟悉了山东的风土人情，有关他搜集这些事迹还有很多有趣的记载。35岁时施耐庵考中了进士，到钱塘任县尹，两年后因与当权者不合，任期不满便辞官回苏州，在家从事创作。后来，施耐庵做了起义领袖张士诚的幕僚，这使他熟悉了农民起义军的军营生活和许多起义军首领。时间一长，施耐庵发现张士诚等首领日益骄逸，料想他们肯定不能成功，于是便离开了张士诚，居住在常熟河阳山和江阴祝塘一带，以教书为生，并根据民间故事和说话艺人话本，还有自己所搜集的资料，潜心创作《水浒传》。张士诚失败后，朱元璋搜捕有关人员，施耐庵为了避祸，只好到现在大丰市的白驹镇定居，并继续《水浒传》的创作。《水浒传》一书著成后，在民间流传甚广。朱元璋看到此书后愤怒至极，将施耐庵关进刑部天牢。后经刘伯温的帮助，施耐庵托病就医被释放，施耐庵在天牢关了一年多，精神上、肉体上都受到很大摧残。出狱时，已是瘦骨嶙峋，步履艰难了，不久后，他就去世了。从《水浒传》这篇名著里我们可以看出施耐庵的爱憎，他对于朝廷、皇帝的昏庸的憎恶，对奸臣当道的痛恨，对于有才识之人在这个社会当中难以生存的种种不满，他在那些英雄人物身上也寄托了自己的理想和希望。明人胡应麟《少室山房笔丛》认为，虽然《水浒传》的创作大体上经历了从南宋初年到元末约134年的时间，是群体创作与文人加工润色后的结果，但是，它的主要创作人还是施耐庵。这个观点是大多数人都接受的，而且，至今所有版本的《水浒传》基本上都冠有施耐庵的名字，《水浒传》的作者是施耐庵，也成了基本的文学常识。

施耐庵像

另一种观点则认为《水浒传》的作者是罗贯中，罗贯中是施耐庵的门生，根据考证，罗贯中所作的《三遂平妖传》的二十一篇赞词中，有十三篇被插入到《水浒传》中，这种情况表明，两书的作者是同一个人，就是罗贯中。而且人们认为罗贯中创作的《三国志通俗演义》和《水浒传》之间存在的差异正好表现了作者在世界观方面发生的变化。

还有人认为《水浒传》是施耐庵和罗贯中师生二人通力合作而完成的，施耐庵死后，罗贯中在淮安又住了几个月，

他把施耐庵留下的书稿做了番整理后，动身到全国的刻书中心——福建的建阳去，准备把《水浒传》刻印出来。可是，这里所有的书坊，没有一家敢刻印。罗贯中只好在建阳住下，这期间，他又将《水浒传》重新做了纂修和编次，同时集中精力，写成了《三国演义》。不久后，他也染病，离开了人世。明人高儒《百川书志》著录有《忠义水浒传一百卷》，题为"施耐庵撰，罗贯中编次"。大多数学者认为《百川书志》所载是《水浒传》的祖本，材料很有权威性。此外，天都外臣作序的《水浒传》题署"施耐庵集撰，罗贯中撰修"，是如今能见到的最早的《水浒传》的版本，也很有权威性。这又可佐证施耐庵和罗贯中两人都是此书的作者。

部分学者还认为《水浒传》的作者是郭勋，他组织门客，参考了宋元人的话本、诗词、笔记和元杂剧等编写而成。他们提出的论据有两个：一是明初时尚无人提及《水浒传》，郭勋的百回本《水浒传》应该是《水浒传》的最早版本，现在见到的最早谈到《水浒传》的文献出现在嘉庆年间，此时明朝已经灭亡一百多年，所以《水浒传》不可能产生在元末明初。二是《水浒传》里的不少地名都是明代的建制，元末年明初的人不可能写出来。这说明元朝末年的施耐庵不可能是《水浒传》的作者。而《水浒传》上所署的施耐庵，很有可能也不是真实姓名，而是为逃避祸害而取的别名。

这些观点各执己见，也没有一种观点能够理由充分地驳倒其他观点，《水浒传》的作者究竟是谁，到目前为止还没有定论，有待学者们进一步考证。

第六章　明代秘史

第一节　名人谜团

袁崇焕被杀之谜

袁崇焕是明朝末年主持抗击后金的著名将领。明朝末年，后金军队进攻明朝，袁崇焕率领部队东征西战，曾一度收复辽东失地，沉重打击了后金军队，为保护明朝立下了汗马功劳。然而就是这样一位杰出的军事将领，却在崇祯二年（1629 年）十二月被崇祯皇帝逮捕下狱，第二年的八月被杀害。袁崇焕为什么会被崇祯帝杀死？他究竟犯了什么罪使得崇祯帝如此发怒？这一直是历史上被人关注的问题。

一般的看法都认为，有功之臣袁崇焕之所以被崇祯帝所杀，是因为崇祯帝听信了阉党余孽的诬告，中了皇太极的反间计，也就是说，袁崇焕是被崇祯帝误杀的。明朝与后金军队开始作战的时候，后金军队在关外两次被袁崇焕军击败。后金军队领教了袁崇焕的厉害后，于崇祯二年避开了辽东防线，转而绕道进攻北京，这就是历史上的"己巳之变"。袁崇焕闻信快速回京师援助，在北京城下再一次痛击后金军队。后金军再次吃了袁崇焕的苦头后，皇太极深知，如果不除掉袁崇焕，进取中原是不

可能实现的，于是他心中顿生一计。这就是"反间计"。

早在后金军进攻北京的时候，朝中就有人散布流言诬陷袁崇焕，说袁崇焕是有意引金兵深入，目的是为了结城下之盟。这些流言使崇祯帝疑心大起。关于皇太极实行的反间计，蒋良骐《东华录》有详细的记载，文中说，开始的时候后金军队抓获到明朝的两个太监，命人严密看守。这时候副将高鸿中和参将鲍承先遵照皇太极的计谋，故意坐在离两太监不远的地方，假装做耳语状说："今天我们撤兵，不过是个计谋……袁巡抚有密约，事情马上就能大功告成了。"当时姓杨的太监，在那里仔细地窃听两人的谈话。时辰到庚戌时，后金军将两个太监放了回去。杨太监回到皇帝身边后急忙将袁崇焕与后金有密约的事告诉了崇祯帝，至此崇祯帝对袁崇焕背叛自己的事情深信不疑，"遂执袁崇焕入城，磔之"。袁崇焕的兄弟和妻子也受到株连，被流放到几千里外的边远省份。据说，后金军队的这个反间计得益于皇太极对《三国演义》的喜欢。皇太极平素经常读《三国演义》，对其中的谋略非常清楚。这个计划就是他巧妙用《三国演义》中的"蒋干中计"策，借崇祯帝之手剪除劲敌袁崇焕。崇祯帝

不幸中了敌计，将忠臣误杀。这种自毁长城的举动使东北防备受到了极大的影响，从而直接导致了明朝的迅速灭亡。

但是有人对这个说法提出了疑问：皇太极固然熟知兵法计谋，难道崇祯帝就是个无知的庸才吗？历史记载证明显然并非如此。一些研究者认为，崇祯帝杀袁崇焕根本是蓄意杀戮，而不是清朝后来津津乐道的因中"反间计"而误杀。袁崇焕被杀的真实原因，是崇祯帝担心袁崇焕及其东林党人妨碍他的专制皇权，袁崇焕是皇权与大臣之权冲突的牺牲品。

明朝年间太监专权是很常见的现象。崇祯帝即位后，为了除掉阉党对自己的威胁，起用东林党人，有效地削弱了阉党对皇权的威胁。但是当阉党对皇权的威胁减弱时，崇祯帝又开始削弱大臣的势力，即从依靠东林党转而回归到依靠阉党群小。袁崇焕正是在这个环境下崛起的，自然成了阉党余孽倾陷的对象。袁崇焕耿直、豪放，敢说敢为，这正是阉党余孽所畏惧的，也是所有的皇帝所不喜欢的。同时袁崇焕又主持整个对后金的战局，有很大权势。自古以来臣子权势稍重必然容易遭到皇帝的猜忌，偏偏崇祯帝的猜忌心又是极强的，他之所以开始起用东林党人又继而起用阉党就是为了稳固自己的皇权。这个时候的袁崇焕无疑是走在钢丝上，稍有不慎就会惹上杀身之祸。然而很不幸，袁崇焕是一个好的军事将领，却不能洞察

袁崇焕画像

君主的心思，他先斩后奏，杀了明辽东悍将毛文龙就是一大不慎，崇祯帝"骤闻，意殊骇"。尽管事后袁崇焕亦悔悟道："毛文龙是大帅，不是像我这样的臣子所该擅自诛杀的。"但是这件事让崇祯帝心中杀袁崇焕的想法已经坚定。明末史学家谈迁就说，袁崇焕擅自杀死毛文龙，"适所以自杀也"。

崇祯帝开始时之所以不杀袁崇焕，一方面是缺少足够的借口，更主要的原因是那时崇祯帝对袁崇焕"五年复辽"充满了期待，因此暂时容忍了袁崇焕目中无君的举动，只是在暗中采取了很多监视和牵制的措施。"己巳之变"之后，后金兵大举入犯，继而围攻北京城，这时的崇祯帝对袁崇焕复辽已经不抱希望，至此君臣之间脆弱的依存关系不再存在，杀袁崇焕就是必然的了。而正在这个时候，皇太极实行了反间计，内廷阉党也捏造了袁崇焕引敌协和、擅主和议、专戮大帅三大罪状，崇祯帝立刻借此机会将袁崇焕投入监狱。

说崇祯帝是中了皇太极的反间计，这是不能服人的。因为人们可以根据史料得知，从袁崇焕的入狱到被杀戮，前后共有八九个月，这么久的时间里，崇祯帝是有足够的时间来辨明是非的。同时还有史实表明，反间计、诬告并不能瞒过崇祯帝，也就不足以置袁崇焕于死地。崇祯帝决定杀袁崇焕，是从巩固皇权、防止大臣结党、彻底摧毁东林党势力这些目标出发的，反间计只是为促成

崇祯帝逮捕袁崇焕下狱制造了一个合适的借口而已。

自古"信而见疑，忠而被谤"，忠臣们的下场果真都是这样的吗？袁崇焕究竟是为何被杀？是君主昏庸不能识别敌人的诡计，还是君主猜忌不能留下权臣？谜的破解还需要后世的进一步考究。

明末名妓柳如是为何自缢身亡？

柳如是祖籍浙江嘉兴，原姓杨名爱，小字影怜，号蘼芜君，后改姓柳，名隐，又改名是，字如是，号河东君、我闻女士。康熙三年（1664年）五月二十四日，其夫83岁高龄的钱谦益溘然长逝；随后几天，柳如是即悬梁自尽。那么，这位明末名妓自缢身亡的真正原因是什么呢？后人大致有以下几种不同的观点。

传统说法认为柳如是是为钱谦益殉节而死的。有人认为，这可以从两人的结合和婚后情况来证明。常熟人钱谦益学识渊博，誉满海内，柳如是对他慕名已久。两人经过一段时间的唱和，加强了彼此了解，增进了友谊，感情很好。第二年春天，两人终于结为夫妻，在从松江回常熟的船上成婚。虽然当时柳如是才24岁，正值青春妙龄，而钱已是年届花甲的白发老翁，但两人婚后感情还算不错，常在一起旁征博引，订讹考异，间以谐谑，琴瑟和谐。钱谦益曾经是"东林党"领袖，在社会上的知名度极高。钱谦益死后，柳如是为他殉节是可以理解的，也在情理之中。

也有人认为柳如是之死是为了抗争恶势力。学者楚南等人认为，柳如是自杀的壮举显示了她对封建制度的大胆抨击。钱谦益人生中有几大污点，柳如是是极为不满的，清顺治元年（1644年）

李自成攻克北京，崇祯帝自缢身亡。同年五月，福王朱由崧由马士英带到南京，称监国，不久称帝，钱谦益因谄事马士英，被起用为礼部尚书。第二年，即南明弘光元年（1645年）五月，清兵渡江，弘光逃跑，钱谦益及总督京营戎政赵之龙、大学士王铎等迎降。这是钱谦益人生道路上的两大污点。对此，柳如是常心怀不满，多有讥讽的话，并曾多次劝钱谦益自尽，均未果。当钱谦益暮年不得意而说"要死"时，柳如是讥讽他说："当初不死，现在已经晚了。"因此，柳如是未必一定会为钱谦益殉节。另外柳如是一生历尽辛酸曲折，她始终在追求获得人的尊严，在这方面她宁为玉碎，不为瓦全。

还有人认为柳如是是被逼自尽的。钱谦益死后，家族中迅速爆发了一场争夺家产的斗争，即所谓"钱氏家难"。在钱氏家族看来，柳如是以钱谦益妾的身份掌握家政大权是家族莫大的耻辱，他们早已积怨在胸，现在钱谦益去世，顿感柳如是已失去依靠，立即爆发了一场家变。于是，族人钱曾、钱谦光等人在恶霸豪绅钱朝鼎的指使下，趁钱谦益新丧，大吵大闹，敲诈勒索，逼迫柳如是交出房产钱财，甚至掠夺田地600亩，僮仆十几人；柳如是来钱家20余年，一直大权在握，从没有受人之气。如今，丈夫尸骨未寒，便遭到无耻小人的当面凌辱，如何忍受得了，在进退无门、忍无可忍的情况下，她仍镇定自若地对早晚坐逼的族人说："稍静片刻，容我开账。"然后，她独自登楼，紧闭房门，悬梁自尽。她写下遗嘱，打发长子钱孙爱、女儿和女婿等上衙告状。因此，《中国历代才女小传》等书都认为柳如是实际上是被族人追逼而自杀的。

但是，明末名妓柳如是自杀的真正动机到底是什么，至今仍是一个众说纷纭的谜，尚无定论。

李自成兵败后的生死之谜

九宫山兵败被杀说

关于李自成的结局，史书记载最详细的一种说法就是在湖北九宫山兵败被杀。据载，李自成山海关大战失利后一路南撤，逢战必败，溃不成军。1645年4月中旬，大顺军主力行进到距离江西九江不远的地方时，被清军又一次追上。经过一番混战，清军攻破大顺军的大本营，将汝侯刘宗敏、军师宋献策、李自成的两位叔父（赵侯、襄南侯）以及一批将领家属俘获。这一突发变故，使本来就士气低落的大顺军愈加雪上加霜，人心大丧。

此时，清军已经追到九江一带，大顺军如果继续东下，很可能在长江下游遭到围攻，因为清军的东路豫王多铎部当时正试图经过河南归德府、安徽泗州向南京逼近，如果他回师而上的话，很容易对大顺军形成包抄之势，鉴于此，李自成及时改变战略，掉头准备穿过江西北部转入湖南。在仓皇中，李自成率军来到了湖北通山县和江西宁州（今修水县）交界的九宫山下。

同年5月，在清军铁骑的围追堵截之下，李自成在九宫山下与前来追杀的英亲王阿济格再次激战，其后不知所踪。

最先报告李自成遇难九宫山的是清王朝负责追击闯王的靖远大将军阿济格。他在1645年阴历闰六月初四给朝廷的奏疏中说："李军兵尽力穷，窜入九宫山中，随后在山中遍寻李自成不得。降兵、降将都说，李自成逃走时，仅携带随身亲信二十人，被村民围困，不能脱，自缢而死。派人认识李自成的人去验尸，尸体已经腐烂，不可辨认了……"这一消息上报北京后，清廷十分高兴，认为贼首被歼，无疑是大功一件，多尔衮还因此告祭天地太庙，宣谕中外。地方官员也纷纷上表庆贺。可以看出，此时以多尔衮为核心的清廷是相信李自成已经死了的。

可是，就在阿济格凯旋的途中，多尔衮得到了大顺军重现江西的情报。由于没有得到李自成的首级，多尔衮因此怀疑李自成的死讯不可靠。为此，阿济格又找了认识李自成的人去认尸，但是尸体腐烂，无法辨认。于是在第二次上奏中，他说的更加含糊，至于李自成是死是活也说得不清楚了，说还得继续察访。这让多尔衮大为震怒，七月二十日，他派人对即将进京的阿济格谎报军情进行了严厉地训斥。胜利班师还朝后的阿济格不仅没有得到封赏，还因为欺诳罪由亲王降为郡王，罚银五千两。这明显说明，清廷对李自成的死产生了极大的怀疑。但是，很快阿济格就被恢复了亲王，甚至多尔衮晚年还把他当做了最亲信的人。清廷对阿济格态度的变化，使本来就扑朔迷离的李自成生死之谜，愈加不辨真伪。

南明的五省总督何腾蛟在南明隆武二年（1646年）阴历二月所写的《逆闯伏诛疏》中也说李自成死了，不过这时距离李自成兵败九宫山已近10个月了。奏疏上是这样说的："闯逆居鄂两日，忽狂风骤起，对面不见，闯心惊疑，惧清之蹑其后也，即拔贼营而上。然其意尚欲追臣，盘踞湖南耳。天意亡闯，以二十八骑登九宫山为窥伺计。不意伏兵四起，截杀于乱刃之下。相随伪参将张双喜系闯逆义男，仅得驰马先逸。而闯逆之刘伴当飞骑追呼曰：'李万岁爷被乡兵杀死马下，二十八骑无一存者。'一时贼党闻之，满营聚哭……嗣后大行凶问至（指弘光帝被清军俘获），剿抚道阻音绝，无复得其首级报验。今日逆首已泯，误死于乡兵，而乡兵初不知也。使乡兵知其为闯，气反不壮，未必遂能剪灭，而致弩刃之交加，为千古大快也。自逆闯死，而闯二十余万之众初为逆闯悲号，既而自悔自艾亦自失，遂就戎索于臣。逆闯若不死，此二十万之众，伪侯伪伯不相上下，臣亦安得以空拳徒手操纵自如乎？"何腾蛟的这份奏疏是关于李自成死于湖北通山县九宫山下的又一原始文献。由于几个月前李自成的部将接受了他的节制，他有充分的条件从大顺军将领及士兵的口中获悉李自成牺牲的经过，这份奏疏应该是比较可信的。南明的隆武帝朱聿键得到奏疏后，开始"大喜，立拜（何腾蛟）东阁大学士兼兵部尚书，封定兴伯，仍督师"。

应该说何腾蛟关于李自成死于九宫山团练之手的消息直接得自跟随李自成的许多大顺军将领，甚至包括了李自成牺牲时就在身旁的养子张鼐（即张双喜），应当说是相当可靠的。但是，由于没有李自成的首级为凭，隆武朝廷内部表示怀疑的大有人在。右副都御史郭维经就曾经上书认为，说李自成死在九宫山没有任何根据，何腾蛟是七月下旬从李自成投降的部下那知道

李自成墓碑

的，并且是过了年以后才上报的。如果在没有得到确凿证据的情况下就封赏，恐怕不合适吧。况且，如今李自成还是生死不知，下落不明，万一哪天有人提着李自成的头来领赏，何腾蛟该做何解释呢？

看了郭维经的上书，朱聿键也产生了怀疑，就让何腾蛟再报一次，然后再宣布这一捷报。何腾蛟于是第二次上疏辨明"闯死确有实据，闯级未敢扶同，谨据实回奏"。

总地说来，由于清廷和南明都没有得到李自成的首级，由此而产生"自成生死终未有实据"的怀疑是自然的。但是阿济格与何腾蛟上报的奏疏中关于李自成死于九宫山的描述在主要情节上（时间、地点和牺牲经过）是一致的，由于主要消息都源于当时原属于大顺军的兵卒所述，应该具有相当的准确性。

根据这两份报告，《明史》中也做出了自成已死，而尸朽莫辨的模糊结论。这个结论，因许多地方志、家谱的发现而有所加强。清初的史家费密在其所著《荒书》中对李自成牺牲的经过做了详细的描写："大清追李自成至湖广。自成尚有贼兵三万人，令他贼统之，由兴国州游屯至江西。自成亲随十八骑由通山县过九宫山岭即江西界。山民闻有贼至，群登山击石，将十八骑打散。自成独行至小月山牛脊岭，会大雨，自成拉马登岭。山民程九伯者下与自成手

搏，遂辗转泥淖中。自成坐九伯臀下，抽刀欲杀之，刀血渍，又经泥水不可出。九伯呼救甚急，其甥金姓以铲杀自成，不知其为闯贼也。武昌已系大清总督，自成之亲随十八骑有至武昌出首者，行查到县，九伯不敢出认。县官亲入山谕以所杀者流贼李自成，奖其有功。九伯始往见总督，委九伯以德安府经历。"费密所提到的牛脊岭，确实是当地的地名，程九伯也确有其人，康熙四年（1665年）《通山县志》有他的小传："程九伯，六都人，顺治二年（1645年）五月闯贼万余人至县，蹂躏烧杀为虐，民无宁处。九伯聚众，围杀贼首于小源口。"另查《德安府志》职官志"国朝经历"条下第一人即"陈九伯，通山人，顺治二年任"。姓名虽稍有不同，但也足以证明程九伯得到清廷奖赏的真实性。这些记载无疑从一个侧面证明李自成很可能死于湖北九宫山。

当然，也有人对此说持否定态度，他们认为李自成是清王朝和南明王朝的死敌，他的生死绝对是当时的重大事件。而阿济格报告中说是"尸朽莫辨"，纯属附会之辞，难怪清王朝不会信！何腾蛟的报告更是马后一炮，谎报战功，南明王朝自然也不会相信。特别是李自成退居湖湘时，他的手下还有40余万兵马，驻九宫山一带至少也有数万人，说他仅带20名亲信与事实明显不符。再说，如果李自成真的被杀，他手下的几十万大军，岂会善罢甘休，必定会对乡勇进行残酷的报复。然而事实上，九宫山异常平静，他手下的几十万大军和他的妻子高氏都是平静的，这就反证了李自成没有死于九宫山。况且除了史料记载外，至今也没有找到过任何强有力的实物证据证明李自成确实死于九宫

李自成画像

山，只凭史料记载难以让人信服。至于在民间广泛流传的李自成殉难九宫山的说法，有人认为实际上是李自成与其部下放的烟幕弹，是一个缓兵之计，目的是让敌人放松对自己的警惕，一旦时机成熟，便可东山再起，卷土重来。

那么，如果真的如此，李自成没有死于九宫山，他又会到哪里去了呢？一种广为流传的说法是李自成在湖南石门县夹山寺出家为僧了。

夹山寺出家说

湖南的石门县古称澧阳，又称澧州，而夹山寺位于石门县东15千米的三板桥，是一座唐代时建造的古刹。李自成禅隐湖南石门县夹山寺的说法在民间流传甚广，影响极大。传说李自成兵败后，独窜石门县夹山寺为僧，法名奉天玉和尚。这种说法最早见于《澧州志林》所收乾隆帝时任澧州知府的何璘《书〈李自成传〉后》一文中。何璘在文中称，有一个姓孙的先生对他说，实际上李自成并未死于湖北九宫山，而是跑到湖南的石门出家了。对此，何璘还专门向当地的一些老年人询问，而他们说李自成确实是从湖北公安跑到湖南夹山寺出家为僧了，并且他的坟墓还在那里。

于是，愈加好奇的何璘就专程到夹山寺调查，寺中一位 70 多岁服侍过奉天玉的老和尚接待了他，他告诉何璘奉天玉和尚是顺治初年入寺的，当时没有说自己从哪里来，但听他的口音像是西北人。此后，一个自称是奉天玉的徒弟，自号野拂的和尚来到这里。他对待奉天玉更是毕恭毕敬。当老和尚把寺里珍藏的奉天玉画像给何璘看时，何璘倒吸了一口冷气，奉天玉和尚的画像与《明史》中记载的李自成太像了。为此，有人根据李自成曾自称"奉天倡义大元帅"，后又称"新顺王"，断定"奉天玉"即"奉天王"。至于多那一点，无非是为了隐讳。

现在看来，奉天玉和尚很可能就是李自成。

20 世纪 80 年代，在夹山寺附近的一系列考古发现与何璘的记载完全一致，似乎进一步佐证了这种可能。1981 年元旦，当地的考古工作者在夹山寺大路西坡偶然发现了一座古墓，但是古墓挖开后奇特的墓葬体制和庞大的规模让考古工作者大惑不解。该古墓为一墓三穴，有着完整的结构。随后从墓中出土的一块名为《中兴夹山祖庭弘律奉天大和尚塔铭》的碑刻，使考古工作者了解到这个墓穴正是奉天玉大和尚的。从记载看这个和尚是顺治九年来到夹山寺的，他的弟子门徒多达数千人，影响力如此之大，确实绝非一般和尚。

1981 年秋，文物考古工作者又在与夹山相邻的慈利县发现了野拂大和尚墓，墓碑上明文写道，老禅师出身行伍，出生在明朝，清朝去世。曾经"战吴王于桂州，追李闯于澧水"。

显然他所说的吴王就是吴三桂，并且他是与吴三桂在桂州作战之后追随闯王来到澧水的。另外，研究人员还发现在现在的张家界，也就是原来的永定，有一座天门山，天门山有座庙，相传是野拂大和尚在那里建的。《永定县乡土志》曾记载，野拂为闯贼之余党，从石门夹山寺"飞锡来兹""实繁有徒""丛林大举"，显然说野拂是李自成的一个部将。于是有人推测，"野拂"可能就是李自成的亲侄儿李锦，而被野拂精心侍奉的奉天玉和尚就是李自成。随后，在夹山寺里还发现了镶嵌在大雄宝殿正门东侧墙壁中的《重兴夹山灵泉禅院功德碑》，因立于康熙四十四年（1705 年），故又被称为"康熙帝碑"，系奉天玉大和尚死后 30 年的追记，碑文写道：因明朝末年的战火，这里几乎成了废墟。后来奉天玉老人从四川来到这里，重振门庭，几年之后，夹山寺就蔚为壮观了。

另外，立于清道光年间，被称为"道光碑"的《重修夹山灵泉寺碑志》，也记载：顺治初年，有个叫奉天玉的和尚来到这里，招收了很多徒弟，寺庙的衰败得以彻底改观。后来，还从夹山寺一个密藏墙洞中发现了后来被证实是奉天玉大和尚写的《梅花百韵诗》残版和野拂和尚写的《支那撰述》残版，上面的诗句也透露出奉天玉大和尚很可能就是李自成。

1992 年 9 月，工人们重修夹山寺大悲殿时，在大殿中部基里又发现了一个刻着"来力印"的龟形敕印。据专家鉴定，它是明末清初的东西。再查阅夹山寺历史的记载，使用这个敕印的除了奉天玉和尚，再无他人。我们知道"敕"是封建社会皇帝的专用名词，一个和尚竟然使用皇帝的物件，代表皇权的敕印却埋在大雄宝殿的中央，这说明了什么呢？

两年后，在石门附近，有人挖菜窖时偶然挖到一块写着"奉天玉诏"四个字的铜牌。经鉴定，它也是明末清初的，也是奉天玉和尚的东西。众所周知，"诏"历来是皇帝专用，奉天玉和尚敢用"诏"的称号，绝对不是一件简单的事情了。在奉天玉和尚身上，竟然有如此浓重的皇权色彩，说明奉天玉绝不止一个普通的和尚那么简单。

除此之外，还有这么一个事实：临澧的蒋家有许多传世的文物，包括香炉、酒杯、玉雕等珍贵的玉器，经鉴定均为明末清初的器物。这些宝物，不但工艺超群，而且价值连城，绝不应该出现在夹山这片山区，所以人们对它的来路难免会有所怀疑。而相传蒋家原本姓李，为躲避清廷的追杀才改姓蒋，当代著名作家丁玲，就是临澧蒋氏一脉，她曾说自己就是李自成的后人。这种种迹象表明，奉天玉和尚极有可能就是闯王李自成，奉天玉的称号正与他"奉天倡义大元帅"的称号相合，此外，敕印、"奉天玉诏"铜牌均属皇帝专用，暗合李自成大顺皇帝的身份。

可是这究竟是不是历史真相呢？对于此说反对者也大有人在。

他们认为此种观点漏洞百出，根本无法自圆其说。首先，奉天玉从何处、何时来到夹山寺与李自成联系不上。出土的塔铭上明确表明，奉天玉是顺治九年（1652年）从四川来到夹山的云游和尚，初到夹山，见古刹破败，便沿门托钵，求乞多方支持，以修复寺庙。而事实上李自成在顺治二年五月，就从历史记载中消失了，这段时间他到哪里去了？并且从未见到有什么记载说李自成到过四川，因此怎么能把这个明确记载从四川来的和尚硬附会为李自成呢？其

次，塔铭记载还说奉天玉曾和当地的地方官员往来密切，修复夹山寺的时候，当地官员还捐了钱，甚至说他"历经清要"。所谓清要，据《朝野类要》卷二解释"职慢位显谓之清，职紧位显谓之要，二者兼之，谓之清要"。而事实上，完全可以肯定李自成作为明末的农民起义领袖与官方所谓的"清要"之说不可能有任何关系。再说如果真是李自成禅隐于此，试想作为清朝和南明通缉的要犯，他怎么可能抛头露面沿街求乞修庙之资呢？又怎么可能与地方官员往来密切？起码的保密措施，他都不懂吗？

现在看来，奉天玉和尚是不是隐遁出家的李自成，一时间还真说不清楚，因为正反两方面论证都言之有据，合情合理，究竟孰是孰非，史学界也难以做出定论，而所有的研究推理终究只是一种猜测。

被部将所杀说

假设当年李自成没有身死九宫山，也没有出家为僧，那么他的最终结局究竟如何呢？这恐怕谁也无法说得清楚了。近年来，随着对各地史料、地方方志研究的不断深入，有关李自成的结局，又出现了在广东乐昌万古金城被部将所杀的说法。这一观点是粤北乐昌市考古学者丘陵于2004年9月提出的。他说："轰轰烈烈的明末农民大起义兵败后，李自成并没有出家做和尚，也没有前往九宫山，而是辗转来到粤北乐昌的金城山，蜷伏6年继续着其抗击清军的战斗，不幸为自己内部的叛军所害，死于'湘粤之途，马背之上'，乐昌万古金城是其最终归宿。"

丘陵先生的观点是基于对史料、传说的论证和实地考证得出的。据史料记载大顺军兵败后是分东西两路南撤的，

东路人马由刘宗敏、田见秀、牛金星等人带领，西路人马由李过、高一功等人带领。可是，据丘陵考证事实并不是这样，他说大顺军是兵分三路撤退的，也就是说在原来的说法上，多出了一支由李自成率领的中路军。中路军是在部队到达襄阳时从东路军分出来的，并且由襄阳经荆州、澧州、凤凰、广西龙虎关、连县、宜章莽山等地，最终到达了广东乐昌金城山。之所以史书对此没有记载，主要是大军师宋献策的功劳，他巧妙地分路行军，主要是为了迷惑清军，以便让闯王能够安全脱险。看来，大军师的妙计不但瞒过了清军，也瞒过了考古学家们。

他还说，李自成到达金城山后，化名"曹国公"，并以此为根据地，着力打造新的大顺京城——万古金城。在此期间，他与北边据守坪石金鸡岭的高桂英率领的女兵、东边镇守庆云凑云山的宋献策所部遥相呼应，共同抗清。

后来，李自成被叛军所害，安葬在金城山的山岭中，后被太子移迁至佛地凑云山。"前三山，后三山，面前流水转九弯；左有青龙倚皇榜，右有白虎朝马山。"就是一首隐喻李自成墓地的

李自成起义石雕

隐诗。

说到将曹国公确定为李自成的依据，丘陵说，不仅粤湘考古专家已经考证，就是在乐昌梅花一带的民间，也流传着这样的说法：曹国公不是姓曹，而是姓李，人称李大人。当年曹国公部众万余，石工数千，石头建筑如城墙、廊亭、庙宇等均标志有龙形图案。由此，丘陵判断，曹国公应该就是李自成，因为在明末清初，以真龙天子自称的李姓之人，除了李自成，再没有别人。

丘陵还指出，李自成之所以选择在金城山一带屯兵，就是因为这一带山势险峻，易守难攻。另外，化名曹国公的李自成还过凤凰、龙虎关、莽山一带，这一点在当地的县志中均有记载，而此前已论证过的军师宋献策与太子逝于庆云凑云山之说都印证了自己的新说。

当然，丘陵提出的这一全新的观点，具有合理的成分，但是假设的嫌疑极大，没有强有力的论据可以证明，比如无法判断当时李自成确实到了广东万古金城。而曹国公是否就是李自成，也大有可疑；并且李自成被哪个内部叛将所杀，都难以自圆其说，论据都不充分。况且，明末清初，天下大乱，完全有可能是其他拥兵自重的明朝将领或者农民起义军落草为寇，盘踞在此，而并非李自成。况且，当时军事斗争异常紧张，南明和清朝的军队又都在四处追查李自成，规模如此巨大的行军，能不被他

们发现？因此，有人说这一观点论据多为牵强附会，难以为史学家所承认。

另外，还有人提出甘肃榆中青城可能为李自成终老之处，主要论据是在那里的一户人家发现了一本抄修于康熙三年（1664 年）的《李氏家谱》。上面有李氏族人逃难青城的明确记载。至今当地民间还有李自成化装成和尚来青城投靠其族人的传说。当地李氏都以李自成后人自居，并有坟墓为证。然而，这一说法的可能性极小，多不被人认同。

总地说来，李自成这位出身于贫苦农民家庭的传奇英雄，在我国明末清初的历史上，叱咤风云，戎马一生，以大无畏的革命精神坚持与腐朽的明王朝斗争，屡经沉浮，并最终推翻了明朝的统治，留下了无数的传奇故事。至于他兵败后，究竟落得了一个什么样的结局，恐怕很难说得清楚。

吴三桂"一怒为红颜"吗？

明朝崇祯十七年（1644 年）春天，李自成农民军攻占了北京，崇祯帝在景山自尽。此时辽东总兵吴三桂拥重兵驻扎在山海关。北面是南下的清兵，南面是提兵挺进的大顺军队。吴三桂的进退将对当时的战事起到近乎决定性的影响。最后，吴三桂选择了降清之路。于是当吴三桂与李自成双方在山海关附近激战之时，关外的清军突然出现，攻击李自成军，李自成军措手不及，败绩而退。吴三桂引清军入关后，在清朝军事统一中国的过程中，立下了"汗马功劳"。那么吴三桂为什么投降清朝？是真心投降清朝吗？后代史家对此议论纷纷。

第一种说法是为了陈圆圆。

吴梅村在《圆圆曲》中写道："恸哭六军皆缟素，冲冠一怒为红颜。"这

两句诗生动地揭示了吴三桂投降清朝的心态。"缟素"是为死去的崇祯帝戴孝，"红颜"自然是吴三桂的爱妾陈圆圆。

明朝末年清兵攻打到锦州，吴三桂在崇祯的命令下奔赴北方前线。由于明朝制度军中不能携带姬妾，所以吴三桂只能让陈圆圆留在北京。不料，李自成的起义军很快就攻进了北京城，吴三桂之父吴襄也投降了闯王的军队。当时吴三桂率领的军队乃是当时号称为"关东铁骑"的数万精兵，李自成和清朝都急于得到他。吴三桂自己则持观望态度，迟迟没做出决定。在这个关节上，李自成军队的一个将领刘宗敏听说了陈圆圆的美貌，便想要得到她。于是这位将领抓来吴襄，拷问陈圆圆的下落，并带兵到吴三桂的府上带走了陈圆圆。这个消息传到了吴三桂的军帐，吴三桂勃然大怒，拔剑斩案曰："大丈夫不能保一女子，何面目见人耶？"于是转而向清乞兵，使六军披麻戴孝，打着为大明王朝的崇祯帝报仇的旗号，带兵打入北京。就这样，吴三桂投降了清朝，成为了清王朝统一中原的开路先锋。接下来，他又引兵进攻李自成，接受清朝官爵，镇压大顺、大西政权，追杀南明政权永历帝，俨然是清王朝的一员猛将。

吴伟业的《圆圆曲》一出，吴三桂"冲冠一怒为红颜"的降清原因，几乎成为定论。但是有人提出了异议，他们指出，吴三桂降清不可能起因于陈圆圆被掠。对于帝王将相来说，女子不过是他们的玩物而已。陈圆圆虽然美貌，但是她不过是妓女出身，不过是被别人当作是礼品送来的政治投资。像吴三桂这样一个聪明的人，怎么可能为了她而确定自己的重大政治决策？从刘宗敏这

中国史鉴大讲堂

第三篇　秘史探究

三一六

方面讲也是不合情理的。刘宗敏是一个忘我投身李自成事业的人，是李自成手下的忠实部属，甚至曾经在危难的时候杀掉了自己的妻子追随李自成。他不会不明大义，为了一个女子而影响大顺政权前途。之所以会有吴三桂为陈圆圆而降清的说法，一方面是人们对吴三桂降清的讽刺贬斥，另一方面也可能是后人对此事的附会加工以及文学创作上的需要。

二是为父报仇说。

根据《辽东海州卫生员张世珩塘报》记载，当时李自成的军队实行了一项追赃助饷的政策，对明王朝的大小官吏严加拷讯，逼要银两资助军队。吴三桂的父亲、明朝遗臣吴襄，本来已经归顺大顺，然而也被捉拿拷打，强逼交银，"止凑银五千两"。后吴三桂得悉父亲被大顺军拷打将死，怒不可遏，于是放弃了本要投靠李自成的计划，转而投靠清朝，决计攻灭大顺，为父雪仇。

但是有学者认为此说不实。《明季北略》记载，吴襄投降大顺后，曾经充当说客，写信给吴三桂劝他降大顺。吴三桂对此非常生气，并因此声称断绝父子关系，说"儿与父诀，请自今日。父不早图，贼虽置父鼎俎之旁，以诱三桂，不顾也"。后来，当起义军以他全家性命相威胁的时候，吴三桂也同样置之不顾，结果全家三十多口人被

吴三桂像

杀。这样的一个人，可能为父报仇吗？他不过是为了自己的安全和帝位罢了，为父报仇只不过是一块遮羞布而已。

第三种说法是说吴三桂投降清朝乃是出自阶级的本性。

李自成所率的农民起义军在进入北京后，基本保持着农民起义军本色。吴三桂也许曾经有过投靠李自成的想法，但是那不过是为了保全自己利益的政治投机罢了。尤其是当他知道李自成的军队在北京城内拷掠明朝降臣后，他对李自成的幻想就完全破灭了。而清朝对他则会是高官厚禄，他出于其大官僚地主阶级的本性，为维护本阶级利益，保证自己的荣华富贵，也必然会做出投降清朝的选择。

也有人认为，吴三桂并没有真心投降清朝，只是无可奈何之下的权宜之计。当时的吴三桂虽然握有重兵，但是他的兵力在李自成和清兵面前也不过是微弱的力量。形势让他必须在两者之间做出选择。实际上，在引清军入关前，吴三桂是一贯坚持抗清的，吴三桂曾经多次严拒了明降清将领的劝降。在李自成攻逼下准备联清时，他写信给多尔衮只说在攻灭大顺政权后，"我朝之报北朝者，将裂地以酬"，可见他只是想借兵联合，并无投降归附之意。山海关战后，清廷对吴三桂极不放心，吴三桂的力

量也远远不能控制当时的局面。但是吴三桂在发布的檄文中，称："周命未改，仍是朱家之正统。"并且要求："凡我臣民为先帝服丧，整备迎候东宫。"此外，他还招揽奇才，广植党羽，训练士卒，囤积财货，为反清复明做了不少的工作。最后终于在1673年起兵反清。持这种看法的人指出，对吴三桂的降清如果简单地视为卖国投敌，无疑是站在了大汉族主义和明王朝的立场上，对于吴三桂是不公平的。

然而这种说法，始终很难得到世人的同情和认可。尤其是对于后来吴三桂的起兵反清举动，后世普遍认为那不过是因为康熙下令削藩，吴三桂自感自己的地位受到了严重威胁，丝毫不是为了明朝。看来，对于吴三桂投降清朝的原因还要继续地争执下去。

吴三桂降清是韬晦之计吗？

明崇祯十七年（1644年）三月十九日，李自成率领的农民起义军攻陷了明朝统治下的北京，崇祯在煤山（今北京景山）自缢，明山海关总兵吴三桂在增援途中闻讯后，仓皇逃回山海关。李自成亲率大军开赴山海关，想以武力逼降吴三桂，吴三桂非常害怕，便向清朝求援。当李、吴两军在山海关前展开血战之时，清朝的精骑突然杀出，农民军毫无防备，惨败而归，从此一蹶不振。由于史书中的种种记载，史学界一直瞩目吴三桂引清军入关镇压农民起义这一事件，人们一直认为吴三桂此举便是投降了清朝。但近年有人认为，吴三桂引清军入关并不是表明他投降了清朝，并

提出了种种证据。这一说法使似乎让本已盖棺定论的问题重又成为历史谜团。

至少还有两点理由可以说明吴三桂投降了清朝：第一，清朝最高统治者视吴三桂为降将，如清摄政王多尔衮就把吴三桂作为部下来驱使，"命三桂兵各白布系肩为号"，"命三桂军先锋"，又"命吴三桂以步骑二万前驱追贼"。清廷为了奖励吴三桂在战争中的功劳，还"授三桂平西王勒印"（《圣武记》）。后来清帝剥除吴三桂爵位时，也把他称为降将："逆贼吴三桂穷蹙来归，我世祖章皇帝念其输未投降，授之军旅。"（《清圣祖仁皇帝实录》）在清朝廷的眼中，吴三桂就是一个明朝降将。第二，吴三桂入关后的所作所为也表明他已真心降清，吴三桂打着为明王朝复仇的旗号引清入关，但是当南明政权的福王多次派人拉拢吴三桂时，吴三桂却断然拒绝。如当福王的侍郎左懋第"谒三桂，出银币且致福藩意"时，吴三桂说"时势如此，我何敢受赐，唯有闭门束甲以俟后命耳"（《明季稗史汇编》）。除了福王之外，还有几任南明王，吴三桂都不曾

明崇祯山海关镇炮
山海关依山临海，形势险要。1644年4月，吴三桂引清军入山海关，击败李自成。清军由此进入中原。

表示要协同反清复明；与此相反，他竟然亲自出兵缅甸追杀南明永历王。可以看出，不管当初引清兵入关时吴三桂是怎么想的，在清兵入关后，他就投降了清朝，此时，他已经不敢违抗清廷的命令，更不敢有任何反清复明的想法了。为了向清王朝表示他的忠心，他"破流贼，定陕、定川、定滇，取南明王于缅甸，又平水西土司安氏"（《圣武记》），俨然成为清廷平定天下的一把利刃。

否认吴三桂"降清"的人则认为，北京失守后，形成了三股较强的政治势力并存的局面，即吴三桂、农民军、清王朝。而夹在这两股势力中间的吴三桂势力最弱，因此他能走的路只有两条：要么抗清，要么镇压农民军。考虑到其父亲被农民军扣押、爱妾受辱，为报此仇，吴三桂选择了联合清朝的道路，但这并不能说明他投降清朝。主要理由如下：

第一，吴三桂一贯抗清的态度决定了他不会轻易降清。在任辽东宁远总兵期间，吴三桂曾多次参加抗清斗争，甚至在明清松锦战役后，明军明显处于下风的情况下，他的态度仍很坚决。吴三桂对明朝降清的劝降函都"答书不从"。

第二，多尔衮在山海关战后加强了对吴三桂的控制可以证明吴三桂未降。史载，多尔衮在山海关之战胜利的当天，玩弄权术，封吴三桂为平西王，又将1万步兵交给吴三桂。这说明吴三桂受到了多尔衮的拉拢和控制。

第三，山海关战后发表的檄文证明其未降。清军与吴三桂乘胜追击，吴三桂提出了"周命未改，汉德可恩""试看赤县之归心，仍是朱家之正统"的口号，如吴三桂已降，也不会发布这样的檄文，清廷也不会允许他这样做。

第四，在山海关一役后，在攻陷北京前后吴三桂欲立朱明太子的行动证明其未降。李自成败退永平，吴三桂提出"约自成回军，速离京城，吾将奉太子即位"，又"传帖至今，言义兵不日入城，凡我臣民为先帝服丧，整备迎候东宫"，可是"多尔衮命其西行追贼"的策略打乱了吴三桂的如意算盘。吴三桂因其势力太弱，只得听从了多尔衮。

第五，暗中积蓄实力以反清复明也可证明吴三桂未降。他一边广招贤才，暗布党羽，"阴养天下骁健，收忍荆楚奇才"，一边厉兵秣马，为将来的战争"殖货财"。他之所以没有实现反清复明的愿望，是因为清政治统治的日渐强大使"反清复明"的旗帜没有了号召力。而吴三桂是否降清这一历史问题已不能用后来的历史进程说明了。

第二节　悬案秘事

明代"壬寅宫变"之谜

自古以来，防备最森严的地方不是监狱，而是皇宫。皇帝为防人行刺，日日夜夜命人巡逻守卫。明朝也不例外。

明朝皇帝的寝宫是紫禁城内的乾清宫。除了皇帝和皇后，其余人都不可以在此居住，妃嫔们也只是按次序进御，除非皇帝允许久住，否则当夜就要离开。

嘉靖年间的乾清宫，暖阁设在后面，共9间。每间分上下两层，各有楼梯相通。每间设床3张，或在上，或在下，共有27个床位，皇上可以从中任选一张居住。因而，皇上睡在哪里，谁

也不能知道。这种设置使皇上的安全大大加强了。然而，谁又能防备那些守在他身边的宫女呢？

就是这群宫女，干出了惊天动地的大事，这就是历史上的"壬寅宫变"。"壬寅宫变"发生在嘉靖壬寅年（嘉靖二十一年，1542年）。当时史料曾有如下记载：

嘉靖二十一年十月二十一日凌晨，十几个宫女决定趁皇帝朱厚熜熟睡时把他勒死。先是杨玉香把一条粗绳递给苏川药，这条粗绳是用从仪仗上取下来的丝花绳搓成的，苏川药又将拴绳套递给杨金英。邢翠莲把黄绫抹布递给姚淑皋，姚淑皋蒙住朱厚熜的脸，紧紧地掐住他的脖子。邢翠莲按住他的前胸，王槐香按住他的上身，苏川药和关梅秀分把左右手。刘妙莲、陈菊花分别按着两腿。待杨金英拴上绳套，姚淑皋和关梅秀两人便用力去拉绳套。眼看她们就要得手，绳套却被杨金英拴成了死结，最终才没有将这位万岁爷送上绝路。宫女张金莲见势不好，连忙跑出去报告方皇后。前来解救的方皇后也被姚淑皋打了一拳。王秀兰叫陈菊花吹灭灯，后来又被总牌陈芙蓉点上了，徐秋花、郑金香又把灯扑灭。这时管事的被陈芙蓉叫来了，这些宫女才被捉住。朱厚熜虽没有被勒断气，但由于惊吓过度，一直昏迷着，好久才醒来。

事后，司礼监对她们进行了多次的严刑拷打，对她们逼供，但供招均与杨金英相同。最终司礼监得出："杨金英等同谋弑逆。张金莲、徐秋花等将灯扑灭，都参与其中，一并处罚。"

从司礼监的题本中可知，朱厚熜后来下了道圣旨："这群逆婢，并曹氏、王氏合谋弑于卧所，凶恶悖乱，罪及当死，你们既已打问明白，不分首从，都依律凌迟处死。其族属，如参与其中，逐一查出，着锦衣卫拿送法司，依律处决，没收其财产，收入国库。陈芙蓉虽系逆婢，阻拦免究。钦此钦遵。"刑部等衙门领了皇命，就赶紧去执行了。有个回奏，记录了后来的回执情况："臣等奉了圣旨，随即会同锦衣卫掌卫事、左都督陈寅等，捆绑案犯赴市曹，依律将其一一凌迟处死，剉尸枭首示众，并将黄花绳黄绫抹布封收官库。然后继续捉拿各犯亲属，到时均依法处决。"圣旨中提到了曹氏、王氏，曹氏、王氏是谁呢？据人考证，她们是宁嫔王氏和端妃曹氏，因此，有人根据这道圣旨得出结论，是曹氏、王氏指使发动了这场宫廷政变。

司礼监题本中记录了杨金英的口供："本月十九日的东梢间里有王、曹侍长（可能指宁嫔王氏、端妃曹氏），在点灯时分商说：'咱们快下手吧，否则就死在手里了（手字前可能漏一个'他'字，指朱厚熜，或有意避讳）。'"有些人便以这一记载作为主谋是曹氏、王氏的证据。

然而有人则不以为然，认为如果主谋是曹氏和王氏，那么史料上应该记载宁嫔王氏和端妃曹氏的情况，而在以上所述的行刑过程当中，却从未见到过对曹氏和王氏的处置的描述，因此主谋是谁尚不能断定。

"深闺燕闲，不过衔昭阳日影之怨"，是明末历史学家谈迁对此案的看法，但事实究竟如何，无人知晓，因此成为又一桩宫闱之谜。

戚继光斩子了吗？

"封侯非我愿，但愿海波平"，这是

明朝著名的军事将领戚继光的诗。人们永远都不会忘记这位将领在反抗倭寇的历史中的光辉业绩。

戚继光出身将门，世袭登州卫指挥佥事，长期在山东、浙江一代担负抵御倭寇的重任。从小就目睹倭寇对沿海人民残酷蹂躏的他，对倭寇充满刻骨仇恨。他立志要荡平倭寇，拯救黎民于水火之中。那句"封侯非我愿，但愿海波平"正是他非凡抱负和坦荡胸襟的真实写照。

明朝历史上的倭寇，不同于一般的海盗，他们往往都是有着严格纪律的军事组织。要战胜这些倭寇，只有更加严格的纪律才行。戚继光就是一个以严于治军而闻名的军事将领。他经常以岳家军为榜样，对士兵进行教育，并且坚持与部下同甘共苦。历史记载，戚继光的军队号令严，赏罚信，因此所向披靡，威震四方。"戚家军"对于倭寇来说，无异于让他们丧魂落魄的"丧钟"，却是国家和百姓的救星。

这样的一支钢铁军队哪里是一朝一夕就能铸造成的？戚继光必然要为此付出沉重的代价。最为典型的，就是浙江、福建一带盛传的戚继光斩子的种种传说。

关于戚继光斩子的说法史籍多有记载。如福建《仙游县志》记载："戚公至莆田，将出师，烟雾四塞，其子印为先锋，勒马回，且求驻师，公怒其犯令，杀之。"年代比戚继光稍晚的沈德潜也曾说过："戚继光斩子……此军法所不贷，不得已也。"清代《四库全书总目提要·子部·兵家类存目》中还收录了戚继光自己所写的《纪效新书》，其提要曰："第四篇中一条云，若犯军令，便是我的亲子侄，也要依

《纪效新书》书影
戚继光著名的兵书之一。嘉靖三十九年（1560年）编写。十八卷十八篇，近八万字，皆有附图。所载皆试行于阵，颇具实效，故称纪效；曰新书，表明不囿于旧法。

法施行，厥后竟以临阵回顾，斩杀长子，可谓不愧所言矣，宜其所向有功也。"

看来戚继光斩杀自己的儿子是因为此子在战场上临阵回头，违反了戚继光制定的军纪，所以戚继光怒而杀之。连自己的儿子违纪也毫不例外地受到严惩，如此严明的纪律，也无怪乎戚家军屡战屡胜了。

深究其细节，史籍记载说戚印"临阵回顾"，对戚印如此做法的原因，除《仙游县志》中所说的"烟雾四塞，其子印为先锋，勒马回，且求驻师"外，后人还有多种其他看法。有人说，戚印原本奉命诈败，以诱敌深入，但在战场上看到形势大好，杀敌心切的他便不肯诈败，与敌人进一步交锋。虽然最后大胜，但是他的自作主张还是违反了戚继光的命令，因此被戚继光斩杀。有人说戚印奉命出征，途中得知敌军数倍于己，恐怕寡不敌众，决定暂时回军，此举为戚继光所不能容许，因而被斩。还有人说，戚继光有军令，不许在战斗中回顾或退回，但此次战斗中戚继光因为战马中流矢而落马，戚印担忧父亲的安危，回马探视，结果乱了行列，差一点使战斗失利，因此戚继光回到军营后依法斩子。

戚继光斩子之说在民间有很大的影响，浙江临海至今还有纪念戚印的"太尉庙"，福建福清也有"思儿亭""相思岭"等古迹。

但是，有人认为戚印是否真存在还是一个问题，认为所谓戚继光斩子很有可能是被后人杜撰出来的，是为了赞扬戚继光严明的军纪。郭沫若就持这种看法。

首先，查证正史，至今没有发现戚继光斩子的记录。所有对戚继光的事迹有明确记载的正史如《明史》、尹璜《罪惟录》、董承诏的《戚大将军孟诸公小传》、汪道昆的《孟诸戚公墓志铭》等书都没有提及过此事。《明史·戚继光传》说"继光为将号令严，赏罚信，士无敢不用命"，此书虽然认为戚继光与同为当时名将的俞大猷相比"操行不如，而果毅过之"，但是也同样找不到戚继光斩子的痕迹。而戚继光斩子是严明军纪的表现，绝非是见不得人的，所以这些典籍不予收录的原因当不是为了隐讳什么，而是根本就不存在这个故事。

其次，此事与戚继光的《年谱》有颇多不合之处。

天启壬戌年（1622 年），戚继光的几个儿子编订了年谱。这本年谱对戚继光的事几乎是有闻必录，但是却没有有关斩子的蛛丝马迹。从《年谱》中还可以了解到非常重要的一点：戚继光于嘉靖二十四年（1545 年）与王氏结婚，即使婚后立即得子，到他于嘉靖三十四年（1555 年）赴浙江抗击倭寇时其子也不会超过十六岁，十六岁或许可能随父从军，但是怎么可能充当先锋？史载，戚继光在他死前半年之时，还曾经建立孝思祠祭祀其历代祖妣，在他自己撰写的《祝文》中，有"今有五子一侄奉承蒸

尝"的话。这"五子"是指祚国、安国、昌国、报国、兴国，此五子中长子祚国也是在 1567 年出生的，当时戚继光在闽、浙的抗倭已经结束有一年左右的时间，即戚继光在南方抗倭的过程中是没有儿子的。还有史料记载，戚继光在福建抗击倭寇时，曾在 1563 年到兴化九鲤湖祈祷九鲤仙，祈祷的内容之一就是"续嗣之忧"，如果当时他已经有可当先锋的长子戚印，又怎会有此祈祷？这一条史料也可以证明当时确实戚继光确实没有儿子。

从以上的分析无疑可以得出结论，即戚继光并没有戚印这个儿子。从"戚印"这个名字与戚继光诸子的显著区别也可以看出，戚印最多也不过是戚继光的一个义子。

戚继光斩子一事真耶？假耶？此谜还需更多的史料来求证。但毫无疑问，无论真假，人们对戚继光将军的怀念是真的，人们对这位被"父"斩杀的"戚印"所寄托的也并不是谴责，而是对其的同情，所以后世才有"思儿亭""相思岭"等古迹的产生。

"梃击案"为何不了了之？

明朝万历四十三年（1615 年）五月初四，有一个名叫张差的男子，手持枣木棍（即木梃），不由分说地闯入太子朱常洛居住的慈庆宫，逢人便打，击伤守门官员多人，一直打到殿前的房檐下。被打中的人的呼喝声、求救声，连成一片。多亏内官（宫中小臣）韩本用反应比较快，眼疾手快地将持棍男子抓获，宫内才平静下来。当时的东宫警备不严，内廷的太监们往往托病离去，侍卫人员也只有几个，所以就发生了张差梃击事件，也就是"梃

击案"。这一事件，与郑贵妃有关。明神宗非常宠爱郑贵妃，想要立她的儿子朱常洵为太子，以满足郑氏的欲望，但没能如愿以偿，于是郑贵妃便多次试图谋害太子，"梃击案"便属其中一例。但奇怪的是，这一案情十分明白的案件，最后却不

神宗像

了了之，仅将主犯张差处决，其余人全不追究。为什么一场引起轩然大波的案件，最后就这样降下了帷幕？原来，是当政者不愿追究，在他的示意下，当事人自然也无法深究。

事情发生后，太子和郑贵妃先后赶来见明神宗。太子常洛气愤地说："张差做的事，一定有人主使！"郑贵妃光着脚走来，对天发誓，然后撒起泼来，嘴里唠叨着说："奴家万死，全家应该千刀万剐！"神宗看到双方如此对立，拍案而起，指着贵妃说："群情激怒，朕也不便解脱，你自去求太子吧！"朱常洛看到父亲生气，又听出话中有音，只得将态度缓和，并说，"这件事只要张差一人承担便可结案，请速令法律部门办理，不能再株连其他人。"神宗听后，顿时眉开眼笑，频频点头，说道："还是太子说得对。"于是，一场家务案，就这样在明神宗的导演下降下了帷幕。

"红丸案"是万贵妃一手策划的吗？

明代末年，宫廷接连发生离奇的三大案与神宗、光宗、熹宗祖孙三人密切相关，也和朝廷派系斗争紧紧纠缠在一

起。三案成为明末政坛关键，各种势力纷纷介入，案件无法正常审理，因此变得扑朔迷离。著名的"红丸案"便是其中之一。泰昌元年（1620年）八月二十九日，在乾清宫，明光宗召见辅臣方从哲等13员文武大臣。诸臣向皇帝请安过后，皇帝开始询问册立皇太子之事。

方从哲说："应当提前册立皇太子的日期，完成贺礼，皇上也就心安了。"光宗又让皇长子出来见大家，看着他对大家说："你们日后辅佐他，务必使他成为历史上尧舜那样的圣帝贤君，朕也就心安了。"方从哲等人还想说什么，光宗却开始问道："寿宫（神祠墓地）修没修好？"辅臣回答说："先帝陵寝已经修好，请皇帝放心吧！"光宗指着自己说："那就是朕的寿宫吗？"方从哲等人齐声回答："祝皇帝万寿无疆。"皇上仍然叮咛不止，反反复复，语无伦次，最后上气不接下气地哭泣着说："朕已经自知病重，难以康复，或者不久于人世。"说到这里，已是气息奄奄，用颤抖的手勉强挥一下，让众臣退朝，方从哲留下。

皇上问方从哲道："有鸿胪寺官（掌礼仪之官）要进药吗？人在哪儿呀？"方从哲回答说："鸿胪寺丞李可灼，说有仙丹妙药，臣下不敢轻信。"皇上听后，命宫中侍人立即传唤李可灼到御前，给皇帝看病诊脉，等他谈到发病的原因以及医治的方法时，皇帝非常高兴，命令进药，让诸臣出去，并令李可灼和御医们研究如何用药，一直

定不下来，辅臣刘一燝说："我有两乡人同用此丸，一个失效，一个有效，此药并非十全十美。"礼部官员孙如游说："这药有用与否，关系极大，不可以轻举妄动。"没过多久，又有一位老奶妈来到御前，向皇帝问安。皇上催促众人配药，诸臣又回到御前，李可灼将药物调好，进到皇上面前，皇上从前喝汤都端，现在服了李可灼的药，就不再气喘了。皇上反复地称道李可灼忠心可鉴。诸臣在宫门外等候。约一个时辰过后，有宫中内侍急报说："圣上服药后，四肢温暖，想进饮食。"诸臣欢呼雀跃，退出宫外。李可灼和御医们留在宫内。到了傍晚，方从哲放心不下，又到宫门候安，正遇见李可灼出来，急忙打听消息。李可灼回答说："服了红丸药，皇上感觉舒畅，又怕药力过劲，想要再给服一丸，如果效果好的话，圣体就能康复了。"诸医官认为不宜吃得太急。但皇上催促进药非常急迫，众人难违圣命。众臣即问服药后的效果如何？李可灼说："圣躬服后，和前一粒感觉一样安稳舒适。"方从哲等人，才放心离开。谁曾想次日早晨，宫中紧急传出圣旨，召集群臣速进宫。一时间，各位大臣等慌忙起床，顾不上洗脸漱口，匆匆地穿上衣服，急奔宫内。但是当群臣将要跑入宫中时，就听传来一片悲哀哭号之声，明光宗于早晨归天了。这是大明泰昌元年（1620 年）九月初一。

对于这突如其来的变故，满朝舆论哗然，在感到惊愕的同时，人们联想到新皇帝登基一个月来的遭遇，不约而同地都把疑点转到了郑贵妃身上。郑贵妃给太子献美女，指使崔文升进药，大家有目共睹，但李可灼是否受她指使，却没有实据。本来，光宗当时已病入膏肓，

难以治愈，但因为吃了江湖怪药，事情就变得不简单了。最后，此案不但追查到郑贵妃，而且方从哲也被迫辞职，李可灼被充军，崔文升被贬放南京。但究竟幕后有主使吗？到底是谁？现在也不得而知。

李自成为何要杀谋士李岩？

明末爆发了李自成农民起义。在李自成的起义队伍中，有一位著名的谋士李岩，他提出"迎闯王、不纳粮"的口号，为起义部队赢得了民心。对李岩的结局，《绥寇纪略》中做了记载：定州失败后，有人说河南全境都向明朝军队投降了。李自成大惊失色，同部下商议对策。李岩主动请缨，愿意亲率两万精兵，赶到中州，附近的郡县一定不敢再轻举妄动，就是有敢暴乱者，也能及早收拾它。大将牛金星要闯王答应李岩的请求，闯王当时没有回答。不久，闯王恐怕李岩另有所图，这时牛金星向闯王进言，要寻找机会除掉李岩，得到闯王首肯。第二天，牛金星以李自成的名义召李岩到军营中饮酒，安排伏兵在营中隐蔽处，李岩和他的弟弟李年同时被擒杀。

这段记载虽有首有尾，但对李自成杀害李岩的原因交代得并不清楚。"恐怕李岩另有所图"究竟是何意？也许从李岩的身世能看出一点端倪。据正史记载，李岩原名李信，河南杞县人，明朝兵部尚书李精白之子，参加科举考试得中举人。因为力劝当地官府停征苛捐杂税，拿出家中存粮赈济灾民，得罪地方政府和豪绅，被捕入狱。李自成部队攻破杞县时，被救出狱，因而投降李自成，后因功绩被封为将军。从史料记载看，李岩出身于显赫的家族，与农民起

义军本来就是不同的阶级出身。开始时他可能因为才能而得到李自成赏识，但李自成终究是农民出身，有其阶级保守性。后来李岩越是显露才华，他越是不高兴，甚至怀疑有一天李岩会取自己而代之，因而动了杀机。

当然，这样解释李自成为什么杀害李岩不足为据，仅仅是猜测之词。

第三节　文化迷踪

郑和为何下西洋？

郑和下西洋这样规模浩大的远航，究竟是为了什么，肩负着什么样的使命呢？后人对此众说纷纭，各执一词，猜测甚多，却很难取得一致意见。

最流行的一种说法认为是为了寻找失踪的建文帝。明朝建文帝即位不久，燕王朱棣就以"清君侧"为名，大兴"靖难"之师，公开反叛。于1402年率军攻破南京城，颠覆了建文帝的统治。但是，当其带兵冲进皇宫时，只见宫中大火冲天，建文帝不知去向。明成祖疑其逃往海外，为了长治久安，防止建文帝东山再起，威胁自己的统治，便派遣郑和出使西洋，寻找建文帝的踪迹，以消除政治隐患。《明史·郑和传》也清楚记载："成祖疑惠帝亡海外，欲踪迹之。"自此以后，附和其说者不乏其人，一些历史学家比如范文澜、吴晗等在自己的著作中也都认为郑和下西洋是为了寻找建文帝的下落。这就是郑和出使西洋的真正目的吗？后人对此提出了质疑。

有人说这种说法很可能是明代中后期封建文人囿于狭隘的思想观念得出的结论，中国明史学会名誉会长刘重日先生就是这样认为的。他说，明成祖无疑是一个雄才大略的皇帝，"既然朱棣在只有几千部卒的情况下都不怕建文帝，怎么会在大权在握时怕一个十几岁的小孩子呢？"北京郑和下西洋研究会副理事长毛佩琦教授也认为通使西洋是明成祖对外关系的一项大政策，可以认为朱棣命郑和在出海时顺道寻访建文帝的下落，但如果说寻找建文帝就是郑和下西洋的使命，"是小看了明成祖的胸襟"。

有人认为是为了耀兵海外，宣扬朱棣天下观。《明史·宦官传》记载：郑和"且欲耀兵异域，示中国富强"，"遍历诸国，宣天子诏，因给赐其君长，不服则以武摄之"。据此有人认为，明成祖心高气傲，一心想超越前代帝王，建立不世伟业，把文治武功永垂史册，所以才派郑和"耀兵异域"，显示中国富强，满足自己"天朝上国"君主的虚荣心。梁启超在《祖国大航海家——郑和传》书中云：朱棣富有雄心壮志，想通过扬威壮举，达到震慑与笼络海外诸国受封之目的。李长博在《中国殖民史》

郑和像

书中也称郑和下西洋之动机是"耀兵异域"，别无他意。

有人通过明成祖向西洋诸国颁布的诏书，提出了新的观点，认为郑和西洋之行主要是为了推行朱棣的"天朝礼制体系"。其诏书是这样说的："朕奉天命，君主天下，一体上帝之心，施恩布德。凡覆载之内，日月所照、霜露所濡之处，其人民老少，皆欲使之遂其生业，不至失所。今特遣郑和赍敕，普谕朕意：尔等祗顺天道，恪遵朕言，循礼安分，毋得违越，不可欺寡，不可凌弱，庶几共享太平之福。"一些专家认为这份诏书正体现出了明成祖自己对于天下秩序的设想，也就是他的天下观，他的理想的世界秩序，也就是希望在自己的主持下，建立一个各国之间睦邻友好，和平共处，共享太平的和谐世界，或者叫国际秩序。后人将其称为"天朝礼制体系"。毛佩琦教授以及当代明史研究专家郑一均都支持这种说法，认为这一思想体现了中国儒家的天下观：天子受天命统治中国，覆载之内不论近远，大家一律平等，不能够以强凌弱，以众暴寡。

还有人论证郑和下西洋主要是为了打通海上通道，发展海外贸易。中国周边的国家大多分布在东南亚和南亚地区，由于南洋诸岛与大陆地理分散，交通不协调，受到海洋空间的限制，缺乏进一步联系的基础，因而成祖派郑和下西洋。也就是说，郑和下西洋的目的是为了大力发展海外贸易，以经济交往为纽带，将分散于大洋中的各个国家和地区联结起来。

郑和石碑
郑和第五次下西洋前，在福建泉州市吴山行香祈求航海平安时刻立。

但是这一观点遭到了普遍的反对。明史专家、复旦大学教授樊树志认为郑和的航海并没有贸易的成分。他指出，当时郑和所带去的物品主要是为了实现朝贡关系，郑和代表中国皇帝接受当地国王的朝贡，并代表皇帝把礼品赏赐给那些国家，他带去的东西主要用于赏赐，而不是做生意。并指出："从经济的角度来讲，明朝方面是非常不合算的，所收到的朝贡礼品很少，而赏赐的东西非常之多，常常是用数倍的礼物回赠给臣服的各个周边国。"下西洋"主要是政治行为，贸易是附加的"。朱晨光在《郑和下西洋目的辨析》一文中也认为说郑和下西洋是经济因素是一叶障目之见，因为考察明代有关文献，未见过郑和屯兵异域，进行经济上的巧取豪夺。毛佩琦教授也认为："这种说法是用现代的经济观念，来解释古代人的行为。特别是当时中国是一个农业社会，没有必要寻求海外的市场，它不是后来资本主义积累时期，希望通过海外贸易发展自己的商品经济，中国的经济发展还没有达到这个程度。所以说，简单地说郑和下西洋是为了发展海外贸易，也是不确切的。"

与此同时还出现了一种折中的观点，认为郑和下西洋既有政治目的，又有经济意图。韩振华在《厦门大学学报》上发表的《论郑和下西洋的性质》和陈得芝在

《历史教学问题》1959年第3期的《试论郑和下西洋的双重任务》以及翦伯赞在《中国史纲要》等书中均认为郑和下西洋既有政治目的，又有经济意图。这种观点认为朱棣夺取了侄儿的帝位，自知名声不佳，便派遣郑和出使西洋，耀兵海外，造成万国来朝的胜景，彰显自己继承王位的合法性和正统性。同时安抚或镇压逃亡海外的将士和臣民，宣扬国威，巩固自己的统治地位。另外，开拓通往西洋诸国的海上航道，扩大官方贸易，以满足王公贵族的奢侈之需。正因此，郑和率领的船队被称为"宝船"或"西洋取宝船"。

最后一种观点认为郑和七下西洋各有目的。尚钺在《中国历史纲要》认为，郑和第一次出使西洋是为了"联合印度等国抄袭帖木儿帝国的后方，牵制帖木儿帝国继续东侵"。后六次，由于帖木儿帝国的危险消除，则主要是为了开辟一条新航海路线，以便与国外进行贸易。李光璧的《明朝史略》进一步指出郑和首次西下带有扩大贸易、提高"威望"、联络印度等国的三重任务，后六次主要是为了通商的目的。郑鹤声、郑一均在《郑和下西洋简论》中认为，郑和前三次下西洋，主要是为了和东南亚、南亚沿海诸国建立关系，维护国际和平局势，提高明朝的威望，附带解决"疑惠帝亡海外"的问题。后四次主要是向东亚以西的更远的地区前进，开辟新的航道，让从来不与中国往来的海外之国"宾服中国"。刘重日先生也有类似看法，认为第一次下西洋是明成祖为了与更多国家和地区交流、结好，宣扬"天朝上国"的优越性，其后的几次是为了加强联系，并进行通商，当时，各国使节和商人来华朝拜进贡的日多，为了能让他们安全回国并进行进一步交流，明成祖就让郑和进行了第五次和第六次远航。而第七次远航，则是宣德皇帝命郑和出行的，他的目的不外乎是要延续永乐皇帝的丰功伟绩。由此可以看出，七次远航的目的都是为了与各国交流以及进行商业贸易，只不过每次的具体目的略有不同罢了。但是事实上真的如此吗？该说也不为定论。

总体说来，以上各家之说各有道理，并且随着时代的不同，人们对郑和出使西洋的认识也在不断加深，甚至明显赋予了一种时代性的看法。可是到底哪种说法更符合历史真相呢？目前尚难定论，仍需进一步探讨。

郑和船队最远到了什么地方？

大海浩瀚，航者无疆。那么郑和下西洋，最远到了什么地方呢？究竟如西人所说，深入大西洋，发现美洲，到达南极？还是仅止步于非洲东岸呢？

对于这个问题争论很大，国内外的专家、学者各执一词，根本无法取得一致意见。英国史学家李约瑟在《中国科学技术史》中，引用地图学家弗拉·毛罗所言，认为15世纪初郑和船只已经绕过好望角。20世纪50年代，澳大利亚的菲茨拉德在发表的《是中国人发现了澳洲吗？》一文中，认为郑和的船队很可能到达了澳大利亚西北的达尔文港，因为1879年曾在那里出土了一尊中国寿星石像，为明朝遗物。随后，马来西亚学者祖菲加甚至认为，郑和船队最远到达了南极，也到过澳洲大陆。并具体指出郑和船队于1422年抵达南极大陆，之后途经澳洲大陆，返回中国。

把这一争论推向高潮的是 2002 年英国退伍海军孟席斯在英国皇家地理学会上做出的结论：中国郑和下西洋舰队 1421 年到达美洲，比哥伦布早 70 年发现了新大陆。孟席斯的主要依据是，在美国发现了一张根据经纬度绘制出的古代地图，经有关人士考证，认为是中国人绘制。并且在加勒比海还发现了一艘沉船，可能是郑和的航船。另外，在加拿大岛屿遗址的坟墓中发现了汉字，遗址中的居民有黄种人的基因。

但是对这些说法，中国学术界大多持否定态度。因为《明史·郑和传》和郑和助手马欢的著作《瀛涯胜览》中，都记载着郑和船队最远到了非洲东海岸木骨都束、竹步、麻林，也就是今天的肯尼亚和坦桑尼亚一带。并且在非洲索马里、肯尼亚、坦桑尼亚境内，考古发现了很多 14、15 世纪的中国古瓷。从事海洋地图研究的专家朱鉴秋认为："这可以作为郑和航海到达非洲的有力佐证。"对于孟席斯的观点，毛佩琦教授则持全盘否定的态度，他认为："不是有多大可能，而是完全不可能。"对于那张地图，毛教授认为中国古代地图的绘制方式不同于西方，在当时不可能出现根据经纬度绘制的地图，"因此孟席斯所指的地图根本就不可能是中国人绘制的"。对于加勒比海沉船、坟墓中的汉字、黄种人的基因，这几个证据，所有的中国专家都基本持否定态度，但也找不出具体反驳的理由。不过，孟席斯很自信自己的观点，认为自己通过实地考察掌握了许多中国学者不曾见到过的证据。确实，中国学者的考证多源于史料记载，只是在故纸堆里找线索，难免会有很大局限性。况且，值得注意的是，郑和

下西洋的船队由大小船只百余艘组成，由于海风、迷失方向等各种原因，很有可能会有个别船只脱离船队，在大海中漂泊，并由此发现了澳洲、美洲，甚至南极洲，因为据载，有许多小船往往在船队回航几年后，才从西洋返回，这其中肯定也有许多船只不能返回，而在大海中漂泊，由此不能排除他们在偶然的情况下发现新大陆的可能性。但是，在没有确凿的证据之前，郑和船队最远到了什么地方，还是一个有待进一步考证的难解之谜。

谁是《金瓶梅》的真正作者？

《金瓶梅》是一部惊世奇书，也是"明代四大奇书"之一，还被清代小说点评家张竹坡誉为"第一奇书"。它借《水浒传》中"武松杀嫂"一节引出以西门庆为主角的一段市井生活，借宋代的人物暴露明代社会的腐败。一般认为书名是以西门庆三个重要女人名字中的各一个字拼凑成的。"金"指潘金莲，"瓶"指李瓶儿，"梅"指庞春梅。这本书思想内容丰富、艺术手法娴熟，但是它问世时，作者并没有署上自己的真实姓名，所以学者们对它的作者问题始终抱有很大的兴趣，以至《金瓶梅》的作者到底是谁，迄今仍然无定论。

《金瓶梅》的作者署名"兰陵笑笑生"，但其真名实姓考证至今并无定论，作者是何方人氏也说法不一。因为作者声称写的是山东地面的人和事，署名中又有"兰陵"字眼，加之作品用语基本上是北方话，所以多认为是山东人。有的研究者认为作者是李开先。李开先是山东人，嘉靖进士，40 岁罢官回家，他的身世、生平和对词曲等市井文学的极深的爱好和修养与前人对《金瓶梅》

的说法不谋而合；作品本身也证明它同李开先关系密切，李开先的作品《宝剑记》也是用《水浒传》的故事，把《金瓶梅》和李开先的《宝剑记》做比较，就会发现不少相同之处。所以《金瓶梅》和《三国演义》《水浒传》《西游记》一样，都是在民间艺人中长期流传之后，经作家个人写定的，而这个写定者就是李开先。还有人认为作者是另一个山东人贾三近，他是嘉靖、万历年间大文学家，因为《金瓶梅》一书从头到尾贯串了大量的峄县人仅用的方言俚语，峄古称兰陵，从贾三近的生平事迹以及宦游处所、人生经历、嗜好、著作目录等方面看，他是最接近"兰陵笑笑生"的一个人。

最流行的看法则认为，嘉靖年间的大文学家王世贞是《金瓶梅》的作者。王世贞，字元美，号凤洲，又号弇州山人，是南京刑部尚书，也是明代著名的文学家、史学家。王世贞才学富赡，文名满天下，与李攀龙、谢榛等合称为"后七子"。在前后七子中最博学多才。李攀龙去世后，他独领文坛20年。《明史》称他"才最高、地望最显，声华意气，笼盖海内"。

他为官清正，不附权贵。东林党杨继盛被严嵩陷害下狱，他经常送汤药，又代杨妻草疏。杨被害后，他为杨殓葬。父亲被严嵩陷害，他作长诗《袁江流钤山冈》和《太保歌》等，揭露严嵩父子的罪恶。他精于吏治，乐于提拔有才识之人，衣食寒士，不与权奸同流合污，受时人推重。

据说他作《金瓶梅》是想为父报仇，王世贞的父亲因献《清明上河图》的赝品，被人识破，因而得罪权臣严嵩和严世蕃父子，最后被残害致死。王世贞为报父仇，特作小说《金瓶梅》献给严世蕃投其所好。书的内容隐射严嵩父子，揭露他们的种种丑行，而书上又涂有毒药，当严世蕃读完此书后就中毒而死了。

但是著名学者吴晗率先对这个观点提出质疑，他查阅了大量的正史、野史、笔记，以翔实的史料作为依据，推翻了前人据以立论的主要依据——《清明上河图》与王世贞家族的关系，得出历史上的王世贞之父并不是因为献假图被害，严世蕃也不是因为中毒而身亡的结论，否定了《金瓶梅》为王世贞所作的传统看法。吴晗还从书中大量运用的"山东方言"这一点来看，认为王世贞虽然在山东做过三年官，但是要像本地人一样用方言写出这样的巨著是不可能的。他还明确指出，《金瓶梅》应为万历十年至三十年（1582—1602年）的作品，作者绝不可能是王世贞。有不少研究者也撰文支持吴晗的观点。

20世纪80年代，国内开始有语言学家发表文章对作者的山东籍贯表示怀疑，理由是作品中有不少用语是当今山东方言所没有的，反而在吴方言区经常用到，于是大胆设想作者有可能是吴方言区人。20世纪30年代时，英国汉学家阿瑟·韦利就曾提出《金瓶梅》作者是徐渭这一说法，在60多年后的今天却被绍兴文理学院讲师潘承玉新近出版的《金瓶梅新证》给证实了。

潘承玉的《金瓶梅新证》首先从时代背景推断《金瓶梅》成书时代为明嘉靖末延续至万历十七年（1589年）稍后，而这正与徐渭的生活时代相吻合。从地理原型、风俗、方言等诸角度多层面来看，小说与绍兴文化也有很深刻的联系，根据《金瓶梅》是一部"借宋喻明""借蔡讽严（嵩）"之作的定论，指出当时正是绍兴形成了全国第一个反严潮流，披露了以徐渭与陶望龄以及沈炼为代表的一大批"反严乡贤"鲜为人知的史实，从沈炼正是被严嵩迫害致死，断言徐渭是因感于乡风，感于沈炼的冤死愤慨而作《金瓶梅》。另外，徐渭在晚年曾暗示过他花40年心血而完成了一部长篇小说。而《金瓶梅》的措辞用语、文风都与徐渭十分吻合。另外，作者写作《金瓶梅》的特殊心态，也跟徐渭的遭际一脉相承。

中国古典文学名著《金瓶梅》问世四百多年来，作者究竟是谁？创作背景怎样？笑笑生究竟是何人，还是一个未解的谜，这一连串疑问仍像重重迷雾笼罩，等待后人的解答。

历史上的三个张三丰之谜

在武侠小说中，武当派的祖师爷张三丰绝对是一个叱咤江湖、风云天下的无极高手。他所创始的太极拳以柔克刚，于无形中化有形，令无数高手望而却步，独步武林几十年。然而，历史上曾有过三个张三丰，那么，究竟哪个张三丰是武当内家拳的创始人呢？

一种观点认为，张三丰应该是宋代人。据清朝康熙八年（1669年）黄宗羲的《王征南墓志铭》记载：太极拳当是宋代武当丹士张三峰所创。"少林以拳勇名天下，然主于搏人，人亦得以乘之；有所谓内家者，以静制动，犯者应手即仆，故别少林为外家，盖起于宋之张三峰。"在《太极拳剑推手各势详解》中是这样说的：有一天，张三丰在屋里突然听到院子里有喜鹊叫个不停，他就从窗子里朝外望了一下，看见喜鹊正低头怒视。张三丰好奇地顺着它的方向望

去，原来地上一只大蟒蛇正盯着这只喜鹊。二者就这么相持着，互不相让。每当喜鹊上下飞击蟒蛇时，蟒蛇就轻轻地摇头摆尾闪避。喜鹊进攻多次都是无功而返。一旁的张三丰由此领悟到以静制动、以柔克刚的道理，并仿照太极变化而把武当内拳命名为太极拳。

到了民国年间，张三峰造拳的历史更为众说纷纭。但宋代的张三峰道士既然已被内家拳拉为祖师爷，而黄氏父子又公开声称张三峰所创的是内家拳，于是某些太极拳书就放弃宋张三峰创太极拳的说法，而以元末明初之武当山张三丰道士为太极拳创始人了。

据《明史·张三丰传》记载，张三丰，名通，又名全一，字君宝，或君实，号三丰（峰）。他是元末明初时的一个道士，祖籍辽阳懿州（今辽宁彰武）。据说，张三丰长得高大威武，他"丰颀巍伟，龟形鹤背，大耳圆目"，还有一副硬如铁戟的长胡子。张三丰不仅长得极有特色，而且行为乖张，平日里不修边幅，无论寒暑，他都只穿着一件破旧的蓑衣，大家又叫他"张邋遢"。更为传奇的是，张三丰文武双全，武功奇高，能以一对百，靠内力劈开山谷，从中穿行而过，还能死而复生。更让他名扬天下的是，明朝的皇帝都对他礼让三分，为他大兴土木。明成祖曾经为他大修武当山，专门为他建造了"遇真宫"，征集丁夫30万人，大兴土木，在武当山营建武当宫观，耗资白银几百万两，赐名遇真宫，塑三丰像。从此以后，武当山香客云集，名声大振，张三丰也成为一个神仙级的人物。武当一派由此发扬光大。

有人在研究了《明史》中的《胡传》《郑和传》《姚广孝传》和《方伎传》

中的张三丰事迹后，给出了一个让人大吃一惊的答案——张三丰，这个被当时人们津津乐道的神化人物，原来是明太祖死后，明代皇朝宫廷争夺皇位的副产品。众所周知，明成祖朱棣是夺了他侄子建文帝的皇位才当上皇帝的。由于传说建文帝未死于战火，永乐帝不放心，就派了亲信以寻访道士张三丰（邋遢）为名，到各地去查访建文帝下落。甚至连郑和下西洋都是为找建文帝的。经过21年在国内外对建文帝下落的秘密查访都未果，明成祖才放下心事。但是皇帝派人寻访张邋遢道人的新闻已传遍民间。永乐帝只好大修武当山，为张三丰立像。其实这一切都是为了掩盖劳师动众的真相，欺骗人民。

但历史的真相究竟怎样，究竟创造武当内家拳的是哪个张三丰呢，也许只有留待后人考察了。

明十三陵为何十二陵都无碑文？

在北京的明十三陵中，有十二陵没有碑文。这究竟是为什么呢？

在这十三陵中，只有明成祖朱棣的石碑上有碑文，这块长陵石碑，正面上刻有"大明长陵神功圣德碑"字样，下刻有朱棣儿子明仁宗亲自题写的为其父歌功颂德的三千余字的碑文。既然十三陵中的第一陵有碑文，其余十二陵为什么不刻上碑文呢？

顾炎武在访问十三陵之后，写出了《昌平山水记》，他说，传说嗣皇帝谒陵时，问随从大臣："皇考圣德碑为什么无字？"大臣回答说："皇考功高德厚，文字无法形容。"而《帝陵图说》给出了另外一种解释，《帝陵图说》里明太祖朱元璋曾说："皇陵碑记，都是大臣们

的粉饰之文，不能教育后世子孙。"他这一批评，使翰林院的学士们再不敢写皇帝的碑文了。后来，写碑文的任务，便落在嗣皇帝的肩上。所以孝陵（太祖）碑文是成祖朱棣亲撰，而长陵（成祖）的碑文，是明仁宗朱高炽御撰。

但明仁宗以后各碑，为何嗣皇帝不写了呢？据史料记载，献、景、裕、茂、泰、康六陵门前，原并没有碑亭和碑。到了嘉靖时才建，嘉靖十五年（1536年）建成，当时礼部尚书严嵩曾请世宗撰写六碑文，可是嘉靖帝迷恋酒色，又一心想"成仙"，哪有心思写那么多的碑文，因此就空了下来。

世宗以外的各皇帝，看到祖碑上无字，自己也就不便只为上一代皇帝写碑文，但如果都写的话，也没有太多的精力，因此，一代一代的皇帝传下来，就出现了这些无字碑。实际上，自明朝中期以后，皇帝多好嬉戏，懒于动笔，而最主要的原因是，如不加以粉饰，他们所谓的"功德"已经不能直言了，因而这些皇帝干脆不写了。

还有人认为，这些皇帝的做法是效仿武则天。因为武则天是一个聪明的人，"无字碑"立得真聪明，功过是非让后人去评论，这是最好的办法。这些皇帝们知道自己有可以肯定的地方，但同时肯定也有应该否定的地方。他们知道自己的一生人们会有各种各样的评价，碑文写得好坏都是难事，因此才决定立"无字碑"，功过是非由后世评说。

不管这些说法怎样，到现在，这些无字碑还立在十三陵中，同它们身后的皇帝一起，真正是做到了"功过是非由后世评说"。

第七章 清代与民国秘史

第一节 名人谜团

郑成功死因蹊跷

郑成功是中国历史上家喻户晓的民族英雄，他骁勇善战，令殖民者闻之丧胆。但郑成功就在台湾收复后不久便去世了，年仅38岁。正值壮年，却突然暴病而亡。仔细推敲其死因，就会发现有许多疑点。

关于郑成功的死，同时代人如李光地、林时对、夏琳等人的笔记都很简单，一般是说"伤风寒""感冒风寒"，但一个正值壮年的人怎会轻易地被"风寒"夺去生命？

根据郑成功临终前的异常情况和当时郑氏集团内部斗争的背景，有人认为郑成功是被人投毒杀死的，这一说法目前最引人注目。此说主要的依据有：

第一，郑成功死前的情状与中毒后毒性发做的症状极似。另外，夏琳《闽海纪闻》中记载郑成功临终前都督洪秉诚调药以进，成功将药投之于地，然后成功"顿足扶膺，大呼而殂"。郑成功大概察觉出有人谋害自己，但为时已晚。

第二，郑氏集团内部暗藏着一些危险因素。生性暴烈的郑成功，用法严峻，郑氏部下，包括他的长辈亲族因过被处以极刑者很多，众将人心惶惶，其中很多人在清廷高官厚禄诱惑下叛逃，郑氏集团内部关系极其紧张。伍远贤所编《郑成功传说》一书中记述，清廷收买内奸刺杀郑成功，因此，如果说台湾岛上一直有人企图谋害郑成功，极有可能是以清廷作为背景。

第三，一个重大疑点是马信神秘地死去。马信是清降将，后来成为郑成功的亲信，郑成功去世当天，由他荐一医师投药一帖，夜里郑成功死去，他本人也突然无病而卒。照李光地的说法，马信在郑成功去世的第二天就死去，江日升《台湾外纪》中记载，其死期距郑成功去世仅仅5天。因此马信可能直接参与谋害郑成功的活动，但后来又被人杀害以灭口。

那么，这起谋杀案的主谋究竟是谁呢？人们把怀疑的目光投到了郑成功兄弟辈的郑泰、郑鸣骏、郑世袭等人的身上，特别是郑泰。郑泰长期操纵郑氏集团的东西洋贸易，掌握财政大权，对郑成功早存异心，对郑成功出兵收复台湾曾极力反对。复台初期的郑氏政权财政面临困境，郑泰却暗地里在日本存银30多万以备他用。等到郑成功去世，郑泰等人迫不及待地伪造郑成功的遗命对郑经诛讨，并抬出有野心但无才干的郑世袭来承兄续统。最后，他们的阴谋被郑经挫败，郑泰入狱而死，郑鸣骏等率部众携亲眷投清，据此分析，策划谋害郑成功的很可能就是郑泰等人。他们早存夺权之心，还可能和清廷有勾结。他们乘郑成功患感冒的时候开始实施他们的计划。夏琳和江日升的记载中说，郑成功病情开始并不严重，常常登台观望、看书，有时还饮酒，甚至拒绝服药。他们极可能在酒中下毒，但这期间饮酒较少，因此七八天毒性才发作。最后他们又在医生开的凉剂中下毒，郑成功终于被毒死。郑成功死后，郑经先是忙于对付郑泰的叛乱，后发现郑泰在日本银行的巨款，又集中注意力追回这笔款子。他本人又因犯奸险些被郑成功杀死，对郑成功之死也许心存侥幸，因此郑成功的死因在当时并没有被深究。海天茫茫，也许这永远是个解不开的谜了。

施琅是叛徒还是功臣？

人们常常有这样的疑问：施琅背叛了明朝难道不是叛徒吗？他帮助康熙统一了台湾推进了统一中国的步伐怎么不是爱国的功臣呢？

施琅（1621—1696 年），字尊侯，号琢公，福建晋江人，自幼生长在海边，少年时代从师学剑，武艺精通。清顺治三年（1646 年），施琅与其弟施显投奔郑成功，参加了郑成功领导的武装。由于才干超群，没过多久施琅就成为郑成功最为得力的将领。不过，战功卓著的施琅不小心触怒了郑成功，结果父子三人都被扣押起来。后来，施琅用计得以逃脱，但他父亲和弟弟却惨遭杀害。1652 年，施琅投降清廷，立志打败郑成功，统一台湾，以报家仇。

有学者认为，要评价明清之际的历史人物施琅，首先不能站在明朝的立场上，更不能充当明朝的遗老遗少，要客观地认识到清朝是中国历史上的一个重要王朝，满族是中华民族的一个重要成员。在此前提下，对施琅做出评价，就会比较客观，比较接近事实。

施琅青年时个性极强，常常与脾性相同的郑成功发生冲突。顺治八年（1651 年），施琅因反对郑氏"舍水就陆"的战略方针和强征百姓粮饷的做法，与郑氏产生了尖锐的分歧。次年四月，施琅捕杀了手下一名改投郑成功的清兵曾德，然而曾德原在郑氏军中地位较高，虽一度隶属于施琅部下，无论犯法与否，也无论施琅是否已经解除兵权，施琅都无权擅自将他处斩。于是，郑成功盛怒之下便将施琅及其父施大宣、其弟施显投入牢中。施琅被捕后竟然奇迹般地逃到大陆，藏在副将苏茂家中，并请人从中调停。但郑成功非但不接受调解，反而派人前去刺杀施琅。行刺失败后，郑成功一怒之下于七月间把施大宣、施显处斩，将施琅逼上了投清之路。施琅得知消息后，遂死心塌地投靠清政府，一意与郑成功为敌。

施琅降清后任福建水师提督。他之所以力主统一台湾，尽管主要是为了报家仇，但同时也是为了祖国的统一。他认识到只有使"四海归一"，才能使"边民无患"。后来，他几经周折，拼力说服清廷不可放弃台湾，最终使清廷下决心在台湾设府建制。施琅为实现统一台湾的理想进行了不懈的努力，他的思想和行动可以从如下三方面加以评价。

第一，清朝平定三藩之乱以后，郑氏政权已无恢复明室的可能，只想保

持住在台湾割据的局面。他们在与清朝的谈判中，多次要求"不剃发，执朝鲜事例""称臣纳贡""世守台湾""照琉球、高丽等外国例，称臣进贡"。他们的这种设想，从主观上看未必是要分裂中国，但客观效果则不堪设想。如果清朝同意郑氏政权的要求，台湾这块自古以来就属于中国的领土，就会在那时从祖国分割出去。幸而那时的康熙帝采纳的是大学士明珠的意见，决定先招抚，招抚不成，再用武力。于是，在遣使与郑氏代表谈判中，做出了很大让步，即郑氏归顺清朝以后，可以在台湾居住，"保境息民"，但郑氏必须成为清朝臣民，台湾必须成为中国领土的一部分。对于这样的让步郑氏政权依然没有同意。不久，郑成功之子郑经病死，郑氏内部彼此争权，政局动荡。这时力主乘胜统一台湾的福建总督姚启圣认为，征台的时机已到，就向康熙帝再次奏请进取台湾，并推荐施琅任福建水师提督。此奏很快得到康熙帝的同意。

从以上史实不难看出，清朝用施琅征台，已不是民族战争的继续，更不是什么明清两个帝国之间的对抗（那时的明朝早已不存在，就连南明诸政权也早已相继结束），而是清朝要么统一台湾，要么允许台湾从中国领土上分割出去。

众所周知，清代奠定了现代中国疆域的基础，使统一的多民族国家得到进一步巩固和发展。施琅正是完成清初统一大业的重要历史人物之一，他在

施琅故坊石刻
施琅率兵击败郑军，统一台湾，立下丰功伟绩，这是为表彰他而制的石刻。

中国历史上的重要作用不言而喻。

第二，清军攻下澎湖以后，有人向施琅进言："公与郑氏三世仇，今郑氏釜中鱼、笼中鸟也，何不急扑灭之以雪前冤？"施琅却说："吾此行上为国、下为民耳。若其衔璧来归，当即赦之，毋苦我父老子弟幸矣！何私之有与？"他还向郑氏手下的人声明："断不报仇！当日杀吾父兄者已死，与他人不相干。不特台湾人不杀，即郑家肯降，吾亦不杀。今日之事，君事也，吾敢报私怨乎？"施琅的胸怀可见一斑。

第三，统一台湾后，清廷内部发生了一场针对台湾的弃留之争。许多大臣对台湾的历史、地理缺乏认识，竟然认为台湾地域狭小，得到了不会增加领土面积，失去了也不会有太大损失，就连康熙帝也这么认为。

众大臣中只有少数人主张守而不弃，其中包括施琅。在台湾弃留之争中，施琅挺身而出，力排众议，坚决反对放弃台湾，并奏请朝廷设官兵镇守。为此，他还专门给康熙帝写了《恭陈台湾弃留疏》，反复陈述台湾的战略地位的重要性，指出台湾是关系到江浙、福建等地的要害所在，如果弃而不守，必将酿成大祸。更可贵的是他高瞻远瞩地指出，如果放弃台湾不守，无论是荷兰人还是叛徒，随时可能乘隙而入，而台湾如果再次被外国侵略者所侵占，那时恐怕后悔都来不及了。在施琅等人的力争下，康熙帝很快改变了原来的主张，决定对

台湾设官治理。

在施琅的故乡福建晋江施琅纪念馆中，有这样一副对联："平台千古，复台千古；郑氏一人，施氏一人。"应该说，这就是对郑成功和施琅功绩客观、完美的写照。

乾隆是汉人的后代吗？

乾隆皇帝是清朝历史上乃至整个中国历史上著名的皇帝。这位满清皇帝当然应该是满族人，正史中的记载是这样的："高宗（即乾隆）……纯皇帝，讳弘历，世宗……宪皇帝第四子也，母孝圣……宪皇后钮祜禄氏……以康熙五十年（1711年）辛卯八月十三日子时诞上于雍和宫邸。"也就是说，乾隆皇帝的生母是钮祜禄氏，出生地是北京的雍和宫。但是在清末民间，却广泛流传着这样一个传说，说乾隆皇帝是"浙江海宁陈家"的儿子。这种似乎荒谬不堪的说法在当时社会上，上自官僚贵族，下至普通百姓，可以说是尽人皆知。这究竟是怎么一回事？

很多稗官野史中详细记载了传说中的乾隆帝的出生。如《清朝野史大观》记载说：雍正帝当皇子的时候，和海宁陈氏家的关系非常好。这年雍正帝的妃子生了一个女儿，正巧陈家也生孩子，且是个儿子。两个孩子的日、月、时辰都相同。雍正听说之后非常高兴，就命人把孩子抱来。很久才把孩子送回去。陈家拿到孩子后，发现已经不是自己的儿子，而且已经被换成女孩了。这样的事情当然让"陈氏殊震怖"，但也不敢声张，更不敢追究，只能使之成为秘密。"未几雍正嗣位，即特擢陈氏数人至显位"。据说这个孩子就是后来的乾隆皇帝。

海宁陈氏何人也？《清秘史》中说，陈氏之一生，历经康熙、雍正、乾隆三代，是一位三朝元老。"陈氏自明季衣冠雀起，渐闻于时。至之遴始以降清，位至极品。厥后，陈世倌、陈元龙等父子叔侄，并位极人臣，遭际最隆。康熙间，雍正与陈氏尤相善。"之后，就是两家孩子被换之事发生的这一年。史料记载，在乾隆即位后，对陈氏的优待就更加优厚。

在《清史稿》中还记载了这样的事情："雍正十一年（1733年），陈以年老乞休，雍正帝命加太子太保衔。行日，赐酒膳，令六部满汉堂官饯送，沿途将吏迎送。"在当时，这样的待遇是很不多见的。而乾隆在位时曾经六下江南，确实曾经到过海宁。也许正是由于陈元龙受到的皇帝的特殊恩惠等原因，所以所谓"乾隆是陈元龙（一说陈世倌）的儿子""陈与帝共一宗"的说法才不胫而走，传遍大江南北。

在民间，更有一些关于乾隆皇帝回海宁老家省亲、夜祭父灵等的记载。例如有人说，乾隆南巡至海宁，当天即去陈家，垂询家世甚详。最后一次临走的时候走到中门，命令即刻封门，并告诉说以后如果不是皇帝临幸，此门不得再开，"由是陈氏遂永键此门"，说得煞有其事。还有人说，乾隆本人对自己的身世也很怀疑，所以南巡屡次到陈家，想亲自打听清楚。又有人说，乾隆知道自己不是满族人，所以经常在宫中穿汉族的服装。有一次，他穿着汉族人古装冕旒补褂，问亲近大臣看自己像不像汉族人，一位老臣跪奏："皇上于汉诚似矣，而于满则非也。"还有一些资料说，陈氏的宅堂中有两个匾额，分别题有"爱日堂"和"春晖堂"，都是乾隆皇帝亲自题写的。"爱日"当为恩德讲，而"春晖"则源自孟郊的"谁言寸草心，报得三春晖"，用以比喻慈母的关爱。因此，这两个匾额的题词，都是用尊敬和孝顺父母的语意。所有这些事情确实透露着一些蛛丝马迹，让人不得不怀疑。

有史学家否定了上述的看法。他们是以两个族谱为依据的，即《海宁渤海陈氏宗谱第五修》和《徐乾雪家谱》。在年谱中可以看到，陈元龙有一个儿子和两个女儿，其中儿子在乾隆帝出生前的十七年就已经去世了，两个女儿也早出生于乾隆帝二十年。同时，乾隆皇帝是在康熙五十年（1711 年）八月出生，此时陈元龙的两个侧室已经去世，只有已经五十岁开外的原配夫人宋氏还活着，并且也于当年九月生病死去。怎么可能当年生子？

此外雍正有十个儿子，六个女儿，生弘历（乾隆）时，已有个 8 岁的儿子弘时。既然已经有子嗣，那么何必"调包"换别人的孩子？至于海宁陈氏一家的殊荣，到陈家等，这些历史事实并不能够说明雍正与陈元龙有以女换子之事。陈氏在清朝初年就是名门望族，三代官爵显赫，皇帝给他们特殊的优厚，乃是和睦的君臣关系的表现以及对老臣功臣的尊重，也或许正是雍正本人恩威兼施、驾驭笼络臣下的惯技；乾隆六次南巡海宁盐官，则是为了勘查海塘工程，陈家自然是接待皇帝的理想之处。乾隆游陈家花园是事实，但所谓的"省亲""祭父灵"等事不过是传闻，并无真凭实据。此外乾隆喜欢穿汉装，虽是事实，但清代并非仅仅乾隆喜穿汉装，其他皇帝和后妃喜欢穿汉装的也不少，怎么能由此说乾隆有汉人血统？从出生制度上，清代宗室生子一定要报宗人府，定制十分缜密，怎么可能轻易就把宫外的婴儿换进来？如此等等，他们断定盛行于前清末年的"乾隆是陈氏之子"的传说乃是都是清末汉族人在反清革命浪潮中编造出来的，是对清代皇帝的诋毁。

关于乾隆的身世，还有一种说法，认为其生母乃是热河行宫的李姓宫女，诞生地乃是行宫狮子园一草舍。这种说法出自 1944 年 5 月 1 日出版的《古今文史》中《清乾隆帝的出生》一文。但这种说法与《清圣祖实录》的记载不合，所以很难让人相信。此外，还有人说乾隆的生母乃是当初雍正帝身边的一个唤作"傻大姐"的宫女。种种说法，都似乎有根有据，但又都经不起推敲，也就无法有定论。看来，乾隆皇帝的身世问题，仍是个让人疑惑的谜案。

慈安真的是被慈禧害死的吗？

在清朝的历史上，作为两宫皇太后之一的东太后慈安是与西太后慈禧一样举足轻重的人物，然而光绪七年三月初十（1881 年 4 月 8 日），一向健康无病的东太后慈安在 12 小时内竟突然发病暴卒，实在出人意料。从此，慈安之死成为清宫的一件疑案。

东太后慈安，姓钮祜禄，谥孝贞

清东陵内慈安、慈禧的陵墓——定东陵

显皇后，为满洲镶黄旗人，于道光十七年七月十二（1837年8月12日）出生，其父穆扬阿，曾任广西右江道。咸丰为皇子时，钮祜禄氏就已经是他的侧福晋。由于他的嫡福晋（萨克达氏，后上尊号孝德显皇后）于咸丰即位前已经去世，钮祜禄氏遂于咸丰二年二月（1852年3月）被封为贞嫔，五月晋贞贵妃，十月又册立为皇后。1861年11月咸丰帝死后，她被尊为母后皇太后，上尊号慈安，与慈禧太后共同"垂帘听政"，众人称她为"东太后"或"老佛爷"，与西太后慈禧相对应。

慈安与慈禧形成鲜明的对比，她是位德高望重的好皇后，因此众人痛惜其暴崩，并对其死产生了怀疑。东太后当时45岁，小西太后慈禧两岁，"体气素称强健"（孔孝恩、丁琪著《光绪传》），而当时西太后慈禧正病卧在床。所以听到噩耗，很多朝臣都以为是"西边出事"了，等得知结果后惊诧不已。许多官员提出怀疑，尤其是左宗棠，立即大喊有鬼。翁同龢的《翁文恭公日记》中记载说："则昨日（初十）五方皆在，晨方天麻、胆星，按云类风痫甚重。午刻一按无药，云兴脑混乱，牙紧。未刻两方虽可灌，究不妥云云；则已有遗尿情形，痰壅气闭如旧。酉刻一方天脉将脱，药不能下，戌刻仙逝云云……呜呼奇哉！"仅12小时便由发病至死，岂不"奇哉"？

据说，慈安太后在暴卒的当天还曾经视朝。

而当时枢府王大臣奕訢、大学士左宗棠、尚书王文韶、协办大学士李鸿藻等觐见慈安，都见慈安面无病状，仅是两颊微红，犹如醉色，没有什么特别之处。午后，军机诸臣退，内廷忽传孝贞太后驾崩，命枢府诸人速进议，诸大

臣惊诧不已。因为以往帝后生病，总是在军机检视之下传御医用药。而此次忽然传太后驾崩之消息，确实非常奇怪。诸臣入至慈安宫，见慈禧坐矮椅，目视慈安小殓，十分镇静地说："东太后素来健康，怎会突然死去？"语时微泣，诸臣皆顿首慰藉，均不敢问其症状。最后草草办完了丧事。

根据慈禧以上的表现，人们便认为是慈禧毒死了慈安，而且，传说咸丰帝留给慈安一封密诏，要她必要时处死慈禧，慈安在慈禧的哄骗下焚毁了密诏，把自己对抗慈禧的一件最大的武器也毁了，慈禧便毒死了她。

对慈安太后暴卒的具体原因至今还存在着争议，除中毒之说外，还有自杀、自然死亡等说。"自杀"说来自《清稗类钞》，书中说："或曰：孝钦实证以贿卖嘱托，干预朝政，语颇激。孝贞不能容，又以木讷不能与之辩。大恚，吞鼻烟壶自尽。"《清朝野史大观》里又用"或曰慈禧命太医以不对症之药致死亡"来说明慈安为用"错药致死"。

不管是"毒死一说"还是"自杀"或"错药致死"说，都有一个共同点，即慈禧害死了慈安。不过也有学者认为慈安为"自然死亡"，徐彻的《慈禧大传》则倾向于"病死"说。作者认为慈安不善理政，例如召见臣子时说的话分量不足，只会询问其身体状况、行程远近等，所以她根本不会妨碍慈禧在政治上的权力，慈禧也没必要害死她。

徐彻提出了《翁同龢日记》中的关于慈安发病的两则记载作为证据。一则是慈安太后26岁时曾经患了"有类肝厥"疾病长达24天，甚至达到"不能言语"之程度。另一则是同治八年（1869年）十二月初四，慈安太后"旧

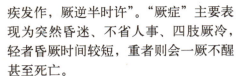
疾发作，厥逆半时许"。"厥症"主要表现为突然昏迷、不省人事、四肢厥冷，轻者昏厥时间较短，重者则会一厥不醒甚至死亡。

但这也只是徐彻的一家之言，至于慈安太后暴卒的真正原因，只能是作为清宫的疑案成为人们茶余饭后的话题。

林则徐死亡之谜

林则徐，提到他人们就会很自然地想到"虎门销烟"这个让中华民族扬眉吐气的一幕。这位清朝末年著名的政治家、伟大的爱国者，他领导了禁烟运动，第一个奋起组织抵抗外国侵略，并放眼世界，探求新知，主张学习外国先进技术，被称为"放眼看世界"的第一人。1850年，清朝道光三十年，在广西道上，被任命为钦差大臣的林则徐驰赴广西赴任，日夜兼程百余里，到广东普宁市洪阳镇后于 11 月 22 日猝然去世，终年六十六岁。

这样一位朝廷官员在赴任途中忽然死亡，不能不让人们产生种种怀疑。历史上关于林则徐的死因说法各异，疑云重重。

一种说法认为林则徐是在赴任的途

林则徐墓
1850 年（道光三十年）11 月 5 日，林则徐奉旨为钦差大臣，赴任广西途中，于 11 月 22 日病逝普宁市行馆，享年 66 岁，之后，林则徐第三子扶其灵柩返榕，安葬于福建福州马鞍村。

中病死的。在《清史稿》中就有着这样的记载，文中说林则徐"行此潮州，病卒"。施鸿保的《闽杂记》中，对于林则徐死亡前夕的情况还有比较详细的记载："公患痔漏久，体已羸，至是力疾起行，十一日抵潮州，复患痢，潮守刘晋请暂留养疾，不可。次日遂薨于普宁行馆。"

另有一些学者认为，林则徐积劳成疾而死，到了普宁时病情恶化乃是其直接的原因。林则徐一生为官四十年，足迹遍及全国各地，曾经自称为"身行万里半天下"。这种长期走南闯北的动荡生活，给他的健康造成了极大损害。而在禁烟运动中，他禁烟有功却反遭贬斥，被发往伊犁。在伊犁戍边期间，他又患了鼻衄、脾泄、疝气等病症，一直到后来也没有痊愈。道光三十年的时候，清廷因为广西的拜上帝教会众起义，屡次召林则徐回京就职，林则徐都因为自己的病体而未能奉召。最后清廷任命他为钦差大臣，林则徐以国家利益为重，只得抱病驰赴广西督理军务。到达广东普宁洪阳镇时，他的病情恶化，最后因医治无效而死。

林则徐在洪阳镇时，因为病重，曾经在当地的"黄都书院"疗养。黄介生医生介绍当年曾祖医治林则徐病的经过时说："林则徐十六日到揭阳后，县令怕承担责任，借口揭邑名医黄华珍已往普邑执业，请大人速往就诊。"当到达普宁洪阳时，"林则徐又吐又泻，经黄医生切脉后断定由于长期患病，身体虚弱，加上旅途奔波，外感风寒，以致又吐又泻。病已危笃，仅能设法急救。当即立下脉论、症论、方论及附上药物。因为侍从医官系北方人，认为用药剂量太轻，没有给服。越日，黄医生复诊，断言'昨天未服所付药物，现已病入膏肓，无救活。虽再服药，惜已失去治疗时机'。"林则徐病逝后，黄华珍医生将诊病资料上报朝廷审核，御医确认用药正确，还亲赐"杏林春满"匾给黄医生。

还有的说法是根据林则徐的《讣文》和林则徐的儿子林汝舟的《致陈子茂书》等材料得出的结论，认为林则徐腹泻是因为没有服药且日夜赶路，所以病情日益严重；之后虽然服药后略有好转，但是由于仍旧在日夜赶路，所以导致"胸次结胀"，引发了心肺旧疾，以致"两脉俱空，上端下坠"。如此元气大亏、脾胃虚寒的情况下，医生又错投了"参桂重剂"，结果又使咳喘加剧。林则徐已是66岁高龄的老人，哪里能经得起这样的折腾？终于因无法救治而死去。

与林则徐病死这种说法相对的是认为林则徐乃为洋行商人及买办暗害而死。张幼珊的《果庵随笔》中记载说："禁烟事起，广州十三行食夷利者，恨林公则徐刺骨……后公再起都师粤西，彼辈惧其重来，将大不利，则又预以重金贿其厨人谋，谋施毒。公次潮州（应为普宁），厨人进糜，而又以巴豆汤投之，巴豆能泄泻，因病泄不已，委顿而卒。或劝其公子穷究其事，清例，凡毒死者，须开棺验视，家人忍而不请。其是疆吏虽微有所闻名，亦不欲多事。"广东《东莞县志·逸事余录》中所记载的内容与上述的记载大体相同，并且还直接指出了谋害林则徐的是广东十三洋行总商伍氏（伍绍荣），因为伍氏曾被林则徐在查禁鸦片时缉拿，因此对林则徐记恨在心，这次听说林则徐起任广西巡抚，伍氏担心林再次复职督抚广东，所以就特地派亲信对林则徐实行谋害活动。

引起人们怀疑并坚定人们这种"林则徐被毒死"说法的主要原因是林则徐弥留之际所大呼的"星斗南"。"星斗南"是什么意思？有人考证，林则徐是福建人，福建话"星斗南"的发音与"新豆栏"相同。而"新豆栏"是广州十三行附近一条街名，当地聚居洋商。林则徐之所以大呼"新豆栏"，说明他已经意识到是十三行洋商及与洋商狼狈为奸的买办谋害自己，他的呼喊是提醒人们记住洋人和汉奸的罪行。

后来有学者指出，厨子投毒之事纯属乌有。林则徐是钦差大臣，随从必定是很多的，他的次子也伴随在身边。如此森严的戒备，一个来路不明的厨子想要下毒谋害，岂是随便就能做到的？还有一点，按照清朝的规定，像林则徐这样奉旨赴任的官员的食宿，应该由州县当局或驿站供应，不必自带厨子，那个厨子又怎么能得逞呢？从十三行谋害的动机上说也是不足信的，因为林则徐此次赴广西，与广东十三行并没有直接利害冲突，十三行洋商何必要冒如此大的风险谋害林则徐呢？

然而各种推论都还没有足够充分的证据加以证明，因此这位民族英雄的死因还有待于进一步的考证。

蒲松龄血统之谜

清朝著名的文言小说作家蒲松龄，以其蕴含深刻思想意义的作品《聊斋志异》闻名于中国文学史，在海外也享有盛誉。随着人们对《聊斋志异》及其作者蒲松龄研究的深入，学术界开始对蒲松龄的血统问题产生了争议。有人说他是汉族人，有人说他是蒙古族人，还有人说他是满族人，一时间难辨各说真伪。而参考各种典籍文献，至今也难以

蒲松龄故居

故居位于山东淄川县蒲家庄。蒲松龄一生几乎都在家乡度过，设馆教书。图为蒲松龄故居北院的正房内景，是他的诞生之地，也是他后来的书房"聊斋"。

确定蒲松龄的血统到底为何。

有说法认为蒲松龄是蒙古族人。《蒙古族简史》就肯定地说："蒙古族文学家蒲松龄，把采自民间的事编写成《聊斋志异》，借以反映社会现实，内容生动有趣。"持此看法的人又将蒲松龄自己作的《族谱序》作为此说的重要证据。在这篇序中，蒲松龄说："按照明初移民之说，不载于史，而乡中则迁自枣、冀者，盖十室有八九焉。独吾族为般阳土著。祖墓在邑西招村之北，内有谕葬二：一讳鲁浑，一讳居仁，并为元总管。盖元代受职不引桑梓嫌也。然历年久远，不可稽也。相传倾覆之余，止遗藐孤。吾族之兴也，自洪武始也。"从"般阳土著""鲁浑""元总管"等字眼中可以看出，蒲松龄的远祖鲁浑应是元代般阳路独总管，不像汉族人。在路大荒的《蒲柳泉先生年谱》中也说，相传元朝即将灭亡的时候，蒲氏曾经将遗孤改换名姓寄养在杨氏处，后来到了明朝洪武年间才改回自己的蒲姓。还说，他曾访问过许多姓蒲的人，都有他们是蒙古族的传说。

而有人在仔细研究了《金史》后发现，有的女真族人的名字就是"蒲鲁浑"，而并不是姓"蒲"名"鲁浑"，也不是姓"蒲鲁浑"。也就是说，"蒲鲁浑"是金女真族习用的名字。根据这一点他们认为，蒲松龄可能是金女真族人，即后来的满族人。

蒲松龄纪念馆的工作人员则认为蒲松龄是汉族。

这些工作人员仔细分析了《蒲氏世谱》第一篇《族谱序》，认为应该明确认定的是，蒲松龄的祖先是"般阳土著"。般阳，是指汉朝时的般阳县，明洪武元年改州曰淄川，今天则是山东淄博市。既然史料说蒲鲁浑、蒲居仁也是当地人，且是当地的"土著"，那么他们就不会是蒙古族人，也不是满族人。蒲松龄写此《族谱序》时是康熙二十七年（1688年），修族谱也在这年，当时蒲松龄是49岁。因而可以判断这部族谱是可信的。而福建的那部《蒲氏族谱》则并不可信。

目前，越来越多的人倾向于蒲松龄是汉族人这一说法，但是由于相关的资料太少，所以还不足以证明他确实是汉族血统。人们期待着更多的史料的发现，以早日解开这个谜。

洪秀全死因之谜

太平天国领袖人物洪秀全究竟是在清军逼紧时服毒自杀，还是死于疾病？关于洪秀全的死因，由于原始材料记载不一，加上曾国藩篡改史料，以假乱真，因而分歧很多。

大多数的研究者认为，洪秀全是"服毒自杀"的。但他们所依据的史料全都与曾国藩有关，一是曾国藩同治三年（1864 年）的奏称；二是他同年七月七日的奏稿；三是他刊刻的《李秀成自述》中的记载："天王斯时焦虑，日日烦躁，即以四月二十七日服毒身亡。"因而虽被称为信史，却也不能让人绝对信服。

据当时在洪秀全身边的幼天王洪天贵福在"自述"中说："本年四月十九日，老天王病死了，二十四日众臣子扶我登基。"

到了 20 世纪 60 年代初，藏在曾国藩家中达一百多年的《李秀成亲供手迹》（即《李秀成自述》）正式影印发行，其中有关于洪秀全之死的原始记载，有力地证明了洪秀全是病死，并非自杀。其中记述："天王斯时已病甚重，四月二十一日而故。""此人之病，不食药方，任病任好，不好亦不服药，是以四月二十一日而亡。"

原稿和刊刻本对照，真相大白，所谓的信史确系曾国藩伪造。再和其他原始记载对照，洪秀全病死更确信无疑。

杨秀清有没有逼封"万岁"？

1856 年 9 月至 11 月，太平天国内部爆发了一次严重的内讧，北王韦昌辉和燕王秦日纲率兵攻入东王府，将东王府上下几千人悉数杀死，后韦昌辉和秦日纲又被洪秀全诛杀，次年又出现了翼王石达开由于受到洪秀全的猜忌，率领 10 万精兵出走天京的余波。这场"天京变乱"，严重挫伤了太平天国的事业，是太平天国运动由盛转衰的分水岭。

那么，这场内乱缘何爆发，它的起因是什么呢？一般都认为是因为东王杨秀清威逼洪秀全封自己为"万岁"，而导致了统治者内部诸王之间矛盾的总爆发。可是有趣的是，究竟有没有所谓的"逼封万岁"一事，百余年来，史载互异，莫衷一是，成为太平天国运动史上的一桩疑案。

那么事实真相究竟如何呢？对此，史学界颇有争议。

史学界大多数学者对"逼封"一事深信不疑，坚信"天京内乱"始于杨秀清"逼封万岁"，他们认为，从历史上看，由于农民起义领袖自身的局限性，这种在革命政权相对稳定后，彼此恃功自傲、互相猜忌、争权夺利是完全可能的。

著名史学家罗尔纲先生说，逼封确有其事，"内讧的起因，确是由于杨秀清逼洪秀全让位而起"。徐彻也认为：天京变乱是"杨秀清逼洪秀全让位而起"，"杨秀清要挟天王，威逼他加封自己为万岁，应视为篡位之举"。孙克复、关捷通过研究外国人在《华北先驱周报》上发表的通讯等资料认为："杨秀清'逼封'问题，是千真万确，无可怀疑的"，"杨秀清'逼封万岁'给太平天国革命造成的后果是严重的"，"是整个'天京事变'的导火线"。李宏生也认为："从现存的资料来看，杨逼封万岁的史载恐难推翻，洪秀全'主动加封'杨秀清万岁的断语恐难足信。"林庆元认为："杨秀清为了夺取洪秀全的最高权位，曾图谋对洪行刺并逼洪封其万岁，这一史实是无法否认的。"

另外也有大量史料可以证明这一点，张汝男的《金陵省难记略》中记载："一日，（杨）诡为天父下凡，召洪贼至，谓曰：'尔与东王俱为我子，东王有大功劳，何止称九千岁？'洪贼曰：'东王

打江山，亦当是万岁。'又曰：'东世子（东王之子）岂止是千岁？'洪贼曰：'东王既万岁，世子亦便是万岁，且世代皆万岁。'东贼伪为天父喜而曰：'我回天矣。'洪贼归，心畏其逼而无如何也。"张汝南本人曾记载，这段记述"系访问确切，得以附入"。

洪秀全塑像

太平天国后期重要将领李秀成在其被俘后所写的供状中，也曾经提到过这一件事：杨秀清"过度要逼天王，封其万岁。那时权柄皆在东王一人手上，不得不封"，最终杨"逼天王到东王府，封其万岁"。另据《贼情汇纂》记载：杨秀清后来确实行为跋扈，"自恃功高，一切专擅，洪秀全徒存其名"；还说"秀清叵测奸心，实欲虚尊洪秀全为首，而自揽大权独得其实，其意仿古之权奸，万一事成则杀之自取"。且"每诈称天父下凡附体，令秀全跪其前，甚至数其罪而杖责之"。因而在这种情况下，杨秀清假借"天父下凡"逼洪秀全封其为"万岁"是完全可能的。由此得出结论，正是由于逼封事件的发生，才使得洪秀全感到东王有篡位之心，回宫后便立即调动女兵防守王城，又密诏北王、翼王回京，从而出现了韦昌辉等血洗东王府的一幕。

然而，反对者却认为，"逼封万岁"一事纯属捏造，很可能是韦昌辉或洪秀全以及二人合谋提出的诛杀东王的借口。

首先，李秀成对这件事的叙述很值得怀疑。因为杨在天京"逼封万岁"时，李正在句容、金坛和丹阳一带同清军作

战，根本不可能是"逼封"之事的目击者。再说，李"时官小，不甚为事"，还没有直接参与诸王之间的活动，因此他所说的"逼封"一事，肯定是道听途说，未必可信。

其次，《石达开自述》中曾记载，韦昌辉在就督江西之前，就有诛杀东王杨秀清之心，被洪斥责拒绝。韦杀杨后，洪曾指责他："尔我非东王不至此，我本无杀渠之意。"杨死后，洪在《赐西洋番弟诏》中更是说东王是"遭陷害"，并规定"东升节"有关事项，以纪念杨秀清。从这些资料分析，很可能是韦昌辉自己捏造了"逼封"之说，并以此为借口，打着天王"密诏"的口号，诛杀了宿敌杨秀清。正如学者庄福铭在考证了大量史料后所说的那样："所谓杨秀清称'万岁'和'逼封万岁'说法，都是缺乏历史事实根据的。从天王诏旨和天国现存的文献记载看，杨秀清爵职虽续有增封，唯独'九千岁'之称照旧。参照清方和私家著述的记载，虽真伪间杂，互有歧异，但关于东王杨秀清及其子东嗣君称'九千岁'和天国诏旨、文献记载是完全一致的"，"杨'逼封'不是事实，而是韦昌辉策动'天京事变'诛杨伪造的口实。"

最后，洪秀全密诏韦昌辉和石达开秘密进京，无疑包含着让二王"救驾"的意思，因而很可能是洪秀全后来也有了诛杀东王之心，与韦昌辉合谋提出了"逼封万岁"的说法，只不过杨死后，洪秀全才惺惺作态地表明自己没有杀杨之心。史式就认为："洪秀全和韦昌辉

发动突然袭击杀害东王杨秀清时，总得找个借口，于是在杨秀清死后立即出现了'逼封万岁'的谣言"，"根据'谣言对谁有利'的线索，我们不难发现：这些谣言都来自天王府，来自洪秀全"。

太平天国官方文书中对这件大事从没有做过记载，这也难免让人怀疑这件事的真实性。史学者奚椿年认为："杨秀清代天父传言，一般都是把内容笔录下来，并作为文件一直保存"，"而这一次'逼封万岁'的传言，偏偏没有一字记录，连洪本人也未提及"，"在英国发现的全部《天父天兄圣旨》中仍无此事的记载"。其中1856年8月9日天父下凡诏书，"明白无误地记的是天父指责'朝内诸臣不得力，未齐敬拜帝真神'。而所谓'封其万岁'，天父既未主动提出，杨也无'逼封'之举。这就再次证明了，《金陵续记》、《金陵省难纪略》以及《李秀成自述》所记均是与事实不合的"。

除了上述两个观点，也有说是洪秀全主动加封"万岁"的。这种观点认为，洪杨之间的矛盾是客观存在的，从事态的发展来看，是洪秀全最早露出了杀机，密诏韦、石回京，而且"天京变乱"的最大获益者也是洪秀全。因此，不排除是洪秀全主动为东王加封"万岁"，著名史学家方诗铭就认为："1856年，太平天国大破清军江南大营，天京相对稳定。洪、韦认为时机已到，再露杀机，对杨秀清施加毒手。这次内讧也是洪秀全挑起的。如果加杨秀清'万岁'称号，属于'逼封'，是由杨秀清挑起的话，那么，他必然会提高警惕，尽管洪、韦发动突然袭击，也不能如此轻而易举地将他杀死。新本《石达开自述》揭出了历史真相，加封'万岁'是洪主

动的，一方面可以麻痹杨秀清，一方面又可以激怒韦昌辉，借韦之手杀死杨秀清，然后再除掉韦昌辉。《李秀成自述》所叙述，是事后按照洪秀全意图伪造的历史。"从当时的情况看，这种可能也确实存在，因此"主动加封说"确实也有道理。

杨秀清究竟有没有"逼封万岁"，是关系到"天京变乱"起因以及评价洪、杨功过的一个重要问题，也是太平天国研究中无法回避的问题，所以在得到足够的证据之前，是不好随便下结论的。

曾国藩为何没有称帝？

曾国藩在太平天国运动威胁清王朝统治时，通过组建湘军，掌握地方大权，到1863年湘军攻下南京后，曾国藩已经控制了整个统治集团，就军事实力而言，他比清政府已经超出了很多，若曾国藩振臂一呼，从清朝人的手中夺回统治权，应当说并不困难，但他没有这么做。曾国藩为何拒不称帝？一般归结为三点原因：忠君报国思想、条件不成熟和为了统一。

其一，曾国藩满脑子的忠君报国思想，深受晚清理学大师唐鉴的影响。他起兵就是为了保卫地主阶级利益，保卫清朝，保卫名教。他的个人追求就是做个中兴名臣，封侯拜相，光宗耀祖。

其二，曾国藩即使想当皇帝，时势也不允许他这么做。当时清政府虽衰落，但科尔沁亲王僧格林沁拥有一支强大的以骑兵为主的军队。而且湘军攻陷天京后，人心思归，战斗力锐减。最关键的一条，湘军起兵是以"保卫儒教"和"忠君保国"为号召，一旦曾国藩称帝，很可能湘军要成为众矢之的。再说，也没有所谓"友邦"的帮助，曾国藩称

帝未必能得到国际承认。

其三，曾国藩真称帝的话，势必会引起社会动荡，各地又要出现割据的局面，天下统一的局面就要被打破。因而从客观上说，曾国藩拒不称帝也是一件好事。

第二节 悬案秘事

清初"明史"案是谁酿成的？

庄廷鑨"明史"案，是清初最大的文字狱案。康熙一朝以此案大做文章，因为此案冤死被囚者不下千人。但谁也没有想到，这一起牵连百千人的文字狱案，竟是一个小小的革职知县搞出来的，正是因为他的一己之私，酿成了惨绝人寰的悲剧。

顺治年间，浙江湖州府南浔镇的书生庄廷鑨，因病双目失明，于是立意著述，以瞽史自居。他买到明代相国朱国祯的遗稿《皇明列朝诸臣传》，将江南文人吴炎、潘柽章、张庄、第元铭等十多人邀集到一起，增删修饰，编成一部《明史辑略》。书稿刚成，庄廷鑨就病死了。其父庄允城将《明史》刊刻出版，于顺治十七年（1660年）冬发售。革职知县吴知荣是一个卑鄙小人，他以"适写逆书、诋毁大清"为名，向庄允城等人勒索，但是没有成功。他不死心，去杭州将军行辕检举，也没有得逞。结果他进京击鼓，丧心病狂地向清廷揭发，意图邀功请赏，复职升职。结果鳌拜等四位顾命大臣派刑部侍郎到杭州严办，大肆搜捕与《明史》有关的人员。康熙二年（1663年），朝廷下旨，将有关人员以谋反大逆案判决。

这位一心想要领赏、复官的吴知荣也许达到了他的目的，但就在他志得意满的时候，又有多少人正面临家破人亡的命运。一个小小的知县出于个人的目的，就酿成了清初最大的文字狱案，不禁让人胆寒。

清代名将年羹尧为何被雍正赐死？

提起年羹尧，人们就会想起血淋淋的血滴子，因为在传说中，年羹尧总是用血滴子残酷地杀死其对头，在为雍正除掉许多对头之后，年羹尧也没有得到好下场，最终为雍正所杀，但雍正为什么要杀掉年羹尧呢？人们众说纷纭，莫衷一是。

年羹尧，字亮工，康熙三十九年（1692年）进士。为人聪敏、豁达，娴辞令，善墨翰，办事能力亦极强。后受到雍亲王的重用，各皇储争夺皇位时，他利用自己的精明才干，时时向雍亲王出谋献策，奔波游说，深受青睐，更使雍亲王高兴的是，年氏将自己的亲妹妹献给了他，以示忠诚。那时，主仆二人曾发誓，死生不相背负，从此交情更加深厚。年羹尧以其才能为康熙帝所赏识，官阶越升越高，不到十年即升为四川巡抚，接着，又升为川陕总督，独掌军政大权。雍正即位后年氏更是备受倚重。

年氏受到雍正的恩宠是在雍正二年（1724年）十月年氏来京陛见以前，具体地说，在七月中旬以前，即平定青海叛乱以后。年氏手握重权，荣立青海大功，君臣之间，无猜无疑，如雍正所谓"千古君臣知遇榜样"。但七月中旬后，尤其是陛见抵署以后，即十二月初，雍正使出浑身解数开始置年氏于死地，雍正为什么转变得这么快？年氏的死因究竟是如何呢？

有人认为年羹尧的死与雍正帝夺嫡有关。学者孟森的《清代史》、王钟翰的《清世宗夺嫡考实》等持此说。据说康熙帝临终时指定十四子胤禵嗣位。四子胤禛串通年羹尧、鄂尔泰、隆科多，矫诏篡位。其时，十四子胤禵在四川为抚远大将军，原可挥兵争位，然受制于川督年羹尧，遂无能为力。胤禛即位后，改元雍正，为酬报年羹尧拥立之功，大加恩赏，然而这不过是麻痹他，雍正帝实已对这些知情者存有杀心，最终还是找借口除掉了他。

有些人不同意此说。他们认为雍正初年年羹尧受宠，并非是雍正帝麻痹他，而是皇帝对他效忠辅弼的奖励。雍正帝继位之时，年羹尧尚在四川平乱，并未参与其间，所以不可能知情，故上说不能成立。《清史稿》《清代七百名人传》等作者，都认为年羹尧是恃功自傲而致被杀。《清史稿》载："羹尧才气凌厉，恃上眷遇，师出屡有功，骄傲……入觐，令总督李维钧、巡抚范时捷跪道送迎……公卿跪接于广宁门处，年（羹尧）策马过，毫不动容；王公有下马问候者，年颔之而已。世宗前，亦箕坐无人臣礼。"《清代轶闻》作者说"年挟拥戴功，骄益盛"，且年羹尧残暴对待部下，任人唯亲，乱劾贤吏，引起公愤，也为雍正帝所不容，故被杀。

年羹尧成败之速，异于寻常，对于其死因的种种说法，人们到现在还是难辨真假，难怪被史学家列为"雍正八案"的首案。

珍妃坠井之谜

珍妃，姓他他拉氏，满洲镶红旗人，才色并茂，颇通文史，光绪十四年（1888年）进宫，后晋封为珍妃。光绪帝与珍妃感情甚好，但慈禧与珍妃一直有嫌隙，珍妃支持光绪戊戌变法，因此受到慈禧太后怨恨，最后在光绪二十六年（1900年）七月八国联军进攻北京、慈禧仓皇出逃前夕，将珍妃溺死于宁寿宫外的玻璃井中，但珍妃是否坠井而死，一直众说纷纭。据《清朝野史大观》记载，八国联军兵临城下，慈禧等人收拾行装准备逃出紫禁城，珍妃进言说皇上是一国之君，应该留京，太后一怒之下命李莲英将其推入宁寿宫外大井中。

这种说法认为珍妃的死是由于她干预朝政，支持变法，惹怒了慈禧，才使慈禧在八国联军进京前西逃西安时，将其除掉。

但是也有人说珍妃并未讲过"皇上留京"一语，珍妃坠井是西太后用封建的贞节观诱逼所致。

太监小德张过继孙张仲忱在《我的祖父小德张》一文中记述了珍妃死时的情景，说珍妃当时患重病，请求回娘家避难，慈禧不准，让崔玉贵把珍妃投入井中。

种种说法各持一端，至今也是个谜。但珍妃之死，引起了人们对她的无限同情，一批正直的士大夫知识分子纷纷托词为悼。

石达开兵败大渡河之谜

石达开在洪秀全领导的太平天国运动中，以其卓越的智慧、高超的军事指挥才能，在对抗清廷的斗争中建立了不可磨灭的功勋。然而，这么一个忠心耿耿的优秀人才，最后的结局却是率军远走，继天京事变后再次导致了太平天国的分裂，自己也在兵败

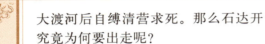

大渡河后自缚清营求死。那么石达开究竟为何要出走呢？

究其原因，有人说石达开出走的最根本原因在于洪秀全不能放弃一己私利而顾全大局。

1856年夏天，太平天国领导集团中，洪秀全、杨秀清、韦昌辉之间为争夺天国领导权力爆发内讧，史称天京事变。它的发生正值太平天国运动发展的全盛时期，给太平天国造成极其惨重的损失，断送了军事上的大好形势，破坏了队伍的团结。

天京事变后，在天国首义诸王中，除洪秀全和石达开两人外，死丧殆尽。洪秀全的威望已大大下降，无论从威望还是才干来说，石达开确是辅理政务、统率军队、安抚百姓的理想人物。

作为农民革命领袖的洪秀全，本应从天京事变中吸取教训，以大局为重，做好队伍的团结工作；但是，他为保住自己的帝王位置，任人唯亲，猜忌忠直，终于又发生了逼走天国重要领导人物石达开，造成太平天国力量又一次大分裂的严重事件。

刚经历过刀光血影的天京事变，谁都盼望有一个像石达开这样的人物来辅助国政，稳定局势。况且，在当时严峻的形势下，环视满朝文武，要找一个有能力挽狂澜、收拾人心、重振危局的人来，除石达开外，再无他人。因此，洪

石达开部下留下的双刀

秀全从解救燃眉之急考虑，也不得不采取权宜之计，召石达开回京辅政。11月，石达开带军从宁国经芜湖回到天京，受到天京军民的热烈欢迎，"合朝同举翼王提理政务"，洪秀全亦加封石达开为"电师通军主将义王"，命他提理政务。

石达开回京辅政，是他勇敢抗击韦昌辉滥杀暴行斗争的胜利，对洪秀全曾给他加以"反顾偏心罪"，下诏通缉，以"官丞相，金六百两"的赏金"购其首级"的错误做法，他亦不计较，显示出不计个人恩怨的宽阔胸怀和崇高品德，这就博得天京广大军民的尊敬。因此，石达开回京辅政，是他本人崇高的威望、品格和文武兼备的才能为广大军民所信赖和拥戴的结果。

回京后，在他辅政的半年里，政治上安定人心，加强团结，重用人才，甚至连杀害了他全家的韦昌辉的父亲和兄弟都得到保护。他以正义的行为，竭尽全力，把太平天国从面临覆亡的危机中挽救过来。

太平天国的形势稍微有了转机，洪秀全又把斗争的矛头转向内部。原来，洪秀全并没有从天京事变中吸取正确的教训，杨秀清独揽大权和逼封万岁的情景不断在他眼前出现，因而他时生疑忌。尤其是眼见石达开辅政，功绩卓著，又见石达开"所部多精壮之士，军力雄厚"，对其兵权的集中更为忌讳，再加上石达开为首义之王，威望极高，这都使洪秀全深为不安，他"时有不乐之心"，日夜思虑，"深恐人占其国"，使洪氏一家一姓的天下失之旦夕。他从维护洪氏集团的统治地位出发，对石达开进行限制、排挤。遂封其长兄洪仁发为"安王"，又封其次兄洪仁达为"福王"，干预国政，以牵制石达开。

太平天国忠王府

李秀成无疑是太平天国运动后期的中流砥柱，但他是否写了《李秀成自述》却是后人一直争论的疑点。

洪秀全对安、福二王的封赏，由他自己直接破坏了太平天国前期非金田同谋首义、建有殊勋者不封王爵的规定。在挟制、架空石达开的同时，洪秀全还要夺取他的兵权，"终疑之，不授以兵事，留城中不使出"，甚至发展到对石达开有"阴图戕害之意"。石达开已然无法施展其聪明才智和匡国辅政的志愿，也对洪秀全及其集团能否继续维持太平天国政权和建立统一的"天朝"失去信心和希望，不禁发出"忠而见逼，死且不明"的叹息。

1857 年 6 月 2 日（咸丰七年五月十一），石达开离开天京，前往安庆，一路张贴布告，表明"吾当远征报国，待异日功成归林，以表愚忠耳"的原因，从此离京远征，一去不返。

在他出走后短短的时期，很多太平军将士们纷纷离开洪秀全，投奔到他的麾下，很快聚集起了几十万人，成为太平天国最重要的一支军事力量。此后 6 年中，石达开转战江苏、安徽、江西、浙江、福建、湖南、湖北、贵州、广西、云南、四川 11 个省，除了宝庆、桂林两府外，一路都是战无不胜，攻无不克。1860 年，他攻克南宁时，手下还

有精兵 20 多万。他计划分兵三路，北上四川，效仿三国时的诸葛亮，占天险之利，退可以守，进可以攻，北与当时纵横中原的捻军紧密配合，东与天京遥相呼应。不料就在这以后的 3 年中，形势急转直下，先是 20 万精兵东归，接着是西征失利，最后竟然全军覆没在大渡河边的紫打地。导致这一悲剧结果的原因到底是什么？特别是大渡河边的全军覆没和翼王的自缚清营请死，实在令人难以理解，找不到任何令人信服的答案。英雄的末路的确令人惋惜，然而百年之后这神秘的谜团依然没有找到一个合理的回答。

李秀成投降书是真是假？

"忠王"李秀成，太平天国后期重要的领导人之一，同时也是太平天国人物评价上争议最大的人物之一。当太平天国的京城被清军攻破后，他不幸被湘军俘虏。被俘后的李秀成一改往日之英勇，竟然在曾国藩的囚笼里写下了长达五六万字的《亲供》，即后人所说的《李秀成自述》。这篇《自述》使李秀成成了一个晚节不保的叛徒，给自己从前十余年无所畏惧的征战历程抹上了很大的污点。长期以来，很多人对李秀成进行口诛笔伐。但是很多学者对李秀成投降书的真伪问题提出了质疑，认为这个由清政府宣布的投降书是非常有争议的，而以此书来断言李秀成是晚节不保的叛徒，这显然有失公允。

李秀成真的是叛徒吗？李秀成的投降书是真的吗？

李秀成投降书的原稿在后世一直不为外界所知。当时李秀成被害后，曾国藩命人将他的《自述》删改、誊抄了一份上报军机处，这份誊抄的文本后来

由九如堂刊刻，即所谓的"九如堂本"。至于原稿的去处，世传曾国藩既没有上交朝廷，也不肯公开示人，而是私下扣留，他的后人也对此讳莫如深，严加保管，对外人一概保密。当曾国藩的刻本问世后，人们就对其真实性提出了种种怀疑。

有人从根本上否认了这个投降书的真实性。如吟唎的《太平天国革命亲历记》一文说："1852 年，在太平军占领南京以前……官方即已捏造一篇他们名为《天德供状》的文件，伪托是叛军领袖的供状，谎称他们俘获了这个领袖。《忠王自述》很可能也是同样靠不住的。这篇文件或为某个著名的俘虏所伪造（他可能因此而得赦免），或为两江总督曾国藩的狡猾幕僚所伪造。"吟唎认为李秀成投降书根本就是别人伪造的，甚至李秀成被俘虏一事也可能是伪造的。

1944 年，广西通志馆的吕集义来到湖南湘乡曾国藩的老家，在百般请求下终于在曾家的藏书楼中阅读到了投降书的原稿，抄补了五千多字，还拍摄了十四幅照片，之后根据这些文字和原来"九如堂本"的两万七千多字出版了《忠王李秀成自述原稿校补本》。罗尔纲先生根据吕氏的校补本和照片进行研究，写出了著名的《忠王李秀成自传原稿笺证》。该书以笔迹、语汇、用词、语气、内容等方面的鉴定作为依据，指出曾国藩后人出示的李秀成《自述》的确是忠王的亲笔。例如，罗尔纲先生一字一句、一笔一画地拿"原稿"和庞际云收藏的李秀成亲笔答词二十八字真迹对照，还征求了笔迹鉴定专家的意见，最后断定"原稿"是真品。从内容看，"原稿"十分清楚地描述了从金田起义到天京陷落

十四年间的每个过程和细节，这是曾国藩难以捏造的。此外，罗尔纲还指出，"原稿"的称谓大都遵循太平天国的制度，这也不是旁人能够清楚知道的，曾国藩等人也不可能做到自然地遵守。而"原稿"的大量李秀成家乡的方言，更是曾国藩等人无法伪造的。

罗尔纲的这一观点曾一度成为定论，但是，随着曾氏后人所存的"原稿"的出版，更多人看到了《李秀成自述》的全貌。在 20 世纪 80 年代前后，学术界再次掀起了一场论战，如荣孟源曾经两次撰文断定这份"原稿"并不是李秀成的真迹，而是"曾国藩修改后重抄的冒牌货"。他的理由主要包括以下几点：

首先，根据其他史料记载，李秀成的自述一共写了九天，每一天若干页。按照常理，全文应该有八个间隔，但是今天所见的《李自成自述》"原稿"的影印本文字相连，每天都写到最后一页纸的最后一行字，看不出每天的间隔。何况，既然是每天各交一些，真迹就应该是散页或分装成九本，但是今本却是一本装订好的本子。由此可以推测，所谓的"原稿"显然是曾国藩派人将李秀成每天所写的真迹汇抄在一起的。

其次，根据很多材料的记载，李秀成当时写了 5 万多字，然而今天的"原稿"影印本却只有 3.6 万多字。那少了的 1 万多字到哪里去了呢？显然应该是被曾国藩撕毁了的。既然是被撕毁，那么"原稿"的内容就应该上下不相衔接。可是在影印本中，每页都标有页码，整齐清楚，并且前后内容完全相连，人为的痕迹十分明显，显然是删节后的抄本。

最后，从写做的形式等方面看也有

问题。太平天国有严格的书写规定，而"原稿"的影印本中出现的"上帝""天王"等词多数并不抬头；一些该避讳的时候不避讳，不该避讳的时候却避讳了，如凡"清"字均不讳，而不该讳的"青"却写成了"菁"等。这些显然都是违背太平天国的避讳制度的。何况，这样的笔误在"原稿"中出现的次数很多，不能简单地看成是笔误。

针对荣孟源的意见，也有人提出反对。陈旭麓认为，我们不可能设想当时的李秀成好像后来的作家一样，有一个每天分节写出的章节安排。至于书写形式，李秀成作为一个成年人早就已经形成了通行的书写习惯，尽管他熟悉太平天国的书写格式，但因疏忽犯讳，并不奇怪。说曾国藩作假也不合情理，他若要作假应该是在上报军机处和刊刻的时候就完成，何必造个假东西当作宝贝传之后代？曾氏后人又何必要将这个显然会招来众议的假东西公之于众？而钱远熔认为这个"原稿"不仅是李秀成的真迹，还是完整无缺的。曾国藩只对它进行了删改，并没有撕毁或是偷换。对钱远熔"完整无缺"的观点，罗尔纲先生虽然不同意，认为"原稿"确实有被曾国藩撕毁的地方，但他仍然坚持"原稿"并不是冒牌货，是李秀成的真迹。

不仅国内学术界对《李秀成自述书》的真伪争论不已，国际上也有很多人予以关注。1978年国际友人路易·艾黎即对此发表了自己的看法："如果像曾国藩这样一个肆无忌惮的卖国贼官吏竟然会不去充分利用被俘的李秀成来进一步达到自己的目的，这是绝对不可思议的。他可以先鼓励李写下他本人的历史，然后再通过他的专家在同样的纸张，以同样的文风，添加上有害于太平

天国事业的东西。之后，在显示他本人宽宏大量的同时，对全部东西加以剪裁。"又说："由于自首书是经过篡改的，所以，曾国藩对它的完整显得异常的神经过敏。他曾命令其家属不得给他人看这份自首书。我曾亲自在上海听见过他的孙子说过这件事。"还有一些国外学者持与此相反的看法，认为今天所见到的《李秀成自述》确实是李秀成亲手写的，等等。

李秀成生前在战场上英雄善战，对后期的太平天国的政治、经济、军事都产生了重大的影响。被后世争论了半个世纪之久的《李秀成自述》的真伪，也许是论断他功过的最好证据吧。世人希望这个谜能赶快解开。

谁埋葬了北洋水师？

众所周知，慈禧太后挪用海军经费造船舫，致使邓世昌的炮弹打不响，北洋水师就此销声匿迹。似乎事情很简单明了，没有任何疑问。可是，《军人生来为战胜》的作者金一南却发出了质问的声音：史实证明，无论是经费还是硬件装备，北洋水师一点不比日本的联合舰队差，为什么却打了败仗，彻底消失了呢？

以往的说法往往把矛头指向动用了海军经费的慈禧太后和清政府，但是有学者对此进行了仔细的考察，做出了如下结论：北洋水师从1861年筹建到1888年成军27年间，清政府一共投入海军经费1亿两白银，年平均300万两。日本政府从1868—1894年26年间共向海军拨款9亿日元，折合成白银才6000万两，每年合计白银230万两，日本政府的总投入只是同期清政府投入的60%！

就硬件装备方面，北洋舰队的装甲数量和质量都超过了日本联合舰队。铁甲舰方面，北洋水师与联合舰队的数量比是6：1，中国遥遥领先；非铁甲舰方面8：9，日本略胜一筹。定远号、镇远号的护甲厚35厘米，即使是经远号、来远号的护甲厚也达23.8厘米。日本方面，即使威力最大的"三井"号舰，也缺乏北洋舰队这样较大规模的装甲防护。而北洋舰队的定远、镇远两艘铁甲舰综合了英国"英伟勒息白"号和德国"萨克森"号铁甲舰的长处设计而成，各装30厘米大炮4门，堪称当时亚洲最令人生畏的铁甲堡式铁甲军舰，在世界也处于领先水平。就火炮而言，无论大口径火炮，还是小口径火炮，北洋舰队均占优势。200毫米以上大口径的火炮，北洋舰队与联合舰队的比例是26：11，中国遥遥领先；小口径火炮方面，北洋舰队与联合舰队的比例是92：50。只有中口径火炮方面，日本领先，中日比例是141：209。就平均船速说，日舰每小时比中国舰快1.44海里，优势也不是很大。清政府正是基于这种力量对比，才毅然对日宣战。

然而就是在这样的前提条件下，庞大的北洋舰队全军覆没，日本联合舰队却一艘未沉。巨额军饷堆砌起来的一流的海军不经一战，原因何在？到底是谁埋葬了北洋舰队？

随着清朝中央政权的衰弱，汉族官僚李鸿章等人纷纷崛起。清政府没落的专制体制，由此而产生的腐败政治，进而在军队中形成了不良风气：置民族国家利益于不顾，曲意奉承，一味迎合，追逐个人利益。久而久之，国家民族和军队的事情就蜕变成为个人获取利益的幌子。以李鸿章为首的洋务派办工厂、

练新军，轰轰烈烈，在相当一部分人看来，北洋水师就是李鸿章的个人资本。李鸿章兵权益盛，御敌不足，挟重有余，不可不防。因此，朝臣们为了削弱李鸿章，不惜削弱北洋海军。限制北洋海军就是限制李鸿章，打击北洋海军就是打击李鸿章。总理海军事务大臣、醇亲王奕譞欲以海军换取光绪帝的早日亲政，会办海军事务大臣李鸿章则欲借海军重新获得一片政治庇荫。1888年北洋水师成军，以后的军费投资就越来越少。海军只是他们各自政治角逐中的筹码，谁还真正为海军的发展考虑？

此外，多种资料证明，北洋水师1888年成军以后，军风被各种习气严重毒化。当时的《北洋海军章程》有规定，总兵以下各官，皆终年住船，不建衙，不建公馆。提督丁汝昌则在海军公所所在地刘公岛盖铺屋，出租给各将领居住，"夜间住岸者，一船有半"。而作为高级统帅的李鸿章，也对这种视军纪章程为儿戏的举动睁一只眼闭一只眼。直到对日宣战前一日他才急电丁汝昌，官兵夜晚住船，不准回家。有备才能无患，而这样的军队如何打仗？

另外，在清政府兵部所定《处分则例》中明确规定，官员宿娼者革职。可一旦北洋封冻，海军遂淫赌于香港和上海。甚至在北洋舰队最为艰难的威海之战后期，来远、威远被日军鱼雷艇夜袭击沉的那夜，来远号管带邱宝仁、威远号管带林颖启还登岸走声妓未归。

官员带头，规章制度形同虚设。这样，严明的表面掩盖着的是一盘散沙，全然没有集体凝聚力和战斗力。

等到临战迎敌的时候，北洋舰队首先布阵就陷入混乱。刘步蟾摆的是"一字雁行阵"，而丁汝昌的命令却是各舰

分段纵列，摆成掎角鱼贯之阵。等到实际战斗时的队形却又变成了"单行两翼雁行阵"。阵形乱变不说，即使如此勉强的阵形，待日舰绕至背后时，也没坚持住，各舰都是各自为战。

战争一开始，敌人尚在有效射距外清兵就慌忙开炮，定远舰刘步蟾指挥首先发炮，非但未击中目标，反而震塌前部搭于主炮上的飞桥，丁汝昌和英员泰莱皆从桥上摔下受了重伤。这一炮就先让北洋舰队失去了总指挥！命运攸关的4个小时的海战从始至终几乎没有统一指挥！刘步蟾、林泰曾二位总兵，竟然无一人挺身而出替代丁汝昌指挥。

除去以上这些原因，有组织、携船艇的大规模遁逃和部分人员不告而别，致使人员减少士气大减也是战争失败的原因。面对这样一个全军崩溃的局面，万般无奈的丁汝昌"乃令诸将候令，同时沉船，诸将不应，汝昌复议命诸舰突围出，亦不奉命。军士露刃挟汝昌，汝昌入舱仰药死"。

官兵"恐取怒日人"而不肯沉船，使镇远、济远、平远等10艘舰船为日海军俘获，显赫一时的北洋舰队就此全军覆灭。

"如大树然，虫蛀入根，观其外特一小孔耳，岂知腹已半腐"。到底是谁埋葬了北洋水师？恐怕真的不能简单地归结到某一个原因或某一个人的身上。

八国联军用过毒气弹吗？

英、美、德、法、俄、日、意、奥侵华的八国联军进攻天津发生在1900年7月，当时的战争过后留下了诸多疑点，至今仍然难以解释清楚，其一，死者为何倚墙不倒？其二，英军曾经使用专门的毒气炮作为发射工具吗？其三，

八国联军中德国在天津的军营

所放气体究竟是"绿气"还是"氯气"？其四，毒气炮如今流落何方？

以上这四个疑点如果被证实，将共同指向同一个结论——八国联军确实用过毒气弹。那么究竟史料是如何记载的呢？而且其时间要早于第一次世界大战，事实到底是否如此呢？

让我们先来看看历史遗留下来的四大疑点。

第一，八国联军进攻天津时，天津军民死伤惨重，而天津军民死伤的形状也颇为奇特。部分史料中有详细记载，颇让人心惊胆寒。清代的《西巡回銮始末记》中的描述详尽而细致："城内唯死人满地，房屋无存。且因洋兵开放列低炮之故，各尸倒地者身无伤痕居多。盖因列低炮系毒药掺配而成，炮弹落地，即有绿气冒出，钻入鼻窍内者，即不自知殒命，甚至城破3点钟后，洋兵犹见有华兵若干，擎枪倚墙，怒目而立，一若将欲开枪者，然及逼近视之，始知已中炮气而毙，只以其身倚饯在墙，故未仆地。"

照史料上记载，清朝官兵应该还是按照以往躲炮弹的方法，藏在掩体后面。但是，与以往不同的是，这次的"炸弹"爆裂后，绿烟弥漫，无论

是否躲到掩体后面，只要闻到绿色烟雾的就会全部死亡。

第二，当年的《万国公法》明令禁止过使用一种叫作"列低炮"的武器，因为其屠杀人类非常残忍。然而，两门列低炮却经由英舰"阿尔及灵"号运载，于1900年7月10日出现在天津港海岸，并在7月11日投入到战斗之中。它们的到来还要从1900年春季说起，当时义和团以"扶清灭洋"为口号围攻英国在京驻华使馆，于是，英国海军中将西摩尔于6月10日率联军2000多人赴北京救援，在经过廊坊时受到重创，伤亡惨重。为了"制裁中国"，联军从南非战场上紧急调用了"列低炮"并迅速运往天津战场。

经过多方考证，这种列低炮炮弹炸处，绿烟四散，1米之内，人畜闻之即死。《万国公法》曾规定"战争中不得使用此炮"，当时签订的国家也包括英国，而在中国它却违反国际公法。

到此，从各方面分析，结论逐渐明朗：英军从南非战场直接运到天津的"列低炮"就是毒气炮！那么，据此推测，毒气弹首次使用的时间应该是在南非，而不是以前所说的第一次世界大战。在世界史的相关资料中有关"英布战争"的记载显示，在南非东部的莱底斯战场上，英军就是使用这种炮毒死了很多敌军士兵，加速了战争的胜利。

第三，绿色的气体究竟是什么呢？

氯气是一种具有强刺激性的黄绿色气体，大气中低浓度的氯气能刺激眼、鼻、喉。空气中含有万分之一的氯气就会严重影响人的健康。高浓度的氯气会引起人慢性中毒，产生鼻炎、支气管炎、肺气肿等，有的还会过敏，出现皮炎、湿疹等。根据史料记载所描述的

情形，八国联军炮弹冒出的这种"绿气"极有可能就是"氯气"。当氯气浓度极高时，人吸入则有可能马上窒息而死。

有关第一次世界大战中使用毒气弹的史料这样记述道：1915年4月，德军飞机向英法联军投下氯气弹，炸弹落地后，腾起团团黄绿色的浓烟，迅速向四周弥漫。靠近毒气弹的英法士兵纷纷倒下，头晕目眩，呼吸紧张，紧接着便口角流血，四肢抽搐起来，死后的人大多数还保持着生前的姿势。史料上的描写与八国联军在天津使用列低炮进攻清军后的情况极其相似。由此，不难断定，八国联军在天津使用的就是氯气弹。

第四，当年的列低炮如今又下落何方呢？这将是解开谜底最有力的证据。

在那次炮攻天津之后，史料中再也没有发现关于列低炮的记载，也没有发现联军使用毒气弹的记载。天津也成为唯一受过列低炮伤害的城市。那么这两门炮究竟去哪儿了？会不会是在战斗中被清军摧毁了？如果不是，那么在进攻北京的过程中又怎会没用到这种极具杀伤力的武器呢？如果是因为顾忌《万国公法》的约束，那么在天津的使用又怎么解释？一种比较可信的说法就是被清军炮击摧毁了。

这种被怀疑为毒气弹的武器在很大程度上促进了八国联军的胜利，根据相关专家的考证，毒气炮在天津至少使用了3次。1900年7月11日，是第一次使用的时间。英国"奥兰度"舰准尉G．吉普斯在《华北作战记》文中提到："星期三（7月11日）凌晨3点，中国人大举进攻车站，决心要攻下它。他们在黑夜中前进，终于到达车站……我们从大沽运来的4英寸（约10厘米——编者注）口径大炮第一次使用上了。"

当时，洋人已经顶不住武卫军和义和团针对老龙头火车站的共同进攻。于是，英军就从织绒厂后面向驻扎在陈家沟的武卫左军大营和攻打火车站的清军及义和团施放了毒气弹。绿烟飘来，数百士兵以及尚未分发的600匹战马均无一幸免，铁路旁的义冢堆尸如山。

八国联军见中国军民抵抗热情并没有因为巨大的损失而降低，随后又两次使用了特殊炮弹。7月13日至14日凌晨，八国联军对天津城发起总攻。萨维奇·兰德尔文在《中国与联军》中载："攻打天津城的战斗发生在13日清晨。联军利用所占有的一切可以利用的大炮在日出时就开始射击……两门4英寸口径海军快炮中有一门架在通到西机器局的路上，另一门则在土围子附近……"守城清军凭借城墙高厚的优势阻击，义和团在城下民房中协助，洋人攻城不下，于晚上8点开始撤回攻城士兵，并施放特殊炮弹。

最后一次是在8月5日清晨，联军开始向唐家湾的清军前沿阵地发起总攻。一开始怕伤着联军士兵并没有发射，等到在穆家庄、南仓受到清军阻击，退到白庙，渡过河后，英军随即施放列低炮，这种炮弹再次帮了他们大忙。

历史留下的4个疑点如今都已经无法拿出最直接最确切的证据，因此，一切的结论都只是建立在种种假设基础上的推论，是否还有其他原因会导致士兵死去时的姿势与因毒气弹而死的姿势相似？历史上有关第一次使用"列低炮"的地点是南非而不是中国的记载真的错了吗？绿色的烟雾是不是一定就是氯气呢？最后一点，当年用来发射特殊炮弹的大炮已经再也找不到了，还是从来就不存在呢？这一切都是未解之谜。

清东陵浩劫的罪魁是谁？

1928年7月4日至7月10日间，清东陵发生了最为惨重的浩劫。据当地老村民回忆，由于事前的军事封锁，大家都不敢出门，只听到陵区内炮声隆隆，还以为是剿匪或者军事演习。可是等到一切平静下来，有大胆者进陵，才发现皇陵被盗了。乾隆帝裕陵和慈禧太后定东陵地宫被炸开，现场一片狼藉，墓中价值连城的珍宝被洗劫一空。

清东陵发生的惊天掘墓开棺案被报道后，舆论立刻哗然，社会各界纷纷要求严惩凶手、保护文物。清室遗老们更是义愤填膺、悲痛欲绝，溥仪号啕大哭，发誓报仇。那么究竟是谁，犯下了这令国人至今痛惜不已的弥天大罪呢？

相信今天的人们，大多都通过书籍、影视等作品了解到，是一个叫孙殿英的军阀盗掘了皇陵，这个人也因此留下了"东陵大盗"的万世恶名。然而查阅史料却发现，当时孙殿英并没有受到任何法庭的传讯和起诉。孙殿英在东陵案发后还曾宣称，那是土匪盗陵，自己所率部队得到的珍宝完全取自土匪手中。

难道真有另一支土匪盗取了皇陵，孙殿英只是坐收渔翁之利？直到今天，在谁是真正的盗墓者这一关键问题上，就是研究清东陵的专家们也时常陷入困惑。东陵罪魁是否还另有其人？孙殿英是个什么样的人物，他是如何被后人定为盗陵元凶的？最后又怎样逃脱了惩罚？这中间究竟有着怎样的惊天内幕？

孙殿英，河南永城人，名魁元，一般也叫孙老殿，因为出过天花满脸麻子，也有人叫他孙麻子。此人出身贫寒，自幼就跟流氓地痞鬼混，出入赌场，精

于赌技。年长后更是不务正业，闯荡江湖，广结流氓恶棍、军警胥吏，开设赌局，贩卖毒品，坑骗钱财。后来孙殿英又加入了豫西的庙道会，利用该组织贩运鸦片，制造"红丸"，大发横财，并购买枪支，纠集徒众，发展势力。1922年，孙投靠河南陆军第一混成团团长兼豫西镇守使丁香玲，被委为机枪连连长。依仗丁的权势，大肆贩毒。1925年春，孙又投靠镇嵩军憨玉昆任旅长和国民革命军第三军副军长。同年秋，又率部投靠山东督办张宗昌。1928年，国民革命军北伐中原，奉军大败。原属奉系的孙殿英接受蒋介石收编，摇身一变成为国民革命军第十二军军长，进驻河北东陵附近。正是在孙部驻防期间，清东陵迎来了这次惨重的浩劫。

不过，由于事前孙殿英发出告示要在此地进行军事演习（也说是剿匪），清东陵方圆数十里内全部戒严，没有人知道盗墓者的来龙去脉。东陵盗案发后，面对强大的舆论压力，负有管辖权责的平津卫戍区总司令阎锡山下令严查。起初各方对盗墓者的猜测众说纷纭，并没有十分明确的目标。而这其中首先把矛头指向第十二军的是一个叫和钧的满族守陵官员。

和钧奋笔疾书向溥仪报告了东陵被盗后的惨状，同时指出当时国民革命军第十二军就驻扎在东陵附近的遵化，很可能是这支部队看见陵内守护形同虚设，从而监守自盗。不过这个报告在当时并没有引起人们的注意，真正让人们对第十二军产生怀疑的是随后又发生的一件事。

这年8月的一天，北京琉璃厂规模最大的古玩铺"尊古斋"迎来了一位神秘的客人，此人携带了一批罕见的绝世珍宝，并急于出手。后得知，这位涉嫌销售东陵珍宝的神秘男子正是第十二军的师长谭温江。

这一事件被报道后，舆论再次哗然，人们自然把怀疑的目光投向了身为谭温江顶头上司的第十二军军长孙殿英。

面对这种情况，1928年七八月间，孙殿英向自己的顶头上司发出了一系列报告文电，解释了这些珍宝的来龙去脉，详尽记载了东陵被盗前后第十二军的换防调动情况，并着重指出：应乡绅之请，派部剿办盘踞马兰峪之悍匪马福田，这一仗剿获战利品若干，列出清单上缴。从清单上看，这些从土匪手中缴获的战利品大都是十分贵重罕见的珍珠翡翠。

在偏远贫瘠的遵化马兰峪，这些珍宝来自何方？显然出自地下皇陵。据考证，北伐战争后期，原来占据东陵的奉军溃退关外而国民革命军尚未到来之

图为清东陵之裕陵地宫。裕陵是乾隆帝的陵寝，地宫深54米，全部用石构拱券。

际，东陵地区散兵游勇、土匪、强盗活动频繁，这其中确以土匪马福田势力最大。

马福田是清东陵东沟村人，早年就是一名土匪，专靠"绑票"过日子，后来投靠奉军当了团长。奉军败退后，他又纠集散兵游勇做起了土匪。对于马福田是否盗陵，今天有关专家分析："也是可能的。因为在东陵盗案发生18年后的1945年，马匪又窜回东陵，把当时没挖的几个陵盗掘了。"但是这次东陵被盗是否是他所为，就不得而知了。

由于当时清东陵被盗案情况复杂，土匪盗墓的可能性确实很大，孙殿英的报告立即发挥了作用。与此同时被捕的谭温江也一直否认自己参与过盗陵，关于珍宝来源，他也解释是缴获自土匪。因为查无实据，案件的审理一时陷入僵局。

事情并未就此结束，同年8月4日，在驶往青岛的一艘名叫"陈平丸"的轮船上，青岛警察厅抓获了两名逃兵，从他们身上搜出36颗珍珠，还有国民革命军第十二军的标志。经过一番审讯，一名叫张歧厚的逃兵承认参与了东陵盗墓，从而把人们的目光再次引向孙殿英。

当时的报纸记载了张歧厚的自供："今年五月（公历7月）间……由军长（孙殿英）下命令，教工兵营用地雷将西太后及乾隆帝二坟炸开……我这三十六颗珠子就是在西太后的坟里拾的。我因当兵不易发这些财，再跟着队伍打仗去也无益，所以才由杨各庄偷着跑到天津卖了十颗珠子，卖了一千二百元钱……"这是第一份直接指证孙为盗墓嫌疑人的重要证据，产生了极大的影响。

南京国民政府迫于舆论压力，开始催促平津卫戍区总司令阎锡山尽快破案。1928年11月，当时的四大集团军首脑都派出自己的代表组成高等军法会来会审此案，东陵盗墓案真相一时大有水落石出之势。

对此，不仅前清皇室，社会各界人士也都翘首以待，期望能够早日查明真相，给大家一个交代。然而，令人奇怪的是，如此备受关注的案件，却一拖再拖，迟迟不见下文。

直到1929年4月底，也就是东陵被盗将近一年后才开始预审，经过匆匆一个半月的审理后，高等军法会在6月中旬，宣布了预审终结，结论是：东陵盗案系遵化驻军勾结守陵满员，盗墓分赃。对于所谓的"遵化驻军"是哪支部队？幕后主使究竟是谭温江还是孙殿英？判决草案模糊不清，含糊其辞。

按照程序，高等军法会将"预审判决草案"的全部卷宗，呈交南京国民政府，静候最高当局的复核、宣判和执行。然而，案卷上报后却再也没了下文。为什么会这样呢？原来，当时无论是阎锡山还是蒋介石都是各怀鬼胎，明争暗斗，双方的军事大较量即将展开。而孙殿英手握一部分兵权，是双方都力争拉拢的对象。因此，谁也不愿意得罪孙殿英。

1930年4月，中原大战爆发。孙殿英见反蒋势力强大，再次易帜，投靠冯玉祥和阎锡山集团，被羁押在阎锡山辖区北平陆军监狱的谭温江也获得释放。这个东陵要犯，正如当时一家报纸所言"不知何故又将其释放"，自此东陵盗案不了了之，成为民国历史上最大的悬案之一。

1949年后，曾在孙殿英身边任参谋长的文强回忆，孙曾不无得意地对

他说："乾隆帝墓中陪葬的珠宝不少，最宝贵的是乾隆帝颈项上的一串朝珠，上面有 108 颗珠子，听说是代表十八罗汉的，都是无价之宝。其中最大的两颗朱红的，在天津与雨农（戴笠）见面时，送给他做了见面礼。还有一柄九龙宝剑，有九条金龙嵌在剑背上，还嵌有宝石……"孙还说："慈禧太后墓被崩开后，墓室不及乾隆帝墓大，但随葬的东西就多得记不清楚了………（其中的）翡翠西瓜托雨农代我赠宋子文院长，口里含的一颗夜明珠，分开是两块，合拢就是一个圆球，我把夜明珠托雨农代我赠给蒋夫人（宋美龄）……"

慈禧太后定东陵隆恩殿
定东陵被盗文物不计其数，许多文物已经无法追回。

这段记载也许回答了清东陵盗墓案最终风平浪静的又一原因和一些不为人知的内幕，更成为今天人们判断孙殿英是盗陵主谋的引用最广的证据。除此之外，有关学者还从民国时期的档案中发现了一些蛛丝马迹，比如一份档案中曾提到在乾隆帝裕陵地宫内发现一个军用铁尖锄，还有带着黄色炸药痕迹的墙砖碎块。另一份档案记载，案发后，当地百姓曾经看见第十二军的士兵到集市上，许多人裤脚沾满白灰。这个奇怪的现象意味着什么呢？专家认为由于东陵地宫为三合土夯成，地宫渗水，地上积满白灰浆，这正好表明了第十二军盗墓是实。

从现在掌握的资料来看，学者们认为尽管不能怀着先入为主的观念武断谁是真正的东陵大盗，但孙殿英无疑仍是最大的嫌疑人。

清东陵有多少珍宝被盗，如今流落何方？

慈禧太后的定东陵和乾隆帝的裕陵这次被挖掘盗走了多少稀世珍宝，成了永远的历史之谜，我们只有通过一些相关的资料管中窥豹，对其有个大致的了解。据有关资料记载，早在慈禧太后生前，地宫刚修好之时，就有大量殉葬物品陆续放入，直到慈禧太后入葬关闭地宫为止。

这些珍宝本身的材质就已价值连城，其所包含的艺术价值更是无法估量。比如翡翠西瓜，青皮、红瓤、白籽黑丝；翡翠甜瓜，有白皮黄籽粉瓤的，有青皮白籽黄瓤的；又比如玉藕，藕上有污泥，且在节处生出绿荷花，开出粉红荷花。这些珍品件件巧夺天工，总价值无法估量，说其可价值连城毫不夸张。

乾隆皇帝在位期间，国家强盛，文化繁荣，乾隆帝本人精通书画诗词，酷爱金鼎玉石陶瓷。在他死后，他生前喜爱的那些物品大多陪葬入地宫。不过，由于史料记载有限，我们已经无法对这些宝物一一历数。其中的书画、金鼎玉石、瓷器等，宝物之多、价值之大不可计数。史料记载，孙殿英从地方强行征集了30辆大车。后人推测这些车就是用来运送东陵珍宝的。

孙殿英率部离开后，听到风声的散兵游勇和土匪一起奔向东陵，他们很快扒开地宫入口，蜂拥着钻入地宫，将剩余的珠宝洗劫一空。

那么，这些价值连城的珍宝最终流落到了什么地方呢？珍宝的命运大致有三：一部分被孙殿英用来四处行贿，落入了当时一些权贵之手。另外，孙殿英的上司国民党陆军上将徐源泉，也接受了孙殿英的大量贿赂，甚至还传言徐源泉在湖北汉口附近的仓阜镇上修建的徐公馆地下还埋藏有一部分珠宝；一部分被孙殿英部下瓜分，比如前面提到的张歧厚，只是一个普通的士兵，在地宫被盗后还从里面捡到了46颗珠子。那么，可想而知孙部的其他官兵们也自然人人有份。这些珠宝或者被变卖或者流落民间，下落不明；一部分珍宝被变卖或走私到国外，比如上面提到的师长谭温江就试图把大批珍宝变卖到琉璃厂古玩铺，这只是其中的一个花絮，当时变卖东陵珍宝的交易相当活跃。据记载，东陵珍宝被盗的消息也刺激着北平天津一带颇为兴盛的古玩业的老板们。当时，小小的遵化县城几乎住满了一些"形迹诡秘"的生意人，这些人都是闻信前来寻宝和购宝的古玩商。由于这些交易都是在极秘密状态下进行的，交易双方都秘不外宣，从而造成东陵珍宝的大量流失。

比如1928年8月14日《中央日报》有则新闻，天津警备司令部又在海关查获企图外运的东陵文物，计有35箱，内有大明漆长桌一张、金漆团扇及瓦麒麟、瓦佛仙、瓦猎人、瓦魁星、描龙彩油漆器、陶器等，系由某古董商委托通运公司由北平运到天津，预备出口，运往法国，价值2.2万元。同时，在遵化还截获了所谓国民政府内务部接收大员宋汝梅企图携带的铜质佛像24尊以及乾隆帝所书用拓印条幅10块等。当时有关东陵珍宝的这种报道屡见不鲜；孙殿英向上司徐源泉上交的两箱珠宝，有史料记载，东陵盗案曝光后，徐源泉未敢全部私藏，而是由北平卫戍司令部出面，把它们存入大陆银行，当时还曾请古玩专家进行鉴定何为乾隆帝葬物，何为慈禧太后葬物。后来随着高等军法会审理的不了了之，这批文物送到何处去就不知道了。

总的来说，这些无价珍宝最终被弄得七零八落，不知去向。